Mallorca

MALLORCA

Kultur und Lebensfreude

Herausgegeben von Ute Edda Hammer,
Tonina Oliver und Frank Schauhoff

Fotografien von Günter Beer,
Carlos Agustín und Belén Tánago

Mit Texten von Susanne Birnmeyer und Susanne van Cleve
unter Mitarbeit von Raphel Pherrer

KÖNEMANN

Inhaltsverzeichnis

8 **Mallorca**

10 Ein Traum von einer Insel
Mallorca
von Susanne Birnmeyer

18 Mallorcas Küche
Essen und genießen
von Susanne van Cleve

20 **Tramuntana**

22 Konzert aus Felsen, Wind und Meer
Die Tramuntana
von Susanne Birnmeyer

30 Treffpunkt der Winde
Cap de Formentor
von Susanne Birnmeyer

32 Blicke fischen und Fische fangen
Port de Pollença
von Susanne Birnmeyer

34 Bratspieße gegen Türkensäbel
Moros i cristians
von Susanne van Cleve

36 Treppensteigen ja, Dableiben nein
Pollença
von Susanne Birnmeyer

38 Das lautstarke Ende der Fastenzeit
Ostern
von Susanne van Cleve

40 Madonna der Minderheiten
Das Kloster von Lluc
von Susanne Birnmeyer

44 Gefährliches Paradies
Torrent de Pareis
von Susanne Birnmeyer

48 Der Weg ist das Ziel
Paßstraße nach Sa Calobra
von Susanne Birnmeyer

50 Das weiße Gold der Berge
Schneemänner und ihre Häuser
von Susanne Birnmeyer

52 Künstliche Paradiese
Die Gärten von Alfàbia und Raixa
von Angelika Stucke

56 Mit dem „Vitamin-C-Expreß“ von Palma nach Sóller
von Susanne Birnmeyer

58 Im Tal des Goldes
Sóller
von Susanne Birnmeyer

62 Der märchenhafte Duft des Südens
Orangen
von Susanne van Cleve

64 Das Weltdorf
Deià
von Angelika Stucke

68 Dichter in Deià
Robert von Ranke-Graves
von Susanne van Cleve

70 Exklusiver Tourismus
Valldemossa
von Angelika Stucke

74 Einsame Nachtstücke
George Sand und Frédéric Chopin
von Angelika Stucke

78 Sohn des Lichts
Der Erzherzog Ludwig Salvator auf Mallorca
von Susanne Birnmeyer

84 Oben wohnen, unten foltern
Esporles und Sa Granja
von Angelika Stucke

88 Unter dem Joch des Kreuzes
Reconquista und Inquisition
von Susanne Birnmeyer

92 Dorf des Überflusses
Banyalbufar
von Susanne Birnmeyer

96 Geliebte Paradiesäpfel
Tomaten aus Banyalbufar
von Susanne van Cleve

98 Ponent

100 Klasse trotz Masse
Der Ponent
von Susanne Birnmeyer

106 Spukgestalten und Schreckgespenster
Legenden auf Mallorca
von Angelika Stucke

108 Früchte mit Haken
Kaktusfeigen
von Susanne van Cleve

110 Mönche und Drachen
S'Arracó und die Illa Sa Dragonera
von Susanne Birnmeyer

112 Neunäugige Monster
Fische und Meeresfrüchte
von Susanne van Cleve

116 Erholungsschlaf nach der Anarchie
Andratx
von Susanne Birnmeyer

118 Mallorcas japanische Wollmispel
Obst aus aller Welt
von Susanne van Cleve

120 Exklusiv und doch gastlich
Port d'Andratx
von Susanne Birnmeyer

122 Fischer und Jungfrau
Seeprozessionen auf Mallorca
von Susanne van Cleve

124 Wilde Ziegen, milder Mohn
Es Capdellà
von Susanne Birnmeyer

126 Gewürze in der Flasche
Palo und Herbes
von Susanne van Cleve

128 Vom Aschenbrödel zur Prinzessin
Calvià
von Susanne Birnmeyer

134 Raiguer

136 Mallorca ohne Meer
Der Raiguer
von Susanne Birnmeyer

142 Wo der Ton tönt
Marratxí
von Susanne Birnmeyer

144 Spitzenhauben und Hanfsohlen
Trachten
von Angelika Stucke

146 Nymphen und Bandoleros
Santa Maria del Camí
von Susanne Birnmeyer

148 Spielwiese der Lüfte
Santa Eugènia
von Susanne Birnmeyer

152 Brot, Wurst und die Gerätschaften gleich dazu
Consell
von Susanne Birnmeyer

154 Knackig, knusprig, kräftig
Pa moreno
von Susanne van Cleve

156 Armut und Entbehrung
Mancor de la Vall
von Angelika Stucke

158 Vom Schädelspalter zum Spitzenwein
Binissalem
von Susanne Birnmeyer

164 Vergessene Unterdrückung
Lloseta
von Susanne Birnmeyer

166 Retter in der Hungersnot
Johannisbrot
von Susanne van Cleve

168 Kühle Keller, heiße Sohlen
Inca
von Susanne Birnmeyer

170 Mallorquiner Allerlei
Gemüse auf der Insel
von Susanne van Cleve

172 Schuhe für die Welt
Inca
von Susanne van Cleve

176 Schlüssel zur Inselherrschaft
Alaró
von Susanne Birnmeyer

180 Die Glut des Ehemännchens
Köhler in den Bergen
von Angelika Stucke

184 Kleinstadt mit Eigenwillen
Selva
von Susanne Birnmeyer

186 Knorrige Urgewächse
Olivenbäume
von Susanne van Cleve

190 Know-how aus Venedig
Glas aus Mallorca
von Susanne Birnmeyer

192 Wo Elfen baden gehen
Campanet
von Susanne Birnmeyer

194 Das Ende des glücklichen Schweins
Matança
von Susanne van Cleve

198 Schräge und gerade Töne auf dem Land
Búger
von Susanne Birnmeyer

200 Palma

202 Eine Metropole von Anfang an
Palma
von Susanne van Cleve

212 Ein Jubilate aus Stein
Die Kathedrale La Seu
von Susanne van Cleve

218 Kult und Kommerz
Osterprozession in Palma
von Susanne von Cleve

220 Der ruhige Fels in den Wogen der Zeit
La Roqueta
von Susanne van Cleve

222 Azahar
Die Mauren auf Mallorca
von Susanne van Cleve
226 Draußensein und Drinnenbleiben
Palmas Patios
von Susanne van Cleve
230 Zwischen zwei Religionen
Die Xuetes
von Susanne van Cleve
234 Rumben für die Welt
Die jüdischen Kartographen von Palma
von Susanne van Cleve
236 Prachtvoller Tribut an den Tourismus
Palmas Gran Hotel
von Susanne van Cleve
238 Wer ist die Schönere unter Palmas Flaniermeilen?
Born oder Ramblas
von Susanne van Cleve
240 Heimat des Bäckers
Die Altstadt
von Susanne van Cleve
242 Schnecken mit Prädikat
Ensaïmades
von Susanne van Cleve
244 Ein Meister aus Felanitx und Stein aus Santanyí für ein Juwel der Gotik
Sa Llotja
von Susanne van Cleve
248 Majestäten ahoi!
Regatten in der Bucht
von Susanne Birnmeyer
250 Kleinstadtcharme der Großstadt
Santa Catalina und Es Jonquet
von Susanne van Cleve
252 Kerker mit Aussicht
Castell de Bellver
von Susanne van Cleve
254 Dunkle Verbindungen
Der Papst, die Templer, der französische König und die Geheimgänge der Burg
von Susanne van Cleve
258 Asyl für Notleidende und Spielwiese der Prominenz
El Terreno
von Susanne van Cleve
262 Eine lebenslange Inspiration
Miró auf Mallorca
von Martina Padberg

264 Pla
266 Die Uhren ticken weiter, die Zeit bleibt stehen
Der Pla
von Susanne Birnmeyer
274 Das Brot der Barmherzigkeit
Algaida
von Susanne Birnmeyer
278 Dudelsäcke und Dämonen
Die Cossiers-Tänze
von Susanne Birnmeyer
280 Aus der Zeit gefallen
Pina
von Susanne Birnmeyer
282 Stierköpfe und Supernovae
Costitx
von Susanne Birnmeyer
284 Caps de Bou de Costitx
Talayotische Stierköpfe
von Susanne Birnmeyer
286 Bergige und geistige Höhen
Randa
von Susanne Birnmeyer
290 Von einem, der auszog, Herzen zu brechen, und Seelen gewann
Ramón Llull
von Susanne van Cleve
294 Ein typisches Landgut auf Mallorca
Albenya
von Susanne Birnmeyer
296 Honig nur für Herrschaften
Montuïri
von Susanne Birnmeyer
298 Wachteln und Rebhühner
Die Stars von Son Bascos
von Susanne van Cleve
300 Bittere Süße
Mallorca und die Mandeln
von Susanne van Cleve
304 Weltsprache und Regionaldialekt
Biniali
von Susanne Birnmeyer
306 Mittelpunkt der Welt
Sineu
von Susanne Birnmeyer
310 Ein Königreich im Zentrum der Welt
Mallorca 1276–1349
von Ángel Garcés
316 Ein Karthager-Geschenk
Die Kaper
von Susanne van Cleve
320 Purpurhuhn findet Reiskorn
Sa Pobla
von Susanne Birnmeyer
322 Naturparadies im Norden
S'Albufera
von Susanne Birnmeyer
324 Feuer der Enthaltsamkeit
Festa de Sant Antoni
von Susanne van Cleve
330 Die Starke auf dem Hügel
Alcúdia
von Susanne Birnmeyer
334 Kampf gegen Mücken und Stiere
Muro
von Susanne Birnmeyer
336 Stierkampf im Steinbruch
Die Arena von Muro
von Susanne Birnmeyer
338 Mallorquinische Träume aus Stoff
Hanf
von Susanne Birnmeyer
340 Kein Denkmal für den großen Sohn
Joan March aus Santa Margalida
von Susanne Birnmeyer
342 Die Kirche im Dorf
Maria de la Salut
von Susanne Birnmeyer
344 Die Stille der Zeit
Ariany
von Susanne Birnmeyer
348 Ein paradiesisches Vergnügen
Feigen aus Ariany
von Susanne van Cleve
352 Erfolg, der aus der Erde sprudelt
Petra
von Susanne van Cleve
354 Bruder Wacholder und die Indianer
Fray Junípero Serra
von Susanne van Cleve
360 Des Landlebens Pracht und Wohligkeit
Sant Joan
von Angelika Stucke

364 Himmel in Flammen
Sa Nit de Sant Joan
von Susanne Birnmeyer
366 Knochenklappern im Takt
Musikinstrumente auf Mallorca
von Susanne van Cleve
368 Melonen und Mallorca-Rap
Villafranca
von Susanne Birnmeyer
372 Gala-Auftritt für Sugar Baby
Sa Festa des Meló
von Susanne van Cleve
374 Moderne Bänkelsänger
Volksmusik
von Susanne Birnmeyer
376 Actes religiosos i populars
Der Monti-Sion bei Porreres
von Angelika Stucke
378 Duft aus dem Morgenland
Aprikosen
von Susanne van Cleve
382 Der goldene Boden des Handwerks
Porreres
von Susanne van Cleve

382 Migjorn

386 Salz und Sonne, Sand und Stein
Der Migjorn
von Susanne Birnmeyer
394 Kampf um die Freiheit und den Platz an der Sonne
Llucmajor
von Susanne Birnmeyer
398 Rauch und Feuer machen die Runde
Mallorcas Wachtürme
von Angelika Stucke
400 Teufels Liebling
Paprika
von Susanne van Cleve
402 Milder Käse und muffelnde Quellen
Campos
von Susanne Birnmeyer
406 Puzzle à la mallorquina
Trockenmauern
von Susanne Birnmeyer
408 Das schmeckt nach Meer
Meerfenchel
von Susanne van Cleve
410 Fluch und Gold des Wassers
Ses Salines
von Susanne Birnmeyer
414 Von Idyll keine Spur
Bauernleben auf Mallorca
von Susanne Birnmeyer
418 Piratenüberfälle in der Stadt des goldenen Steins – Santanyí
von Susanne Birnmeyer
422 Masten mit Schlagseite
Die Llaüts
von Susanne Birnmeyer
424 Berühmtheiten vom Lande
Felanitx
von Susanne Birnmeyer
428 Yoga auf Rädern
Fahrradfahren auf Mallorca
von Susanne Birnmeyer
430 Der Spiegel zwischen den Welten
Miquel Barceló
von Herbert Köhler

432 Llevant

434 Die Essenz Mallorcas
Der Llevant
von Susanne Birnmeyer
440 Möbel und Perlen im Schatten des Minaretts
Manacor
von Susanne Birnmeyer
444 Zweite Natur
Perlen aus Manacor
von Susanne Birnmeyer
446 Vom Bauernhof auf die Rennbahn
Pferde auf Mallorca
von Susanne Birnmeyer
448 Kammermusik der Natur
Coves del Drac
von Susanne Birnmeyer
450 Ein mediterraner Fjord
Portocristo
von Susanne Birnmeyer
452 Die Madonna im Schafspelz
Sant Llorenç des Cardassar
von Susanne Birnmeyer
456 Gemüse mit Herz
Artischocken
von Susanne van Cleve
458 Geheimtips und die Folgen
S'Illot, Sa Coma und Cala Millor
von Susanne Birnmeyer
460 Falken, Fallen, Netze im Revier des Königs
Son Servera
von Susanne Birnmeyer
464 Belastungsprobe für Palmwedel
Korbflechten
von Susanne Birnmeyer
466 Tanzen unter Aufsicht
Artà
von Susanne Birnmeyer
470 Ab in die Steinzeit
Ses Païsses und die Talaiot-Kultur
von Susanne Birnmeyer
474 Bethlehem, Mallorca
Die Ermita de Betlem
von Susanne Birnmeyer
476 Von der Wunderburg zur Traumbucht
Capdepera und Cala Ratjada
von Susanne Birnmeyer
480 Mit Donner und Doria
Fischen vor Mallorca
von Susanne van Cleve
484 Fischlexikon

486 Anhang

488 Mallorca in Zahlen
490 Mallorca-Karte
492 Einführung in die Sprache und Verzeichnis verwendeter Mallorquí-Begriffe
496 Ausgewählte Literatur
498 Index
503 Bild- und Kartennachweise

Mallorca

Ein Traum von einer Insel
Mallorca

Ein Kosmos für sich, ein Minikontinent, eine durch das Wasser von der Außenwelt abgeschnittene Landschaft und Gesellschaft, eine Insel ist immer etwas Besonderes. Nicht umsonst sprechen die Menschen mal sehnsuchtsvoll, mal abenteuerlustig davon, „reif für die Insel" zu sein, oder überlegen, welches Buch, welches Photo, welche absolut unentbehrlichen Dinge sie in ein Insel-Exil mitnehmen würden. Inseln liefern aus, und sie schließen ein. Sie begrenzen den Bewegungsraum und öffnen gleichzeitig oft größere Horizonte als jene, die von ihren Küsten aus sichtbar sind. Eine Insel setzt einen i-Punkt ins Meer, und im Falle Mallorcas, auch noch ein Ausrufungszeichen.

Vorhergehende Doppelseite: Mallorca – eine Begegnung zwischen Land und Meer, üppiger Vegetation in der Ebene und karger Bergwelt.

Verwinkelte Gassen und enge Treppen prägen das Bild mallorquinischer Ortschaften, so auch in Palma.

Mallorca! Gerade mal 3 640 Quadratkilometer groß, würde sie siebenmal in Sizilien passen und übertrifft doch ihre auch namentlich kleinere Schwester Menorca um das Fünffache. An der längsten Ausdehnung von Sant Elm bis zum Cap de Formentor rund 110 Kilometer lang, mittendurch gemessen 60 bis 90 Kilometer breit, liegt sie wie ein etwas ungelenk ausgeschnittenes Trapez im Mittelmeer, mit jeweils 200 Kilometern gleich weit entfernt von Barcelona, Valencia und Algier, gleich nah an Europa und Afrika.

Wer sich ihr so nähert wie die Zugvögel, die hier im Frühling und Herbst Station machen, oder wie das Gros der rund zehn Millionen Touristen im Jahr, aus der Luft, erkennt gleich drei mallorquinische Wesensmerkmale: Zuerst ein märchenhaftes klares Licht, mit jenem mediterranen Etwas von Körperhaftigkeit, als hätte der Himmel einen seidenen Schleier, dünner als einen Hauch, gewoben und über die Insel gegossen. Dann: Ein Inseldasein schließt Berge nicht aus. Im Falle Mallorcas sind es sogar zwei Gebirgszüge, die sich parallel zueinander von Norden nach Südwesten ziehen und von Osten nach Südost.

Und drittens, Windmühlen. Zu Hunderten umstehen sie den Flughafen Son Sant Joan, als seien sie für den tragfähigen Aufwind zuständig, und doch sind es Wassermühlen, die unter anderem den Grund und Boden des Flughafens trockengelegt haben. Manche lassen ihre Flügel traurig hängen, manche sind nur noch Stümpfe, manche dagegen recken stolz und frisch blauweiß ihr Fächerrad in den Wind. Windmühlen sind auf Mallorca ein wo nicht ständiger, dann doch beständiger Begleiter, außer auf den Höhenzügen der Berge, und sie sind zu einem wahrhaftigen Emblem der Insel geworden. Wahrhaftig, denn ein so typisch bäuerlicher Zweckbau verrät trotz allem Massentourismus den wesentlichen Charakterzug der größten Baleareninsel: Mallorca ist, von seiner Hauptstadt Palma abgesehen, ländlich.

Die Siegespalme, La Ciutat, Palma

Um so erstaunlicher, und auf einer Insel allemal, ist die Hauptstadt: eine Metropole am Meer. Zum *mare nostrum* hin grüßt sie mit ihrer Visitenkarte, der Catedral La Seu, golden leuchtend im Abendlicht dank des mallorquinischen Marès-Steins, einer dichtgepreßten Mischung aus Sand und Kalk. Seit 1230, als sie als Dank und Schwurespfand für die geglückte Eroberung durch die Christen begonnen wurde, schickt sie mit ihrer prachtvollen Rosette und den filigranen Turmaufsätzen eine klare Botschaft in die Außenwelt: Hier ist *La Ciutat,* die Stadt, von den Mauren *Medina Mayurka* genannt, die große Stadt, aber nun in christlicher Hand und bestrebt, sich von nichts und niemandem einschüchtern zu lassen.

La Ciutat nennen die Mallorquiner ihre Hauptstadt, egal ob aus Palma oder der *part forana,* dem Rest der Insel, obwohl sie seit dem 20. Jahrhundert offiziell Palma de Mallorca heißt, eingedenk des Namens, den die römischen Besatzer ihr 122 v. Chr. gaben, *Palmeria:* die Siegespalme. 350 000 Mallorquiner leben hier, jeder zweite der 650 000 Insulaner wohnt in der Hauptstadt. Palma ist keine Möchtegerngroßstadt, sondern eine richtige. Mit verstopften, vier- bis sechsspurigen *avingudes,* Avenuen, und Parkplatzproblemen, mit platanenbepflanzten Alleen und einladenden Fußgängerzonen, mit großzügigen, cafégesäumten Plätzen und schattigen, verwinkelten Gassen in der mehr als 700jähri-

350 000 Mallorquiner, mehr als jeder zweite, leben in der Hauptstadt Palma.

gen Altstadt, die sich immer wieder zu Mallorcas Bürger-Architektur par excellence öffnen, den Innenhöfen, den Patios.

Eine der schönsten mittelalterlichen Burgen Spaniens überragt die Stadt im Südwesten, das Castell de Bellver, außen rund und trutzig, innen ein lichtdurchflutetes Spiel aus eleganten Säulen und sonnigen Loggien. Darunter schaukeln am *passeig maritím* Segel- und Motoryachten an ihren Kais, Fracht- und Fährschiffe laden Kisten, Container und Passagiere aus, dazwischen tuckert eine *llaüt*, das typische Fischerboot der Balearen, nach verrichtetem Tagwerk heim.

Ein Muß für Invasoren

Palma ist Mallorcas einzige Stadt am Meer. In der *part forana* gibt es nur kleine Häfen, so gut wie immer „Port de" genannt, „Hafen von" der Mutterstadt ein paar Kilometer landeinwärts. An die 2 500 Jahre Erfahrung mit Invasoren und Piratenüberfällen hat die Mallorquiner gelehrt, ihren Reichtum oder auch nur ihre Armut nicht als Auslage ans Meer zu drapieren.

Alle Bevölkerungsgruppen und Kulturen Mallorcas haben sich im Laufe der Geschichte selbst importiert, bis hin zu den Ureinwohnern, wenn auch diese sicher nicht als Eroberer kamen, sondern, so die moderne Lesart der mallorquinischen Frühgeschichte, aus Hunger und Not. Vermutlich aus Südfrankreich gelangten sie im 6. Jahrtausend v. Chr. auf einfachen Booten auf die Insel und fanden Höhlen vor zum Wohnen und Tiere und Pflanzen in Hülle und Fülle. Der Archäologe Joan Ramis von der Nachbarinsel Menorca hat dieser Kultur ihren Namen gegeben: *Talaiot*-Kultur, nach den so augenfälligen wie rätselhaften Türmen, benannt nach dem arabischen *atalaya* für Turm, die die Ureinwohner ab 3000 v. Chr. in oder nahe bei ihren Dörfern bauten. Zwei solcher Siedlungen sind auf Mallorca noch teilweise erhalten, im Süden bei Capocorb Vell und im Nordosten bei Artà.

Bis etwa 300 v. Chr. hatten sie ihre Ruhe, so wird angenommen. Die Kunde von den üppigen natürlichen Ressourcen der Insel und ihrer erhabenen landschaftlichen Schönheit machte schon in der Antike die Runde um das *mare nostrum*. Die Griechen nannten den Archipel *gimnesias*, nach der Vorliebe ihrer Bewohner, fast unbekleidet herumzulaufen wie die Sportler im griechischen *gymnasion*. Die Phönizier legten ab 300 v. Chr. Handelsstützpunkte an, aber keine Siedlungen. Bei beiden Kulturen waren die Ur-Mallorquiner geschätzte Söldner wegen jener Fähigkeit, die schließlich der Inselgruppe bis in die Neuzeit ihren Namen gab, *balearides:* Steinschleuderer waren sie, vom griechischen *ballein* für „werfen". Die impertinente Piraterie der Mallorquiner war es schließlich, die die *pax romana* so nachhaltig störte, daß die Römer die Insel 123 v. Chr.

eroberten. Kaum war Mallorca römisch, bekam sie ihre ersten Straßen verpaßt, Theater, Marktplätze, Tempel, Landvillen. Großstadtmüde Römer aus dem Herzen des Imperiums wollten hierher, aber es mußten auch, wie Diodor im 1. Jahrhundert nach Christus berichtete, Verbannte auf die Insel. Im Vergleich zu anderen römischen Provinzen war Mallorca sicher nicht der unangenehmste Verbannungsort. In der römischen Zeit wurde zum ersten Mal der natürliche Reichtum der Insel systematisch genutzt: Weinberge, Getreidefelder und Olivenhaine entstanden und sorgten für eine florierende Wirtschaft. Im römischen Pollentia, heute Alcúdia, wob und nähte die Avantgarde der römischen Modewelt so schicke Togen, daß sie zum begehrten Modeartikel im Imperium wurden.

Als im fünften Jahrhundert die Vandalen, angeführt von Geiserich, auf Mallorca einfielen, verwüsteten sie in kurzer Zeit den Großteil der römischen Infrastruktur. Manche Stadt, Manacor etwa, wurde dem Erdboden gleichgemacht. Fast hundert Jahre lang wüteten die Vandalen auf Mallorca, bis der oströmische Kaiser Justinian die Insel 534 seinem Reich einverleibte. Die byzantinischen Basiliken Son Peretó und Sa Carrotxa bei Manacor sind allerdings nicht die frühesten christlichen Spuren: Die Cova de Sant Martí, eine Höhlenkirche bei Alcúdia, beweist, daß es seit dem 2. Jahrhundert auf Mallorca Christen gab.

Nach mehreren Annäherungsversuchen installierten sich die Mauren 902 auf Mallorca. Wer genau hinsieht und hinschmeckt, findet noch heute reichlich Spuren ihrer Anwesenheit, wenn auch die katalanischen Eroberer nach 1229 ihr Möglichstes taten, sie zu löschen. Geblieben sind von der Drei-Kulturen-Zeit – Moslems, Juden und eine kleine Christen-Minderheit – die wohldurchdachten Bewässerungssysteme in der Landwirtschaft, die mittels Terrassierungen, Kanälen und eselbewegten Ziehbrunnen das wenige kostbare Naß der Insel optimal zu nutzen wußten, sowie ausgedehnte Aprikosen-, Trauben-, Feigen- und Olivenpflanzungen und eine Vorliebe in der mallorquinischen Küche für jenen Hauch Kreuzkümmel, für Rosinen und Mandeln auch zu pikanten Eintöpfen, die den Unterschied zwischen Okzident und Orient auf der Zunge ausmachen.

Ab 1229 blies ein anderer Wind auf Mallorca. Wer nicht bereit war, Jahwe und Allah abzuschwören, hatte die Wahl zwischen Exil – wenn er Glück hatte – und Scheiterhaufen. Die Insel verwandelte sich in Großgrundbesitzer-Land, wo vorher Bauern unabhängig ihr eigenes Land bestellt hatten. Jaume I., der Eroberer, teilte im *Repartiment* das Land unter seinen Getreuen und der Kirche auf und warb neue Siedler aus Katalonien, Italien, dem Roussillon und der Provence an. Alle Zeitläufte überdauert hat aus dieser Maßnahme das *Mallorquí,* ein Dialekt des Katalanischen, der Elemente des Altfranzösischen und Altitalienischen aufweist.

Schon zu römischen Zeiten wurden auf Mallorca Ölbaumhaine angelegt. Dieser überzieht bei Galilea im Südwesten das Land mit seinem ganzjährigen Silbergrün.

Und fast bis in die Neuzeit gehalten hat sich das System der Erbpacht, des Feudalismus, das dem größten Teil der Bevölkerung Jahrhunderte der Armut und Unterdrückung eingebracht hat, auch wenn das zugrundeliegende Königreich schon 1349 in der Schlacht von Llucmajor unterging und Mallorca an Aragón und damit an das zukünftige Königreich Spanien fiel.

Sternstunde der Schöpfung

Phönizier und Römer, Vandalen, Mauren und Katalanen, was hat sie so unwiderstehlich angezogen? Ein Minikontinent, von der Schöpfung fast perfekt entworfen, ein Traum von einer Insel. Alle nur denkbaren Formen von Küstenlandschaft finden sich hier: von schwindelerregenden Steilküsten an den Gestaden der Serra de Tramuntana im Nordwesten, über romantische Felsbuchten mit kleinem Strandteppich an der Ostküste, weit unter den Himmel gestreckten Sandstränden bei Palma im Südwesten und in der Bucht von Alcúdia im Norden, bis zu Dünen im Migjorn, dem Midi Mallorcas: dem Mittag, dem tiefen Süden. Im Hinterland wechselt sich die *garriga,* der mediterrane Buschwald aus Mastix, Ginster, Aleppokiefern und allerlei duftenden Kräutern, mit seit Jahrtausenden bestelltem Bauernland ab. Denn mit 300 Sonnentagen im Jahr hat Mallorca ein gemäßigt subtropisches Klima, das selbst im Winter sonnige Tage um 20 Grad hervorbringt, von den Bewohnern dankbar *petit estiuet* genannt, kleiner Sommer, als Abwechslung zu den sieben Grad Tagesdurchschnitt. Und wenn die Sonne von Juni bis September weit ausholt, schafft sie schweißtreibende Tagesspitzen von über 30 Grad.

Von März bis Mai und von September bis Dezember herrscht dagegen Mallorcas schönste Jahreszeit, der Frühling, auch in der *primavera de l'hivern,* dem Frühling des Winters. Denn kaum sind im Oktober die ersten Regentropfen auf die sommerverbrannte Erde gefallen, weicht ihr Braun dem Grün neuer Lebenskraft, und es beginnt der Reigen des Blühens, der im März seinen Höhepunkt erreicht: Rund 7 Millionen Mandelbäume schieben zartrosa Blüten aus den kahlen Zweigen, gefolgt vom süßen Duft der Orangenblüten, der sich in schweren Wolken aus dem dunklen Immergrün der Blätter senkt, deren Zweige noch die Früchte der Vorjahres-Blüte tragen wie vergessene Christbaumkugeln.

Gleichzeitig bedecken die winterkahlen Feigenbäume die skurrile Nacktheit ihrer grauen, wie schlaffe Arme herunterhängenden Äste mit hellgrünen Exemplaren jener Blätter, die seit dem Mittelalter in der Malerei die Nacktheit Adams und Evas bedecken. Die eisenhaltige Erde Mallorcas leuchtet dazu tiefrot, bis Millionen von Margeriten- und Klatschmohn-Blüten ihren Frühlingsteppich ausbreiten für ein Abbild der Phantasie vom Garten Eden.

Nur der Himmel gießt das Paradies

Solche Pracht schafft die Natur jedoch mitnichten im Handumdrehen. Zweifelsohne entstand Mallorca in einer Sternstunde der Schöpfung, aber ein paar Elemente hat sie nur in dürftiger Stückzahl mit bekommen, oder gar nicht. Wasser zum Beispiel. Nicht ein Fluß versorgt Mallorca mit dem Lebenselixier, und die einzigen vom Grundwasser unabhängigen Quellen, Font Santa und Font Sa Bassa bei Campos, sprudeln statt Trinkwasser 38,7 Grad heißes, schwefelhaltiges, leicht radioaktives Heilwasser aus der Erde. Trinkwasser fällt auf Mallorca vom Himmel und wird vom porösen Kalkstein in unterirdischen Zisternen gespeichert. Im Norden der Insel können das bis zu 1 500 Millimeter pro Quadratmeter im Jahr sein, die sich auf den höchsten Gipfeln wie dem Puig Major mit 1443 Metern und den 1348 Metern des Puig de Massanella auch in Form von Schnee niederlassen. Bis zur Erfindung der Kühlschränke sammelten dort die *nevaters,* die „Schneemanner", winters das kalte Gold und lagerten es in *cases de sa neu,* Schneehäusern, um es im Sommer zu verkaufen. Im dürren Süden dagegen erreicht das Jahresmittel gerade ein Drittel der Nordmenge, und Schnee gibt es nur in den Märchen, die traditionell beginnen: „Lang bevor es schneite auf Mallorca ..."

Steinfassaden, Blumentöpfe und kunstvolles Schmiedeeisen bestimmen das Bild in den Dörfern und Städten.

Um so erstaunlicher ist unter solchen Bedingungen, daß sich die Insel sogar ein Sumpfgebiet „leistet", die S'Albufera im Nordosten zwischen Alcúdia und Can Picafort. Doch die 2 400 Hektar, die seit 1985 unter Naturschutz stehen und über 200 Vogelarten ein dauerhaftes oder ein Wandervogel-Zuhause bieten, stellen nur noch ein Drittel der urspünglichen Ausdehnung dar. Seit dem 17. Jahrhundert wurden immer wieder Teile der Albufera trockengelegt, um Nutzland zu gewinnen – es gab sogar Versuche, Reis im großen Stil anzubauen, und eine Papierfabrik siedelte sich an –, aber auch, um der Malaria Paroli zu bieten, mit der die Albufera Krankheit und Tod brachte.

Ein zweites Feuchtgebiet im tiefen Süden ist ein ganz anders geartetes Biotop, eines für Lebenskünstler mit Salzvorliebe, denn in den Ses Salines überschwemmt das Meer im Frühjahr das Land, und die Sonne backt im Sommer eine Kruste darüber, die der Mensch seit römischen Zeiten zur Salzgewinnung nutzt.

Meckern und Muhen, Grunzen und Wiehern in den Gemarkungen des Windes und der Sonne

Daß zwischen solchen Extremen kein Schlaraffenland liegt, versteht sich von selbst. Dabei mußte die Landwirtschaft die Insel bis in die 50er Jahre des 20. Jahrhunderts fast allein ernähren, bis der Tourismus sich in wenigen Jahren zur Einnahmequelle Nummer eins mauserte. Noch heute werden fast drei Viertel der Inselfläche landwirtschaftlich genutzt, aber nur noch elf von hundert Mallorquinern bestellen das Land und erwirtschaften 2,5 Prozent des Bruttosozialprodukts. 75 Prozent stammen aus dem Tourismussektor und an die 10 Prozent aus dem Baugewerbe – im Vergleich zu den 700 Jahren davor eine verkehrte Welt.

Bis vor wenigen Jahrzehnten hingen Wohlergehen oder Elend davon ab, ob es regnete, ob der Fischer mit seinem Fang sicher nach Hause fand, ob die Kuh kalbte, ob der Esel noch ein Jahr mehr am Ziehbrunnen aushielt und unter der Last der Erntekörbe und -gauben, ob die Hühner Eier legten, die Ziegen genug Milch und die Schafe genug Wolle gaben. Diese Nutztiere füllen nach wie vor die mallorquinische Luft mit ihren Stimmen und die traditionelle Küche mit ihren Produkten, von den heißen Ebenen des Migjorn über das fruchtbare Herz der Insel, den Pla und Raiguer, bis hinauf in die Serra de Llevant und ins Hochgebirge der Serra de Tramuntana.

Eine Landvilla bei Bunyola verhilft zu einem unverhofften Stelldichein mit dem *Modernisme,* dem spanischen Jugendstil.

Wegkreuze wie dieses, das Creu d'en rebassa in Sineu, sind über die ganze Insel verstreut, als Aufforderung zu einem Moment der Einkehr, als Grenzmarkierung und als Schutzsymbol.

Obwohl Mallorca heute festgelegte Gemeindegrenzen hat, hat sich die althergebrachte, wahrscheinlich von den Mauren eingeführte Aufteilung des Landes in Gemarkungen, *comarques,* erhalten. Die *comarques* richten und benennen sich nicht nach politischen, sondern nach naturgegebenen Verhältnissen. Auf Mallorca heißen sie nach den Himmels- und/oder Windrichtungen, also Ponent („sich legend") für den Westen, Llevant („sich erhebend") für Osten, Migjorn („Mittag") für Süden und Tramuntana („über die Berge") als *pars pro toto* für den kalten Nordwind – oder nach den landschaftlichen Gegebenheiten wie im Pla, der „Ebene". Einzig am Namen des Grenzlands zwischen Tramuntana und Pla, dem Raiguer, läßt sich keine solche Zuordnung mehr ablesen.

Das Netz der Steine und Kreuze

Bei aller Unterschiedlichkeit der *comarques* gibt es doch einige gemeinsame, wenn auch menschengeschaffene Nenner. Dazu gehören zum Beispiel die Wegkreuze, die zu Tausenden an Schnittpunkten von Feldwegen und Landstraßen stehen. Egal ob aus Schmiedeeisen oder in Stein gemeißelt oder aus Holz und mit einem Kachelbild geschmückt, immer haben sie über die geographische Funktion, Gemeinde-, Feld- oder Gutsgrenzen zu bezeichnen, hinaus, eine religiöse Bestimmung: die Hoffnung auf göttlichen Schutz, eine segnende Hand über das Land und eine Einladung an den Vorübergehenden, Einkehr zu halten mit sich und der Welt.

Viele Wegkreuze stehen nicht frei, sondern erheben sich aus den *marges,* den Trockenmauern. Diese ohne Bindemittel geschichteten Bruchsteinmauern überziehen die Insel wie ein grobmaschiges Netz. Die robuste Ausarbeitung macht aus lästigen, unbehauenen Feldsteinen schützende Mauern, die Saat und Ernte vor Wind und hungrigen Eindringlingen schützen. Die Hohe Schule der *marges* stützt mit paßgenau behauenen Mauern Terrassenfelder und schafft Hausmauern von einer so bodenständigen wie, dank des goldfarbenen Marès-Steins, eleganten Schönheit, daß sie gleichermaßen Paläste wie Bauernhäuser schmückt.

Wuchtige Mauern aus Stein waren auch jahrhundertelang der einzig mögliche Schutz gegen die Raubritter der Meere. Sei es als Stadtmauer wie in Alcúdia und Santanyí, sei es als Ring von 85 Wachtürmen, den *talaies,* die seit dem 16. Jahrhundert rund um die Insel entstanden, sei es als wehrhaft ausgebaute Burganlage wie in Artà und Capdepera.

Immer hinter dem Fels: eine Insel ohne Meer

Zählt man die Piraten als Kurzzeitinvasoren hinzu, verwundert die tiefverwurzelte mallorquinische Haltung, daß man vom Meer außer Fischen und Tang als Dünger nichts Gutes kommen kann, kaum.

Wo Landarbeit zu tun ist, gibt es Esel. Bis heute sind die weichschnäuzigen Arbeitstiere auf Mallorca unverzichtbar geblieben.

Wenige kleine Häfen mußten ausreichen als Umschlagplätze für Waren aus dem Inland und als Standpunkt für die Flotte der *llaüts. Estam sempre darrera sa roca,* „wir sind immer hinter dem Fels", lautete das Motto der Insel-Gesellschaft.

Die Geringschätzung des Meeres ging so weit, daß in der traditionellen Erbteilung der älteste Sohn das Gut oder den Hof im Inland erbte und die jüngeren Geschwister das unrentable Land am Meer. Erst die letzte Invasion Mallorcas sollte mit abgründiger Ironie dieses Ungleichgewicht von innen nach außen kehren.

Denn als in den 60er Jahren des 20. Jahrhunderts der Tourismus erstmals massenhafte Ausmaße annahm – 1966 war die magische Grenze von einer Million Gästen im Jahr überschritten –, war auf einmal ein Grundstück am Meer Garant für Reichtum und der heimische Hof nur noch ein Relikt aus Zeiten des Hungers und der Pest, das man allenfalls als Erholung vom Reichtum am Wochenende ertragen konnte und wollte. In wenigen Jahren veränderte sich das Profil Mallorcas, vom Wasser aus gesehen, grundlegend: Was vorher ausgesehen haben muß wie eine so gut wie unbewohnte, weil unbebaute Küste, verwandelte sich in eine bettengefüllte Beton-Mauer, je näher am Wasser, desto besser. So konnte geschehen, daß etwa Europas vormals ärmste Gemeinde, Calvià im Ponent, binnen kurzem zur reichsten avancierte dank ihrer Küstensiedlungen Magaluf, Santa Ponça und Peguera.

Oben: Unbebaute Küsten sind rar geworden auf Mallorca. Doch wer will, findet immer noch das Idyll der einsamen Strandbucht.

Rechts unten: Auf der Esplanade vor Palmas Kathedrale trifft man einen der großen Söhne der Insel: den Philosophen, Dichter und Missionar Ramón Llull.

Die Eroberer in Bermudashorts und Badelatschen brachten Geldmengen auf die Insel, die sogar die Piraten schwindelig gemacht hätten, und damit einen tiefgreifenden Wertewandel. Nicht nur die alten Dörfer und Städte, auch die alte Lebensart war von heute auf morgen wertlos geworden. Plastik und Preßholz ersetzten Körbe aus Palmblattfaser und Pinienholzmöbel, Synthetikgardinen verdrängten die *roba de llengües* aus Hanfleinen, Pommes frites und Hamburger schoben den *frit mallorquí,* die *sopes* und das *pa moreno* aufs kulinarische Abstellgleis. Erst wenige Jahre vor der zweiten Jahrtausendwende hat ein neues Nationalbewußtsein die Schatztruhe der alten Lebensweise entstaubt und wieder aufgewertet. Doch mußten erst Mitteleuropäer zu Tausenden Fincas und Stadthäuser kaufen und restaurieren, damit den Mallorquinern deren Wert, nicht nur in Geld, sondern als kulturelles Erbe, aufging.

Bucht-Bagger-Beton

Bis dahin hatten sie pragmatisch, freundlich, aber zurückhaltend den Touristen genau das serviert, was sie haben wollten: deutsches Bier und englischen Tee, Autobahnen und einen Flughafen, der im Sommer mehr Flugbewegungen schaffen muß als alle anderen Airports Europas und in der Abflughalle mehrsprachig darauf hinweist, daß Passagiere mit einem Fußweg von bis zu 20 Minuten rechnen müssen, um ihren Flugsteig zu erreichen. Mit knapp 400 000 steht jedes vierte spanische Hotel- und Appartementbett auf Mallorca. Auch Golfplätze entstanden einer nach dem anderen, ungeachtet der damit verbundenen Umweltprobleme auf einer wasserarmen Insel. Hauptsache, die Gäste bringen den Einheimischen Wohlstand und lassen sie sonst in Ruhe. Als schließlich Wasser vom Festland eingeschifft werden mußte, als andere Sonne-und-Strand-Ziele besseren Service, mehr Komfort zu günstigeren Preisen boten als Mallorca, wachte die Insel auf aus einem Rausch, der begann, zum Katzenjammer zu werden.

Qualitätstourismus lautet nun das hehre Ziel der Touristiker, also der Verzicht auf den mallorquinischen Dreisprung Bucht-Bagger-Beton. Statt dessen hat sogar die Abrißbirne einige der schlimmsten Bausünden tilgen dürfen, ländlicher Tourismus beginnt eine neue Kundschaft anzuziehen, in den Ballungsgebieten S'Arenal, Calvià und Alcúdia haben Promenaden und Strände, Hotel- und Appartementanlagen Schönheitskuren verpaßt bekommen, Hotelneubauten sind nur noch als Ersatz für alte Baumasse möglich. Mehr als sechs Millionen Touristen kamen 1998, rund 50 000 Ausländer leben ständig auf der Insel, und noch immer ist keine Wachstumsgrenze erreicht.

Archäologische Wohnkultur und postmoderne Freizeitgesellschaft treffen sich auf diesem Golfplatz nahe einer talayotischen Siedlung.

Die Reisenden bleiben seßhaft, am Strand

Einige Gäste nehmen sich einen oder zwei Tage Zeit, um sich in einem Ausflugsbus die Tramuntana hinauf kutschieren zu lassen, um auf den Spuren eines der ersten Exilanten aus eigenem Willen und aus Liebe zu Mallorca zu wandeln, des Erzherzogs Ludwig Salvator von Habsburg-Toskana (1847–1915), der mehr als die Hälfte seines Lebens in den Bergen um Deià verbrachte. Für Valldemossa, um im Kloster einer Liaison nachzuspüren, die die Schriftstellerin George Sand mit dem Komponisten Frédéric Chopin einen Winter lang hierher brachte. Für das Kloster Lluc, um die schwarze Madonna zu bewundern und sie um einen sicheren Heimflug zu bitten. Für Sa Calobra, um auf den 12 Kilometern von Europas verknotetster Straße weiche Knie zu bekommen. Für eine musikbeschallte Bootsfahrt vielleicht auf dem großen unterirdischen See in den Drachenhöhlen bei Portocristo und eine Shopping-Tour nach Inca und Manacor, um neu beschuht und mit Perlenketten geschmückt zuhause Staat zu machen.

Das Gros jedoch leiht selbst 1999 – noch? – keinen der 70 000 Mietwagen und erkundet nicht das Herz der Insel, die ehemalige Hauptstadt Sineu mit ihrem mittwöchigen Viehmarkt, erfährt nichts vom Kirchen-Reformer Ramón Llull auf dem Klosterberg Randa, von der einzigen Heiligen der Insel, Catalina Tomàs. Ihnen bleibt verborgen, daß sich die Stadt Felanitx als Wiege von Christoph Kolumbus bezeichnet und daß aus derselben Stadt Spaniens berühmtester Maler der Gegenwart stammt, Miquel Barceló. Fluch und Segen des mallorquinischen Weinbaus um Binissalem lassen sie ebenso unberührt wie die hermetische Verschlossenheit der Dorfgesellschaft in Pina.

So leben auf ein und derselben Insel vollkommen verschiedene Erlebnis- und Wahrnehmungswelten nebeneinander und aneinander vorbei. *Luminosa,* die Leuchtende, nannten sie die Römer. Der katalanische Dichter Santiago Rusiñol schwärmte von ihr als der Insel der Ruhe, *l'illa de la calma.* Als Blumen- und Sonneninsel ist sie zum Synonym geworden für ein unerreicht erfolgreiches Markenprodukt des Massentourismus. Der gleiche Massentourismus und seine Kundschaft haben ihr in den Jahren der betonalen Symphonie an den schönsten Stränden des Mittelmeers den Titel „Putzfraueninsel" eingebracht. Kurz vor der Jahrtausendwende haben ausländische Investoren und Immobilienkäufer, vor allem aus Deutschland, ihr neue zweideutige Kosenamen aufgedrückt: „Mallorca, das bessere Deutschland", spöttelte ein deutsches Nachrichtenmagazin. Über eins sind sich jedoch Mallorca-Verehrer und Mallorca-Verächter sicher einig: Kaltgelassen hat diese Insel noch niemanden.

Mallorcas Küche
Essen und genießen

Ganz Mallorca kennt diese Geschichte, als der katalanische Schriftsteller Josep Plà fast auf die Knie fiel, aber nicht etwa liebestrunken vor einer Dorfschönheit in Porreres, sondern hungrig vor einem Wirt in Pollença. Strenggenommen verlangte er nichts Besonderes, im Gegenteil: Er wollte nichts weiter als *sopes* essen, Gemüseeintopf mit Kohl, das konnte doch nicht so schwer sein! Aber der Wirt weigerte sich, denn das war ein Essen für arme Leute, und zu dieser Zeit war so etwas in einem guten mallorquinischen Restaurant absolut tabu. Zuletzt ließ er sich dann doch erweichen – aber nur heute und nur als Ausnahme! Gott sei Dank sind diese Zeiten vorbei, und die echte mallorquinische Küche steht auf der Speisekarte jedes Restaurants, das etwas auf sich hält. Für *sopes* muß heute niemand mehr auf den Knien liegen.

Auch wenn sie so heißt, *sopes mallorquines* ist keine Suppe, sondern Eintopf. *Sopes* bezieht sich hier auf die feinen getrockneten Mischbrotscheiben, mit denen der Teller ausgelegt wird, bevor der Kohleintopf darauf serviert wird. Der Gemüseeintopf gehört zu den typischen Gerichten der Insel. Ohne Brot kommt ein weiterer mallorquinischer Küchenklassiker aus: *Tumbet.* Hierfür werden fritierte Zucchini, Auberginen, Paprikastücke und Kartoffeln übereinander geschichtet und – mit einer würzigen Tomatensoße gekrönt – zehn Minuten im Backofen gegart.

Liebevoll dekoriert auf mallorquinischer Decke: Pasteten mit Fleischfüllung.

Cuisine à la multikulti

Fast alle Eroberer, Händler und Reisende, die Mallorca besuchten, steuerten auch etwas zu ihrer Küche bei. Entweder brachten sie Obst, Gemüse und Gewürze mit oder auch komplette Rezepte, die nach und nach die Inselküche prägten oder erweiterten. Die Mallorquiner nahmen die Anregungen gerne auf.
Aufgrund der Insellage waren sie immer darauf angewiesen, auf den einheimischen Gemüsegarten und das auf der Insel lebende Getier zurückzugreifen und alles, was hier wuchs, im wahrsten Sinne des Wortes zu „verbraten". Für jede Variation waren sie deshalb dankbar.

Vielleicht auch deshalb sind Variationen das Normale in den Küchen Mallorcas: Traditionelle Rezepte wurden lange Zeit nicht aufgezeichnet, sondern von Mutter zu Tochter „vererbt". Das hatte und hat immer noch die große Bandbreite in der Zubereitung einzelner Gerichte zur Folge: Irgend eine kleine Verschiedenheit, eine Abwechslung, die für diese oder jene Familie oder Region typisch ist, findet sich immer. Viele Kochrezepte gehen auf arabische Einflüsse zurück. Deshalb ist es durchaus üblich, Aprikosen, Mandeln, Pinienkerne und Rosinen mit Zimt, Kapern und Anis zu verbinden und daraus wahre Gaumenfreuden zu bereiten.

Die Schätze der mediterranen Küche, vegetarische Fraktion: Mallorcas Gärten lassen Obst- und Gemüseimporteuren wenig Chancen.

Fleisch bedeutet auf Mallorca in erster Linie immer Schweinefleisch. Das schwarze Schwein, *porc negre*, ist Ergebnis einer Kreuzung der keltischen Rasse *Sus scorfa Ferns* und der iberischen *Sus scorfa mediterraneus.* Früher war das jährliche Schlachtfest *matança* das Hauptereignis im ländlichen Mallorca, und von dem gemästeten Schwein wurde nahezu alles verwendet. Weil die Mallorquiner aber wegen ihres feuchten Meeresklimas den Schinken nicht an der Luft abhängen lassen können, kamen sie auf die Idee, mit Paprika gewürzte Würste im Keller trocknen zu lassen und erfanden so die *sobrassada.* Sie wird heute natürlich auch industriell hergestellt, mit manchmal unklarem Inhalt;

Obst und Gemüse wachsen von selbst – dennoch sieht ein verantwortungsvoller Bauer täglich nach dem rechten.

denn nur wo *Sobrassada de porc negre* draufsteht, ist auch schwarzes Mallorca-Schwein drin, dazu Paprikapulver, Salz, andere natürliche Gewürze – und sonst nichts. Die beliebte Wurst mit dem ungefährlichen weißen Schimmelflor wird roh als Brotaufstrich, aber auch gekocht verwendet; richtig lecker schmeckt sie erst, schwören manche Mallorquiner, wenn man noch Honig darauf streicht.

Neben dem Schwein wird aber auch gerne das herzhafte Mallorca-Lamm mit frischen Kräutern wie Rosmarin, Thymian und Knoblauch im Holzofen zubereitet. Auch Kaninchen und Landhühnern hat man eine Unzahl von Rezepten gewidmet, wie zum Beispiel *conill amb ceba,* Kaninchen mit Zwiebeln.

Das Angebot an Desserts ist schier unerschöpflich. Am Ende eines üppigen Mahls steht fast immer die berühmte mallorquinische Hefeschnecke, die *ensaïmada,* oder Mandeltorte mit Mandeleis. Der Mandelkuchen wird ohne Verwendung von Mehl gebacken. Wieviele Eier statt dessen als Bindemittel in der Backform landen, danach fragt man am besten nicht, ebensowenig wie nach der Zuckermenge beim Mandeleis. Erfrischend nach dem Essen sind auch die *granissats,* fein gesplittertes Eis mit Orangen-, Zitronen- oder anderen Säften vermischt, das bei wenigen Graden unter Null schwerflüssig gehalten wird. Fast auf jeder Speisekarte steht *flam,* eine karamelisierte Eierspeise, die sich in ganz Spanien und Portugal größter Beliebtheit erfreut.

Überhaupt, Süßes: Die Auslagen der *pastisseries* und *xocolateries* Mallorcas sind voll von hausgemachtem Schokoladennougat, kandierten Früchten, glacierten Maronen und Marzipanbroten. Die Liebe zum konzentrierten Zucker haben, wieder einmal, die Araber den Mallorquinern vererbt, während der *cacau* für die Schokolade aus der Neuen Welt importiert wurde.

Pizza à la mallorquina: *Coca* und kann süß oder herzhaft belegt sein.

Tramuntana

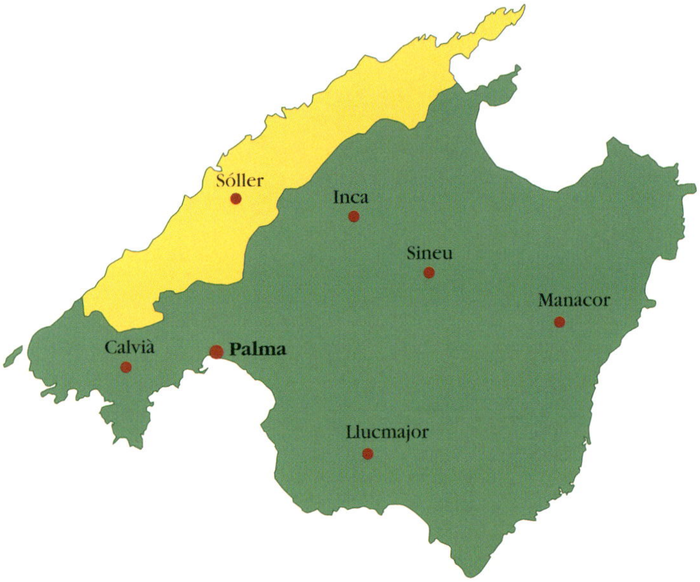

Konzert aus Felsen, Wind und Meer
Die Tramuntana

Die Tramuntana im Nordwesten der Insel ist ein gefährliches Terrain, das nur zur Warnung: Heutzutage gehören zwar die Piraten-Angriffe der Vergangenheit an, und auf den entlegenen Bergstraßen muß niemand mehr fürchten, Opfer von *bandolers,* den Freibeutern der Gipfel, zu werden. Aber die beiden anderen für diese Landschaft charakteristischen Gefahren lauern noch immer in all ihrer Tragweite.

Die eine: Alles, was mit den Newtonschen Gesetzen der Schwerkraft zu tun hat. Und wer nicht selbst fällt – eine Steilwand im Torrent de Pareis hinunter zum Beispiel, von einer Klippe ins Meer oder von einer losen Grasnarbe in einen Felsspalt –, dem kann einiges auf den Kopf fallen: Steinbrocken, losgetretenes Geröll, vom Wind abgerissene Äste oder das große Geschäft eines Fischadlers.

Die Macht der Liebe

Die andere Gefahr kommt subtiler daher, hat aber beständiger Tribut von den Menschen gefordert. Deren Mehrzahl ist in die Falle getappt, ohne ihre Namen verewigen zu können. Die Liebe einiger weniger, dafür sehr illustrer Opfer, hat hingegen Eingang gefunden in das Gedächtnis der Insel und Europas. Denn in der Liebe liegt die zweite Gefahr, die ihr Opfer überfällt wie einst die *bandolers,* sich um es legt wie ein Mantel, um es nie mehr loszulassen, es nie mehr vergessen zu lassen.

1838 erlag ihr die französische Schriftstellerin George Sand während eines Winters auf Mallorca, im malerischen Valldemossa, wohin sie sich mit ihrem Geliebten, dem Komponisten Frédéric Chopin, in die Abgeschiedenheit eines ehemaligen Klosters geflüchtet hatte. Und während der schwindsuchtkranke Chopin sich im feuchten, kalten Valldemossa mit Husten quälte, ließ sich George Sand von der Landschaft verzaubern, so heftig, daß sie ihr eine Liebeserklärung schrieb, die heute ein Verkaufsschlager in den Bücherläden der Insel ist: *Ein Winter auf Mallorca.*

35 Jahre später begann ein heimatloser Sproß der Kaiserlichen Österreichischen Familie nahe Deià Land zu kaufen, aus Sicht der Einheimischen reines Geröll, wertloser Grundstücksplunder, um daraus eine Heimat zu machen, die sich 41 Jahre lang seiner fast manischen Liebe würdig erwies. Der Erzherzog Ludwig Salvator von Habsburg-Toskana hat sie in mehrfacher Weise für die Nachwelt festgehalten: Mehr als ein Dutzend Bücher seines mehr als 60 Bände umfassenden Lebenswerks hat er Mallorca gewidmet, darunter das berühmte Kompendium *Die Balearen,* eine akribische Bestandsaufnahme der Inselgruppe.

Seine Anwesen, darunter Son Marroig, S'Estaca, Son Moragues und Miramar, bestehen bis heute, wobei vor allem Son Moragues ein einzigartiges Zeugnis dieser so verzweifelten wie glücklichen Liebe

In der Bergwelt der Tramuntana wartet eine blühende Überraschung nach der anderen direkt am Wegesrand.

Die Tramuntana ist Mallorcas wasserreichste Region. Bis zu 1 500 Millimeter pro Quadratmeter im Jahr lassen so manchen Hängegarten vor Nässe triefen.

Vorhergehende Doppelseite: Der Blick wandert südwärts entlang der Küste des Tramuntana-Gebirges.

Im Frühjahr beginnen Tausende von Mandelbäumen den Reigen der mallorquinischen Blütenpracht.

darstellt: Der erzherzöglichen Sorge um den Erhalt der Natur, so wie die Schöpfung sie hingegossen hat, verdankt die Nachwelt eines der wenigen verbliebenen unberührten Stücke Natur auf der Insel, den Son Moragues-Park.

Wozu seine Liebe entbrannte, genauso wie die der britischen Autoren Robert Ranke-Graves und D. H. Lawrence, ist eine einzigartige Mittelmeer-Landschaft. Auf einer Insel zumal, denn wenige vereinen eine so unermeßliche Vielfalt. Die Serra de Tramuntana überwältigt, nicht hinterrücks, unverhofft, sondern offen und ohne Rückwärtsgang, weil sie gar nicht anders kann. Dieser Gebirgszug ist ein Symphoniekonzert allererster Ordnung: Als Ouvertüre fliegt ein Geigensolo über das Cap de Formentor ein, verweilt einen Moment erstaunt, um mit neuer Kraft Richtung Puig Major zu gleiten. Der liefert mit seinem 1445-Meter-Höhenrekord und seinen umliegenden Kollegen in regelmäßigem Rhythmus die Paukenschläge, um sogleich Raum zu lassen für das sanfte Klagen einer Oboe, wenn das Meer seine Wogen an den Felsen zerschellen sieht.

Zwischendrin jubiliert eine Flöte auf den mit Olivenbäumen, Orangenhainen und Mandelplantagen bestandenen Terrassengärten bei Banyalbufar. Und während eine Harfe der Schönheit arabischer Parks wie Alfàbia und Raixa nachsinnt und dem Knistern der Holzkohle in einer Köhlerei, erhebt sich der triumphierende Klang von Posaunen und Trompeten im Flug über saftiges Grün, über die in Felsflanken drapierten Dörfer und den Wind, der hier Verstecke findet wie nirgendwo sonst auf der Insel.

Wasser für den geregelten Überfluß

Im Gegensatz zu den knochentrockenen Salinen-Gebieten im Süden der Insel oder den weiten Ebenen des Pla ist die Tramuntana die wasserreichste Region Mallorcas. Die Gipfel des Puig Major, Teix, Massanella und Tomir bekommen im Winter Schneemützen verpaßt, in Bunyola regnet es den mallorquinischen Rekord von bis zu 1 000 Millimeter pro Quadratmeter im Jahr, und das Bergdorf Esporles richtete Ende des 19. Jahrhundert sogar ein kleines Wasserkraftwerk ein, um die Spinnräder und Webstühle seiner ersten Stoffabrik anzutreiben.

Das üppige Immergrün der Tramuntana legt beredtes Zeugnis über ausreichende Wassermengen ab. Geschaffen wird es von Steineichenwäldern, Olivenhainen und Pinien, so weit das Auge reicht. Bis auf die Oliven gehören sie zur natürlichen Pflanzenwelt der Tramuntana, die der Mensch im Laufe der Jahrhunderte um jene Kulturpflanzen erweitert hat, die er zum Überleben in dieser Landschaft braucht.

Die magische Formel dieser Agrararchitektur läßt sich in zwei Prinzipien zusammenfassen und bis heute bestaunen, vor allem zwischen Estellencs und Banyalbufar: Ebenen einziehen, wo die Natur keine geschaffen hat, und Wasser unter dem Gesetz der Schwerkraft die Richtung vorgeben. So entstanden Terrassen für Obst, Gemüse

Im Sommer wird es selbst im Hochgebirge heiß. Dank aufgefangenem Regen in natürlichen Stauseen geht aber das Wasser hier kaum jemals zur Neige.

Im Herbst hat die Abendsonne ein leichtes Spiel zwischen den kahler werdenden Bäumen der Steilküste.

und Getreide, geschützt, gestützt von Trockensteinmauern und meisterhaft bewässert: Regen- und Schmelzwasser kanalisierten die Araber, leiteten es auf jedem Terrassenfeld in Überlaufbecken und schließlich ins Dorf. Schleusen und Zisternen sorgen heute noch für eine gerechte Verteilung, denn selbst in der Tramuntana sind die Sommer heiß und fast regenlos.

Geben und Nehmen in den Bergen

Denn so idyllisch dies alles wirkt, bis ins 20. Jahrhundert hinein war das Leben hier alles andere als ein unbeschwertes Wandeln im Selbstbedienungsladen der Natur. Die Berge gaben außer Wasser und Eicheln für die Schweine nichts freiwillig her und nahmen vieles: Bewegungsfreiheit; Schafe, Ziegen, Schweine, Maultiere, die einen Felsspalt hinunterstürzten; Menschenleben, die von herabpolterndem Geröll gefordert wurden, von Stürzen die Klippen hinunter und von wütenden Wellen gegen die Steilküsten gedonnert. Wer hier überleben wollte, mußte Einsamkeit ertragen können, mit den Nachbarn gut auskommen, jeden Windhauch, jede Wolke, jeden Regentropfen sofort als Freund oder Feind erkennen.

In solcher Umgebung entstand ein Beruf, der nur hier eine Nische finden konnte: Die *nevaters,* die Schneemänner, die im Winter Schnee und Eis von den Berggipfeln holten und in dafür erdachten und erbauten Schneehäusern, den *cases de sa neu,* konservierten, um dann im Sommer im Tal Kälte zu Geld zu machen. Erst zu Beginn des 20. Jahrhunderts nahmen die ersten Eisfabriken diesem Beruf sein Auskommen.

Auf den gleichen Berghöhen arbeiteten neben den Kälteexperten die Wärmemacher: Köhler kokelten aus Pinien- und Steineichenholz in ihren *sitges,* den Holzkohlemeilern, jenen Brennstoff, der aus einer kalten Bauernküche ein wohliges Heim machte. Auch ihr Handwerk verschwand, wenn auch nicht ganz so restlos wie das der *nevaters,* mit dem Siegeszug der Elektrizität.

Schon bald nach der Reconquista, der Rückeroberung Mallorcas durch die Christen, gelangte das Leben in der Bergwelt zu neuer Blüte: Zwar zerstörten die Eroberer alle Bauwerke der Mauren, aber ihr landwirtschaftliches Vermächtnis blieb unangetastet. Bunyola zehrte weiter von seinen reichen Ölbaumbeständen und stellte in einer eigenen Presse Mallorcas feinstes Öl her. Sóller, dessen Umgebung nach eben diesem flüssigen Gold der Oliven „Tal des Goldes" genannt wurde, verlegte sich auf ein anderes Produkt, das diesem Namen mindestens ebenso gerecht wird: Orangenbäume verleihen dem Ort mit ihren süßen Duftwolken und dem Leuchten der Früchte in dunkelgrünem Laub bis heute ein einmaliges, paradiesisches Aussehen.

Schweine, Schafe, Ziegen und Kühe gediehen auf den satten, würzigen Weiden der Berge vortrefflich, während verwilderte Geißen, Hasen und Kaninchen Jägern ein Auskommen gaben. Große Ländereien entstanden nach dem *Repartiment,* der Landaufteilung durch Jaume I. unter seinen Getreuen, und machten ihre Herren bald reich. Fast all diese Landgüter sind noch erhalten, viele werden noch bewirtschaftet, einige sind heute Museen. Das berühmteste ist Sa Granja bei Esporles, eine Art Lehrstück in ländlicher Geschichte, mit seinen Stallungen und Werkstätten, Empfangs- und Wohnräumen und, aus der Zeit der Inquisition, Folterkammern im Keller.

Solcher Reichtum rief bald Neider und Schmarotzer auf den Plan, und jahrhundertelang war die Küste der Tramuntana Angriffsziel von Piraten und Unterschlupf für Schmuggler. Kaum ein Dorf, kaum ein Hafen, der nicht einen brutalen Piratenangriff erlebt hat und seines Sieges über die Freibeuter oft bis in die Neuzeit gedenkt, wie Port de Pollença und Port Sóller. So wurden auch hier seit dem 16. Jahrhundert Wachtüme gebaut, die *talàies,* in Sichtweite zueinander, runde, wehrhafte Warnzeichen an die Piraten: Wir lassen uns das nicht gefallen! Einige dieser Wehrtürme stehen noch, manche sind, wie der „Turm

„Auf den Höhenstraßen der Tramuntana müssen Schneeketten verwendet werden." Solche Verkehrsdurchsagen sind hier im Winter keine Seltenheit.

An der Bucht von Estellencs kann man noch jeden Fisch auf dem Meeresgrund seine Runden drehen sehen.

der Seelen“ bei Banyalbufar, so atemberaubend in die Landschaft plaziert, daß wirklich jedem schwindelig wird, vor Ohrensausen, oder weil so etwas Schönes kaum zu fassen ist.

Industrie und Exilanten halten Einzug

Doch irgendwann hielt auch hier die Neuzeit Einzug. Im 19. Jahrhundert kamen die ersten Ausländer auf die Insel, die hier nicht Handel treiben und keine neue Schmugglerhöhle mit Waren vollstopfen wollten, sondern: Frieden suchten, ein Heim, Abstand zu ihrer Welt, einen Unterschlupf für die Seele. Orte wie Deià, Pollença, Valldemossa und Sóller verwandelten sich in mehrsprachige Refugien für eine mitteleuropäische Gesellschaft, die schon den ersten Anflug vom Druck der Massen und dem Verlust der Naturanbindung zu spüren begann.

Die Abgeschiedenheit, die sie suchten, verkehrte sich bald endgültig in ein Problem. Schon kamen die ersten Industrien: Spinnereien und Webereien entstanden. Die Bürger Sóllers ließen 1912 eine Eisenbahnstrecke nach Palma bauen, um ihre Orangen schnell und frisch transportieren zu können. Die Inselregierung suchte Straßenbau-Ingenieure, die Berge als Herausforderung betrachteten, nicht als Hindernis.

Der Italiener Antonio Paretti war so einer: Seine Straße von Port de Pollença zum Cap de Formentor und sein Meisterwerk, die „Schlange“ nach Sa Calobra, sind Pflicht für jeden Besucher. Statt gefühllos wegzusprengen, was im Weg ist, hat Paretti der Tramuntana gelauscht und ihren Gesang verstanden: Wo ein Abhang zu steil war, schlug er hellsichtig einen Rückwärtsbogen, statt blind vorwärts zu stürzen. Wo er Fels wegnahm, schüttete er die Masse woanders als Fülle wieder auf. Das Ergebnis sind Straßen, die sich wie fallengelassene Seidenbänder in die Bergmassive schmiegen.

Seit auch Sóller, bis in die neunziger Jahre des 20. Jahrhunderts nur über einen Bergpaß zu erreichen, mittels eines Tunnels an die Außenwelt angeschlossen ist, scheint die Tramuntana zunächst keine Geheimnisse mehr zu wahren. Zunächst. Denn kaum einen Kilometer neben Parettis Schlangenstraße klafft der Torrent de Pareis, die „Paradiesschlucht“, ein wassergegrabener Canyon im Kalkstein, viereinhalb Kilometer lang, und trotzt dem Vormarsch der geordneten Fortbewegung: Wer hier durch will, braucht gesunden Menschenverstand, gute Ausrüstung, trittsichere Füße, Mut und eine Menge Zeit. Und wird belohnt: Mit einem Stück Landschaftsarchitektur direkt aus der Hand der Schöpfung, mit einem Tusch aus der Partitur der Tramuntana, die hier, abseits von Straßen und Städten, weiter alle Töne spielen darf, die lauten und die leisen.

Rechts: Unter einem Dach aus Weinranken und im Kreis der Freunde kann sich eine Festtafel stundenlang hinziehen.

Folgende Doppelseite: Eine verlassene Finca im Tramuntana-Gebirge.

Wie unter einem Himmel voller Lampions scharren die Hühner nach Eßbarem im Schatten der Orangenbäume.

Treffpunkt der Winde
Cap de Formentor

Die Treppen, Mauern, Wege und der Leuchtturm am Cap de Formentor wurden 1862 tritt- und stolperfest auf den Felsen gebaut, und doch graust es hier jedem, der nicht vollkommen schwindelfrei ist. Der Blick von Mallorcas Finisterre in die Ferne bleibt, wenigstens bei klarer Sicht, im Osten an Menorca hängen und im Westen an der Cala Figuera, während sich im Süden Alcúdia an seinem Sandstrand räkelt. Aber der Blick den Felsen hinunter läßt auch Hartgesottene an der Beschaffenheit ihrer Knie zweifeln: 300 Meter weiter unten tost das Meer. Und als wäre das noch nicht genug, geben sich hier am Nordostende der Insel die Gewalten der Lüfte ein Stelldichein: *Tramuntana, Ponent, Migjorn* und *Llevant,* die vier großen Brüder, und ihre Cousins *Gregal, Mestral, Llebetx* und *Xaloc.*

Auf einer Insel wie Mallorca, die bis weit ins 20. Jahrhundert hinein vorwiegend vom Fischfang und der Landwirtschaft lebte, war es lebenswichtig, die Winde wie ein Familienmitglied zu kennen. Welcher bringt Regen, dörrt zarte Triebe aus, türmt das Meer zu lebensgefährlichen Wellen auf? Welcher streichelt kühl das Gesicht, bügelt die Wäsche, trocknet das geschnittene Getreide zum Dreschen, bringt die Fischer sicher heim? Freund oder Feind, Erfrischung oder Naturkatastrophe?

Der kalte *Tramuntana* aus Westen und Norden muß sich erst am nach ihm benannten Gebirge messen und gewaltige Wellen an die Steilküsten türmen, bevor er sich auf den Raiguer und den Pla stürzen darf. Dann kühlt er übermütiger Sommerhitze angenehm das Mütchen. Orkanstärke können im Winter die Kollegen *Ponent* und *Llevant* erreichen, vor allem dann, wenn sie nicht schnurgerade aus Ost oder West kommen, sondern in einer leichten Nordkurve auf die Insel einfliegen, denn dann treffen sie auf kein Hindernis weit und breit. Der *Migjorn* aus Süden hingegen gibt unentschiedenen Frühlings- und Herbsttagen Glanz und Wärme des Sommers und verwandelt Sommertage in eine Freiluftsauna.

Das nördliche Ende der mallorquinischen Welt haben Wind und Wasser bizarr geformt.

Blicke fischen und Fische fangen
Port de Pollença

Als würde sie einen schützenden Arm um den Hafen von Pollença legen wollen, umschließt eine Landzunge in elegantem Bogen den kleinen Fischerort am nördlichen Ende der Badia de Pollença. Schutz kann der Hafen offenbar auch ohne die Gefahr von Piratenangriffen gebrauchen, denn er ist der erste festgefügte Hort der Zivilisation, von Norden aus gesehen: Dahinter kommt nur noch das sturmumtoste Cap Formentor, davor beginnt das Konzert der Tramuntana.

Nachdem Agatha Christie 1929 einige Wochen hier verbrachte und den Hafen von Pollença mit der Liebesgeschichte *Problem at Pollensa Bay* zum Bestandteil der Weltliteratur machte, ohne die bezaubernde Schönheit seines Lichts zu vergessen, fanden sich schnell britische Feriendetektive hier zur Sommerfrische ein, darunter Prominenz wie Winston Churchill und der Tanker-Milliardär Aristoteles Onassis. Etwas vom alten Gentleman-Flair ist noch übriggeblieben, und ein wenig erinnert der Badeort an idyllische kleine Seebäder in Cornwall. Bald wurde Port de Pollença auch für Menschen ohne Millionen erschwinglich und verwandelte sich nach dem Zweiten Weltkrieg in eines der ersten touristisch bedeutenden Seebäder der Insel. Bis heute prägen englischsprachige Gäste den Hafen, auf den ersten Blick, denn ihnen wird in der Regel entgehen, welch illustres Publikum von spanischen Festland sich hier regelmäßig einfindet auf einen Plausch unter Politikern, ein Abkommen unter Geschäftsleuten, ein Wiedersehen unter Freunden.

Trotz der oft zweifelhaften Segnungen des Tourismus hat Port de Pollença es geschafft, seinen Charakter zu erhalten. Im Stile besten britischen Understatements leistet es sich der Ort, seinen ausgedehnten Strand nicht zu verschandeln, sein Zentrum mit verlockenden, aber nicht protzigen Geschäften auszustaffieren und die Uferpromenade Ende des 20. Jahrhunderts zu einem einladenden Paradies auszubauen für Schlenderer, Blicke-Fischer und Freunde mediterraner Meditation: Stundenlang läßt es sich in einem Café auf dem Passeig Anglada Camarasa den Fischern beim Netzeflicken oder vom Club Nautico aus den stolzen Yachtbesitzern beim Deckscheuern zuschauen und auf den fast zwei Kilometern des Passeig Voramar unter alten Bäumen an den herrschaftlichen und sympathisch altmodischen Villen, den Bootsanlegern und kleinen Strän-

Schon Agatha Christie verbrachte hier einige Zeit und machte die Pollença-Bucht zum Ambiente einer Liebesgeschichte.

den vorbei flanieren. Am Ende wacht seit 1634 eine kleine Festung über die Sicherheit des Hafens, in deren Reste später ein Leuchtturm gesetzt wurde. Hinter dem langen und breiten Sandstrand steigt steil die Serra de Cavall Bernat in den Himmel auf, dahinter bedient sich der Strand von Cala Sant Vicenç aus der Farbpalette der Natur mit Beige- und Goldtönen für den Sand und mehreren Nuancen Türkis für das Meer. An klaren Tagen kann man sich den Weg bis zum Cap Formentor sogar sparen, um Mallorcas kleiner Schwester einen Gruß hinüberzuwinken: Schon vom Leuchtturm aus sind die Stadt Ciutadella und das Kap Punta Nati auf Menorca zu sehen.

Die Yachten schaukeln sanft im Wasser, bis Äolus den Seglern günstige Winde beschert.

Seit den 20er Jahren logieren ausländische Touristen im Hotel Formentor.

Bratspieße gegen Türkensäbel
Moros i cristians

„Moros a terra", scheppert es aus den Lautsprechern der Orte Sóller, Pollença und Andratx, und bald darauf ist die Hölle los. Die einen mit den Holzschwertern dreschen auf die anderen mit den Krummsäbeln ein. Mantelumhänge verheddern sich mit Pluderhosen, Turbane fliegen durch die Luft, und schwarze Schnurrbärte liegen im Sand.

Moros i cristians, Mauren gegen Christen: Korsaren wie in Piratenfilmen und Mallorquiner, die in „typischer Landestracht" wie in Mantel- und Degenfilmen gekleidet sind, kämpfen verbittert um die Stadt. Die Kostüme sind nicht gerade historisch belegt, dafür aber das Ende der Schlacht: Nach dem temperamentvollen Gemetzel werden die maurischen Piraten schließlich besiegt und als Gefangene abgeführt.

Der Schrei des Entsetzens: „Mauren an Land", ist Auftakt für das alljährliche Spektakel, in dem die Bevölkerung der Küstenregion furiose Scheingefechte gegeneinander austrägt. Hintergrund und Ursprung des Festes sind die ständigen Beutezüge von Piraten, die zwischen dem 14. und 17. Jahrhundert, meist in tiefer Nacht, über die Mallorquiner herfielen. In der Regel nahmen sie Geiseln, die sie entweder als Sklaven auf den nordafrikanischen Märkten verkauften oder gegen hohes Lösegeld wieder ihren Familien zurückgaben. Die Mallorquiner verteidigten sich bis aufs Blut, wobei jedes Dorfmitglied, das ein Schwert führen konnte, mit in die Schlacht ziehen mußte.

Nachdenklich beobachtet der Korsarennachwuchs, wie die mit Heugabeln bewaffneten Christen allmählich die Oberhand gewinnen.

Oft geht es sogar den Heiligen an den Kragen.

Nicht nur Schwerter, auch Bratspieße und Pfannen kämpften mit: Der Legende nach waren die Frauen damals ebenso gewandt im Umgang mit Waffen jeglicher Art wie ihre Männer und trugen mit Mut und Kampfeslust wesentlich dazu bei, daß die Schlachten für die Mallorquiner entschieden wurden.

Am Abend des Festes werden in den Kirchen Messen gehalten, in denen jedes Jahr aufs neue die Einzelheiten über die Kämpfe der Christen bis ins kleinste beschrieben und Name und Stand der christlichen Helden genannt werden. Hauptattraktion des Festes ist dann das Nachspielen des jeweiligen Kriegsgeschehens.

In Pollença stellt man die Landung der maurischen Piraten am 30. Mai 1550 nach, als die mallorquinischen Einwohner die Truppen Draguts besiegten, eines Freibeuterkapitäns der türkischen Marine, der gleichzeitig ein Mitstreiter des Piraten Barbarossa und von Suleiman dem Großen war, dem Sultan von Konstantinopel. Das Fest wird seit Mitte des 19. Jahrhunderts am 2. August gefeiert. Die Hauptakteure, einheimische, mit Knüppeln bewaffnete Männer, tragen dabei Nachthemden, denn angeblich wurden sie zu später Stunde im Schlaf überrascht. Doch Mallorcas mutige Männer sind auch im Halbschlaf kämpfend unüberwindlich.

In Sóller gedenkt man in der *Es Firó* im Mai eines dramatischen Überfalls aus dem Jahre 1561 und schlägt sich deshalb eine ganze Woche lang, und zwar seit 1852. Hier waren es am 11. Mai der Legende nach 1700 Piraten, die Ochalí, Korsar und – sozusagen im Nebenberuf – Pascha von Tunis, zum Angriff auf die Stadt führte und die auf leichte Beute hofften. Nicht gerechnet aber hatten sie mit dem entschlossenen Kaplan von Santa Catalina, der sein Heiligtum kreuzschwingend vor den mörderischen Heiden bewahrte. Noch weniger erwartet hatten sie gewiß die beiden Frauen, die, mit Messern, Beilen und anderen Küchengeräten wohl vertraut, ihr Landhaus Ca'n Tamany bis aufs Blut erfolgreich verteidigten.

Angeblich hatten die Feinde damals über 500 Tote zu verbuchen, was einmal mehr einen Eindruck von der Größe der Freibeuterhorde vermittelt – und natürlich von der Furchtlosigkeit der VerteidigerInnen. Die Heldinnen erhielten daraufhin die Bezeichnung „Tapfere Frauen“: *Valentes dones de Ca'n Tamany* und die Stadt später ein Relief als Denkmal.

Auch in Andratx waren es angeblich zwei Frauen, hier jedoch Schwestern, die sich am 2. August 1578 mutig den Piraten entgegengeworfen haben sollen. Wie man sieht, waren es immer Angehörige des sogeannnten „schwachen Geschlechts“, die durch ihre außergewöhnliche Tapferkeit die arabischen Aggressoren demoralisierten. Bösartige Zungen hingegen behaupten, daß den Arabern die unverschleierten, in altes Leintuch gehüllten Furien wie Schreckgespenster erschienen und sie deshalb schnellstens die Flucht ergriffen ...

Im wüsten Gemetzel verlieren manche den „wahren Feind“ aus den Augen.

Treppensteigen ja, Dableiben nein
Pollença

Zerstört zu werden war das übliche Schicksal für die Städte Mallorcas, die wie Pollentia nahe der Küste lagen. Der Überfall der Vandalen im Jahre 440 n. Chr. führte nicht nur zur Plünderung, sondern zur Verwüstung der Stadt, die erst später neu aufgebaut wurde und seither Alcúdia heißt. Die Überlebenden aus Pollentia gründeten rund fünf Kilometer weiter landeinwärts erneut eine Siedlung, genannt nach dem zerstörten Pollentia, von vielen Zungen glattgeschliffen zu Pollença.

Neu-Pollentia lag in der Nähe einer römischen Landstraße, und daran erinnert selbst zwei Jahrtausende später noch der Pont Romà vor den Toren der Stadt, eine der beiden verbliebenen römischen Brücken Mallorcas: Die beiden leicht unterschiedlichen Bogen über den Torrent de Sant Jordi, die Tragepfeiler und die Fahrbahn sind so gut erhalten, daß man darauf jeden Moment jemanden in einer schicken Toga erwarten könnte.

Piraten, Templer, Jesuiten

Trotz gerade mal 12 000 Einwohnern ist Pollença unzweifelhaft eine Stadt. Zu diesem Eindruck und Gesamtbild haben vornehmlich die Araber beigetragen, die die Grundsteine legten für die verschachtelten Gassen, Treppen und Häuser aus Bruchstein in warmen Gelb- und fast Rottönen. Kaum waren sie vertrieben, nahmen die streitbaren Tempelritter in Pollença das Heft in die Hand und gründeten 1236 die Hauptkirche Nostra Senyora dels Angels. Seitlich der Kirche, vorbei am Font des Gall, dem Wahrzeichen Pollenças, dem Hahn auf seinem Brunnen, steht sogar noch der Palast der Templer. Der Heilige Vicenç Ferrer soll an diesem Brunnen Essen an die Armen verteilt und gepredigt haben.

Viel Aufwand haben die Römer betrieben, um den Torrent de Sant Jordi zu bändigen. Selbst einen Wellenbrecher hielten sie für unabdingbar.

Von dort sind es nur wenige Schritte bis zur Monti-Sion-Kirche, auch sie eine Gründung von – nicht mit dem Schwert, aber um so treffender mit dem Wort – streitbaren Ordensleuten, die wie die Templer, wenn auch nur zeitweise, aus Spanien vertrieben wurden: Die Jesuiten gründeten die Kirche 1697 und betrieben sie bis ins späte 18. Jahrhundert. Heute ist sie, dank der Initiative des Dichters Miquel Costa i Llobrera, Rathaus und Schule.

Der Großteil des heutigen Stadtbilds geht auf das 16. Jahrhundert zurück, denn schließlich war es um 1550 dann wieder einmal so weit: Pollença wurde von Korsaren gebrandschatzt. Heute ist Pollença eine Insel des Friedens und der Schönheit mit seinen orangerot leuchtenden Steinhäusern, den zierlichen, schmiedeeisernen Balkons und Fenstern und seinen schattigen Plätzen.

Aber trotz der vielen weiteren Stadtpaläste, Kirchen und verträumten Gassen ist Pollença nie wirklich touristisch geworden: Vielleicht hatten die Pollenser nach den Erfahrungen mit den Piraten die Gäste satt. Jedenfalls gibt es im Ort selbst kaum Hotels, und Besucher, die den berühmten Kalvarienberg erklimmen, sei es, um nachzuzählen, ob seine schnurgerade Treppe wirklich 365 Stufen hat, oder um die phantastische Aussicht auf Täler und Meer zu genießen, müssen sich abends meist wieder trollen. Selbst zu Ostern, wenn die Stadt schier vor Besuchern birst, ist das nicht anders. Dann feiern die Pollenser an der Kalvarienberg-Treppe das *Davallament*-Fest. Bei diesen Passionsspielen à la mallorquina wird der Leidensweg Christi von Schauspielern in allen Details nachgespielt, feierlich, pompös, tragisch, umwerfend schön.

Maria strahlt

Gegenüber, auf dem 333 Meter hohen Puig de Santa María, begann im 14. Jahrhundert nachts das Gras zu leuchten, was drei fromme Frauen vom Kalvarienberg aus besorgt-fasziniert beobachteten. Eine nächtliche Expedition, angeführt vom Pfarrer, fand zwischen den Felsbrocken die obligatorische Marienfigur, begleitet von einem Jesuskind, das einen Vogel in seiner Kinderhand hält. Wie so oft erwies sich die Figur als ausgesprochen kapriziös: Als sie zur Kirche nach Pollença geschafft werden sollte, war sie plötzlich so schwer, daß selbst acht arbeitsgestählte junge Männer sie nicht bewegen konnten. Man verstand und baute ihr eine Kapelle hoch oben in den Fels, und die frommen, sozusagen des Nachts erleuchteten Finderinnen gründeten gleich ein Kloster samt Schule dazu.

Ein anderes Kloster, das der Dominikaner, hat Pollença weit über Mallorca hinaus bekannt und berühmt gemacht: Nicht, weil es geradezu archaisch romanisch wirkt trotz seiner Gründung im Frühbarock 1578. Vielmehr finden hier zwischen Juni und September im Rahmen der Internationalen Musikwochen von Pollença Konzerte statt, meist im Innenhof des Claustre del Convent de Santo Domingo. Sooft sie kann, setzt sich die Schirmherrin des Festivals auf einen der Plätze in der ersten Reihe: Spaniens Königin Sofía, eine große Liebhaberin und Expertin der Musik. Aber selbst sie muß abends das Weite suchen und Pollença, das so gastlich wirkt, solange die Gäste nicht über Nacht bleiben wollen, verlassen.

Auf dem Castell del Rei suchten 1230 die Mauren Zuflucht vor den christlichen Eroberern unter Jaume I. 113 Jahre später verschanzte sich auf der Burg hoch über Pollença Jaume III. vor den einfallenden aragonesischen Truppen.

Alljährliches Ziel der Karfreitags-Prozessionen ist diese barocke Wallfahrtskapelle. Sie krönt den 170 Meter hohen Kalvarienberg.

Das lautstarke Ende der Fastenzeit *Ostern*

Wer oben angekommen ist, hat zwar einen wunderbaren Blick über die ganze Badia de Pollença mit dem Ort unter sich und den Obstgärten, den *horts,* die sich in der Ebene bis zum Meer hin ausdehnen, mit Port de Pollença und dem Cap de Formentor – er weiß aber auch, was er getan hat: für jeden Tag des Jahres eine Stufe hinter sich gebracht. 365 Stufen genau nämlich zählt der Weg hinauf vom Font del Gall, vom Hahnenbrunnen, in Pollenças Ortsmitte auf den Puig del Calvari, den Kalvarienberg von Pollença. 170 Meter hoch steht man dann auf dem Hügel und kann den Ausblick genießen.

Früher einmal gehörte der Hügel den geheimnisvollen Templern, an die in Pollença noch die Carrer Temple, die Templer-Straße, erinnert. 1314, nach der Zerschlagung des Templerordens, der dem Papst dann doch zu geheimnisvoll und vor allem zu mächtig geworden war, fiel er jedoch an die Johanniter. Der Stufenweg hinauf ist von Zypressen gesäumt, in deren Schatten man sich ab und zu einmal ausruhen kann, und geht vorbei an Häusern aus Bruchsteinen, in denen sich auch Läden und Restaurants befinden, worin man sich für den Rest des Aufstiegs Gott sei Dank stärken kann.

Einmal im Jahr jedoch ist für die Besteiger des Hügels der Ausblick von oben völlig unwichtig. Wo sich Touristen freuen, daß sie den Aufstieg geschafft haben, da setzt bei den Gläubigen Betrübnis ein. Denn, wie der Name des Hügels schon verrät, in der Osterwoche findet hier eine Zeremonie statt, und zwar an ihrem traurigsten Tag. Am Karfreitag eilen alle, ob jung oder alt, Einheimische oder Angesiedelte, auf den Kalvarienberg, um das dort gebotene Schauspiel des *Davallament* mitzuverfolgen. Bei diesem Fest wird das letzte Kapitel des Leidenswegs Christi mit der Kreuzabnahme nachgestellt. Auf der Hügelspitze steht eine Kapelle, und sie ist das Ziel der alljährlichen Osterprozession. Der Umzug verläuft dann weiter auf dem Hügel über der Stadt bis hinunter zur Pfarrkirche Nostra Senyora dels Angels aus dem 13. Jahrhundert und endet mit einer feierlichen Mitternachtsmesse.

Anders als im europäischen Norden ist im Süden Religion weitaus weniger „innerlich" und Privatsache als vielmehr eine öffentliche Angelegenheit, bei der die eigene Religiosität auch offen zur Schau gestellt wird. Besonders in Spanien, ganz besonders in der *Setmana Santa,* der Heiligen oder Karwoche. Mallorca macht da keine Ausnahme. Auch hier spielt sich das höchste Fest der Christen vor allem draußen ab. Der Sieg Christi über den Tod wird in fast jedem Ort mit Prozessionen und Festen gefeiert.

Dabei beginnen die Feierlichkeiten schon am Palmsonntag, und sie sind nicht etwa am Ostersonntag vorbei, sondern werden meist noch in der nachösterlichen Woche mit vollem Elan zelebriert. Schließlich darf man sich ja dann auch den leiblichen Genüssen wieder ungebremst hingeben und kann so Kräfte

Schattenspendende Zypressen säumen die Treppe mit den 365 Stufen, die auf den Kalvarienberg Pollenças führt.

Nachspiel des Leidensweges Christi in Pollença.

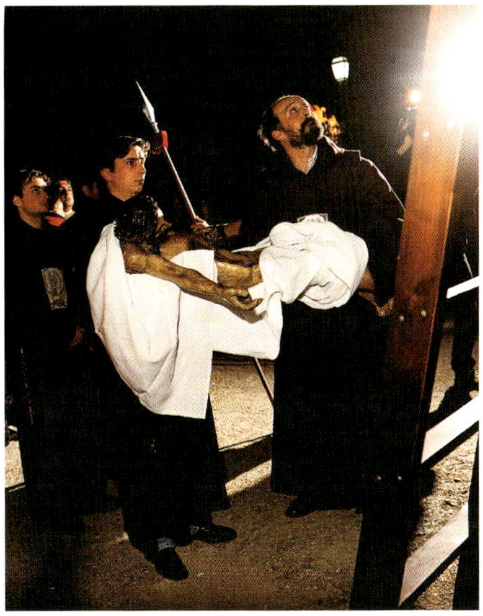

Entsetzt verharren die Gläubigen vor dem Kreuz.

sammeln, um bis zum frühen Morgen durchzufeiern. Während der Feiertage beschenken sich die Erwachsenen mit Fleischpasteten, *panades,* und die Kinder erfreut man mit einem kunstvollen Gebilde aus Zuckerwerk, der *mona de pascua.*

Den Auftakt aller Osterfeierlichkeiten bildet die Messe am Palmsonntag in der Hauptstadt der Insel eine Woche vor Ostern, wenn die Mallorquiner ihre zuvor auf dem Markt gekauften Palmwedel weihen lassen. In Sant Joan wird an diesem letzten Fastensonntag vor Ostern die *Festa del Pa i del Peix,* das Fest des Brotes und der Fische gefeiert. Nach der Prozession werden ausgiebig Törtchen aus ungesäuertem Teig gegessen, als Erinnerung an die wunderbare Brotvermehrung durch Jesus.

Ab Gründonnerstag nehmen die unzähligen Festzuge der verschiedenen christlichen Bruderschaften kein Ende mehr. Überall auf der Insel ziehen große und kleine, bunte und vergoldete, aufwendig geschmückte und gewandete Figuren durch die Dörfer und Städte; jede einzelne Szene des Leidenswegs Christi wird dabei an den vielen, die Straßen säumenden Menschen vorbeigetragen. Einer der über 50 *confraries* anzugehören, bedeutet auf Mallorca übrigens eine hohe Ehre. Um in den Genuß dieses Privilegs zu gelangen, gibt es zwei Wege: Entweder erben die Söhne die Mitgliedschaft von ihren Vätern – Schwesternschaften sind auch heute noch sehr selten –, oder sie kaufen sich teuer in eine solche ein.

Am Gründonnerstag wird in Palma die Verehrung für das Bildnis des gekreuzigten und blutenden Christus gefeiert, das sich in der alten Spitalkirche befindet. Bei der Prozession des Christus vom Heiligen Blut, *Processó del Sant Crist de la Sang,* sind die Büßer in knöchellange Gewänder gehüllt, deren spitz zulaufende Kapuzen der Ku-Klux-Klan nachgeäfft hat, und tragen am Abend, von Trommelwirbel begleitet, das schwere Christusbild durch die Stadt Palma. Diese sechsstündige Prozession ist die einzige, an der alle *confraries* der Insel teilnehmen.

Am Karfreitag findet dann das erwähnte *Davallament* in Pollença statt, und Dienstag nach Ostern wird in Sa Pobla eine Wallfahrt zur Kapelle von Crestaix gefeiert, bei der es hauptsächlich um die Segnung des Brotes, *pancaritat,* geht. Nachdem der Zug die Kirche verlassen und die Stadt durchwandert hat, werden Unmengen von mitgebrachten *panades* verspeist. Höhepunkt des Festes ist der Wettbewerb der *tonades,* der Arbeitslieder, in dem der schönste Gesangsvortrag prämiert wird. Natürlich müssen dazu die Stimmbänder der Sänger zunächst durch Wein gelockert werden. Auch das bittere vorherige Fasten gerät hier schnell in Vergessenheit.

Die Beweinung Christi wird feierlich begangen.

Madonna der Minderheiten
Kloster Lluc

Kurz nach der Reconquista, als die Christen unter König Jaume I. Mallorca von den Mauren zurückerobert hatten, verlor ein arabisches Ehepaar seinen Hof hoch oben in der Tramuntana an die neuen Herrscher. Um überleben zu können, nahmen sie recht bald den christlichen Glauben an und ließen auch ihre Kinder taufen. Eins von ihnen, der kleine Lluc, mallorquí für Lukas, war dafür zuständig, die Schafe und Ziegen seines Vaters in die Berge zu begleiten, damit sie dort Futter suchen konnten. Eines Tages nahm Lluc im dichten Gestrüpp des *massís* ein seltsames Leuchten wahr. Neugierig pirschte er sich heran und entdeckte eine kleine Marienfigur, die halb aus der Erde herausragte. Aber was ihn sicher am meisten erstaunte, war: Die Muttergottes hatte eine ebenso dunkle Hautfarbe wie er selbst.

Die Madonna spielt Verstecken

Aufgeregt brachte er sie zum Pfarrer in die Kirche Sant Pere von Escorca, die 1247 zum ersten Mal in Dokumenten erwähnt wurde. Der Pfarrer barg den kostbaren Fund an einem Ehrenplatz in der kleinen Kirche, doch als am nächsten Tag die Tramuntana-Winde die Kunde gestreut hatten und Gläubige kamen, um die Madonna zu verehren, war sie verschwunden.

Am gleichen Nachmittag fand Lluc sie wieder, an genau der gleichen Stelle wie am Tag zuvor. Wieder brachte er sie dem Pfarrer und wieder stellte dieser die schwarze Madonna in ihre Nische, um am nächsten Tag erstaunt festzustellen, daß sie erneut verschwunden war.

Als sie sich erst zu erkennen gegeben hatte, fand die schwarze Madonna von Lluc in einer Senke der Tramuntana ein malerisches Zuhause. Das Kloster ist der meistbesuchte Wallfahrtsort der Insel.

So lange ging das Versteckspiel, bis dem Pfarrer endlich ein Licht aufging: Die Madonna wollte dort bleiben, wo sie dem Hütebuben Lluc durch ein Leuchten das erste Zeichen gegeben hatte, und alsbald entstand dort eine kleine Kapelle.

Das ist die romantische, die poetische Lesart, und wer sich nicht dem modernen Rationalismus an den Hals werfen will – indem er sich der prosaischen Auffassung anschließt, die davon ausgeht, daß Lluc das mallorquinische Wort für Wald ist, von dem es dort auch heute noch reichlich gibt, und der kleine Lluc somit eine fromme Erfindung mit passendem Vornamen –, der tut gut

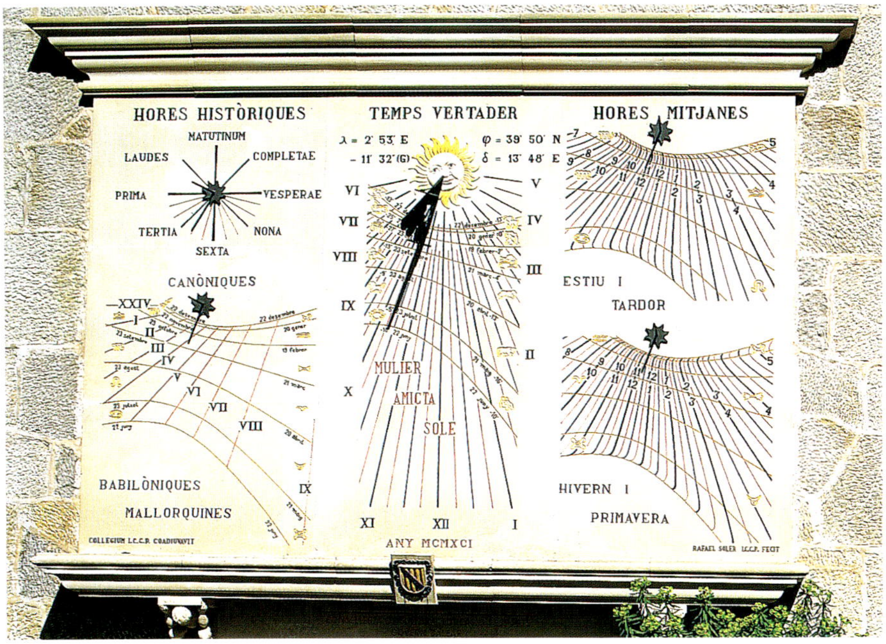

Die Sonnenuhr auf dem Weg zum Kalvarienberg zeigt in der Mitte die tatsächliche Zeit an, links die Zeitmessung, wie sie im Altertum betrieben wurde, und rechts halbe Stunden.

daran, fest an sie zu glauben. So wie es auch die Bevölkerung tat und immer noch tut, denn der Ansturm der Pilger setzte unverzüglich und mit solcher Vehemenz ein, daß schon 1260 der Grundstein für die Augustiner-Einsiedelei Nostra Senyora de Lluc gelegt werden mußte, die später um ein Priesterseminar erweitert wurde und heute von Mönchen des Heiligen Herzens bewohnt und bewirtschaftet wird.

Zelle oder Doppelzimmer? Mallorquinische Kloster-Einkehr

In all der schroffen Karstigkeit der Tramuntana hat die schwarze Madonna einen hervorragenden Geschmack bewiesen bei der Wahl ihres Domizils: Das Kloster ist in eine sanfte Senke gebettet, die sich wie ein Kuschelplatz der Seele zwischen die höchsten Berge Mallorcas duckt. Drei alte Pilgerwege führen hierher, von Sóller, Pollença und Inca, und werden bis heute benutzt, auch wenn viele Pilger natürlich inzwischen mit dem Auto die *serra* hinauftuckern, um Frieden und Einkehr zu finden.

Gemäß brüderlicher Tradition hält auch das Kloster von Lluc Zimmer für ruhebedürftige Gäste bereit, abgewiesen wird hier niemand: Je nach Auslastung gibt es einfache Mönchszellen oder recht komfortable Doppelzimmer mit Dusche und sogar Appartements mit Kochecke, aber wozu: In der Klosterschänke servieren die Brüder kräftige Hausmannskost.

Das Kloster von Lluc schmiegt seine imposante, rechteckige Anlage gekonnt in die Senke und wird auf fast allen Seiten von Kiefern und Pinien zugedeckt und abgeschirmt. Über schöne Grünanlagen und fleißig gehegte Klostergärten führt der Weg zur Kirche vorbei an ehemaligen Pferdeunterkünften und Werkstätten, wo nun Souvenirläden und ein kleines Café untergebracht sind. Links und rechts des Wegs erinnern Steinkreuze, deren feine Meißelarbeiten oft kaum noch unter der verwitterten Oberfläche zu erkennen sind, und Gedenkmedaillen an dankbare Pilger.

Außer der Tatsache, daß das Monestir de Lluc der wichtigste Wallfahrtsort der Insel ist, darf es auch noch für sich in Anspruch nehmen, neben der Kathedrale von Palma und den Wohnhäusern in Sóller das dritte bedeutende Beispiel für den *Modernisme,* den Jugendstil, auf Mallorca zu sein: Der Meister selbst, Antoni Gaudí, und später sein Jünger Joan Rubió frischten das Kircheninnere wieder auf und schmückten den Calvari von Lluc, den Kalvarienberg hinter dem Kloster, mit fünf plastischen Bildwerken, deren Thema dem Mysterium des Rosenkranzes gewidmet ist.

Die Fassade der Klosterkirche selbst ist rund 300 Jahre später entstanden als die ersten

Hinter dieser Barockfassade wohnt *La Moreneta,* die „kleine Dunkle“, wie die Mallorquiner ihre Lieblingsmadonna zärtlich nennen.

Die prächtig geschmückte und ausgemalte Kuppel ist die einzige Lichtquelle für die Wallfahrtskirche.

Kirchenmauern aus dem 13. Jahrhundert, auch der Hochaltar im Inneren stammt aus der Renaissance. In einer Kapelle dahinter, kein Katzentisch, sondern eine Ehrennische, hat die *Moreneta,* die schwarze Madonna, einen Platz gefunden, von dem sie nicht mehr fliehen muß.

Die Moreneta hat ein Zuhause gefunden

Spätestens hier, zu Füßen der beliebtesten und meistbesuchten Marienfigur Mallorcas, ist all jener weltlicher Touristenlärm verklungen, der noch wenige Meter vor dem Kirchenportal alles andere als friedliche Besinnung vermittelte. Hier hingegen, wohin das Tageslicht nur durch eine Lichtkuppel im Hauptschiff dringt und wo deshalb ein der Frömmigkeit förderliches, warmes, diffuses Helldunkel herrscht, flüstert jeder automatisch, wenn er nicht sogar ehrfürchtig verstummt.

Die „kleine Dunkle", wie sie von den Einheimischen liebevoll genannt wird, ist, passend zu ihrer wahrscheinlichen Entstehungszeit vor dem 13. Jahrhundert, auf den ersten Blick sehr statisch. Aber schon nach wenigen Augenblicken gewinnt sie durch ihr feines Lächeln, den festen, aber eleganten Arm um das Jesuskind und den beinahe verspielten Sternenkranz um ihren Kopf so viel Leben, als würde sie im nächsten Moment zu sprechen beginnen. Deshalb vermutlich oder weil sie durch ihre Hautfarbe eine tiefe Verbindung zu Minderheiten symbolisiert, fühlen sich so viele Menschen, Tiefgläubige gleichermaßen wie Zweifler, hier wohl und aufgehoben.

Das Kloster mit dem Namen eines getauften Maurenkindes ist gleichzeitig ein Musik-Internat, in dem rund 60 Jungen von neun bis vierzehn Jahren leben. Der Schulchor *Els Blavets,* benannt nach der blauen Uniform, ist in Spanien so berühmt wie andernorts die Wiener Sängerknaben oder der Cambridge-Choir. Eine Kostprobe fürs Ohr bringen sie jeden Morgen in der Kirche, es sei denn, die Kinder haben Schulferien. Denn im Gegensatz zum kleinen Lluc haben diese Jungen auch mal frei.

Rechts: Als der kleine Lluc, ein Kind maurischer Konvertiten, die schwarze Madonna im klosternahen Wald fand, wollte sie unter keinen Umständen dort weg. Schließlich wurde ihr an der Fundstelle zuerst eine Kapelle, später das Kloster gebaut.

In den Klostergängen und im Museum sind immer wieder solche Votivbilder zu sehen. Auf diesem bedankt sich ein aus Seenot erretteter Fischer für den Schutz der Madonna von Lluc.

Das Ziel ist nah und doch so fern: Wenige Meter vor dem Ausgang der Schlucht hat die Natur noch ein paar Überraschungen parat.

Gefährliches Paradies
Torrent de Pareis

Seit selbst der abgelegene Küstenort Sa Calobra durch eine Straße an die Außenwelt angebunden ist und sie den Weg dorthin nicht nur zum Ziel gemacht hat, sondern auch zum touristischen Pflichtprogramm, dürften Zweifel erlaubt sein am immer wieder wiederholten Satz: Es existiert noch, das unberührte, unverfälschte, naturgewaltige Mallorca. Schön, aber wo? Gleich um die Ecke bei der schönsten aller Straßen, und mit dem gleichen Ziel: Die zweitgrößte Schlucht des Mittelmeerraums, der Torrent de Pareis, gräbt sich kaum einen Kilometer östlich der Serpentinenstraße hinunter zur Cala de Sa Calobra. Aber anders als eine liebliche Bucht, ein malerisches Landgut, ein Feld voller blühender Mandelbäume verspricht sie ihren Besuchern nicht schon von Ferne höchste Verzückungen. Der Torrent de Pareis ist Alarmstufe rot. Wer die Schlucht nicht ernst nimmt, wird von ihr geschluckt.

Vor dieses Paradies ist Petri Unbill gestellt

Nicht umsonst wachen am Anfang der „Paradiesschlucht" in einer der ältesten und zugleich kleinsten Kirchen der Insel schon seit 1247 der heilige Petrus, Herr des Himmels und seiner Unbilden, und mehrsprachige Warnschilder kämpfen gegen die Illusion des Paradieses an: Vorsicht, Lebensgefahr! Angesichts der tödlichen Unfälle jedes Jahr, so gut wie immer Folge von wahnwitzigem Leichtsinn, muß diese Warnung bitterernst genommen werden: Der Torrent de Pareis ist nur so weit ein Paradies, als er wirklich eines der wenigen Überbleibsel ganz und gar unberührter Landschaft darstellt. Wer einmal drin war, wird wissen, warum. Und wer hinein will, wisse vorher: Niemals allein. Niemals ohne klettertaugliche Ausrüstung. Canyon-Neulinge niemals ohne Führer. Niemals, wenn Petri Pläne ungewiß sind: Ein satter Regenguß verwandelt den Torrent selbst im Sommer in eine tödliche Falle. Erst recht niemals im Winter, wenn der Regen die Felsplatten zu spiegelglatten Rutschbahnen poliert.

Viereinhalb Kilometer trennen Sant Pere von der erfrischenden Bucht von Sa Calobra. Bis dahin geht es 600 Meter in die Tiefe, streckenweise durch bis zu 400 Meter tiefe Einschnitte in das Antlitz der Insel. An denen arbeitet der Regen seit Millionen von Jahren: Die manchmal fast weißen, oft hellgrauen Kalksteinwände in der Schlucht sind ein Protokoll dieser erfolgreichen Schleif- und Spülarbeit. Welch bizarre Natur-Bildhauerei dabei entstehen kann, offenbart sich gleich

Nach viereinhalb Kilometern Abstieg wartet der Kieselstrand von Sa Calobra auf erschöpfte Schluchtbezwinger.

zu Beginn des Wegs, kurz nach einem friedlichen Steineichenwäldchen: Wie ein Bilderrahmen gibt ein in den Fels gefressener Bogen den ersten Blick frei auf den Canyon.

Nur Überlebenskünstler haben eine Chance

Eine Stunde weiter unten vereinen sich der Torrent de Lluc und der Torrent de Sa Fosca zum Torrent de Pareis. Die Büsche und Sträucher der Mittelgebirgs-*macchia* sind stacheligem Dißgras gewichen, einem echten Überlebenskünstler, der sich überall da durch Felsritzen quetscht, wo er nicht von anderen Steintrümmern erstickt wird. In den Spalt des Entreforc paßt sogar ein Mensch, und er muß auch hindurch, „zwischen den Felsen", um dem steinigen Garten Eden folgen zu können.

Der Torrent de Sa Fosca ist nur ein kleines Stück weit begehbar, aber das reicht schon, um seinen Namen zu verstehen: Dunkelheit. Die Felswände rücken immer dichter zusammen, bald bleibt nur noch ein winziger Spalt 50 Meter über dem Grund der Schlucht, und dann schließt sich auch dieser. Das zarte Licht Mallorcas bleibt ausgeschlossen bis zum Fuß des Gorg-Blau-Staudamms, Durchkommen ohne Profi-Begleitung unmöglich.

Segler im Lichtdom

Im Torrent de Pareis hingegen bleibt der Himmel immer sichtbar, mal nur eine Handbreit, mal als Lichtdom hoch, hoch über der Schlucht. Ein seltener gefiederter Schluchtenbewohner hat hier seine Nester und sein Revier: der schwarze Mönchsgeier, der auf bis zu drei Metern ausgebreiteten Flügeln an den Felswänden entlangsegelt auf der Suche nach Beute – eine unvorsichtige Ziege vielleicht, die den Torrent nicht ausreichend kennt, ein abgestürzter Hase, ein verirrtes Schaf. Denn im Gegensatz zum Fischadler, der sich hier ebenfalls blicken läßt, jagt der Mönchsgeier nicht, sondern sucht nach Leichen. Gerade 50 seiner Art gibt es noch auf Mallorca, und mit der Nachkommenschaft macht es sich der schwarze Aasfresser nicht leicht: Nur ein Ei legen die Weibchen, nur einmal im Jahr.

Die Paradiesschlucht schon im Rücken, erinnern die Felsen in der Bucht von Sa Calobra an überstandene Herausforderungen.

In der Paradiesschlucht riecht bald schon die Luft nach dem nahen Meer, aber noch gehen der Natur die Wunderwerke nicht aus. Auf einmal öffnet sich rechts wie ein Kirchenschiff die Höhle Cova de Romagueral, deren Einstieg nur über einen Schlenker, das Seitental Sa Fonteta hinauf, zu erreichen ist. Von da an treten die Pflanzen endgültig den Rückzug an. Selbst das hartgesottene Dißgras gibt sich geschlagen, und die nackten, teils senkrechten Felswände offenbaren mit deutlichen Schleifspuren, wie fatal hoch hier das Wasser steigen kann. Selbst im Sommer behalten im unteren Teil der Schlucht kleine Becken ihr Wasser, und an den Felswänden laufen aus Quellen im Fels kühle, erfrischende Rinnsale hinab.

Das Meer ist nah, nur wo?

Als gönne sie ihren Bezwingern den Triumph nicht, hat die Schlucht kurz vor ihren letzten

Metern noch einmal mit großen Felsbrocken den Weg verstopft. Unüberwindlich auf den ersten Blick. Dann, erst auf den zweiten, seit vier Stunden geschulten Kletterer-Blick eröffnet sich doch noch eine Möglichkeit, auch dieser Herausforderung gerecht zu werden.

Denn gleich dahinter liegt verheißungsvoll das Meer, der Morro de Sa Vaca, das „Kuhmaul", ein eigenartig geformtes Steinbild, und die halbrunde Cala de sa Calobra mit ihrem knirschenden Kiesstrand. Mit ein wenig Glück ist sie gerade nicht randvoll mit Touristen, die sich in gepolsterten Gefährten haben hierher kutschieren lassen und allenfalls noch ein wenig schwindlig sind in Magen und Kopf von den Serpentinen des Herrn Paretti. Denn gegen die Wege im Paradies der Felsen ist selbst die schönste Straße Mallorcas eben doch nur eine Straße. Signor Paretti hat das sicherlich gewußt.

Vom Dunkel ins Licht. Die verschiedenen Blautöne des Meeres wirken wie eine Erleuchtung der Natur.

Wer den anstrengenden Weg durch die Schlucht hinter sich gebracht hat, den erwartet das klare Azur des Wassers.

In zwölf Haarnadelkurven windet sich Mallorcas halsbrecherischste Straße vier Kilometer nach Sa Calobra hinunter.

Der Weg ist das Ziel
Paßstraße nach Sa Calobra

Bis 1932 lebten im winzigen Sa Calobra am Ende des Torrent de Pareis keine 20 Leute. Das Dorf zu verlassen war praktisch nur auf dem Seeweg möglich oder über Stock und Stein, beschwerlich-gefährlich, durch den Torrent hinauf in die Berge. Dann war der nächste Ort Escorca, ohne Zentrum, nur ein kleines Kirchlein aus dem 13. Jahrhundert und ein paar versprengte Bauernhöfe. Warum dann diese Straße? Sicher nicht aus purer Menschenfreundlichkeit für die paar *gent de Sa Calobra,* wohl auch kaum, um es den Schmugglern leichter zu machen, vielleicht, um Arbeit zu schaffen? Oder einfach, um, ohne Maschinen, von Menschenhand, die Straße aller Straßen zu bauen, ein klassischer Fall von L'art pour l'art?

Drehwurm in Armen und Augen

Diese berühmteste aller mallorquinischen Straßen beginnt ihren atemberaubenden Abstieg ans Meer kurz hinter dem Stausee Embassament des Gorg Blau, dessen „Blaues Becken" einen der wichtigsten Wasservorräte der Insel birgt. Routinierte Autofahrer haben bereits einen Drehwurm im Arm und in den Augen, seit sie Sóller verlassen haben, um oben, vom Mirador de ses Barques, aus schwindelnder Höhe noch einmal auf Sóller zurückzublicken. Doch das eigentliche Gekurbel beginnt erst danach, bei der Weiterfahrt zwischen den mallorquinischen Tausendern: dem Puig Tossals, zu dessen Füßen ein weiterer Stausee, der Embassament de Cúber, Wasser für trockene Zeiten aufbewahrt, den Tossals Verds, dem Puig Roig und schließlich dem größten von allen, dem Puig Major. Da liegt dann erfrischend das hellgrüne „Blaue Becken" vor ihnen, kopfüber den Puig de Massanella spiegelnd, Balsam für Augen und Seele, letztes Idyll vor der Abfahrt in den Wahnsinn.

Kurs Nord, über zwölfmal Süd

Vier Kilometer Luftlinie sind es nun noch bis Sa Calobra, und zwölf Kilometer Straße, Kurs Nord. Doch statt dessen geht es auf dem Meisterwerk des italienischen Ingenieurs Antonio Paretti zwölfmal haarnadelgekrümmt Richtung Süden, um im Norden herauszukommen; kann das angehen? Es kann. Paretti konnte zwei Dinge nicht leiden: etwas so Erhabenes, in sich Ruhendes wie Berge – zum Wohle der meisten Menschen – zu verschandeln und schroffe, steile Kurven.
Da seine Straße ohnehin nicht schneller befahren werden kann als mit Tempo 20, hat jeder, der sich hinunterwagt, reichlich Zeit, Parettis schonenden Straßenbaugedanken Meter für Meter zu folgen und die Welt nicht mehr zu verstehen: Fast von jedem Streckenmeter aus scheint es, als liefen mindestens vier Straßenbänder durch die Berge, im Rückspiegel erscheinen Streckenabschnitte, die noch weit voraus liegen, und nach vorn schlängelt sich der eben absolvierte Asphalt.

Inspiration vom Halsbinder

Dieser vermeintliche Wirrwarr aber bietet jene sanften Gefälle, auf die es Paretti ankam, bis hin zu seinem Meisterstück: Auf Höhe des Sa Moleta schien es, als gäbe es dieses eine Mal keine andere Möglichkeit, als eine steile Wegkrümmung in den Fels zu treiben, um die nächste Kurve zu kriegen. Morgens beim Krawattenbinden, heißt es, hatte der italienische Baumeister dann die rettende Idee: Vorwärts geht es nicht hinunter, aber vielleicht rückwärts? Also ließ er die Straße hier einen Kreis um sich selbst drehen, ohne Stützpfeiler, nur mit einer Brücke, worunter der Nus de Sa Corbata, der „Krawattenknoten", seine 360-Grad-Kurve vollendet. Dagegen sind die oft senkrechten, bis zu 200 Meter hohen Felsen rechts und links der Seitenfenster schon fast eine Dreingabe.

Ganz im Sinne des Erfinders hat diese Straße ihren Weg durch die Berge gefunden, ohne deren Masse wehzutun: 31 000 Kubikmeter Fels trugen die Arbeiter ab, um ihn dort wieder aufzuschütten, wo die Straße Polster brauchte. Hinzugefügt wurde nur Teer als Kleber.

Am Cúber-Stausee sind es nur noch wenige Meter bis zur Abzweigung ans Meer.

Am friedlichen
Gorg Blau, dem
„Blauen Becken“,
beginnt das Straßen-
baumeisterwerk
des Signor Paretti.

Das weiße Gold der Berge
Schneemänner und ihre Häuser

Quan a les altes montanyes
Els cims blanquejen de neu,
També les planes blanquejen
amb la flor dels ametllers.

Ende Januar, Anfang Februar – die Zeit zwischen Winter und Frühjahr: Wenn in den Bergen die Gipfel weiß sind vom Schnee, dann lassen die Blütenblätter der Mandelbäume auch die Ebenen schneeweiß werden. Jetzt mußte alles sehr schnell gehen. Viel Zeit war nicht: zwei, drei Tage, in einem harten Winter vielleicht eine Woche, bis Eis und Schnee wieder auftauten und das Schmelzwasser in den *torrents* alles mitriß, was sich ihm in den Weg stellte. Harte Arbeit für die Schneemänner. Als Tomàs Forteza 1869 diese Zeilen über Mallorca schrieb, gab es sie noch.

Ein *nevater,* ein mallorquinischer Schneemann, betreibt das mühselige Handwerk des Schneesammelns und -konservierens, um damit Restaurants, Schlachter, Fischläden und auch Privathaushalte zu beliefern. Betrieb es,

Von den höchsten Gipfeln der Tramuntana holten winters die *nevaters* Schnee, um ihn im Sommer als Kühlmittel zu verkaufen.

Mallorcas Berge im Schnee, wie der Erzherzog Ludwig Salvator sie in seinem Balearen-Buch abbilden ließ.

genau gesagt, denn seit 1927 gibt es keine Schneemänner mehr.

Die *nevaters* kletterten hinauf auf die Gipfel der höchsten Berge, Puig Major, Massanella, Teix oder Tomir, um Schnee und Eis einzusammeln und in die *cases de sa neu,* die Schneehäuser, zu schaffen. Wenn dann im Frühjahr die Temperaturen stiegen, begannen sie, ihre Ware von den Bergen ins Tal zu schaffen: das erste, beschwerlichste Stück die Berge hinunter auf Mauleseln bis zur nächstgelegenen Straße und von dort mit Karren zu den Verbrauchern.

Denn bis der Mensch lernte, wie er mit Strom Kälte erzeugen konnte, war die einzige Kälte-Quelle die Natur selbst. Bis auf Mallorca die erste Eisfabrik den Betrieb aufnahm, war es Sache der *nevaters,* im Hochgebirge der Tramuntana Schnee und Eis zu sammeln, es möglichst bis in den Sommer hinein zu lagern und dann ins Tal zu bringen.

Zu diesem Zweck bauten sie an kalten, schattigen Plätzen, die logischerweise meist nach Norden ausgerichtet waren, ihre *cases de sa neu,* Schneehäuser. Diese für heutige Augen sehr seltsam anmutenden Bauwerke überragten den Boden gerade so weit, daß Platz war für ein Fenster, um den Schnee hineinzuschaufeln. Der Rumpf des Schneehauses mußte in die steinharte, kalte Erde gegraben werden. Er hatte meist einen rechteckigen oder ovalen Grundriß. Um das Dach bestmöglich zu isolieren, verwendeten die *nevaters carritx,* mit Binsen zusammengebundenes Schilf, oder eine Mischung aus Binsen und Ziegeln, *canó i teulls* genannt, manchmal auch Zink. Geschlafen und gelebt wurde in diesen Natureisschränken nicht, die *nevaters* wohnten im nächsten Dorf.

Die Technik des Schneesammelns und -lagerns, so belegen historische Dokumente, war auf Mallorca mindestens seit 1564 bekannt. 42 solcher *cases de sa neu* sind in Urkunden erwähnt; mehr als die Hälfte davon sollen sich auf dem Puig Major und dem Monte de Massanella befinden. Aber auch der Teix, die Serra d'Alfàbia und der Tomir waren Heimstätten der Schneehäuser. Wer gut zu Fuß ist und sich von Valldemossa aus auf den Weg zum Gipfel des Teix machen will, kann noch ein Schneehaus zu sehen bekommen.

Das letzte Schneehaus auf Mallorca war bis 1927 in Betrieb – aber da stellten die ersten Fabriken schon Eis her. Die *nevaters* und ihre *cases de sa neu* wurden erst überflüssig und dann vergessen. Heute erinnern nur noch wenige Mauerreste an entlegenen Stellen in der Tramuntana an das harte und entbehrungsreiche Handwerk.

Künstliche Paradiese
Die Gärten von Alfàbia und Raixa

Mit dichtem Grün überzogene Laubengänge, plätschernde Brunnen und stille Teiche inmitten einer subtropischen Pflanzenwelt verzaubern im ehemaligen arabischen Gutsbesitz Alfabia auch diejenigen Besucher, die sonst für Gartenkunst nicht allzuviel übrig haben. Schnurgerade läuft eine von Platanen gesäumte Allee auf das verschnörkelte Hauptportal zu. Der arabische Spruch auf dem Torturm stattet Gott Dank für seine Schöpfung ab, die auch einen solchen Paradiesgarten möglich macht: „Allah ist das Gesetz. Allah ist groß. Von Allah kommt die Gnade. Es gibt nur einen Gott. Aller Reichtum liegt in Allah."

Wer je eine solche Anlage besucht hat, weiß, warum die „Wüstenreligion" Islam Grün zu ihrer Farbe erkoren hat. Schließlich ist sie in der Wüste Mangelware, und jede Karawane sehnt sich nach der nächsten Oase und ihrem Frischwasser – kein Wunder, daß sie zum Inbegriff des Paradieses wurden. Der Koran beschreibt den Garten Gottes ähnlich wie die Bibel als einen Ort des Friedens und der Erquickung: eine fruchtbare Landschaft mit schattenspendenden Bäumen und nie versiegenden Wasserquellen. Die Erbauer der maurischen Gärten – am berühmtesten die des Alcázar in Sevilla und des Generalife in der Alhambra zu Granada – hielten sich an diesen Traum und strebten danach, auch in ihrer Gegenwart Gärten zu entwerfen, die Harmonie, Ruhe und Erfrischung boten.

Dies verband sich in ihrem Verständnis vor allem mit dem Grün als der Farbe des Lebens. Und so herrschten hier meistens immergrüne Pflanzen vor, die den beglückenden ewigen Frühling von Eden in ihr Land holen sollten: Palmen, Zypressen, Lavendel, Oleander, Rosmarin, Buchsbaum, Efeu, Lorbeer, Akanthus, Myrten oder Thymian. Aufgelockert und lebendiger gestaltet wurde das Grün durch gezielt gesetzte Farbtupfer von blühenden Blumen wie Goldlack, Nelke, Rose, Ginster, Iris, Vergißmeinnicht, Zitronenkraut, Lilie, Kornblume, Veilchen oder Stiefmütterchen, aber auch durch Fruchtbäume wie Orangen und Zitronen, deren Aroma die Luft belebte. Treppen, Nischen, kleine Mauern, Gitter, Tierstatuen und Bänke gliederten den Garten in einzelne Abteilungen und sorgten, wenn gewünscht, für private oder intime Bereiche.

Die oft sehr großzügig angelegten künstlichen Paradiese lebten natürlich vom Wasser

Vom ehemals arabischen Landgut Raixa aus hebt der Blick ab zu einem Flug über Olivenbäume auf den Puig des Teix.

und vom Spiel mit seiner vielfältigen Gestalt. Fontänen und Kaskaden, kleine Teiche und große Wasserreservoirs, Schöpfräder und Kanäle bewässerten nicht nur die Anlagen, sondern dienten als beliebtes Gestaltungsmittel, um die angestrebte Wirkung zu erhöhen: Das frische Wasser kühlte die Luft und bot zugleich dem Auge neue Reize, wenn es das Bild der Bäume und Blumen widerspiegelte.

Auch in Alfàbia. Dattelpalmen wiegen sich im Lufthauch, ihre dicht an dicht stehenden Palmwedel erinnern an Bilder aus einer Wüstenoase. Und natürlich spielt auch hier das Wasser eine Hauptrolle: Schmale Gräben, tiefe Brunnen und plätschernde Fontänen dienen nicht nur der Verzierung, sondern sorgen für den Fortbestand der zahlreichen Orangenbäume, Zypressen, Palmen und wohlriechenden Blütenbeete. Seerosenteiche, in denen sich Bambusbäume spiegeln, und ein aus 72 Säulen bestehender Laubengang mit Springbrunnen zu beiden Seiten aus dem 18. Jahrhundert stellen besondere Sehenswürdigkeiten dar. Arabische und europäische Landschaftsarchitektur haben sich hier zu einer Symphonie in Grün vereint.

Das nicht weit von Alfàbia entfernte, ebenfalls ursprünglich arabische Landgut Raixa wurde im Jahre 1797 dem Kardinal Don Antoni Despuig i Dameto zugesprochen, der Mitglied einer der wichtigsten Adelsfamilien der Insel, der Grafen von Montenegro, war. Der Kardinal, ein Kenner und Liebhaber antiker Kunst, ließ in ihrem Stil auch seine Gärten umgestalten.

Die damalige Landschaftsgestaltung wurde vom italienischen Stil bestimmt. Und wie der kunstbesessene Kirchenfürst wählten auch viele andere, mittlerweile in der Hauptstadt Palma ansässige Großgrundbesitzer barocke und neoklassizistische Elemente für die Gärten ihrer *possessions*, der Vorzeigebesitzungen auf dem Land. Strenge geometrische Formen überschatteten die zuvor unter den maurischen Gärtnern so natürlich wie möglich angelegten Beete: Symmetrie hieß das oberste Gebot der Stunde. Pompöse Steintreppen wie diejenige, die heute noch die Gärten von Raixa dominiert, wurden allerorten gebaut. Um sie herum bildeten Blumenbeete, Laubengänge und Kieswege perfekte Kreise, Quadrate

Die Gärten von Alfàbia und Raixa sind wie eine Bestandsaufnahme der mediterranen Pflanzenwelt. Gelbe Schwertlilien erfreuen die Sinne hier mit ihrer Blütenpracht, …

…Fliederbüsche senken aus ihren Blütendolden schwere Duftwolken auf die Köpfe der Besucher, …

…während die mediterrane Zwergpalme für Schatten im Unterholz sorgt.

Von den ersten maurischen Gartenarchitekten hat Alfàbia die Vorliebe für dschungelartiges Grün, kombiniert mit verträumten Ruheplätzen am Wasser, behalten.

oder Rechtecke. Springbrunnen und Teiche wurden rechter- und linkerhand exakt in das Gesamtbild eingefügt, das, sozusagen als i-Tüpfelchen, durch Säulen und Statuen ergänzt wurde. Despuig, dessen Hobby die Archäologie war und der auf der Insel Ausgrabungen finanzierte, frönte dem Aufstellen von Figuren ausgiebig; heute sind nur noch an der berühmten Treppe einige davon zu finden, da sein Nachfahre, der Graf von Montenegro, zu Beginn des 20. Jahrhunderts die meisten Plastiken an die Stadt Palma verkaufte.

Die 63 Stufen zählende zentrale Treppe der Gärten von Raixa mit ihrem dunkelgrünen Rahmen aus Zypressen ist daher noch immer ein lohnender Blickfang. Sie und die Gärten von Raixa dienten dem mallorquinischen Schriftsteller Llorenç Villalonga als Inspiration für sein hier verfilmtes Werk *Das Puppenkabinett des Señor Bearn.* Sein Roman, der gern mit Tomaso di Lampedusas *Der Leopard* verglichen wird, erzählt den Untergang des Adelsgeschlechts der von Bearns gegen Ende des 19. Jahrhunderts und steht für den Niedergang der Bedeutung der Aristokratie auf Mallorca schlechthin.

Unterhalb eines sanften Hügels leuchtet die Renaissance-Fassade des schloßartigen Herrenhauses durch den Park.

Ganz gleich, welche Form man persönlich schätzt, ein Garten ohne Wasser ist undenkbar. Der rechteckige Teich von Raixa war mit seinen 100 Metern Länge viele Jahre lang sogar das größte Wasserreservoir auf Mallorca. Dem barocken Becken wurde im 19. Jahrhundert durch zahlreiche zu ihm führende, romantisch überwachsene Wege noch größere Bedeutung zugemessen.

Damit befand sich auch Raixa im Trend der Zeit: Die romantische Rückbesinnung auf die Natur, welche die europäische Gartenkunst des 19. Jahrhunderts bestimmte, hat in den Landschaftsanlagen der Insel Veränderungen bewirkt, die Liebhaber aus aller Welt noch heute in ihren Bann ziehen. Künstlich geschaffene Grotten, Steingärten und Wasserfälle bestimmen das Bild üppigster Gärten, die statt der rationalistischen Symmetrie eine ungebändigt gewachsene Landschaft darstellen.

Schon Despuig zeigte in Raixa eine Vorliebe für Pittoreskes: In eine phantasiereich nachgebildete Ruine ließ er ein echtes mittelalterliches Fenster aus einem zerstörten Kloster aus Palma einsetzen. In ihrem Drang nach „künstlicher Natürlichkeit“ glichen die Gärten dann plötzlich wieder ihren arabischen Vorgängern, und das gelungene Spiel zwischen „italienischer Ebenmäßigkeit“ und „englischem Wildwuchs“ läßt die Gärten von Raixa noch heute zu den sehenswertesten ganz Spaniens gehören.

Nur noch wenige Statuen aus der Sammlung des Hobby-Archäologen Despuig schmücken die 63 Stufen dieser Treppe in Raixa.

Von der Loggia des Herrenhauses von Raixa aus verliert sich der Blick in einem mediterranen Paradies.

Mit dem „Vitamin-C-Expreß“ von Palma nach Sóller

Im gemäßigten Jogging-Tempo könnte man glatt nebenherlaufen, eine kurze Strecke wenigstens. Denn der Zug von Palma nach Sóller, im Volksmund „Roter Blitz“ genannt, braucht für die 27 Kilometer eine ganze Stunde. Aber was für eine! Gemächlich zuckelt die Bahn durch das schönste Stück der Tramuntana, vorbei an den Ölbaumhainen von Bunyola, gleich danach grüßen ganz nah die romantischen Gärten von Alfàbia. Hier ist das Gelände teilweise so steil, daß nur die in Zeitlupe vorbeiziehende Landschaft als Beweis für die Fahrt der Bahn herhalten kann: Und sie bewegt sich doch.

Der „Rote Blitz“ ist dabei nicht einmal Mallorcas älteste Eisenbahn, aber sicher die gemütlichste – und die charmanteste. Und die mit dem falschesten Namen: Nicht nur, daß sie nicht gerade blitzschnell ist, rot ist sie auch nicht, sondern braun. Als sie am 16. April 1912 eingeweiht wurde, blumengeschmückt und im nagelneuen Jugendstilbahnhof von Sóller mit Jubel begrüßt, rollte die Bahn von Palma nach Inca schon 37 Jahre. Auch die fährt bis heute, aber, wie die Sollerics gern lästern, nur noch als kümmerlicher Triebwagen. Den „Roten Blitz“ der *Ferrocarril de Sóller* zieht zwar nun auch schon lange, seit 1929, eine E-Lok statt der alten Dampfmaschine, aber sonst ist alles haargenau so, wie die Bürger von Sóller ihre Bahn Anfang des 20. Jahrhunderts erträumten, gemeinsam finanzierten und in England bestellten: First Class mit Ledersitzen und Wandtäfelungen aus feinstem Mahagoni, nebst Gepäcknetzen Marke unverwüstlich aus Lederriemen, in der zweiten Klasse harte, aber in Ehren gealterte und verblichene Holzbänke und als besonderer Service ein eigenes Abteil für zugbegeisterte Hunde.

Daß ausgerechnet Sóller diese Bahn bauen ließ, lag am damaligen Exportschlager der Stadt, den Orangen: Auf der Straße dauerte eine Fuhre nach Palma bis zu zehn Stunden und war, besonders im Winter, der Haupterntezeit für Orangen, gefährlich. Ein schnelles Transportmittel mußte her, das auf einer Fahrt möglichst viel Ware mitnehmen konnte. Denn Anfang des Jahrhunderts war das Vitamin C mit all seinen Segnungen für die Gesundheit entdeckt worden und die Nachfrage nach Zitrusfrüchten daher enorm.

Also legten sie zusammen, die Bürger von Sóller: 3,5 Millionen Peseten mußten sie aufbringen, damals unvorstellbar viel Geld. Fast jede Familie kaufte einige der 7 000 Aktien der Bahngesellschaft à 500 Peseten. Aber dann war es geschafft; in drei Jahren Bauzeit waren Strecke und Bahn fertig: von Sóllers Station an der Plaça d'Espanya bis zum Bahnhof Eusebi Estada nach Palma. Oder umgekehrt.

Eine blankpolierte Plakette prangt an der Waggontür.

Seit 1912 tuckert der „Orangen-Express“ vom Jugendstil-Bahnhof von Sóller die 27 Kilometer nach Palma.

Mahagonitäfelung und Ledersitze sind seit der Jungfernfahrt des „Roten Blitzes“ im Dienst.

Nur der Motor bezieht seit 1929 seine Kraft aus Strom statt Dampf.

Als Mitte des 20. Jahrhunderts der Warentransport zurück auf die Straße fand, sah es kurz so aus, als würde der Vitamin-C-Expreß sich nicht mehr lohnen. Falsch: Denn die ersten Touristen fanden in der kuriosen Bahn ein herrliches Extra-Programm. Während die Kinder die Tunnel zählen und am Ende „13!“ rufen, genießen die Erwachsenen die herrliche Landschaft vor den Fenstern. Und dürfen sich einmal am Tag während der „Sonderfahrt“ des *Tren Turístic* beim einzigen Stopp an einer eigens errichteten Plattform zehn Minuten Zeit nehmen, den Auslöser der Kamera zu drücken: Der Blick vom Mirador des Pujol d'En Banya ist schlicht umwerfend.

Im Tal des Goldes
Sóller

Ein „Tal des Goldes" auf einer Insel, die außer bescheidenen Braunkohlevorkommen keine Bodenschätze birgt? Doch selbst das Gold, wonach die Mauren *Sulliar* benannten, kommt aus dem Boden – wenn auch indirekt. Damit sind nicht die weitläufigen Orangenplantagen gemeint: Das Gold der Mauren war flüssig und stammte von den ausgedehnten Olivenhainen, die Sóller zur Zeit ihrer Herrschaft umgaben.

So oder so, ein „Tal des Goldes" ist die Gegend um Sóller mit seiner enormen *hort*, dem Garten, geblieben. Andere Quellen leiten den Namen Sóller vom arabischen Wort für Muschel ab, und auch diese bildhafte Umschreibung des Ortes und seines Tals trifft zu: Umringt, inseleinwärts abgetrennt durch vier Tausender-Gipfel, liegt Sóller wie in einer Schale am Meeresrand.

Franzosen in den „Gärten Spaniens"
Sóller und seine Wirtschaft waren bis weit ins 20. Jahrhundert hinein ohne Orangen nicht denkbar. Ende des 18. Jahrhunderts flohen französische Bauern, Händler, Winzer und Tuchmacher aus dem von der Revolution geschüttelten Frankreich hierher und organisierten schon bald die Verschiffung der Früchte nach Frankreich.

Dort eröffneten zumeist Verwandte oder Bekannte der ausgewanderten „Franzosen aus Sóller" unter dem verheißungsvollen Namen *Jardin de l'Espagne,* Garten Spaniens, die ersten Südfruchtgeschäfte, die ein unabhängiges, genossenschaftliches Netz bildeten und sich bald über die Grenzen Frankreichs hinaus ausdehnten.

Was Sóller zunächst so reich und mächtig machte, verkehrte sich 1860 ins Gegenteil: Ein Schädling machte sich über die Bäume und Früchte her, Sóller stürzte aus lichter Höhe des Wohlstands ins tiefe Tal der Krise. Vor allem Bauern, die just neues Land gekauft hatten, und solche, die gerade erst begonnen hatten, traf dieses Schicksal und führte sie

Die Kirche Sant Bartomeu überwacht mit ihrer filigranen Rosette seit dem 16. Jahrhundert das rege Treiben auf dem Marktplatz von Sóller.

Französische Einwanderer verwandelten im frühen 19. Jahrhundert Sóllers Orangenhandel erstmals in ein internationales Geschäft.

Nicht nur von Obst, auch von den Törtchen dazu verstehen die Sollerics etwas: An so einer *pastisseria* ist schwer vorbeizukommen.

meist, wenn nicht nach Frankreich, ins Exil nach Lateinamerika: Kuba, Puerto Rico oder Venezuela.

Die Pracht der Dableiber und Heimkehrer

Daher unterscheiden sich in Sóller die Hausfassaden so augenfällig und erzählen von den Fährnissen ihrer Erbauer. Die einen, die in der Krise dablieben und danach, auch dank der Entdeckung des Vitamin C und der damit verbundenen Südfrüchte-Nachfrage, wieder zu Wohlstand gelangten, haben ihren alten Stil perfektioniert: Fassaden aus Marès, elegante Toreinfahrten und Innenhöfe, kunstvolle Portale, Fensterstöcke und Schmiedeeisen-Arbeiten.

Die Heimkehrer aus karibischen Gefilden hingegen mußten nun zeigen, daß ihr zweiter Anlauf in Übersee erfolgreich war: Sie bauten Stadtpaläste in schönstem Kolonialstil, schwelgten in Neo-Barock und -Klassizismus mit Säulen, Tempelgiebelchen, teuren Fassaden aus Bruchstein und aufwendigen Verzierungen aus Schmiedeeisen, wie sie entlang der Gran Via, der Hauptstraße der Kleinstadt zu sehen sind.

Die ins europäische Ausland abgewandert waren, ließen sich sogar von der Mode der Wende zum 20. Jahrhundert inspirieren, dem Jugendstil, auf spanisch *Modernismo* genannt. Neben Palma ist Sóller die zweitwichtigste Stätte des Jugendstils auf Mallorca, zum Beispiel die Fassade der Pfarrkirche Sant Bartomeu, die von Antoni Gaudís Schüler Joan Rubió i Bellver entworfen wurde, der auch die Vorderfront der *Banco Central Hispano* gestaltet hat oder die Villa Ca'n Prunera in der Carrer de Sa Lluna.

Neben diesen städtebaulichen Folgen hatte die Krise noch einen positiven Aspekt: Eine Bank verwandelte ein bankrottes Landgut am Rande von Sóller, Camp d'En Prohom, in den einzigen botanischen Garten der Insel. Hier werden heute die Samen 1700 autochthoner, also nur auf Mallorca heimischer Pflanzen, schockgefroren. Wie ein Botaniklehrbuch zeigen die Gärten Vorläuferpflanzen der verschiedensten Inselgewächse, darunter auch eine große Zahl Heilpfanzen.

Nadelöhr und wunder Punkt: der Hafen

Bis die Bürger von Sóller mit ihrer berühmten Eisenbahn 1912 einen bequemen, vergleichsweise schnellen Landweg schufen, schnitt seine Schüssellage es vollkommen von der Welt ab. So war der Hafen Port de Sóller Nadelöhr nach außen und auch wunder Punkt des Ortes. Denn die „Orangensegler",

Heimgekehrte Auswanderer zeigten mit aufwendigen Stadtpalästen, daß sie es in der Karibik zu etwas gebracht hatten.

Links: Fornalutx gewinnt immer wieder Wettbewerbe um das schönste Dorf Spaniens.

Unten: Im Hafen von Port de Sóller dagegen ging es nie um Schönheit, sondern um Schutz und Sicherheit vor den Piraten.

wie man die Exportschiffe mit Kurs auf Frankreich nannte, hatten auch auf ihrem Rückweg in dessen geschützte, fast kreisrunde Bucht schwer geladen: Die Sollerics ließen sich aus Frankreich Möbel, Töpfe, Karren und Landwirtschaftsgeräte kommen – angesichts der Trampelpfade über die Berge und des zehnstündigen Seewegs nach Palma war dieser „Ferneinkauf" die einzig sinnvolle Alternative.

Und wo Reichtum waltete, waren Piraten nicht fern. Spätestens der Piratenangriff von 1561, der den Hafen in Schutt und Asche legte,

veranlaßte die Bürger, ihn zu einem trutzigen Bollwerk auszubauen. Daß der Angriff dennoch abgeschlagen werden konnte, feiert Port de Sóller jedes Jahr ebenso wie Port de Pollença mit dem Schauspiel *Moros i Cristians*, bei dem die Schlacht in den Straßen der Stadt karnevalsmäßig nachgestellt wird – eine ganze Woche lang.

Auch die beiden Bergdörfer Fornalutx und Biniaraix, keine vier Kilometer oberhalb von Sóller, wissen von Piratenüberfällen ein Lied zu singen, wenn heute auch kaum noch etwas daran erinnert: Fornalutx glänzt bei Wettbewerben um das schönste Dorf Spaniens regelmäßig mit seinen steilen Treppengängen, den instandgesetzten Steinhäusern, Blumenbalkons und perfekt geweißten Tür- und Fensterstöcken. Biniaraix ist im April Gastgeber für das traditionelle Künstlertreffen, die *Trobada de Pintors des Barranc*.

Ein Sprung in der Schüssel

Im Hafen indes ging es nie um Schönheit, sondern um Sicherheit. Port de Sóller wirkt wie eine Mini-Kopie der Sóller-Schüssel in Wasser-Ausführung: Die Bucht ist beinahe ein perfekter Kreis. An beiden Enden flankiert von Wehranlagen und Leuchttürmen, dümpeln hier Handelsschiffe und Fischerboote, Yachten und die Marine sicher vor sich hin und lassen sich von Besucherströmen bestaunen.

Denn mit der Isolation Sóllers ist es vorbei: Seit Mitte der neunziger Jahre des 20. Jahrhunderts kann man endlich schnell nach Sóller fahren: durch einen Tunnel. Dessen Bau wurde begleitet von einem Bestechungsskandal, der im Jahr 1995 zum Rücktritt des damaligen Präsidenten der Balearischen Regierung, Gabriel Cañyellas, führte. Eine Straße gab es schon länger, 36 enge Kurven lang und 500 Meter hoch über den Paß Coll de Sóller. Oder an der Küste entlang, an Deià und Valldemossa vorbei, endlos lang, unendlich schön. Dessen ungeachtet: Trotz der Proteste von Einwohnern und Umweltschützern wurde 1995 mit dem Bohren des Tunnels begonnen. Nach mehr als acht Jahrhunderten Abgeschiedenheit hat die Talschüssel des Goldes einen Sprung bekommen.

Laut bimmelnd macht sich die Straßenbahn von Sóller nach Port de Sóller den Weg durch die Cafés frei.

Der märchenhafte Duft des Südens
Orangen

En los boschs naixen alsines,
En los plans arbres fruyters,
En la vall llargues rengleres,
D'olorosos tarongers ...

... heißt es im „Preisgedicht auf Mallorca", das Tomas Forteza 1869 schrieb. Er schildert die Eichen in den Wäldern der Insel, die Obstbäume im Flachland und erwähnt die langen Reihen duftender Orangenbäume im Tal. Gemeint ist damit das *Sulliar* der Mauren, das „Tal des Goldes" bei Sóller. Die Straßenbahn nach Port de Sóller, der „Orangen-Express", fährt in der Horta de Sóller so nahe an den Orangenbäumen vorbei, daß die Apfelsinen zum Greifen nah erscheinen.

Alles ist hier auf Zitrusfrüchte abgestimmt und eingerichtet. Sogar für den Jugendstil in Sóller, den *Modernisme,* sind sie auf traurige Weise mitverantwortlich: Als um 1860 eine Pflanzenkrankheit die *hort* plagte und die Orangenhaine verwüstete, waren viele nun ruinierte Dorfbewohner gezwungen, in Frankreich, Belgien und der Schweiz ihr Brot zu verdienen. Dort lernten sie den Jugendstil kennen und lieben. Als sie wohlhabend wieder nach Sóller zurückgekehrt waren, ließen sie sich ihr Haus nach der neuesten europäischen Mode von katalanischen Architekten entwerfen.

Die Araber pflanzten schon im 11. Jahrhundert Bitterorangen, *Citrus aurantium,* als Schmuck für die Innenhöfe ihrer Paläste und prachtvoll gestalteten Gartenanlagen an. Sie wurden wegen ihres betörenden Duftes, dem *azahar,* und ihrer sagenumwobenen Schönheit gezogen. Die tiefgrünen Blätter und die weißen Blüten des *taronger,* des immergrünen Orangenbaums, bezauberten den französischen Herzog von Bourbon 1523 so sehr, daß er auf der Stelle einen Orangenbaum erstand, den Eleonore von Kastilien gezüchtet hatte, und nach Fontainebleau brachte, um mit ihm die berühmte Orangerie zu begründen.

Wie im Garten Eden ruht eine einsame Finca inmitten der duftenden Orangenhaine.

Die Bitterorangen wurden aber auch zu medizinischen Zwecken genutzt: Die Rinde kaute man zum Versüßen des Atems, ihr Geruch vertrieb dicke Luft aus schlecht gelüfteten Räumen, und ihr Saft galt im 17. Jahrhundert als Heilmittel gegen das „Aufwallen von Wutausbrüchen".

Die süße Orange, *Citrus sinensis,* ist in Südostasien beheimatet, deshalb heißt sie auf deutsch Apfelsine, vom lateinischen Wort für China, Sina, abgeleitet. Diese Frucht mit ihrem lieblichen Aroma kam mit den Portugiesen zwischen 1520 und 1530 auf die Iberische Halbinsel und nach Mallorca. Seitdem wird sie in den windgeschützten Tälern von Sóller, Andratx und Valldemossa kultiviert.

Wegbereitend für den spanischen Orangenexport wurde die Insel, als gegen Ende des 18. Jahrhunderts die ersten „Orangensegler" von Sóller in Toulon und Marseille anlandeten und bald darauf auch deutsche Häfen anliefen. Die Nachfrage nach der duftenden Kugel wuchs so rasch, daß man im 19. Jahrhundert weite Teile der Festlandküste von Tarragona bis Alicante mit Apfelsinenbäumen bepflanzte, deren Erträge die der mallorquinischen Bauern bald überflügelten.

Von der Süßorangenpflanze sind weltweit über 100 Varianten bekannt. Auf Mallorca werden sie heute immer noch im Kleinplantagensystem des 18. Jahrhunderts angebaut. Zwar unterhalten einige Exporteure eigene Plantagen, der Großteil der Orangen aber wird auf Anbauflächen geerntet, die zu 80 Prozent weniger als einen Hektar groß sind. Diese Minifundien-Struktur schuf ein erstaunlich agiles Eingehen auf wechselnde Nachfragen. In zahlreichen Plantagen wurden so in den letzten 50 Jahren bis zu sechs verschiedene Sorten durch Pfropftechniken oder Neupflanzungen gezüchtet.

Anbau und Ernte der goldenen Frucht verlaufen noch fast wie in alten Zeiten. Sobald im Frühjahr die Apfelsinenhaine in voller Knospe stehen, bereisen die Einkäufer der Exportfirmen das „Land der Orangenbäume", begutachten die kommende Ernte und bestellen nicht nur vor Ort, sondern direkt am Baum. Hier sprechen Züchter und Käufer dann die Pflege der „gemieteten" Früchte bis zur Ernte ab.

Wenn die *taronges* im September ausgereift sind, reisen die Pflückerkolonnen der Exporteure an. Sobald sich der Morgentau aufgelöst hat, beginnen die Erntehelfer mit dem Füllen der Kisten und Körbe. Sie müssen gegen Zeit und Wetterentwicklung arbeiten, denn schon beim ersten Regentropfen wird das Pflücken sofort unterbrochen: Die empfindlichen Früchte dürfen auf keinen Fall feucht verpackt werden, denn sie würden sonst faulen.

Die Mallorquiner kennen Hunderte von Orangenrezepten: Sie verwenden sie als Zutat von Salaten, Fleisch- und Fischgerichten, Eis, Flan oder Mousse, Marmeladen oder Kuchen. Oder sie pflücken sie einfach vom blühenden Baum, pellen die duftende Schale mit geübten Handgriffen ab und beißen genießerisch direkt in die vor Saft triefenden Bälle.

Ein appetitanregender und den Geschmack abrundender Salat aus Apfelsinenstücken gibt einem spanischen Abendessen den richtigen Kick.

Die strahlenden Vitamin-C-Kugeln werden während der Ernte sorgsam in Körbe gefüllt.

Ensalada de taronja

Orangensalat

Zutaten
4 reife mittelgroße Orangen
2 Zweige frische Minze
Salz, Zucker, weißer Pfeffer aus der Mühle, Olivenöl
100 g kleine schwarze Oliven nach Belieben

Die sauber geschälten Orangen in Scheiben schneiden und auf einer Platte auslegen. Mit Salz, Pfeffer aus der Mühle und etwas feinem, weißen Zucker würzen.

Die frischen Minzeblätter feinhacken und auf die Orangenscheiben verteilen. Großzügig mit Olivenöl begießen. Vor dem Servieren muß der Salat mindestens eine halbe Stunde lang im Kühlschrank ziehen.

Eine ausgefallene Vorspeise, ein wunderbar leichter Abschluß eines spanischen Abendessens oder einfach ein erfrischender Snack zwischendurch.

Das Weltdorf
Deià

Wer im Tod nicht stehen will, darf nicht in Deià sterben. Jedenfalls nicht dort begraben werden. Denn – Adelstitel hin, Künstlertum her – auf dem Friedhof von Deià werden die Verstorbenen senkrecht beigesetzt. Aus Platzgründen. Zumindest geben das die Einheimischen als Erklärung für die winzigen Grabtafeln an.

Das hat allerdings viele nicht davon abgehalten, es dem britischen Schriftsteller Robert Graves nachzutun und ihre Ruhe in Deià nicht nur im Urlaub, sondern auch im Tode zu finden. Und so ist der hochgelegene Gottesacker denn auch eine Attraktion für sich. Eine winzige Gedenktafel mit der Aufschrift „Robert Graves, Poeta" zieht Jahr für Jahr getreue Bewunderer des unkonventionellen Erfolgsautors an. Der weltberühmte Verfasser von *Ich, Claudius, Kaiser und Gott,* ohne den Deià nicht das wäre, was es heute ist, steht seit 1985 auf Deiàs Friedhof, zu Füßen des Teix, des fünfthöchsten Berges der Insel. Bruno Neuhaus, ein deutscher Maler, die Baronesse Gloria Victoria Ramirez, eine Verwandte des spanischen Königshauses, und andere namhafte Tote begleiten ihn in seiner letzten Ruhe. Senkrecht.

Robert Graves, der hier Anfang der 30er Jahre des 20. Jahrhunderts seinen festen Wohnsitz errichtete, war nicht der erste berühmte Fremde. Ein Reiseführer vermeldete schon 1878 aus Deià eine Ansammlung merkwürdiger und extravaganter Fremdlinge. Die, wie Familie Graves, heute teilweise schon in zweiter und dritter Generation in Deià heimischen „Ausländer" gehörten fast sämtlich dem Schlag der Freidenker an, alte und junge, die in dem abgelegenen Ort ihre ganz persönliche Lebensphilosophie verwirklichen wollten. Angelockt vom Ruhm der frühen Künstlerkolonie, versuchten sie hier Fuß zu fassen und entdeckten dabei fast unfreiwillig eine andere Art Tourismus, als ihn die Baleareninsel lange Zeit an ihren populären Stränden propagierte.

Seit Beginn des 20. Jahrhunderts zog es Schriftsteller, Maler und Musiker verstärkt in Mallorcas heute noch fünftkleinste Gemeinde. Graves folgten für mehr oder weniger lange Aufenthalte künstlerisch veranlagte Europäer und Amerikaner – Anaïs Nin, Ava Gardner, Alec Guiness, Peter Ustinov, Gabriel García Márquez, Kingsley Amis, Alan Sillitoe, Anthony Burgess –, allesamt auf der

Schon Ende des 19. Jahrhunderts suchten Künstler und Schriftsteller Inspiration in der malerischen Einsamkeit Deiàs.

Suche nach Ruhe, Erholung und Inspiration in einem der wohl abgelegensten Bergdörfer der Insel.

Die Dorfwelt

Mit der Ruhe ist es längst vorbei, aber abgelegen ist Deià noch immer, dank einer hals-

brecherischen Küstenstraße, die sich mutig an den Abgründen der Westküste Mallorcas entlangschlängelt.

Der Ortsname Deià leitet sich vom arabischen *ad daia* ab, was soviel wie „Dorf“ bedeutet. Und genau das ist es bis heute geblieben. Die Mauren pflanzten auf seinen Terrassen vor allem Obst und Gemüse an. Nach der Reconquista wurden sie bis auf 600 Meter Höhe hinauf aus- und auf ihnen Oliven und Zitrusfrüchte angebaut; Fischfang und Schafzucht ergänzten die Speisekarte der Einwohner. Um gegen die Piratenüberfälle besser gewappnet zu sein und den Nordwinden standhalten zu können, dehnte sich das Dorf mit dem Rücken zum Meer aus. So liegt es immer noch da.

Auf dem kleinen Hügel, bloß 211 Meter hoch und der Einfachheit halber nur Es Puig,

Eingeklemmt zwischen Bergen und Meer sonnt sich Lluc Alcari bei Deià inmitten grüner Wälder.

Größer könnte der Kontrast nicht sein: Nur wenige hundert Meter von Deià entfernt hat das Schaf den Berg ganz für sich allein.

Am Gold der Berge rund um Deià verdienen sich viele ein Zubrot.

der Berg, genannt, überwachen die erdfarbenen, aus Stein gebauten Häuser mit ihren leuchtendgrünen Fensterläden das Meer und die zu Deià gehörende Bucht, eine der unzugänglichsten und gleichzeitig schönsten an der Nordwestküste. Oben auf dem Hügel thront das Zentrum des Ortes, die barocke Kirche Sant Joan Baptista, um die sich die Wohnhäuser gruppieren. Im Dorf führen steile Wege an Häusern vorbei, die oft recht wehrhaft gebaut wurden: Schutz gegen die Korsaren. Weinranken kriechen an den alten, von neuen Besitzern liebevoll renovierten Häusermauern der Ortschaft hoch, Drillingsblumen bringen rosarote und orange Farbkleckse ins Bild, Palmen und Zypressen wiegen sich im Wind: Die kleine Gemeinde ist ein Paradies auf Erden; und ihre Bewohner wissen das nur allzu gut. Und wollen, daß das so bleibt. Im Schneckentempo müssen sich die mit Tagestouristen vollbesetzten Busse durch Deià hindurchquälen, denn parken können sie hier nicht: Deià will keine Abstellmöglichkeit für Omnibusse, sondern daß alles so fortdauert, wie es ist. Zum Glück. Für Deià. Denn mit ihrer Hartnäckigkeit, was Busparkplätze und Baugenehmigungen angeht, haben die Einwohner für ihre malerische Heimat viel erreicht: Der Ort ruht noch ebenso unverfälscht auf seinem Hügel am Fuß des Teix, wie ihn Robert Graves 1927 zum ersten Mal vor sich sah.

Deià: reich und schön

Waren die Bewohner des nachbarlichen Valldemossa 1838 noch schockiert vom Lebensstil George Sands und wollten sie, obwohl sie ihr alles doppelt so teuer verkaufen konnten, doch so schnell wie möglich los werden, so hatten die von Deià keine hundert Jahre später schätzen gelernt, was die Fremden mit ins Dorf brachten: Geld. Viele waren darüber glücklich und verkauften Hab und Gut an die Ankömmlinge. Die Folgen konnten nicht ausbleiben und halten sich bis heute: Umgangssprache in Deià ist, und das nicht nur in den Sommermonaten, Englisch vermischt mit ein paar Brocken Mallorquí – gut ein Drittel der Einwohner sind schon Ausländer.

Mehr sollen es aber nicht werden; daher ist es heutzutage, anders als zu Zeiten von Robert Graves, sehr viel schwerer für Fremde, in Deià aufgenommen zu werden. Es sei denn, man ist Hollywoodstar und hat zudem eine aus Mallorca stammende Ehefrau aufzuweisen. Dann kann man es vielleicht erreichen, heute noch eine der wenigen zum Verkauf stehenden, millionenschweren Immobilien in der Gemarkung Deià zu erwerben. Michael Douglas gelang ein solcher Coup, als er den Erben der Besitzung Son Marroig das abgelegene Schlößchen S'Estaca abkaufte – einst vom *Arxiduc*, vom Erzherzog Ludwig Salvator, in nachgebildetem sizialischem Stil erbaut. Denn die Häuser in der berühmten Künstlerkolonie sind teuer, und bauen darf man erst ab der stattlichen Zahl von 15 000 Quadratmetern Grund, die man sein eigen nennen muß.

So herrscht Platzmangel heute nicht nur bei den Gestorbenen, sondern auch bei den sonnenhungrigen Lebenden, die sich das romantische Deià als ihr Feriendomizil in den Kopf gesetzt haben. Bettenburgen sind in dem 600 Seelen zählenden Bergdorf nämlich ein Fremdwort, und die paar Hotelzimmer und Häuser, die im Sommer vermietet werden, haben längst ihre treuen Stammgäste: Schriftsteller, Maler und Schauspieler aus aller Welt – und horrende Preise.

Manche sprechen schon vom „Ghetto des Geldadels“: Die Reichen und Schönen geben Deià ihr mitunter recht dekadentes Gepräge. Erlesene Boutiquen, versteckte Galerien, gleich zwei Luxusunterkünfte und hervorragende Restaurants, wo sogar Spaniens gekrönte Häupter während ihrer traditionellen Sommerfrische auf Mallorca hin und wieder speisen, In-Parties und andere „Musts“ bieten ihnen die ersehnte Bühne zur Selbstdarstellung.

Neben seinem sehenswerten Archäologiemuseum hat das Dorf auch noch mit einem Musikfest aufzuwarten, dem *Festival de Deià* im Juli und August. Zwar wird für den Auftritt der Künstler keine Reklame gemacht, aber bei einer so gut funktionierenden Mund-zu-Mund-Propaganda ist das auch gar nicht nötig. Die Holzbänke seiner Dorfkirche füllen sich allabendlich bis an den Rand – oft mit Leuten, die in ihrem Leben noch nie eine Messe besucht haben.

Am Strand von Deià gibt es zu Bootsgaragen ausgebaute Höhlen.

Robert von Ranke-Graves zog 1929 nach Mallorca und lebte dort bis zu seinem Tod im Jahr 1985.

Dichter in Deià
Robert von Ranke-Graves

Sein Grab kennzeichnet nur eine unscheinbare Grabplatte mit der schlichten Aufschrift „Poeta". Versteckt auf dem Dorffriedhof, nicht leicht zu finden, ganz in der Nähe der Kirche. Manchmal liegen Blumen darauf. Das, was die Inschrift offenbart, bescheiden und doch anspruchsvoll, ist ein Leben wie eine Gratwanderung. Als wenn es über den Kamm der Serra del Norte ginge: nicht abstürzen und liegen bleiben im Irgendwo zwischen Gefühl und Kitsch, Aussage und Predigt, Traum und Wirklichkeit.

Als Robert von Ranke-Graves 1985 mit 90 Jahren stirbt, war er schon lange ein weltbekannter Schriftsteller. 1895 im englischen Wimbledon geboren, studiert er zunächst Philosophie und Geschichte, und zwar – wie es sich für das englische Bildungsbürgertum gehört – in Oxford. Mit traumatischen Erfahrungen kehrt er als Offizier aus dem ersten Weltkrieg zurück, da er schwer verwundet fast bei lebendigem Leib begraben wurde. Im Anschluß beginnt er seine schriftstellerische Laufbahn als experimenteller Lyriker und Naturdichter, bis ihm im Jahre 1929 der Durchbruch mit der satirischen Kriegsautobiographie *Goodbye to All That* (Strich drunter) gelingt.

Zu dieser Zeit lebt Graves schon drei Jahre lang in einer Dreierbeziehung: mit seiner Ehefrau Nancy Nicholson, einer Feministin, mit der er vier Kinder hat, und der exzentrischen amerikanischen Schriftstellerin Laura Riding. Gertrude Stein, seine Freundin, überzeugt ihn davon, sich für eine der beiden Frauen zu entscheiden, und so flieht er nach einem gescheiterten Selbstmordversuch der Geliebten mit ihr vor der Anklage wegen Mordversuchs aus England – nach Mallorca.

Schon nach einigen luxuriösen Tagen in Palmas Gran Hotel kauft er 1929 am Ortsausgang von Deià ein Haus, das er rasch auf den Namen Can Alluny, „abgelegenes Haus", tauft. Mit einer aus England angelieferten Druckerpresse publizieren Graves und Riding in ihrem Kleinverlag *The Seizin Press* eigene Werke. Diese Handdruckpresse existiert noch immer: Graves' jüngster Sohn Thomas betreibt sie in Deià.

Eine schlichte Grabplatte mit der Aufschrift „Poeta", Dichter, erinnert auf dem Friedhof von Deià an den berühmten Dichter aus Wimbledon.

Seine Geliebte Laura Riding wird so zwar zu seiner Muse, ihre erbarmungslose Kritik läßt ihn aber gleichzeitig von einer Krise in die nächste stürzen. In Graves keimen bald Zweifel auf, ob er sich nicht doch für die falsche Frau entschieden hat, denn Laura entwickelt sich mehr und mehr zu einer Tyrannin, die weder für seine Person noch für sein schriftstellerisches Schaffen ein gutes Wort übrig hat. Diese Selbstzweifel bringt er 1931 in dem Gedicht *To whom else?* zum Ausdruck, in dem er bekennt, sich selbst in der Geliebten fremd geworden zu sein.

Die Wirren des Spanischen Bürgerkriegs, in denen das Paar Spanien verlassen muß, überlebt die Beziehung nicht. Riding entscheidet sich 1939 in den USA für einen anderen Mann, und Graves versinkt in einer tiefen Verzweiflung, aus der er erst wieder auftaucht, als er sich in Beryl Pritchard verliebt und sie heiratet.

In Mallorca hatte er sich längst verliebt: Nach dem Ende des Zweiten Weltkriegs kehrt er mit ihr nach Deià zurück, diesmal für immer. Diese zweite Ehe und der zweite Versuch, sich auf der Insel niederzulassen, sind von Erfolg gekrönt, endlich. Graves scheint zur Ruhe zu kommen und zu sich selbst zu finden.

Ein Haus auf dem Land

Zudem wird Graves in den 50er Jahren des 20. Jahrhunderts auch international anerkannt. Von den Tantiemen, die seine Veröffentlichungen jetzt mit steter Regelmäßigkeit abwerfen, kann er mit seiner Frau Beryl und den vier Kindern, die er auch mit ihr hat, gut leben. Solange sie noch im Schulalter sind, wechselt Graves zwischen Deià und Palma, wo er in einem „Plattenbau" zwei Appartements gekauft hat. Während der Unterrichtsmonate wohnen er und seine Frau in dem einen, in dem anderen ihre vier Kinder, die hier eine reguläre Schulbildung genießen sollen.

Daß Graves sich in Romanen und Abhandlungen auf historische Themen spezialisiert, rührt vielleicht von seiner Abstammung vom deutschen Historiker Leopold von Ranke her. Bereits 1934 hatte er seine beiden bekanntesten historischen Romane *Ich, Claudius* und *Claudius, Kaiser und Gott* veröffentlicht. *König Jesus* folgt 1946 und neun Jahre später *Nausikaa und ihre Freier.* Davor liegt 1944 der Roman *Das goldene Vlies,* für den er sich in die griechische Mythologie und Geschichte vertieft. Seine wissenschaftlichen Aufsätze zur griechischen und auch zur keltischen Mythologie bezeugen seine Kennerschaft auf diesem Gebiet. 1960 wird seine Homer-Übersetzung ausgezeichnet, 1968 erhält er für sein Gesamtwerk die Goldmedaille in Mexiko und im selben Jahr die begehrte *Gold Medal* für Lyrik. Er wird zum Mitglied der *American Academy for Poets* ernannt und ist für den Nobelpreis im Gespräch, wenn er ihn auch nie erhält.

Obwohl er vor allem für seine Romane bekannt ist, sieht er diese selbst eher als das Standbein an, das ihm sein finanzielles Auskommen sowie die Arbeit mit seinem Spielbein, der Lyrik, erlaubt. Graves hat insgesamt mehr als 20 eigenständige Lyrikbände und über 30 Bände von Sammlungen seiner eigenen, immer wieder überarbeiteten Gedichte veröffentlicht.

Die eigene Einschätzung als Dichter und nicht als Romantiker zeigt sich auch darin, daß die Themen seiner Romane im wesentlichen unvermittelt neben seiner jeweiligen Lebenssituation stehen, während gerade die Gedichte intensiv auf sie reagieren. Mit ihnen erwirbt er akademische Ehren und lehrt – neben vielen Vorträgen in Amerika und Europa – Lyrik, 1951 in Cambridge und 1961 bis 1966 in Oxford.

Längst hatte das Gerücht vom idyllischen Dasein der Graves' auf Mallorca die Runde durch die künstlerischen Kreise in aller Welt gemacht. Alec Guiness, Peter Ustinov und Gabriel García Márquez packen eilig ihre Siebensachen und besuchen das „abgelegene Haus", das Can Alluny. In dem kleinen Amphitheater, das in den Hügeln unterhalb von Graves' Haus liegt, werden Lesungen abgehalten.

Unter schattigen Olivenbäumen besprach Graves mit Alec Guiness die Verfilmung seines Romans *Ich, Claudius.*

Der Roman *I, Claudius* wurde 1934 veröffentlicht. Aber erst die Verfilmung machte Graves weltweit bekannt.

1955 kommt die Hollywood-Göttin Ava Gardner nach Deià. Graves gerät in den Bann der mondänen Schauspielerin und widmet ihr das Liebesgedicht *Nicht schlafen können,* später eine Geschichte mit dem Titel *Ein Toast auf Ava Gardner,* die schließlich auch in seinem Buch über Deià erscheint: *Geschichten aus Mallorca.* Deià heißt in seinen Erzählungen *Binijiny,* und der Dichter ist längst ein derart unverzichtbarer Teil des Dorfes geworden, daß die Einheimischen ihn voller Ehrerbietung *Don Roberto* nennen.

Aber Graves' Haus als Leuchtturm des Film- und Literatur-Jetsets zu sehen, wird seiner Lebensleistung nicht gerecht. Sein Leben lang hat er um Balance des Dichterlebens gekämpft: Seine Poesie ist der Versuch, einen Ausgleich zu schaffen zwischen eitler Selbstbespiegelung und zynischer Selbstdistanz, emotionaler Unmittelbarkeit und rationaler Kontrolle, zwischen archaischer Triebhaftigkeit und moderner Verstandeslogik, oder – um es mit den Worten von Nietzsche zu sagen – zwischen Apollo und Dionysos.

SANTA CATALINA THOMAS PREGAU PER NOSALTRES

Exklusiver Tourismus
Valldemossa

Steil steigt die Landstraße von Palma an, schlängelt sich in die Berge von Valldemossa. Vorbei geht es an tiefgrünen Zypressen und lichten Johannisbrotbäumen. Dann, hinter der letzten Biegung, die den Blick auf ein fruchtbares Tal freigibt, ragt plötzlich ein ockerfarbener Kirchturm in den Himmel. Um ihn drängen sich aus Stein gebaute Häuser, deren grün gestrichene Fensterläden den Grünschattierungen der sie umgebenden Gartenlandschaft noch ein Tontüpfelchen hinzufügen. Stolz überragt der Gebirgsort in den Tramuntana-Bergen zahlreiche Obstgärten und Ölbaumfelder. Terrassenförmig schmiegt sich das Gelände zu Füßen des altertümlichen Bauerndorfes.

Valldemossa putzt sich liebevoll heraus wie ein Freilichtmuseum. Auch seine berühmtesten Besucher George Sand und Frédéric Chopin konnten sich dieser Schönheit nicht entziehen.

So muß Valldemossa ausgesehen haben, als das wohl berühmteste Touristenpaar Mallorcas die Ortschaft im November 1838 zum ersten Mal zu Gesicht bekam. Die Straße war vielleicht etwas enger, denn heute passen, wo sich früher die Kutscher um die Vorfahrt stritten, gleich zwei Autobusse nebeneinander, doch ein Hauch von Romantik hängt noch immer über der Gegend.

Gleich scharenweise fallen die ausländischen Gäste in das idyllische Valldemossa ein, nicht etwa angelockt von fruchtbaren Gärten und blumengeschmückten Häusern, sondern vor allem, um an einer Romanze teilzuhaben, die vor vielen Jahren hier von der französischen Autorin George Sand und dem polnischen Komponisten Frédéric Chopin gelebt wurde.

Allerdings: Valldemossa, so wie sie es sahen, lebt allein noch im Unterdorf, dessen enge, steile Gassen selten von neugierigen Touristen erreicht werden. Hunderte von Geranien hängen hier ihre rote Last von den Fenstersimsen. Die Luft ist angefüllt von wohligen Gerüchen: Ein Bäcker holt gerade das duftende Hefegebäck *ensaïmada* aus dem

Ofen, das auf Mallorca zum Frühstück oder zum Nachmittagskaffee genossen wird.

Der malerischen Anlage seiner Zwiebelbeete und Zitronenhaine verdankt die Ortschaft ihren Namen: *Vall d'en Mussa,* Tal des Musa, hieß diese Landschaft zu Zeiten der Araber. Musa, der *wâli* von Mallorca, also der Stellvertreter des Kalifen von Córdoba als Beherrscher der Insel, war ehemals der Besitzer des hier gelegenen Landgutes und ließ seinerzeit Stein um Stein abtragen, bis sich das Tal zu Füßen des Puig des Teix stufenweise in fruchtbare Felder verwandelte.

Das arabische Gut ging im Zuge der christlichen Rückeroberung unter. An seiner

Das Kloster mit seinen gepflegten Gärten war für zwölf Mönche gedacht. Per Sondergenehmigung kam ein dreizehnter Bruder hinzu, der ausschließlich in der Klosterapotheke arbeitete.

Bis zur Erfindung des Buchdrucks widmeten sich die Mönche dem Kopieren alter Schriften.

Stelle erbaute der mallorquinische König Jaume II. zu Beginn des 14. Jahrhunderts in Valldemossa eine kleine Sommerresidenz, die wenig später, im Jahre 1349, den Kartäusern von Tarragona geschenkt wurde. Damals war es um das selbständige Königreich Mallorca bereits geschehen, die hübsche Sommerresidenz lag in Ruinen, und die Mönche machten sich an den Aufbau ihres Klosters, das noch heute das meistbesuchte Dorf Spaniens überragt.

Ein besonderes Juwel in der ehemaligen Kartause stellt die vollständig renovierte Apotheke dar. Allerlei Fläschchen und Töpfe mit uralten Präparaten zieren ihre langen Regale. Die fromme Gemeinschaft der Kartäusermönche durfte eigentlich nur aus zwölf bestehen, aber in Valldemossa lebte dank einer Ausnahmegenehmigung ein dreizehnter Mönch, der sich um das körperliche Wohlergehen seiner Brüder kümmerte und dessen uneingeschränktes Reich die Apotheke war.

Die andauernde Stille im Kloster Jesús de Natzarè wurde seinerzeit nur vom Kratzen tintengetränkter Federn auf Papier unterbrochen, denn die Klosterbrüder verbrachten ihre Zeit vornehmlich mit dem Abschreiben von Büchern. Die wertvolle Bibliothek beinhaltet noch immer viele dieser handschriftlichen Kopien.

Viele der Häuser von Valldemossa schmücken Kachelbilder der heiligen Catalina, schließlich wurde die fromme Magd hier am 1. Mai 1531 in der Straße Carrer de la Rectoria geboren. Herrschen im Oberdorf die ungleichen Liebenden, so tut es im Unterdorf die einzige Heilige, die Mallorca je hervorgebracht hat und die hier deswegen hochgeschätzt wird. Beateten nennen die Mallorquiner die „Schutzheilige der Dienstmädchen" mit einer zärtlichen Steigerung von Beata, der Seligen – auch wenn sie längst heiliggesprochen ist. Die Pfarrkirche Sant Bartomeu in Valldemossa ist dem Leben der heiligen Catalina gewidmet, gleich hinter dem Gotteshaus plätschert ein Catalina-Brunnen, und ihr Geburtshaus wurde zu einer kleinen Kapelle umgebaut.

Catalina Tomàs verdingte sich als Magd auf dem Landgut Raixa bei Bunyola. Während der Feldarbeit errichtete sie einen Altar aus Stein, hatte Visionen und vollbrachte Wunder. Ein adeliger Herr aus Palma sorgte dafür, daß die gottesfürchtige Catalina religiöse Unterweisung erhielt und schließlich mit 21 Jahren im Kloster der Augustinerinnen aufgenommen wurde. Trotz mehrerer Angebote nahm sie die Stelle der Äbtissin nie an und starb 1574 als einfache Nonne. Über den Weg ihres Bischofs Don Diego Arnedo von Mallorca beeinflußte die „Sekretärin Gottes" das Konzil von Trient, das die katholische Kirche als Reaktion auf die Reformation anberaumt hatte. Heiliggesprochen wurde sie 1930, und aufgebahrt liegt sie heute in einem Schrein aus Glas in der Kirche des Santa-Maria-Magdalena-Klosters an Palmas Plaça Santa Magdalena, in dem sie bis zu ihrem Tod lebte. Valldemossa ehrt sie mit einer Bronzeskulptur gegenüber ihrem Geburtshaus.

Mallorcas einzige Heilige, Santa Catalina Tomàs, stammt aus Valldemossa. Auf diesem Votivbild aus der Klostersammlung dankt ihr ein Seefahrer für die glückliche Heimkehr.

So ungefähr muß das Kloster von Valldemossa ausgesehen haben, als George Sand mit ihrem Geliebten Frédéric Chopin hier ankam.

Einsame Nachtstücke
George Sand und Frédéric Chopin

Affen nannte sie sie, die Bewohner von Valldemossa, und brachte damit ebenso einfach wie anschaulich zum Ausdruck, daß sie ihre Gastgeber nicht gerade schätzte und sich auf der Insel auch sonst nicht sonderlich wohl fühlte: „Wir waren allein auf Mallorca wie in einer Wüste, und wenn wir im Krieg mit den Affen den täglichen Lebensbedarf gedeckt hatten, versammelten wir uns en famille um den Ofen und machten uns über sie lustig." Obwohl dieser Mallorca-Urlaub von Frédéric Chopin und George Sand im Winter 1838/39 vermutlich der berühmteste ist, ist er – hoffentlich – doch der am wenigsten typische.

Romantik, Idylle, das Glück der Liebenden, die Einsamkeit in der Traumlandschaft – wenig davon hatte der Mallorca-Aufenthalt von Chopin und Sand. Trotzdem wollen es geradezu unglaublich viele Feriengäste genau wissen: Scharenweise werden sie in Busladungen herangekarrt, um aus den Überresten der wilden Ehe von zwei Prominenten das herauszupusseln, was da Leidenschaft heißt.

Städter und Bauern

George Sand hatte sich Mallorca auf Empfehlung von Leuten ausgesucht, die glaubten, die Verhältnisse auf der Insel, Einwohner und Wetter, gut zu kennen. Das war ein Fehler – und so banal kann der Auftakt eines Trauerspiels sein. Dabei sah am Anfang noch alles gut aus: Auf den ersten Blick war die Schriftstellerin von der Landschaft begeistert. Land und Leute schienen einfach ideal für ihre „Flitterwochen" mit Chopin. Die Einheimischen lobte sie in ihren ersten Briefen als Inbegriff gesunder Ursprünglichkeit und seelischer Unverfälschtheit – ein romantisches Mißverständnis.

Nach ein paar Tagen änderte die weltgewandte George Sand – eigentlich Aurore Lucile Dupin, verheiratete Baronin Dudevant – ihre Meinung allerdings sehr schnell: Aus ihrem Quartier Son Vent in Establiments bei Palma mußten sie nach wenigen Tagen ausziehen, da der Vermieter befürchtete, von Chopin mit Tuberkulose angesteckt zu werden. Obendrein hatten sie auch noch die gesamte „verseuchte" Ausstattung zu bezahlen, die der Vermieter verbrannt hatte. Im abgelegenen Valldemossa, wo sie dann Unterschlupf fanden, hatten die Menschen des mallorquinischen Hinterlandes kein Verständnis für die Eigenart Sands, in Männerkleidung herumzulaufen, und konnten auch ihrem „unweiblichen" Geschmack an Zigarren und Pfeifen nichts abgewinnen.

Als Chopin von dieser Zelle aus in die Landschaft blickte, waren die Bäume winterkahl. Für den schwindsüchtigen Komponisten war der mallorquinische Bergwinter pures Gift.

In *Ein Winter auf Mallorca* hielt George Sand ihre Eindrücke für die Nachwelt fest.

Doch was das Faß für die konservativen Bergbewohner zum Überlaufen brachte, war die Tatsache, daß Madame Sand sich samt ihren beiden Kindern, dem 15jährigen Maurice und der zehnjährigen Solange sowie ihrer Zofe Amélie ausgerechnet in dem erst drei Jahre zuvor säkularisierten Kloster Sa Cartoixa de Jesús de Natzarè eingenistet hatte – mit einem um sechs Jahre jüngeren Liebhaber.

Zur Strafe verkaufte man ihnen die Rüben und Kartoffeln eben zu überteuerten Preisen. George Sand rächte sich: In ihren Erinnerungen *Ein Winter auf Mallorca*, heute in jedem Andenkenladen des Dorfes zu erhalten, beschimpfte sie die Einwohner Valldemossas als geldgierige Diebe. Das Buch – eine Haßtirade auf die Bewohner und eine Liebeserklärung an die Landschaft Mallorcas – ist übrigens keineswegs ein spontaner Reisebericht oder gar am Ort des Geschehens verfaßt, sondern mehrere Jahre später als galliger Nachgeschmack zu Papier gebracht.

In Valldemossa lief Madame Sand lieber in Männerkleidung herum und rauchte Zigarren.

Die Geister der Musik

Der polnische Komponist und die französische Baronin hatten sich erst wenige Monate vor ihrer Ankunft auf der Baleareninsel in Paris kennen- und liebengelernt. Ihren Winterurlaub auf Mallorca planten sie als eine Art Flitterwochen, doch der Aufenthalt sollte böse enden.

Nahezu fluchtartig mußten sie die Insel am 13. Februar 1839 verlassen. Für die Gesundheit des ohnehin kränkelnden Chopin war der kalte, nasse Winter in Valldemossa Gift. Er hustete und fror in den ungeheizten Klosterzellen vor sich hin, während seine tatkräftige Geliebte weite Wanderungen durch die idyllische, wenngleich verregnete Berglandschaft unternahm. Trotz ungemütlicher Temperaturen komponierte Frédéric Chopin

Daß Chopin hier nicht nur körperlich, sondern auch seelisch zusehends verfiel, wird heute im Kloster den Besuchern lieber verschwiegen.

mit klammen Fingern auf einem ungestimmten Klavier zahlreiche seiner wundervollen Préludes, darunter auch das *Regentropfen-Prélude,* in dem sich das Winterwetter in Valldemossa niederschlug. Sein eigenes Pleyel-Klavier wurde vom Zoll nicht freigegeben und sollte erst einen Tag vor seiner Abreise in Valldemossa eintreffen. Beide Klaviere stehen noch heute in dem ehemaligen Kartäuserkloster zur Schau.

Enorme Mengen kulturhungriger Touristen – in den 90er Jahren des 20. Jahrhunderts an die 300 000 pro Jahr, also immerhin halb so viel, wie die Insel an Einwohnern verzeichnet – werden an beiden Instrumenten vorbei und durch die angeblich von George Sand und Frédéric Chopin bewohnten Klosterzellen hindurchgeschleust, bestaunen die wenigen zeitgenössischen Gemälde, Stiche, Briefe und Originaldokumente, darunter das Manuskript von *Ein Winter auf Mallorca,* bewundern das vergeistigte Bronzehaupt des Verewigten auf seinem Mahagonisockel, streichen angstvoll, aber wagemutig mit den Fingerspitzen über die sehr antiken Sessel, werfen einen Blick aus dem Fensterchen und – stehen wieder draußen.

Zelle 2 und 4 sind es, die, derart angefüllt mit kulturgeschichtlicher Bedeutung, auf die zahlenden Besucher lauern. Doch sind sie vermutlich unschuldig an diesem romantischen Fiasko: Wahrscheinlicher ist, daß die beiden Liebenden in Zelle 3 jene entfernten Wintertage verbrachten. Der Zugang zu diesen Räumen – jede Mönchszelle bestand aus drei Zimmern – aber bleibt verschlossen, die Wände, die vermutlich Chopin und Sand in inniger Umarmung sahen, bleiben dem Blick entzogen, obwohl allein sie Zeugnis ablegen könnten von dem Unglück, das sich hier ereignete.

Chopins Zustand ließ Sand ernsthafte Befürchtungen hegen, nicht allein was seine körperliche, sondern auch was seine seelische Gesundheit betraf. Seine Phantasie ging durch an einem Ort, der gerade zu jener Zeit ein beliebter Spielort von Schauerromanen war: „Das Kloster war ein Ort der Schrecken und der Geister für ihn, auch wenn er in guter Verfassung war. Er sprach nicht darüber, aber ich ahnte es. Wenn ich mit den Kindern von unseren nächtlichen Streifzügen durch die Klosterruinen zurückkam, fand ich ihn um zehn Uhr bleich an seinem Klavier; sein Blick war verstört, und es schien, als stünden seine Haare zu Berge. Er brauchte eine Weile, bis er uns erkannte. Dann brach er in ein gezwungenes Lachen aus und spielte uns herrliche Musik vor, die er gerade komponiert hatte, oder, genauer gesagt, die Vertonung von schrecklichen und quälenden Vorstellungen, die sich seines Unterbewußtseins in dieser Stunde der Einsamkeit, des Trübsinns und des Entsetzens bemächtigt hatten."

Ihrem Komponisten, dem immer schwächer werdenden Chopin, prophezeiten drei verschiedene Ärzte während seines Mallorca-

Aufenthaltes die Schwindsucht und einen baldigen Tod.

Ein Urteilsspruch, den die resolute George Sand nicht wahrhaben wollte. Auch Chopin mokierte sich darüber, und tatsächlich sollten dem Polen noch zehn Jahre beschieden sein, ehe er 1848 der Tuberkulose erlag.

Als er später wirklich schwer erkrankte, pflegte George Sand ihn über viele Jahre hinweg aufopferungsvoll – getreu ihrem Leitspruch „Ich liebe, also bin ich!", der auch ihre Beziehung zu dem weltberühmten Komponisten prägte, selbst wenn es „keine gelebte Erotik" zwischen ihnen gab, wie sie später bekannte.

Um die Werke des Komponisten zu ehren, bringt das Chopin-Festival einmal im Jahr, in den Sommermonaten Juli und August, erstklassige Virtuosen aus aller Welt in den kleinen Gebirgsort.

Musik hat Chopin im Kloster geschrieben, aber sein Klavier traf erst einen Tag vor seiner Abreise ein.

Sohn des Lichts
Erzherzog Ludwig Salvator auf Mallorca

Das mallorquiner Anekdotenalbum weiß zu berichten, wie ein Bauer sich 1873 auf den Weg nach Son Marroig machte, um einen scheinbar Verrückten von Angesicht zu Angesicht zu sehen: den Mann, der ein für den Bauern wertloses, weil steiniges Stück Land im schroffen Nordwesten der Insel für unermeßlich viel Geld gekauft hatte. Der Bauer wurde fündig: Er traf Erzherzog Ludwig Salvator von Habsburg, Cousin des Kaisers Franz Josef von Österreich, auf einem Stein sitzend, beim Zeichnen an.

Da war *S'Arxiduc,* wie er auf Mallorquí genannt wurde, gerade 25. Vier Jahre zuvor hatte er sein erstes Buch veröffentlicht, über Mallorca, genauer über die Insektenwelt seiner geliebten Baleareninsel.

Ludwig Salvator von Habsburg zog Mallorca dem Leben am Wiener Hof vor. In Son Marroig ließ er einen italienischen Marmorpavillon aufstellen.

Für den neugierigen Bauern war der Erzherzog vielleicht nur ein unbegreiflicher Spinner, einer, der mehr Geld als Verstand hatte, einer, der aus Gott weiß welchen Gründen auf einer Insel dem Müßiggang frönte, ohne auch nur ansatzweise deren Geheimnis und wahre Bedeutung erfassen zu können. Diese Ansicht hätte der Bauer mit dem Hof in Wien weitgehend geteilt und sich ebenso verschätzt. Denn Ludwig Salvator und Mallorca sollten eine so intime, detailreiche und in jeder Hinsicht außergewöhnliche Beziehung eingehen, daß die Nachwelt bis heute nur staunend und ehrfürchtig den Kopf schütteln kann. Noch zu Lebzeiten verliehen ihm die Stadt Palma und die Inselregierung die Ehrentitel „Berühmter Sohn der Stadt" und „Berühmer Adoptivsohn der Balearen", und kaum ein Dorf hat ihn nicht mit einem Straßennamen bedacht. Im Nachhinein hat die Insel den begriffen, der sie so liebte.

Ein mediterraner Habsburger

Dabei hatte es ihn nach Mallorca verschlagen, weil er nirgends hingehörte. Denn anders als sein Name und Titel vermuten lassen, war Ludwig Salvator nicht im Wiener K. u. K.-Regime seines kaiserlichen Cousins verwurzelt, Deutsch war nur eine seiner beiden Muttersprachen, und als er geboren wurde, erblickte er statt eines mitteleuropäischen Regenhimmels das seidige Licht der Toskana. Das war 1847, in Florenz. Ludwig Salvator war das vierte Kind des Großherzogs Leopold II. von Habsburg-Toskana, der eine Tochter Franz' I., des Königs Beider Sizilien, geehelicht hatte: die königliche Erzherzogin Maria Antonietta.

Die ersten zwölf Lebensjahre Ludwig Salvators in Florenz waren wohl die einzigen seßhaften, die einzigen, die er in einem Familienverband verbrachte. Dann toste der Garibaldisten-Aufstand durch Italien und zwang die großherzögliche Familie zur Flucht, nach Brandeis bei Prag.

Damit endete nicht nur eine, gemessen an seinem Stand, recht unbeschwerte Kindheit, sondern auch die Freiheit von Wien. Ludwig Salvator wurde ans Wiener Theresianum geschickt, wo er vor allem wegen seiner ungewöhnlichen Sprachbegabung brillierte. An der Prager Karls-Universität studierte er nicht nur, wie vorgesehen und für den Wiener Hof gerade noch akzeptabel, Jura und Philosophie, sondern auch noch, als wollte er den nächsten, unvermeidlichen Abschnitt seiner Ausbildung hinauszögern, Naturwissenschaften und Archäologie.

Nahe Deià ließ sich *S'Arxiduc* zuerst auf der Finca Son Marroig nieder, die heute ein Museum ist.

Der Erzherzog (hinten rechts) – mit seinen drei älteren Brüdern – blickt in weite Fernen.

Denn als dritter in der Anwartschaft auf den kaiserlichen Thron mußte er eine militärische Laufbahn einschlagen. Das Kommando über das 58. Infanterieregiment hatte er schon in die Wiege gelegt bekommen, nun galt es, auf der Wiener Sankt-Stephans-Militärakademie einen Kavalleristen aus ihm zu machen. Doch Ludwig, ohnehin schon aus der Art geschlagen, Aussteiger, Trotzkopf, Gegen-den-Strom-Schwimmer, absolvierte, fern vom Meer, das „Hochsee-Kapitänspatent Lange Fahrt". Wien war entsetzt.

Eine lebende Fackel führte ihn nach Mallorca

Um das schwarze Schaf doch noch weißzuwaschen, setzte der Kaiser ihn mit 19 Jahren als Statthalter für Böhmen und Mähren in den Prager Hradschin. Während einer Militärparade, die Ludwig Salvator als Kommandeur des 58. Infanterieregiments abnehmen mußte, geschah ein furchtbares Unglück: Seine Braut, Prinzessin Mathilde, langweilte sich auf ihrem Balkon entsetzlich und versuchte, heimlich eine Zigarette zu rauchen. Ihr Kleid fing Feuer, Lage für Lage verbrannten Röcke und Unterröcke, Mathilde stand im Nu wie eine Fackel in Flammen, keine Zeit, die Schnüre, Haken, Ösen, Schleifen zu lösen, sie starb qualvoll.

Ob aus Liebe zu Mathilde oder weil es der letzte nötige Beweis war, daß er und das ihm vorbestimmte Leben nicht zusammenpaßten, nahm Ludwig Salvator diese Tragödie zum Anlaß, etwas zu tun, für das es damals noch kein Wort gibt: Er stieg aus. Eine Krankheit kam ihm zu Hilfe; wegen Asthma verschrieben ihm die Hofärzte einen Klimawechsel in den Süden.

So tauchte er 1867, kaum 20 Jahre alt, als Graf von Neuendorf auf Mallorca auf, das einfache Leben wie ein Verdurstender trinkend und sich daran berauschend. Er erlag dem Zauber der Insel, und er verliebte sich hoffnungslos und doch glücklichst: in die Berge der Tramuntana, die Felsen der Buchten und Steilküsten, die Unendlichkeit der Blautöne des Himmels und des Meeres, in die alten Olivenbäume und die jungen Feldarbeiterinnen – und auch in deren männliche Kollegen. Zwei Jahre wie im Paradies vergingen mit Reisen und Studien, mit Mallorca als Mittelpunkt und dem Insektenbuch als Ergebnis.

Ein herabgewirtschaftetes Gutshaus, S'Estaca, ließ Salvator für seine Geliebte, Catalina Homar, zu einem sizilianischen Schlößchen umbauen.

Jahre des Reisens, Jahre der Ankunft

Doch die Unruhe, die Abwesenheit eines echten Zuhauses und des Gefühls, dazuzugehören, ließen ihn immer wieder ausreißen, die Welt erkunden. Für Ludwig Salvator muß Reisen eine Mischung aus Leidenschaft und Vergnügen einerseits und fast eine Sucht, eine kaum zu bändigende Rastlosigkeit andererseits gewesen sein: In einem Brief nannte er diese Unruhe den „Dämon des Wandertriebs". Und schrieb seine Leiden-schaft (sic!) für die Nachwelt 1881 auf in *Um die Welt ohne zu wollen.*

Aber von allen Orten hatte ihn einer umarmt wie eine Geliebte, hatte in ihm den Wunsch geweckt, ankommen zu dürfen, hatte ihm das Gefühl gegeben, Mensch zu sein: Mallorca. Also kehrte er zurück, begann, das Land zu erkunden und im Nordwesten der Serra de Tramuntana Grundstücke zu kaufen: Als Hauptsitz wählte er Son Marroig, eine zur Bergseite hin wehrhafte Finca mit trutzigem Turm, deren meergewandter Teil jedoch romantisch-verspielt in Loggien und auf Terrassen das Licht des Südens einfing. Aus Italien ließ er einen Marmor-Pavillon bringen, um ihn in Son Marroig als Ausguck auf die Halbinsel Na Foradada aufzustellen. Hier lauschte er, hingerissen, dem *bufador,* dem Tosen, Röhren, Donnern der Wellen, wenn sie an den Fels schlugen. Heute ist Son Marroig als einziges der drei Anwesen des *Arxiduc* der Öffentlichkeit zugänglich.

Dann Estaca, wo Ludwig Salvator zum Zeitpunkt des Kaufs nur ein heruntergekommenes Gutshaus vorfand. Dies ließ er abreißen und baute statt dessen für die Frau seines Herzens ein weißschimmerndes, zinnengekröntes Lustschloß im maurischen Stil. Estaca gehört heute dem US-Schauspieler Michael Douglas und dessen mallorquinischer Frau, die neugierige Gäste – leider? verständlicher Weise? – nicht sehr schätzen.

Und zuletzt Miramar, das immer noch seiner Familie gehört und als Wochenend- und Jagdsitz genutzt wird. Hier hat Ludwig Salvator bis zu seiner letzten Minute auf Mallorca selbst gelebt, in einem Schloß würdig seines Titels, einem Traum aus Marès und Marmor, Ebenbild des Lebenstraums dieses exzentrischen Mallorca-Exilanten.

Die Natur, natürlich!

Sein Verhältnis zu allem Lebendigen stellt einen der bemerkenswertesten Charakterzüge des *Arxiduc* dar: Unfähig, auch nur irgendein Lebewesen leiden oder unnütz geopfert zu sehen, machte er sich für die Natur stark. Anders als es der Geist seiner Zeit mit seiner Liebe zur gebändigten, gestutzten Natur verstand, lag ihm nichts ferner, als sein Stück Mallorca gestaltend anzurühren. Im Gegenteil: Legte er Wege an, dann so, daß sie sich perfekt, fast unsichtbar in die Landschaft einschmiegten. Seine Wälder bewachte und beschützte er, als handelte es sich um Hochsicherheitstrakte.

Der „Dämon des Wandertriebs" zog den Cousin Kaiser Franz' I. von Österreich immer wieder weg von Mallorca hinaus in die Welt.

Die Olivenbäume hatten es ihm besonders angetan. In seinem Buch *Die Balearen* schrieb er, überraschend euphorisch im Vergleich zu seinen sonst so sachlichen, beschreibenden, selten kommentierenden Beobachtungen: „Die Oelbäume werden auf Mallorca sehr alt, und nicht selten sind *Olivars* zu treffen, die sicherlich aus dem 16. oder 17. Jahrhundert stammen. Sie nehmen im Alter die abenteuerlichsten, knotigen Gestalten an, sind häufig ineinander verwachsen und fast immer hohl, jedoch stets voll Leben; daher die Sage, dass man einen Oelbaum nicht tödten kann. Manche erreichen eine beträchtliche Grösse; der grösste auf der Insel, den ich fand, steht bei Palma und wird *S'Olivera de sa Por* (der Oelbaum der Furcht) genannt, ein Name, der sich an irgend einen Aberglauben anknüpfen mag." Faszination und Respekt vor diesen mystischen Bäumen gingen bei Ludwig Salvator so weit, daß er alte Exemplare, die in Ehren ihr Lebenswerk an Früchten absolviert hatten, um keinen Preis fällen oder auch nur zurückschneiden ließ.

Ähnlich behandelte er Tiere: Pferde auf dem Weg zum Abdecker fing er ab und kaufte sie, ebenso altersschwache Hunde, so daß auf seinen Gütern greise Rosse über die Koppeln stolperten und ehemals schneidige Jagdhunde friedlich und ungestört ihrem natürlichen Ende entgegenröchelten. Für Ludwig Salvator war Natur nichts, dessen der Mensch sich zum Herren machen mußte, im Gegenteil: Die Art und Weise, wie er mit seinem Land auf Mallorca verfahren hat, zeigt, daß er sich eins mit ihr fühlte und mehr noch: als kleiner Teil eines großen, großartigen, weisen Ganzen. Seine landschaftspflegende Meisterleistung um Son Marroig führte später dazu, daß dieser unberührte, wie unter einem Glassturz versiegelte Teil der Insel zum ersten Naturpark Mallorcas erklärt wurde, dem Son Moragues-Park.

Von Katalogen, Koseworten und Karawanen

Der Natur ihren Willen zu lassen, war und ist jedoch nur ein Verdienst des erzherzöglichen Mallorca-Aufenthalts. Sie und alles, was in ihr lebte zu beschreiben, ein anderer. Ein geborener Wissenschaftler und Entdecker wie er konnte nicht anders, als alles aufzuschreiben, was er über seine Umwelt in Erfahrung brachte, was er erforschte, beobachtete, analysierte. Eine neue Reise zog ihn auf der Dampfyacht Nixe von Mallorca fort, dem Dämon folgend, ein neues Buch kehrte mit ihm heim. Er ließ seine Werke vor allem in Prag drucken, nicht um sie zu verkaufen, sondern um sie zu verschenken.

Sein berühmtestes Werk, das im Original neunbändige Kompendium *Die Balearen,* brachte ihm 1899 auf der Pariser Weltausstellung eine Goldmedaille ein und wird heute in Antiquariaten fast in Gold aufgewogen. In diesem Werk, schon in seiner Dimension unglaublich, hat sich Ludwig Salvator gleichzeitig selbst ein Denkmal gesetzt.

Bis ins allerletzte Detail beschreibt er die Balearen auf allen damals zugänglichen Wissensgebieten: Geographie und Geologie, Flora und Fauna, Landwirtschaft und Industrie, Viehzucht und Forstwirtschaft, Steuerwesen und Verkehr, Kunstgeschichte und Verwaltung. Eines seiner Hauptaugenmerke richtet der Erzherzog auf die Bewohner der Inseln und ihre Lebensweise. Während er sich bei den kleineren Inseln Ibiza, Menorca und Formentera auf Wesentliches beschränkt, nimmt er die Mallorquiner zum Anlaß einer ausgedehnten anthropologischen, ethnographischen und sozialen Studie. Körperbau und Charakter, hygienische Verhältnisse und Bildung, Sprache und Wissenschaft, Religion und Aberglaube, Trachten und Brauchtum, Familienleben und Feste, nichts ist seinen beobachtenden Argusaugen entgangen.

In 22 Jahren penibelster Kleinarbeit entstand das Meisterwerk des Erzherzogs: Das ursprünglich neunbändige Kompendium *Die Balearen.*

Für Ludwig Salvator war die Natur etwas unbedingt Schützenswertes. Auf seinem Land durften weder Olivenbäume gefällt noch greise Tiere geopfert werden.

Selbstverständlich war Ludwig Salvator weit davon entfernt, sich in Allgemeinplätzen und Vermutungen zu ergehen, nichts lag ihm ferner als Verallgemeinerungen oder fahrlässige Kommentare. Sachlich und treffend arbeitete er sich von Pflanze zu Pflanze, Tier zu Tier, unterschlug weder die Sonderbesteuerung für Luxuswagen noch die ibizenkische Version eines Ackergeräts, beschrieb ein Bauernmädchen im Sonntagsstaat mit der gleichen Hingabe wie einen ranghohen Priester in seinem prächtigen Talar. Wo Worte nicht reichten oder Bilder nicht von selbst im Kopf entstehen konnten, ließ er illustrieren, nach eigenen Zeichnungen, in minutiösen Architekturdarstellungen und Stichen. Szenen aus dem Landleben, Gerätschaften für Haus, Hof und Feld, Möbel, Hauseingänge, Innenhöfe, selbst die Nutztiere sind so in Wort und Bild vertreten, in einer Naturtreue fast wie ein Fotoalbum, und ergeben eine graphische Bestandsaufnahme der Insel im ausgehenden 19. Jahrhundert, wie es sie davor nie gegeben hat. Beim Blättern, Staunen, Sich-Verlieren

Die Yacht Nixe brachte den Erzherzog mit Kapitänspatent zu seinen Forschungszielen.

in diesem Balearen-„Katalog" wird so mancher Leser darüber nachdenken, wie der Erzherzog das nur zu Wege gebracht haben kann. Ein manisch Besessener, versunken in Bergen von Notizen und „Nicht Vergessen!"-Zetteln? Ein Jäger und Sammler von Informationen, der mit mitteleuropäischer Präzision die überschäumende mediterrane Vielfalt in Reih und Glied zurrt? Eines war er ganz sicher: ein ungemein disziplinierter, zielstrebiger und gewissenhafter Schriftsteller, denn sonst gäbe es dieses Buch nicht oder nur in kümmerlichen Fragmenten.

Allein daran arbeitete er 22 Jahre und gleichzeitig an noch mindestens 20 anderen Büchern, darunter *Die Karavanen-Strasse von Aegypten nach Syrien* oder *Eine Blume aus dem Goldenen Lande* oder *Los Angeles in Südkalifornien.* Er hat seiner Liebe zu Mallorca in mehr als einem Dutzend Büchern Worte verliehen, aber auch so kuriose Themen behandelt wie *Zärtlichkeitsausdrücke und Koseworte in der Friaulischen Sprache.*

Sissy und Artemis schauen vorbei

Bei Hofe in Wien kursierten indes die wildesten Gerüchte über den Außenseiter „Don Balearo". „Eine Art Harem" soll er sich zugelegt haben, lästerte sein Neffe, Erzherzog Leopold Ferdinand, „wie ein Patriarch" hause er in einem einfachen Landhaus „mit seinen vielen Frauen und Kindern, die halbnackt herumlaufen und zur Mittagszeit durch ein Pfeifensignal, das er selbst abzugeben pflegt, zum gemeinsamen Mahle herbeigerufen werden". Kaiserin Sissy wurde nach Mallorca geschickt, um nach dem Rechten zu sehen und festzustellen: „Was ich mir auf Korfu gebaut habe, ist nichts gegen dies." Was sie darüber hinaus sah, verschwieg sie in Wien. Selbst nachdem sie ein zweites Mal nach Mallorca gereist war, in Begleitung ihres Lieblingsrehs Artemis. Sie, die unglückliche, gezähmte Kaiserin, die zeit ihres Lebens mit dem Wiener Hof haderte, war die einzige, die Verständnis, ja Bewunderung aufbrachte für Ludwig Salvators Nonkonformismus, seinen Mut, seine Lust, sein Leben nach seinem Gutdünken zu leben.

Denn was sie gesehen hat, wäre in Wien ein noch größerer Skandal gewesen: Ludwig Salvator, dessen Leben auf Mallorca stark von der Freundschaft zu den Inselbewohnern und nicht zuletzt von seiner Zuneigung zu den mallorquinischen Frauen geprägt war, lebte in der Tat in seligem Einklang mit mehreren Frauen, die ihm fleißig Kinder gebaren. Weit davon entfernt, diese, wie es seinem Stande anstünde, zu verleugnen, übertrug er ihnen Güter und Liegenschaften aus seinem erzherzöglichen Besitz. Seine einzige, wahre, große Liebe, Catalina Homar, nahm er sogar einmal mit nach Wien. Die Tochter eines mallorqui-

Von jeder Reise brachte Ludwig Salvator mindestens ein neues Buch nach Hause.

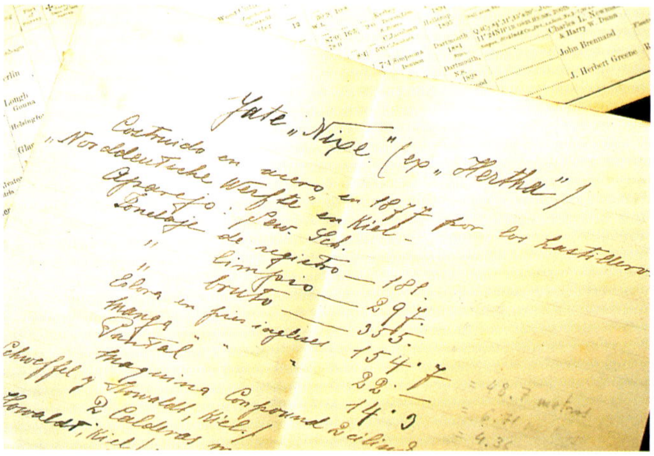

In Son Marroig ist die Kaufurkunde der Nixe, ehemals Hertha, ausgestellt.

In Schloß Miramar hat der Erzherzog nach eigenen Entwürfen seinen Traum in Marès und Marmor gegossen.

ner Tischlers machte im dekadenten, gelangweilten Hofleben Eindruck, allen Vorbehalten zum Trotz: Eine so natürliche, so schlichte und gleichzeitig so großartige Frau wie sie kam dort nicht alle Tage vorbei.

Catalina Homar, Hüterin des Herzens

Aber nach ihrer und Ludwig Salvators Abreise äußerten sich alle empört. „Er bringt sie sogar her, seine Konkubine, die nicht mal lesen und schreiben kann!" Konnte. Vom Erzherzog lernte das mallorquiner Mädchen auf den unzähligen gemeinsamen Reisen auf der Yacht Nixe dies und noch viel mehr: Italienisch, Deutsch, Französisch, Griechisch und Arabisch, seine Güter und Weinberge leiten und verwalten. Auch sie erhält, wie Ludwig Salvator selbst, auf einer Pariser Weltausstellung eine Goldmedaille: für ihren Malvasierwein. Als schliffe er einen edlen Rohling, formte Ludwig Salvator aus Catalina ein klassisches Ideal und ließ sie – wie sie ihn – dennoch sein, was sie war: bescheiden, natürlich, in ihn verliebt. Ihren einzigen Wunsch konnte er nicht abschlagen: eine Reise ins Heilige Land. Dort steckte sie sich mit Lepra an und starb auf Mallorca jahrelang einen langsamen, grauenvollen Tod. 1905, ein Jahr nach ihrem Ableben, widmete er ihr das Buch *Catalina Homar,* auf Mallorquí geschrieben und als erstes unter seinen bis dahin schon über 50 Werken mit seinem vollen Namen auf dem Deckblatt.

Vom Licht in die Finsternis

Sein eigenes Ende nahte mit dem Ersten Weltkrieg: Auf Befehl des Kaisers mußte er Mallorca verlassen, Hals über Kopf, fast ohne Gepäck, und dorthin ins Exil, wohin ihn schon die erste Vertreibung seines Lebens gebracht hatte: nach Brandeis nahe Prag.

Als hätte er auch seine Seele auf Mallorca zurückgelassen, verfiel er binnen eines Jahres und starb 1915, ohne den tragischen Widerspruch seiner Existenz aufgelöst zu haben: bewundert, verehrt, geliebt von denen, die ihn kannten; unverstanden, abgelehnt, verachtet, im besten Fall noch belächelt von einer Familie, die die Korsetts ihrer Zeit weder sprengen konnte noch wollte. Er zahlte es ihnen im Tode noch einmal heim: Fast all seinen Besitz vermachte er seinem mallorquinischen Sekretär, Vertrauten und Geliebten, Antoni Vives, sowie ein Legat einer gewissen Antonietta Calafat, die behauptete, seine Lebensgefährtin gewesen zu sein. Und die Familie – wahrscheinlich hatte sie in den politischen und diplomatischen Wirren des Ersten Weltkriegs gar keine andere Wahl – erteilte ihm ihrerseits im Tode noch einmal eine Lektion: Dieser Sohn des Lichts, geboren in der Toskana, glücklich gewesen auf Mallorca, fand seine letzte Ruhestätte in der Dunkelheit und Kälte der Kapuzinergruft in Wien.

Als Salvator die Tischlerstochter Catalina Homar kennenlernte, konnte sie weder lesen noch schreiben. Im Laufe des vom Wiener Hof totgeschwiegenen Verhältnisses lernte sie mehrere Sprachen und verwaltete den mallorquinischen Besitz.

Nahe Esporles zeigt sich die Tramuntana in all ihrer wilden Schönheit.

Oben wohnen, unten foltern
Esporles und Sa Granja

Schnurgerade läuft die Landstraße von Palma auf das Straßendorf Esporles zu. Immergrüne Orangen, knorrige Oliven und bereits im Februar blühende Mandelbäume säumen ihren Weg. Eine Platanenallee bildet die Grenze zwischen Vila Vella (Altstadt) und Vila Nova (Neustadt). Rund um die Kirche aus dem 13. Jahrhundert, im älteren Teil von Esporles, wo auch sämtliche der Gemeinde gehörenden Gebäude ihren Platz haben, ließen sich die traditionsbewußten Bürger nieder. Ihre Höfe, Häuser und Besitzungen sind größer als die der „Neuankömmlinge" aus dem 18. und 19. Jahrhundert, im Süden, in der Neustadt. Dieser Teil von Esporles wurde um eine ehemalige *alqueria,* ein arabisches Landgut, und dessen Quelle herum gebaut, hier wohnten ursprünglich Land- und Fabrikarbeiter.

Heute ist Esporles vor allem Wohn- und Schlafstätte für Menschen, die in der nur 14 Kilometer entfernten Hauptstadt Palma arbeiten. Aber die ehemaligen sozialen Unterschiede zwischen Vila Vella und Vila Nova lassen sich noch immer bei sommerlichen Dorffesten spüren. Feierliche Zeremonien und Hochämter stehen im Mittelpunkt der Festtage im traditionsreichen Teil des Dorfes, während es im jüngeren Gebiet vornehmlich um eines geht: in netter Gesellschaft möglichst lukullisch Bacchus zu opfern. Jede Familie bereitet hier für die Feiertage besondere Leckereien vor, um dann in nachbarschaftlicher Runde bis in die frühen Morgenstunden hinein zu schlemmen. Das feine, höfliche Benehmen der Bewohner der Vila Vella ist hier nicht gern gesehen. In der Vila Nova hat man es gern derb und deftig.

Trotz Spaltung des Dorfes gelten alle Einwohner zusammen auf der Insel als Menschenschlag für sich. Denn, Altstadt hin, Neustadt her, wer in Esporles das Licht der Welt erblickte, ist etwas Besonderes – das zumindest meinen die Einheimischen. Für die Ärmsten der Armen, die etwa in der Pla-Ebene zur Welt kamen, hat man hier nur mitleidige Blicke übrig. „Eine langsame Verdauung" hätten die Menschen aus dem Flachland. Vermutlich meinen die stolzen Bergbewohner damit, daß die Einwohner der Ebene nicht so leicht aufbrausen, wie man das in ihrem Heimatdorf zu tun pflegt.

Tatsächlich sind die Menschen von Esporles für ihre Streitlust überall auf Mallorca berühmt und berüchtigt. Dieser Ruf geht zurück auf eine Begebenheit aus dem 18. Jahrhundert. Damals hatten Paulinermönche, die in einem Gutsbesitz auf halber Höhe des Gebirges am Rand des Dorfes lebten, in einem Streit mit der Gemeinde um Wasserrechte von der Gerichtsbarkeit die Nutzung des kostbaren Nasses aus dem Canet de Sa Granja zuerkannt bekommen. An dem Tag, als der

Die Museumsfinca Sa Granja liegt inmitten eines seit Jahrhunderten gepflegten Naturparks.

oberste Amtsschreiber den Mönchen das für sie günstige Urteil zustellte, überfiel eine Gruppe von Frauen aus Esporles die versammelten Herren und bewarf sie nicht nur mit Schimpfwörtern sondern mit Steinen. Das Ergebnis war zwar keine Änderung des Gerichtsbeschlusses, aber auf Seiten der Mönche kam es zu Verletzten.

Verlassene Verliese

Westlich von Esporles beginnt die eben noch schnurgerade Landstraße sich plötzlich in die Berge zu winden. Bei dem ehemals arabischen Landgut Alquería Al-Pic führt sie durch ein fruchtbares Tal, das selbst im Sommer selten unter Wassermangel leidet. Schon die Römer wandelten hier im Schatten dichtwachsender Bäume und genossen die Freuden der kühlen Quellen, die aus dem Erdreich sprudeln. Das alte Landgut heißt heute Sa Granja und bietet neben einer der schönsten Gartenanlagen der Insel in romantisch-englischem Stil noch ein Volkskundemuseum: Im umgebauten Herrenhaus kann man ähnlich wie in Els Calderers bei Sant Joan anhand des sorgfältig restaurierten Interieurs und verschiedenster Ausstellungsstücke das Alltagsleben auf einem mallorquinischen Gutshof studieren.

Sa Granja ging im Laufe der katalanischen Eroberung der Insel an den Ritter Nunó Sanç, der es schon zehn Jahre später einer Gruppe von Zisterziensermönchen überschrieb. Das reute ihn bald, und er verlangte es zurück, hatte aber nicht mit der Friedlosigkeit der Kirche, wenn es um ihren Besitz ging, gerechnet: Die Mönche wollten keineswegs ihr Kloster aufgeben, kämpften mit Waffen um das Gut und blieben siegreich. Die neuen Herren ließen karge Zellen in das riesige Anwesen einfügen und verkauften es erst über 200 Jahre später an eine Privatfamilie. Nach mehreren Wechseln der Eigentümer gelangte Sa Granja 1665 in den Besitz der Familie Fortuny. Sie machte daraus ihren Sommersitz und veränderte, erweiterte und verbaute den einst weitläufigen Landsitz im Laufe der nächsten Jahrhunderte, so daß Sa Granja im 18. Jahrhundert zu einem ziem-

Ursprünglich ein Kloster, wurde das Herrenhaus mehrfach umgebaut. Im 17. Jahrhundert entstand diese verspielte Loggien-Galerie.

lich verwinkelten Gemäuer mit unzähligen Gängen, Sälen und Zimmern geworden war. Genau so empfängt es seine Besucher auch noch heute.

Das prachtvolle Haupthaus mit seinen zahlreichen Hallen, Zimmern und Kämmerchen wurde mit teilweise antikem, teilweise einfach nur altem Mobiliar zu einer Art mallorquinischem Heimatmuseum ausgestattet. Im Florentiner Saal, der dem Florentiner Vorgänger mit seiner prächtigen Ausstattung in nichts nachsteht, leuchten Sitzmöbel und Tische im überschwenglichen Louis-Quinze-Stil. Die Werkzeuge im Geräteschuppen und das Kochgeschirr in der Küche blitzen zwar nicht ganz so golden, geben aber einen guten Eindruck vom Leben auf einem Landgut, das während seiner Blütezeit über 100 Arbeiter beschäftigte.

Weberinnen und Seiler, Töpfer und Stickerinnen in traditioneller Tracht gekleidet stellen ihre alte, fast vergessene Handwerkskunst zweimal pro Woche lebensnah zur Schau, selbst Kupferkessel entstehen vor den Augen der Besucher. Folkloregruppen spielen, singen und tanzen dann im Innenhof. Im Restaurant werden traditionelle Köstlichkeiten wie Birnenbrot, selbstgemachter Käse und Wein oder die berühmten *bunyols,* in Öl ausgebackene Krapfen, gereicht. Wer die Pracht der Gärten lieber in aller Ruhe genießt, sollte also weder mittwochs noch freitags anreisen. Auf Brot, Wein und andere Kostproben der mallorquinischen Kochkunst braucht er dennoch nicht zu verzichten.

Nicht lebensnah vorgeführt oder mit Folklore begleitet werden die Sehenswürdigkeiten des Kellers, denn hier handelt es sich um drei Folterkammern. Eine Streckbank, ein mit Nägeln gespickter Stuhl und andere Foltergeräte zeugen von den äußerst peinlichen Untersuchungen, denen Menschen hier in idyllischer Umgebung ausgesetzt waren. So schön La Granja und sein Garten oberirdisch sind, so schrecklich sind die unterirdischen *dungeons of doom* der Inquisition. Der Gang durch die kalten, aus dem bloßen Fels gehauenen Verliese läßt bei manchen Besuchern ein Gefühl der Beklemmung zurück. Man ist froh, der dunklen Folterstätte entronnen zu sein, um im laubgefilterten Sonnenlicht die Gärten um Sa Granja mit ihren lieblichen Wasserspielen durchwandern zu können.

In der ehemaligen Gutsküche sieht es aus, als würde die Köchin jeden Moment zurückkommen.

In den großzügigen Wohnräumen der Finca umgaben sich die Hausherren mit Orientteppichen und mallorquinischen Möbeln…

…im oberen Stock schaffen bemalte Seidentapeten und zierliche Sitzgruppen elegante Intimität…

…in kalten Winternächten wärmte ein *braser*, eine mit einem Holzgestell umgegebene Kohlepfanne, die Decken unter dem Betthimmel…

…ein Schmied mit eigener Werkstatt kümmerte sich um Reparaturen an Haus und Hof…

…in großen Bottichen wurde die Wolle der gutseigenen Schafe gewaschen und gefärbt…

…in der Waschküche wurde die Wäsche des ganzen Gutes von Schmutz und Staub der Landarbeit befreit und vor dem Trocknen ausgepreßt.

In knapp 800 Jahren eroberten die Christen die Iberische Halbinsel von Nord nach Süd von den maurischen Herrschern zurück.

Unter dem Joch des Kreuzes
Reconquista und Inquisition

Einfallende Horden und Blitzangriffe von fremden Armeen, langwierige Belagerungen und demütigende Kapitulationen haben die Geschichte Spaniens seit der Antike bestimmt. Die Invasoren: Phönizier, Römer, Vandalen, Mauren und zuletzt Christen, haben stets mit als erstes ihre Religion importiert, mal mit Gewalt, mal unter Duldung anderer Glaubensrichtungen, mal in friedlicher Ökumene. Manche Besatzungsmacht hat Spanien zu neuer kultureller Blüte verholfen, manche zu wirtschaftlicher Macht. Aber keine hat Spaniens Zeitläufte und sein Selbstverständnis und so nachhaltig bestimmt wie die Reconquista.

Was zunächst nicht mehr und nicht weniger als „Rückeroberung“ bedeutet, umfaßt in Wirklichkeit ein Jahrhunderte währendes Kapitel des Grauens und der Gewalt, der Unterdrückung und der Intoleranz.

Mit Eisen für das Kreuz

Als 711 der Westgotenkönig Roderich von den einfallenden Mauren besiegt wird, beginnt deren Siegeszug durch die Iberische Halbinsel, der sie 720 sogar auf die andere Seite der Pyrenäen bis kurz vor Poitiers führt. Erst dort gelingt es 732 Karl Martell, dem Großvater Karls des Großen, sie aufzuhalten und zurückzuschlagen. Jenseits der Pyrenäen, noch mit Ausnahme der Balearen, ist Spanien arabisch geworden. Und fast gleichzeitig beginnt das zähe Manöver der Reconquista, als 722 der Feldherr Pelayo im asturischen Covadinga gegen die Mauren zum ersten Mal einen Sieg davontragen kann.

Während die Mauren vor allem in der Südhälfte Spaniens einige der schönsten Städte Europas anlegen – Sevilla, Córdoba, Toledo oder Granada –, die Balearen erobern und zumeist friedlich mit Juden und Christen Wirtschaft und Kultur ankurbeln, erringen von Norden aus die christlichen Heere Schlag um Schlag weitere Siege. Bis 1045 haben sie Asturien, Navarra, Beider-Kastilien, Aragón und León in der Hand, 200 Jahre später sind die Balearen und große Teile Westandalusiens zurückgewonnen. Nur Granada widersetzt sich bis 1492 den Christen. Nach dessen Fall haben die „Katholischen Könige“, Ferdinand II. von Aragón und Isabella I. von Kastilien, obsiegt, und mit ihnen der wahre Glaube gegen das Heidentum, die Fackel der Kirche gegen das Höllenfeuer.

Aber was sie erobert haben, ist ein Drei-Völker-, Drei-Kulturen- und Drei-Religionen-Staat. Mehr als 200 000 Juden leben dort, die meisten als Kaufleute und Bankiers, denn

Der Beichtvater Isabellas I. von Kastilien, Tomás de Torquemada, wurde 1487 unter Papst Innozenz VIII. zum ersten Großinquisitor ganz Spaniens. Mit Unterstützung der „Katholischen Könige“, Isabella I. und ihrem Gemahl, Ferdinand II. von Aragón, begann so die großangelegte Jagd auf Feinde des wahren Glaubens.

Geldhandel war den Christen verboten, und rund einer Million Mohammedaner, Arbeiter und Bauern zumeist. Zusammen bilden sie eine wirtschaftlich starke Mittelschicht, die es im Zaum zu halten gilt, will die neue christliche Macht nicht das Gesicht vor ihren Anhängern verlieren. Vor allem die Juden sind schon seit dem 13. Jahrhundert Ziel und Opfer von Neid, Mißgunst und Verfolgung.

Mit Feuer für das Kreuz

Was so schon lange in Volkes Seele gärt, wird nun von den neuen Machthabern institutionalisiert: 1478 ersetzt der Papst in Aragón das mittelalterliche Tribunal durch das „Heilige Offizium", die Inquisition. Vom König persönlich ernannt, stehen die Inquisitoren über der gängigen Rechtsprechung und verfügen sowohl über weltliche als auch kirchliche Macht sowie über ein Heer von Spitzeln und Leibwachen. Die „peinlichen Befragungen" sind streng geheim, und nach der Verurteilung wird der Besitz des Hingerichteten zwischen der Krone, der Inquisition und den Anklägern aufgeteilt – die perfekte Motivation für Denunzianten und Verleumder aller Art.

Organisator der spanischen Inquisition ist Tomás de Torquemada, das Vorbild von Dostojewskis Großinquisitor, der selbst Jesu Rechtgläubigkeit in Zweifel zieht. Zuvor noch der Beichtvater des Herrscherpaares Isabella I. und Ferdinand II., erhebt ihn Papst Sixtus IV. 1483 zum ersten Großinquisitor von Kastilien und Papst Innozenz VIII. 1487 zum Großinquisitor von ganz Spanien. Noch elf Jahre bis zu seinem Tod 1498 übt er kompromißlos seine Gewalt aus und fährt mit seiner gefürchteten schwarzen Kutsche kreuz und quer über die Halbinsel, von Prozeß zu Prozeß. Man schätzt, daß während seiner Herrschaft annähernd 2 000 Menschen auf dem Scheiterhaufen enden.

Anfang des 16. Jahrhunderts, als die Inquisition sich auch schon auf Mitteleuropa auszubreiten beginnt, hält auch der erste Inquisitor Einzug auf Mallorca und wählt als Residenz das „Haus des Inquisitors" in Lloret im Pla. Seine Mission: Die „Ausrottung der Ketzerei". Und Ketzerei ist alles, was nicht hundertprozentig kirchenkonform ist.

Die jüdische Bevölkerung steht vor der Wahl von Pest oder Cholera: Auswandern, aber wohin? Oder sich taufen lassen, um zu bleiben. Aber: Auch das schützt die rund 50 000 *conversos,* auf Mallorca auch *xuetes* genannt, nicht vor Verfolgung. Da so gut wie niemand ihnen die Abkehr vom Glauben ihrer Väter abnimmt, genügt es zu behaupten, ein *xueta* habe heimlich zu Jahwe gebetet, und so sein Todesurteil zu unterzeichnen. In Lloret wird im 17. Jahrhundert eine Gruppe von 250 *xuetes* gefangengenommen und den kirchlichen Häschern, der *Curia Militar,* übergeben. Ein dicker Fang, denn sind sie erst verurteilt, kann sich die Kirche deren gesamten Besitz einverleiben. In Palma kommt

Wer erst einmal in die Hände der Inquisition geriet, hatte wenige Chancen, mit dem Leben davonzukommen. Hinrichtungen, wie auf diesem Gemälde von Pedro Berruguete dargestellt, waren an der Tagesordnung.

Um Geständnisse zu erzwingen, schreckten die Schergen der Inquisition nicht vor Folter zurück. Bei der Erfindung neuer Foltergeräte war ihre grausame Phantasie grenzenlos, wie im Keller von Sa Granja heute noch zu sehen ist.

es gleichzeitig zu Massenverbrennungen im *xuetes*-Viertel Call, die von der aufgepeitschten Masse wie Volksfeste gefeiert werden.

Auch die moslemische Bevölkerung wird bald das Ziel von Angriffen. Ebenfalls vor die Wahl „Kreuz oder Exil“ gestellt, wählt rund eine Million von ihnen die Taufe. Aber auch hier hilft den *moriscs,* wie die bekehrten Mohammedaner genannt werden, nicht einmal, öffentlich Schweinefleisch zu essen, um frei von Verdacht zu leben. Die Inquisition weist im 16. Jahrhundert 300 000 *moriscs* aus, ihr Besitz fällt an Kirche und Krone.

Die Politik der Inquisition ist so erfolgreich, weil sie die christliche Bevölkerung unter dem Deckmantel des Seelenheils zu Spitzeln und Verrätern macht. Wer andere denunziert, wiegt sich in der vermeintlichen Sicherheit einer reinen Seele. Vermeintlich, denn auch die Christen sind nicht sicher: Schon der bloße Verdacht der Hexerei, schlimmster Vergehen wie Gotteslästerung oder Beischlaf mit Tieren und verdächtiger Heilkräuterkenntnisse führt ohne Anklage oder Verhandlung direkt in die Folterkeller oder auf den Scheiterhaufen. Unterwürfige

Bettelorden dienen der Inquisition als zusätzliche Moral-Spitzel, so auch die Loretanerinnen im mallorquinischen Lloret. Wie viele Opfer sie den Schergen auslieferten, damit sie in Folterkammern wie denen auf Sa Granja überführt werden, ist nicht bekannt.

Auf Mallorca ranken sich viele Geschichten um diese menschenverachtende Institution. Manche davon sind erfunden, manche Legenden und Gerüchte; so auch die des Brunnens am Dorfeingang von Lloret: Unterirdisch soll er seit den Zeiten der Ketzerjagd mit einem Labyrinth von Gängen und Stegen verbunden sein, damit die Juden leichter fliehen können. Auch in Palma halten sich Gerüchte um solche Gänge unterhalb des Castell de Bellver und im jüdischen Viertel Call; einige sind auch gefunden worden. Die meisten anderen Geschichten sind nur zu wahr und belegbar, denn die kirchlichen Tribunale, die Stadtschreiber und Behörden haben über alles fein säuberlich Buch geführt.

Bis ins 19. Jahrhundert regiert die Inquisition in Spanien mit Feuer und Schwert. Erst 1813 wird bei der Tagung der Nationalversammlung, die wegen des Guerillakrieges gegen die napoleonische Besetzung in Cádiz stattfindet, beschlossen, die Inquisition abzuschaffen. Aber es wird noch bis zum 2. Vatikanischen Konzil 1965 dauern, daß Rom diesen Schritt nachvollzieht und das „Sanctum Officium“ umbenennt: Statt „Kongregation für römische und weltweite Inquisition“ heißt es seitdem „Glaubenskongregation“. Erst damit hat die Kirche auf die Inquisition verzichtet.

Spitze Eisenstacheln drangen in die Arme des Gefolterten ein, um ihm die Zunge zu lösen.

Dieser französische Holzschnitt von 1541 zeigt, wie die Inquisition einen Verdächtigen überführen will: An Händen und Füßen gefesselt und durch den Raum gespannt, gießt der Folterknecht ihm Wasser auf ein Tuch über dem Gesicht. Der Gefangene droht so in kurzer Zeit qualvoll zu ersticken.
Scheinbar unbeteiligt protokolliert ein Schreiber der Heiligen Inquisition den Ablauf der „Befragung“.

Dorf des Überflusses
Banyalbufar

Sieben Weltwunder wurden in der Antike verehrt, sei es ob der Größe dieser von Menschenhand geschaffenen Bauwerke und Monumente, sei es, weil sie wie der Koloß von Rhodos die damals bekannten Gesetze der Physik zu sprengen schienen oder sei es, weil es gelungen war, Natur und Menschenwerk auf die erstaunlichste, harmonischste Weise zu verbinden. Die hängenden Gärten der assyrischen Königin Semiramis in Babylon hatten, wenn es sie denn gab, genau dieses Wunderwerk vollbracht. Angesichts der Terrassengärten von Banyalbufar mag man sich an dieses Weltwunder erinnert fühlen.

Denn wer immer sie geschaffen hat, verdient höchste Bewunderung. Im Falle der babylonischen Gärten gibt es ja immerhin eine, wenn auch mythische, Erbauerin. Das können die Gärten von Banyalbufar nicht von sich behaupten. Lange Zeit war die offizielle Lesart, ausschließlich die Mauren hätten hier ihre Expertenhand in Landschafts-Architektur walten lassen. Eine neuere Deutung, nach der schon die Steine schleudernden Ureinwohner begonnen haben sollen, hier die sanften Abhänge urbar zu machen, ist in den letzten Jahrzehnten des 20. Jahrhunderts in Mode gekommen, parallel zu einer neu erwachten Identitätssuche der Mallorquiner und eines neuen mallorquinischen Nationalbewußtseins. Wieder andere Quellen halten für möglich, daß die Phönizier hier eine Möglichkeit mehr gesehen und genutzt hätten, ihren florierenden Mittelmeer-Handel weiter anzukurbeln.

In Europa zum Dessert: Malvasier aus Banyalbufar

Sicher ist an all dem, daß es die Mauren waren, die perfektionierten, was immer sie im Lauf ihrer 300 Jahre währenden Herrschaft hier vorgefunden hatten. Sie waren es auch, die dem Ort und seinen Gärten einen Namen gaben: *bany al buhar*, der „Weingarten am Meer", und das, obwohl doch der Prophet den Mohammedanern den Wein verboten hatte – aber schließlich müssen sie ihn ja nicht getrunken haben. Angebaut haben sie ihn, daran besteht kein Zweifel.

Denn von maurischer Zeit an bis zum Niedergang des mallorquinischen Weinbaus Ende des 19. Jahrhunderts wurde hier Wein angebaut, die Malvasier-Traube vorwiegend, die einen süßen, aromatischen Dessertwein ergibt und damals in ganz Europa reißenden Absatz fand. Kein Bankett, kein Galadiner ohne ein Gläschen Malvasier aus Banyalbufar oder von den Kanarischen Inseln. Schon Shakespeares Falstaff würdigt diesen vortrefflichen

Wie die Ränge eines Theaters fallen die Terrassengärten zum nahen Meer hin ab.

Wein, und Thomas Mann läßt in den *Buddenbrooks* „Malvasier, eine Bouteille" aus dem Keller holen.

Auch Erzherzog Ludwig Salvator lobte den Wein wegen seines Wohlgeschmacks und seiner gesundheitsfördernden Wirkung. Wobei *S'Arxiduc* hier wohl nicht ganz unvoreingenommen war: Seine Geliebte, Catalina Homar, war auf seinen Anwesen für den Weinbau verantwortlich und gewann mit ihrem Malvasier auf der Pariser Weltausstellung sogar eine Goldmedaille. Wie man behauptet, verdankt sogar Mallorca seine Reconquista dem Malvasier, wenigstens zum Teil. Denn der Wein von den Meerterrassen sei einer der wichtigsten Gründe für Jaume I. gewesen, die Insel zu erobern; schließlich wurde der Malvasier von Banyalbufar daraufhin zum bevorzugten Wein am Hof der Könige von Aragón.

Den Strand von Banyalbufar erreichen die Bootsbesitzer nur über steile Treppen.

Auffangbecken sorgen dafür, daß überschüssiges Wasser nicht verlorengeht.

Trotz der Nähe zu den Besuchermagneten Deià und Valldemossa hat sich die Gegend um Estellencs ihre Abgeschiedenheit erhalten.

Im 19. Jahrhundert gingen ebenso wie im Pla auch in Banyalbufar ganze Weinberge zugrunde. Erst heute hat man langsam wieder damit begonnen, Malvasier anzubauen.

Als es mit dem Weinbau aus war in Banyalbufar – bis auf ein wenig Malvasier für den Hausgebrauch –, mußten die Großgrundbesitzer weite Teile der mehr als 2 000 Terrassengärten an landlose Bauern verkaufen, die seitdem hier vor allem Tomaten und Kartoffeln anbauen und so dafür sorgen, daß die „hängenden Gärten Mallorcas" dem Landschaftsbild erhalten bleiben.

Dabei werden sie nicht sonderlich gestört: Die touristischen Routen konzentrieren sich auf Deià und Valldemossa ein Stück weiter die Küste hinauf und lassen Banyalbufar und das benachbarte Estellencs meist achtlos am Wegesrand liegen. Lediglich den Wachturm der Seelen, den Mirador de Ses Ànimes außerhalb Banyalbufars, steuern sie an, um von diesem Aussichtspunkt einen der prachtvollsten Blicke auf die Tramuntana-Liebe von Berg und Meer zu werfen.

Der geregelte Überfluß läßt Mauern ins Knie gehen

Die Mauren haben aus der geschützten Lage Banyalbufars in einem Felseinschnitt mit sanftem Gefälle zum Meer zunächst das Beste herausgeholt, indem sie in dieses Gefälle Ebenen, also Terrassen, einzogen. Was dabei an Steinen und vor allem Erdkrume anfiel, haben sie wieder auf die Hänge aufgebracht: Aus den Steinen bauten sie unter jedes neue Feld Trockensteinmauern, die die kostbare Erde tragen und den Wasserlauf auf seinem Weg nach unten bremsen.

Diese Parzellen sind durchzogen von Gräben, Leitungen, Rinnen sowie eckigen und runden Zisternen, die ihr Wasser aus den Höhlen des Puig Planícia beziehen. Nach dem Überlaufprinzip fließt das Wasser von den Quell-Zisternen ins erste Feld, wird dort verzweigt und möglichst ohne Verdunstungsverlust zu den Pflanzungen geführt, um sich am unteren Ende des Feldes wieder zu sammeln und in das darunterliegende Feld überzufließen. Am Ende des Wegs erreicht das Wasser das Dorf und speist dort Brunnen und unterirdische Zisternen mit dem Überfluß der Felder.

So leicht und spielerisch das aussieht, hier sind gewaltige Kräfte der Natur am Werk, und dieses System funktioniert nur, solange die Steinmauern ununterbrochen in Schuß gehalten werden. Im 20. Jahrhundert haben einige Bauern versucht, statt der mühseligen Trockenmauer-Setzerei sogenannte *blocs* zu verwenden, Hohlblocksteine aus industrieller Fertigung, aber das hat sich nicht bewährt: Die *blocs* knicken unter dem Druck des Wassers und der Erde schneller ein als die traditionellen, in sich elastischen Trockenmauern.

Auf dem natürlichen Gefälle läuft das Wasser wie hier in Estellencs über ein kunstvolles Treppen- und Kanalsystem.

So ist das Dorf dörflich geblieben. Obwohl längst nicht mehr alle Bewohner nur vom Fischfang und der Landwirtschaft leben, hat sich ihnen auch die neue Einkommensquelle der Insel, der Tourismus, nur in kleinen Portionen erschlossen. Vor allem Mallorquiner suchen hier die Ruhe und Abgeschiedenheit, die ihre Insel sonst nicht mehr an vielen Orten bietet: Banyalbufar hat nichts zu verstecken und wenig zu protzen. Aus der Zeit der Großgrundbesitzer ist ein Herrschaftshaus, die *Baronia*, erhalten geblieben. Bis ins 15. Jahrhundert wurde das Tal von hier aus nahezu absolutistisch regiert: Die gesamte Ortsbevölkerung unterstand der Zivil- und Strafgerichtsbarkeit der Herren der *Baronia*.

Die eng aneinandergeschachtelten Steinhäuser des Ortes schmücken sich hingegen allenfalls mit schönen Rundbogen-Portalen, und das Dorfleben konzentriert sich um die alteingesessenen Cafés, wie das Marisol, das das Leitmotiv Banyalbufars aufnimmt und auf einer Terrasse über dem Meer zu schweben scheint. Gerade weil der Ort wenig zu „bieten" hat, zeigt er besonders klar, wie Natur und Wirtschaft aufeinander bezogen sind.

Unten: Meditation auf mallorquinisch, eingebettet zwischen Himmel und Bergen.

Rechts: Der Wachturm Mirador de Ses Animes schwebt gleichsam über dem Meer.

Geliebte Paradiesäpfel
Tomaten aus Banyalbufar

Im August, wenn die Früchte ihren höchsten Reifegrad erreicht haben, braten die Frauen auf dem Land noch immer Unmengen an Tomaten mit Zwiebeln und Knoblauch an, um *sofrit* herzustellen, die „Mutter aller spanischen Soßen". Nach 15minütiger Kochzeit wird die Mischung in große Gläser abgefüllt und dient dann als Basis für zahlreiche Saucen, Reis- und Eintopfgerichte.

Auch wenn heute niemand mehr dem „Liebesapfel" aphrodisierende Eigenschaften andichtet – aus der heimischen Küche ist die Tomate nicht wegzudenken. Denn anders als in großen Teilen Europas war in Spanien der „Paradiesapfel" nicht für lange Zeit vom Speisenplan verbannt.

Auf den ersten Blick sehen „Liebesapfelbäume" bei Banyalbufar wie Weinreben aus.

Vielleicht lag das daran, daß er auf einer spanischen Expedition entdeckt wurde: Schließlich war es Kolumbus, der von seinen Entdeckungsreisen um 1500 zwei „Äpfel" aus Amerika mitbrachte, die in Europas Gärten und Küchen große Bedeutung erlangen sollten. Während jedoch der „Erdapfel", die Kartoffel, sofort seinen Siegeszug antrat, hatte die Tomate es nicht so leicht. Der intensive Duft, den die reife Frucht ausstrahlte, und der leicht süßliche, ungeheuer aromatische Geschmack irritierten die eher neutrale Speisen gewohnten Geschmacksnerven der Europäer.

Die Spanier jedoch standen der Pflanze nicht so skeptisch gegenüber. Sie übernah-

Wie ein roter Vorhang zieren aufgehängte Tomaten-Zöpfe die Wände der mallorquinischen Speisekammern.

men ohne Umschweife den aus dem Aztekischen stammenden Namen *tomatl* als „Tomate“ in ihren Sprachgebrauch und begannen, die reifen Früchte einzulegen, zu dünsten, zu braten oder sie direkt frisch geerntet zu essen. Auf Mallorca werden Tomaten allerdings erst seit 1840 angebaut, nachdem dort Schädlinge in so verheerendem Maße den Weinanbau zerstört hatten, daß die großen, von den Arabern angelegten Terrassen ein Bild des Grauens boten: Kaum noch etwas war übrig geblieben von *bany al buhar,* dem „Weingarten am Meer“ der Araber, dem Banyalbufar seinen Namen verdankt.

Und so sichert seit Mitte des 20. Jahrhunderts die Kultivierung der fleischigen Frucht das wirtschaftliche Überleben Banyalbufars. Damals beschloß Ferran Cotoner, der Marquis von Cenia, den Anbau auszuweiten, nachdem Proben ergeben hatten, daß die Tomate den Boden und das sonnenreiche Klima der Küstenregion sehr liebt. Die Bauern veränderten den Verlauf der alten arabischen Bewässerungsgräben, der *síquies,* und legten Staubecken für Süßwasser in großer Zahl auf und zwischen den Terrassen an.

Die Tomate ist heute in allen Farben, Formen und Aromen für die mallorquinische Küche unentbehrlich geworden. Bei Banyalbufar werden sowohl Buschtomaten, die in Meeresnähe einen leicht salzigen Geschmack annehmen, als auch die milderen Stabtomaten angebaut. Buschtomaten eignen sich vor allem für Saucen, Mark, Püree und Saft, die leicht mehlige Fleischtomate wird für Salate verwendet. Die kleineren, gelb-roten, saftigen *ramellet*-Tomaten werden im Trockenbau kultiviert, also ohne Wasser. Da sie leicht Druckstellen bekommen, zieht man sie auf Schnüre, *ramellets,* und hängt sie zur Lagerung in der Kammer oder Küche des Hauses dekorativ auf.

Gut ausgereifte Tomaten verfügen über ein intensives Aroma und einen hohen Nährwert. Neben reichlich Vitamin C steckt in ihnen viel Beta-Carotin, eine Vorstufe für das wichtige Vitamin A. Der menschliche Körper kann es aber nur in Verbindung mit Fett verwerten. Und da tritt der beste Freund der Tomate in Aktion: das Olivenöl, das geschmackliche i-Tüpfelchen sämtlicher Tomatengerichte.

Pa amb oli, das Brot mit Olivenöl und Tomate, wird zum Frühstück, als Aperitif oder einfach zwischendurch gereicht. So simpel dieses Brotrezept auch klingen mag und zuzubereiten ist, es gibt auch hier einige entgegengesetzte Auffassungen über die Herstellung.

Das Aufziehen der Tomaten auf Schnüre scheint eine geruhsame Beschäftigung für laue Nachmittagsstunden zu sein.

Pa Amb Oli

Brot mit Olivenöl (für 6–8 Personen)

Zutaten
8 Scheiben Pan Moreno, 2 cm dick
4 Strauchtomaten
1 Knoblauchzehe, je nach Geschmack
bestes Olivenöl
Salz

Die Brotscheiben toasten oder rösten, mit Olivenöl beträufeln, mit der Hälfte einer Strauchtomate einreiben. Salzen und nochmals etwas Olivenöl darauftr äufeln. Sofort servieren. Das ist die Art, wie *pa amb oli* am häufigsten serviert wird. Versuchen sollte man jedoch alle Varianten.

Das *pan moreno,* das dunkle, salzlose Mischbrot, ist die beste Grundlage für ein *pa amb oli.* Dann jedoch kommt die philosophische Grundfrage zum Thema *pa amb oli,* über die Mallorquiner und Katalanen Stunden diskutieren können: Wird das Brot zuerst mit Olivenöl beträufelt und dann mit einer aufgeschnittenen *tomàtigues de ramellet* eingerieben, oder muß es zunächst mit Tomate eingerieben und anschließend mit Olivenöl beträufelt werden?

Man kann sich vielleicht kaum vorstellen, daß darin ein Unterschied liegt, aber es sind tatsächlich zwei nicht zu vergleichende Varianten. Außerdem gibt es die Meinung, daß nicht Tomate oder Olivenöl zuerst mit dem Brot in Berührung kommen sollten, sondern eine geschälte, rohe Knoblauchzehe, die über das Brot gerieben wird.

Ponent

Klasse trotz Masse
Der Ponent

Der Ponent kündet in seinem Namen „Sonnenuntergang" vom Eintauchen der Sonne ins Meer und vom oft sanften, im Winter aber hie und da zerstörerisch orkanstarken Westwind. Launisch wie der Wind liegen Glanz und Elend vergangener wie gegenwärtiger Tage in kaum einer anderen Region Mallorcas so nahe beieinander wie im äußersten Südwestzipfel der Insel.

Bis weit in die motorisierte, industrialisierte Neuzeit hinein gehörte der äußerste Südwestzipfel der Insel zu den Verlierern der Geschichte Mallorcas. Neidvoll blickte er auf Palma, nur einen Steinwurf weit entfernt, auf dessen blühendes Geschäfts- und Kulturleben; er sah Handelsschiffe und Kaufleute aus allen Ländern diesseits und jenseits des Mittelmeers an der Illa Sa Dragonera, der Dracheninsel, Richtung Palma vorbeiziehen in den großen, sicheren Hafen. Im Nordosten verstellte die Serra de Tramuntana ihm den Blick, und im Süden und Westen leckte und biß nur das Meer an seinen Buchten und Stränden, spülte Piratenhorden an und vermißte Fischer, Treibgut gesunkener Schiffe und Eroberer.

Nur ein einziges Mal war der Ponent selbst Zentrum der mallorquinischen Geschichte, einen kurzen Sprung lang und auch das nur, weil es am geplanten Ort die Brandung nicht zuließ: als 1229 Jaume I., El Conqueridor, mit 143 Schiffen Kurs auf Mallorca genommen hatte. Am Strand von Santa Ponça sprang der Edelmann Riudemeya als erster an Land, um dort, wo heute an der fraglichen Stelle ein Steinkreuz daran erinnert, die königliche Standarte in den Sand zu bohren; für diese Leistung erhielt er den Ritterschlag und das Land um Santa Ponça. Die Eroberer zogen weiter, nahmen zu Lande Kurs auf das nahe Palma, und erst als sie dieses in ihre Hand gebracht hatten, kümmerten sie sich um die *part forana,* das Land, die Küsten.

Gefährlich für Siedler

Der Ponent war wichtig, nicht wegen hervorstechender natürlicher Ressourcen, sondern strategisch: Wer vom Festland aus Mallorca ansegelte und Palma erreichen wollte, mußte hier vorbei. Der kleine Hafen von Sant Elm lag Jaume II., dem Sohn des Eroberers, aus diesen Erwägungen so am Herzen, daß er 1279 einer reichlich exotischen Übernahme-Klausel zustimmte: Er ließ ein Hospital für Seeleute bauen, denn nur dann war der vorherige Herr des Hafens, Bernat Basset, bereit zu verzichten. Aber selbst mit Seemannshospital erfuhr Sant Elm keine weiteren, besonderen Zuwendungen, im Gegenteil. Wie die anderen Ponent-Häfen auch hat die Bevölkerung weder viel Geld noch Liebe darauf verwandt, sich hier ein heimeliges Nest am

Auf der Illa Sa Dragonera leben allerlei geschützte Tiere und Pflanzen – nur keine Drachen.

Vorhergehende Doppelseite: Ein ganzer Schwarm Möwen eilt den einlaufenden Fischerbooten in Port d'Andratx entgegen. Elegante Segelboote im Hintergrund zeugen vom gelungenen Zusammenleben alteingesessener Fischer und neuzugezogener Hafen-Fans.

Meeresrand zu schaffen. Ein Hafen war zwar notwendig, aber auch ein Risiko: Sant Elm, Port d'Andratx, Santa Ponça waren bis ins späte 17. Jahrhundert hinein Piratenüberfällen ausgesetzt, so daß die Menschen, wie im Falle Sant Elm, mitunter wie aus Koffern gelebt haben müssen und den Ort sogar für lange Zeit verließen. Erst im 19. Jahrhundert wurde der Hafen wieder besiedelt und hat bis heute seinen besonderen Charme der weltverlorenen Winzigkeit behalten.

Trotz seiner meerumschlungenen Lage haben die Menschen im Ponent immer mit mindestens einem Auge ins Land hinein gelebt. Die See allein wollte sie nicht ernähren, aber das schroffe Land an den Ausläufern der Tramuntana auch nicht. Nur wem es gelang, aus beiden das Bestmögliche zu machen, hatte eine Chance, hier zu überleben. Schon unmittelbar hinter dem Küstenstreifen erheben sich die beiden Hauptberge des Ponent, der Puig de S'Esclop mit 927 Metern und mit 1 027 Metern alles überragend der mythische Puig Galatzó. In den Tälern und Senken wachsen Steineichen und Kiefern, und schon die Mauren haben diese Fauna mit Nutzbäumen angereichert, mit Kaktusfeigen, Mandel- und Olivenbäumen. Später kamen in den sonnengebadeten, windgeschützten Tallagen Orangen- und Zitronenhaine hinzu, die die *horta* von Andratx zur Konkurrentin des „Goldenen Tals" von Sóller werden ließen.

Aber überall da, wo der Mensch nicht steuernd, ackerbauend, viehweidend eingriff, blieben die Hänge Reservate für besondere

Nahe Port d'Andratx hat sich der Torrent des Saluet in eine Bootsgarage unter freiem Himmel verwandelt.

Der Hafen von Andratx gilt als einer der schönsten am Mittelmeer.

An vielen Uferpromenaden der Ponentküste genießen Fußgänger, Jogger und Radfahrer das Zwiegespräch von Himmel und Meer.

Bewohner: verwilderte Bergziegen, die am Ende des Sommers keine Lust hatten, in ihre Ställe in den Dörfern zurückzukehren; Pilze, die im Mikroklima unter Fichten und Steineichen beste Wachstumsbedingungen fanden; Heilkräuter für den Hausgebrauch und zur Schnapsherstellung – lange Zeit die Medizin des kleinen Mannes; Schmuggler und entlaufene Sträflinge, die in den abgelegenen Höhen und Höhlen Verstecke fanden und doch nah genug am Meer blieben, um notfalls schnell dessen Weite suchen zu können.

Der Fluch der Machtlosen

Und, wenn man dem Volksmund Glauben schenken darf, so mancher verirrte Geist, mal verdammt, mal verspielt. Letztere sind Kobolde, die Pferde erschrecken, in den Milchkübel spucken, Möbel verschieben und dabei auch noch angeblich von Engeln abstammen. Der berühmteste und nicht sehr spaßige Geist ist der *Comte Mal*, der flammenumzüngelt auf einem grünen Roß des Nachts auf dem Galatzó ausreitet. Er ist die böse Seele einer historischen Figur, Ramón Zaforteza, der im 17. Jahrhundert als Herr über weitläufige Lande am Galatzó die einfachen Leute erbarmungslos ausnutzte und im Streitfall sogar ohne viel Federlesens umbrachte. Der Fluch über ihn ist folglich eine Art kollektive Verurteilung seitens derer, die sich zu seinen Lebzeiten nicht gegen ihn wehren konnten. Wer immer sich vom grünen Leuchten am Galatzó überzeugen will, kann dies sogar von einem der ehemaligen Herrenhäuser des bösen Grafen aus tun: in Son Net, das über dem Dorf Puigpunyent thront, hat Ende der 90er Jahre eine Luxusherberge aufgemacht.

Die schönsten Wochen im Jahr

Der neue Luxustempel am Galatzó steht, in all seiner Pracht vielleicht etwas übertrieben, für eine neue Entwicklung, ein Umdenken in Mallorcas wichtigster Industrie, dem Tourismus. Nach den Fehlentscheidungen des ersten großen, rauschhaften Booms der 60er Jahre und dessen Einbruch in den 70ern haben die Mallorquiner kurz vor der Jahrtausendwende erkannt, daß nicht Masse, sondern Klasse die Geschicke der schönsten beiden Wochen im Jahr bestimmen sollte. Für das Gegenteil, Massentourismus in Reinkultur, ist die Ponent-Gemeinde Calvià europaweit bekannt, einige Jahre als Traum-Urlaubs-Ziel und sehr bald darauf als Schandmal und abschreckendes Beispiel. Denn was die Calvianer an ihren Stränden in Magaluf, Peguera und Santa Ponça an Bettenburgen und Dröhn-Diskotheken, Tandläden und Schnellimbissen zugelassen haben, hat den Ort zwar von einem der ärmsten zum reichsten Europas gemacht – doch nicht glücklich. Fünf Jahre vor dem Jahr 2000 ließen 1,5 Millionen Gäste hier die Kassen klingeln – Tendenz steigend –, aber auch eine Reihe Alarmglocken.

So ist kurz vor Toresschluß auch Calvià aufgewacht, als es schon fast im Müll erstickte, seine Strände sich zu alkoholisierten Gewalt-Parcours entwickelt hatten und mehr und mehr Billighotels schlossen, weil sie mit der moderneren, höherwertigen Konkurrenz nicht mehr mithalten konnten. Die baskische Bürgermeisterin Calviàs, Margarita Nájera, hat seitdem 15 Hotels abreißen lassen, hat neuen Projekten den Riegel vorgeschoben, hat Umwelt-Erziehung zum Hauptfach der Gemeinde gemacht. Calvià wird, das wissen sie und ihre Mitstreiter, Massenziel bleiben. Aber nun bestimmen sie, schmerzvoll klug geworden aus den Fehlern der Vergangenheit, welche Masse und zu welchem Preis für eine Gemeinde, deren Verwaltungsdorf, das alte Calvià zehn Kilometer landeinwärts, von all dem unberührt geblieben ist.

Schutzbefohlen und drachenbewacht

Denn der Ponent hat Klasse, kein Zweifel. Orte wie das alte Calvià beweisen es oder das Städtchen Andratx, dessen Name oft mit dem seines Hafens, dem Port d'Andratx, verbunden und verwechselt wird, denn der ist etwas ganz besonderes. So nah an Calvià ist hier ein Kleinod am Mittelmeer entstanden und hat sich erhalten, das auf Masse verzichtet wie auf schrille Souvenirläden und Pilgerscharen zum Strand. Dieser Verzicht basiert sicher nicht auf Selbstlosigkeit, sondern auf den gut gepolsterten Brieftaschen der Gäste und Ansiedler und auf dem Fehlen von massenfreundlichen Stränden. Hierher kommen Segler und Yachtbesitzer, die nach vollbrachtem Hissen und Kreuzen gemütlich-geschmackvoll an einer schön angelegten Seepromenade einen Kaffee oder einen Cocktail genießen wollen, um sich hernach in eine der Villen auf dem Weg zum Cap de Sa Mola zurückzuziehen. Ein anderes Extrem eben.

In den Gärten des Ponent gedeihen zahlreiche Obst- und Gemüsesorten. Im Frühjahr schicken sich vor allem die Obstbäume an, mindestens so viel Bewunderung zu ernten wie die Mandelbäume.

Folgende Doppelseite: Kaum zu glauben, aber wahr: Die romantische Bucht von Portals Vells liegt dicht an dicht mit den betonburgengepflasterten Stränden von Calvià.

Im hellen Sonnenlicht erscheint der Puig Galatzó gar nicht so bedrohlich, wie die mallorquinischen Legenden erzählen.

Doch selbst hier hat das Volk noch die Fäden in der Hand, wenn es darum geht, eine ruhige See und üppigen Fang für das kommende Jahr zu sichern, mit göttlicher Hilfe. Einmal im Jahr schicken die Fischer aus Port d'Andratx ihre Schutzpatronin, Nostra Senyora del Carme, blumen- und kerzengeschmückt aufs Meer hinaus, auf daß sie mit ihrem Liebreiz und ihrer schützenden Hand ein gutes Wort einlege bei den Mächten des Meeres.

Dann erhascht auch die Gottesmutter einen Blick auf Sa Dragonera, die unbewohnte Dracheninsel, wo angeblich schon die Arche Noah festmachte, um das Land neu zu besiedeln. Wo schon göttliche Macht sich um die Belange der Natur sorgte, hat auch der Mensch es weise unterlassen, die Schöpfung zu zerstören: Sa Dragonera steht unter Naturschutz – nur ein paar Buchten entfernt von den Betonburgen, die sich in Magaluf und Peguera im Sonnenuntergang des Ponent im Meer spiegeln.

Spukgestalten und Schreckgespenster
Legenden auf Mallorca

Auf Mallorcas Zauberberg, dem Puig Galatzó, treiben gutmütige Kobolde ihre Späße und ein ruheloser Graf sein Unwesen – so jedenfalls will es die volkstümliche Überlieferung.

Schmale, steile Gassen, in denen jeder Schritt überdacht und gemächlich getan sein will, schlängeln sich zwischen den Steinhäusern Puigpunyents an den Hängen des Galatzó. Diesem herausragenden Felsen verdankt die Ortschaft nicht nur ihren Namen – Puigpunyent bedeutet „Spitzer Berg" –, sondern auch ihren Ruf: Manchen gruselt's hier nächtens gewaltig. Nicht ohne Grund, denn der Galatzó ist mit seinen 1026 Metern der Zauberberg Mallorcas. Schon des Tags beim Hinschauen scheint er einen täuschen zu wollen: Der Schnee, der ganz oben blitzt, ist nur der spitze, helle Kalkgipfel.

Am harmlosesten sind die *dimonis boiets,* die gutmütigen Dämonen, die sich hier herumtreiben. Die kleinen Kobolde kommen auf allerlei Unsinn: Geschirr aus den Küchen stehlen, Möbel verrücken, Hunde losbinden, in die Saat pinkeln und Pferde ausleihen, damit diese in heller Panik samt Kutschen und Reiter durchgehen. Angeblich waren die bösen Wichte früher brave Engel – aber das war Luzifer schließlich auch. Gelernt haben sie daraus jedenfalls nicht viel, und auch die Reliquien des Märtyrers Sankt Urbanus, die ihren Weg aus den römischen Katakomben in die Pfarrkirche zu Es Capdellà gefunden haben, bringen sie nicht zur Raison.

Der wohl bekannteste Geist Mallorcas spukt zu Füßen des Galatzó: *Comte Mal,* der Böse Graf von Formiguera, auf seinem grünen, feuerspeienden Roß. Daß seine Seele nicht zur Ruhe kommt, liegt an der besonderen Boshaftigkeit, durch die sich der ehemalige Herr der Gegend, Don Ramón Zafortezza, zu Lebzeiten auszeichnete. Seine Untertanen plünderte er durch überhöhte Abgabeforderungen aus bis aufs Letzte, und als diese schließlich gegen ihn vor Gericht zogen und Recht erhielten, zögerte der Böse Graf keinen Augenblick, ihren Wortführer eigenhändig zu ermorden. Dafür mußte er bitter büßen: Seit seinem Tod 1694 muß er an der Südseite des Berges nächtens rastlos und unstet umherreiten – mitten durch die Reserva del Galatzó, einen der schönsten Naturparks der Insel.

Ganz anders verhielt sich dagegen En Rotget. Dem englischen Vorbild Robin Hood folgend, nahm der berühmte Bandit von den Wohlhabenden und gab den Armen, vermutlich um ihnen im doppelten Sinne den Mund zu stopfen. Bei all seinen gewagten Überfällen vertraute der Wegelagerer auf die Kraft eines Amuletts, das selbst im Schlaf noch an seinem Hals baumelte. Nur einmal war er leichtsinnig: Bei einer *festa* zu Ehren der Lieben Frau von Lluc überreichte er den Talisman einer lieblichen Dame und wurde prompt gefangengenommen. Niemand eilte Rotget, der sich wie wild wehrte, zu Hilfe, wahrscheinlich war seine Großzügigkeit gegenüber den Armen doch nur legendär.

Auch die Geschichte des *Drac de na Coca* geht auf eine wahre Begebenheit zurück. Die Stadt Palma wurde seinerzeit von einem blutrünstigen Drachen heimgesucht, der Kinder verschlang und Erwachsenen Arme und Beine ausriß. Eines Abends jedoch reiste der Ritter Bartomeu Coch zu später Stunde in die Hauptstadt. Während seine Schritte in den leeren Gassen widerhallten, fühlte er sich merkwürdig beobachtet und entdeckte, daß ihn zwei glühende Augen verfolgten. Wie es sich für einen Kollegen von Sankt Georg gehört, griff er heldenhaft zu seinem Schwert und machte sich an die Verfolgung des Ungetüms, stellte und besiegte es nach hartem Kampf in den stillen Gassen der Stadt.

Realisten beharren allerdings darauf, daß es sich in Wirklichkeit um die traurige Geschichte eines einsamen Krokodils handelt: Wahrscheinlich kam es als winziges Krokodilbaby an Bord eines der großen Segler aus seiner Heimat Afrika auf die Baleareninsel und tat nichts weiter, als sich dort in den Kloaken der Stadt allein am Leben zu erhalten, bis es den Fehler beging, auf den Geschmack von Menschenfleisch zu kommen. Heute ist der einbalsamierte Leib von *es Drac* im Museu Diocesà Palmas zu bewundern – neben einem Gemälde, das den Heiligen Georg darstellt.

Zwischen all den unsichtbaren Bewohnern haben sich auch Mallorquiner des Diesseits niedergelassen.

Die Mandelblüte verleiht dem Umland zusätzlichen Zauber.

Früchte mit Haken
Kaktusfeigen

Die Schiffe der Eroberer der Neuen Welt müssen bei ihrer Rückkehr nach Spanien wie schwimmende Obst- und Gemüsegärten ausgesehen haben. Neben den vielen Pflanzen, deren Früchte heute von unserem täglichen Speiseplan nicht mehr wegzudenken sind, hatten sie auch ein widerborstiges Gestrüpp an Bord, das aber überaus köstliche Früchte trägt: die Kaktusfeige.

Die Mallorquiner tauften die stacheligen Pflanzen auf den Namen *figues de moro*, Maurenfeigen, die Mauren nannten sie hingegen Christenfeigen. Sie schätzen sie bis heute als Zierpflanze und legen rund um ihre Grundstücke herum Opuntienhecken an, die mit ihren Stacheln unliebsame menschliche und tierische Eindringlinge fernhalten. Die wild sprießenden, sich der Sonne entgegen neigenden Blätter der *figuera de moro* erinnern dabei in ihrer Form an frech aufgerichtete, neugierige Elefantenohren.

Früher wurden auf den Opuntienblättern die Cochenille-Läuse vermehrt, deren getrocknete Larven karminroten Farbstoff für Kosmetik und Getränke lieferten. Bis zum 19. Jahrhundert exportierte Mexiko viele Tonnen des begehrten Farbstoffs nach Europa. Schließlich begann man aber auch auf den Kanarischen Inseln mit der Anlage großer Opuntienfelder, und die Zucht der Cochenillen wurde zur Haupteinnahmequelle der Inselgruppe. Nach der Entwicklung der künstlichen Anilinfarben gegen Ende des 19. Jahrhunderts brach der Markt jedoch zusammen. Auf Mallorca wurde diese Zucht ohnehin nie ernsthaft betrieben, denn die Konkurrenz von den Kanarischen Inseln, Algerien und Südamerika war zu groß.

Zwei Arten von Kaktusfeigen sind bekannt: Neben der gewöhnlichen, als echtem Feigenkaktus bezeichneten *Opuntia ficus barbarica* mit ihren bleichen, kurzen Dornen gibt es noch die *Opuntia dilleni,* die sehr gut an ihren bis zu sieben Zentimeter langen Stacheln und ihren zitronengelben Blüten zu erkennen ist.

Die Früchte der echten Opuntie sind teils gelblich-rot, manchmal aber auch fast weißlich. Die fünf bis neun Zentimeter großen *figues de moro* erreichen im August ihre größte Reife und setzen sich dann an den äußersten Rändern der „Ohren" deutlich sichtbar ab. Kaktusfeigen haben ein äußerst wohlschmeckendes orangefarbenes oder rotes Fruchtfleisch mit süß-saurem Geschmack und werden zur Erntezeit in großen Mengen roh gegessen. Sie sind aber auch zu Konfitüren verarbeitet sehr

Anstelle von Stacheldrahtzäunen halten Opuntienhecken Eindringlinge ab.

Wie geschmückte Elefantenohren sehen die blühenden Opuntien aus.

beliebt. Wenn die Frucht roh verzehrt wird, sind auch die zahlreichen Samenkörner eßbar. Oft werden die Früchte schon in etwas unreifem Zustand gepflückt und aufbewahrt, bis sie dann zu Weihnachten gegessen werden. Gepflückt werden sie mit einer Löffelzange aus Holz, mit der man die Früchte greift und dann solange dreht, bis sie sich vom Blatt lösen.

Um in den Genuß des saftigen, feigenähnlichen Fruchtfleisches zu kommen, muß man nun die Haut um den eingesenkten Nabel herum äußerst vorsichtig entfernen, denn in der Schale stecken Hunderte kleinste, fast unsichtbare Dornen mit gefährlichen Widerhaken, die rasch in die Zunge eindringen und sich dort gerne über Tage einnisten. Diese „Glochiden“ genannten Borsten können auch Entzündungen hervorrufen, vor denen nur Kamele, die Kaktusfeigen leidenschaftlich gern verspeisen, mit ihren ledrigen Zungen wirklich gefeit sind. Am sichersten ist es, die im Sommer auf Märkten und an Straßenrändern angebotenen Früchte schon fertig präpariert zu kaufen und dann direkt zu verspeisen.

Sorbet de Figues de Moro

Kaktusfeigensorbet

Zutaten
500 g geschälte Kaktusfeigen
30 g Zucker
3–4 EL Zitronensaft
Sekt

Beim Schälen der Kaktusfeigen empfiehlt es sich, wegen der Stacheln unbedingt mit Handschuhen zu arbeiten.

Alle Zutaten pürieren und durch ein Sieb streichen. In einer Eismaschine oder einem Tiefkühlfach gefrieren lassen. 15 Minuten vor dem Servieren herausnehmen, damit das Sorbet etwas weicher wird.

Die borstigen Früchte werden oft in unreifem Zustand vorsichtig mit einer Holzzange vom Blatt gelöst.

Mönche und Drachen
S'Arracó und die Illa Sa Dragonera

Weiter westlich geht es zu Lande nicht mehr. Die Halbinsel von S'Arracó blickt über den mallorquinischen Ärmelkanal auf die Felseninsel Pantaleu und die Dracheninsel Sa Dragonera, und dahinter trennt das Mittelmeer Mallorca vom Festland. Diese Halbinsel hatten schon die Mauren mit *alqueries* besiedelt, kleinen Landgütern, um zwischen Pinienwäldern und Meer Mandeln, Feigen und Kaktusfeigen anzubauen.

An diesem Landschaftsbild hat sich sehr wenig geändert. Auch das Dorf S'Arracó, so anmutig wie der Name des dazugehörigen Tals Sa Palomera, der Taubenschlag, scheint sich nicht leicht aus der Ruhe bringen zu lassen. Erstaunlich, denn die heiß umkämpften Touristenzentren Port d'Andratx und vor allem Calvià sind nur einen Steinwurf entfernt und scheinbar doch unendlich weit weg.

Etwas außerhalb liegt das ehemalige Trapistenkloster La Trapa, wo trotz der Säkularisierung 1835 immer noch jene Marmormadonna zu bewundern ist, die die französischen Mönche im 18. Jahrhundert hierherbrachten. 1820 überließen sie das Kloster einem ungewissen, unbewohnten und sogar abgebrannten Schicksal, bis es im späten 20. Jahrhundert von der Umweltgruppe GOB *(Grupo Ornitològic Balear)* und den *Amics de la Trapa* ersteigert und wieder aufgebaut wurde. Sie konnten durchsetzen, daß die Trapa und ihr Umland unter Naturschutz gestellt wurden und betreuen heute die zahlreichen Wasservögel, die in den Küstenfelsen unterhalb des Klosters nisten.

Das ehemalige Klostergelände La Trapa auf dem „mallorquinischen Festland" steht, wie die Illa Sa Dragonera, unter Naturschutz.

So oder so, eine Dracheninsel, ohne Zweifel

Vom schönen Fischerhafen am nahegelegenen Sant Elm aus könnte man unter guten Witterungsbedingungen und mit dem entsprechenden Sportsgeist durchaus zur Dracheninsel schwimmen. Aber auch Boote setzen regelmäßig aus Port d'Andratx und Peguera dorthin über.

Die eine, die profane Lesart des Inselnamens besagt, aus der Luft erinnere der Umriß der vier Kilometer langen Insel an einen Drachenkopf; die andere, hierher habe nach der Sintflut ein Sturm Noah samt Arche gepustet.

Eigentlich wollte er, nachdem er seinen Sohn Ham nebst Frau an der afrikanischen Küste abgesetzt hatte, damit sie das spätere Äthiopien bevölkerten, im Mittelmeerraum nach neuem Lebensraum suchen und hatte schon die Küste Valencias im Visier, als der Sturm dazwischenkam. Beinahe wäre das ganze Unternehmen gescheitert, als gerade noch eine Insel vor den Balearen wie ein Puffer die Arche vor dem Kentern rettete. Dankbar ließ Noah Jafets Sohn Drag auf dieser Insel zurück, zusammen mit dessen Frau Onera, die die Insel nach ihrer beider Namen benannten: Drag-Onera.

Für die vielen Kinder, die sie hier großzogen, fanden sich schnell Spielgefährten: kleine Echsen, die aus mitgebrachten Eiern schlüpften und im Nu die Insel und die große Nachbarin Mallorca bevölkerten. So schufen die Drag-Oneras nicht nur den Namen der Insel, sondern auch den der Echsen: *dragons.*

Heute zieren zwei automatische Leuchttürme die unbesiedelte Insel. Auch die Schmuggler und Piraten sind längst abgezogen. Die Insel steht unter Naturschutz, so daß bis auf die wenigen Besucher nichts und niemand das Zusammenspiel des dicken Teppichs aus Kräutern, Mastix und Kiefern mit der Tierwelt stört.

Auf Sa Dragonera, der „Dracheninsel", flitzen allenfalls Eidechsen über die Felsen – als Drachenersatz.

Neunäugige Monster
Fische und Meeresfrüchte

Te conozco bacalao
aunque vengas disfrazao

„Wenn Du auch getarnt bist, Kabeljau, ich erkenne Dich doch“, singt der Fischer in diesem alten Lied, und manche Seetiere sehen schon stark danach aus, als seien sie kostümiert. Mit seinem platten Kopf und dem leicht geöffneten Maul wirkt der Seeteufel etwas dümmlich. Beim Neunauge wüßte man gar nicht, aus welcher Pupille es einen eigentlich anstarrte, wäre es nicht sowieso schon tot. Der noch lebende Hummer hat offensichtlich Probleme mit seiner überdimensionierten Schere, die ohne rechten Elan nach einem kleinen, aber unerreichbar weit entfernten Tintenfisch greift. Der Schwertfisch hat seine Waffen schon gestreckt, und die vielbeinige Meerspinne scheint in einem gut verschlossenen Terrarium doch besser aufgehoben zu sein als auf der Auslage eines Marktstandes.

Der Besuch eines Fischmarktes gehört zu den eindrucksvollsten Erlebnissen einer Mallorca-Reise. In jedem Hafenort, besonders aber in Palmas Mercat de l'Olivar kann man einen wunderbaren Überblick über die reiche Beute gewinnen, die fleißige Fischer bei ihren nächtlichen Ausflügen aus dem Meer geholt haben. Barsche, Aale, Brassen, Sardinen, Thunfische, Makrelen, Mittelmeerseezungen, Katzenhaie, Rochen, Doraden, Seeteufel, Muscheln, Krebse, Hummer, Langusten, Krabben und Entenmuscheln werden nett drapiert und mit Preisschildern versehen feilgeboten. Rasch finden sie ihre Käufer, wenn diese durch einen prüfenden Blick in die noch klaren Augen Vertrauen in die Fangfrische des Objekts der Begierde gewonnen haben.

Obwohl oft behauptet wird, das Meer rund um Mallorca sei leergefischt, belegt die reiche Auswahl auf den Inselmärkten das Gegenteil. Da ist zum Beispiel der *jonquillo,*

Ein Blick in die glasklaren Augen der Fische reicht, um sicher zu sein: Mallorquinischer Fisch landet frisch auf dem Tisch.

Mit einem großen Säbel wird die Ausbeute des Meeres in verkaufsfertige Portionen zerteilt.

ein winziges, fast durchsichtiges Fischlein, das man in Teig tunkt und danach in schwimmendem Fett ausbrät. Der Seehecht, *lluç,* mit seinem feinen weißen Fleisch ist auf jeder Speisekarte vertreten; köstlich sind vor allen Dingen seine zarten Kiemenbäckchen. Und auch der Rotkopf, der *cap roig,* kommt auf Mallorca noch relativ häufig vor.

Zu den Meeresfrüchten gehören die *musclos,* die Pfahlmuscheln, die ausgewachsen sieben bis elf Zentimeter groß und damit marktreif sind. Aber auch die kleineren Venusmuscheln, die sich mit ihren geriffelten Schalen in den Sand eingraben, Schwertmuscheln, Purpurschnecken und Herzmuscheln sind keine Seltenheit mehr auf einer guten Speisekarte. Die mineralienhaltige Auster, die meist roh unmittelbar aus der Schale geschlürft wird, ist nicht jedermanns Sache, obwohl der Königin unter den Meeresfrüchten auch aphrodisierende Wirkung nachgesagt wird.

Unter den Langusten ist besonders die Europäische Languste, *Palinurus elephas,* beliebt. Das auch Stachelhummer genannte rötliche bis lilafarbene Panzertier wird bis zu 50 Zentimeter lang und wiegt dann etwa ein Pfund. Es lebt auf felsigem Grund, den es vor Mallorcas Küsten in ausreichender Zahl findet und wo es sich von Seeigeln, kleinen Tintenfischen und Muscheln ernährt. Da die Languste genau das zu sich nimmt, was die Genießer selbst bei einem Mahl auf ihren Tellern zu würdigen wissen, wird das nach purem Meer schmeckende Fleisch besonders geschätzt.

Nichts für Schlangenphobiker ist die Muräne. Das reptilienähnliche Tier kann bis zu zwei Meter lang werden und hat, wenn man keine Abneigung dagegen empfindet und sich traut, es zu verspeisen, kompaktes, fettes Fleisch mit gutem Geschmack. Auch das Neunauge, ein fischähnliches Wirbeltier mit neun Öffnungen auf jeder Seite, die Riechorgan, Auge und sieben Kiemenzugänge sind, kann mit seinen 50 Zentimetern schon manchen in die Flucht schlagen, denn sympathisch sieht die aalähnliche *lamprea* bestimmt nicht aus.

Sehr eigenartig muten auch die *peus de cabra* an, was auf mallorquí „Ziegenfüße" bedeutet. Die mehrere Zentimeter großen Entenmuscheln heften sich an Felsen und Klippen. Die langen, von Platten ummantelten Muscheln, die gekocht werden und aus denen beim Essen eine orangefarbene Flüssigkeit spritzt, erinnern eher an Finger von Außerirdischen als an eine Delikatesse. Wenn man sich leicht waschbare Kleidung angelegt hat, kann man die seltenen Muscheln richtig genießen, die auf den Märkten hoch gehandelt werden. Der Schwertfisch, *emperador,* ähnelt dem Thunfisch und wird wie dieser am häufigsten als Steak gebraten. Der Seeteufel, *rap,* ist erst in den letzten Jahren in Mode gekommen. Früher fand man seine etwas platte Körperform abstoßend, bis man entdeckte, daß sein weißes, festes Fleisch sehr delikat ist und viele Zubereitungsarten ermöglicht. Er schmeckt zum Beispiel köstlich als Grillspieß, den man mit Tomaten und Paprika bestückt.

Eine weitere Fischspezialität Mallorcas ist der seltene Schermesserfisch, der *raor.* Die ersten Exemplare dieses hochgeschätzten Fisches mit seinem feinen Fleisch werden am Ende des Sommers von Fischliebhabern sehnsüchtig erwartet. Da der *raor* sich mit Vorliebe in den Meeresgrund eingräbt, ist er sehr schwer aufzufinden. *Raor* schmeckt am besten, wenn er nur kurz in Olivenöl angebraten und dann direkt serviert wird.

Die Tintenfische, *calamars,* kommen entweder in ihrer eigenen Tinte oder mit allerlei Köstlichkeiten gefüllt auf den Tisch. Dabei sind dem Einfallsreichtum der Köche keine Grenzen gesetzt. Ob mit Rosinen und Mandeln, mit Hackfleisch oder rein vegetarisch angereichert, *calamars* schmecken immer und lassen einen die eher gummiartige Tiefkühlkost des Heimatlandes schnell vergessen.

Wenn fangfrischer Fisch nicht verfügbar ist, weil Petrus den Seeleuten einen Sturm vom Himmel schickt, verzagen die Mallorquiner nicht, denn die Tradition des Konservierens von Fischen und Meeresfrüchten ist an die 2 000 Jahre alt: Sie öffnen eine Dose eingelegte Sardellen, *anxoves,* oder sie holen den Stockfisch aus der Vorratskammer.

Auf Eis gebettet, finden Fische und Meeresfrüchte vorläufig ihre letzte Ruhe in Palmas Mercat de l'Olivar.

In Plastikwannen werden fangfrische Fische und Meeresfrüchte direkt zur Markthalle gebracht, …

… wo sie nach „Familienzugehörigkeit“ sortiert werden. Die fischähnlichen Neunaugen sind nicht gerade der Inbegriff von Schönheit, …

… während die „Königinnen der Meeresfrüchte“, die Austern, sich auf einem Porzellanteller drapiert deutlich von anderen, niederen Arten abheben …

… und einige Exemplare des nur bei Gewittern gefischten *raor* aussehen, als seien sie buchstäblich vom Blitz getroffen worden. Artenreich ist …

… die Familie der Garnelen. Die kleineren Angehörigen, die *camarones,* kann man ungekocht komplett verspeisen, …

… wohingegen das delikate Fleisch des Hummers erst verzehrbereit ist, wenn man seinen Panzer geknackt hat.

Erholungsschlaf nach der Anarchie
Andratx

„Andratx, das alte Andrachium der Römer, wird meist von Seeleuten bewohnt und zeigt in ganz besonderem Masse Nettigkeit und Wohlhabenheit. Frohe und zufriedene Gesichter lachen hier aus jedem Hause dem Beobachter entgegen; es ist eben einer jener Plätze, wo sich Jeder gern niederlassen möchte." Was Ludwig Salvator 1867 schrieb, scheint im Kern auch heute noch für Andratx zu gelten.

Denn kaum fünf Kilometer von seinem in der neuesten Neuzeit berühmten und begehrten Hafen entfernt, ist Andratx doch ein ganz ländliches Städtchen geblieben, das, zu Füßen des Puig de Galatzó, selbst im ausgehenden 20. Jahrhundert noch einen verzauberten Dornröschenschlaf zu schlafen scheint und es gar nicht eilig hat, daß ein Prinz es mit einer *besada,* einem Kuß, weckt. Recht so. Denn auch, wenn es durch seine Lage – anders als sein Hafen – von den obligatorischen Piratenüberfällen weitgehend verschont blieb, hat Andratx im Laufe seiner Geschichte so Seltsames erlebt, daß es sich ein wenig Ruhe sicher verdient hat. Eine untaugliche Idee des großen Eroberers Jaume I. hat diese Perle des Ponent, herrlich weich gebettet in üppige Obstgärten, der Willkür und letztlich der Anarchie ausgeliefert.

Links: Auf dem Friedhof von Andratx pflegen die Toten noch fünf Jahre lang eine enge Nachbarschaft in ihren Totenhäuschen, ehe sie ihre endgültige Ruhestätte unter der Erde finden.

Unten: An der Außenmauer von Schloß Son Mas blickt ein steingewordener Pirat gen Meer: Chaireddin Barbarossa, dem es im 16. Jahrhundert tatsächlich einmal nicht gelang, hier einzudringen.

Doppelt genäht hält besser ...?

Andratx gehörte zu jenen Teilen der Insel, die nach der Reconquista an die Kirche fielen, in diesem Fall an das Bistum Barcelona. Im Jahre 1323 verabschiedeten die Kirche und das mallorquinische Königshaus ein Abkommen über Andratx, wonach beide Institutionen in allen Belangen gleiches Recht hatten: Sei es, Gesetze zu erlassen oder aufzuheben, Urteile zu verhängen, Wasser zu verteilen. Das brachte dem Ort bis ins 17. Jahrhundert nur Ärger. Die Kirche sagte dies, der Staat entschied das. Schließlich hörten die Bürger auf, Steuern zu zahlen, an wen auch. Kam dennoch ein Steuereintreiber daher, vertrieben sie ihn kurzerhand, wenn's sein mußte, mit Gewalt. Auch die griff um sich in Andratx, denn selten wurde ein Urteil gefällt, geschweige denn durchgesetzt.

Der berühmteste Fall ist der des mehrfachen Vergewaltigers, Mörders und Räubers Jaume Esteva, alias *Talaier.* Er wurde wegen seiner Verbrechen bei lebendigem Leibe auf Erlaß des Staates in einer Grabnische eingeschlossen – dummerweise auf Kirchengebiet, so daß die Kirche das Urteil in eine lächerliche

Auf Schloß Son Mas suchten die Andratxer vor Piratenangriffen Zuflucht.

Kleinstrafe umwandelte und ihn befreite; nicht, daß sie Verbrecher schützen wollte, sie wollte nur ihr Recht auf Rechtlosigkeit ausüben.

Schiebereien auf dem Gottesacker

Heutzutage wartet das schmucke Städtchen mit seiner trutzigen Pfarrkirche Santa María auf und mit dem kanonenbewehrten Castell de Son Mas sowie einer halb kuriosen, halb makabren Sehenswürdigkeit, dem Friedhof. In Andratx verlangte die Tradition, Verstorbene, wenn es irgend ging, nicht einfach klassisch im Sarg zu begraben. Das galt als Armenbegräbnis. Statt dessen wurde der Verschiedene zunächst in einem der Totenhäuschen beigesetzt, die sich hier dicht an dicht gegenseitig Beistand und Gesellschaft zu leisten scheinen. Sie sind mit gegeneinander gewölbten, halbrunden Ziegeln gedeckt, die passenderweise „Mönche und Nonnen" genannt werden. Erst nach fünf Jahren wurden die Sarg- und Knochenreste verbrannt und die Urne endgültig in einem der Kassetten-Gräber beigesetzt. Da aber die Sterbefrequenz sich nicht immer an so ausgeklügelte Systeme hielt, kam es vor, daß Totenhäuser leerstanden. Sie wurden, pragmatisch, anderweitig genutzt, vorzugsweise als Verstecke für Schmuggelware.

Mallorcas japanische Wollmispel

Obst aus aller Welt

Nach einem energischen Schnitt landen die „abgenabelten“ Früchte des Naturgartens direkt in den Obstschalen der Mallorquiner.

Im Nachhinein scheint der Seesturm, der den Schiffbruch von Isman al-Khaulani vor Mallorca verursachte, ein Gottesgeschenk gewesen zu sein. Zwar nicht auf den ersten Blick, den der damaligen Mallorquiner, aber auf den zweiten: unseren, die wir es heute besser wissen. Al-Khaulani, ein mozarabischer, also zum Islam konvertierter Kaufmann, befand sich gerade auf seiner *haddsch,* der Pilgerfahrt nach Mekka, als er vor der Insel in schweres Wetter geriet. Während sein Schiff repariert wurde, sah er sich auf Mallorca gründlich um und entdeckte zweierlei: Diese Insel könnte ein Garten Eden sein, wenn man es richtig machte, und sie besaß miserable Verteidigungsstellungen, die einer gut organisierten Invasion nicht standhalten würden.

Beides teilte al-Khaulani bei seiner Rückkehr nach Córdoba dem dortigen Emir mit, wurde mit der Eroberung der Insel beauftragt, die er im Jahr 902 auch durchführte, und übernahm selbst den ersten Gouverneursposten für das Emirat von Córdoba – ein historischer Moment für die Insel, nicht nur in politischer Hinsicht. Schließlich halfen die Araber den Mallorquinern, ihr bereits bestehendes Bewässerungssystem so zu verbessern, daß das Land in den nächsten Jahrhunderten erblühte. Äpfel und Birnen, Kirschen und Pfirsiche, Aprikosen und Granatäpfel, alles vorher auf Mallorca mehr oder weniger unbekannte Früchte, fühlten sich in seiner fruchtbaren Erde wohl und gediehen prächtig.

Später, als die spanischen und portugiesischen Seefahrer fast die ganze Welt bereisten, kamen Apfelsinen, Pampelmusen, Zitronen, Clementinen und Mandarinen dazu, aber auch exotische Früchte, wie zum Beispiel die *nespla,* die japanische Wollmispel. Ihre erfrischend fruchtigen Früchte ähneln gelben Pflaumen und gehören zu den wenigen Obstsorten, die schon im Frühjahr reif sind. Die rot leuchtenden, pfirsichgroßen Khakifrüchte hingegen sind erst im späten Herbst genießbar, wenn die Bäume bereits ihr Laub abgeworfen haben.

Die Feigen reifen im August. Dann werden sie getrocknet und bis zum Winter halt-

Schon im zarten Baum-Alter von zwei Jahren können die duftenden Zitronen zum ersten Mal geerntet werden.

Die tiefroten Früchte des Erdbeerbaums werden oft zu Marmelade und Likör verarbeitet.

bar gemacht. Die stacheligen Kaktusfeigen hingegen, die von den Christen als „Maurenfeigen", von den Mauren aber als „Christenfeigen" bezeichnet werden, haben nichts mit den Arabern zu tun, sondern stammen aus Amerika. Die Opuntien, wie sie auch genannt werden, haben eine steile Karriere hinter sich. Früher überwiegend als Viehfutter verwendet, werden die reifen Kakteenfrüchte jetzt geerntet, um sie frisch geschält direkt zu verzehren.

Der Granatapfel nimmt im reichen Obstgarten Mallorcas eine Sonderstellung ein. Schon früh galt er als Symbol für Liebe und Fruchtbarkeit. Eßbar sind die wunderbar saftigen, süßsauren Kerne, deren Aroma an Johannisbeeren erinnert und die sich im Inneren der Frucht verbergen, ebenso wie das süßsaure orange Fruchtfleisch der äußeren Samenschale. Aus den Kernen wird auch der berühmte süßliche Grenadine-Sirup gewonnen.

Ein *cremadillo,* ein mallorquinischer Punsch, ist ohne Orangen und Zitronen ebensowenig vorstellbar wie eine *sangria.* Nicht wegzudenken aus jedem auch noch so kleinen Nutzgarten ist daher der Zitronenbaum. Er wird von Anfang an gehegt und gepflegt, bis sich nach zwei Jahren nicht nur betörend duftende Blüten, sondern auch die ersten Früchte entwickeln, die dann frisch gepflückt und knallgelb direkt vom Baum in den Küchen landen.

Die im Vergleich zur Zitrone gigantische Melone ist ein weiterer Star unter den Inselprodukten. Die dicksten kugelförmigen oder ovalen Bälle stammen aus Villafranca, wo man früher zu Ehren der wasserhaltigen Frucht sogar ein jährliches Fest samt Miss-Wahl organisierte. Seitdem aber die Frauen auf den Ehrentitel „Miss Melone" aus leicht nachvollziehbaren Gründen nicht mehr allzu scharf waren, richtet man nun – politisch korrekt – bei der *Festa des Meló* nur noch einen Melonenwettbewerb aus, in dem die dickste und schwerste Frucht prämiert wird.

Costelletes de Porc amb Salsa de Magranes

Schweinekotelett mit Granatapfelsauce
(für 4 Personen)

Die Kombination ist arabischen Ursprungs. Während die Araber Lammfleisch verwenden, nehmen die Mallorcuiner zumeist Schweinefleisch.

Zutaten
4 Schweinekoteletts oder ein entsprechend großer Kotelettbraten
Olivenöl und Schweineschmalz
1 große Gemüsezwiebel, gewürfelt
1 Eßlöffel Weißweinessig
1/4 Liter frischer Weißwein oder *Vi Ranci*
1 Zimtstange
2 große, reife Granatäpfel, ausgekernt
Salz, weißer Pfeffer aus der Mühle

Den Kotelettbraten oder die Koteletts in Olivenöl und Schweineschmalz scharf anbraten. Feingewürfelte Zwiebel zugeben. Im vorgeheizten Backofen 20 Minuten bei 180 Grad braten und immer wieder mit Bratenjus übergießen. Mit Weinessig und Weißwein ablöschen. Zimtstange und Granatapfelkerne zugeben und noch einmal 15 Minuten im Ofen garen. Salzen und pfeffern; im abgeschalteten Backofen nochmals 10 Minuten nachgaren lassen. Vor dem Servieren das Fleisch aus dem Knochen schneiden. In Scheiben auf einer Platte anrichten.

Die Mallorquiner versuchen erst gar nicht, mit den südamerikanischen Bananen zu konkurrieren. Sie essen die Sichelfrucht gleich selbst auf.

Die schweren, tomatenähnlichen Khakis sind reif und aromatisch süß, wenn sie auf leichten Druck nachgeben.

Exklusiv und doch gastlich
Port d'Andratx

Bis spät ins 20. Jahrhundert hinein war dieser Hafen mit Blick auf Sa Dragonera und, bei guter Sicht, sogar bis Ibiza, ein winziger Umschlagplatz für Waren, wo niemand gern leben wollte. Aber nur wenn es gelang, die Erzeugnisse der Obstbaumgärten und Gemüsebeete von Andratx zu transportieren, hatten die Bauern überhaupt eine Chance auf ein Einkommen. Zur Hoch-Zeit der Piraterie wurde dieser Hafen daher absichtlich so klein und ärmlich gehalten, damit er schnell und ohne wehmütige Verlustängste im Angriffsfall kampflos aufgegeben werden konnte.

Davon ist nichts mehr zu spüren. Das einstmals häßliche Entlein schwebt nun als stolzer Schwan über dem Wasser: Der früher als notwendiges, weil unsicheres Übel eingerichtete Hafen gilt längst als einer der schönsten des Mittelmeers. Als der erste große Run der mitteleuropäischen Kälteflüchtlinge mit gut gefütterter Brieftasche auf die Grundstücke der Sonneninsel Mallorca einsetzte, hat es Port d'Andratx in kurzer Zeit zu Größe im Kleinen, aber Feinen gebracht. Anders als die auf Gästemassen spezialisierten Nachbarn haben hier Einwanderer wie Stadtväter offenbar stets das rechte Maß im Auge behalten. Entlang der drei Kilometer langen Küstenlinie hinaus zum Cap de sa Mola sind Villen und Zweitresidenzen entstanden, sie sich bei aller Pracht dezent in die steinigen Hänge schmiegen, jedenfalls die älteren. Wer hier jahrhundertelang ein wertloses, weil unfruchtbares Stück Land besaß, bekam eine einmalige Chance, auf einmal nun ausgerechnet damit das große Geschäft zu machen.

Keine Frittenbuden und Tandläden

Der kleine Hafenort hat sich dezent und geschmackvoll an die Bedürfnisse und Standards der neuen Mitbewohner angepaßt. Eine große Marina, ein Yachthafen, bietet den schwimmenden Träumen Schutz. In den Gassen, gleich eine Reihe hinter der Meeresfront, fahren kaum Autos, alles ist mitteleuropäisch-modern verkehrsberuhigt.

Schmucke Cafés reihen sich die Uferpromenade entlang und verstehen es, mediterranes Flair zu schaffen, ohne körbeweise auf Billigkeramik und Badelatschen zurückgreifen zu müssen. Postkarten und Sonnenöl suchen ungeschulte Besucher hier lange, denn sie fallen ihnen nicht auf den Gehsteigen entgegen wie im nahen Peguera oder Magaluf. Und für Badehosen, Schwimmenten und Fischernetze gibt es sowieso wenig Einweihungsmöglichkeiten: Badegelegenheiten finden sich hier so gut wie keine. Port d'Andratx ist ein Boots- und Flanierhafen, ein Stück maritimes Mallorca, wo die Seele in aller Ruhe ausspannen, wenn sie sich den Sitzplatz im Café leisten kann.

Oben: Im Hafen von Andratx gibt es immer viel zu sehen: Fischerboote kommen von ihrer Tagestour zu den Fischgründen, Freizeit-Skipper polieren Deck und Messing.

Rechts: An der Küste vor Port d'Andratx rücken die Fischer den Meeresbewohnern nicht nur mit Netzen zuleibe. Für Langusten und artverwandte Krustentiere haben sie spezielle Reusen auf dem Grund verankert.

Links: Calvià ist gleich um die Ecke, und doch könnte es ferner kaum sein. In Port d'Andratx hat der Tourismus eine dezente, unaufdringliche Form gefunden. Davon profitieren europäische Yacht-Besitzer und einheimische Fischer gleichermaßen – und sind gemeinsam stolz auf das Prädikat „schönster Hafen des Mittelmeers".

Fischer und Jungfrau
Seeprozessionen auf Mallorca

Die Nacht zum 17. Juli: Der ganze Hafen ist ein Lichtermeer, die milde Luft und ein leichter Wind von See her, der Himmel voller Sterne, die erleuchteten Yachten, das Licht der Straßenlaternen, der Fackeln und aus den Fenstern der Häuser verleihen dem Abend eine wunderliche Stimmung, feenhaft, wie im Traum. Auf dem Wasser dümpeln unzählige *llaüts,* alle mit Fackeln bestückt, deren Feuerschein auf den leisen Wellen schimmernd zum Kai zurückschwimmt. In ihrer Mitte ist eine besonders aufwendig ausgestattet und beleuchtet; sie trägt eine Marienfigur und läßt sich mit den anderen Booten langsam und leicht schwankend aus dem Hafen hinaus aufs offene Meer treiben.

In fast allen Hafenstädten der Balearen finden in den Nächten um den 15. Juli nächtliche Schiffsprozessionen statt. Denn in Glaubensdingen wissen sich die Fischer in guten Händen: Ihre Schutzpatronin, die Heilige Jungfrau, die in diesem Fall den Beinamen des heiligen Bergs Karmel im gelobten Land trägt, wacht mit zarter, aber bestimmter Frauenhand über ihr Wohlergehen. Um sich ihr Wohlwollen immer wieder aufs neue zu sichern, feiern sie ihr zu Ehren jährlich dieses Fest, und obwohl heute nur noch wenige Menschen ausschließlich von der Fischerei leben, sind sie doch der Tradition treu geblieben. Drei Tage dauern in Port d'Andratx die Feierlichkeiten für die *Mare de Déu del Carme,* auf Kastilisch *Carmen,* aber der Höhepunkt ist die große nächtliche Prozession.

Die „Jungfrau des heiligen Bergs Karmel" beschützt die Fischer auf hoher See. Damit sie ihre Aufgabe nicht vergißt, feiert man ihr zu Ehren einmal jährlich ein großes Fest.

Auf einer festlich geschmückten *llaüt* segelt die Jungfrau aufs Meer hinaus.

Dafür wird die Gottesmutter zunächst von den Fischersfrauen auf ihrem Podest mit Blumengestecken und Kerzen über und über geschmückt, ihr Parademantel wird entstaubt, die Krone aufpoliert. Währenddessen dekorieren die Fischer ihre *llaüts* mit Blumengirlanden und bunten Lichtern, bis sich alle in der Kirche versammeln, um die Seemannsliturgie zu hören, die geschrieben wurde, als sich die Fischer in einer Zunft organisierten und die Jungfrau vom Karmel zu ihrer Patronin kürten: im 14. Jahrhundert.

Nach der Messe tragen die Männer die Madonna auf ihren Schultern aus der Kirche. Es gilt als große Ehre, wenigstens ein Stückchen des Weges diese göttliche Last auf sich nehmen zu dürfen. Wenn die Gottesmutter den ganzen Hafen entlang getragen worden ist, wird sie auf eine große, ausnehmend prächtig geschmücktes *llaüt* gebracht und segelt in der Abendbrise von dannen, gefolgt von den anderen mit Licht- und Blumengirlanden umrankten Booten, um das Wasser und seine ungnädigen Gewalten mit ihrer Huld und Schönheit zu befrieden.

Hoffnung auf Petri Heil

Ohne Fackeln und bengalische Beleuchtung begeht Port d'Alcúdia das Fest des Schutzheiligen Sant Pere, schließlich ist der heilige Petrus, einst ein bescheidener Fischer am See Genezareth, schon seit den frühen Zeiten des Christentums der Schutzheilige der Seeleute und Fischer und Verwalter nicht nur der Himmelsschlüssel, sondern auch noch des Wetters. Für Mallorca aber hat der Patron darüber hinaus eine besondere Bedeutung.

Das Fest des Dreifaltigkeitstages am Sonntag nach Pfingsten markierte früher den Beginn der Fischsaison. Nach diesem Tag zogen die Fischer, mit schweren Proviantsäcken bepackt und von ihren Verwandten und Bekannten begleitet, durch die Berge an den Strand. Denn viele Fischer, die eigentlich im Landesinneren wohnten, waren jahrhundertelang gezwungen, den ganzen Sommer über von ihrer Familie getrennt in bescheidenen Hütten am Strand zu leben, da der tägliche Weg zum Meer zu anstrengend und zeitraubend war.

Am 29. Juni, kurz nach dem Dreifaltigkeitstag, wird beim Sant-Pere-Fest die Heiligenfigur zum Meer geführt und auf einem reichgeschmückten Boot befestigt, das, gefolgt von allen anderen Fischerbooten, sofort ablegt, damit die Prozession auf dem Meer fortgesetzt werden kann.

Jahr für Jahr manifestiert sich der Glaube der Fischer in diesem einzigartigen Umzug auf hoher See, der begleitet ist von traditionellen Liedern und Bittgebeten, und bei dem nach und nach alle Fanggeräte und schließlich auch das Wasser selbst gesegnet werden, damit die Fischer reiche Fanggründe vorfinden und sicher zurückkehren – so wie die schwimmende Prozession am Abend dieses Tages.

Begleitet wird die Prozession von einem Blasorchester samt „Cheerleader-Girls".

NDRATX
BICICROSS

Wilde Ziegen, milder Mohn
Es Capdellà

Trotz des seemännischen Namens wehen in Capdellà keine Segel, sondern allenfalls Wäschestücke im Wind.

Wie der Name Capdellà, „Kap des entferntesten Punktes", auf Mallorquí sagt: Weiter Richtung Westen kommt nichts mehr. Jedenfalls nicht im Verständnis der Bergregion Calvià. Daß ausgerechnet ein Bergdorf einen so maritimen Begriff wie „Kap" im Namen führt, hat seinen seemännischen Grund: 1717 wurde ganz in der Nähe, in Galilea, Antoni Barceló geboren. Er ging zur See und schaffte es in kurzer Zeit vom einfachen Matrosen zum königlichen Korsarenbekämpfer und Kommandanten der spanischen Flotte. Einen Teil seiner recht üppigen Einkünfte stiftete er, um in Es Capdellà, nicht in Galilea, eine Pfarrkirche zu bauen. Die in Galilea ließ er zwar immerhin renovieren; das Dorf mit seiner neuen Kirche aber nannte der Seebär „Kap".

Da es seinem Namen Ehre machen will, schmiegt es sich so malerisch in die Hügel, als ritte es auf sanften Wellen. Abseits der großen Straßen folgt das Dorf seinem eigenen Rhythmus. In den Hausgärten flattert die Wäsche im Wind, wie es sonst die Segel einer *llaüt* in einer Brise tun. Im Umland Capdellàs allerdings geht es um vierbeiniges Beutegut statt um Fische: Die S'Alqueria ist zweifelsohne ein Jagdgut und keine Fischbraterei. Aber die Jäger treffen hier eher auf unfreiwillig ausgewilderte Ziegen denn auf majestätische Hirsche und scheue Rehe. Gemäß der Tradition läßt man hier Ziegen frei weiden und verläßt sich darauf, daß sie in ihrer Herde, bei ihrem Leitbock bleiben. Nur, das tun sie nicht immer, und auf den über 700 Meter hoch gelegenen Weiden zerstreuen sie sich und bringen in Freiheit neue Generationen dann schon völlig wilder Bergziegen zur Welt.

Im November, nach den ersten kräftigen Regenfällen, pirschen Pilzsucher durch die Wälder. Im Gepäck einen Beutel, in dem sie Pfanne, Knoblauch, Schweinefett, Salz und Pfeffer und ein paar Staudentomaten mit sich führen, suchen sie *esclata-sangs,* einen Pilz aus der Reizger-Familie. Sie schmurgeln aus den Zutaten eine Pilzpfanne, denn der *esclata-sang* muß ganz frisch verspeist werden – und wo schmeckt das besser als am Fundort?

Die Wälder in den Höhenlagen des Südwestens sind noch für einige andere Trouvaillien gut: Kräuter für den *herbes,* den mallorquinischen Kräuterschnaps, und Schlafmohn, botanisch *Papaver somniferum,* auf Mallorca *cascall.* Dieses Schmerz- und Schlafmittel wird aus etwa 80 Zentimeter hohen Stauden gewonnen, genauer aus der Blütenkapsel, die fünfmal über Kreuz eingeschnitten wird, bis ein dicklicher, weißer Saft austritt – verdünnt zu einer Mundspülung ein hervorragendes Mittel gegen Zahnschmerzen.

Links: Unbehelligt vom Verkehrschaos und fern vom Meer, setzen sich die Kosaren-Nachfolger in Es Capdellà heute aufs Fahrrad.

Unten: Der *esclata-sang* wird noch an der Fundstelle geschmort und genüßlich verzehrt.

Gewürze in der Flasche
Palo und Herbes

Dem *palo,* auf deutsch „Stock“, hat die Europäische Union einen harten Stoß versetzt. Der dunkle Kräuterschnaps, der für die Mallorquiner zu einem guten Essen gehört, wurde von höchstamtlicher Stelle aktenkundlich herabgewürdigt. Ähnlich wie bei der berühmten Hefeschnecke *ensaïmada* wollten die Mallorquiner die Herkunftsbezeichnung des süßen Branntweins schützen lassen und wandten sich mit diesem Anliegen an die Vergabekommission in Brüssel.

Prompt erteilten die dortigen Beamten dem Ansinnen der Likörproduzenten eine niederschmetternde Absage. In dem Ablehnungsbescheid hieß es, das Gütesiegel könne nicht vergeben werden, da einige Zutaten wie zum Beispiel Enzian und Chinarinde nicht auf Mallorca wachsen würden, sondern aus anderen Regionen eingeführt werden müßten. Deshalb sei der *palo* kein Getränk, das vollständig aus Mallorca stamme, und somit sei er auch nicht schützenswert. Um diese Begründung zu verdauen, wurde sicherlich nicht nur eine Flasche des dunklen Getränks geleert ...

Palo stand nicht immer als Aperitif oder Digestif in den mallorquinischen Getränkeregalen. Im 16. Jahrhundert, als die Malaria viele Mallorquiner dahinraffte, galt die von der Gräfin von Chinchón eingeführte Chinarinde in Verbindung mit Enzian als probates Mittel zur Bekämpfung des tödlichen Fiebers. Da das Gebräu aber einen ziemlich üblen Geschmack hatte, wurde es bald mit Rohrzucker, Muskatnuß und, so sagen einige, Johan-

Die Basis von *palo* ist Chinarinde.

Um den einzigartigen Geschmack des Getränks zu vollenden, wandern einige Geschmacksverfeinerer hinein.

Herbes und *palo* sind mittlerweile ein fast so beliebtes Mitbringsel von Mallorca wie die berühmten Hefeschnecken *ensaïmadas.*

nisbrot verfeinert, um dann ein Jahr lang im Eichenfaß gelagert zu werden, bis die dunkelbraune Brühe ihren einzigartigen Geschmack entwickelte.

So war der *palo* für seinen großen Auftritt vorbereitet, und seine Stunde kam, als des Weines letzte schlug: Unmittelbar nachdem die üble Laus *Philoxera* Ende der 90er Jahre des 19. Jahrhunderts über die Rebstöcke hergefallen war, avancierte der mallorquinische Kräuterlikör vom bloßen Appetitanreger zum vollwertigen Ersatzstoff für den Tafelwein. Mit seinen 22 bis 38 Prozent Alkohol hat er dabei allerdings einige Prozent mehr zu bieten als der Wein.

Der berühmteste Kräuterlikör der Insel, *herbes,* hingegen hat keine Herkunftsprobleme: Alle Kräuter, die ihm zugesetzt werden, wachsen auf der Insel. Das wußte schon Plinius vor 2 000 Jahren, der vom Vorläufer des *hierbas* berichtete, er enthalte 100 Kräuter und würde erfolgreich gegen Krankheiten eingesetzt. Schließlich kennen sich die Mallorquiner in ihrem Kräutergarten bestens aus und setzen seit jeher Kräuter wie Rosmarin oder Thymian genauso bestimmt gegen ihre Malaisen ein wie als aromatischen Geschmacksverstärker.

Und lange bevor eine in den Farben der italienischen Nationalflagge gehaltene Vorspeise mit Tomaten, Mozzarella und Basilikum ihren Siegeszug quer durch Europa antrat, wußte man das Gewürzkraut auf der Insel schon zu schätzen. Wieviele der aromatischen Geschmacksträger ein wirklich guter *herbes*-Likör enthalten muß, darüber streiten sich allerdings die Geister. Manche meinen, schon mit fünf verschiedenen Kräutern sei *herbes* perfekt, andere halten zwölf als gesundes Mittelmaß für die richtige Anzahl, während wiederum die Perfektionisten behaupten, es müßten mindestens 26 Pflänzchen verschiedener Art sein, damit das olivenölgrüne Getränk sein charakteristisches Aroma entfalten könne.

Auf jeden Fall darf neben Minze, Rosmarin, Ysop, Lavendel und Myrte ein Kraut nicht fehlen: Anis. Die Basis für Anisschnaps ist das farblose oder blaßgelbe ätherische Anisöl aus den Früchten der *Pimpinella anisums,* das von würzigem Geruch und süßlichem Geschmack ist, und mit den Kräuterextrakten vermischt wird. Experimentierfreudige Schnapsbrenner fügen auch noch Orangen- oder Zitrusaromen hinzu, um dem Likör eine besondere Note zu verleihen. *Herbes* gibt es heute in drei Varianten für jeden Geschmack: *seques,* trocken, *semi-seques,* halbtrocken, und *dolces,* süß.

Die für Körper und Geist wohltuende Wirkung des *herbes* ist schon seit dem 13. Jahrhundert belegt. Bei seinen fast 40 „Umdrehungen“ ist zumindest nicht auszuschließen, daß er auf den Verstand wirkt: anregend, aufregend oder abstumpfend – dies ist wie bei jeder Medizin eine Frage der Einnahmedosis.

Der berühmte mallorquinische Philosoph und Missionar Ramon Llull soll schon während seines langen Aufenthalts auf dem Berg Randa das eine oder andere Gläschen *herbes* keinesfalls verschmäht haben, um sich dann in spirituellen Gedanken zu ergehen. Begeistert lobte er das Getränk als Medizin und empfahl seinen regelmäßigen Konsum. Auch während der Piratenangriffe, von denen die Insel zwischen dem 14. und 17. Jahrhundert geplagt wurde, haben sich die mutigen Verteidiger sicherlich vorher mit einem guten Schluck Zielwasser gestärkt und Mut angetrunken – die heutigen „Nachspiele“ *Moros i cristians* in Port de Pollença oder Port de Sóller kommen jedenfalls nicht ohne aus.

Giftgrün schimmert das „erleuchtende“ Getränk in den formschönen Flaschen.

Vom Aschenbrödel zur Prinzessin
Calvià

Ende des 20. Jahrhunderts ist es schwer, wenn nicht unmöglich, sich vorzustellen, daß das Südwest-Ende der Insel einmal ein Land's End war; daß sich zwischen Palma Nova und Fornells einst höchstens Schmuggler wohlfühlten, weil sie hier sichere Verstecke für ihre Ware fanden; daß sich hier sonst nur einsame Felsenbuchten mit feinen Sandstränden in der schwachen Ebbe und Flut des Mittelmeers langweilten und daß die Menschen in Calvià über Jahrhunderte kaum wußten, womit sie am nächsten Tag die Teller am Familientisch füllen sollten.

Fischer waren sie und Bauern, einer der ungastlichsten Landschaften Mallorcas ausgesetzt. Das wenige, was sie hatten, vererbten sie durch

Die einst ärmste Gemeinde Europas hat sich in die reichste verwandelt. Die Zauberformel für solchen Erfolg liegt vor allem in den Boom-Jahren des Tourismus: Den Gästen geben, was sie wollen, hier vor allem einem britischen Sonne-, Sand- und Spaß-Publikum. Erst in den 90er Jahren des 20. Jahrhunderts ist Calvià zu einer selbstkritischen Besinnung gekommen.

Eine mallorquinische Kulisse für ein Vorzeige-Foto in ferner Heimat: Wir waren da, auch wenn wir von Mallorca wenig gesehen haben!

Erbteilung: Der älteste Sohn bekam den Hof und alle anderen Kinder die uninteressanten Grundstücke an der Küste – eine Ironie der Geschichte, wie sich nur wenig später herausstellen würde. Ihr Landstrich hat nur einmal Geschichte gemacht, dachten sie, und die hat ihnen Feudalherrschaft und Armut gebracht: Bei Santa Ponça landeten 1229 die christlichen *conqueridors* unter König Jaume I., um die Insel zu unterwerfen und die Mauren zu vertreiben.

Zehn Touristen für jeden Mallorquiner

700 Jahre später begann vor den Toren Calviàs, bis dahin eine der ärmsten Gemeinden Europas, eine neue Invasion. Seit die „Urtouristen“ George Sand, Frédéric Chopin, Erzherzog Ludwig Salvator von Habsburg-Toskana und Österreichs Kaiserin Sissy abgereist waren und im kalten Mitteleuropa von den Wonnen Mallorcas erzählt hatten, hat ein zunächst zäher, bald aber schon reißender Touristenstrom eingesetzt. Briten reisten auf die Insel, seit selbst Winston Churchill in Port de Pollença Urlaub machte.

Schon vorher, 1905, sah sich die Inselregierung genötigt, ein Amt für Tourismusförderung ins Leben zu rufen. 30 000 Gäste im Jahr waren mehr, als die Insel einfach so, ohne zu handeln, absorbieren konnte; erste Hotels entstanden, in Palma, in und um Port de Pollença. Auf den Bürgerkrieg und die Hungerjahre folgten selbst im Franco-Spanien wirtschaftliche Boom-Jahre, und die immer schon findigen, geschäftstüchtigen und Invasoren gewohnten Mallorquiner machten aus der Not eine Tugend.

Der Mallorca-Kenner und Historiker Jesús Rodríguez erklärt es auf diese Weise: „Die Mallorquiner brachten diesen neuen, vergleichsweise geldigen Invasoren eine ausgewogene Haltung entgegen, halb Willkommen, halb Gleichgültigkeit; sie machten ihnen den Aufenthalt leicht und angenehm, mischten sich aber nicht in Sitten ein, die ihren zutiefst konservativen Gepflogenheiten zuwiderliefen.“

1950 empfing Mallorca 100 000 Touristen, zehn Jahre später schon 350 000, und 1966 war die magische Grenze von einer Million Touristen überschritten. Spanien war, als Nicht-EG-Land, als abgeschottete Diktatur am Rande Europas, verglichen mit anderen Regionen mehr als preiswert; aber diese Höhe der Nachfrage überstieg dramatisch das Angebot.

Die mallorquinische Bevölkerung verzehnfachte sich angesichts des neuen Reichtums auf 600 000, viele davon Einwanderer aus den armen Gegenden des spanischen Festlands, insbesondere Andalusien und Murcia. 1950 gab es auf Mallorca 8 200 Hotelbetten, fast 50 Jahre später schliefen 6,2 Millionen Touristen in rund 390 000 Hotel- und Appartementbetten: ein Viertel des gesamten spanischen Volumens.

Calviàs Geschichte auf einen Blick, in vielen Farben eingebaut auf einem Kachelbild im Ort: Von der ersten Besiedlung um 400 v. Chr. über die Ankunft der Römer 123 v. Chr. bis zur Eroberung durch die Mauren 902, auf dem Bild als 904 datiert. Rechts davon eine Übersicht des Reichtums an Tieren und Pflanzen, von dem die Gemeinde auch nach der christlichen Rückeroberung 1229 noch jahrhundertelang leben mußte. Oben in der Mitte zeigt das Bild Calviàs historisch bedeutendsten Moment: Bei Santa Ponça, das zu Calvià gehört, gehen die Truppen Jaumes I. an Land und treiben dessen Fahne in den Sand.

Jeder vierte davon fährt nach Calvià: an die Strände von Magaluf, Peguera, Santa Ponça und Illetes. Denn als der Boom begann, fackelten die Calvianer nicht lange; ihre Buchten waren nah am Hafen und Flughafen Palmas, niemand hatte hier je etwas gebaut. Jetzt bauten sie Hotels. Die ehemals abgefrühstückten Erben der Strand-Grundstücke machten die großen Geschäfte. Familienbetriebe meist, mit rund 300 Betten, mehr konnten das Gespann Vater-Mutter-Kinder und ein paar Saisonkräfte nicht bewältigen.

Die Lohn- und Sozialversicherungskosten blieben gering in den 60er Jahren, so daß viele dieser Neu-Hoteliers expandieren konnten, ohne ihre Servicequalität leiden zu lassen: frisch gekochte Menüs mit knackigen

Rechts: Erlaubt ist, was gefällt. Von ehedem rigid-züchtiger Kleidungsetikette ist in der Hochsaison nichts mehr zu spüren. Die Gäste sollen sich wohlfühlen, nicht aber mit einheimischen Wertvorstellungen konfrontiert werden.

Zutaten vom Markt, persönliche Betreuung der Gäste und das Ganze auch noch preisgünstig.

„Ich weiß noch, wie in unserem ersten Hotel an der Playa de Palma mein Vater der Hoteldirektor war und sich um die Rezeption kümmerte", erinnert sich Luis Riu jr., Präsident der Hotelkette *Riu,* einem mallorquinischen Familienunternehmen mit mehr als 80 Häusern (1999). „Meine Mutter arbeitete im Etagenservice und an der Rezeption. Der Großvater war für technische Wartung und Einkauf zuständig. Und die Großmutter in der Wäscherei und im Etagenservice."

Unten: Die Cala Portals Vells gehört zum Gemeindegebiet von Calvià. Deren Betonburgen und Rund-um-die-Uhr-Unterhaltung sind gleich um die Ecke, aber dennoch sind selbst hier kleine Fluchten vom Alltag möglich. Friedlich dümpelnde Sportboote weisen auf Action selbst auf dem Wasser hin.

Familien wie die Rius, die Escarrers, Gründer der Hotelkette *Sol Melià* mit über 250 Hotels (1999), und die Barcelós mit ihrem Tourismusimperium, zu dem unter anderem 44 Hotels gehören, gehorchten der Gunst der Stunde. Seit die Gäste in Chartermaschinen einflogen, Mietwagen fahren und Ausflüge buchen wollten, kamen Gemeinden wie Calvià kaum noch nach mit neuen Bettenburgen, in Eile genehmigt und hochgezogen, bis sie wie eine Betonwand das Land vom Meer abgeschottet hatten. Auch persönlicher Service, gutes Essen mußten der Massenabfertigung weichen, zu verlockend glänzte das schnelle Geld, zu teuer gestaltete die hohe Nachfrage die Preise für Grundnahrungsmittel.

Die reichste Gemeinde Europas in der Krise

Die Ölkrise der 70er Jahre des 20. Jahrhunderts machte auch den Gästen der Mallorquiner klar, daß die goldenen Zeiten vorbei waren: Buffets lösten Kellner ab, Uferpromenaden verkümmerten, Kläranlagen fehlten, der Straßenbau kam zum Stillstand. Kleine Hoteliers mußten aufgeben. Viele Bettenburgen wechselten mehrfach den Eigentümer und erfuhren dabei selten Renovierungen.

An der östlichen Gemeindegrenze Calviàs, in Portals Vells, geht es noch vergleichsweise ruhig zu, wenn auch die Gäste längst die gleiche Freizügigkeit genießen wie in Peguera und Magaluf.

Und kaum jemand ahnte, was bald im Hauptdorf am Fuße des Puig de Galatzó geschehen würde: Die Baskin Margarita Nájera heiratete einen Calvianer, und nachdem sie sich an der ärmlichen Schönheit des Steinhausdorfes sattgesehen und die neureichen Segnungen der Strandgemeinden ausreichend studiert hatte, kandidierte sie als Bügermeisterin und wurde 1991 tatsächlich gewählt.

Eine Baskin bringt den Mallorquinern bei, ihr Land zu schützen

Die neue Bürgermeisterin der längst reichsten Gemeinde Europas hat klare Vorstellungen: So kann es nicht weitergehen. Die oft betrunkenen Billigtouristen sorgen für Randale. Fünfmal am Tag muß in Calvià die Müllabfuhr anrücken, um den Abfall der Touristen wegzukarren. „Mallorca wird immer ein Ökoproblem haben, wird mit zu wenig Wasser, zu viel Müll und zu viel Dreck auf den Straßen leben müssen, solange die Mallorquiner wie die Touristen nicht umdenken“, sagt Nájera. Tourismus ja, aber verträglich und mit Qualität. So, wie es einmal war auf Mallorca, früher.

Sie setzt durch, daß in Calvià 15 desolate Hotels, schaurige Beton-Bauten aus der Boom-Zeit des Massentourismus, gesprengt werden und an ihrer Stelle ein einladender Strand-Parcours angelegt wird. 1500 Hektar schon ausgewiesenes Bauland re-deklariert ihre Verwaltung zu schützenswerter Naturlandschaft. Das bringt ihr unter Immobilien-Spekulanten wenig Freunde ein, dafür aber 1997 den „Europäischen Preis für umweltverträglichen Urbanismus“, zusammen mit Stockholm und Heidelberg.

„In Spanien stecken Umweltpolitik wie Umweltbewußtsein noch in den Kinderschuhen“, erklärt Nájera. „Da haben wir, dank der jahrelangen, massiven Präsenz aufgeklärterer Kulturen, einen Platzvorteil.“ Zustände wie 1996, als per Schiff Trinkwasser vom Festland kam, sollen nie wieder eintreten. In Calvià, „wo wir immer einen Schritt weiter sein müssen und wollen“, fließt seit vergangenem Jahr Grauwasser durch Toilettenspülungen, also Wasser, das zwar im Gemeinde-Klärwerk gereinigt wurde, aber nicht bis zur letzten, trinkwasserreifen Stufe.

Im Dorf Calvià, Hauptort des Gemeindebezirks, hat der Massentourismus noch keine Spuren hinterlassen. Nur am gepflegten Ortsbild ist erkennbar, daß hier Hunger und Elend längst Fremdwörter geworden sind.

Calvià hat sich auf den Weg gemacht. In Calviàs Strandgemeinden stehen zwar noch immer Hotels in Mengen Seit' an Seit', Magaluf ist britisches Massenrevier, Peguera spricht deutsch, einsame Buchten sind Geschichte. Aber es geht voran, vorbildlich noch dazu: In Calvià wird nun sogar das Meer gekehrt. Jeden Tag fährt frühmorgens eine kleine *llaüt,* das typische Boot der Balearen, die Küste des mallorquinischen Südwestens ab und fischt Plastikflaschen und Einkaufstüten, Gummilatschen und leckgeschlagene Kühlboxen aus dem Meer. Auch der Massentourist soll sauberes Wasser genießen.

Einmal am Tag kehrt eine *llaüt* der Gemeinde das Meer – mit dem sorg- und verantwortungslosen Umgang mit der Natur ist es in Calvià vorbei.

Selbst in Calvià ist das Idyll noch nah – solch verträumte Buchten schützen sich vor dem Sturm der Ferien-Invasoren, indem sie statt Strand Felsen ans Meer setzen.

Raiguer

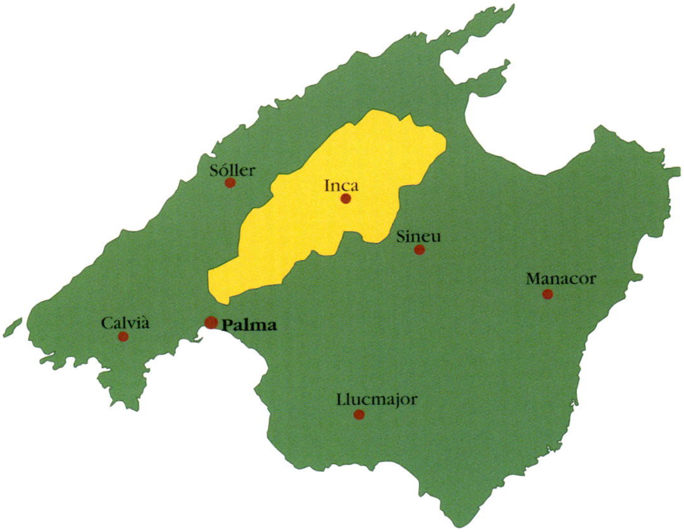

Mallorca ohne Meer
Der Raiguer

Kurz nachdem die letzten Winterregen die Erde noch einmal richtig eingeweicht haben, bieten auf den sanft abfallenden Ausläufern des Tramuntana-Bergzugs die Mandelbäume der Sonne ihre ersten Blütenknospen dar. Wenige Tage später haben die weiß- und rosafarbenen Blütenwolken auf den Bäumen Platz genommen und füllen die klare Vorfrühlingsluft mit ihrem delikaten Duft. An den gleichen Tagen wird es abends noch so kalt, daß in vielen Steindörfern ein anderes Aroma durch die Gassen schwebt, von den gleichen Bäumen großzügig geliefert: In den häuslichen Kaminen werden Mandelschalen aus der vergangenen Ernte verbrannt.

Hat die *primavera* erst endgültig über den kurzen mallorquinischen Winter obsiegt, verwandelt sich das Bauernland in ein Blüten-, Düfte- und Farbenmeer, im Gegensatz zum Nachbarn Pla jedoch hingegossen auf Berghänge und Talsenken. Der Raiguer ist ein Wandler zwischen zwei Welten, zwischen dem gestreckten Galopp der Tramuntana und dem gemächlichen Schritt des Pla entspricht sein Wesen vielleicht am ehesten dem verhaltenen, kunstvollen Trab der Dressur.

Im Sommer verwandelt jegliches Gefährt die kurvigen, schmalen Landstraßen in eine Komposition aus Staub und gleißendem Licht. An den Trockenmauern und den Fassaden der hellgelben Marès-Steinhäuser trotzen Eidechsen der Schwerkraft auf der Suche nach dem schönsten Platz auf der Sonnenseite des Wechselblüter-Lebens; Grillen und Heuschrecken heben in den Ölbaumhainen, den Aprikosen- und Johannisbrotpflanzungen und auf den braungebrannten Weiden an zu einem monatelangen Dauerkonzert, unterbrochen vom dürren Krachen und Schlagen der Mandelernte.

Um erst im Herbst zu verstummen, wenn abends kühle Nebelschwaden die Felder in Zauberlandschaften verwandeln. Oder wenn es der Natur gerade einfällt, sogar tagsüber, noch verzauberter, und viel nasser als Nebel. Bei Campanet ist der Kalkboden so porös, daß ein ordentlicher Regenguß ausreicht, um die rote Erde zwischen den Bäumen im Handumdrehen in eine einzige Wasserfläche zu verwandeln. *Fonts ufanes,* stolze Quellen, nennen die Mallorquiner dieses Phänomen, das weder mit Quellen noch mit der tradierten Mär unterirdischer Wasserläufe aus den fernen Pyrenäen etwas zu tun hat.

Schuhe und Wein ...

Auch für die meisten Urlaubsreisenden ist der Raiguer rund ums Jahr Pflichtprogramm für einen gelungenen Mallorca-Aufenthalt, denn von hier stammt eine ganze Reihe der meistbegehrten Touristen-Mitbringsel.

Inca, das geographische Zentrum des Raiguer, empfängt täglich Tausende von Besuchern. Tagsüber lassen sie die Schuh- und Lederwarenfabriken und deren Direktverkaufsstellen überquellen auf der Suche nach einem Schnäppchen, das zu Hause mehr Anwendung finden wird als der dreihundertste Seifenhalter aus Muscheln. Die Schuhe aus Inca sind europaweit bekannt und berühmt, die hochwertige Verarbeitung verspricht eine lange Lebensdauer, bis zum nächsten Mallorca-Aufenthalt bestimmt, und in Sachen Schick brauchen sie sich keineswegs hinter den italienischen Kollegen aus Mailand und Florenz zu verstecken.

Seit sie 1458 eine eigene Zunft gründeten, haben die Schuhmacher und Kürschner Incas ihr Know-how von Generation zu Generation weitergegeben. Und sie sind, jedenfalls in dieser Größenordnung, das einzige Handwerk, das bis heute in Inca floriert. Dabei hatten sich in dieser zentral gelegenen, von den Römern gegründeten Stadt um 1600 schon an die 150 Handwerksbetriebe angesiedelt, von Schustern über Weber, Schreiner und Schmiede bis zu Topfmachern. Acht Notare sorgten dafür, daß alles mit rechten Dingen zuging.

Vorhergehende Doppelseite: Während der Wind an dieser alten Getreidemühle bei Santa Eugènia kräftig in die Flügel fährt, brauchen die Agaven nichts weiter zu tun, als sich zu sonnen.

Im Raiguer haben Landwirtschaft und Industrie alle Hände voll zu tun – dennoch, auch für ein bißchen Schneckentempo muß Zeit sein.

Und, mit fast dem gleichen Boden unter den Füßen wie das benachbarte Binissalem, widmeten sich die Leute aus Inca auch dem Weinbau. Im Gegensatz zu ihren Nachbarn konnten sich die Incaner Winzer aber nach der Reblausplage von 1890 nicht wieder aufraffen, es mit Rebstöcken zu versuchen. Aber geschäftstüchtig, wie sie immer schon waren, fanden sie einen neuen Verwendungszweck für die brachliegenden Weinkeller, die *cellers*. In den natürlich kühlen Kellern ließen sie nur die riesigen Fässer stehen, halb eingemauert in die hohen Wände, stellten Tische und Stühle hinein und Köche an und schufen so eine auf Mallorca recht einmalige Gastronomieform: traditionelle Inselküche, eigensinnig unangepaßt an Wiener Würstchen und die Klischees vom Festland, und aus den Fässern, wie auch sonst, mallorquinische Weine, allerdings aus Binissalem.

Dieser Weinort hat es, knapp 50 Jahre, nachdem die Reblaus kurzen Prozeß mit allen Weinstöcken gemacht hatte und die verzweifelten Winzerkollegen ihre Felder mit erfolgversprechenderen Mandelbäumen aufgeforstet hatten, noch einmal wissen wollen. Der einzige Ruf, den sie zu verlieren hatten, war ein schlechter, denn als 100 Jahre zuvor schon ganz Kontinentaleuropa weinlos war und wahllos alles kaufte, was vergorenem Traubensaft ähnelte, machten die mallorquinischen Weinbauern ihr ganz großes Geschäft – mehrheitlich mit schrecklichen Schädelspaltern.

Das Grenzland zwischen dem Tramuntana-Hochgebirge und den Ebenen des Pla trägt Wasser in seinem Namen, Raiguer. Windmühlen wie diese bei Campanet pumpen es zu Tage, damit die ausgedehnten Plantagen nicht verdursten.

Dabei sind die Bedingungen gut in Binissalem und im benachbarten Santa Maria del Camí: ausreichend Regen, kurze, heiße Sommer, Böden mit der richtigen Kalk-Sand-Mischung, wie guter Wein ihn braucht. Langsam spricht sich auch außerhalb Mallorcas herum, daß die heutigen Binissalem-Weine aus der traditionellen *Manto Negro*-Traube und vor allem die gekonnten Verschnitte mit *Cabernet* und *Tempranillo* mehr können, als den Umsatz an Aspirin zu steigern.

… Tonpfeifen und Schnitzereien

Weiter Richtung Palma werden in Marratxí die seltsamsten Wahrzeichen Mallorcas hergestellt, die *siurells*. Eigentlich nicht in Marratxí, denn das ist nur der Übername für die beiden Dörfer Sa Cabaneta und Pòrtol, die beiden Töpfer-Mini-Metropolen Mallorcas. Auf den ersten Blick scheinen die *siurells*, die Joan Miró so liebte, daß er sie begeistert sammelte, dem experimentell-avantgardistischen Hirn eines postmodernen Künstlers entsprungen zu sein, aber das täuscht.

Und noch zwei mallorquinische Verkaufsschlager kommen aus dem Raiguer, beide aus demselben Dorf: In Consell ist nicht nur das typische *pan moreno* beheimatet, das salzlose, dunkle Brot der Bauern, sondern gleich noch ein passendes Obendrauf: die *camaiot*-Wurst. Würzig gemischt aus Blut, Fleisch und Speck und eingehüllt in einen Schwartenmagen hat sie im Zuge eines neuen mallorquinischen Stolzes ihren kalorienreichen Schandplatz verlassen dürfen.

Keine falschen Schlüsse! Biniamar liegt nicht am Meer, sondern bezeichnet eine alte maurische Siedlung, die der Söhne aus Omar. Im Spätmittelalter entstand hier eine Verteidigungsanlage – sicher ist sicher.

Diese Tonfiguren, die Bauern und allerlei Viehzeug darstellen, sind meist weiß bemalt und mit grünen und roten Punkten betupft. Im Fuß oder Sockel haben sie eine kleine Pfeife versteckt, auf der es alles andere als leicht ist, auch nur einen Ton zu spielen – auch für ihre Hersteller. Ob sie nun ein maurisches Kinderspielzeug waren oder ein mittelalterliches Flirtgerät, ist nach wie vor ungeklärt. Aber eins ist klar: Witzig sind sie, ein wenig schräg wie ihr Ton, und so charmant wie unnütz.

Bauernleben zwischen Selbstbestimmung und Unterdrückung

Diese Gegend war immer schon von einem besonderen, fern vom Meer fast kontinentalen Klima gesegnet; sie hat ausreichend Hitze und Regen für eine florierende Landwirtschaft. So fruchtbar und üppig sind die Weiden auf den Hängen des Raiguer, daß zum Beispiel die Bauern aus Selva im 14. Jahrhundert hartnäckig darum kämpften, ihre eigenen Herren sein zu dürfen. Immerhin mit Teilerfolgen: Um die Gemeinde Caimari konnten sie auf eigene Kappe Johannisbrot-, Mandel- und Ölbäume pflanzen, schwarze mallorquinische Schweine züchten und, für die damalige Zeit ein unerhörter Luxus, sogar ihre eigenen Pferde.

In Lloseta dagegen mußten die Dörfler mehrere hundert Jahre lang Leibeigenschaft in ihrer schlimmsten Form ertragen. Im Zuge des *Repartiments* – der Neuverteilung des Bodens unter Jaume I. – samt Inventar verschenkt an einen katalanischen Baron und im 17. Jahrhundert zur Grafschaft von dessen Erben erklärt, hätte sich Lloseta über einen der schönsten Adelspaläste, den Palau d'Ayamans, freuen können, wenn davor nicht die erniedrigendste Strafeinrichtung seines Hausherrn gestanden hätte: ein Galgen samt Pranger und Hängekäfig, um aus kleinen Vergehen eine große Schande machen zu können.

Ringen um die Freiheit in 500 Metern Höhe

Auch der Raiguer hat seinen Anteil an geschichts- und geschickesentscheidenden Orten. In Alaró liegt er 500 Meter hoch und weist heute nur noch wenige, so gut wie abgetragene Mauerreste auf. Dabei ist der Burghügel wegen seiner strategisch extrem attraktiven Lage – der großartige Panoramablick läßt jede Bewegung in den umliegenden Ebenen bereits von weitem erkennen – wahrscheinlich schon in der mallorquinischen Frühgeschichte als Ausguck benutzt worden. Als die Mauren auf die Insel kamen, suchten die ersten christlichen Mallorquiner hier Schutz und hielten geschlagene acht Jahre der Belagerung stand.

Mehr als 300 Jahre später war es an den Mauren, sich angesichts der einfallenden Christen auf Alaró zu verschanzen. Doch trotz ausreichender Vorräte für einen langen, hartnäckigen Stellungskrieg nahm die Angelegenheit nach kurzer Belagerung eine unvorhersehbare Wendung: Der Befehlshaber und Gouverneur von Pollença, El Benehabet, streckte die Waffen, überzeugt, gegen die christliche Übermacht außer einem Blutbad auf beiden Seiten nichts ausrichten zu können.

Flügel für den Wind und Stille für schräge Töne

Rein zivile Zweckbauten schmücken weitere Hügel des Raiguer: Anders als im Pla dienen die Windmühlen hier nicht als Wasser-

„Stolze Quellen" nennen die Mallorquiner diese beeindruckende Sondervorstellung der Natur. Heftige Regengüsse lassen den porösen Kalkboden bei Campanet im Nu knietief unter Wasser stehen und verwandeln malerische Mandelplantagen in reißende Wildwasserflächen.

pumpen, sondern sind für die Verwandlung von Getreide zu Mehl verantwortlich. Drei besonders schöne, ehrfurchtgebietende Exemplare überragen auf ihrem Berg Putxet das Dorf Santa Eugènia. Flügel hat davon nur noch eine, in denen der Wind radfahren oder seine Äolsharfe zum Klingen bringen kann.

Aber das macht nichts, das Zentrum irdischer Musik ist nicht weit: Ausgerechnet im verschlafenen, winzigen, auf zwei Hügel gekauerten Búger hat die *ACA,* die Stiftung für zeitgenössische Musik, in einem alten Bauernhaus eine Heimat gefunden. Das war genau, was ihr Gründer Antoni Caimari brauchte: Die singende Ruhe des Raiguer für die schrägen Harmonien seiner so geschätzten Dreiton-Musik. Um die Gemüter der Dorfbewohner nicht gleich ganz zu vergraulen, gibt die *ACA* auch Konzerte mit Klassik-Repertoire. Denn für Disharmonien allein ist der Raiguer mit seiner ausgeglichenen Schönheit viel zu großzügig.

Raiguer, was ist das?

In Dörfern wie Búger oder Moscari, wo der Massentourismus ferner nicht sein könnte, wo allenfalls ein paar versprengte Ausländer eins der goldgelben Steinhäuser wochenweise bewohnen, wo die Dorfbar soziales Zentrum ist und ausschließlich Mallorquí gesprochen wird, müßte sich eine Frage für Mallorca-Fortgeschrittene klären lassen: Alle Namen der Gemarkungen Mallorcas haben einen Sinn; sie bedeuten Himmels- und Windrichtungen oder beschreiben, wie in der Zentralebene Pla, die Landschaftsform. Nur der Raiguer tanzt aus dieser Reihe: Was bedeutet dieser Name? In der Bar Nou in Moscari wird die Frage abendfüllend, vergessen ist das Fußballspiel, das barobligatorisch vom Fernseher aus der oberen Ecke plärrend in den Raum flankt. Auf jeden Fall hat der Begriff Raiguer etwas mit Feuchtigkeit zu tun, mit Niederschlag oder mit Bewässerung, darüber sind sich alle einig. Ob es vom kastilischen *regadero* kommt, dort, wo die Gärten gesprengt werden, oder aus dem Arabischen – unklar, unbekannt. Wie dem auch sei, sagen sie, der Raiguer ist die Mitte Mallorcas, im doppelten Sinn: Knotenpunkt und Herzstück, von allem etwas, nur – seit einer Landreform in den 90er Jahren des 20. Jahrhunderts, die Alcúdia dem Pla zuschrieb – leider Land ohne Meer.

Folgende Doppelseite: Der Massentourismus hat im Raiguer feste Anlaufpunkte: die Schuhfabriken in Inca, die Töpfereien in Marratxí, die Weingüter in Binissalem. Das Bauernland am Fuße der Berge ist bislang ein Blickfang im Vorbeifahren geblieben und gibt sich entsprechend ungestört.

Weithin sichtbar überragt die Sant-Llorenç-Kirche das Städtchen Selva im Herzen des Raiguer. Das 1301 verlorene Stadtrecht veranlaßte die Bewohner, sich nicht tatenlos mit dem Vorrecht der Großgrundbesitzer abzufinden; und ihr Eigensinn brachte ihnen zumindest Teilerfolge.

Ende Juni werden in Marratxí zu Ehren Sant Marçals die Keramik-Lager geräumt. Vor allem die skurrilen *siurells* mit ihren grünen und weißen Punkten sind dabei ein besonderer Blickfang.

Wo der Ton tönt
Marratxí

Am letzten Tag im Juni haben in Marratxí Augen, Ohren und Nase reichlich zu tun. Daß sie dabei nicht vom lästigen Sirren, Schwirren und vor allem Stechen der Mücken gestört werden, dafür sorgt der Ortsheilige: Sant Marçal, der Schutzheilige der Tiere, wacht über Kreuchendes und Fleuchendes und verbietet an seinem Ehrentag allen Mücken den Zutritt, so jedenfalls will es die Ortslegende. Im Ortsteil Pòrtol füllen alle Restaurants die Sommerluft mit dem Duft von Kaninchen mit Zwiebeln, und alle Töpfer holen ihre Waren auf die Straße, denn Pòrtol ist Mallorcas wichtigstes Zentrum für Keramik. Ein seltsames Pfeifen und Flöten, mal eher asthmatisch, mal gekonnt, füllt die Gassen und Straßen.

Dafür verantwortlich sind die typischsten aller mallorquinischen Keramikprodukte, die *siurells,* die Joan Miró sehr liebte. Das sind archaisch anmutende, bis zu 40 Zentimeter große Figuren, die meist Männer und Frauen mit Hut darstellen, aber auch Hunde, Pferde, Pferd und Reiter, Stiere oder Esel. Sie werden weiß bemalt und scheinbar willkürlich mit grünen und roten Tupfen versehen. Und haben immer im Sockel eine kleine Tonpfeife, auf der es freilich nicht ganz leicht ist, einen Ton zu erzeugen – und ulkigerweise sind viele Hersteller nicht in der Lage, ihre eigenen *siurells* zu spielen.

Woher die *siurells* kommen, ist nach wie vor unklar. Einige Ethnologen meinen, recht naheliegend, es handle sich dabei um ein uraltes arabisches Spielzeug. Auf Mallorca vertritt der Volksmund die Ansicht, die Phönizier hätten die Pfeifchen importiert – wie sie das in ähnlicher Form auf Sardinien, Kreta und Ibiza getan haben. Andere sehen darin ein jahrhundertealtes Flirt-Utensil: Schenkte ein junger Mann seiner Angebeteten ein *siurell,* konnte sie ihm wortlos ihre Meinung kundtun: Ließ sie es fallen und in Scherben zerbersten, hatte er verspielt. Spielte sie *siurell*-Töne, hatte er gewonnen.

Irdene Suppentöpfe, maurische Feinkeramik und andalusische Kuckuckseier

Natürlich stellen Pòrtols Töpfer auch andere, nicht weniger praxisnahe Gegenstände her.

Auf Mallorca hat die Landbevölkerung seit Jahrhunderten irdenes Geschirr zum Kochen und Essen benutzt. Allein der Siegeszug des Plastiks, im Verein mit einem geschwächten Traditionsbewußtsein, hat den althergebrachten Töpfen und Tellern Mitte des 20. Jahrhunderts zeitweise schwer zu schaffen gemacht.

Kaum ein halbes Jahrhundert später jedoch quellen Märkte und Töpfereien wieder über vor *greixoneres,* bauchigen Kochtöpfen aus braunem Ton, Tellern, Tassen, ganzen Eß- und Kaffee-Servicen, Vorlegeplatten, Schüsseln und Kannen. Tonerde heißt auf Mallorquí *fang,* und auf der *Fira del Fang,* der Keramikmesse von Marratxí, kann man während der letzten Märzwoche alle möglichen mallorquinischen Töpferwaren bewundern. In Pòrtol selbst findet man die immer noch rein handwerklich arbeitenden Töpfer etwas außerhalb des Zentrums. Eine der *olleries,* der Töpfereien, die mit dem Namen Can Vent, benutzt sogar noch einen Esel, um die Tonmisch-„Maschine“ anzutreiben.

Früher war jeder Haushalt mit Koch- und Vorrats-Geschirr aus Ton ausgestattet.

Das mallorquinische Allerwelts- und Jeden-Tag-Geschirr ist schlicht rotbraun und einfach glasiert. Eine etwas luxuriösere Variante besitzt einfaches Linien- und Punktedekor, meist in Dunkelgrün, Dunkelblau und Gelb. Da Mallorca aber neben der roten auch weiße Tonerde hat, finden sich auch ausgesprochen schöne, farbenfrohe Feinkeramiken auf den Märkten und in den Töpfereien. Dabei wurde der weiße Ton ursprünglich zur Herstellung von Dachziegeln verwendet, die auf Mallorca die Form einer der Länge nach aufgeschlitzten Röhre haben und in Reihen abwechselnd versetzt konkav und konvex verlegt werden.

Nach mehreren von Plastik dominierten Jahrzehnten haben die Töpfer in Pòrtols und Sa Cabaneta wieder alle Hände voll zu tun.

Aus diesem widerstandsfähigen und dennoch optisch schönen Ton stellen die Meister der Drehscheibe alle erdenklichen Küchen- und Haushaltsartikel her. Typisch für mallorquinische Feinkeramik sind großflächige Blumendekors in Rot- und Blautönen, die an Astern oder bunte Sonnenblumen erinnern. Sehr verbreitet sind auch Teller mit Sonnen- und Mond-‚Portraits‘, geschmückt mit den mallorquinischen Namen der vier Hauptwinde, sowie Arabesken: ornamentale, rein abstrakte Muster aus der maurischen Tradition, die ja jede Darstellung von Lebewesen verbietet.

Inzwischen hat der Massentourismus mit seiner enormen Nachfrage nach Souvenirs dazu geführt, daß auch große Mengen Keramik vom Festland auf der Insel verkauft werden, meist aus Andalusien und aus den Toledaner Keramikmetropolen Talavera de la Reina und Puente del Arzobispo. Darunter finden sich natürlich auch hinreißende Stücke, wer aber echte mallorquinische Keramik möchte, sollte das Objekt der Begierde einmal umdrehen – es ist Vorschrift, auf dem Boden eine Herkunftsbezeichnung anzubringen.

Spitzenhauben und Hanfsohlen
Trachten

Den breitkrempigen Strohhut tief in die Stirn gezogen, machen sich noch heute Gruppen von Frauen, mit Hacken und Rechen versehen, auf den Weg zu den Feldern. Der *garballó* wird mit bunten Hutbändern unter dem Kinn festgehalten, und darunter tragen sie häufig noch ein nach hinten gebundenes Kopftuch, das oft aus dunklem Stoff genäht ist, so wie auch ihre Kittel und Röcke vornehmlich dunkelblau oder schwarz gehalten sind. Die einfache Kleidung der Landarbeiterinnen hat sich seit den Zeiten, in denen Erzherzog Ludwig Salvator die Trachten der Mallorquiner beschrieb, kaum verändert. Das mag daran liegen, daß sie mehr nach praktischen Gesichtspunkten als nach der letzten Mode zusammengestellt wurde: Die breite Krempe schützt vor blendendem Licht, das Kopftuch saugt den Schweiß auf, und dunkle Stoffe wirken weniger schnell schmutzig als helle.

Doch außer der Landarbeiterkluft tat sich seither einiges in Sachen Kleidung. Schon Salvator berichtete im letzten Viertel des 19. Jahrhunderts, daß die Tracht „nur noch vereinzelt von älteren Leuten getragen wird, die der vaterländischen Sitte treu geblieben sind". Das gilt heute erst recht: Die Mallorquiner mögen es vielleicht auf den ersten Blick etwas klassischer als ihre nordeuropäischen Feriengäste, aber die aktuelle Mode ist auch hier im Grunde international, die ortsüblichen Trachten holt man nur noch zu festlichen Anlässen aus dem Schrank.

Zum traditionellen Erscheinungsbild der Mallorquinerin gehört der lange Zopf. Unter dem Spitzentuch fällt er bis auf die Hüften.

Kurz vor der Jahrtausendwende sind die feinen Spitzentücher, *rebosillos,* auch noch bei den jungen Mallorquinerinnen beliebt – allerdings nur für besondere Anlässe.

Auf Männer in breiten Pumphosen, die nur bis an die Knie reichen, und Frauen in knöchellangen Röcken mit bunten Schürzen trifft man daher heute allenfalls noch beim Auftritt einer Folkloregruppe. Dann leuchten mit Pflanzenmotiven bestickte bunte Tücher, *mantó,* von weither, und die Männer schlagen sich zum Tanz ein einfarbiges Tuch, die *faixa,* als Bauch-

Noch um 1930 war es sonntags ganz normal, die gute Tracht aus dem Schrank zu holen.

binde um die Hüften und tragen knielange Strümpfe unter den weiten Hosen. Immer ist ein Strohhut dabei, für Frauen wie für Männer.

Daß auch Trachten die Figur betonten, wußte der Erzherzog wohl zu berichten: „Die Mallorquinerinnen tragen fast alle den sog. Gipó, ein enges, schwarzes Mieder, welches die Schlankheit des Wuchses vortheilhaft hebt; derselbe ist vorn offen und wird durch Nadeln geschlossen.“ Der *gipó* ist nicht etwa ein Festtagskleid, sondern die normale traditionelle Frauenkleidung, die auch zur Arbeit getragen wurde.

An Festtagen gehörte natürlich Schmuck dazu. Wie auch noch heute: Bei religiösen Prozessionen und anderen feierlichen Umzügen blitzen an den Frauenkleidern überall Goldknöpfe und -kettchen. „Zu den gebräuchlichsten hierher gehörigen Gegenständen zählen die Hemden- und Gipóknöpfe, welche in der Gesammtsumme von 16 Stück die Botonada (eine „Knopfreihe“) ausmachen und, wenn sie mit Gold und Steinen verziert sind, bis zu 160 Frcs. kosten“, eine gewaltige Summe für die damalige Zeit.

Die *mantó,* ein reich besticktes Fransentuch aus feinster Seide, gehört fast überall in Spanien mit zur Tracht, so auch auf Mallorca. Diese oft handgearbeiteten Schultertücher sind wahre Schmuckstücke und werden in Andenkenläden feilgeboten, dann jedoch handelt es sich meistens um industriell gefertigte, weniger wertvolle *mantós.* Im allgemeinen gilt: Je länger die Fransen, um so teurer das Tuch; handbestickte *mantós* können ein kleines Vermögen kosten.

Zur ortsüblichen Tracht gehört auf der Insel bei Frauen auch ein weißer, etwa schulterlanger Schleier aus Spitze, der den Kopf bedeckt, das Gesicht jedoch nur umrahmt: „Er heisst *volent,* wenn er geschmeidig, sich mehr dem Halse anschliessend und vorn abgerundet ist, *rebosillo* dagegen, wenn er steif gestärkt und glockenförmig gegen die Schultern erweitert ist und auf der Brust in eine Spitze ausläuft ...“ Darunter tragen die Frauen das Haar zu einem langen, einfachen Zopf geflochten, der mindestens unter dem Schleier herausschauen soll und oft bis auf Höhe der Taille hängt. Frauen und Mädchen mit modernem Kurzhaarschnitt können solche mallorquinischen Zöpfe in ihrer Haarfarbe heute auch beim Friseur oder im Trachtenladen kaufen.

Sprach Ludwig Salvator in seinen Beschreibungen noch davon, daß ärmere Menschen fast das ganze Jahr über barfuß gehen, so sieht man bloße Füße im heutigen Mallorca fast nur noch an den Sandstränden. Die *espardenyes,* Stoffschuhe mit Hanfsohle, haben dem unbeschuhten Dasein ein Ende gemacht; noch heute aber bedeutet der Ausdruck *gent d'espardenyes* soviel wie „arme Leute“. Die einfachen Sommerschuhe werden mittlerweile allerdings auch an der Spitze der sozialen Pyramide getragen: Sie haben ihren Weg bis in den Königspalast von Madrid gefunden, denn Königin Sofía deckt sich während ihres traditionellen Sommerurlaubs auf Mallorca regelmäßig mit neuen *espardenyes* ein.

Mit Hut aufs Feld, ohne in die Kirche – auf Folklorefestivals mischen sich Weih- und Sonntagsstaat aufs beste.

Nymphen und Bandoleros
Santa Maria del Camí

Ali kostete 70 *libras mallorquinas.* Das besagt jedenfalls die Quittung aus dem Jahre 1518, die den Kauf von Ali, dem 22jährigen Sklaven, beurkundet. Sie ist ausgestellt im Museu Balear, dem Privatmuseum der Familie Conrado, das sich im Convent dels Mínims befindet, dem ehemaligen Minoritenkloster zu Santa Maria del Camí: Monestir de Nostra Senyora de la Soledat. Recht chaotisch ist hier ein buntes Allerlei aus vieler Herren Länder und Zeiten zu sehen, und auch eine historische Dokumentensammlung mit Briefen, Heiratsbescheinigungen und Kaufverträgen über alle möglichen Sachen, darunter Ali. Vielleicht erhoffte der Käufer sich, daß Ali eine Quelle auf seinem Land entdeckte, denn diese Fähigkeit sprach der ländliche Aberglaube den maurischen Sklaven zu.

Das Kloster, 1682 aus der Nähe von Palma nach Santa Maria verlegt, liegt mitten in der Stadt. Daß Santa Maria selbst *del camí,* also „am Wege" liegt, ist wörtlich zu nehmen: Zu Römerzeiten war hier ein Wegekreuz und eine Raststation, die Mauren beließen sie, wo sie war, machten die Ansiedlung zu einem ihrer Hauptorte und nannten sie Canarossa. Danach lief die *carretera* von Palma über Inca nach Alcúdia, die alte Inselhauptstraße, mitten durch den Ort hindurch; heute führt die Autobahn Palma – Inca knapp daran vorbei, so daß jeder einen Blick auf die wuchtige Hauptkirche wirft. Ihr Fundament stützt sie seit 1246, aber die Kirche selbst stammt aus dem Barock, unverkennbar, vor allem wegen ihres stämmigen Glockenturms mit seiner blauen, fast trüffeligen Turmspitzenmütze.

Ein ulkiges Detail verrät in Santa Maria del Camí, wofür die Herzen der Bewohner schlagen: Über vielen Türen findet sich immer wieder ein Pinienzweig in den verschiedensten Vertrocknungs- und Bräunungsstadien. Sie sind ein natürlicher Fermentierungs- und damit Weinalterungs-Anzeiger, denn fast alle Familien bauen Wein für den Hausgebrauch an und lagern ihn im Keller. Daß sie Binissalem, nur

Auf dem Markt in Santa Maria del Camí wird nicht mehr mit Waffen gehandelt. Das große Klappmesser halbiert nur Kürbisköpfe.

einen Fünf-Minuten-Vogelflug entfernt, keine Konkurrenz mehr machen können, wissen sie, aber von ihrer Winzertradition lassen, wollen sie deshalb noch lange nicht.

Wo nicht nur Nymphen und Ballermänner unterschlüpfen

So abgewandt von der Welt, war dieses Tal im 17. und 18. Jahrhundert Zufluchtsort für schießwütige *bandolers*. Diese Milizen trugen stellvertretend für zwei verfeindete Familien einen absurden Minikrieg aus und überfielen alles und jeden, um an ihr täglich Brot, Waffen und Kleidung zu kommen. Ihr Wüten war zeitweise so ausufernd, daß die Gemeinde eine Bürgerwehr aufstellte: Sonntags mußten alle „bewaffneten und tauglichen“ Männer zwischen 16 und 60 auf den Feldern des Dorfes Schießübungen absolvieren.

Wenn man dem Dichter Joan Rosselló glaubt, wurden sie und die Banditen beobachtet, und zwar von überirdischen Wesen. Denn

Im Coanegra-Tal trieben im 17. Jahrhundert Banditen ihr Unwesen – da hieß es Haus und Hof tunlichst abschließen.

Ein Pinienzweig über der Tür verrät: In diesem Haus wird Wein gekeltert.

oberhalb der Talsohle ist eine Höhle versteckt, in der, so der Poet, Nymphen um ein Feuer tanzten. Leider hatten sie das Feuerholz vom Gott der Höhle stibitzt, und der war darüber so erbost, daß er sie in Tauben verwandelte.

Hier schließt sich der Kreis zur Realität, denn die Grotte wurde im 18. Jahrhundert von einem Mann entdeckt, dessen Maultier scheinbar unter einem Berg Taubenexkrementen verschwand. Bei genauerer Betrachtung hatte es den Höhleneingang ausgekundschaftet, der unter einem solchen „Nymphen-Haufen“ verborgen lag. Einmal die Woche, am Sonntag, erlaubt der Eigentümer des Grundstücks Besuchern, selbst herauszufinden, wer nun in der riesigen Grotte wohnt.

Spielwiese der Lüfte
Santa Eugènia

Zwei Superlative, ein Hausberg und ein Wahrzeichen prägen das kleine, verschlafene Raiguer-Städtchen Santa Eugènia und seine eingemeindeten Nachbardörfer Ses Coves, Ses Alqueries und Ses Olleries, das schon in seinem Namen seine Hauptarbeit verrät: Die Topfmacher machen Töpfe, aus Ton. Santa Eugènia selbst führt zwar eine Heilige im Namen, hat aber kurioserweise weder eine Kirche noch ein Kloster, nur eine Madonna von Lourdes wacht auf dem Weg von Santa Eugènia nach Ses Olleries in der „Höhle von Lourdes" über das Seelenheil der Dorfbewohner. Dafür hat Santa Eugènia gleich zwei Friedhöfe: einen katholischen und gleich daneben seit 1978 den einzigen jüdischen Friedhof Mallorcas.

Doch nichts davon ist verantwortlich dafür, daß Santa Eugènia allenthalben bekannt ist. Drei rein funktionale, überaus prak-

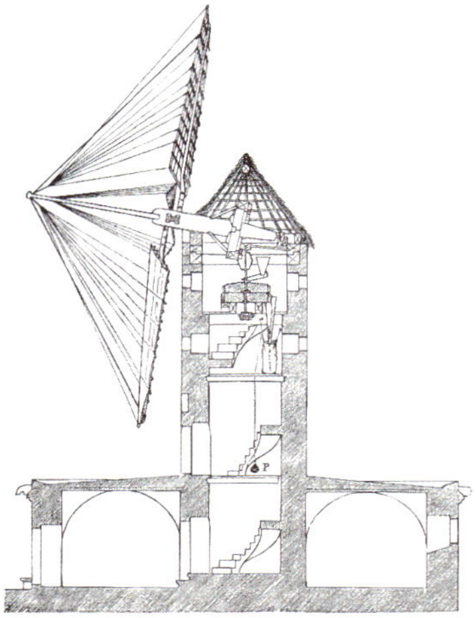

Bis zum 19. Jahrhundert trieb der Wind auf Mallorca nur Getreidemühlen an, erkennbar am Kegeldach.

Dank des Erfindungsgeistes eines holländischen Ingenieurs wurden die Windmühlen dann umgerüstet, um Wasser an die Inseloberfläche zu befördern.

In Getreidefelder eingebettet, geht Santa Eugènia weiter vor allem der Landwirtschaft nach.

tische Profanbauten machten es berühmt: Die Windmühlen, die den Hausberg Putxet krönen und für Don Quijote, hätte er je auf Mallorca nach Dulcinea gesucht, sicher eine besondere Herausforderung bedeutet hätten. Wie viele tausend andere Mühlen auf Mallorca könnten sie mehr über den dazugehörigen Ort erzählen, als in so mancher Stadtchronik zu lesen ist.

Im Falle Santa Eugènias handelt es sich um Getreidemühlen, erkennbar am spitzen Hut, an ihrer exponierten Lage in Reih und Glied oben auf dem Hügel und daran, daß sie keine Auffangbecken zur Seite stehen haben, in denen bei Wassermühlen das kostbare Naß zwischengelagert wird. Santa Eugènia hat schon seit den Zeiten der Araber vorwiegend vom Getreideanbau gelebt und seine Ernte selbst, mit Hilfe der Kraft des Windes, verkaufsfertig vermahlen.

Mehl, Tabak und andere Pülverchen

In der besterhaltenen der drei, der Molí de Can Camarada, läßt sich noch sehen, wie dieser älteste mallorquinische Windmühlentyp arbeitete: Seit dem 15. Jahrhundert griffen in solchen Mühlen ein senkrechtes und ein waagerecht angebrachtes Zahnrad ineinander und trieben so den darunter eingelassenen Mühlstein an. In dieser Art Mühlen wurde je nach Bedarf auch Tabak zerschreddert, Schießpulver explosionsfein gepudert und trockener Lehm zu Staub gebröselt.

Erst im 19. Jahrhundert begannen die Mallorquiner, dieses Prinzip auch auf das Sorgenkind Nummer eins der Landwirtschaft anzuwenden: Wasser. Bis dahin hatten Esel und Maultiere in endlosen Märschen immer im Kreis an arabischen *sínies* Wasser aus den Tiefen des Kalkbodens nach oben gepumpt. Noch zu Zeiten des Erzherzogs Ludwig Salvator gab es auf der Insel an die 4000 *sínies*, und in der Nähe von Sóller arbeiten immer noch rund 70 dieser alten Schöpfbrunnen.

Ein Holländer befreit die Maultiere

Die Wasser-Windmühlen waren auf Mallorca ein holländischer Import: Paul Bouvij, ein Ingenieur aus dem Windmühlenland schlechthin, funktionierte 1847 eine Getreidemühle in einen Wasserförderer um. Dafür tauschte er die Mahlsteine gegen Zahnräder und eine Kurbelwelle, um den notwendigen Hub erzeugen zu können. Außen bekam die alte Mühle ein Auffangbecken für das Wasser, so daß Felder auch in windlosen Zeiten aus dem Vorrat bewässert werden konnten. Noch hatten die Mühlen Segel wie die alten Getreidemühlen, und erst um 1870 bekamen sie den Steuerungsschwanz dazu, um die Mühle nach dem Wind ausrichten zu können. Binnen kurzem entstanden auf den Lieblingsspielwiesen der Mallorca-Winde, im Pla, im Raiguer und im Migjorn, unzählige solcher Wasserpumpen.

Seit Motoren die Windkraft ersetzt haben, lassen viele alte Windmühlen traurig die Flügel hängen – sofern sie überhaupt noch welche haben.

Dieser Mühlenstumpf läßt nicht mehr erkennen, welche Art Flügel einst Getreide mahlten.

Ein „Blütenrad" wie dieses fängt den Wind mit fächerartigen Holzlamellen ein.

Diese Getreidemühle dreht sich dank des *graellat,* eines Holzgitters ohne Stoffbespannung.

Diese Wasser-Windmühle hatte früher sicher Holzlamellen auf das Rad genagelt. Heute steht sie kahl da.

Eine solche Getreidemühle mit Holzgitter steht meist auf einem erhöhten Platz – ans Grundwasser muß sie ja nicht heran.

In vollen Segeln, allerdings ohne das Meer zu Füßen, nutzten früher solche Mühlen mit *vela llatina* den Wind bestmöglich als Antrieb aus.

Bis die Windmühlen diese Arbeit übernahmen, schöpften solche *sínies* mittels Maultier-Muskelkraft das kostbare Naß aus dem Boden. Noch zu Zeiten von Ludwig Salvator waren sie in Betrieb, wie rechts bei Palma dargestellt.

Wasser- wie Getreidemühlen unterscheiden sich nach der Art ihrer Flügel: Bei der *molí de vela llatina* gleichen sie in Form und Material den Segeln der traditionellen *llaüts.* Die *molins de graellat* bepustet der Wind durch Holzgitter, die auf das Radgerippe genagelt und geschraubt sind. Die Mühlen mit Blütenrad, die *molins de ramell,* fangen den Wind mit fächerförmig aufgebrachten Holzbrettern ein und haben eine meist blauweiß, in den Farben von Wind und Meer bemalte Schwester, die *molí de ferro* mit Flügeln aus Eisenblech.

Leistung ohne Sprit und Muskeln

Allen gemein ist die enorme Pumpkraft: Sie fördern ohne Treibstoff und ohne jede Muskelkraft bis zu 24,5 Liter Wasser pro Umdrehung, also bis zu 480 Liter pro Minute. Erst als Benzin- und Dieselmotoren im 20. Jahrhundert Einzug hielten, mußten die Windmühlen dem Fortschritt weichen – aber nicht lange: Die ersten Energiekrisen erinnerten die Bauern an die altgedienten, geflügelten Freunde, und die Inselregierung unterstützte Ende des 20. Jahrhunderts mit Fördergeldern die Instandsetzung der mallorquinischen Wahrzeichen. Mit Erfolg: Mehr als 1 000 Windmühlen drehen sich nun wieder auf den Spielwiesen Alous und nicht nur zu Dekorationszwecken.

Und sie sind das erste, was die Gäste der Neuzeit beim Anflug auf Es Prat, den Flughafen bei Palma, sehen: Ein Meer von Windmühlen, manche drehen sich elegant und unermüdlich im Wind, manche ragen nur noch wie faule Zahnstümpfe aus den Feldern, manche stehen in voller Größe,

lassen aber traurig die Flügel hängen. Dabei haben sie einst sogar jenes Riesenfeld trockengepumpt, auf dem heute der mallorquinische Flughafen liegt. Stetig, würdevoll und so simpel wie kunstvoll in der Funktionsweise, an der sich wenig geändert hat, seit der akribische Beobachter Ludwig Salvator von Habsburg-Toskana ihren Querschnitt in seinem Balearen-Buch abgebildet hat.

Brot, Wurst und die Gerätschaften gleich dazu
Consell

Wie manch anderer Ort im Raiguer entstand auch Consell kurz nach der Reconquista durch die Christen zu Beginn des 13. Jahrhunderts auf den Ländereien eines ehemaligen islamischen Gehöfts, *conxel* hieß es in diesem Fall. Vor Beginn des 17. Jahrhunderts wurde auch für das Seelenheil der Bauern und Handwerker gesorgt, zunächst mittels einer schlichten Kapelle, später, hier 1720, wurde diese zur Kirche erweitert, der Mare de Déu de la Visitació, Unsere Liebe Frau von der Heimsuchung, womit kein Unglück gemeint ist, sondern Mariä Besuch bei ihrer Base Elisabeth. Da war Consell schon ein rühriger, geschäftiger Ort mit mehr als

Seit 1720 müssen sich die Bauern aus Consell keine Sorgen mehr um ihr Seelenheil machen: Damals bekam ihre Madonna eine richtige Kirche.

Traditionelle Spezialitäten wie *camaiot, sobrassada* und *butifarró* erfreuen sich großer Beliebtheit.

400 Bewohnern, Bauern zumeist, aber auch ausgesprochen geschickte und einfallsreiche Handwerker und Köche. Ihnen hat Consell ein liebevoll gestaltetes, kleines Heimatmuseum gewidmet.

Denn die Köche und Bäcker Consells zum Beispiel haben nicht nur *pa moreno,* das dunkle, ungesalzene mallorquinische Brot, auf der ganzen Insel zu Meisterschaft und Ruhm gebracht, sondern auch der *sobrassada,* der Streichwurst mit Paprika, einen würdigen Konkurrenten an die Seite komponiert: die *camaiot.* In dieser Wurstspezialität werden Schweineblut, natürlich von einer einheimischen *porcella negra,* Fleischstücke, Speck, Gewürze und Salz verwurstet und, wenn sie traditionell hergestellt wird, in einen Schwartenmagen statt in einen Darm gepreßt. Wie viele Lebensmittel aus der bäuerlich-derben Küche war die *camaiot* in den 60er und 70er Jahren des 20. Jahrhunderts, als die moderne, gesunde Ernährung auch entlegene ländliche Regionen erreichte, zeitweise verpönt wegen ihres hohen Fettgehalts, hat aber kaum 20 Jahre später einen neuen, stolzen Stellenwert bekommen und verkauft sich seitdem besser denn je.

Mörser aus Olivenholz gehören auf Mallorca in jede Küche. Sie sind nahezu unverwüstlich – und schön dazu.

Mixer und Rührer der Bauernküchen

In der mallorquinischen Küche werden Gewürze, Knoblauchzehen und auch kalte Soßen wie die Knoblauch-Mayonnaise *allioli* mitnichten im Mixer zerkleinert oder gerührt, sondern traditionell in einem Mörser aus Steingut oder, besser noch, aus Oliven- oder Steineichenholz. Denn Holz erträgt den Druck des Stößels besser als das starre, brüchige Steingut, und hartes glattes Holz wie das der Olivenbäume läßt sich sehr gut reinigen.

Solche Mörser stellen seit Jahrhunderten die Drechsler und Schnitzer in Consell her, neben allerlei anderem Hausrat und Kleinmöbeln. Ziel eines guten Holzverarbeiters ist es immer, die gewünschte Form möglichst aus einem einzigen Stück Holz herauszuholen. Ansetzen, Kleben, Dübeln, Schrauben gelten als Notlösungen und Zugeständnisse. Im Grunde arbeiten sie wie Bildhauer, die einem Marmorblock ansehen, welche Skulptur ihm innewohnt, seine Elastizität und innere Spannung durch Handauflegen spüren und die Figur vorsichtig vom überschüssigen Steinmantel befreien.

In Consell haben die Meister des Holzes längst das Niveau einfach gedrechselter Löffel, Gabeln und Mörser übertroffen. Klappmesser aus Holz, die in der Form an arabische Krummdolche erinnern, stellen sie ebenso virtuos her wie reichverzierte Truhen und ebenso praktische wie raffinierte Brotkästen, um ihren Verkaufsschlager Nummer eins, das *pa moreno* oder auch *pan moreno,* staubfrei und immer frisch zur Hand zu haben.

Die Maschinen erledigen in dieser Holzgeräte-Werkstatt nur die grobe Arbeit. Damit ein Salatbesteck schön glatt und geschmeidig in der Hand liegt, muß es sorgsam von Hand geschliffen werden.

Knackig, knusprig, kräftig
Pa moreno

Ein Hirte des Brunnens von Ses Basses, so erzählt ein Märchen aus Mallorca, das Ludwig Salvator in seine Märchensammlung aufgenommen hat, wurde von Mauren verfolgt, konnte ihnen aber stets durch List entkommen. So war es ihnen schon mehrmals mißlungen, ihn zu fangen, als sie ihn dann doch in eine Höhle getrieben hatten und sich sagten, daß er vor Hunger herauskommen müsse und sie ihn dann sicher fangen könnten. Der Hirte aber lachte sie durch ein Loch in der Höhle aus, zeigte ihnen einen Laib Brot und erklärte ihnen, was er damit mache: „Ich teile das Brot", sagte er, und: „Ich teile das Halbe." So ging es immer fort, bis er ihnen schließlich zeigte, wie er die vielen einzelnen Schnitten teilte. Da verzagten die Mauren und sagten: „Er hat Brot für 14 Tage, da wird er nicht herauskommen, und wir können ihn nicht fangen." Und sie gingen fort und kamen nie wieder. Seit dieser Zeit heißt die Höhle Cova d'escata pa, die Höhle von Teile Brot.

Rechts: Früher wurde das Getreide mühsam von Hand zwischen zwei Steinen zerrieben. Heute erledigt das eine Motormühle, die mit ihren Zuleitungsrohren aussieht wie ein Medusenhaupt.

Oben: Zum Anbeißen: Frisches dunkles *pa moreno,* die Grundlage für das beliebte *pa amb oli.*

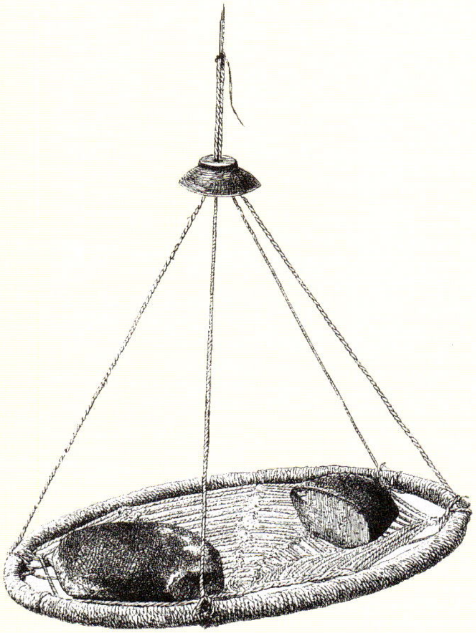

Früher bewahrte man das Brot in solchen Hängekörben auf.

Wenn es jemals so dumme arabische Piraten wie die in der Geschichte erwähnten Mauren gegeben hätte, dann wäre Mallorca sicher nie von Korsaren so verheert worden, wie es leider in vielen Küstenstädten geschehen ist. Die Mauren des Märchens also gehören auf jeden Fall ins Reich der Phantasie. Das Brot aber, das Brot war bestimmt *pa moreno.*

Nichts geht in Mallorca ohne *pa moreno,* das kräftige Roggenbrot, das sich durch seine dunkle Farbe vom weitverbreiteten Weißbrot abhebt. Dabei hätten die Großbäckereien, vor allem in Palma, mit ihrer flächendeckenden Produktion von Weißbrot die Mallorquiner ihr Grundnahrungsmittel beinahe vergessen lassen. Erst als mit dem Tourismus ein gewisser Wohlstand und das Verlangen aufkam, die Traditionen zu pflegen, besannen sie sich wieder auf ihr *pa moreno.* Nicht unwesentlich dazu beigetragen haben sicherlich auch die ernährungsbewußten Touristen, die heute statt der Piraten die Insel überfallen, und die das feste dunkle Brot dem schlabbrigen weißen vorziehen.

Leider war das Roggenbrot früher auch mitschuldig an einer der schlimmsten Krankheiten der Insel. Es ist leicht nachzuvollziehen, wie verzweifelt die Mallorquiner waren, als sie entdeckten, daß gerade sein Genuß die sogenannte Kribbelkrankheit verursachte, die im 10. und 11. Jahrhundert viele Menschen dahinraffte. Lange Zeit flehten sie den heiligen Antonius um Hilfe an, bis sie endlich herausfanden, daß ihre Leiden aufgrund einer Vergiftung durch den Mutterkornpilz im Roggen entstanden waren und sie das Korn vor dem Mahlen lediglich sorgfältiger auslesen mußten.

Glücklicherweise sind diese Zeiten vorbei, und aus allen Backstuben duftet heute wieder der unnachahmliche Geruch von frischgebackenem *pa moreno.* Ohne Salz mit Roggenmehl, Hefe und Wasser gebacken, mischen die Mallorquiner dem Brot, kurz bevor es in den Ofen geschoben wird, noch eine kleine Menge Weizenschrot unter, wodurch es seine charakteristische Farbe erhält und im Geschmack herzhafter als die fahlweißen Weißbrot-Laibe wird. Natürlich muß ein gutes Dunkelbrot in einem holzbefeuerten Ofen gebacken werden, sonst wird seine Kruste nicht knackig und knusprig. Die Bäcker in Consell können das besonders gut: Ihr *pa moreno* gilt als das beste der Insel.

Pa moreno ist die Grundlage für das allseits beliebte *pa amb oli.* Hier wird eine dicke Scheibe frisches, krosses Brot mit Knoblauch und einer vollreifen Tomate eingerieben und schließlich mit Öl beträufelt. In diesem balearischen Urgericht findet die perfekte Symbiose der wichtigsten mallorquinischen Produkte statt: Brot, Öl und Tomaten. Diesem Leibgericht der Mallorquiner folgen die *sopes,* ein Eintopfgericht, früher ein „Arme-Leute-Essen", bei dem dünne Scheiben *pa moreno* die Hauptrolle spielen. Sie liegen auf dem Grund der *greixonera,* des irdenen Kochgefäßes, werden mit einer wohlschmeckenden Gemüsebrühe übergossen und dann noch einmal in den Backofen geschoben.

Von der Bedeutung, die dem *pa* bei diesem Küchenklassiker zukommt, zeugt auch der Umstand, daß man die Brotscheiben hier gleich *sopes,* also Suppen getauft hat. Die hauchdünnen getrockneten Brotscheiben kann man in Tüten verpackt in jeder Bäckerei der Insel kaufen, vorzugsweise aber natürlich in Consell.

Nur in einem holzbefeuerten Ofen wird die Kruste des Brotes wirklich so knusprig, wie es sein muß.

Armut und Entbehrung
Mancor de la Vall

Wenn sich im Winter eine dicke Schneeschicht auf die Aufbau-Terrassen und in die Baumkronen legt, wirkt die Landschaft von Mancor de la Vall noch entrückter und weltvergessener als sonst.

Auch wenn der Massanella nicht weit ist, für die Bewohner von Mancor wuchsen zu allen Zeiten die Bäume nicht in den Himmel. Am Rand der Serra del Nort gelegen, sind die 641 Meter des Puig de Suro das Höchste, was man innerhalb der Gemeindegrenzen von Mancor de la Vall erreichen kann.

Inca, eines der industriellen Zentren Mallorcas, ist gerade einmal fünf Kilometer entfernt – scheint aber in einer ganz anderen Welt zu liegen, denn die Lebenswelt Mancors und seine Atmosphäre sind kaum die der Moderne. Wie im Dornröschen-Schlaf liegt das kleine Dorf am Fuß der Tramuntana-Berge, besonders im Winter, wenn das weiße Schneelaken die Landschaft bedeckt. Eine einsame Landstraße führt in den Ort hinein und weiter hinauf zum Santuari de Santa Llucia – daß man von hier wie von allen Bergklöstern Mallorcas aus einen wunderbaren Blick genießen kann, versteht sich von selbst. Seine Kirche ist die bescheidenste und schlichteste all der Landkapellen, die von den Christen nach der Reconquista erbaut wurden; 1348 zum ersten Mal schriftlich genannt, war sie jahrhundertelang die Pfarrkirche für Mancor und Biniarroi, bis im 19. Jahrhundert unten in Mancor de la Vall Sant Joan Baptista errichtet wurde. Die Gebeine des Märtyrers Probus fanden in ihr ihre letzte Ruhestätte, neben denen des Marquès de Palmer, der sie Mancor im Anschluß an eine Pilgerfahrt nach Rom gestiftet hat.

Schon die Römer fühlten sich in Mancor heimisch, rodeten Steineichen, verbrannten Brombeerranken und pflanzten an den steilen Hängen und in den fruchtbaren Tälern in großen Mengen Wein an, der dank eines besonderen Mikroklimas hier ausnehmend gut gedeiht. Die Winter hier sind für Mallorca außergewöhnlich kalt, es schneit häufig und regnet viel; die Sommertage sind heiß, nur nachts kühlt es selbst in der warmen Jahreszeit empfindlich ab. Ideal für Winzer, ein Greuel für durchgefrorene Nordeuropäer: Mancor blieb bislang vom Massentourismus verschont.

Die Bewässerungskünste der Mauren ermöglichten den Anbau von Hanf, Flachs, Gemüse und Hülsenfrüchten; Viehzucht wurde betrieben mit Ziegen und Schafen, Rindern und Pferden. Die Großländereien der christlichen Eroberer wurden von Pächtern bewirtschaftet, die mit ihren Familien in prächtigen Häusern lebten und ihrerseits die schlechteren Felder an vom Schicksal weniger begnadete Bauern verpachteten.

Für alle anderen wurde Armut zu jener Zeit in Mancor großgeschrieben, wie überall auf Mallorca: Die weitaus größte Gruppe der Landarbeiter waren Tagelöhner, die immer nur für Saat und Mahd beschäftigt wurden. Ihr Auskommen hing von der Güte ihrer Herren und von der Höhe der eingefahrenen Ernte ab. Auch die alljährliche *Romeria Santa Llucia,* die Wallfahrt hinauf zum Santuari de Santa Llucia am Ostermontag, half da nicht viel.

Erst im 17. und 18. Jahrhundert erhielten einige von ihnen die Chance, Pächter oder Unterpächter der schlechtesten Böden zu werden. Viele ergriffen die Gelegenheit beim Schopf, um überhaupt eine Bleibe und Arbeit zu haben. So entstand die Schicht der *roter.* Die ihnen zugeschriebenen Äcker mußten teilweise erst noch gerodet werden, und daher rührte ihr Name: Das kastilianische *roturar* bedeutet urbar machen.

Bevor die *roter* ihre Felder jedoch pflügen konnten, mußten sie erst zentnerweise Steine aufsammeln. Die größeren Brocken dienten ihnen als Baumaterial für ihre bescheidenen Wohnstätten, die eher besseren Unterstellplätzen glichen als menschlichen Behausungen, in denen sich aber das gesamte Leben abspielte.

Für die meisten *roter* waren dies wahrscheinlich bessere Lebensumstände als zu ihrer Zeit als Tagelöhner: Wohnraum, Lager und Stall in einem, trennte oft nur eine dünne Lehmwand Esel, Schaf und Federvieh von den Menschen. Das Dach trug sich durch eine Konstruktion großer Mandel- und Ölbaumstämme die mit Sandsteinen und lehmiger Erde beschichtet wurden. Ein Kamin sorgte in einer Ecke für Wärme, winzige Lichtspalte im Mauerwerk ließen Luft und winzige Mengen Licht herein, denn verglaste Fenster waren zu der Zeit ein nahezu unerschwinglicher Luxus. Ein strohgefüllter Sack auf festgetretenem Lehmboden war alles, was sich die *roter* als Ruhestätte leisten konnten, auch für andere Möbel wie Tisch und Stühle langte das karge Einkommen, das ihnen nach gezahlter Pacht blieb, nicht.

„Immer ging ihnen das Brot eher zur Neige als der Hunger, und in ihren Bäuchen konnten sie gut die Ratten herumlaufen hören", heißt es im mallorquinischen Märchen vom „siebenfarbigen Pferdchen".

Auf wenigen Quadratmetern mußten sich Menschen, Esel, Schafe und Hühner miteinander arrangieren. Die wichtigsten Vorräte baumelten in einem Hängekorb von der Decke.

Nach dem Trockenmauerprinzip bauten sich die *roter* primitive Unterkünfte mitten in den Feldern.

Nur ein Durchschlupf sorgte für fahles Licht und Luftaustausch im Inneren des Bruchsteinhauses.

Vom Schädelspalter zum Spitzenwein
Binissalem

Wenn man Plinius glauben darf, konnten die Römer nicht genug davon bekommen. Bereits im 1. Jahrhundert vor Christus lobte er die *vins baleàrics,* und ein reger Schiffsverkehr scheint dazu gedient zu haben, mallorquinische Weine ins römische Weltreich zu exportieren. Ob die Römer dabei wirklich Geschmack bewiesen haben, sei dahingestellt: Immerhin verdünnten sie Wein grundsätzlich zur Hälfte mit Wasser, und zudem fanden sie ja auch, ein Essen ohne *garum* sei ungenießbar und exportierten in den Süden Spaniens unvorstellbare Mengen dieses „Maggis der Antike", aus Anchovis und verrotteten Fischen, in der Gluthitze des Südens verwest und fermentiert, scharf gewürzt ja – aber lecker?

Um den Ruf der Weine aus Mallorca und untrennbar davon jene aus dem Raiguer-Ort Binissalem stand und steht es nicht zum Besten. Am aragonesischen und kastilischen Königshof wurden die mallorquinischen Weine, besonders der Malvasier, gern getrunken, das belegen Bestellisten aus dem 14. Jahrhundert und ungeduldige Mahnungen, wenn sich eine Lieferung verspätete. Andere Chroniken hingegen lästern, was die Katalanen nach der Reconquista auf Mallorca zusammengepanscht hätten, habe Tischplatten durchlöchert. Und in vielen Dörfern heißt der Weinladen bis heute *Can Vinagre,* Essighaus, wo aus großen Tanks Wein in mitgebrachte Plastikflaschen abgefüllt wird – und wo es Glückssache ist, einen erstaunlichen Tropfen oder einen Schädelspalter abzubekommen.

300 Jahre lang hatten die Mauren auf Mallorca den Weinbau zu großer Blüte gebracht, sogar Orte wie Banyalbufar danach benannt: „der kleine Weingarten am Meer", und in und um Binissalem erkannt, daß hier Böden, Regenmenge und Mikroklima beste Bedingungen für Wein boten. Allerdings stellten sie kaum Wein her, dessen Genuß der Prophet schließlich verbietet, sondern Tafeltrauben und die in der orientalischen Küche unerläßlichen Rosinen.

Schafe, Ziegen, Kühe im Weinberg

Binissalem mußte bis ins 19. Jahrhundert warten, um europaweit als Weinort in aller Munde zu landen. Bis dahin hatten die Bauern hier zwar auch immer schon Wein gekeltert, aber vorwiegend für den Verbrauch auf der Insel selbst und auf dem spanischen Festland. Der Wein-

Die Weinstöcke Mallorcas geben rund 4 Millionen Liter Wein im Jahr. Zentrum des Weinbaus ist Binissalem im Herzen des Raiguer.

bau war für die Wirtschaft Binissalems so wichtig, daß die Winzer im 14. Jahrhundert nicht zögerten, einen Kleinkrieg gegen die neu bestallten Großgrundbesitzer anzuzetteln. Diese nämlich ließen ihr Vieh weiden, wo es ihnen gerade paßte, so daß Schafe, Ziegen, Kühe ungestört in den Weingärten lustwandelten und sich an Trauben und Weinlaub labten.

Die Winzer Binissalems erreichten in ihrer Empörung, daß sich 1419 der Gouverneur Mallorcas einschaltete und ein Gesetz erließ, das Viehzüchtern verbot, ihre Tiere in Weinbergen, Olivenhainen und Weizenfeldern weiden zu lassen, es sei denn, deren Besitzer erlaubte dies ausdrücklich. Außerdem drohte es Sklaven und

Oben: Im Frühling legt sich ein Teppich aus Wiesenblumen unter die Weinstöcke.

Rechts: Der Klassiker unter Mallorcas Traubensorten ist *Manto Negro*. Auch mit *Cabernet Sauvignon* und *Tempranillo* wird experimentiert.

Oben: Die Gottesmutter von den Rubinen ist Hüterin dieser Kirche in Binissalem. Ob hier auch rubinroter Messwein aus dem Ort verwendet wird?

Gefangenen 50 Peitschenhiebe an, wenn sie sich in den Gärten direkt selbst bedienten.
Bis auf die Pfarrkirche L´Assumpció, bereits 1247 erwähnt, mit ihrem prachtvollen Altaraufsatz, und die beiden Stadtpaläste Palau Can Gilabert und Can Antich mit seiner eleganten Loggia hat Binissalem städtebaulich nicht viel zu bieten – außer dem Charme, den Weinorte fast automatisch ausstrahlen. Dennoch schildert der Schriftsteller Joan Cortada im 19. Jahrhundert Binissalem mit einer Verve, daß man meinen könnte, er hätte einen Blick ins Paradies geworfen. Er versichert sogar, in und um Binissalem habe es so viele Weinstöcke gegeben, daß sie sich selbst um Olivenbäume wänden, sich an Eichen und

Links: Vor der Kirche haben die Binissalemer ihrem Hauptwirtschaftszweig ein Denkmal gesetzt.

Johannisbrotbäumen hochrankten und gar die Wälder durchsetzten.

Ein gelber Winzling bringt Aufstieg und Absturz

Die Erklärung liegt nahe: Joan Cortada, der 1868 starb, muß die allerersten Jahre des gigantischen Weinbooms in Binissalem miterlebt haben. Denn als 1863 in Frankreich die winzige, gelbe Reblaus *Philoxera* ihren vernichtenden Siegeszug begann, stieg die Nachfrage in allen Anbaugebieten, wo sie noch nicht gewütet hatte. 1871 erreichte sie Portugal, verschonte aber noch das spanische Festland, um Deutschland, die Schweiz und 1875 Italien heimzusuchen. In wenigen Jahren war die Insel Mallorca zur Hoffnung auf ein Glas Wein für ganz Europa geworden.

In Porto Colom, dem Hafen von Felanitx, mußten die Kaianlagen ausgebaut werden, um die 225-Liter-Fässer schnell und effizient verschiffen zu können. Die Küfer kamen mit neuen Bordelaise-Fässern kaum nach, die Ernte der Weinberge war schon verkauft, bevor die Rebstöcke neue Knospen getrieben hatten. Europa kaufte Wein, egal welche Sorte oder Qualität, und zahlte jeden Preis. Binissalem wurde sehr schnell sehr reich. Protzige Wohnhäuser entstanden, auch in Petra und Felanitx. Wer immer ein paar Peseten übrig hatte, kaufte ein Stück Land und pflanzte Wein. Aber der Traum dauerte nur kurz, und das Erwachen war bitter: Ende der 80er Jahre des 19. Jahrhunderts erreichte die kleine gelbe Plage Mallorca und machte kurzen Prozeß mit den Rebstöcken.

Neuanfang mit Mandeln

Die verzweifelten Bauern pflanzten Mandelbäume auf den zerstörten Weinbergen, denn Mandeln versprachen stabile Preise und einen konstanten Markt. Eine Stabilität, auf die sie sich letzten Endes zu lange verlassen haben: Im ausgehenden 20. Jahrhundert sind die ausgelaugten Mandelbäume nicht mehr in der Lage, üppige Ernten abzuwerfen, und die Konkurrenz in billigeren Produktionsländern mit aufgefrischten Baumbeständen schläft auch nicht.

Der Schock vom Aufstieg und Fall der mallorquinischen Weine saß so tief, daß fast 50 Jahre vergehen sollten, bis es erste, zaghafte Versuche gab, doch wieder Wein auf Mallorca herzustellen. Die neuen Winzer hatten nicht nur mit dem Reblaus-Trauma zu kämpfen, sondern auch mit dem mäßigen Ruf ihrer Weine, den sie sich als Profiteure der europäischen Weindürre 100 Jahre zuvor eingehandelt hatten.

Dabei sind die Grundbedingungen gut: In Binissalem, das als einziges Anbaugebiet der Balearen das Anbaugebiets-Zertifikat D.O.C. *(Denominació d'Origen Controlada)* besitzt, stimmen Böden und Klima. Rund 4 Millionen Liter Wein pro Jahr werden auf Mallorca derzeit gekeltert. Die neuen Winzer bauen vor allem die Traubensorte *Manto*

Auch in Zeiten elektrischer Pressen wird vielerorts noch traditionell gearbeitet. Kenner meinen, nur fußgestampfter Wein habe das richtige Aroma.

Da hilft kein Schrubben: Nach vielen Hektolitern Most-Produktion bleiben die Füße noch ein paar Tage blau.

Beim großen Weinlesefest in Binissalem wird zuerst der Gottesmutter eine Kostprobe des neuen Jahrgangs dargebracht.

Was paßte auch besser zusammen? Wein und Tanz und ein ausgelassenes Publikum feiern die reiche Ernte.

Negro an, die trotz schwieriger Verarbeitung ausgewogene Rotweine ergibt.

Gehversuche mit Manto Negro und Premsal Blanc

Die Kelterei Ribas in Consell, das zur D. O. Binissalem gehört, beweist, daß *Manto Negro*-Weine weder Tische noch Magenwände verätzen, im Gegenteil. Sie hat das richtige Mischverhältnis mit *Syrah, Cabernet Sauvignon* und der auf dem Festland sehr verbreiteten *Tempranillo*-Traube ausgeklügelt, mit sehr vorzeigbaren Ergebnissen: Die fruchtigen, eleganten *Ribas*-Weine sind schon jung trinkbar, dürfen aber gern einige Jahre liegen.

Shooting-Star unter den Rotweinen ist derzeit *Ànima Negra,* Schwarze Seele, den ein junges Winzergespann in Santa Catalina bei Andratx keltert. Dieser Wein, schwer, fast schwarz, gehaltvoll und mit ausgeprägtem Bukett und Körper, dürfte noch viel von sich reden machen.

In Binissalem hat sich die 1931 gegründete Winzerei Ferrer einen neuen Namen gemacht, fast ausschließlich mit der *Manto Negro*-Traube. José Luis Roses Ferrer schafft es, mit traditionellen Handwerkstechniken, einem vorbildlich geführten Weinkeller und unter Verzicht auf modische Kapriolen einen bodenständigen Rotwein herzustellen.

In Porreres im Pla keltert Jaume Mesquida einen mallorquinischen Sekt, *cava,* und einen hervorragenden Rotwein, der seinen Preis hat, aber eben auch beweist, daß dieser Winzer sein Handwerk versteht.

Ziege, so wild wie möglich!

Wie alle Weinorte der Welt ist Binissalem zur Zeit der Lese am angenehmsten. Auf Mallorca bestehen die Erntehelfer darauf, *fideus amb cabra* zu essen zu bekommen, Nudeln mit Ziegenfleisch, und zwar am besten von wilden Bergziegen, deren Fleisch besonders herb schmeckt.

Daß es ausgerechnet Ziege sein muß, geht auf eine uralte mediterrane Tradition zurück: In der Antike wurde Dionysos, dem orgienvernarrten Gott des Weins, zur Weinlese feierlich eine Ziege geopfert. So füllen sich Dörfer wie Binissalem um die Lesezeit mit dem Duft der gestampften Trauben, der ersten Gärprozesse und dem intensiven Aroma gesottenen Ziegenfleischs – wenn es auch vielleicht nicht mehr ganz so idyllisch zugeht, wie es Ludwig Salvator aus der Zeit vor dem Großangriff der *Philoxera* ausnehmend genrehaft berichtet: „Schon frühzeitig sieht man die Bauern zu den Weinbergen ziehen; erst bei Sonnenuntergang kehren sie heim. Die Frauen sitzen zumeist auf den Karren in der verworrensten Tracht, die Männer lenken die Thiere, die Kinder springen fröhlich voran, die Mädchen führen während des Gehens einen improvisirten Tanz, vom rhythmischen Tempo ihrer Lieder begleitet, auf der staubigen Strasse auf. Und Alles ist roth von dem purpurnen Saft, die Frauen und Männer, die Kinder und die Karren, wie bei einem Bacchusfeste."

Ohne Schuhe, aber mit Hut lasen die Winzer und ihre Helfer noch Ende des 19. Jahrhunderts den Wein. Auch die Kleinsten lernten mitzuhelfen.

Links: Nach der Lese ist die Arbeit nicht vorbei: Regelmäßige Stichproben geben darüber Auskunft, wann der Wein von den großen in die kleinen Fässer umgefüllt werden kann.

Binissalem ist Mallorcas einziges geschütztes Weinbaugebiet. Die Abkürzung D. O. C. gibt darüber Auskunft und Garantie.

Nachdem Mallorcas Weine im 19. Jahrhundert den schlechtestmöglichen Ruf errungen hatten, versuchen die Winzer nun, konkurrenzfähige Spitzenweine herzustellen.

Einige mallorquinische Weingüter

Bodegas
Franja Roja S.A. José Luis Ferrer
(seit 1931)
Conquistador 103, Binissalem

Bodegas i Vinyedos
Antoni Nadal Ros. (seit 1988)
Finca Son Roig, Binissalem

Hereus de Ca'n Ribas S.A. (seit 1711)
Celler de Ca'n Ribas, Consell

Celler Jaume de Puntiró (seit 1981)
Placa Nou 23, Santa María del Camí

Santa Catarina (seit 1984)
Ctra. Andratx - Capdella, km 4, Andratx

Bodegues
Miguel Oliver
Font 26, Petra

Bodegues
Jaume Mesquida
Vileta 7, Porreres

Vergessene Unterdrückung
Lloseta

Immer neue Invasionen, immer neue Herren, Jahrhunderte der Knechtschaft: der Palau d'Aiamans in Lloseta, ein besonders anschauliches Mahnmal feudaler Unterdrückung – heute ein beliebtes Ausflugsziel für Besuchergruppen auf dem Weg durch den Raiguer und den Pla. Scheinbar wurde im kollektiven Gedächtnis dieses malerischen Dorfes mit einer ganzen Reihe herrschaftlicher Häuser das getilgt, was über Jahrhunderte hinweg gleichbedeutend war mit uneingeschränktem, despotischem Herrentum. Manche meinen, der mallorquinische Fatalismus sei daran schuld, andere räumen ein, ein Großteil der Überlieferungen habe nur den mündlichen Weg gekannt und sich im Laufe der Geschichte verloren: Reden wir nicht mehr davon!

Schreckensherrschaft, von oben abgesegnet

Im Falle Llosetas ist das besonders gravierend: Denn der Palast derer von Aiamans steht in seiner heutigen Pracht mit seinen schönen Gärten und weitläufgen Zimmerfluchten für eine mehr als 200 Jahre dauernde Schreckensherrschaft, wie man sie seinem schlimmsten Feind nicht wünscht. 1232 wurde Lloseta samt Bevölkerung von Jaume I. verschenkt, an Don Arnoldo Togores, einen getreuen Diener des Königs während der Reconquista. Er und seine Nachkommen hatten hinfort das Recht, in allen

Aus diesen Relief-Medaillons an der Fassade des Aiamans-Palasts blicken steingewordene Feudalherren und ihre Damen auf das Fußvolk in Lloseta.

Der Graf von Aiamans und Baron von Lloseta logierte mit seiner Familie in diesem prachtvollen Renaissance-Palast – umgeben von der Armut ihrer Leibeigenen.

Belangen Recht zu sprechen über die leibeigene Bevölkerung von Lloseta – und Unrecht.

1634 verlieh König Felipe IV. dem Nachkommen Arnoldos, Miquel Luis Ballester i de Togores, die Titel „Comte d'Aiamans", Graf von Aiamans, und „Baron von Lloseta". Und damit begann endgültig eine Zeit des Terrors. Die Herren über das Dorf errichteten auf der Plaça Major einen Pranger: einen Pfahl, an dem ein riesiger Käfig hing, worin Angeklagte oder Verurteilte öffentlich zur schändlichen Schau gestellt wurden, und als Dreingabe noch einen Galgen als Dauereinrichtung.

Seiner Frau gegenüber verfuhr der Graf nach ähnlichen „Prinzipien": Mit ihr lebte er in seinem Stadtpalast in Palma in der Carrer de la Portella Nummer 5; heute befindet sich hier das Museu de Mallorca. Nachdem der Graf seine Frau, Margalida Despuig, geheiratet hatte, behandelte er sie offensichtlich genauso wie seine Leibeigenen. Sie floh und suchte im Kloster der heiligen Magdalena Schutz vor ihrem tyrannischen Ehemann. Doch der Graf wollte seine Frau nicht ziehen lassen: Er stürmte das Kloster, raubte seine Gattin und schloß diese fortan zu Hause ein, bis die arme, vom Pech verfolgte Frau schließlich 1651 von Banditen ermordet wurde.

Mitten im Dorf ein Idyll: Nach dem Vorbild französischer Parkanlagen schufen die Herren Llosetas eine Oase feudaler Pracht.

Im Park sorgen Vasen mit Allegorien für eine verträumte Stimmung.

Heute ist der prachtvolle Park eine Publikums-Attraktion – über die Vergangenheit wird lieber geschwiegen.

Neben dem Palast des herzlosen Grafen – insbesondere wegen des prächtigen Parks eine Attraktion für Touristen – findet sich in Lloseta eine der ganz wenigen wirklich großen Fabriken der Insel: das Zementwerk, das immerhin für 90 Prozent aller auf Mallorca eingesetzten Baumaterialien sorgt. Aber auch die Wurzelfüßler verdienen Erwähnung, denn von ihnen gibt es Millionen in Lloseta: Über hundert Meter liegen sie unter der Erde, versteinert im Eozän vor über 37 Millionen Jahren, in mächtigen sogenannten Nummulitenschichten.

Sendungsbewußte Einwohner

Ludwig Salvator zählte vor über 100 Jahren in Lloseta „1195 Einwohner und 412 Häuser. Letztere sind alle einstöckig und weiss angestrichen." Einige Antennen und sogar ein Sendestudio sind dazu gekommen: Die Familie Ramón betreibt hier seit den 80er Jahren einen privaten Fernsehkanal. Aus dem Stehgreif sozusagen, senden sie in einem Umkreis von zehn Kilometern und lassen sich von Sendeverboten nicht beeindrucken. Plombe wieder auf, neue Frequenz, guten Abend, hier ist Kanal 7. Aus und für Lloseta.

Retter in der Hungersnot
Johannisbrot

Johannisbrotbäume mischen sich gerne unter Mandel- oder Olivenbäume, heben sich aber durch ihr dichtes, tiefgrünes Laub von ihren Nachbarn ab.

No tenir un pa a la post, nicht einmal das liebe Brot haben: Die mallorquinische Redewendung steht wie wohl in fast jeder Sprache der Welt sinnbildlich für unvorstellbare Not. Schließlich ist kein anderes Grundnahrungsmittel für die Ernährung von so elementarer Bedeutung wie das tägliche Brot. In den Bitten des „Vaterunsers" kommt es an erster Stelle, denn hat jemand noch nicht einmal mehr Brot zu essen, geht es ihm zweifelsohne hundsmiserabel.

So erging es im 15. und 16. Jahrhundert vielen auf der Insel. Während der großen Hungersnöte waren die Mallorquiner gezwungen, wie Johannes der Täufer die Schoten des Johannisbaums für ihre eigene Ernährung zu verwenden. Sie begannen, die Schoten zu schroten, um daraus einen bescheidenen Brotersatz herzustellen und so ihrem Körper wenigstens eine minimale Lebensgrundlage bieten zu können. Im besonders stark betroffenen Migjorn wurden die Kerne auch geröstet verzehrt.

Die Gegend um Sencelles ist nahezu ideal für die biblischen Bäume, denn den besten Nährboden finden sie im heißen Klima, weit entfernt von der Küste und im Schutz der Berge. Die bis zu zehn Meter hohen immergrünen *garrovers* suchen gerne die Gesellschaft von Oliven- und Mandelbäumen, von denen sie aber durch ihr dichtes Kuppeldach und ihr sattgrünes Laub gut zu unterscheiden sind.

Die Mauren entwickelten nie den Ehrgeiz, große Plantagen anzulegen, sondern überließen die Bäume mehr oder weniger sich selbst. Dennoch waren sie es, die den Johannisbrotbaum auf Mallorca eingeführt haben, denn wie sein Namensgeber hat er seine Heimat im östlichen Mittelmeergebiet. Sein Name geht auf die Bibel zurück, da die Schoten der *ceratonia siliqua* für Johannes den Täufer das einzig aufzufindende Eßbare waren, als er sich in der jordanischen Wüste aufhielt. Das griechische Wort *kerátion* bedeutet „Hörnchen“, womit die gebogenen Samen der Schoten des Johannisbrotbaumes gemeint sind. Sie wurden lange Zeit wegen ihres konstanten Gewichtes von 0,18 Gramm als Meßeinheit für Gold, Silber und Edelsteine verwendet, und aus dem griechischen *kerátion* entwickelte sich die heute noch übliche Bezeichnung „Karat“.

Die Früchte, die in großen Büscheln an den Zweigen hängen, sind im Winter grün und werden mit zunehmender Reife erst nuß-, dann schokoladenbraun. In der zähen Haut der 10 bis 30 Zentimeter langen Schoten, den Karuben, befindet sich süßes Fruchtmark, das schon kurz nach der Reife zu gären beginnt, woraufhin von den Bäumen ein süßlicher, schwerer Geruch ausgeht. Erntezeit für Johannisbrotfrüchte ist der September. Dann klopft man, wie mancherorts bei der Olivenernte, mit Rohren oder Stöcken gegen die Zweige, damit die reifen Fruchtbüschel zu Boden fallen und eingesammelt werden können. Die eßbaren Früchte sind zucker-, stärke- und eiweißreich und spielen seit jeher eine große Rolle als Viehfutter.

In den 30er Jahren des 20. Jahrhunderts begann in Mallorca die industrielle Verarbeitung der Früchte: Man stellte Kaffee-Ersatz her, exportierte die Frucht aber auch weiterhin als Tierfutter. Schon seit Beginn des 19. Jahrhunderts wurde Johannisbrotkernmehl als Ersatzstoff für Kakao und zur Herstellung von Alkohol und zuckerhaltigen Produkten benutzt. Seine Verwendung setzte sich derartig durch, daß es auch in traditionelle mallorquinische Rezepte einfloß, wie dem Quarkauflauf, *cassola de brossat*.

Auch auf Verpackungen kann man manchmal in der Zutatenliste lesen: „Verdickungsmittel Johannisbrotkernmehl“, da dieses Mehl zu jener Gruppe von Lebensmittelzusätzen gehört, die sich hinter der rätselhaften Bezeichnung „Emulgatoren“ verbirgt. Ende des 20. Jahrhunderts erlangte Johannisbrotkernmehl wieder zunehmende Bedeutung; nicht nur bei der Produktion von Diätnahrungsmitteln, sondern auch in der Naturkostküche. Und viele streßgeplagte Menschen, die Koffein nervös macht, greifen nun wieder auf den früher verächtlich als Muckefuck bezeichneten Ersatzkaffee auf der Basis von Johannisbrotmehl zurück.

Bis heute hält sich hartnäckig das Gerücht, Mallorcas Schnapsbrenner würden Johannisbrotfrüchte bei der Herstellung des *palo* verwenden, eines süßen, sämigen Kräuterschnapses. Diese weisen die Unterstellung jedoch weit von sich und behaupten, sie würden lediglich beim Brauen mit dem Holz der Bäume heizen

Bei der Ernte werden die braunvioletten Schoten, die häufig in Bündeln an den Zweigen sitzen, mit einer Bügelhacke von den Bäumen gezogen.

Kühle Keller, heiße Sohlen
Inca

Fayencen: Keramiken mit weißer Zinnglasur heißen so, weil man sich auf ihre Herstellung besonders raffiniert im norditalienischen Faenza verstand. Die im Mittelalter und in der Renaissance beliebten Tonwaren trugen aber damals wie heute auch den Namen „Majolika" – und den haben sie von Mallorca, vorzugsweise aus Inca. Denn der Ort war dafür bekannt, daß seine Keramiker Fayencen herzustellen verstanden, die denen aus Faenza ebenbürtig waren – schon seit den Arabern und bis weit hinein in die Renaissance.

Und da diese Keramikwaren aus Mallorca kamen, erhielten sie den Namen „Majorika", der sich dann zu Majolika abschliff. Besonders die spanischen zinnglasierten Fliesen, die *rajoles*, die von der Glasurkunst der maurischen Keramiker lebten, standen bei den mallorquinischen und dann bald auch italienischen und mitteleuropäischen Majolika-Fliesen Pate.

Davon merkt man heute in Inca nichts mehr. Schon Ludwig Salvator fand keine Keramikwerkstätten mehr vor und kann nur noch von den Erzählungen zu diesem Thema berichten. Die Berühmtheit des Ortes für seine Keramik ist ebenso Vergangenheit wie das mittelalterliche jüdische Ghetto, das Inca einst besaß – neben Palma das einzige der Insel.

Heute sind im drittgrößten Ort Mallorcas andere Dinge wichtig. „Inca hat zwei Gasthäuser", schrieb Ludwig Salvator 1867 kurz und knapp und hatte dem nichts mehr hinzuzufügen; das hat sich gründlich geändert. Denn heutzutage scheint es mindestens zwei triftige Gründe zu geben, um Inca einen Besuch abzustatten: eine ausgedehnte Bummeltour durch die meist überteuerten Läden der Schuh- und Lederfabriken und anschließend eine Stärkung in einem *celler*, einem der halb unterirdischen Restaurants in einem ehemaligen Weinkeller. Und davon gibt es viele.

Doch Inca, das – wie prähistorische Funde in der Umgebung belegen – offenbar zu allen Zeiten ein richtiges Siedlungsgebiet war und den Römern als Verwaltungszentrum diente, hat neben heißen Sohlen und kühlen Kellern noch anderes zu bieten. Die Pfarrkirche Santa Maria la Major mitten in der kleinen, aber feinen Altstadt zeugt zum Beispiel davon, daß Inca nicht erst mit Touristenbussen reich geworden ist. Ihr Fundament aus dem 13. Jahrhundert steht auf dem Untergrund der alten islamischen Mo-

Incas Hauptkirche, Santa Maria la Major, ruht auf den Fundamenten einer Moschee. Denn schon zu maurischer Zeit waren hier blühende Industrien vorzufinden. Seit dem frühen Mittelalter war Inca berühmt für seine Fayence-Keramiken.

Für Leib und Seele wußte die Küche Incas immer schon bestens zu sorgen. In diesem Delikatessen-Geschäft, dessen Ausstattung aus dem 19. Jahrhundert eher einem Ballsaal denn einem Laden gleicht, sind alle Köstlichkeiten der Insel auf engstem Raum versammelt.

schee, wenn auch der eigentliche Kirchenkörper das Ergebnis eines Um- und Neubaus aus dem 18. Jahrhundert ist.

Dabei haben es die Erbauer verstanden, aus dem hellgelben Marès das Maximum an Eleganz herauszuholen, unter anderem mit einer Arkadenreihe an der Traufseite der Kirche und schönem Maßwerk an Türstöcken und Fenstern. Im Inneren ist in der Taufkapelle der einzige *torn* der Insel erhalten, eine Holzwinde, die bei der Taufe zum Untertauchen des brüllenden Nachwuchses eingesetzt wurde.

Eine weitere heilige Stätte Incas befindet sich auf dem 304 Meter hohen Berg Puig d'Inca. Hier soll schon zur Zeit der Araber eine Kapelle gestanden haben, wo heute die Ermita de Santa Magdalena zur Andacht lädt.

Mallorquinische Leckereien mit natürlicher Air-Condition

Bei einem Glas guten mallorquinischen Weins und Spezialitäten der Inselküche erzählen die *Inqueros* stolz aus ihrer Geschichte in einem *celler*, denn dafür ist Inca berühmt. Ähnlich wie im nahen Binissalem wurde auch hier seit dem 17. Jahrhundert Wein in großem Stil angebaut. Aber die Reblaus *Philoxera* vernichtete auch hier diesen wichtigen Wirtschaftszweig Ende des 19. Jahrhunderts, und Incas Bürger zogen es vor, sich fortan auf andere Handwerksberufe aus ihrem großen Repertoire zu verlassen, Lederverarbeitung aller Art zum Beispiel.

Die ehemaligen Weinbauern aber hatten fast alle einen Keller in der Stadt, in dessen Kühle und Halbdunkel die Weine in riesigen Fässern ungestört von Hitze und brüsken Luftdruckschwankungen lagern und reifen konnten. Was tun damit nach dem Vernichtungszug der *Philoxera*?

In den *cellers* kochen die Chefs nun nach traditioneller mallorquinischer Küche. Keine *paella*, keine *truita*, sondern Schweinelende in Mandelsauce, Schnecken mit Paprikawurst oder die typischen *sopes mallorquines*.

Dazu steht salzloses *pa moreno* auf dem Tisch und hinterher *gató d'ametlles amb gelat*, Mandelkuchen mit Mandeleis. Das hat sich nicht nur bei den 23 000 Einwohnern Incas längst herumgesprochen. Praktischerweise haben es die meisten Mallorquiner und die Gäste fast von überall gleich weit, um in einem *celler* der alten Handwerkerstadt Inca im Herzen der Insel zu schlemmen.

Seit Inca sich nicht mehr wie früher dem Weinbau widmet, haben die ehemaligen, halb unterirdischen Lagerhallen eine neue Funktion bekommen. Umringt von altehrwürdigen Riesen-Fässern tischen in den *cellers* die Küchenmeister der Stadt traditionelle Inselküche vom Feinsten auf.

Mallorquiner Allerlei
Gemüse auf der Insel

In der Fastenzeit kann man an Wegrändern und Bachläufen vereinzelt sich gebückt bewegende Mallorquiner beobachten. Des Rätsels Lösung ist: Sie sammeln wilden grünen Spargel; schließlich muß auch wer fastet, etwas essen. Den jungen Spargel verstehen sie in vielerlei Variationen zuzubereiten. Und der große Vorteil ist: Man muß ihn nicht einmal schälen, sondern kann ihn gewaschen und kleingeschnitten gleich kochen, dünsten oder einlegen.

Mit Spargel ist Mallorcas Gemüseangebot natürlich nicht erschöpft. Im Gegenteil, gerade die Märkte der Insel spiegeln den Reichtum an Gemüse auf farbenfrohe Weise wider. Hier findet man die gesamte Vielfalt dessen, was die Gärten, meist kleine Besitzungen in der Nähe von Ortschaften, hergeben. Die *horts* werden seit jeher bevorzugt in Regionen angelegt, die leicht bewässert werden können.

Hier gedeihen goldgelber Mais, vielblättrige Artischocken, knackige Blattsalate, knospender Blumenkohl, duftende Paprikaschoten, deftige Frühlingszwiebeln, lilafarbene Auberginen, scharfe Zwiebeln, zarter Spargel, unscheinbare Bohnen, hellgrüner Lauch und schließlich die Paradiesäpfel unter den Gemüsen, die Tomaten.

Den Mallorquinern ist es sehr wichtig, alle Gemüse und Früchte aus dem eigenen Boden zu ziehen und nichts vom spanischen Festland zu importieren, auch wenn dieses unter Umständen nur halb so teuer ist. Das liegt an den schwierigen Anbaubedingungen auf der Insel. Der Boden ist sehr kalkhaltig und bremst dadurch die wichtige Aufnahme von Mineralien. Verbunden mit der ständigen Wasserknappheit führt dies zu grundsätzlich kleineren Früchten, die mit der europäischen Norm sicherlich nicht mithalten können.

Aber sie haben es in sich: Das mallorquinische Gemüse ist um so schmackhafter. Das zeigt sich zum Beispiel an den Tomaten. Das Nachtschattengewächs ist heute in allen Farben, Formen und Aromen für die mallorquinische Küche unentbehrlich geworden. Und nur aus den kleinsten und besten läßt sich der berühmte *sofrit,* die wichtigste spanische Soße, herstellen.

Neben dem bunten Frischgemüse kommt aber auch den Hülsenfrüchten Mallorcas eine große Bedeutung zu. Eines der ältesten ist die *fava:* Die Saubohnen stammen aus der Familie der Erbsen und sind robuste, einjährige Gewächse. Wenn die Kerne klein und zart sind, dienen sie als Grundlage köstlicher Gerichte. So lohnt es sich auf jeden Fall, die deftige *fava pelada pagesa,* einen Eintopf aus weißen Bohnen mit gesalzener Schweinerippe und Speck, zu probieren. Oder gleich einen Gemüseeintopf.

Tränenlose Zwiebelernte auf Mallorca.

Sopes Mallorquines

Mallorquinischer Kohlgemüseeintopf

Zutaten für 4 Personen

150 bis 200 g *sopes* (getrocknete feine Brotscheiben)
1/2 Wirsing
1/4 Blumenkohl
1 Stange Lauch
100 g Zuckererbsen oder Erbsen
100 g Stangen- oder Brechbohnen
1 große Gemüsezwiebel
2–4 Knoblauchzehen, gestiftelt
2 Tomaten, gewürfelt
200 ml Olivenöl
1 Eßlöffel Schweineschmalz
2 Tassen Fleischbrühe oder Gemüsebrühe
1 Teelöffel süßer Paprika
1 kleiner Bund großblättrige Petersilie, kleingehackt

Entgegen der suggestiven Bedeutung des Wortes *sopes* handelt es sich nicht um eine richtige Suppe. *Sopes* sind hauchdünne, getrocknete Brotscheiben, *pa moreno*, die in Tüten oder lose in jeder Bäckerei verkauft werden. Mit diesen *sopes* wird die *greixonera* ausgelegt, bevor der angegarte, halb trockene Gemüsetopf mit Zutaten je nach Jahreszeit – aber Wirsing darf nie fehlen – darüber verteilt wird, um im Backrohr fertig zu garen.

Alle Zutaten in gleich große Stücke schneiden und bereitstellen. In der *greixonera* (oder einem gußeisernen Behälter) das Olivenöl mit dem Schweineschmalz erhitzen. Zwiebel andünsten, nicht bräunen. Lauch zufügen und umrühren. Danach die Knoblauchstifte und die Tomatenwürfel hinzufügen. Das Ganze bei schwacher Hitze köcheln lassen, bis sich die Masse leicht reduziert hat. Dann Wirsing und Bohnen unterrühren und mit zwei Tassen heißer Fleischbrühe ablöschen. Sofort die Erbsen, den Blumenkohl und den Teelöffel süßen Paprika hinzufügen. Bei schwacher Hitze etwa 10 Minuten köcheln lassen.

Dieselbe *greixonera* mit den *sopes,* dem getrockneten Brot, ganz auslegen, darauf die Kohlsuppe geben und mit Petersilie bestreuen. In einem vorgeheizten Ofen bei etwa 150 Grad zehn Minuten ziehen lassen.

Was überall beliebt ist, fehlt auch in mallorquinischen Gemüsegärten nicht: der Blumenkohl.

Die zarten Triebe des grünen Spargels wandern ungeschält vom Wegesrand in die Pfanne.

Auberginen und Paprika bilden die Grundlage zahlreicher mallorquinischer Gerichte.

Vielleicht sind mallorquinische Bohnen etwas kleiner als anderswo, aber dafür um so schmackhafter.

Schuhe für die Welt
Inca

Daß es sich mit Schuhen an den Füßen leichter geht und lebt, wußten die Menschen schon in grauer Vorzeit. Sie umwickelten ihre Füße mit Tierhäuten, stopften diese mit Heu, Federn und Wolle aus gegen die Kälte und lernten im Lauf der Zeit, mit widerstandsfähigen Sohlen und den ausgefallensten Verschlüssen größtmöglichen Komfort und sicheren Stand herzustellen. Die Römer schworen auf kompliziert geschnürte Sandalen, die Orientalen auf absatzlose Pantoffeln mit nach oben gebogener Spitze. Und von letzteren hat das Abendland, von leichten Sommer-Sandalen abgesehen, das Grundprinzip seiner Schuhgewohnheiten übernommen.

Wenn in Italien Florenz als Synonym für gute Schuhe gilt, ist dies auf Mallorca, wenn nicht sogar in Spanien, das Städtchen Inca, und das schon seit mindestens 1458: Damals machten sich die Schuster aus Inca von den Zünften Palmas unabhängig. Denn Inca, im Herzen der Insel gelegen und von Ackerland umgeben, war schon 1300 auf königlichen Erlaß eine *vila* und auf dem besten Weg, nach Palma die wichtigste Stadt Mallorcas zu werden. Die einzige Chance, im feudal organisierten Mallorca nach der Reconquista selbständig arbeiten zu können, war das Handwerk: Hier konnte sich kein Großgrundbesitzer einmischen, dafür war kein eigenes Land vonnöten. Und eine *vila* wie Inca mit ihrem Stadtrecht barg die Möglichkeit, den Handel selbst in die Hand zu nehmen.

Zünftige Schuhe

1458 also machte sich die Schusterzunft in Inca unabhängig und legte ihre eigenen Satzungen fest. Zur gleichen Zeit hatten ihre Mitglieder den Wunsch, ihre Tätigkeit unter den Schutz eines Heiligen zu stellen. Nur: Keiner der Jünger oder der päpstlich legitimierten Märtyrer war Schuster. Nach eifrigem Studium der Legenden wurde man schließlich doch fündig: Die Wahl fiel auf den heiligen Markus.

Denn angeblich hatte der Evangelist während seines Aufenthaltes in Alexandria bemerkt, daß seine Sandalen nicht mehr in Ordnung waren. Er ging zu einem jüdischen Schuhmacher namens Aniano, um sie reparieren zu lassen. Aniano begann mit der Arbeit und hatte das Pech, sich dabei mit dem Pfriem die Hand zu verletzen. Der Heilige Markus heilte ihn auf wundersame Weise, was Aniano dazu bewegte, zum Christentum

Ein Relief zeigt die Angehörigen der Schusterzunft *„el Col·legi d'Honorables Sabaters"* bei der Arbeit.

Wie schon zu Zeiten des ehrwürdigen Antoni Fluxà wird zuerst eine Schablone angelegt, um den Schaft vollendet ausschneiden zu können.

Im nächsten Schritt wird die sogenannte „Brandsohle" auf den vorbereiteten Schaft geklebt und festgenäht.

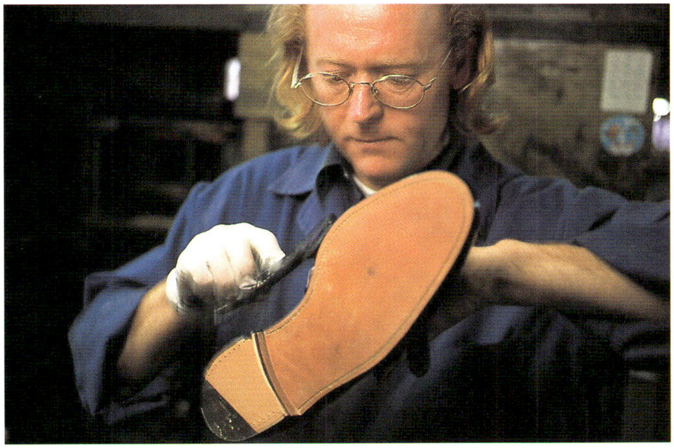

Schließlich wird die Laufsohle auf die Brandsohle geleimt, die nun mit dem Rest-Schuh verbunden ist, und ebenfalls vernäht.

Dann werden die Unebenheiten ausgeglichen und kleine Klebereste sorgsam entfernt. Zum ersten Mal poliert der *sabater* sein Werk.

Zum Schluß wird der Schaft noch von oben für (fast) eine Ewigkeit fest vernäht.

Das Ergebnis: Drei fertige Schuhe, die zusammen mit ihren Partnern sicherlich bald an den Mann gebracht werden.

In die gestanzte und durchgenähte Sohle wird vor der Bearbeitung das Logo *Lottusse* geprägt. Durch diese stark stilisierte Lotusblüte schützt sich der Betrieb vor dem Mißbrauch der Marke.

zu konvertieren. So ist der heilige Markus noch heute der Schutzheilige der Schuhmacher.

Die Schuster blieben in Inca nicht allein, wenn sie auch bis heute den wichtigsten Handwerkszweig der Stadt darstellen: Schon um 1600 gab es in der Stadt 64 Schuster- und Kürschnerwerkstätten, 31 Webereien und Spinnereien, 29 Schreiner, 22 Schmieden sowie Topfmacher und Schneider. Acht Notare siedelten sich hier an, die sich um all die anfallenden Verträge und Verwaltungsarbeiten der Handwerker kümmerten.

Die Zunft der Schuster von Inca hatte wirtschaftliche und ideologische Ziele in einem Regelwerk festgelegt: Wie in einer Art Sozialversicherung wurden die Schuster durch einen gemeinsamen Fonds abgesichert, die Konkurrenz unter Kontrolle gehalten und die bestmöglichen Vertriebswege für alle gesichert. Gleichzeitig verpflichteten sich die Zunftmitglieder, sich in der Öffentlichkeit anständig zu benehmen, so daß die Schuhmacher aus Inca nicht nur als hervorragende Handwerker, sondern auch als wertvolle, verläßliche Mitglieder der Gesellschaft dastehen konnten. Die Zunft finanzierte sich aus Mitgliedsbeiträgen, unter anderem einer Abgabe, die jeder *mestre,* also Meister, zahlen mußte, wenn er einen Lehrling anstellte. Aus der Gemeinschaftskasse bestritt die Zunft Beerdigungen von Mitgliedern, unterstützte deren Witwen, gab aber auch Geld aus für zünftige Feste und fromme Messen.

Dieser von der Stadt völlig unabhängige Zweckverband der Schuhmacher, der *Col·legi d'Honorables Sabaters,* begann auch früh, sich um einheitliche Kriterien für die Ausbildung des Schusternachwuchses zu bemühen und legte als ersten Schritt fest, daß die Ausbildung zum *sabater* mindestens vier Jahre dauern mußte. 1640 wurde diese Richtlinie um weitere vier Jahre Gesellentätigkeit erweitert, bevor die Jungschuster schließlich eine eigene Werkstatt eröffnen und ihrerseits Lehrlinge ausbilden durften.

Neuzeitliche Planwirtschaft

Das Schusterhandwerk blühte. Mitte des 16. Jahrhunderts mußte die Genossenschaft allerdings reorganisiert werden, weil sich die Schuhmacherzunft in zwei Gruppen aufgeteilt hatte: Die einen fabrizierten ausschließlich grobe Arbeitsschuhe für die Mallorquiner, die anderen wollten gerne die Schuhe für die „feinen Herrn" herstellen, kannten sich aber mit den Verarbeitungstechniken nicht gut aus. So waren ihnen die mallorquinischen Kunden auf fremden Schuhen weggelaufen und dazu übergegangen, sich ihre Schuhe fernab der Insel zu kaufen.

Bei einer Zusammenkunft aller Schustermeister wurde dann eine Dreiteilung der Zunft beschlossen: Die erste Gruppe, die *mestres d'obra grossa,* Meister für grobes Schuhwerk, widmete sich der Herstellung von robusten Arbeitsschuhen. Die Meister der zweiten Gruppe hießen *mestres d'obra fina* oder *primeters,* Schuster für feine Arbeiten, und spezialisierten sich auf Straßenschuhe, während die dritte Gruppe, die *mestres tapiners,* ausschließlich feinste Damenschuhe verarbeitete.

Als die Pest im 17. Jahrhundert die Insel heimsuchte, fielen ihr viele Mallorquiner und auch einige *sabaters* zum Opfer, wenngleich man auch heute sagt, die Seuche habe unter den Schustern nicht so wild gewütet. Auf jeden Fall war die Nachfrage zu dieser Zeit gesunken. Die Mallorquiner hatten größere Sorgen, als sich um Zweck und Form ihrer Fußbekleidung zu kümmern. Einige Jahrzehnte lang produzierten die Schuhmacher nur noch auf Bestellung für den begrenzten mallorquinischen Markt. Häufig widmeten sie sich im Sommer der Landarbeit und kamen erst im Winter dazu, sich neben ihren kleinen Ofen, den *braser,* vor die Tür zu setzen und das eine oder andere Paar Schuhe zu fertigen.

Moderne Qualitätsprodukte

1836 schließlich sah Antoni Fluxà, ein Handwerker aus dem Ort, daß die Zunft ein weiteres Mal vor ihrem Ende stand und dringend restrukturiert werden mußte. Er versammelte einige Schuster aus Inca bei sich zu Hause, wo sie die Neuorganisation der Schuhmachergenossenschaft und die Förderung des Exportgeschäftes beschlossen.

Inca durfte sich nicht weiter darauf versteifen, Mallorca oder allenfalls noch das Festland zu beliefern. Die Schuster beschränkten sich von nun an nicht mehr nur auf die Einzelanfertigung jedes Paares, sondern begannen, Leisten anzufertigen und jedes Modell mehrfach zu kopieren. Sie organisierten sich in Gruppen, ließen bestimmte Schuhmodelle patentieren und kümmerten sich um ein Netz von Groß- und Zwischenhändlern.

Der Weg für die erste Schuhfabrik war damit bereitet, wenn es auch noch Jahre dauern sollte, bis sie eröffnet werden konnte.

Neben den lokalen Märkten exportierten die Handwerker von Inca nun auch ins Ausland, vor allem auf die Philippinen und nach Kuba. Bei vielen Ex-Mallorquinern, die ihre Insel im 19. Jahrhundert verlassen und auf der „Perle der Antillen" ein neues Zuhause fanden, besaßen die Schuhe aus Inca hohen Symbolwert: Sie galten als ein Stück Heimat, auf dem man sogar laufen konnte. Nach dem Verlust der beiden Kolonien im Jahr 1898 brach der Markt wieder etwas ein, aber schließlich schafften die ersten drei Betriebe, die Fluxàs, Gelaberts und Payeras, Maschinen an und begannen mit der industriellen Schuhproduktion.

Die Arbeitsvorgänge wurden standardisiert und in Serie ausgeführt. Aber damit ein Schuh wirklich paßt und gut sitzt, müssen letztlich alle Teile von Hand zusammengesetzt werden. Die Maschinen helfen beim Zuschneiden, beschleunigen und festigen Klebeprozesse mit Druck und Hitze, pressen den Schuh in Form und polieren ihn auf Hochglanz. Dazwischen wandert er von einer kundigen Hand zur anderen, denn nur eine Hand fühlt Unebenheiten, nur Augen sehen Farbfehler, Klebereste, einen gerissenen Zwirn in der Naht.

Damals wie heute schneiden die Schuhmacher noch zuerst den Schaft zu oder stanzen ihn aus, danach schärfen sie die Kanten ab. Im nächsten Schritt werden die Sohlen zugeschnitten, gestanzt und mit Leim bestrichen. Schließlich müssen Schaft und Sohle verbunden werden, wozu der Schaft an der Brandsohle angeklebt wird. Zum Schluß wird die Laufsohle an den Schaft und die Brandsohle genäht. Diese „durchgenähten" Schuhe gelten immer noch als die besten und haltbarsten.

Die berühmtesten Schuhmarken für den internationalen Markt sind *Camper, Yanko* und *Lotusse,* die schnell sehr erfolgreich wurden. *Lotusse* erkennt man übrigens leicht an der in die Sohle eingeprägten abstrakten Lotusblüte.

Noch heute werden in Inca und Llucmajor hochwertige Schuhe für weltbekannte Designer produziert, von Firmen, die sich nach vielen Strukturkrisen auf die Nische hochwertig verarbeiteter Schuhmode spezialisiert haben. Trotz ihrer handgearbeiteten Schuhe sehen sich die Mallorquiner heute wieder, wie schon so oft, mit den Billigangeboten anderer Länder, in denen wesentlich günstiger produziert wird, konfrontiert.

Obwohl sich die Industriestadt Inca inzwischen zur drittgrößten Inselstadt gemausert hat, geriet der Reformer des Schustergewerbes nie in Vergessenheit: 1952 wurde Antoni Fluxà zu Ehren sogar ein Denkmal errichtet.

Heute erinnert ein Denkmal in Llucmajor an Antoni Fluxà, der den mallorquinischen Schuhen die Straße zur weiten Welt ebnete.

Schlüssel zur Inselherrschaft
Alaró

Überreste von *talaiots,* römischer Keramik und byzantinischen Münzen von Konstantin V. sowie eine Vielzahl arabischer Spuren hat man in der Erde gefunden. Über der Erde ist von der Burg von Alaró nicht viel übriggeblieben, nur ein paar Meter Mauerreste, aber darunter steht noch mächtig der Berg, der dieser Wehranlage ihre Einmaligkeit gegeben hatte.

Die Spuren dieser Burg bei allen wichtigen Eroberungen der Insel sind allerdings alles andere als verwischt oder vergraben. Wer sie bezwingen konnte, auf ihrem schwindelerregenden Adlerhorst, 500 Meter über dem Ort Alaró gelegen, flankiert von Puig Major und Massanella, hatte die Insel in der Hand. Aber: Das war nicht so einfach; wer heute in friedlicher Absicht den holprigen Karrenweg auf den Berg geschafft hat – ob mit oder ohne Auto –, weiß warum. Denn wer immer sie anzugreifen versuchte, bot sich den Burgbewohnern auf einem immensen Präsentierteller dar, schutzlos, fast selbstmörderisch. Das Kastell Alaró galt, wen wundert's, als so gut wie uneinnehmbar. So gut wie, denn nur Verrat oder Verzweiflung konnten die Burg verwundbar machen.

Belagerer werden zu Belagerten

Als die Mauren im Jahr 902 die Insel besetzten, so die arabischen Chroniken, hielten die *runes,* die Nicht-Araber und die Nordvölker, auf der Burg von Alaró einer acht Jahre und fünf Monate andauernden Belagerung stand. Möglicherweise waren die Belagerten Nachfahren jenes iberischen Volkes, das vermutlich seit dem 11. Jahrhundert v. Chr. auf der Insel lebte und schon den Römern mit ihrer

Die einst als uneinnehmbar geltende Burg von Alaró hat sich dem Zahn der Zeit beugen müssen. Acht Jahre Widerstand leisteten im 10. Jahrhundert die Insulaner den Mauren. Als sie von den Christen vertrieben werden sollten, gaben sie nahezu kampflos auf, im Glauben, keine Chance zu haben.

Steinschleuder-Kunst Kopfzerbrechen verursacht hatte. Die Römer hatten sie als unerbittliche, hartnäckige Krieger erlebt, und daran scheint sich bis zur Ankunft der Mauren nichts geändert zu haben.

Die Mauren wiederum suchten an diesem letzten sicheren Hort Zuflucht vor den einfallenden Truppen vom Festland, als Jaume I. 1229 begann, die Insel wieder in christliche Hände zu bringen. Er und seine Strategen überlegten fieberhaft, wie sie diese knifflige Situation in den Griff bekommen und die uneinnehmbare Burg stürmen könnten, doch es dauerte insgesamt über zwei Jahre, bis die eingekreisten Mauren sich ergaben: Ihr Befehlshaber, der Gouverneur von Pollença und Inca, El Benehabet, konnte die ausgehungerte Burg nicht mehr halten und übergab sie 1231 an die Christen. Da er ein einsichtiger Mann war, tat er dies, ohne es zu einem heroischblutigen „letzten Gefecht“ kommen zu lassen, was ihm später den Ruf eines Überläufers und Verräters einbrachte.

Ein Symbol für die Freiheit

Wie alt die Burg wirklich ist, ist ebenso im Dunkel der Geschichte verschüttet oder verschwunden wie die Burganlage selbst. Die Burgruinen stammen aus dem Spätmittelalter und wurden zuletzt im Jahr 1320 restauriert.

Das war wenige Jahre nach jenen Ereignissen, derentwegen sich die Burg als Freiheitssymbol ins mallorquinische Gedächtnis eingegraben hat. 1285 verließ König Jaume II. kurzzeitig die Insel, was seinen Rivalen Alfons III. von Aragón – immerhin der Sohn seines Bruders – dazu verleitete, die Insel für seine Krone erobern zu wollen. Die König Jaume II. treuen Mallorquiner flohen auf die Burg und verteidigten sich lange erfolgreich. Alfons III. versuchte dennoch, sie zur Aufgabe zu überreden, was ihm diese, angeführt von En Cabrit und En Bassa, mit Spottliedern zollten: „Wir kennen hier keinen *anfós* (Heilbutt), der den Titel des Königs von Mallorca trägt, sondern nur einen *anfós*, den man mit Sauce ißt.“

Der Verspottete gelobte, die Kerle zu rösten, sowie er die Burg eingenommen hatte.

500 Meter hoch gelegen, hatten Widerständler und Belagerer von hier aus fast die ganze Insel im Blick.

Wo heute Schafe nach dem Rechten sehen, entschied sich 1285 erneut Mallorcas Geschichte: Die Mallorquiner flohen vor dem Angriff der Aragonesen nach Alaró. Zwei von ihnen bezahlten mit dem Leben und verschafften ihrem Land dennoch die letzte Pause als unabhängige Monarchie.

Die Tramuntana im Rücken, den Pla zu Füßen war die Burg von Alaró mehr als nur ein strategisch wichtiger Punkt: Wer diesen Landstrich in seine Gewalt brachte, hatte meist die Insel in der Hand.

Und so geschah es: Die beiden mallorquinischen Volkshelden wurden bei lebendigem Leib gepfählt und geröstet. Allerdings ging dieser Schuß nach hinten los: Alfons III. wurde aus der Kirche ausgestoßen, die beiden Adeligen hingegen zu Märtyrern, *els Sants Màrtirs*, die in der Kathedrale von Palma beigesetzt wurden.

Verteidigt wird der Burgberg heute noch immer, unter Umständen recht schmerzhaft: In der Felswand unterhalb des alten Wachturms befindet sich die Cova de Sant Antoni, eine Tropfsteinhöhle, zu der wagemutige Klet-

Heute ist die Burg samt ihrer geschichtsträchtigen Überreste wieder in der Hand der Natur. Allenfalls Wanderer und Schafe gehen hier noch auf Eroberungstouren.

terer hinabsteigen können. Wenn sie Glück haben, ist der Zugang frei, wenn nicht, stoßen sie auf eine Gruppe bissiger Wildesel, die sich nichts gefallen lassen.

500 Meter unter der Burg gelegen, war der Ort Alaró für Kriegsherren uninteressant. Aber andere „Strategen“ haben ihm zu einer durchweg spannenden Geschichte verholfen, vollkommen losgelöst von der Burg.

Freibeuter der Berge

Vom Ende des 17. bis hinein ins 18. Jahrhundert erkannten *bandolers* in Alaró den perfekten Unterschlupf: Das Gesetz in Palma war fern, der Weg nach Alaró weit und mühsam, die Berge voller kaum wiederzufindender Verstecke für Beute und Vorräte. So konnten diese Banditen, die sich Hoheitsrechte anmaßten, Steuern und Wegegeld eintrieben und sich im übrigen nahmen, was ihnen gefiel oder brauchbar erschien, hier lange Zeit recht frei schalten, walten und überfallen.

Gleichzeitig verschaffte die Höhenlage Alaró Nischen im legalen mallorquinischen Markt und verwandelte es in einen wichtigen Umschlagplatz für die Waren der Berge: Jäger und Züchter verkauften hier die Felle ihrer Tiere, Köhler brachten in den großen ledernen Packtaschen ihrer Maultiere Holzkohle ins Tal, Bauern aus Alaró entdeckten, daß Maulbeerbäume und folglich die Seidenraupenzucht hier gut gediehen, und wo Seide hergestellt wird, sind Sticker und Weber meist nicht fern. Auch die Ölbäume mochten das Gebirgsklima und lieferten so ausgezeichnetes Olivenöl, daß Alarós Name lange vor allem mit diesem Produkt in Verbindung gebracht wurde. Und mit Braunkohle, die man hier von 1920 bis etwa 1987 in insgesamt 6 000 Metern Tunnel abbaute.

Ein Paradies für Kletter-Tüftler. Da niemand mehr fürchten muß, von oben mit heißem Pech begossen zu werden, wählen manche Ausflügler solch ausgefallene Wege hinauf zu den Burgruinen.

Alaró geht ein Licht auf

Schließlich brachten im Jahr 1901 die Brüder Perelló, Eigentümer eines Handelsunternehmens für Seifen und Öle, etwas nach Alaró, was noch nicht einmal in der Hauptstadt Palma angelangt war: Elektrizität. Nach anfänglichen Widerständen von Mitbürgern, die so etwas schlicht für Teufelszeug hielten, setzten die beiden Brüder mit Hilfe des Stadtrats und einigen wenigen fortschrittlichen Nachbarn die Elektrifizierung einiger Straßenzüge sowie ihrer Fabriken und Häuser durch. Die ersten hundert Straßenlaternen waren das Gespräch der Insel, und die Menschen kamen aus allen Teilen Mallorcas, um das „Wunder des einfachen Lichtes“ mit eigenen Augen zu sehen. Die Fortschrittlichkeit in Sachen Elektrizität brachte auch die in Sachen Funk mit sich: Alaró beherbergte in den 50er Jahren des 20. Jahrhunderts das erste freie Radio Mallorcas und Anfang der 80er Jahre eine private Fernsehstation.

Das Dorf Alaró war gerade wegen seiner Abgeschiedenheit im 17. und 18. Jahrhundert ein wichtiger Umschlagplatz für Waren aus den Bergen: Kohle und Felle, Seidenstoffe und Schmuggelware wechselten hier die Besitzer.

Die Glut des Ehemännchens
Köhler in den Bergen

Wie eine feine, fast unsichtbare Decke schwebte früher im Winter Holzkohlerauch über den Bergen des Tramuntana-Gebirges. In den Dörfern war der Geruch nach schmorendem Holz nur für feinste Nasen wahrnehmbar, aber oben auf den Gipfeln schwelte und kokelte es noch zu Beginn des 20. Jahrhunderts an fast jeder Weggabelung. Rauchschwaden begrüßten Wanderer und Spaziergänger schon beim Eintauchen in das Reich der Holzkohlebrenner. Der Beruf des Köhlers erlebte seine Blütezeit.

Die schweigsame, verschlossene Figur des Köhlers, der sein Leben größtenteils wie ein Einsiedler verbringt, ist im Liedgut der Baleareninsel und in ihren Märchen, den *rondaies,* verewigt worden. Aus der Mythologie der mallorquinischen Bergwelt ist der dunkle Holzkohlebrenner nicht wegzudenken.

Das hat seinen Grund: Auf der Insel, vor allem aber in den Städten, wo manche Baumeister die Tatsache, daß es einmal Winter werden würde, schlicht vergaßen und somit in ihren Plänen auch keine Kamine vorsahen, war der aus Holz gewonnene Brennstoff seit Jahrhunderten fast die einzige Koch- und Heizmöglichkeit. Maultiere, an deren Flan-

Rechts: Nur noch selten kokelt eine *sitja* in den Bergen aus Ästen und Baumstümpfen Holzkohle. Noch zu Beginn des 20. Jahrhunderts war dieser Anblick in den Bergen ganz normal.

Oben: Ein Steinring mit einer Decke aus Zweigen und Stroh bilden einen Kohlemeiler.

Ist die *sitja* fertig bestückt, dämpft eine dicke Schicht Erde den Verbrennungsprozeß und sorgt für den typisch süßlichen Geruch.

ken rechts und links riesige, lederne Packtaschen baumelten, wurden mit dem schwarzen Schatz der Köhler bepackt und bugsierten die in der kalten Jahreszeit so notwendigen Energiespender bis in das Zentrum von Palma hinein.

Aber Feuer ohne Rauch gibt es nun einmal nicht, und so erfanden die frierenden, kaminlosen Städter allerhand Utensilien, an denen sie sich wärmen konnten, ohne dabei gleich eine schwere Rauchvergiftung zu riskieren. Glut hieß ihre Zauberformel und für diesen Wärmespender gab es je nach Bedarf die einfallsreichsten Geräte.

Man bügelte mit glühender Holzkohle, die in gußeiserne Bügeleisen eingefüllt wurde; klamme Laken wurden dank einer ebenfalls mit Glut gefüllten Bettpfanne vorgewärmt: Das an einem langen Holzgriff befestigte Gefäß wurde vor dem Schlafengehen mehrere Male zwischen Zudecke und Laken hin- und hergeschoben. *Maridet,* Ehemännchen, hieß diese Variante einer Wärmflasche, die wohl vornehmlich von alleinstehenden, älteren Damen benutzt wurde. Manchmal nahmen die alten Frauen ihren *maridet* – in Form eines glutgefüllten, gußeisernen Behälters mit Henkel – sogar mit in den Gottesdienst und wärmten während der langen Messe in den kühlen Gotteshäusern ihre schlecht durchbluteten Füße daran.

Heute noch gibt es in vielen Haushalten den *braser,* eine Metallpfanne, die mit Glut gefüllt unter einem runden Tisch befestigt wird. Während der kalten Jahreszeit spielt sich das Leben fast ausschließlich um diese mit einem bodenlangen, dicken Tuch bedeckte *camilla* ab. Jeder, der an ihr Platz nimmt, zieht sich die dicke Decke auf die Knie und kommt so in den Genuß wohliger Wärme, die sich unter dem Tisch breitmacht. Statt der traditionellen Holzkohlebecken, gibt es heutzutage allerdings immer mehr elektrische Öfen.

Ursprünglich benutzten die Köhler für ihr Handwerk nur Äste und Hölzer, die beim Durchforsten der aufzufrischenden Bestände anfielen, doch war der Holzkohleverbrauch im 19. Jahrhundert derart angestiegen, daß die Landgüter in den Bergen die große Nachfrage nur befriedigen konnten, indem sie gesunden Baumbeständen mit Axt und Säge zu Leibe rückten. Und was Griechen und Römer schon vor Jahrhunderten im ganzen Mittelmeerraum begonnen hatten, setzte sich nun auch auf Mallorca fort: der Kahlschlag weiter Landstriche.

Erzherzog Ludwig Salvator sah dem damaligen Treiben mit wachsendem Entsetzen zu und verbot, auch nur eine Pinie in seinen Wäldern einzuschlagen. Noch heute zeichnen sich die ehemaligen Grenzen seiner Besitzungen durch ihren jahrhundertealten Baumbestand ab; im Nationalpark Son Moragues, der auf seinem ehemaligen Territorium liegt, sind einige historische Holzkohlenmeiler restauriert worden und können besichtigt werden.

Zwar wurde der Kahlschlag Mitte des 20. Jahrhunderts auf Mallorca verboten, und auch in Sachen Aufforstung wurde einiges unternommen, aber ein Baum braucht eben seine Zeit, ehe sein Wipfel bis an die Wolken faßt.

Der Beruf des Köhlers ist heute auf der Insel so gut wie ausgestorben. Nur hin und wieder qualmen einige *sitges,* Holzkohlemeiler, in den Eichen- und Pinienwäldern des Tramuntana-Gebirges. Zwar ist die handwerklich hergestellte Holzkohle trotz ihres relativ hohen Preises

In den Stadt-Haushalten wärmten solch prächtige Kohlepfannen die gute Stube.

sehr beliebt, aber das deutlich gewachsene Umweltbewußtsein gibt nun der industriell hergestellten Holzkohle den Vorzug.

Die wenigen verbliebenen Holzkohlebrenner gehören einem wortkargen, menschenscheuen Schlag an. Fast das ganze Jahr über leben sie in ihren *barraques,* Steinhütten mit Grasdächern, sammeln Zweige und Äste und kokeln vor sich hin.

Um die *sitja* zu bauen, legt der Köhler zunächst einen Ring aus Steinen. In ihm wird mit roter, fetter, angefeuchteter Erde ein fester Untergrund, die *solera,* gestampft. Die dicksten Holzscheite kommen in die Mitte der *solera,* auf sie stapelt der Köhler dann kleine Scheite und dünne Äste zu einem hohen Haufen auf. Anschließend wird alles mit derselben roten Erde bedeckt, die schon für den Untergrund diente. Nur ganz oben im Zentrum bleibt eine kleine Öffnung frei, durch die das Feuer seinen Weg in den Meiler findet. Der sofort einsetzende Schwelprozeß dauert 14 bis 18 Tage.

Kein Köhler darf einen tiefen Schlaf haben, denn zu schnell weckt der Wind die Glut oder schläfert die Sonne den Meiler ein. Ein ausgezeichneter Geruchssinn gehört außer leichtem Schlaf zu den Qualitäten eines jeden Köhlers. Nicht jedes Feuer verursacht gleichen Rauch, feinste Nuancen geben dem Meister Auskunft über die Intensität seiner Glut. Ideal für die Holzkohleherstellung ist eine gleichbleibende Temperatur in der *sitja.* Ein einziger zu tiefer Schlaf, und die Arbeit von Wochen kann verdorben sein.

Um Kohle herzustellen, muß der Köhler nicht nur Holz verkohlen. Auch den Kohlenmeiler baut er selbst, nach alter Methode. Nur wenn die Binsen perfekt „vernäht“ sind, arbeitet der Meiler richtig.

Kleinstadt mit Eigenwillen
Selva

Nachts windet sich die schmale, kurvige Straße von Inca nach Pollença durch vollkommene Dunkelheit, bis sie plötzlich den Blick freigibt auf ein beeindruckendes Panorama: Vor der schwarzen Wand des Massanella-Massivs leuchtet goldgelb die Sant-Llorenç-Kirche von Selva, seltsam entrückt und trotz ihrer wuchtigen fünf Arkaden und dem zu kurz und stämmig geratenen Turm scheinbar schwerelos über das Städtchen gehängt, das unter ihr durch die Raiguer-Nacht schlummert.

Bald nach der christlichen Reconquista schon muß mit dem Bau dieser Kirche begonnen worden sein, zu Beginn des 14. Jahrhunderts, auch wenn die heutige Pfarrkirche eine Rekonstruktion des im 19. Jahrhundert abgebrannten Originals ist.

Jene Jahre nach dem Sieg der Christen haben für Selva die Würfel fallen lassen. Zunächst diente sein Hinterland um den Puig de S'Escuder maurischen Widerständlern als Zufluchtsstätte, aber nicht lange: Angesichts ihrer offenbar vollständig aussichtslosen Lage begingen sie Selbstmord und fanden in den Bergen, die sie nicht schützen konnten, ein einsames Grab.

Das Land denen, die es bestellen!

Dann erhielt Selva schon 1301 von König Jaume II. das Marktrecht, und seine Bürger begannen einen langen zähen Kampf um das Privileg, selbst ein Stück des fruchtbaren Landes um Selva zu besitzen. Jaume II., der stets dringend Geld brauchte, verkaufte Parzelle um Parzelle, bis fast ganz Selva inklusive seiner Dörfer Massanella, Biniamar und Moscari Bauern gehörte.

Das wiederum schmeckte jenem Katalanen nicht, der Selva als Lohn für seine Dienste während der Reconquista erhalten hatte, und er forderte sein Eigentumsrecht wieder ein. Die Selvaner klagten darauf hin vor dem höchsten

Das Land um Selva ist so fruchtbar, daß die Bauern sich im 14. Jahrhundert gegen die Großgrundbesitzer auflehnten: Wir machen die Arbeit, wir wollen auch die Früchte davon ernten! Wenn sie auch nicht auf ganzer Linie siegten, verzeichneten sie doch Teilerfolge.

Gericht des Königreichs Aragón, dem *Consell Suprem,* dagegen und gewannen immerhin die Gemeinde Caimari zurück.

Hier die kalkhaltigen bewaldeten Berge, rauh und gewaltig, die Heimat von Köhlern und Banditen, dort die sanfte Ebene, mit flachen Hügeln, Feldern und Wiesen, zerschnitten in viele einzelne *finques* und Kleingüter – Selva und sein Umland, am Schnittpunkt zwischen Tramuntana und Pla gelegen, ist ausgesprochen fruchtbar.

Hanf, Getreide, Obst und Gemüse, Mandeln und riesige Oliven- und Steineichenhaine genießen, was vielen Menschen über die Jahrhunderte zu schaffen machte: ein Mikroklima mit heißen Sommern, viel Regen in Herbst und Frühjahr und kalten, feuchten Wintern. Auch das Weideland um Selva ist so saftig und üppig, daß die Bauern hier nicht nur die traditionellen Schweine und Schafe züchteten, sondern sogar Pferde.

Mit so fetten Pfründen in der Nähe fühlten sich in Selvas Bergen vom 15. bis 18. Jahrhundert die *bandolers* besonders wohl – eine selbsternannte Räuber-Guerilla. Ihr hemmungsloses Schalten und Walten beendeten sie nicht einmal, als 1679 ihr Anführer Guillem Oliver „Sord" erschossen und im Gefängnis von Selva aufbewahrt wurde, um eine ehrenvolle *bandoler*-Beisetzung zu verhindern. Ihre Ära ging erst zu Ende, als 1716 die Bourbonen ganz Mallorca entwaffneten, um dem *bandolerisme* Paroli zu bieten. In und um das aufmüpfige Selva wurden damals 154 Büchsen, 19 Gewehre, 67 *armarins,* 6 Karabiner, 14 Pistolen, 111 Schwerter, 111 Bajonette, 5 Dolche, 10 Macheten, 20 Kurzdegen und 7 Hellebarden beschlagnahmt.

Silbrig-grün schimmern die Blätter der immergrünen Olivenbäume. Am besten gedeihen sie in der Serra de Tramuntana.

Knorrige Urgewächse *Olivenbäume*

Son aceitunados tus ojos
y están aderezados
de orégano y sal

„Grün wie Oliven sind deine Augen, glänzend und feurig, wie gewürzt mit Oregano und Salz", singt das alte Liebeslied. Nordeuropäische Liebhaber würden bei grünen Augen wahrscheinlich eher an Smaragde denken, aber warum nicht Oliven? Schließlich gehören Ölbäume zu den ältesten Kulturpflanzen der Welt.

Schon vor über 5 000 Jahren nämlich begann man im Mittleren Osten mit der Anpflanzung von *Olea europaea.* Von dort aus verbreiteten sie sich zuerst in Griechenland und dann im Mittelmeerraum, bis die Römer sie auf der Iberischen Halbinsel einführten. Schon seit Beginn unserer Zeitrechnung wurde spanisches Öl in Amphoren abgefüllt und mit Ursprungssiegeln versehen in alle Teile des Römischen Reiches verschickt.

Dem dickflüssigen, manchmal goldfarben schimmernden Saft wurden schon früh allerlei gute Eigenschaften zugeschrieben: Er verschönert die Haut, macht Speisen schmackhaft und spendet Widerstandskraft. Mittlerweile ist bekannt, daß Olivenöl durch den hohen Anteil an einfach-ungesättigten Fettsäuren das Risiko von Herz- und Kreislaufkrankheiten senkt, vor Krebs schützt und Gallensteinen vorbeugt.

Heute gibt es eine ungeheure Vielfalt an Olivenarten: Angeblich wurden allein in Spanien über 260 verschiedene Sorten gezählt, deren Namen sich von der Farbe und Form des Stammes, der Blätter oder auch der Frucht, des Anbaugebietes oder des erzeugten Öls herleiten.

Der überwiegende Teil der Olivenfelder Mallorcas wurde im 16. Jahrhundert angelegt. Die trockenen und kalkhaltigen Böden in der Serra de Tramuntana im Nordwesten der Insel eignen sich besonders gut für den Anbau. Deshalb liegen bei Selva, Estellencs, Valldemossa, Fornalutx und Esporles die meisten der mehr als 14 000 Hektar umfassenden balearischen Olivenhaine. Über die regelmäßigen Baumreihen mit den von oben grün-grau, von der Unterseite silbergrau schimmernden Blättern sagte der spanische Dichter Antonio Machado, sie sähen aus wie gekämmte Erde, *terra pentinada.*

Das Geschäft mit dem flüssigen Gold lief jahrhundertelang gut, bis einige Bürokraten in Brüssel der Meinung waren, der Säuregehalt mallorquinischer Oliven sei zu hoch und entspräche deshalb nicht der vorgegebenen EU-Norm. Seitdem wird auf der Insel nur noch für den Verbrauch vor Ort und nicht mehr für den Export produziert.

Der *olivera* kann ein biblisches Alter von bis zu 1500 Jahren erreichen und gilt auch als Symbol des Friedens und der Unvergänglichkeit. Im Verlauf seines Lebens nimmt er knorrig-bizarre Formen an. Der größte Ölbaum, den Ludwig Salvator um 1870 auf der Insel fand, stand in der Nähe von Palma und hieß, offenbar wegen irgendeines Aberglaubens, *S'Olivera de sa Por,* Ölbaum der Furcht. Da er im Alter häufig von innen hohl ist, aber doch noch voller Energie weiter sprießt, sagt man, daß ein Ölbaum niemals stirbt.

An der abenteuerlichen Verformung der Bäume ist der Mensch allerdings nicht ganz unbeteiligt. Oft werden ältere Bäume von einem Pilz befallen, der das Holz zersetzt. Die befallenen Stellen schneiden die Bauern immer wieder heraus; oft werden ganze Löcher in den Baum gesägt, wodurch der charakteristische Krüppelwuchs entsteht.

Ein besonders schönes Exemplar eines durch den Zahn der Zeit verformten Veteranen steht in Palma auf der Plaça de Cort, dem Platz vor dem Rathaus. Angeblich ist der würdevoll gealterte *olivera* mindestens tausend Jahre alt. Dies war Grund genug, den Baum mit einer Plakette zu versehen und das um seinen Stamm herum angelegte Rondell stets mit blühenden Pflanzen zu schmücken.

Die *Olea europaea* braucht vier bis zehn Jahre, bevor sie zu tragen beginnt, und erreicht dann mit 30 bis 35 Jahren den vollen Ertrag, steht also sozusagen in der Blüte ihres Lebens. Mit 75 Jahren geht es dann langsam bergab, und der Ertrag sinkt deutlich. Die lange Erntezeit der *olives* reicht von September bis weit in den Februar hinein. Im Herbst werden die ersten, noch unreifen grünen Früchte verlesen, die ganz oder kleingeschnitten in Salzlake eingelegt und mit Fenchel, Zitronenschale und Pfefferschoten gewürzt werden.

Im Oktober fallen die ersten *pansides* vom Baum, ein wenig runzlig und dunkelviolett gefärbt, die man, mit Öl, Salz, Knoblauch und Lorbeer angemacht, sofort essen kann. Ab November ernten die Mallorquiner die *negres,* die schwarzen Oliven, die zwei Monate lang in Salzwasser mit Salz, Zitrone und Knoblauch eingelegt werden, bevor sie verzehrfertig sind.

Auf die Idee, Oliven in Salzlake einzulegen, kamen die Menschen übrigens, nachdem ins Meer gefallene Früchte von der nächsten Flut wieder ans Ufer gespült worden waren. Die vorher als ungenießbar eingestuften Oliven schmeckten plötzlich fruchtig frisch, da der Ozean ihnen durch sein salziges Wasser die Bitterstoffe entzogen hatte. Seither hat fast jede Familie im Mittelmeerraum ihr eigenes Spezialrezept fürs Einlegen der kernigen Frucht.

Auch wenn sie noch so gut schmecken: Es gehört zum guten Ton, eine Olive übrigzulassen.

Ende November beginnt die Ernte für die Ölproduktion. Jetzt sind die voll ausgereiften Früchte tiefschwarz und runzelig. Beim *tomar olives,* so heißt die traditionelle Erntemethode, werden die Oliven noch heute mit Stangen, sogenannten *gaules,* vorsichtig vom Baum geschlagen, damit sie keinen Schaden nehmen.

Noch im 19. Jahrhundert war diese Art der Ernte unüblich: Obwohl man bei den Mandelbäumen diese Methode anwandte, wartete man bei den Ölbäumen, bis die Oliven reif genug waren, von selbst herabzufallen. Vermutlich erkannte man erst später, daß die Qualität des Öls erheblich gesteigert werden konnte, wenn man jüngere Oliven verwandte.

Meist sind unter den *oliveres* Netze gespannt, um die reifen Früchte aufzufangen. Nun werden sie aufgelesen und in kleinen Körben gesammelt. Ein guter Olivenpflücker kann am Tag die Früchte eines ausgewachsenen Baumes auflesen, was etwa 40 Kilogramm oder der gigantischen Zahl von fast 20000 Oliven entspricht. Neben dem knappen Lohn für diese mühselige Arbeit erhalten die Erntehelfer meistens auch nach der Produktion einige Flaschen des kostbaren Saftes.

Die Farbe der Früchte verwandelt sich während der Reife von einem hellen Grün in ein tiefes Schwarz.

Eine *tafona* – die flachen Scheiben mit dem Olivenbrei werden zu einer Säule aufgeschichtet und dann mit einem schweren Balken, der *biga,* gepreßt.

Der Herstellungsprozeß von Olivenöl

Bei der Herstellung von Olivenöl ist Eile geboten, denn die Früchte entwickeln beim Kontakt mit Sauerstoff Bitterstoffe und verlieren dadurch nur allzu schnell ihr feines, leicht fruchtiges Aroma. Die frisch geernteten Früchte werden zuerst gewaschen und dann auf ein Fließband gelegt, wo sie verlesen und Blätter und Strünke aussortiert werden. Dann werden sie im Kollergang gemahlen, damit sie aufplatzen. Hierfür eignen sich am besten Mühlsteine aus Granit, da sich diese während des Mahlvorgangs kaum erhitzen und sich so die ätherischen, hitzeempfindlichen Öle nicht einfach in Luft auslösen können.

Diese Steinwalze, aus der das Mahlwerk besteht, rotiert auf einer Steinplattform. Dabei sammelt sich das Mahlgut als Brei in einer breiten ringförmigen Rinne. Über dem Zentrum des Mahlwerks ist ein Fülltrichter angebracht, die *tramutja,* der für Nachschub sorgt. Etwa 180 Kilogramm Oliven werden für jeden Mahldurchgang, *trullada,* benötigt.

Wenn man den Saft, der beim Mahlen von selbst aus der Paste herausläuft, auffängt, kann man die Blüte des Öls gewinnen, die *flor d'oli.* Da die Ausbeute hier aber sehr gering ist, wird der Brei meistens nach dem Mahlen weiterverarbeitet. Der bei der *trullada* entstandene Brei wird dabei auf 60 bis 90 flache Scheiben aus Kokosfasern oder Espartogras, den *cabasses* oder *esportins,* verteilt und dann unter einer mechanischen Presse, der *tafona,* zu einer Säule übereinandergestapelt. Unter der Hebelwirkung eines mächtigen Balkens aus Pinienholz, der *biga,* werden die *esportins* anschließend ausgepreßt.

Für beste Qualität darf die Temperatur dabei 30 Grad Celsius nicht überschreiten, da sich die Hitze auch hier negativ auf das Aroma und die Vitamine auswirkt. Um einen Liter Öl zu gewinnen, benötigt man ungefähr fünf Kilogramm Oliven. Nach der Pressung muß das rötliche Öl geklärt werden, um es vom Pflanzensaft, dem *alpechín,* zu trennen. In den traditionell arbeitenden Betrieben gibt man dazu die entstandene Mischung in ein Überlaufbecken, in dem das Öl an die Oberfläche steigt, da es leichter ist als der Trester. Während dieses langwierigen Vorgangs beginnt der Pflanzensaft aber leicht zu gären und gibt dann seinen schlechten Geschmack an das Öl ab. Deshalb geht man mehr und mehr zu schneller arbeitenden elektrischen Schleudern über. Durch die Zentrifugalkraft wird der Pflanzensaft nach außen geschleudert, das reine Öl sammelt sich an der Rotationsachse der Maschine. Danach bleibt das Öl einige Tage stehen, damit sich seine natürlichen Trübstoffe absetzen können und läuft dann häufig noch durch einen Papierfilter, bevor es in Flaschen gefüllt und verkauft wird. Mittlerweile erfreut sich aber auch das ungefilterte, leicht trübe Öl immer größerer Beliebtheit, da es geschmacksintensiver ist.

Generell werden drei Hauptkategorien von Olivenöl unterschieden, wobei das „Jungfernöl": *oli d'oliva verge extra* (Natives Olivenöl Extra) die höchste Qualitätsstufe für spanisches kaltgepreßtes Olivenöl ist. Dieses Öl stammt aus der ersten Pressung und darf einen Säuregrad von einem Gramm Fettsäure pro 100 Gramm Öl nicht überschreiten. *Oli d'oliva verge* ist ebenfalls stets kaltgepreßtes Öl, aber aus der zweiten und dritten Pressung. Hier darf der Säuregehalt einen Grad von zwei Gramm Fettsäure auf 100 Gramm Öl nicht überschreiten. *Oli d'oliva* ist entweder raffiniertes Öl oder eine Mischung aus raffiniertem und kaltgepreßtem Öl. Dieses relativ preiswerte Öl wird überwiegend zum Fritieren von Fleisch oder Fisch verwendet. Alle Olivenöle sind licht-, wärme-, luft- und feuchtigkeitsempfindlich. Wenn man sie an einem kühlen, dunklen und trockenen Ort aufbewahrt, halten sie sich bis zu eineinhalb Jahren.

So alt werden die nicht gepreßten, eingelegten *olives* erst gar nicht. Auf kleinen Tontellern angerichtet und angeboten, sind die köstlichen grünen oder schwarzen Oliven meist schon nach wenigen Minuten aufgegessen.

Da Olivenöl extrem lichtempfindlich ist, sollten die dekorativen Flaschen nur selten ans Tageslicht gebracht werden.

Nach der Ernte werden die empfindlichen Früchte sorgfältig gewaschen und auf ein Fließband gelegt.

Während der Fahrt in das Innere der Mühle werden Blätter und Strünke aussortiert, damit nur noch die reine Frucht im Trichter landet.

Die Oliven werden eilig auf einer Steinplattform verteilt, damit sie nur kurz mit Sauerstoff in Kontakt kommen.

Im sogenannten Kollergang zermahlen schwere kegelförmige Granitsteine die Oliven zu einem sämigen Brei.

Die Paste aus Fruchtfleisch und Kernen wird auf kreisrunde Bastmatten gestrichen, die übereinander gelegt werden.

Bis zu 90 *esportins* werden zu einer gleichmäßigen Säule aufeinandergetürmt, die die Mallorquiner *trullada* nennen.

Mit einer mechanischen Presse wird der kostbare Saft aus den *esportins* gepreßt. Aus der ersten Pressung wird das hochwertige Öl gewonnen.

Die Temperatur muß ständig überwacht werden. Für beste Qualität dürfen 30 Grad Celsius nicht überschritten werden.

Das Resultat: *oli d'oliva verge.*
Der jungfräuliche Pflanzensaft läuft in das Auffanggefäß.

Know-how aus Venedig
Glas aus Mallorca

Schon um 600 v. Chr. haben die Phönizier auf Mallorca jene zarte, transparente Verdichtung von Mineralien hergestellt, aus denen Wein eben doch um Welten eleganter daherkommt und um einige Nuancen besser schmeckt: Glas. Woher die Phönizier wußten, wie sie Sand, Quarz oder Stein in Glas verwandeln konnten, ist auf Mallorca nicht dokumentiert, aber doch, daß sie ihr Wissen um die Glasherstellung den Römern hinterließen, wie Funde aus Artà und Alcúdia belegen.

Schon die Römer wußten, wie sie Glas färben konnten, aber erst die Mauren haben beim mallorquinischen Glas richtig in die Vollen gegriffen: Grün vor allem, die Farbe des Propheten. Und trotz der unangefochtenen Vorherrschaft der christlichen Kultur auf der Insel seit 1232 hat sich diese Lieblingsfarbe in vielen Glasbläsereien der Insel erhalten – neben einigen anderen, versteht sich. Auch die Vorliebe für reich verzierte, schnörkelige, manchmal fast trüffelige Formen hat ihre Parallelen und Vorbilder in den Glaskunstwerken, die die Mauren nach byzantinischem Vorbild auf Mallorca eingeführt haben.

Drei Orte rühmen sich heute der schönsten Formen, der vollendetsten Technik, des schimmerndsten Kristalls: Algaida mit der *Gordiola*-Manufaktur, S'Esglaieta mit *Lafiore* und die Firma *Menestràlia* nahe Campanet.

Monopol und Brennverbot

Was sie herstellen und vor allem wie, verquickt dieses historische Erbe mit einer erstaunlichen, erst nach der maurischen Herrschaft angesiedelten Kunsthandwerksgeschichte: Auch die neuen christlichen Herrscher wollten ihre *copa de vi* natürlich gern aus zierlichen Gläsern trinken und wußten gleichzeitig um das wirtschaftliche Potential, das in dieser Kunstfertigkeit steckte.

Also beauftragten sie den Rat der ständischen Vertretung, die *jurats,* das Glasbläserhandwerk unter ein Monopol zu stellen. Im 14. Jahrhundert war die Glasherstellung sogar eine Zeitlang verboten, aus ökologischen Gründen: Zuviel Brennholz fraßen die Öfen, zu schnell schwanden die Wälder vom Antlitz der Insel. Aber schon für 1452 belegen alte Geschäftsbücher, daß das Monopol durch Schmiergelder und Abschlagszahlungen unterlaufen wurde – das Geschäft mit dem Glas war zu attraktiv, um es einigen wenigen Privilegierten zu überlassen.

Die mallorquinischen Glashütten gehören für viele Gäste zum Ausflugsprogramm.

Das europäische Monopol auf diese Kunstfertigkeit schlechthin lag jedoch damals – spätestens seit der Eroberung von Damaskus, der alten Glasmetropole im Mittelmeerraum, durch die Türken – auf Murano, einer Venedig vorgelagerten Insel. Was die Glasbläser aus Murano konnten, war so einzigartig, daß die Dogen ihre Kunsthandwerker wie Gefangene hielten und ihnen unter Androhung der Todesstrafe verboten, ihr Wissen je an Fremde weiterzugeben.

Flucht aus dem Ghetto der Kunst

Die Katalanen, die inzwischen schon ihrerseits ihre Glas-Virtuosen nach Mallorca geschickt hatten, um das Können der Kollegen dort abzugucken und zu ergänzen, kauften fleißig venezianisches Glas, um hinter die Geheimnisse der Herstellungstechnik zu kommen. Aber käme doch, was effizienter und schneller wäre, ein Insider aus dem Glas-Ghetto-Mekka auf Murano!

Ihr Flehen wurde erhört: Im Jahr 1600 brach Dermenice Barovier aus Murano aus und reiste nach Mallorca. 1605 wurde er bei den *jurats* vorstellig und bat darum, in den Glasmanufakturen der Insel arbeiten zu dürfen. Als die *jurats* hörten, woher er kam und was er den mallorquinischen Kollegen beibringen könnte – diese arbeiteten immer noch vorwiegend nach den mittelalterlichen Vorbildern der Katalanen –, wußten sie, daß sie ohne eigenes Zutun einen guten Fang gemacht hatten.

Binnen kurzem kopierten die mallorquinischen Glasbläser venezianisches Glas so perfekt, setzten deren Farben- und Formenreichtum so vollendet um, daß noch bis heute viele Stücke aus dieser Zeit in Inventaren fälschlicherweise als venezianisches Glas bezeichnet werden. Und La Seu, die Kathedrale von Palma, erhielt Anfang des 17. Jahrhunderts jene Rosette, die das Kircheninnere in ein verzaubertes, farbenprächtiges Licht taucht.

Im 18. Jahrhundert schließlich verdrängte die industrielle Fertigung die kleinen, feinen und auf einmal teuren Glasbläsereien. Erst die Nachfrage der Touristen zwei Jahrhunderte später gab den Glasbläsern ihren Stellenwert zurück.

An einem langen Stab, der gleichzeitig das Blasrohr ist, hält der Glasbläser einen Klumpen Quarzsand in den Schmelzofen.

Nur mit ruhiger Hand gelingt es, neue Schichten halbfestes Glas auf den Rohling aufzubringen.

Die Vase nimmt Form an – aber noch muß sie feingeschliffen, poliert und vom Blasrohr getrennt werden.

Römischer, maurischer und venezianischer Einfluß und die eigene Meisterschaft haben Mallorcas Glaswaren ihre verspielte Schönheit verliehen.

Wo Elfen baden gehen
Campanet

Auf den ersten Blick handelt es sich beim Schwemmland rund um die alte Michaels-Kirche, dem Pla de Tel, nur um einen Steineichen- und Olivenhain mehr, hingewellt in die fruchtbaren Hebungen und Senken des Raiguer. Wenn es allerdings heftig regnet, wie es das von November bis April in diesem Teil Mallorcas gern tut, geschieht Unglaubliches: Aus zahlreichen Öffnungen im porösen Kalkboden sprudelt Wasser, Wasser, Wasser, bis es das Erdreich in einen einzigen reißenden Strom verwandelt, der nicht müde wird, um die Bäume und durch die Büsche zu rasen, bis er sich im Torrent de Sant Miquel, besänftigt durch ein echtes Flußbett, in einen normalen Sturzbach verwandelt. *Fonts ufanes,* stolze Quellen, nennen die Mallorquiner dieses Phänomen und führen natürlich eine Erklärung für das Unerklärliche im Volksmund: Unterirdische Wasserläufe aus den Pyrenäen beschlössen hier, ihrem geheimen Dasein ein Ende zu machen. Denn die *fonts ufanes* schleppten vermeintlich Blätter von Bäumen mit, die es auf Mallorca nicht gibt, wohl aber im Trenngebirge von Spanien und Frankreich: Eichen und Buchen. Das Verlangen der modernen Wissenschaft nach handfesten Erklärungen indes hat diese Theorie schon lange als unhaltbar verworfen und auch dieses Stückchen Welt entzaubert: Bei den *fonts ufanes* handelt es sich um große Hohlräume im Kalkstein – wie es auch die Coves de Campanet, die erst 1945 entdeckten Tropfsteinhöhlen, sind –, die bei heftigem Regen überlaufen. Aber die Buchenblätter?

Die mythische Tradition der Gegend bleibt der Überzeugung, daß es hier mit übernatürlichen Dingen zugeht. Warum schließlich haben die Eroberer ausgerechnet diesen Ort gewählt, um die Michaels-Kirche zu bauen? Und vorher, an gleicher Stelle, die Mauren eine Moschee? Die wiederum auf den Resten einer frühchristlichen Kirche, der ein römischer Tempel weichen mußte, welcher dort stand, wo die Ureinwohner Mallorcas wohlwollende Waldgeister und *dones d'aigua,* Wasserfrauen, verehrten, die im Sonnenlicht badeten.

Die „stolzen Quellen" sind leider kein Zauberwerk, sondern ein einmaliges Zusammenwirken porösen Kalksteins und wolkenbruchartiger Regenfälle.

Das Ende des glücklichen Schweins
Matança

Die Zeit ist mehr als reif: bereits Ende Januar. Wenn es jetzt nicht geschieht, dann werden die Behörden den Riegel vorschieben und dann müßte man es zehn weitere Monate durchfüttern. Also muß es heute sein. Die Familie ist beisammen, teilweise sind Töchter und Söhne mit den Ehepartnern und Kindern von weit her angereist. Also jetzt!

Der Metzger, der *matador* oder auch *escorxador,* ist auch schon da. Die Familie bereitet das Schlachten ebenso genau und gewissenhaft vor wie der *matador* selbst. Nach einer eingehenden Absprache hat sich jeder einzelne genau seine Aufgaben in Erinnerung gerufen. Die Hausherrin legt die Werkzeuge auf dem Tisch zurecht wie eine leitende OP-Schwester die Instrumente, in einer Anordnung, die seit Generationen überliefert ist und niemals abgeändert wird. Nun versetzt der Metzger dem Tier einen gezielten Stoß. Das Schwein ist sofort tot.

Jeder Tropfen Blut wird mit den bereitgehaltenen Schüsseln und Krügen aufgefangen, und die Familie beginnt sofort, das Blut über dem zuvor geschürten Feuer zu kochen. In den Gefäßen blubbert es, und die rote Flüssigkeit dickt langsam ein. Die Haut des Schweins wird mit kochendem Wasser übergossen und rasiert. Schließlich sucht die Mutter ein bestimmtes Messer von ihrem OP-Tisch und schneidet den Ringelschwanz ab. Oft liegt diesem Privileg des weiblichen Familienoberhauptes eine undurchsichtige Liturgie zugrunde, etwa ein von Generation zu Generation weitergegebener Schwur, daß nur sie den Schweineschwanz abschneiden darf.

Das schwarze mallorquinische Schwein *porc negre* wird ein Jahr lang mit Sorgfalt und Zärtlichkeit umsorgt.

Der Schlachter macht nun eine kurze Pause, in der ein Veterinär, so ist es gesetzlich vorgeschrieben, den einwandfreien Zustand des Schweins beurteilt. Denn der *matador* hat nicht nur die Aufgabe, das Schwein zu töten, sondern muß es auch richtig und fachgerecht ausnehmen. Früher wurde die Tötung durch einen Schlag auf den Kopf vorgenommen. Später jedoch ging man dazu über, es zu köpfen oder zu schächten und es dann aufgehängt ausbluten zu lassen. Danach wird es entweder vom Rücken her aufgeschnitten, um zuerst die Koteletts herauszuschneiden, oder der Schlachter löst zuerst die Innereien aus dem Bauch. Während früher die Familien das Schlachten noch selbst übernahmen, wird heute immer der *escorxador* gerufen.

Sämtliche Messer und Krüge werden vor dem Schlachten auf dem „OP-Tisch“ penibel geordnet.

Nach dem Todesstoß läßt man *porc negre* bis auf den letzten Tropfen ausbluten.

Dann wird das Schwein mit kochendem Wasser übergossen, damit sich die Borsten aufrichten.

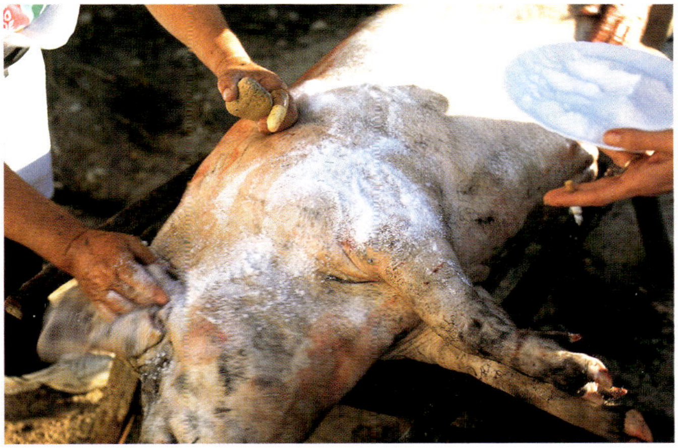

Die abrasierten Borsten werden später zu Spül- oder Naturhaarbürsten gebündelt.

In den Pausen bleibt Zeit für ein kleines Späßchen: Hier werden dem Schwein die Ohren langgezogen.

Dann wird das Schwein fachgerecht aufgehängt und in alle Einzelteile zerlegt.

Die Frauen reinigen die Därme.

Kein schöner Anblick für Vegetarier: der Wursteig.

In der Nachmittagssonne wird die speckige Schwarte bearbeitet.

Alles Verwertbare wird in den Fleischwolf gedrückt.

Die verschiedenen Würste werden über dem Feuer gekocht.

Nach der Arbeit gibt's eine Brotzeit mit *sobrassada.*

Einige Arbeitsschritte, die beim Schlachten als schwierig gelten, müssen mit großer Präzision ausgeführt werden. Dazu gehört – neben dem Schlacht- und Zerlegevorgang an sich – das Abfüllen der Masse in die Pökelkonserven und vor allem die Herstellung der richtigen Gewürzmischung für die unterschiedlichen Wurstsorten. Die endgültige Mischung wird durch die erfahrensten Helfer abgeschmeckt.

Die Rollenverteilung beim Schlachtfest folgte früher einerseits dem familiären und sozialen Status, andererseits natürlich der Erfahrung der jeweiligen Personen. So übernahm die Großmutter das Kochen des Blutes für die Blutwurst, die älteren Freundinnen reinigten die Därme mit Wasser und Zitrone, die Männer brachten das Schwein auf den Schlachttisch, während die Hausherrin die allgemeine Organisation übernahm und darüber entschied, wer Geschenke erhalten sollte und wieviel jedem, den familiären Beziehungen entsprechend, zukommen sollte. Sie legte auch das Essen und die beim Schlachtfest gereichten Getränke fest.

Schließlich gelten diese als Meßlatte für die Großzügigkeit und den Status der Familie. Meistens gibt es riesige Mengen aller möglichen Sorten von Schlachtereiprodukten und Innereien, die schnell verarbeitet werden müssen. So stehen Fritiertes, gesalzenes Bries, Schnitzel, Suppen mit Speck und Fleischklößchen auf dem Speiseplan. Am beliebtesten ist jedoch der *frit de matança,* ein Eintopf aus frischem Gemüse, Kartoffeln und Innereien.

Das ganze Schwein wird ausgeschlachtet

Vom Schwein wird absolut alles gegessen oder zumindest sinnvoll verwertet. Ein Teil des Fleisches wird eingesalzen, aus dem Rest mitsamt den Eingeweiden werden Würste gemacht, die teils *camaiots,* teils *botifarrons* genannt werden. Die *botifarrons* sind die klassischen dunklen Blutwürste, während die *camaiots* auch größere Fleischstücke enthalten. Aus der Schweinehaut nähen die Frauen Beutel, in die später die Würste gefüllt werden. Selbst der Penis wird zu einem Stock gedreht, der früher zum Einfetten von Werkzeugen nützlich war. Der *pixa de porc* nahm einen wichtigen Platz im Haus ein und wurde unter anderem an die Wand gehängt, so daß er stets gegenwärtig war – ein Thema für Sexual-Ethnologen.

Auch die Kinder haben zu tun. Sie müssen den Abend, den absoluten Höhepunkt des Festes, organisieren. Das Ende des anstrengenden Arbeitstages wird in jeder Familie von einer großen *festa* mit Musik und Tanz gekrönt. Hier kommen dann auch die Verehrer der noch unverheirateten Töchter ihren Angebeteten näher.

Das Schwein kommt in Mode

Borstenvieh ist bereits seit dem zweiten vorchristlichen Jahrtausend auf Mallorca als domestiziert angegeben und erfreut sich seitdem großer Beliebtheit. Dem griechischen Historiker Diodorus Siculus zufolge rieben die berühmt-berüchtigten balearischen Steinschleuderer ihren Körper mit Schweineschmalz ein, nachdem sie sich am Fleisch des Tieres gelabt hatten.
Im Mittelalter erwähnte der Philosoph und Theologe Ramón Llull das Schwein bereits in seinen Chroniken. Später wurde das *porc negre,* das schwarze Schwein, zu einem Qualitätsexportartikel der Insel, dessen Fleisch bald so beliebt war wie das der menorquinischen Languste oder das Kalbfleisch aus dem zentralspanischen Avila.

Über viele Jahrhunderte war daher das Schlachtfest auf dem Land eine wichtige Tradition, um die Ernährung für das gesamte Dorf während der Wintermonate sicherzustellen. Mit dem Beginn des großen Tourismusbooms Mitte des 20. Jahrhunderts und dem damit verbundenen wirtschaftlichen Aufschwung gerieten die ländlichen Traditionen in Vergessenheit.

Das Mästen des Hausschweins lohnte sich nicht mehr und wurde als lästig empfunden, nur noch Romantiker und Traditionalisten leisteten sich diesen Luxus. Das Schwein kam aus der Mode, und man sah es nur noch sporadisch als Spanferkel auf dem Holzfeuer. Lange Zeit übernahmen nur noch Metzger und kleine Industriebetriebe das Schweineschlachten.

Aus Rückbesinnung auf alte Bräuche züchten heute einige ländliche Familien wieder selber ein Schwein und verbinden es mit einer Feier, dieses fachgerecht schlachten zu lassen. Deshalb gibt es heute wahrscheinlich keine bessere Möglichkeit, eine mallorquinische Familie kennenzulernen, als an einer *matança* teilzunehmen. An diesem Tag erschließen sich das Wesen und die Mentalität der Einheimischen, die sich über die Familienbande hinweg sehr nahe sind und dennoch den Freiraum der anderen respektieren.

Am Ende des Tages probiert die ganze Familie die Schlachtplatte.

Schräge und gerade Töne auf dem Land
Búger

Ausgerechnet in Búger, malerisch auf zwei Hügeln zwischen Campanet und Sa Pobla gelegen und trotz dieser Herzlage so weit weg von allem. Ausgerechnet hier spielt eine andere Musik als im Mallorca der großen Besucherströme und direkten Einfallschneisen zu Stränden und Nightlife. In maurischer Vorzeit stand hier ein Gehöft, von dem außer dem Namen des Ortes nichts mehr übrig ist: Bujar de Rahal Algebel. Acht Windmühlen grüßen schon von weitem, und wenigstens eine hat noch Flügel, um schau- und vor allem hörlustige Gäste in diesen abgeschiedenen Weiler zu wedeln. Fast scheint es, als seien diese letzten verbliebenen Flügel kein Zufall, sondern ein besonderer Wink zugunsten des alten Dorfes.

Schließlich hat eine andere Sorte Flügel Búger neue Wege gewiesen, doch keine aus Stoff oder Metall, keine von der Art, die ein Boot pfeilschnell übers Meer jagen, keine, auf denen Engel darniederschweben, um ungewöhnliche Nachrichten zu überbringen. Schwarz und glänzend wie die Schwingen eines Raben ist dieser Flügel, aus Holz und Stahl, poliert und stets harmonisch gestimmt, tonnenschwer und so groß, daß er leicht ein ganzes Theater einnimmt: In Búger residiert die auf ganz Mallorca bekannte „Stiftung für akustisches Schaffen“, die *Fundació Àrea Creació Acústica (ACA).*

Denn gute Musik gedeiht nur fernab vom Trubel, da, wo die Umgebung genug Ruhe atmet, wo die Luft plastisch über den Feldern vibriert, um ihr Raum zum Klingen zu geben. Das jedenfalls meint Antoni Caimari, der samt seines Konzertflügels hierher gezogen ist. Für die Stiftung hat er im Oberdorf ein altes Bauernhaus umgestaltet. Außen durfte es bleiben, wie es war, mit seiner Natursteinfassade und den mallorquinischen Schlagläden, auch der Brunnen und die weinumrankte Laube im Vorhof. Aber innen blieb kaum etwas beim alten. Im Obergeschoß hat Caimari Büros und Räume für die Tontechnik geschaffen. Im Parterre verschwanden alle nichttragenden Wände, um einen Konzertsaal zu schaffen, der auch als Tonstudio herhalten kann. Nichts davon dringt nach außen; Zaungäste haben keine Chance, und die Schafe auf der Weide erschrecken sich nicht an Paukenwirbeln zu Tode, denn alles ist schallisoliert.

Eingerahmt von insgesamt acht Windmühlen, räkelt sich Búger in der Sonne des Raiguer. In den Mandel- und Ölbaumhainen bestimmen Grillen die Musik, der Ort selbst bietet andere, erstaunliche Töne.

Die Bewohner von Búger sind stolz auf ihre „Stiftung für akustisches Schaffen“ – solange sie auch hin und wieder klassische statt der Dreiton-Musik geboten bekommen.

Das ist manchmal vielleicht gar keine so große Einbuße. Denn Antoni Caimari, Pianist und Komponist, befaßt sich am liebsten mit zeitgenössischer Musik: Was in den Ohren der Dörfler einfach nur schräg und disharmonisch klingt, ist sein Steckenpferd, die Dreiton-Musik – in die er Elemente der mallorquinischen Volksmusik einflicht. Dennoch kann er des Wohlwollens seiner Dorfgenossen sicher sein. „Wird schon richtig sein, was der Antoni da macht", sagen sie lakonisch und auch stolz – denn er hat aus Búger etwas Besonderes gemacht.

Um sie nicht ganz im akustischen Regen stehen zu lassen, veranstaltet die *ACA* auch Konzerte für orthodoxe Ohren mit einem Faible für klassische Harmonien. Ganz nach dem Regelwerk der abendländlichen Oktaven, Terzen und Quinten. Irgendwo muß schließlich auch Geld für die Stiftung herkommen, und das fließt eben üppiger in Dur und Moll.

Tummelplatz der Musen

Interessanterweise hat nicht nur Terpsichore, eine der Musen der Musik, Gefallen an Búger gefunden, sondern schon lange vor ihr die Kollegin, die zuständig ist für die Bretter, die die Welt bedeuten: Thalia. Dem Historiker Gabriel Llompart zufolge stammte das wichtigste Dokument über die Geschichte des katalanischen Theaters aus Búger. Diese *Pascual* genannte Schrift beschreibt auf 200 Seiten etwa 50 Theaterstücke aus dem Mittelalter und der Renaissance. Dabei läßt sie kaum ein Detail aus, Kostüme und Bühnenbilder sind beschrieben, dramatische Effekte und die Beziehungen der Charaktere zueinander – ein Sahnestück für alle, die sich mit Theatergeschichte, Volkskunde und Gesellschaftswissenschaften befassen. Mit einem Haken: Um diesen Spiegel des Theaters der Vorväter zu bestaunen, müssen sie nach Barcelona: *Pascual* wohnt in der Biblioteca de Catalunya.

Antoni Caimari hat bewußt das verträumte Búger für seine Musik-Stiftung gewählt. Auf dem Ruhekissen eines solchen Dorfes hat seine Musik besonders gute Möglichkeiten, in voller Schönheit widerzuklingen. Sowohl der Konzertsaal der Stiftung als auch Tonstudio und Büro haben in einem alten Bauernhaus eine ungewöhnliche Wirkungsstätte gefunden.

Palma

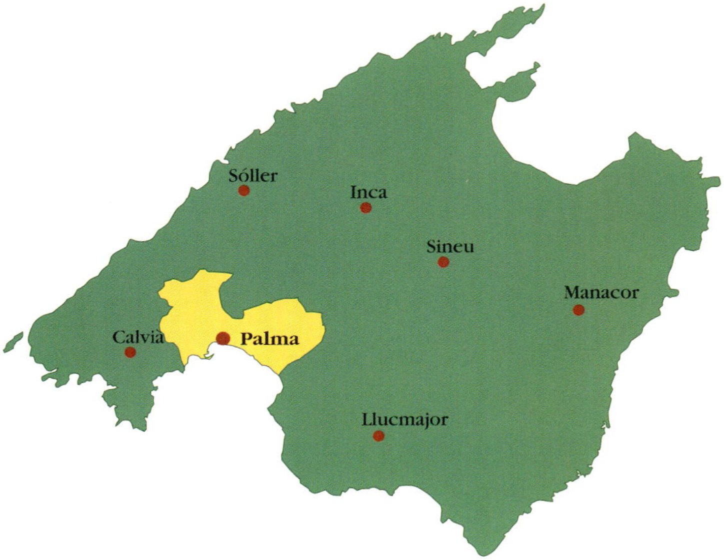

Denn *Palmeria,* die Siegespalme, tauften sie die Römer 122 v. Chr., nachdem sie ein Jahr zuvor auf der Insel landeten und beschlossen, in dieser geschützten, weiten Bucht eine Stadt anzulegen. Als sie die verantwortlichen Götter um Schutz für die neue *urbs* angerufen hatten, entwarfen sie den Grundriß und kennzeichneten den Verlauf der späteren Stadtmauer, die die Bevölkerung vor fremden Übergriffen schützen sollte.

In ihrem Inneren wurden die Hauptarterien, entsprechend der klassisch städtebaulichen Geometrie angelegt. Eine Achse verlief von Norden nach Süden, ungefähr entlang der heutigen Straße Sant Roc, die andere von Osten nach Westen, exakt dort, wo heute die Estudi-General-Gasse ist.

Die römischen *palmers* lebten hauptsächlich vom Handel mit Wein, Stoffen und Öl. Über ein halbes Jahrtausend währte das kleine mallorquinisch-römische Idyll, das nur von einer Kaninchenplage gefährdet wurde, für die kompetente Verstärkung aus Rom angefordert werden mußte – bis dann im 5. Jahrhundert sich die Vandalen über Mallorca hermachten und große Teile der römischen Stadtanlage zerstörten.

Eine Metropole von Anfang an
Palma

Morgens um neun liegen der Straßenstaub, ein Rest Morgendunst vom Meer und Blätter- und Papierfetzen noch über Palma wie ein letztes Traumgespinst. Die Stühle des 100 Jahre alten Cafè Líric sind nur spärlich besetzt, die große Espressomaschine, wahrscheinlich fast so betagt wie das Café selbst, ächzt durch alle Ventile und stößt mit einem leichten Seufzer Dampf in Milchgläser und Kaffeetassen. Darüber drehen die Rotorblätter eines Deckenventilators stoisch ihre Schwupp-schwupp-Runden. Der Kellner greift jedes Mal, wenn er an die Theke kommt, in einen großen Aschenbecher, der bis oben hin mit Münzen gefüllt ist, und wirft eine Handvoll auf sein Tablett: das Wechselgeld. Hie und da schleichen sich das Röhren eines Mofas oder das Brummen eines Autos ins Kaffeehaus. Sonst ist es ruhig am Carrer del Mar, direkt gegenüber dem Almudaina-Palast und der Kathedrale, denn Palma erwacht spät.

Aus der Luft sieht sie aus, als hätte die Elfenkönigin im Flug ihren Fächer fallen lassen, genau in die große halbrunde Bucht im Südwesten Mallorcas: mit der Kathedrale als Schnittpunkt und den Straßen Sant Miquel, Sindicat, Sant Francesc, Sant Feliu und Concepció als Lamellen. Palma de Mallorca heißt sie erst seit Beginn des 20. Jahrhunderts, *La Ciutat,* die Stadt, nennen sie die *palmesans* und die *forasters,* die Landbevölkerung, gleichermaßen. So hat der maurische Name *Medina Mayurka,* Stadt Mallorcas, es bis in die Neuzeit geschafft – neben dem römischen.

Vorhergehende Doppelseite: Die Visitenkarte der Inselhauptstadt: Jaume I. ließ ab 1230 La Seu, die Kathedrale, als Schwurespfand für die geglückte Eroberung errichten.

Um König Jaume I., Eroberer Mallorcas und Vertreiber der Mauren, scharen sich heute weiße Tauben, gleichsam Symbole für Frieden.

Der Kupferstich von Antoni Garau aus dem Jahr 1644 zeigt deutlich den zickzackartigen Verlauf der Mauer, die den Altstadtkern umgab.

Unscheinbar wirken die einfachen Häuser vor der mächtigen Kathedrale auf einem Stich in Ludwig Salvators Buch.

Wasser für eine wachsende Metropole

Als die Insel 902 unter arabische Herrschaft fiel, paßten die Mauren die Reste der römischen Stadtanlage ihren Bedürfnissen an. Dem besonderen Verhältnis dieses Wüstenvolkes zum Wasser verdankte Palma das Wasserversorgungssystem: Auf kleinen Aquädukten, die dem Straßenverlauf folgten, floß das Wasser der „Quelle des Emirs", die acht Kilometer außerhalb der Stadt sprudelte, ins Zentrum. Da die Bevölkerung rasch anwuchs, mußte der Verlauf der Stadtmauer verändert werden; zum ersten Mal sprengte *Medina Mayurka,* wie die Stadt zu dieser Zeit hieß, ihre wehrhaften Grenzen, und im Zentrum wurde der Almudaina-Palast erbaut.

Gleichzeitig entwickelten sich Kunst und Kultur. Die Insel, auf der drei Religionen und Kulturen friedlich nebeneinander lebten, Moslems, Juden und eine kleine Gruppe Christen, wurde zu einem internationalen Treffpunkt von Intellektuellen. So war die Almudaina gleichzeitig der Sitz des literarischen Zirkels jener Zeit, den so illustre arabische Dichter wie Ibn al-Labbana oder Ibn Hamdis mit ihrem Besuch beehrten.

Die Katalanen und Aragoneser veränderten den Charakter der muslimischen Stadt völlig und löschten in ihrem blinden Haß gegen die „Heiden" fast alle Spuren der Araber aus. Maurische Gebäude wurden entweder dem Erdboden gleichgemacht oder zu christlichen Bauwerken umgestaltet.

Unterhalb des maurischen Almudaina-Palastes ließ Jaume I. 1230, kaum hatte er seinen Fuß auf die Insel gesetzt, die Kathedrale La Seu erbauen als weithin schon von seewärts sichtbares Zeichen dafür, wer nun das Sagen hatte auf Mallorca. Allerdings mußte sie auf den Fundamenten der dort bislang stehenden Moschee errichtet werden, was zur Folge hatte, daß sie nun nicht nach Jerusalem, sondern nach Mekka ausgerichtet ist – dies ist ein besonders subtiler Hinweis Allahs auf das, was die christliche Kultur des Mittelalters dem Islam zu verdanken hat.

Die Cases Casasayas an der Plaça Weyler wurden 1909–1911, zur Hoch-Zeit des Jugendstils, von Schülern Gaudís erbaut.

Im Carrer d'en Colom, der Kolumbusstraße, laden gepflegte Fassaden und elegante Geschäfte zu einem Bummel ein.

Auch der Verlauf der Stadtmauer wurde mehrere Male verändert und weiter nach außen verlegt – katalanische, provençalische und italienische Zuwanderer ließen die Stadt weiter wachsen. Im 16. Jahrhundert schließlich war die Bevölkerung der Stadt aufgeteilt: Die reichen, privilegierten Adelsfamilien konnten es sich leisten, im geschützten inneren Teil der Stadt zu wohnen, in den Palästen von Sa Calatrava und in einem Viertel, das an die Mauern des Bischofspalastes und die Kathedrale anschloß, während die Juden in ihrem Viertel, dem sogenannten Call, einem ghettoartig abgeschlossenen Gebiet nahe der Kirche Santa Eulària, lebten.

Wen es hingegen aus der *part forana,* dem Umland, in die Stadt zog, der mußte sich außerhalb der schützenden Mauer ansiedeln. Santa Catalina und Es Jonquet, früher nur eine Ansammlung von Häusern, wuchsen zu richtigen Stadtteilen heran.

Im 15. Jahrhundert wurde das Bett des manchmal tosenden Flusses Riera nach Westen verlegt, nachdem er ständig den heutigen Passeig des Born und die Rambles überschwemmt und 1403 sogar 1 500 Häuser samt Einwohnern mit sich gerissen hatte. 1902 mußte die Stadtmauer daran glauben – nur ihr Abriß ermöglichte nach Ansicht der Stadtplaner eine sinnvolle Erweiterung der Stadt, der das einschnürende Steinkorsett zu klein geworden war. So entstand auf den Fundamenten der nun Ex-Stadtmauer der Ring von zickzackförmigen *avingudes,* die das Herz der Stadt jetzt umgeben.

Tag und Nacht ein Erlebnis

Wenn man sich heute von den Umgehungsstraßen in die Innenstadt vorgekämpft hat, dem Verkehrsstau entkommen ist, der zur Stadt ebenso gehört wie die Kathedrale, eröffnet sich *La Ciutat* als maritime Metropole, die sich mit ihren Jugendstilvillen, den Caféhäusern der

Jahrhundertwende, ihren Galerien, Museen und Einkaufspassagen nicht vor anderen großen Städten Spaniens verstecken muß. Hie und da wird sie mit Barcelona verglichen, und sei es nur wegen einiger Parallelen: Die Flaniermeile Via Roma wurde zum Beispiel umgetauft und heißt nun, wie jene mit Blumenständen gefüllte, grüne Allee in Barcelona auch, einfach Rambles.

Das Teatre Principal, in dem keine geringeren als Arthur Rubinstein, Yehudi Menuhin oder Montserrat Caballé aufgetreten sind, steht dem Opernhaus Liceu in Barcelona in nichts nach. Im Gegenteil: Der Intendant hat mit seinem Konzept, das auf eine gesunde Mischung von Unterhaltungs- und anspruchsvoller Musik setzt, großen Erfolg. So kommt es durchaus vor, daß an einem Abend die weltbekannte katalanische Sopranistin Montserrat Caballé das Publikum mit ihren Arien verzaubert und 24 Stunden später der nicht weniger berühmte Schlagersänger Julio Iglesias seinen Fans einen Abend voller Sehnsucht und Leidenschaft in eingängige Melodien gießt.

Wie es sich für eine anständige Metropole gehört, läßt sie auch Freunde anderer Ausgehvergnügen nicht im Stich. Die beginnen den Abend mit einem guten Essen und nehmen dann den einen oder anderen Drink in der Carrer Apuntadors, bevor sie in eine der nahegelegenen Jazzbars einkehren oder im westlich gelegenen Viertel Es Terreno im Tito's, der Hochburg des Techno-Sounds, abtanzen.

Bei Tag lädt Palma zum Bummeln ein. Auf den palmen- und platanengesäumten Flaniermeilen Passeig des Born, Rambles oder Sagrera ist eine geradezu tropische Verzauberung nicht auszuschließen: Ist das nun noch Europa mit Petri Wutausbrüchen oder vielleicht doch eine Insel in der Karibik mit seidiger, scheinbar ewig milder Frühlingsluft? Auch das Angebot an Obst und Gemüse kann sich mit tropischen Regionen in eine Reihe stellen, und wer einen Blick auf die Fische und Meeresfrüchte der drei Markthallen der Stadt wirft, wird das Gefühl haben, im Buch aller sieben Weltmeere zu lesen statt nur in dem des *mare nostrum*.

Vom Passeig dalt Murada, direkt vor der Kathedrale La Seu, schweift der Blick über den Parc de la Mar mit einer Palmenanlage, einem künstlichen Wasserbecken und modernen Skulpturen über den Club Náutic mit den Luxusyachten aus aller Welt bis zum Castell de Bellver, das auf seinem pinienbestandenen Hügel wie ein Wachtposten über der Stadt thront. Den äußersten Westen der Hauptstadt markieren die maurischen Türme des Hafens Porto Pi, wo mächtige Öltanker in diskretem Abstand zu schwimmenden Kreuzfahrt-Hotels und Fährschiffen vor Anker liegen.

Die Lichter der Vergangenheit erhellen den prunkvollen Saal des Teatre Principal. Hier kann man schwelgen: in Samt, Gold und Musik.

Ein alternatives Gefährt erfreut auch in Palma die Touristen. Der Einspänner fährt die Platja auf und ab.

Licht und Schatten in alten Gassen

Im Zentrum eröffnet sich eine helle, lichte Stadt. Im ehemaligen maurischen Palast Almudaina, der nach der Eroberung der Insel durch die Christen erweitert wurde, residiert heute bei offiziellen Anlässen der spanische König Juan Carlos I. mit seiner Familie, wenn er nicht gerade mit der königlichen Segelyacht über das sanfte mallorquinische Meer gleitet oder auf seinem Sommersitz Marivent an der Cala Millor Badeferien genießt. Direkt neben der Almudaina thront eine der schönsten Kathedralen der Welt, La Seu, durch deren bunte Glasfenster das Tageslicht in allen Farben des Regenbogens schimmert.

Im Gassengewirr der Altstadt, wo Kopfsteinpflaster und Asphalt ehemals arabische und mittelalterliche Wege bedecken, schmückt sich Palma mit seinen schönsten Beispielen bürgerlicher Architektur: Halb offenstehende Tore erlauben einen Blick in einen der typischen Patios, in die Innenhöfe der alten Stadtpaläste mit ihren steinernen Torbögen, schmiedeeisernen Treppengeländern, oft einem Brunnen in der Mitte und so gut wie immer reichlich Blumenkübeln.

Dazwischen laden prachtvolle Jugendstilfassaden die Augen zu Klettertouren über die Stockwerke, Fensterstöcke und Balkons ein. Nicht nur im Profanen, auch an sakraler Baukunst hat das alte Palma viel zu bieten: Besonders der Ende des 20. Jahrhunderts restaurierte luftige säulenbestandene Kreuzgang des Klosters Sant Francesc verzaubert mit seiner tiefen Ruhe und schafft eine Oase der Stille und Einkehr mitten im regen Treiben der Stadt.

So Schönes will geschützt und erhalten sein. Das wissen Stadtverwaltung und Bewohner und setzen sich für ihre historischen Gebäude ein. Die Altstadt wird gehegt und gepflegt, kein auch noch so kleiner Putzschaden entheiligt die Stadtpaläste in privater Hand. Das liegt zum einen daran, daß restaurierungswillige Eigentümer von einer städtischen Initiative finanziell unterstützt werden. Andererseits halten die Besitzer der Stadtpaläste ihre Häuser auch aus einer Art Selbstschutz in Stand.

Denn jedesmal, wenn ein baufälliges Gebäude in Palma abgerissen wird und die Schaufeln der Bagger in die Erde eindringen, werden Spuren der römischen oder arabischen Vergangenheit gefunden. Und

Im Schatten der Bücherstube der Clínica Dental läßt es sich besonders angenehm schmökern.

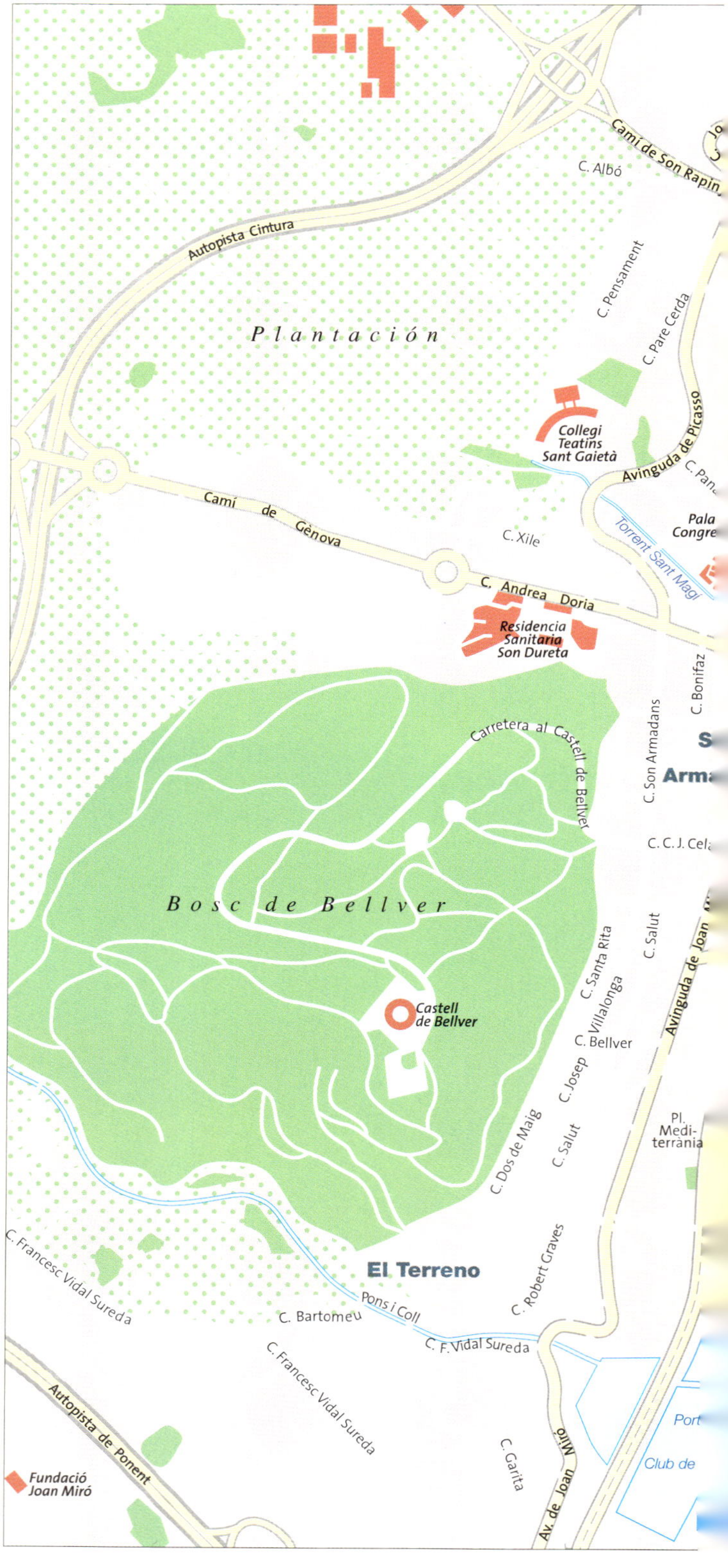

Auf den ersten Blick erkennbar ist nach wie vor der ehemalige Verlauf der Stadtmauern: In diesem Fall gelb hervorgehoben, zeichnet heute ein Ring von Boulevards die alten Stadtgrenzen nach. Gut zu sehen ist ebenfalls die ehedem weit von der Stadt entfernte Bellver-Burg im Westen. Zentraler Punkt, auf den hin sich die ganze Stadt ausrichtet, ist die Kathedrale fast direkt am Wasser. Sie zeigt nicht unmittelbar nach Osten, sondern südöstlich nach Mekka.

Oben: Hinter den abweisend wirkenden Mauern in der Altstadt schlummern unerwartet paradisische Enklaven: die Patios.

dann treten sofort die Denkmalschützer auf den Plan, die allen Versuchen, die Baumaßnahmen fortzusetzen, einen Riegel vorschieben.

Doch auch Palma ist nicht nur eitel Sonnenschein. Solch denkmalschützenden Ansätze scheinen das *barri xino*, das „Chinesenviertel“ östlich der Plaça Major ebenso tunlichst zu meiden wie die meisten Besucher und Palmesans selbst. Viele Häuser hier haben seit Jahrzehnten keinen frischen Anstrich mehr verpaßt bekommen, winzigste Kramläden und sinistre Warenlager, Schmierereien an den Hauswänden und von verwilderten Hunden und Katzen umstreunte Müllhaufen tragen zum düsteren, in der Dämmerung regelrecht unheimlichen Bild des Viertels bei.

Die Stadt der Künstler und Designer

Zu römischer Zeit war nicht Palmeria, sondern Pollentia, heute Alcúdia, die Modehochburg Mallorcas mit erfolgreichem Export ins ganze römische Reich. Das hat sich geändert. Denn *La Ciutat* ist nicht nur Gesamtkunstwerk aus Kirchen, Klöstern und Palästen. Schick aus Palma ist in Spanien so gefragt wie Mode aus Düsseldorf in Deutschland oder aus Mailand in Italien.

Außerdem kann die Stadt sich damit brüsten, daß es hier, gemessen an der Fläche, die meisten Kunstgalerien Spaniens gibt – nicht einmal Barcelona kann da mithalten. In der Straße Via Veri stellen namhafte Modemacher ihre sündhaft teuren Designs zur Schau, und südlich der Verkehrsader Avinguda Jaume III. reihen sich Lederwarenboutiquen an Schuhgeschäfte, in deren Vitrinen die international gefragten Marken *Camper, Yanko* und *Lottusse* aus Inca ausgestellt sind wie edle Schätze.

In der Carrer Argenteria, der Straße der Silberschmiede im ehemaligen Judenviertel Call, funkeln Edelsteine neben Schweizer Uhren, filigranes Silbergeschmeide wartet neben wuchtigen Siegelringen auf interessierte Käufer – und vor allem Käuferinnen. Bücherwürmer schmökern in alten Buchläden in Werken zur Historie der Stadt, und Kunstinteressierte geraten bei der Entscheidung, welche der vielen Galerien sie aufsuchen sollten, ins Schwindeln und fahren dann zur Beruhigung der aufgewühlten Seele meist zuerst nach Calamajor im Westen der Stadt, in die weltberühmte *Fundació Pilar i Joan Miró.*

Inmitten baulicher Todsünden in gleichgültigem Matschbraun, die Tausende von Wohnungen in ihren Betonleibern bergen, haben der Künstler selbst und seine Frau 1993 seinem Leben und Werk ein architektonisch so gewagt-verblüffendes wie künstlerisch-überzeugendes Denkmal gesetzt. Klare Linien in hellstem, fast weißen Marès-Stein unter einem sternförmigen Regenspeicher-Dach, inmitten von Grün und mittels schmaler Fensterschlitze durchflutet vom Licht des Mittelmeers.

Die teilweise unvollendeten Gemälde, Zeichnungen und Briefe des berühmten Malers und Bildhauers, sowohl im Ausstellungsbau als auch im Atelier erwecken den Eindruck, der Altmeister des spanischen Surrealismus habe nur für einen kurzen Augenblick Zeichenstift und Pinsel beiseite gelegt und sei einen *café amb llet,* einen Milchkaffee, trinken gegangen.

Für die Col.lecció March, ein Museum zeitgenössischer Kunst im Besitz der March-Stiftung und ebenso *conditio sine qua non* wie ein Besuch bei Miró, muß ein anderer Tag herhalten – mit Rücksicht auf die Aufnahmefähigkeit und die Tatsache, daß die Eindrücke der Miró-Stiftung sich erst einmal setzen müssen. Bestens geeignet für derart gelagerte Verdauungsprozesse ist das Castell de Bellver: Nirgends sonst breitet sich der Blick auf den Fächer Palmas so atemberaubend aus wie von hier oben. Am besten nachmittags, wenn sich die Kathedrale des Lichts langsam mit der untergehenden Sonne in ein weiches, sanftes Gold hüllt und wie eine geheimnisvolle Zauberburg auf der anderen Seite der Bucht erglüht. Dahinter, daneben leben 350 000 Menschen, mehr als die Hälfte aller Mallorquiner, in Palästen und Wohnsilos, tags umtost vom Autoverkehr, nachts umgarnt und gewiegt von den Lichtern der Stadt, die sich im Meer spiegeln.

Oben: Vom Castell de Bellver eröffnet sich ein einzigartiger Rundblick über die Stadt.

Links: Via Veri: Die Straße der Galerien und Designerläden, postmoderne Marmor-Fassaden auf mittelalterlichem Kopfsteinpflaster.

Folgende Doppelseite: Der vielbesuchte Forn d'Es Teatre unterhalb der Plaça Major hat noch mehr zu bieten, als eine hinreißende Jugendstilfassade: Hier gibt es *ensaïmades* in allen nur denkbaren Größen, von der Brosche bis zum Wagenrad.

Place

HORNO
Forn des Teatre
JAUME
ALEMANY
9

Ein Jubilate aus Stein
Die Kathedrale La Seu

Beinahe wäre die Befreiung Mallorcas von den maurischen „Heiden" schon auf See gescheitert: Als Jaume I., gerade 20 Jahre jung, im Herbst 1229 mit 20 000 Mann, auf 143 Schiffe verteilt, nach Mallorca in See stieß, geriet der junge König in so schwere Seenot, daß er fürchtete, die riesigen Wellen, die das Meer über ihm auftürmte, würden ihn für immer verschlingen. Während der dreieinhalbtägigen Überfahrt glaubte er manches Mal, sein letztes Stündlein habe geschlagen. In solchen Fällen hilft nur eins – ein Gelübde: Wenn es ihm gelänge, die Araber von der Insel zu vertreiben, würde er als Ausdruck seines tiefen Dankes für Gottes Vorsehung und Gnade eine Kathedrale errichten. Diese, so der seekranke König, sollte gigantische Ausmaße aufweisen, vielleicht sogar die größte der Welt werden.

Jaume der Eroberer hatte Glück. Er kam nicht nur heil auf der Insel an, sondern konnte tatsächlich die Mauren besiegen. Als gottesfürchtiger Katalane vergaß er sein Versprechen nicht, als er in der Silvesternacht 1229 den Triumph feierte und begann gleich damit, sein Vorhaben umzusetzen. Der Ort für seine steinerne Dankesgabe war schnell gewählt, denn die arabischen Architekten, Meister im Auswählen von geeigneten Stellen für ihre Moscheen, hatten ihm eine gute Vorgabe geliefert, und so wurde gleich ein Hügel am Meer als ideales Grundstück bestimmt. Außerdem bot die Lage der zukünftigen Kathedrale noch einen Vorteil: Indem Jaume das Haus des Gottes der Christen genau an die Stelle der ehemaligen Moschee setzen ließ, weithin über das Meer sichtbar, betonte er den Sieg des rechten Glaubens über den Islam.

Auf den ersten Blick jedenfalls, nicht auf den zweiten. Denn Jaume und seine Architekten hatten, vermutlich wegen der gebotenen Eile, nicht lange genug nachgedacht: Ihr Bauplan auf dem Sockel der Moschee, der doch die Überlegenheit des Christentums beweisen sollte, sorgte als Treppenwitz der Geschichte dafür, daß, wer sich in Mallorcas Dom zum Altar hin verneigt, dies wie jeder gläubige Moslem nach Mekka tut und nicht, wie es sich für eine christliche Kirche gehört, nach Jerusalem.

Die Bauarbeiten für das Wahrzeichen der Stadt, das von manchen als lauernde Löwin

Wie eine gewaltige Trutzburg wirkt die fast 120 Meter lange Kathedrale.

Auf der Treppe „Costa de la Seu" lassen sich Touristen gerne nieder, um die mächtige Kathedrale aus der Distanz zu bestaunen.

bezeichnet wird, von anderen gar als wachende Sphinx, wurden dann auch bald begonnen. Überhastet entwarf der König mit seinen Architekten die Baupläne, und schon 1230 wurde der Grundstein gelegt. Solche Eile schien geboten, denn sonst könnte Gott ihm zürnen, daß er nicht umgehend seine Gelöbnisschuld eingelöst habe.

In der ersten Phase wurde die Moschee bis auf die Grundmauern abgerissen, nur das Minarett wurde vorerst geschont, und die Baumeister errichteten die nach Süd-Osten blickende Apsis, die 1269 feierlich eingeweiht wurde. So schnell die Pläne für das Gotteshaus entworfen worden waren, so schleppend verliefen fortan die Bauarbeiten. Nicht nur Jaume I. sollte die Fertigstellung der Kathedrale nicht mehr erleben; auch sein Sohn Jaume II. starb, wie viele der späteren Könige, bevor das Gotteshaus fertig wurde.

Säulen und Geldgeber unter Druck

Die ersten der 14 schlanken Pfeiler, die das Dach des Hauptschiffes stützen, wurden erst 1389 beendet. Aber hier spielte der Ehrgeiz dem Architekten Jaume Mates einen Streich: Er wollte die schlanksten Säulen der Weltgeschichte aufstellen, so filigran, als setzten sie die Gesetze der Statik außer Kraft. Doch auch das Haus Gottes war an die Gesetze der Natur gebunden: Als die ersten beiden Säulen probeweise ihren Teil der Decke tragen sollten, begannen sie sich unter deren Gewicht wie Getreidehalme zu krümmen und drohten an der Last zu zerbrechen. Sie mußten um 20 Zentimeter auf 1,68 Meter Durchmesser verbreitert werden. Trotzdem gehören sie im Verhältnis zu ihrer Höhe von mehr als 21 Metern zu den schlanksten tragenden Säulen der Welt.

1389 beendeten die Baumeister das südliche Eingangstor, die Porta del Mirador, deren Spitzbögen geradezu verschwenderisch mit Tiermotiven und Wasserspeiern verziert sind, und schöpften neue Hoffnung, die Arbeiten an diesem architektonischen Wunderwerk bald zu beschließen. Als Ende des 15. Jahrhunderts ein Teil der Decke einstürzte, wurden die Arbeiten um Jahre zurückgeworfen.

Lange Zeit überdauerte das Minarett der Moschee die emsigen Baumaßnahmen und erinnerte noch an die vergangene Blütezeit der Insel; es wurde erst im 16. Jahrhundert zum Glockenturm umgebaut, der mit seinen 48 Metern Höhe im Gegensatz zu den anderen Ausmaßen der Kathedrale recht bescheiden ausfällt.

Als das Geld während der jahrhundertelangen Arbeiten etwas knapp wurde, mußten alle Gesellschaftsschichten, angefangen bei den Bischöfen und dem Domkapitel über das aragonesische Königshaus, die königliche Verwaltung und den Adel bis hin zu den Kaufleuten tief in die Tasche greifen, damit der Dom fertiggestellt werden konnte. Im Jahr 1601 atmeten die Geldgeber auf; die Hauptfassade war fertig, das Meisterwerk nahm endlich Formen an und konnte als nahezu vollendet betrachtet werden. Aber ein Reigen neuer Unglücke warf die Arbeiten immer wieder um Jahrzehnte zurück: 1851 vernichtete ein Erdbeben die Westfassade, die im Renaissancestil wieder errichtet wurde, was den Gesamteindruck der gotischen Seu stört. 1857 und 1906 beschädigten Unwetter die Rosette und 1936 zerstörte eine Fliegerbombe einige Fenster.

Die beiden Türme der Westfassade wurden erst im 19. Jahrhundert vollendet.

Die größte der Welt ist die Kathedrale nicht geworden, nicht einmal die größte gotische Kathedrale, denn davor haben andere Architekten andere Kirchen gestellt: die Kathedrale von Sevilla und den Kölner Dom zum Beispiel.

An anderen Superlativen mangelt es der Kathedrale La Seu, die Seine, wie sie genannt wird, jedoch nicht: Das Gotteshaus gilt als das fröhlichste Spaniens und wird nicht umsonst „Kathedrale des Lichts“ genannt: Die Morgensonne, die durch die Rosette mit ihren 1236 bunten Glasstücken einfällt, übergießt jeden Winkel des Inneren mit einem Lichtteppich wie frisch kopiert vom Regenbogen.

Gehemmter Jugendstil

Daß dieser Teppich aus Licht sich durch die ganze Kathedrale ergießt, verdankt La Seu dem Werk keines geringeren als Antoni Gaudí, dem Meister des *Modernisme,* des spanischen Jugendstils. Denn Ende des 19. Jahrhunderts befand der Bischof von Mallorca, Joan Campins i Barceló, ein moderner Mann von Welt, daß das Innenleben der Kathedrale neu gestaltet werden müßte. Da die katholische Liturgie damals auf einigen Pomp verzichtet hatte, wollte er die Kathedrale des Lichts vom Ballast vieler Jahrhunderte befreien, um sie so dem neuen Trend anzupassen.

Campins i Barceló, ein begeisterter Anhänger des Jugendstils, wußte gleich, an wen er sich mit seinem Anliegen wenden mußte: Er rief Antoni Gaudí zu sich, der durch die Arbeiten an der berühmten Kathedrale La Sagrada Familia, die Heilige Familie, in Barcelona berühmt geworden war und dessen Projekte ebenso geliebt oder verhaßt waren wie Ende des 20. Jahrhunderts die gewagten Ideen des englischen Stararchitekten Sir Norman Foster.

Gaudí machte sich auf nach Palma und nahm die Kathedrale in Augenschein, betrachtete kritisch den barocken Altaraufsatz, lehnte sich gegen die filigranen Säulen, um den Lichteinfall bei verschiedenen Tageszeiten und Wetterlagen zu begutachten. Drei Jahre studierte und skizzierte er, bis er endlich einen Entwurf vorlegen und 1904 mit dessen Umsetzung beginnen konnte. Zehn Jahre lang arbeitete er ununterbrochen, bis er plötzlich, von einem Tag auf den anderen, beschloß, den Auftrag nicht zu beenden.

Der *oculus maior:* Mit einer Fläche von fast 100 Quadratmetern ist die Rosette eines der größten Augen der gotischen Kunst.

Querschnitt der Kathedrale La Seu aus Ludwig Salvators Balearen-Buch.

Warum er plötzlich die Lust an diesem so ehrgeizigen Projekt verloren hatte, ist bis heute nicht ganz klar. Es kann sein, daß Gaudí die ständige Kritik der Mallorquiner an seinen Plänen einfach leid war. Zehn Jahre lang hatten ihm Laien, Architekten und auch Mitglieder der Kirche Vorwürfe gemacht. Es hieß, er würde sich eher als Revolutionär aufführen denn als Restaurator, er solle sich wieder auf das berufen, was er gelernt hätte, er solle sich in den Dienst des Schöpfers stellen, statt zu versuchen, Gott zu übertrumpfen.

Schließlich zog Gaudí sich schmollend in die Rolle des unverstandenen Künstlers zurück. Der Bischof war verzweifelt. Die Kathedrale hatte schon 15 Generationen von Baumeistern verschlissen, und sie galt immer noch nicht als vollendet. Die kirchlichen Auftraggeber versuchten nochmals, Gaudí zum Weitermachen zu überreden, aber der katalanische Architekt blieb bei seinem Entschluß.

Der Ruhm zum Greifen nah für zwei Schüler

Schließlich, als schon keiner mehr daran glaubte, erschien doch ein Hoffnungsschimmer am Ende des Tunnels. Joan Rubió, ein Schüler Gaudís, bot sich an, mit seinem Kollegen Guillem Reynés das begonnene Werk zu vollenden.

Die beiden begannen sofort mit der Arbeit; denn immerhin konnten sie durch ein so umstrittenes Projekt, das schon ihr Meister aufgegeben hatte, berühmt werden. Andererseits riskierten sie, mit ihren Ideen das Mißfallen der Bevölkerung und der Kirche auf sich zu laden und ihre Karriere jäh zu beenden, kaum daß sie begonnen hätte.

Zuerst bauten sie den barocken Altaraufsatz ab, um den Blick auf die Dreifaltigkeitskapelle freizulegen. Außerdem verlegten sie den Chor vom Mittelschiff ins Presbyterium, damit das Licht durch das große Rosettenfenster ungehindert einfallen konnte, immer die Grundidee Gaudís im Hinterkopf: La Seu soll sich dem Licht öffnen. In verschiedenen Teilen der Kathedrale versahen sie die Fensteröffnungen und Lampen mit Buntglas aus Katalonien und ließen so die Kathedrale farbig erstrahlen.

Auch der Bereich rund um den bischöflichen Sitz nahe der Apsis wurde grundlegend neu gestaltet. Mehr als 5 000 handbemalte und glasierte Tonziegel aus der mallorquinischen Manufaktur *La Roqueta* wurden mit Olivenzweigen geschmückt, so plastisch, als könnte der nächste Windhauch sie zum Rascheln bringen. Sie ranken sich um die 55 Wappen der früheren Vorsteher der Diözese.

Unter dem *oculus maior*, womit die fast 100 Quadratmeter große Rosette über dem Eingangsbogen zur Königskapelle gemeint ist, eine der schönsten der gesamten Gotik, wurde der Marmoraltar mit einem riesigen Baldachin bekrönt. Dafür mußte sein Vorgänger, ein vergoldeter Baldachin des 14. Jahrhunderts, weichen und fand als gewagte Dekora-

Wenn die Sonne durch die Rosettenfenster ins Innere von La Seu fällt, offenbart sie ihre größten Reize: als Kathedrale des Raumes und des Lichts.

tion über der Portal del Mirador einen neuen Platz. Der Altar selbst wurde restauriert und auf sehr behutsame Weise wieder an seinen alten Platz zurückversetzt.

Und darüber hängt er, der wahrscheinlich atemberaubendste Kunstgriff, der jemals in einer katholischen Kirche gesehen wurde: Ein großer, überhängender, kandelaberförmiger Ring ist mit Fischernetzen, Bootssegeln und anderem Takelwerk besetzt und wirkt, als wiege er sich auf den Wogen eines mystischen Meeres. Hunderte von Birnen erleuchten das Kunstwerk, das das Wunder der Wandlung während des Heiligen Abendmahls darstellen soll.

Obwohl die entscheidenden Umbauten an der Kathedrale unter Joan Rubiós' und Guillem Reynés' Regie verwirklicht wurden, werden sie dennoch Gaudí zugeschrieben. In der Literatur finden sich wenige Hinweise auf das großartige Werk der beiden Architekten; ob aus Gründen der Werbewirksamkeit – Gaudí verkauft sich eben besser als zwei unbekannte Schüler – oder aus Nachlässigkeit, der Aufstieg in den Olymp der Architekten ist ihnen verwehrt geblieben.

Der riesige Dornenkronenbaldachin von Gaudí hängt über dem Hauptaltar im Presbyterium.

Hunderte von Glühbirnen lassen das Kunstwerk erstrahlen, das von einem Kruzifix bekrönt wird.

Kult und Kommerz
Osterprozession in Palma

Die ersten Schaulustigen machen es sich schon mittags auf den einfachen Holzbänken bequem, stöbern in ihren Taschen, kramen Operngläser heraus und Wasserflaschen, fächern sich aufgeregt erfrischende Luft zu. Die *Processó del Sant Crist de la Sang,* die Prozession des „Heiligen Christus vom Blut", will auch bei den Schaulustigen gut vorbereitet sein, und wer zu spät kommt, den bestraft auch hier das Leben: Er ist verdammt dazu, nur in zweiter oder dritter Reihe im dichten Menschengewühl das Vorbeiziehen aller *confraries,* also sämtlicher Bruderschaften der Insel, anzuschauen.

Wer hier sitzt, hat seine „Prozession" und das damit verbundene „Opfer" schon hinter sich: Jedes Jahr aufs neue strömen tagelang Besucher und Einheimische in die städtischen Tourismusbüros, um die begehrten Karten für Sitzplätze auf den Zuschauertribünen zu ergattern und so die wichtigste Osterprozession der Inselhauptstadt verfolgen zu können. Für Palma lohnt es sich auf jeden Fall: Die Angestellten der Touristeninformation an der Plaça de la Reina machen schon Fingerübungen, um die vom Geldzählen erschöpften Gelenke zu entspannen, und in den Cafés, Bars und Restaurants der Hauptstadt bleibt ebenfalls die eine oder andere Peseta mehr als sonst hängen. Auch daß während der *Semana Santa,* der Heiligen Karwoche, in Palmas Hafen die Internationale Segelwoche stattfindet, schadet nicht gerade dem Geschäft.

Irgendwann am späten Nachmittag des diesjährigen Gründonnerstags dann wird das geduldige Warten der Gläubigen und Schaulustigen belohnt. Zuerst sieht man die Offiziere der *Confraria de la Sang,* der Bruderschaft des Blutes, die seit dem 16. Jahrhundert die Prozession anführen. Einige Privilegierte unter ihnen dürfen die tonnenschwere Plattform tragen, auf der das holzgeschnitzte schwarze Bild des *Sant Crist de la Santíssima Sang* samt Kruzifix und Baldachin befestigt ist, und nähern sich leicht schwankend unter dem Gewicht. Unmittelbar dahinter folgen weitere Männer mit der Statue der *Verge dels Dolors,* der Jungfrau der Schmerzen. Stundenlang mußten alle anderen Bruderschaften der Insel ausharren, bis sich die älteste unter ihnen von der Spitalkirche, der Capella de la Santíssima Sang hinter dem Hospital General aus endlich in Bewegung gesetzt hat. Denn erst wenn die *Confrares de la Sang* den langen Weg durch die wichtigsten Kirchen und die Kathedrale Palmas angetreten haben, dürfen die anderen *confraries* ihnen folgen. Die Brüder sind ganz in Schwarz gekleidet, ihre bodenlangen Kutten enden in einer schwarzen Kapuzenmütze. Aus den zwei in den spitzen „Hexenhut" geschnittenen Sehschlitzen funkeln schwarze Augen, an den Füßen einiger Brüder rasseln Ketten, von den Kerzen und Fackeln, die sie in den Händen halten, tropft unablässig Wachs auf die Straßen der Altstadt. Angsteinflößend sehen sie aus, wie in den dunklen Jahren der Inquisition oder als ob sie gerade einem Film über den Ku-Klux-Klan aus den Südstaaten der USA entsprungen wären.

Auch die folgenden Bruderschaften, die nicht in solch unheimliches Schwarz gehüllt sind, stehen ihnen um nichts nach. Manche tragen weiße Gewänder, auf denen ein rotes Kreuz prangt, und erinnern an Kreuzritter. Andere wiederum mußten ihre Kerzen schon abgeben, denn sie sind damit beschäftigt, sich selbst mit Ketten und Lederpeitschen zu geißeln – obwohl der Papst jede öffentliche Büßer(selbst)züchtigung verboten hat. Gleichzeitig sinkt ein Kreuzträger, ein sogenannter *natzarè,* auf der Treppe vor der Kathedrale vor Erschöpfung zu Boden. Angesichts der nachmittäglichen Hitze weiß bald niemand mehr, ob der Zusammenbruch gespielt oder Ernst ist, bis sich der *natzarè* plötzlich wieder erhebt und seinen Weg fortsetzt.

Und der ist lang. Erst in den frühen Morgenstunden des Karfreitags zieht die Prozession, an der mehrere tausend Büßer und mittlerweile auch Büßerinnen teilnehmen, wieder in die Spitalkirche ein, während das Kerzenwachs längst in alle Ritzen zwischen den Pflastersteinen eingedrungen und eingetrocknet ist.

Links: Es ist ein Privileg, den tonnenschweren Heiligenschrein während der Osterprozession tragen zu dürfen.

Rechts: An der Prozession des Heiligen Christus des Blutes nehmen alle Bruderschaften teil.

Martialisch wirken die Büßer mit ihren Kapuzenmützen.

In der Blütezeit des *Modernisme* waren Kacheln aus La Roqueta nicht mehr ausschließlich als Innendekoration begehrt. Nach und nach wurden die Jugendstilfassaden mit den Produkten der phantasievollen Designer aus der Fabrik geschmückt.

Der ruhige Fels in den Wogen der Zeit *La Roqueta*

Zwei Jahre sollten noch vergehen, bis der meistdiskutierte Künstler und Architekt Spaniens, Antoni Gaudí, dem Ruf des Bischofs Joan Campins i Barceló folgen würde, um die Kathedrale der Hauptstadt neu zu gestalten. Aber schon 1897 träumte Pedro Juan Aguiló Forteza – in Anlehnung an seinen Nachnamen *Aguila,* Adler, mit Spitznamen *Cetre,* Falkner, genannt – davon, dereinst die größten Künstler Spaniens für sein ehrgeiziges Projekt *La Roqueta,* kleiner Felsen, begeistern und engagieren zu können.

Ausgerechnet mit einer Keramikfabrik wollte sich Cetre selbständig machen. Etwas außerhalb der Stadt, in Son Espanyolet, kaufte er eine Fabrik, die mit ihren 8 500 Quadratmetern genau die richtige Größe hatte. Gleichzeitig erwarb er einen Laden im Herzen der Altstadt Palmas, in der Straße San Miguel, denn die guten Stücke mußten ja auch irgendwo ausgestellt und verkauft werden. Pedro schwelgte in Phantasien: Die größten Künstler der Epoche wollte er verpflichten, für sein Unternehmen Stücke zu entwerfen, er wollte mit seiner Fabrik über die Insel hinaus berühmt werden.

Unternehmertum lag Cetre sozusagen im Blut. So war Pedros Vater schon eine ganze Weile von der Vorstellung beseelt, Mallorca müsse eine Eisenbahnlinie besitzen, und wurde schließlich einer der Mitbegründer der *Sociedad de Ferrocarriles de Mallorca,* der mallorquinischen Eisenbahngesellschaft.

Auch das Gründungskonzept seines künstlerisch begabten Sohnes Pedro stieß auf fruchtbaren Boden, denn Keramikfliesen und Kacheln wurden zur Jahrhundertwende nicht auf Mallorca hergestellt, da Großbritannien und Frankreich unangefochten eine Vorreiterstellung auf dem europäischen Markt innehatten. Es war also höchste Zeit, die schon lange vorher von den Arabern auf die Insel gebrachte Tradition der Keramikkunst wiederzubeleben und den Markt anzukurbeln.

Als die Produktionsanlage gekauft und installiert war, begann Cetre unverzüglich, Designer anzuwerben. Heute weiß niemand mehr genau, wie viele es eigentlich in den 21 Jahren des Bestehens von La Roqueta waren. Er verpflichtete einen festen Zeichner, Vicente Llorens Rubí, der in Valencia Design studiert hatte. Llorens entwarf unzählige Werke, so zum Beispiel eine wunderschöne Jugendstildecke des Hauses der Familie Aguiló in Porto Pi: 81 Kacheln, die kunstvoll mit Vögeln verziert sind, die in das üppige Laubwerk eines Baumes zu fliegen scheinen. Heute kann man das Kunstwerk im Museu de Mallorca bewundern.

Aber auch der Firmengründer selbst arbeitete, teilweise von seinem Vater unterstützt, an der Gestaltung von Kacheln, Fliesen und Dekorationsstücken. Die Fabrik florierte bereits, es galt als schick und modern, wenn man in Küche, Flur, Speise- oder Wohnzimmer dekorative Kachelwände, Vasen oder Wandteller mit dem Signet *La Roqueta* besaß.

Und dann kam auch noch Gaudí ...

Zur gleichen Zeit hatte der spanische Jugendstil, der *Modernisme,* von Barcelona aus von sich reden gemacht durch seinen spielerischen Umgang mit Farben und ausladenden Formen und besonders durch die Variationen von maurischen und gotischen Formelementen. Vor allem die Werke des Pioniers der

Seitdem der „kleine Fels“ sich aufgelöst hat, werden einige Arbeiten im Museu de Mallorca ausgestellt, so auch Kacheln von Gaudí.

Gekachelte Personifikation an der Casal Barceló.

Eine Kachel-Taube steigt in sommerliche Lüfte auf.

Bewegung, Antoni Gaudí, waren längst zum Stil der Zeit geworden. Die begonnenen Arbeiten an seinem Hauptwerk, der Kathedrale La Sagrada Familia in Barcelona, spalteten die Kunstkritiker dieser Epoche in begeisterte Anhänger und abschätzige Verächter des Architekten, die seine überbordende Phantasie kritisierten.

Als schließlich die Arbeit an der Kathedrale begann, wurde die Fabrik mit Arbeit schier überflutet. Mehr als 5 000 Keramikziegel, die Gaudís Schüler Rubió und Reynés geplant hatten, mußten für die Neugestaltung des Presbyteriums, des Altarraums, mit Olivenfrüchten, Zweigen und Wappen bemalt und danach gebrannt werden.

Aber damit nicht genug: Gaudí konzentrierte sich nicht nur auf die Kathedrale, sondern wirkte nebenbei noch an verschiedenen anderen Projekten mit. Die Casal de Forteza Rey an der Plaça Marquès del Palmer mit ihren Tonreliefs und ihrer in allen Farben schimmernden Fassade, aus der hier und da bunte Blüten aus Kachelstücken auftauchen, wird mit Gaudís Prachthaus, der Casal Battló in Barcelona, verglichen.

Der Traum von Cetre, *La Roqueta* berühmt zu machen, war längst in Erfüllung gegangen. Produkte der Fabrik waren nicht mehr nur phantasievolle Innendekoration, sondern immer mehr Häuser in Palma schmückten ihre Fassaden mit seinen kunstvollen Kacheln. Ein Meisterwerk ist die Casal Barceló an der Plaça de Josep Maria Quadrado 9 aus dem Jahr 1902, die mit von Vicente Llorens entworfenen Allegorien der schönen Künste verziert ist. Die ersten beiden Stockwerke sind mit einem Kachelkranz aus Blumen-Motiven geschmückt. Das wahrlich Aufsehenerregende sind aber die Kachelbilder zwischen den Fenstern in der dritten Etage. Hier werden fünf der sechs schönen Künste dargestellt, die Malerei und Bildhauerei, die Musik, die Architektur und die Literatur, nur der Tanz fehlt. Statt dessen haben die Musen Zuwachs bekommen aus der Keramik- und Textilindustrie.

Seifenlaugen und Öle – das Ende der Roqueta

Die Hochphase der Fabrik hielt weiter an, bis Cetre sie 1910 aus Krankheitsgründen abgeben mußte. Mehrere Male wurde *La Roqueta* veräußert, bis sich dann 1918 der Großindustrielle Juan March als Gesellschafter einkaufte.

Da March jedoch zu dieser Zeit in der Kunst noch keine Vorteile für sich und seine Geschäfte entdeckt hatte und erst Jahre später versuchen sollte, als Kunstmäzen endlich in der Gesellschaft Ansehen zu erlangen, entließ er, ohne mit der Wimper zu zucken, Künstler und Handwerker. Wo vordem unter dem großen Namen „kleiner Fels" die wundersame Wandlung von Tonerde in Kunstwerke vonstatten gegangen war, wurden von da an nur noch Seifen und Öl produziert.

Die Casal de Forteza Rey wird mit Gaudís Prachthaus Casal Battló in Barcelona verglichen.

Azahar
Die Mauren auf Mallorca

Noch Chopin war 1838 vom „arabischen Aussehen“ Palmas beeindruckt, das vermutlich damals noch deutlicher sichtbar war als heute. Gleichwohl haben die Mauren auf Mallorca am längsten in den Ortsnamen überlebt: Algaida leitet sich ab vom arabischen Wort für „Wald“, Deià vom arabischen *daia* für „Dorf“, auch Binissalem und Raixa sind maurischen Ursprungs, Banyalbufar war der „Weingarten am Meer“. Wenn auch die historischen Überreste der arabischen Insel-Architektur leider nur noch spärlich sind, an fast jeder Ecke kann man heute noch Spuren der maurischen Zeit finden oder zumindest den Geist der islamischen Kultur spüren.

Denn schließlich brachten die Mauren die Insel im Herzen des Mittelmeers über 300 Jahre lang zum Erblühen. Kaum hatten die Araber erkannt, in welchen Garten Eden sie die fruchtbare Erde und die von ihren Vorgängern angelegten Städte verwandeln konnten, ließen die arabischen Eroberer ihre besten Stadtplaner, Wissenschaftler, Kunsthandwerker und Ingenieure aus der nordafrikanischen Heimat nachkommen.

Nebentätigkeiten eines Pilgers

Die Blütezeit der Insel begann mit einem Seesturm – wenn man den Legenden Glauben schenken darf. Isman al-Khaulani, ein mozarabischer, zum Islam konvertierter Kaufmann, befand sich gerade auf seiner *haddsch,* der Pilgerfahrt nach Mekka, als die Fahrt durch ein Unwetter unterbrochen wurde und er an den Gestaden Mallorcas strandete. Einige Wochen mußte er auf der Insel verbringen, bis er sein Schiff wieder besteigen konnte, und die nutzte er, um sich auf Mallorca gründlich umzusehen und die Verteidigungsanlagen der Insel auszuspionieren.

Nachdem er wieder nach Spanien zurückgekehrt war, beschrieb er seinem Herrn, Emir Abd-Allah von Córdoba, in den schillerndsten Farben die Schönheit Mallorcas und vergaß dabei nicht zu erwähnen, daß das Verteidigungssystem der Insel mehr als marode war. Schnell überzeugte er den Emir davon, daß es ein Leichtes sei, Mallorca in eine Provinz von al-Andalús, des arabischen Reiches auf der Iberischen Halbinsel, zu verwandeln. Er wurde mit der Eroberung der Insel beauftragt, die er im Jahr 902 auch durchführte, und zum ersten *wâlî,* Gouverneur, ernannt.

Al-Khaulani machte sich erst einmal ein genaueres Bild von Palma, das fortan *Medina Mayurka* hieß. Umfangreiche Bauarbeiten waren nötig, um die Stadt in ein würdiges Zentrum islamischen Lebens zu verwandeln, und zunächst ließ er daher die Almudaina, den Regierungspalast, erbauen, der damals unmittelbar am Meer lag. Die Mauren dachten aber auch an das körperliche Wohlbefinden ihrer Untertanen und errichteten etwa Mitte des 10. Jahrhunderts die Banys Árabs.

Ein junger Maure in traditioneller Kleidung.

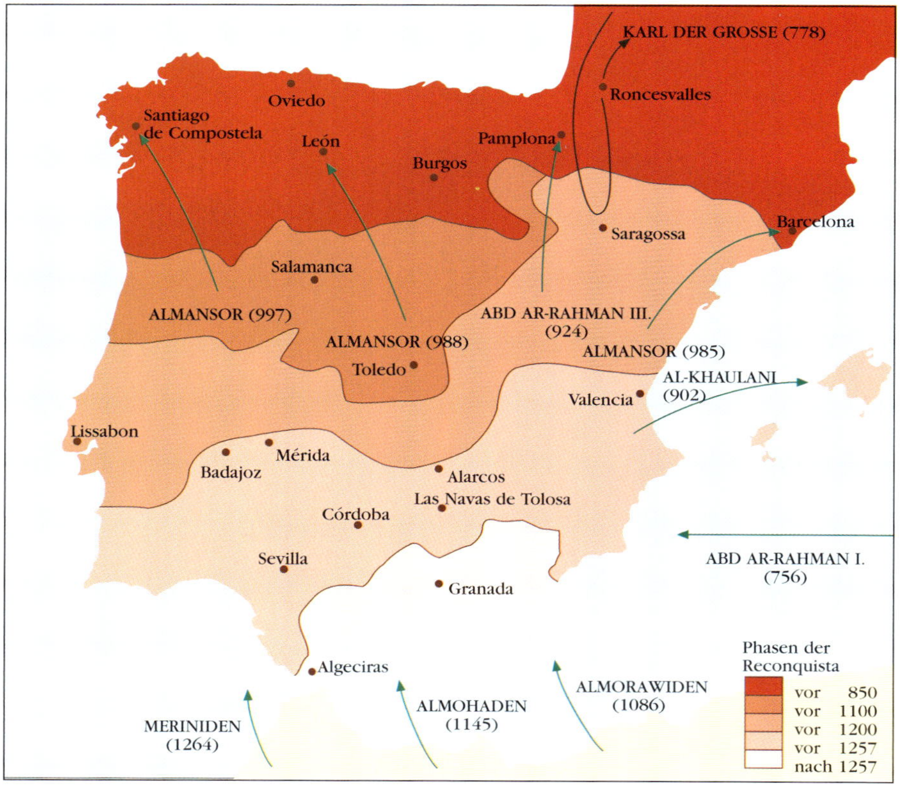

Innerhalb von wenigen Jahren gerät die Iberische Halbinsel als al-Andalús in den Herrschaftsbereich der Kalifen von Damaskus, später der von Bagdad und Córdoba. Die grünen Pfeile zeigen die Angriffszüge der Mauren, die verschiedenen Farben markieren die Gebietsgewinne der christlichen Rückeroberung.

Diese arabischen Bäder dienten wie die der Römer, von denen das Prinzip übernommen war, nicht nur der Reinigung des Körpers, sondern auch der des Geistes und vor allem der Kommunikation. Das Bad war einer der wichtigsten Treffpunkte für Frauen und Männer – strikt voneinander getrennt, versteht sich. Hier wurden Gespräche über die Familien geführt, Pläne geschmiedet und Geschäfte abgewickelt. Wenn eine Unterhaltung zu hitzig wurde, dann wechselte man vom *caldarium,* dem Dampfbad, in das *tepidarium,* wo man das aufgeheizte Gemüt bei einem Bad im lauwarmen Wasser etwas kühlen konnte. Durch die Oberlichter im gewölbten Raum, der von zwölf Säulen getragen wurde, fiel warmes Sonnenlicht auf die Badenden.

Al-Khaulani starb im Jahr 913, ein Jahr nach seinem „Vorgesetzten" Emir Abd-Allah. Manchen Mauren wurden nun Handel, Feldarbeit oder Handwerk, Arbeit überhaupt, zu anstrengend. Es gab schnellere, bequemere und aufregendere Methoden, an anderer Leute Geld zu kommen: So verlegten sie ihre Aktivitäten aufs Wasser und sich auf die Seeräuberei. Al-Muwaffak übernahm 947 von al-Khaulanis Sohn Abd-Allah die Macht und beschloß, Pirat zu werden. Ganz offiziell und sehr berüchtigt dazu: Bis 969 machte er mit der arabischen Flotte vom Stützpunkt Mallorca aus die christliche Seefahrt an der ganzen katalanischen und französischen Küste so unsicher, daß sich dorthin kaum noch ein Kapitän wagte.

Während die Herrscher sich voll und ganz der Piraterie hingaben, ging die Zivilbevölkerung friedlichen Beschäftigungen nach. Handwerker entwickelten die Kunst der bemalten Keramikkacheln, die als Majolica-Fliesen in die Geschichte eingingen und weltberühmt wurden. Ingenieure vervollkommneten die Bewässerung der Insel und machten sie fruchtbar, wodurch auch die christlichen Bewohner von *Medina Mayurka,* dem heutigen Palma, in den Genuß von Obst, Gemüse und Gewürzen kamen, die sie bis dahin nicht kannten.

Staunend lernten die Mallorquiner die Orangenhaine im maurischen *sulliar,* dem „Tal des Goldes" bei Sóller, kennen und berauschten sich an ihrem Duft, wenn nicht schon allein an dessen wunderbarem Namen: *azahar.* Auch *al barkuk,* die Aprikose, Pfirsiche, Granatäpfel und Mandeln lernten sie lieben, und sie beobachteten, wie Pinienkerne, Kreuzkümmel und Rosinen in den Kochtopf der Mauren wanderten und eigentlich deftigen Fleischgerichten einen süßlichen, milden Beigeschmack gaben. Sie kochten Gerichte von vollendetem Geschmack und vermochten mit dieser Kunst die Mallorquiner davon zu überzeugen, daß so gute Köche nichts Böses im Schilde führen konnten.

Zur Zeit der maurischen Herrschaft erlebte Mallorca nach der römischen seine zweite große kulturelle Blüte. Moslems, Juden und eine kleine christliche Minderheit lebten recht friedlich zusammen. Am Hofe des maurischen Herrschers in *Medina Mayurka,* dem heutigen Palma, wurden die „schönen Künste" gepflegt, Dichter und Musiker aus der maurischen Welt trafen sich hier. Diese alte Darstellung aus dem *Siliman Namé* (Saray Bibliothek, Istanbul) zeigt eine solche Musik-Soiree am Hof eines Kalifen.

Goldmünze des Almohadenschatzes; gültig auf Mallorca von 1203 bis 1229 n. Chr.

Und auch sonst schadeten die neuen Herrscher den Mallorquinern nicht. Sie durften ihren Glauben weiterhin unbehelligt ausüben, und wenn sie einmal ein tiefgreifenderes Verständigungsproblem hatten, wandten sie sich einfach an die Angehörigen der dritten Religion auf der Insel und baten sie, für sie zu übersetzen: die Juden. Das Leben während der größten Zeit der „arabischen Fremdherrschaft" war zwar wie überall auf der Welt nicht unbedingt ein Goldenes Zeitalter, aber es verlief in friedlichem Einklang.

Zu weit ab vom Emirat von Córdoba – zu dem die Balearen gehörten –, als daß sie in dessen internen politischen Querelen eine Rolle hätten spielen können, führten die Mallorquiner im wahrsten Sinn des Wortes ein Inseldasein. Und als die Inselgruppe über hundert Jahre nach der maurischen Eroberung Teil des südspanischen Königreichs Dénia wurde, kam mit dem neuen Statthalter ein noch toleranterer Mann als seine Vorgänger nach Mallorca: Ali ibn Mujahid erkannte sogar den Bischof von Barcelona als Kirchenoberhaupt der Christen an und gestattete Priesterweihen und die Ausübung von kirchlichen Ämtern.

Die kurze Zeit der Unabhängigkeit

Für eine kurze Zeit konnten die Balearen die weite Entfernung vom Zentrum der islamischen Macht in al-Andalús genießen. Die Inseln gerieten immer mehr in den Ruf, sich um die Politik, die im fernen Festlandspanien betrieben wurde, nicht zu scheren und in ihrer eigenen Welt unter selbst geschaffenen Bedingungen zu leben. Ein *wâlî,* al-Mu'tada, ging sogar so weit, 1076 ein unabhängiges Königreich der Balearen zu proklamieren; bis 1093 wurden auf Mallorca Münzen mit seinem Namen geprägt und die bisherigen aus dem Verkehr gezogen, um die Unabhängigkeit der Insel demonstrieren.

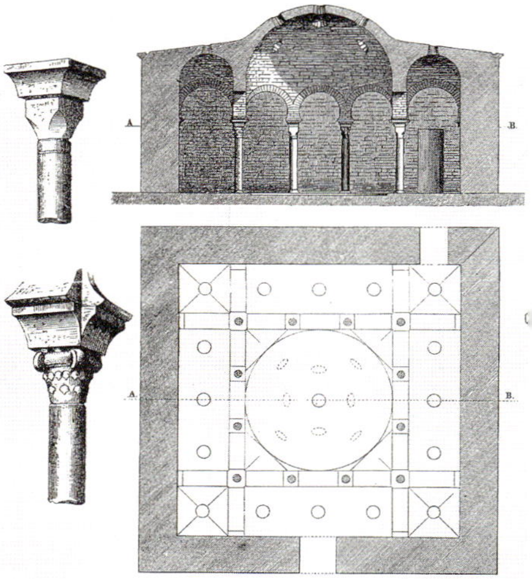

Details der Säulen, Grundriß und Querschnitt der Banys Àrabs aus dem Balearen-Buch von Erzherzog Ludwig Salvator.

Während dieser *splendid isolation* allerdings wuchsen die Konflikte zwischen den verschiedenen maurischen Königreichen auf dem spanischen Festland. Hinzu kam, daß die Christen nach und nach immer mehr des mittlerweile in 20 *taifas,* kleinere Fürstentümer, zerfallenen Araberreiches erobert hatten und sich immer weiter von Norden nach Süden vorarbeiteten. Mallorca stand zunächst nicht im Mittelpunkt des Interesses, da die arabischen Machthaber auf dem Festland von al-Andalús andere Probleme hatten, und so konnte hier tatsächlich ein unabhängiges maurisches Herrrschaftsgebiet entstehen.

Trotzdem war der neue Herrscher Moxabir nicht so naiv zu glauben, daß sich dieser paradiesische Zustand niemals ändern würde. Er ließ Mauern bauen, um die Stadt vor möglichen Angriffen der Christen zu schützen. Offensicht-

Al-Khaulani ließ *Medina Mayurka* in ein blühendes Zentrum islamischen Lebens verwandeln. Die später gebauten arabischen Bäder dienten zur Reinigung von Körper und Seele.

lich hatte ihn dabei die Vorsehung Allahs geleitet, denn 1114 führten Pisaner und Katalanen tatsächlich einen gemeinsamen Kreuzzug gegen die islamischen Seeräuber Mallorcas, da diese den Handelsverkehr im Mittelmeerraum so gut wie zunichte machten. Eine erste Belagerung von Palma war zunächst erfolglos. Doch im Jahr 1115 gelang es den verbündeten Truppen Kataloniens und Pisas, die Stadt zu besetzen und über 30 000 Christen zu „befreien".

Der Sieg schien schon gewiß, als im letzten Augenblick eine Verstärkung der Almorawiden die Insel erreichte: Der Oberbefehlshaber des Bündnisses, Ramon Berenguer III., mußte fliehen, und Mallorca fiel zurück an die Mauren. 1203 begann die Herrschaft der Almohaden, und die Inselgruppe wurde wieder in das maurische Königreich eingegliedert.

Was vordem ein Wesensmerkmal der islamischen Herrschaft war, ging diesen fanatischen Kriegern völlig ab: Religiöse Toleranz war nicht ihre Stärke, was sie nicht daran hinderte, die Seeräuberei beizubehalten. Waren zuvor die Almorawiden schon anderen Religionen und Kulturen gegenüber intoleranter als die Mauren vor ihnen und führten Zwangsislamisierungen durch, so übten sich die Almohaden in rigidem islamischem Fundamentalismus. Vielleicht hat diese Engstirnigkeit etwas zu der Unversöhnlichkeit beigetragen, die die „christlichen" Eroberer an den Tag legten, als sie nach der Reconquista Mallorcas alles Arabische auszumerzen trachteten.

Der letzte maurische Gouverneur, der in der Almudaina lebte, war Abu Yahia Muhammed ibn Ali ibn Abi Iman al-Tinmalali, auch er linientreuer Pirat. Während seiner Verwaltungsperiode wurden in Palma, das inzwischen über 80 000 Einwohner hatte, drei Moscheen gebaut. Die größte unter ihnen befand sich auf dem heutigen Platz der Kathedrale.

Am 31. Dezember 1229 schließlich nahm Jaume I., König von Aragón und Graf von Barcelona, Palma ein und feierte seinen Sieg in der Silvesternacht. In der Carrer de l'Estudi General Nummer 7 ist auf einem Relief die Schlüsselübergabe des letzten *wâlîs* an Jaume I. dargestellt.

Auch wenn bis zur endgültigen Eroberung der ganzen Insel noch fast drei Jahre vergingen, versank doch mit Abu Yahia jenes merkwürdige Konglomerat von höchster Geisteskultur und tiefster Barbarei, von Wissenschaft und Piraterie, Gelehrten und Sklavenhaltern, das die Maurenzeit auf Mallorca ausgemacht hatte, für immer im Orkus der Geschichte. Nur als Piraten, die, nun von Algier und Nordafrika herkommend, bis weit ins 16. Jahrhundert die Küsten Mallorcas selbst unsicher machten, traten die Mauren noch in der Insel-Geschichte in Erscheinung. Mit der Schlacht von Lepanto am 7. Oktober 1571, in der die christliche „Heilige Liga" die osmanische Flotte schlug und Cervantes seine linke Hand verlor, endete auch dies.

Erinnern und Vergessen

Für die neuen, christlichen Eroberer war der Begriff Toleranz offensichtlich ein Fremdwort. Alles, was auch nur im Entferntesten auf die arabische Herrschaft hindeutete, wurde vernichtet. In Palma sind nur noch die Fundamente des Almudaina-Palastes, die Banys Àrabs in der Carrer Serra und ein Torbogen Arc de la Mar, eben der Almudaina-Bogen, der sich in den Mauern unterhalb des Almudaina-Palastes befindet, erhalten.

Einige Spuren der jahrhundertelangen friedlichen Besatzung sind im Museu de Mallorca ausgestellt, so zum Beispiel ein kostbarer Almohaden-Schatz: Münzen und Schmuckstücke, die Anfang des 13. Jahrhunderts versteckt worden waren, als die Situation für die Mauren durch die christliche Invasion kritisch wurde.

Aber auch außerhalb der Glasvitrinen begannen die Mallorquiner mit der Restaurierung von arabischen Hinterlassenschaften. So wurde ein maurischer Turm an der Stadtmauer des Puig de Sant Pere im Frühsommer des Jahres 1999 wieder der Bevölkerung übergeben, die nun vom Gittergerüst der oberen Empore über die moderne Stadt samt Hafen schauen kann.

Am lebendigsten aber blieben die nicht in Stein gemauerten oder in Silber geprägten Zeugnisse der arabischen Hochkultur: die mallorquinische Küche mit ihrem orientalischen „Touch" und über 4 000 Wörter des spanischen Wortschatzes, angefangen bei den *alcaldes*, den Bürgermeistern, über die *talaies*, die Wachtürme und den *jardí*, den Garten, bis hin zur *sínia*, dem Schöpfbrunnen.

Links: Ein maurischer Bogen mit aufgesetzten Wohnungen überspannt den Carrer Almudaina in Palmas Altstadt.

Rechts: Durch diesen Brückenbogen konnten die Schiffe direkt zur Almudaina fahren.

Draußensein und Drinnenbleiben
Palmas Patios

Der Patio ist das gelobte Land
im eigenen Haus.
(Mallorquinisches Sprichwort)

Was am römischen Trevi-Brunnen erfunden wurde und überall da funktioniert, wo Brunnen und Touristen aufeinandertreffen, müßte doch auch in Palma zu bewerkstelligen sein. Das jedenfalls überlegen die beiden Söhne des Hauses Comte d'Espanya: Wenn sie die zahlreichen Besucher überzeugen könnten, daß es unabwendbar Glück bringt, Münzen in den Brunnen im Innenhof zu werfen, und diese dann heimlich wieder herausangeln würden, wäre das Taschengeldproblem gelöst.

Ihr Vater, der Graf höchstpersönlich, steht im Eingang seines Hauses in der Carrer de la Portella Nummer 12 und antwortet freundlich auf die Fragen der Besucher zur Geschichte des Stadtpalastes. Die Kette über dem Eingangsbogen des Hauses zum Beispiel: Sie wurde als Zeichen dafür aufgehängt, daß ein erlauchtes Mitglied der Königlichen Familie seinen Fuß über die Schwelle gesetzt hat, denn angeblich hat hier vor Jahren der Vater des spanischen Königs Juan Carlos I. übernachtet.

Solchen Service leistet der *Comte* natürlich nicht alle Tage, wohl aber in der „Woche der offenen Patios" Ende Mai. Denn obwohl die besseren Wohnhäuser oder *palaus* Palmas ohne Patio nicht vorstellbar sind, muß in den übrigen 51 Wochen des Jahres schon ein Mieter oder Besitzer für einen Moment das Tor öffnen, um den Blick auf den Innenhof freizugeben. Es sei denn, im betreffenden *palau* haben Anwälte, Behörden oder Museen ihre Büros oder Ausstellungsräume, dann stehen die Patios zu Geschäftszeiten offen, meist überwacht von freundlichem Personal, das sich gern Zeit nimmt zu einer *explicació,* einem Schwätzchen, über Geschichte und Geschicke des Hauses.

Die Tür als Geburts- und Todesanzeige

Früher standen die Patios grundsätzlich jedem offen, um es sich im kühlen, oft blumengeschmückten Hof bequem zu machen, sich zu erfrischen oder vom Trubel der Straßen zu erholen. War der Zutritt zum Hof nicht erwünscht, weil zum Beispiel jemand im Haus gestorben war, ließ man die Tür etwas angelehnt, um mitzuteilen, daß in Kürze ein Kondolenzbesuch erwartet wurde. Wenn das Tor hingegen einladend geöffnet und mit Blumen geschmückt war, zeugte dies für eine Hochzeit im Haus oder die Geburt eines Kindes.

Auch die Grundlagen zu Hochzeit und Geburt wurden in den Patios gelegt, denn das Zwischengeschoß zwischen dem Patio und dem ersten Stock, der sogenannte *estudi,* hatte eine besondere Funktion. Eigentlich war er das Büro des Hausherrn. Der drückte aber beide Augen zu, wenn seine Söhne den *estudi* zu einem Stelldichein nutzten. Wenn die Steine in den Patios sprechen könnten, wer weiß, über wie viel Kabale und Liebe, Ränkespiel und politische Komplotte sie noch berichten würden. Denn als Übergangszone zwischen dem privaten Leben hinter den schützenden Mauern der Häuser und dem öffentlichen außerhalb der eigenen vier Wände sind die Patios dafür ideale Schauplätze.

Im Patio des Palau Marquès de Vivot zum Beispiel, auch Ca'n Sureda genannt, in der Carrer Ca'n Savellà Nummer 4 trafen sich einst Verschwörer. In diesem von Joan Sureda i Villalonga, dem ersten Marquès de Can Vivot, 1230 erbauten Palast mit einer stattlichen Bibliothek von rund 10 000 Bänden zettelte sein adeliger Nachfolger 1711 im Spanischen Erbfolgekrieg eine Verschwörung zugunsten

Oben: Über dem Tor zur Ca'n Berga prangt das Familienwappen zwischen zwei balusterumsäumten Balkonen.

Unten: Die Ca n'Oleza aus dem 16. Jahrhundert wurde 1973 unter Denkmalschutz gestellt.

Durch die Arkaden des prächtigen Innenhofes der Ca'n Berga öffnet sich der Blick auf den Himmel.

der Bourbonen an. Man verhaftete ihn und inhaftierte ihn in Barcelona, er durfte aber zurückkehren, als 1713 der spanische Krieg mit dem Sieg der Bourbonen und der Ernennung Philipps V. zum König im Frieden von Utrecht (1713–1715) endete. Der rechteckig angelegte Innenhof ist durch Arkaden in sechs Abschnitte geteilt, und die dunklen Gänge darin geben dem Hof etwas Düsteres und Geheimnisvolles: ein Bühnenbild, das für konspirative Treffen aufs Beste geeignete ist.

Eine römische Idee, jahrhundertelang bewährt

Der Patio ist so mediterran wie Siesta und Olivenöl. Schon die Römer bauten ihre *villae* um ein *atrium* herum, einen dachlosen Innenhof, meist mit schattigen Bogengängen gesäumt und einem kühlenden Wasserspiel oder Brunnen in der Mitte. Denn der Patio ermöglicht es, einem mediterranen Grundbedürfnis zu frönen, ohne daß die Außenwelt immer gleich als Zeuge dabeisein muß: Draußensein und trotzdem Drinnenbleiben. Nicht anders auf Mallorca, in Palma. Als die Araber 902 die Insel eroberten, hatten sie schon die Struktur der römischen Häuser mit ihren kühlen, schattenspendenden Innenhöfen der maurischen Lebensart einverleibt. Im 13. Jahrhundert, nach der Reconquista, pflegten die Christen die Tradition der begrünten und oft mit Brunnen geschmückten Höfe weiter.

Wichtig wurden die Patios, als der Stadtplan Palmas mit seinen engen und verwinkelten Gassen gotische Formen annahm. Da sich auf den Straßen kein nachbarschaftliches Leben entwickeln konnte und es nicht besonders beschaulich war, draußen vor der Tür herumzustehen, legten die Bewohner ihre Häuser um einen zentralen Innenhof herum an. Ein kleiner holzvertäfelter Torbogen mit Spitzbogen öffnete sich zum gotisch geprägten Innenhof, wo meistens eine Steintreppe in den ersten Stock führte, die mit geometrischen Mustern ebenso reich verziert war wie die Fenstersimse. Ein Stockwerk höher befanden sich Dachstuben oder von Säulen gestützte Laubengänge. Von der unteren Etage aus gelangte man durch ein Holzgitter in den hinteren Garten, der sich im Hof des jeweiligen Häuserblocks befand.

Im 15. und 16. Jahrhundert wurden Innenhöfe und Fassaden zwar von der Renaissance geprägt, verloren jedoch nie ihren ursprünglich gotischen Charakter. Das Haus Ca'n Catlar in der Carrer del Sol Nummer 7 macht dies deutlich: 1556 von Pere Abrí-Descatlar i Valenti, einem Feldmarschall Philipps II., als erstes Gebäude der Stadt im Renaissancestil erbaut, gehört es mit seiner prächtigen Hauptfassade zu den Prunkstücken der Stadt. Haus und Innenhof verbinden Elemente aus der Gotik und der Renaissance: Gotisch sind die Dachgalerie und das Hauptportal mit Spitzbogen, aus der Renaissance stammen die fünf Fenster der Beletage mit Säulen, Täfelungen und einem Abschluß mit Rittersymbolen. Im 18. Jahrhundert avancierte Guillem Abrí-Descatlar zum Marquès de Palmer, und seine Nachkommen wohnen noch heute in diesem *palau*.

Erst im 17. Jahrhundert erfuhr der herrschaftliche Bau der Stadt einen radikalen Wandel. Durch den Handel mit Italien waren die Bewohner Palmas wohlhabend geworden. So verwandelten sich kleine, unscheinbare Innenstadthäuser nach und nach in Prachtbauten, wobei sich die Nachbarn offensichtlich einen unausgesprochenen Konkurrenzkampf um das schönste, am reichsten geschmückte Stadthaus lieferten.
Sie vergrößerten ihre Patios, schmückten sie mit Ornamenten und bauten die kleinen Torbögen aus. Säulen aus Marmor oder mallorquinischem Marès-Stein mit aufwendigen Kapitellen schienen den Gegensatz zwischen Stütze und Last aufzuheben. Die stärkste Veränderung jedoch betraf die Treppe: Die früher mit geometrischem Muster dekorierte Steinbalustrade ließen die Bauherrn durch kunstvoll geschmiedete Geländer aus filigranen Schmiedearbeiten ersetzen.

Das 1854–1856 erbaute Ca el Comte de San Simón hat einen französischen Einschlag.

Das Licht kommt von oben: Der schlichte Patio der Ca'n Pasqual mit kleinerer Grundfläche.

Wenn das schmiedeeiserne Tor geöffnet ist, kann man einen Blick in den Patio riskieren.

Manche Innenhöfe kann man nicht nur in der „Woche der offenen Patios" bewundern: In diesem *palau* hat die *Fundació Barceló* ihren Sitz.

Ein Wappen unterhalb der Balustrade und leuchtende Blumenkübel bezeichnen diesen lichtdurchfluteten Patio als Ort des Privaten und Intimen.

Ein Beispiel für diese Entwicklung ist das Haus Ca la Gran Cristiana in der Carrer de la Portella Nummer 5, das das ganze Jahr über zugänglich ist, denn hier ist seit 1968 das Museu de Mallorca untergebracht. Das ursprünglich gotische Gebäude wurde im 17. Jahrhundert vom ersten Comte d'Aiamans und Baron von Lloseta, Miquel Lluís Ballester i de Togores, umgebaut. Entgegen seinem heutigen Namen, „Haus der großen Christin", ging es hier zeitweise alles andere als christlich zu: Seine Frau, die sich von ihm trennen wollte, schloß der Graf im Haus ein, wo sie schließlich 1651 von Banditen ermordet wurde. Erst seit dem 19. Jahrhundert nennt man das Haus Ca la Gran Cristiana, da die damalige Besitzerin, Catalina Zaforteza i de Togores, eine der bekanntesten Anhängerinnen der Karlisten und zudem überaus gläubig war, was ihr den Namen „große Christin" einbrachte. Auch sie hatte kein Glück in ihrem Leben: Während der Herrschaft von Isabella II. (1833–1868) nahm man sie wegen Verschwörung mit den Karlisten fest und verbannte sie nach Sóller.

Mit der Industrialisierung im 20. Jahrhundert wurde das Altstadtviertel Palmas allmählich vernachlässigt. Wo früher eine Großfamilie das ganze Haus bewohnt hatte, entstanden nach und nach mehrere kleinere Wohneinheiten, im Hochparterre richteten Geschäftsleute Büros oder Läden ein. An die einstige Bedeutung der Eigentümer der Paläste erinnern heute oft nur noch die Namen ehemals mächtiger und berühmter Adelsfamilien oder jüdischer Wissenschaftler.

Zurück zum Comte d'Espanya: In seinem Hause habe man vor Jahrzehnten unter dem Steinbelag des Patios ein Skelett gefunden, wie der Graf sagt. Der Legende nach war vor Hunderten von Jahren ein Diener unfreiwillig Zeuge eines Mordes geworden und mußte dafür mit dem Leben bezahlen. Der Graf kommentiert dies augenzwinkernd und behauptet grienend, er könne nachts oft keine Ruhe finden, da alle hier im Haus Verstorbenen wieder auferständen und wie Osso-Spieler mit ihren morschen Knochen klapperten, erst recht, wenn in klaren Vollmondnächten die vielen kleinen Königs- und Teufelsköpfe an der Fassade des Nachbarhauses Isabella II. zu neuem Leben erwachten.

Zwischen zwei Religionen
Die Xuetes

Qui va a Liorna, hi va i no torna.
Wer nach Livorno geht, den wird man nie wiedersehen.
(Jüdisches Sprichwort)

Fast 300 Jahre lang lebten Christen, Juden und Moslems auf Mallorca friedlich nebeneinander. Jeder durfte seinen Glauben frei ausüben, Synagogen wurden neben Moscheen, Kirchen neben den Tempeln anderer Glaubensgemeinschaften errichtet. Wenn die Christen nicht verstanden, was die Araber ihnen sagen oder erklären wollten, riefen sie die sprachgewandten und gebildeten Juden, damit diese als Dolmetscher – weniger als Bindeglied zweier Sprachen, sondern vor allem zweier unterschiedlicher Kulturen – dienten.

Aber die Juden waren nicht nur Meister in der Übersetzungskunst, sondern auch angesehene Handwerker oder Wissenschaftler. In Palma arbeiteten sie in ihrem Viertel Call im Südosten der Altstadt als Silberschmiede, Schneider, Färber, Schuster, Ärzte, Buchillustratoren, Kartenzeichner oder Waffenmeister. Noch heute erinnern Straßennamen an diese Berufe, wie zum Beispiel die Carrer de S'Argentería, in der die jüdischen Silberschmiede ihren Sitz hatten.

In der Carrer de S'Argentería hatten die jüdischen Silberschmiede ihren Sitz.

Auch nachdem Jaume I. in der Silvesternacht des Jahres 1229 Palma erobert hatte, verlief das Leben der Juden vorerst noch in ruhigen Bahnen. Die jüdische Gemeinde Mallorcas galt als eine der wohlhabendsten im gesamten Mittelmeerraum, und die Christen hüteten sich davor, es sich mit den Juden zu verderben, da sie auf deren Geld angewiesen waren. Immer wieder baten die katholischen Herrscher die Juden um „Finanzspritzen", wobei ein großer Teil der Darlehen in die Finanzierung der Reconquista floß, der sogenannten Rückeroberung des spanischen Festlands durch die Christen, die Unmengen an Geld verschlang.

Doch gegen Mitte des 14. Jahrhunderts änderte sich das Leben der Juden auf dramatische Weise. Mallorca fiel unter aragonesische Herrschaft, und der mißliebige König Pere IV. erlegte den Mallorquinern hohe Steuern auf, die die einfachen Bauern und Handwerker nicht zahlen konnten.

Es kam zu Unruhen gegen die aragonesische Besatzungsmacht und zu Bauernaufständen gegen die führenden Adelsfamilien der Insel. Statt aber die wahren Verantwortlichen für ihre Misere zu vertreiben, suchte das aufgebrachte Volk sich – wie so oft – einen Sündenbock, und – wie so oft – waren es „die Juden". Erst wurden sie der Falschmünzerei

An den ersten beiden Abenden des jüdischen Osterfestes wird aus der *Haggada* vorgelesen. *Haggada* bedeutet „Erzählung" und schildert den Auszug aus Ägypten. *Goldene Haggada*, Spanien, 14. Jahrhundert, Pergament, 23,3 x 19 cm, British Library, London.

bezichtigt und so indirekt für die Armut der Mallorquiner verantwortlich gemacht, dann klagte man sie wie überall um 1350 in Europa an, auch noch die Verbreiter der Pest zu sein.

Gleichzeitig schütteten Bettelmönche noch Öl ins Feuer, indem sie das Volk mit ihren haßerfüllten, judenfeindlichen Predigten immer mehr aufpeitschten. Am 2. August 1391 stürmten die Christen den Call, in dem damals mehr als 2 500 Menschen lebten und der eines der größten Judenviertel Südeuropas war. Große Teile wurden während des Pogroms zerstört und mindestens 300 Juden von der aufgebrachten Menge umgebracht. Viele Juden flohen in das nahegelegene Almudaina-Viertel, andere entschlossen sich, als sie vor die Alternative „Tod oder Taufe" gestellt wurden, zum Christentum zu konvertieren. Verschlagene Kirchenmänner lockten sie zusätzlich mit Geld, indem sie ihnen versprachen, den Religionswechsel finanziell zu honorieren. Einige gingen auf das Angebot ein und ließen sich taufen. Getreu dem Motto „Sag' mir deinen Namen, und ich sage dir, wer du bist", kauften sie alteingesessenen Familien ihre christlichen Namen ab, um so zu dokumentieren, daß sie nun „wahre" Christen geworden waren. Angeblich, um die spätere Auszahlung des versprochenen Geldes perfekt vorzubereiten, wurde eine Liste mit den ursprünglichen, jüdischen Nachnamen der Juden sowie den neuen, christlichen erstellt.

Vom Juden zum Xueta

Die konvertierten Juden lebten nach außen hin den katholischen Glauben, während sie in den verschwiegenen Innenhöfen ihrer Häuser weiterhin heimlich zu Jahwe beteten. Dabei mußten sie ständig auf der Hut sein, denn die Schergen der Inquisition lauerten überall und nahmen jede Bezichtigung, ein Jude hätte weiterhin seinen „heidnischen" Glauben praktiziert, nur allzu gerne auf. Schließlich konnte sich die Inquisition sofort nach der Verurteilung eines Juden seines Vermögens bemächtigen.

Viele Juden benahmen sich als Christen päpstlicher als der Papst. Aus Angst vor der ständigen Verfolgung aßen sie sogar Schweinefleisch, was ihnen ja verboten ist, da es rituell als unrein gilt. Deshalb nannte man, wie die einen den Namen erklären, die konvertierten Juden in Anlehnung an das mallorquinische Wort *xuia* für Schweinespeck *xue-*

Diese Buchmalerei aus dem 15. Jahrhundert zeigt Juden bei der Zubereitung von *Matze,* einem ungesäuerten Brot, das während des *Pessach*-Festes gegessen wird und an den Auszug aus Ägypten erinnert. *Rothschild-Miszellen,* Norditalien, 1450–1470, Pergament, 21 x 15 cm, Israel Museum, Jerusalem.

tes. Die anderen führen die Bezeichnung auf das alte mallorquinische Wort *xueta* zurück, das Jüdin bedeutet haben soll.

Oft genug entschlossen sich *xuetes,* die geliebte Heimat für immer zu verlassen. In der ersten Hälfte des 16. Jahrhunderts war Italien eines der Hauptziele der Flüchtlinge, da Rom und der Kirchenstaat ihnen Aufnahme angeboten hatten. Das Motiv für diese Gastfreundlichkeit bestand, wie meistens, nicht allein in der Nächstenliebe, sondern auch im Reichtum der Juden, von denen sich die Christen ein gehöriges Scheibchen abschneiden wollten. Neben Pesaro und Ancona wurde auch Livorno ein häufig angestrebtes Auswanderungsziel für das vertriebene Volk.

Palmas Liste

Die Liste, auf der Hunderte von Jahren zuvor die alten jüdischen und die neuen christlichen Namen eingetragen worden waren, tauchte „plötzlich" eines Tages im Jahr 1755 wieder auf. Prompt setzte eine neue Verfolgungswelle

Vertreibung der Juden aus Spanien im Jahr 1492.

Öffentliche Ketzer-Befragungen waren zur Zeit der spanischen Inquisition bei der Bevölkerung akzeptiert, die wie auf Lucas Valdés Fresko Autodafé in der Iglesia de Santa María Magdalena, Sevilla, zahlreich daran teilnahm.

gegen 85 Familien ein, die Namen wie Aguiló, Bonnin, Cortés, Fuster oder Miró trugen.

Und sogar im 20. Jahrhundert spielte die Liste, auf der ein Fluch zu ruhen schien, wieder eine Rolle: 1942 suchte eine Gruppe der faschistischen Staatspartei Falange den Bischof von Mallorca auf und verlangte die Herausgabe der Namensaufstellung. Aber der damalige Bischof Campins weigerte sich, sie herauszugeben, denn er hätte damit zwischen 40 000 und 60 000 konvertierte Juden dem Tode geweiht, weil die Falangisten vorhatten, diese direkt in Nazi-Konzentrationslager zu deportieren.

Heutige Spuren der Juden in Palma

In der Gegenwart sind die *xuetes* im Vergleich zu früher besser gestellt und als „Volksgruppe" höher geachtet; eigentlich unterscheidet sie wenig von den „normalen“ Mallorquinern, außer daß sie vielleicht ihre alten Angehörigen noch höher achten und in der Familie noch enger zusammenhalten, als Spanier das ohnehin tun. Wie früher so sind sie auch heute geschätzt aufgrund ihrer Fähigkeiten und Beziehungen im Finanzwesen, sei es Bank oder Börse. Sie besetzen Führungspositionen in vielen Wirtschaftsbereichen und sind auch in der autonomen Regionalregierung vertreten.

Gegen Ende des 20. Jahrhunderts erfolgte auch die Neu-Gründung der jüdischen Gemeinde auf Mallorca, die nun ebenso Land kaufen darf wie jede andere juristische Person auch; *xuetes* selbst gehören als Katholiken allerdings nicht zur jüdischen Gemeinde. 1987 wurde die erste Synagoge seit der Inquisition auf der Insel eingeweiht.

Im Straßenverzeichnis der mallorquinischen Orte tauchen immer wieder Namen jüdischen Ursprungs auf. Auch die große Rosette in der Kathedrale Palmas, in deren kaleidoskopartiger Dreiecksstruktur man bei näherem Hinsehen durchaus die Figur des Davidsterns „herausschauen“ kann, belegt die Bedeutung des jüdischen Lebens und seiner Religion für mallorquinische Kultur.

Und das zeigt sich ebenso im Alltag, denn sechszackig sind auch die *crespells,* ein auf der Insel immer noch sehr verbreitetes sternförmiges Süßgebäck, das die Juden erfunden haben und das auch in Italien sehr beliebt ist.

Nach der Vertreibung von der Iberischen Halbinsel im 15. Jahrhundert wanderten viele Sepharden über Italien und Nordafrika ins Osmanische Reich aus, wo die spanischen und die portugiesischen Juden von Sultan Bayazid II. aufgenommen wurden. Dort entstanden in Griechenland, in größeren Städten der türkischen Mittelmeerküste und in Palästina große und kulturell rege Gemeinden, in denen sich bis ins 18. Jahrhundert Sepharden ansiedelten.

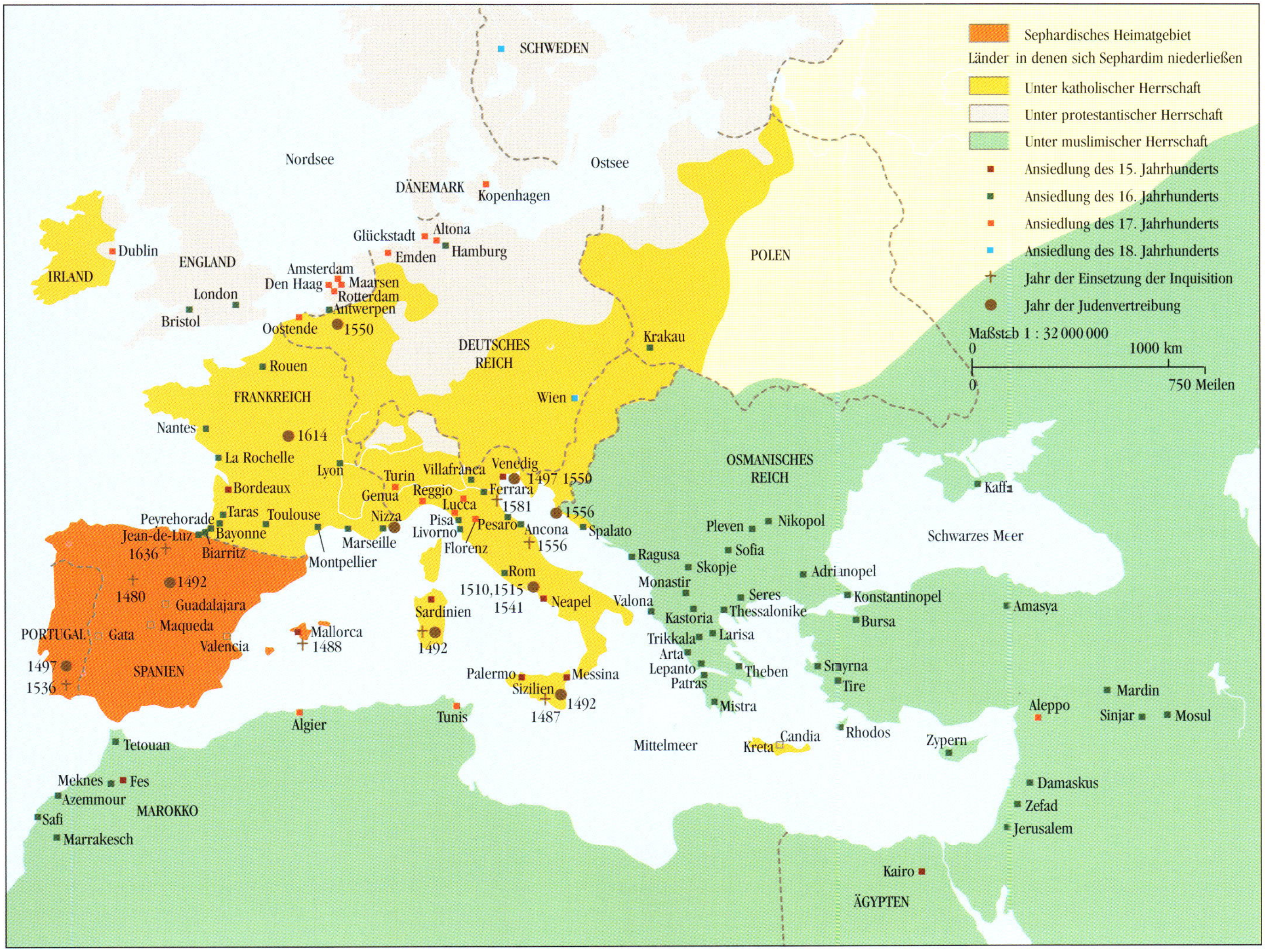

Die zweite Seite des Weltatlas: Darstellung der vier Jahreszeiten und der zwölf Sternzeichen.

Rumben für die Welt
Die jüdischen Kartographen von Palma

Ein Weltatlas! König Pere IV. von Aragón (1336–1387) hatte lange gegrübelt, mit welchem Geschenk er König Karl V. von Frankreich (1338–1380), der wegen seiner Vorliebe für Kunst und Literatur „der Weise" genannt wurde, für sich einnehmen könnte. Hübsch und dekorativ sollte es sein, aber zugleich auch lehrreich. Nach längerem Nachdenken fiel ihm endlich etwas ein: Eine Weltkarte war genau das Richtige für den König mit der großen Büchersammlung.

Bei der Auswahl derjenigen, die dieses Kunstwerk erstellen sollten, überlegte der König hingegen nicht so lange. Schließlich hatte er 1343 die Insel Mallorca erobert, und sie war im 14. Jahrhundert das Zentrum nautischen Wissens: Die berühmtesten Kartographen lebten und arbeiteten im Judenviertel Call von Palma. Ihre Kenntnisse des Planetensystems und der Form der Erde hatten sie von den Arabern erlernt, die die wenig weltoffenen und engstirnigen Christen mit ihrem Wissen übertrafen.

Ein „Familienbetrieb", Abraham und Jafuda Cresques, erhielt den Auftrag, eine *mapa mundi,* einen Weltatlas, zu zeichnen – aber nicht bloß eine Karte, sondern ein Schmuckstück sollte es werden, nicht für die Benutzung auf See, sondern für die Bibliothek gedacht. Nach zweijähriger Arbeit war das Kartenwerk, das von nun an unter dem Namen „Katalanischer Weltatlas" berühmt werden sollte, im Jahr 1377 vollendet. Vollendet fand es auch König Pere IV. selbst, als er es in Augenschein nahm: Der Atlas sei das Schönste, was er jemals gesehen habe.

Denn die Cresques hatten nicht nur eine Karte des Mittelmeers gezeichnet, sondern auch deren Erweiterung für die damals bekannte Welt und dazu noch eine Gesamt-Kosmologie erstellt: ein astronomisch-astrologisches Rad, das die Erde im Mittelpunkt und die einzelnen Sphären um sie herum zeigte. Das Entscheidende an dieser Karte bestand darin, daß sie nicht nur die Küstenlinien zeigte, an denen man sich jahrhundertelang entlanggetastet hatte, sondern auch „Rumben", Reiselinien über das hohe Meer, die die Reisedauer wesentlich verkürzten, aber bei den unsicheren Kompassen der damaligen Zeit das Risiko gleichzeitig wesentlich erhöhten.

Sechs Seiten hatten die beiden angefertigt, der Sohn Jafuda hatte mit damals unglaublicher Präzision das Mittelmeer, das ehemalige Römische Reich sowie Afrika dargestellt. Da die genaue Vermessung der Küsten damals aus politischen Gründen nicht möglich war, erklärt sich die erstaunliche Genauigkeit der Mittelmeerdarstellung bei den mallorquinischen Kartographen wahrscheinlich damit, daß ihnen eine alte Karte der Römer vorlag. Diese hatten um 20 v. Chr. unter Augustus in jahrelanger Arbeit eine genaue Vermessung und Kartierung ihres Reiches vorgenommen, auf der die mallorquinischen Kartographen jetzt aufbauen konnten.

Jafudas Vater Abraham Cresques erweckte die Karten mit seinen bunten Illustrationen und Erläuterungen zum Leben. Schließlich wollten Vater und Sohn nicht nur ein getreues Abbild der Erde schaffen, sondern vor allem auch die Menschen und ihre Lebensweisen beschreiben. Die kleinen, eng aneinander gedrängten Buchstaben, die Legenden, Erklärungen und Zeichnungen scheinen jegliche Lücke auf der Karte und im Wissen schließen zu wollen.

So flattern auf stilisierten Wahrzeichen einzelner afrikanischer Städte weiße, blaue und rote Fahnen, erhabene Herrscher sitzen auf ihren Thronen neben Zelten, in denen Nomaden sich vor der Wüstensonne schützen. Vor der Küste nimmt der mallorquinische Seefahrer Jaume Ferrer Kurs auf den Senegal und verdient sich gerade sein Denkmal auf der Plaça de les Drassanes, das ihm Palma gleich nach dieser Glanzleistung errichtet hat. Schließlich waren die Seeleute Mallorcas auf den ersten Platz der europäischen Entdeckerliste gerückt, und auf Mallorca wurde so auch noch das Geschäft mit dem Gold aus dem Reich Mali eröffnet.

Die mallorquinischen Kartographen entwickelten …

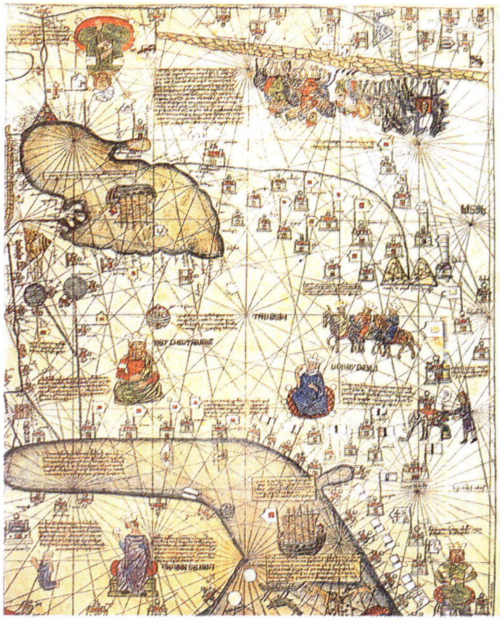

… ein kompliziertes Netz zur Einteilung der Erde.

Der Realismus war allerdings mit der geographischen Darstellung der Welt erschöpft. Nordeuropa, Asien und Arabien waren verzerrt, ähnlich sah es mit den Vorstellungen über das Leben in diesen Teilen der Welt aus. Bei der Darstellung von Asien, einem damals noch unerforschten Erdteil, konnten die Kartographen auf keinerlei Vorlagen zurückgreifen. Lediglich die Beschreibungen von Weltreisenden wie Marco Polo (1254–1324), Sir John Mandeville (1300–1372) oder Ibn Battuta (1304–1369) gaben ihnen Hinweise auf Lage und Küstenform des Kontinents. Auch hier fehlen weder sibirische Handelskarawanen noch Pygmäen oder Könige. Während neben den Monarchen Elefanten ihre Rüssel in die Luft strecken, machen die Heiligen Drei Könige dem Christuskind mit Geschenken ihre Aufwartung. Im Indischen Ozean verkehren chinesische Dschunken mit Perlenfischern, die sich gemeinsam gegen Haie verteidigen. Ein Text klärt darüber auf, daß die „Bewohner der 7548 Inseln des Indischen Ozeans wild sind, Meerwasser trinken und von rohem Fisch leben“.

Jafuda Cresques hingegen mußte sich von den mallorquinischen Fischen, die er bestimmt nicht roh aß, bald verabschieden. Nachdem er zum christlichen Glauben konvertiert war, wurde er als Jaime Ribes an die Schule Heinrichs des Seefahrers in Portugal berufen, wo er mit seinen Karten die Grundlage für den Seeweg nach Indien legte. Der Seefahrer Vasco da Gama konnte dann auf seiner Reise nach Indien 1497–1499 bei der Umrundung Afrikas den Beweis antreten, was es mit den Gerüchten um die Wilden auf sich hatte.

Prachtvoller Tribut an den Tourismus
Palmas Gran Hotel

Sehr beschaulich ging es Anfang des Jahrhunderts in der heute überaus belebten Unió-Straße zu.

Es war einmal ... eine Zeit, in der ausländische Besucher auf Mallorca noch eine Seltenheit darstellten. Die wenigen, die die Insel besuchten, beschrieben hernach begeistert ihre Schönheit, aber frühestens Ende des 19. Jahrhunderts trieb der Tourismus zart und vorsichtig erste Knospen. Nach und nach wurden Reisende angelockt, die aber meist mit dem Problem zu kämpfen hatten, daß sie nicht Erzherzog von Habsburg-Toskana waren und somit nicht wie Ludwig Salvator über ein Landgut zum Wohnen disponieren konnten.

Ein Hotel erster Klasse mußte her, um dem wachsenden Bedarf an Unterkünften für die meist wohlhabenden Europäer Rechnung zu tragen. Eines Tages war es dann beschlossen und besiegelt: Ein Gran Hotel sollte im Herzen Palmas erbaut werden.

Mit dem Bau des 1000 Quadratmeter großen Komplexes wurde der mallorquinische Architekt Lluís Domènech i Muntaner beauftragt, ein Schüler Gaudís. Die Maler Joaquim Mir und Santiago Rusiñol schmückten sieben Wände im Speisesaal mit riesigen Wandgemälden und aus der berühmten Fabrik *La Roqueta* wurden handbemalte Keramikarbeiten bestellt.

Auch in Sachen Wärme- und Stromversorgung setzte das Hotel neue Maßstäbe: Im Zeitalter der Gas- und Öllampen produzierten Akkumulatoren eigene Energie für die insgesamt 150 Zimmer, und eine Dampfheizung sorgte für die nötige Wärme. Nicht alle Zimmer hatten ein eigenes Bad, aber das war zu jener Zeit selbst für ein Luxushotel nichts Besonderes.

Der 9. Februar 1903 war endlich der langersehnte, große Tag: Feierliche Eröffnung des Gran Hotel! Die 250 geladenen Ehrengäste, unter ihnen altbekannte Familien aus Palma wie die Marquesos del Palmer oder die Villalongas, waren hingerissen.

Das will etwas heißen, denn solch erlauchter Adel lebte selbst in den schönsten aller *palaus* der Stadt. In der Einweihungsrede übertrafen sich die Redner mit ihren Lobprei-

1975 schloß das Hotel seine Pforten. Den schmiedeeisernen Balkon im obersten Stockwerk kann man heute nur noch von außen bewundern ...

... ebenso den Stuck-Erker mit Kronen in der Brüstung über den bunten Fenstern.

sungen: Es sei eine Hymne aus Stein, eine friedliche Revolution, und nun könne Mallorca endlich in vollen Kontakt mit der europäischen Kultur treten, so hieß es.

Kurz nach der Einweihung wurde ein Informationsheft veröffentlicht, das als einer der ersten Reiseführer Mallorcas bezeichnet werden kann. Auf 80 Seiten beschrieb die Direktion dem „Besucher, der einige Tage auf der Insel bleiben möchte", Exkursionen und Stadtrundgänge auf Mallorca. 1928, als ein Bad im Hotelzimmer langsam zum Standard für hochpreisige Unterkünfte gehörte, wurde das Gran Hotel zum ersten Mal modernisiert und konnte dann mit insgesamt 120 Zimmern, 50 Badezimmern, einem Aufzug und einer großzügigen Lounge aufwarten.

Aber der Zahn der Zeit nagte bereits am mallorquinischen Symbol für Luxus und Wohlstand: In den dreißiger Jahren, zur Zeit der Weltwirtschaftskrise und später des Spanischen Bürgerkriegs, begann das Hotel zu verfallen. 1941 war es soweit heruntergekommen, daß es kaum die Bezeichnung „Hotel" und schon gar nicht den Namen „Gran" verdiente. Dennoch ächzte es noch viele Jahre vor sich hin, hoffnungslos veraltet und ohne Aussichten auf die notwendigen Finanzspritzen für eine Grundrenovierung, bis es zuletzt 1975 doch seine Pforten schließen mußte.

Aber nicht für immer: Die Stiftung der katalanischen Sparkasse *La Caixa* erbarmte sich, gab ihm seine ursprüngliche Jugendstil-Fassade zurück und wandelte es in ein Kulturzentrum um, wo Besucher heute mallorquinische Malerei der Jahrhundertwende bewundern können. Mehr noch, das Gebäude wurde von der UNESCO sogar zum Weltkulturerbe der Menschheit erklärt. Und im Café, in dem schon Erzherzog Ludwig Salvator mit seinem Freund, dem Maler und Dichter Santiago Rusiñol, plauderte, kann man bei einem Drink in der Erinnerung an gute alte Zeiten schwelgen.

Im Café des stilvoll runderneuerten Gran Hotels kann man in alten Zeiten schwelgen.

Die Fassade des 1901 erbauten Hotels ist das prächtigste Beispiel für den mallorquinischen Jugendstil. Beim Betrachten der Gemälde aus der *belle époque* fühlt man sich in die Zeit vor dem Ersten Weltkrieg zurückversetzt, „als die Welt noch in Ordnung war".

Wer ist die Schönere unter Palmas Flaniermeilen?
Born oder Ramblas

Im Oktober 1403 zerstörte ein wildgewordener Fluß nach heftigen Regenfällen 1500 Häuser und forderte knapp 5000 Menschenleben. Geschehen, so die Stadtchroniken, dort, wo heute die Ramblas, die Unió-Straße und der Passeig des Born mitten durch die Stadt führen bis hinunter zum Almudaina-Palast und zum Meer. Der Übeltäter, der Fluß Riera, mußte daraufhin mit seinem Bett weiter nach Westen rücken, bis er 1620 endgültig seinem neuen Lauf folgte.

Sein altes Bett aber war für die Stadtplaner ein schwieriges Erbe: Was tun mit der Schneise, die der Fluß früher durch die Stadt geschlagen hatte? Das war die Geburtsstunde des Passeig des Born und der Ramblas, jener beiden Boulevards, die seitdem um den Rang der schönsten Flaniermeile, nicht nur Palmas, sondern ganz Mallorcas, buhlen.

Der Born, ein zur Allee verlängerter Platz, beginnt an der Plaça del Rei Joan Carles I., wo früher der Brunnen zu Ehren Königin Isabella II. stand, der 1868 während der sogenannten Septemberrevolution zerstört wurde. Heute

Belebt waren die Ramblas schon zu Erzherzog Ludwig Salvators Zeiten.

Treppauf, treppab: Eine Treppe führt zur Plaça Major, eine weitere zu den Ramblas hinab.

Täglich kann man über den üppigen und bunten Blumenmarkt der Ramblas flanieren …

… oder sich in einer *pastisseria* genüßlich mit besten Süßigkeiten eindecken.

schmückt ihn ein Obelisk, unter dessen Last vier kleine Schildkröten stöhnten, wären sie nicht aus Stein.

Direkt gegenüber gibt es *cafè amb llet* in der Bar Bosch, einer Institution unter den Bars der Hauptstadt. Hier einen Platz in einem der Korbstühle zu ergattern, ist Ehrensache für Gäste wie für Einheimische, obwohl die Preise sicher zu hoch angesetzt sind für das zweifelhafte Vergnügen, inmitten dröhnenden Verkehrslärms und stinkender Auspuffgase einen Milchkaffee zu trinken. Als in den 50er Jahren des 20. Jahrhunderts der Schriftsteller Robert Ranke Graves hier einkehrte, war es wahrscheinlich noch etwas beschaulicher – und billiger.

Auf der anderen Straßenseite verdeckte jahrzehntelang eine dicke Putzschicht die Barockfassade des Palau Solleric, auch Ca'n Morell genannt. Seit 1995 strahlt die Fassade des Palastes wieder in ihrer ganzen Pracht des 18. Jahrhunderts.

Heute ist das Gebäude eine Kunsthalle mit Werken mallorquinischer Maler und einem Café im Erdgeschoß, wo der Kaffee mit mehr Ruhe als in der Bar Bosch serviert wird und nebenan das rege Treiben am großen Zeitungskiosk zu stundenlangen Detailstudien einlädt.

Wer sich doch losreißen kann, schlendert gemütlich-gemach durch den platanengeschmückten Mittelstreifen Richtung Plaça Reina, wo Sitzbänke die eine oder andere Verschnaufpause erleichtern. Am brunnengeschmückten Ende des Born beginnt der Hort del Rei, ein hübscher Park mit maurisch anmutenden Wasserspielen.

Einmal im Jahr, zum Stadtfest Ende Februar, ist es allerdings vorbei mit der beschaulichen Ruhe unter den Bäumen des Born. Dann flankieren die Allee tagelang Zuschauertribünen über die volle Länge, und der Mittelstreifen wird zur sandbedeckten Rennbahn für Galopprennen, Kutschenwettfahrten und Ritterturniere, während im Hort del Rei ein mittelalterlicher Markt mit Kunsthandwerk und Gauklern um Käufer und Zuschauer wirbt.

Die Ramblas, die eigentlich Via Roma heißen, erreicht man von der Plaça Major aus über eine Treppenstraße. Die breiten Kronen der Platanen schließen sich über der Promenade zu einem dichten Dach. Die Hauptflaniermeile Palmas wurde mehrmals umgestaltet, bis sie ihr heutiges Erscheinungsbild mit den steinernen Bänken erhielt. Seit der zweiten Hälfte des 19. Jahrhunderts zieht hier der Samstagsmarkt Händler und Käufer an. Die Ramblas können aber auch außerhalb der Markttage mit einem besonderen Schmuck aufwarten: Auf dem täglichen Blumenmarkt duftet und blüht so ziemlich alles, was auf der Insel wächst.

Gesäumt werden beide Straßenseiten von prächtigen Bürgerhäusern des 19. Jahrhunderts, vor deren Fassaden kaum Stell- und Bewegungsraum für Autos vorhanden ist. Deshalb sind die Ramblas, einst die breiteste Straße der Stadt, wesentlich ruhiger und beschaulicher als der Born. In solch urbaner Ruhe leben, völlig abgeschieden vom städtischen Trubel, auch heute noch die Nonnen des Klosters Santa Teresa. Nicht einmal Lieferanten bekommen die weltabgewandten Ordensfrauen zu Gesicht, dank einer Drehklappe an der Klosterpforte, die die Klausur des Klosters unumstößlich macht.

Die vier kleinen Schildkröten scheinen unter dem Gewicht des Obelisken, der am Beginn des Born steht, zu stöhnen.

In Argentinien sparte der Großvater Geld, um die Bäckerei in Palma kaufen zu können.

Heimat des Bäckers
Die Altstadt

Hinein ins Calatrava-Viertel im Herzen Palmas und immer der Nase nach. Eine unfehlbare Methode, um einem verheißungsvollen Duft auf den Leim und den Grund zu gehen, gleich um die Ecke, bei der Ca'n Miquel: Denn in der Bäckerei Forn de sa Pelleteria, in der gleichnamigen Straße, steht der rundliche Inhaber Miquel Pujol i Ferragut im Schlaraffenland der Düfte seiner Backstube und formt Kringel für *ensaïmades,* oder er belegt die berühmte mallorquinische Pizza *coca,* füllt *cremadillos,* Blätterteiggebäck, mit Pudding oder Engelshaar, einer Art Kürbismarmelade. Und manchmal schiebt er auch *sobrassada frita amb mel* in den Ofen, eine abenteuerliche Zusammenstellung, bei der die Schärfe der Paprikawurst durch Honig gemildert wird. Wenn er nicht gerade an der nächsten Ecke sitzt, versteht sich, frische Luft schnappt und mit den Bewohnern des Viertels plaudert, so viel Zeit muß sein.

Wie ein stolzer Vater legt Miquel seinen Arm auf den *forn* im Vorraum, der wie ein Gewölbe gemauert ist: „Steinalt ist dieser Ofen schon, fast 400 Jahre. 1625 wurde das Geschäft gegründet, und 1914 hat es mein Großvater gekauft, nachdem er sich mit einigen Jahren Arbeit das Geld in Argentinien zusammengespart hatte." Auf einem verwitterten Schwarzweißfoto, das in der alten Glasvitrine im Laden seinen Ehrenplatz hat, ist der Vorfahr zu bewundern: in Südamerika auf einer Kutsche mit der Aufschrift *Panadería Argentina,* „Argentinische Bäckerei".

Seit seiner Geburt 1937 kennt und liebt Miquel sein Viertel Sa Calatrava in der Altstadt Palmas. Früher war hier das Zentrum des jüdischen Geschäftslebens: Zunftbezogene Straßennamen wie *Blanquers,* Gerber, oder eben auch *Pelleters,* Kürschner, weisen noch heute auf die alten Berufe der geschäftstüchtigen jüdischen Handwerker hin. Auch deren Handwerkskunst par excellence ist noch vertreten: Jüdische Gold- und Silberschmiede füllten hier schon im Mittelalter die Gassen mit dem matten Glanz des Goldes und der Mondlichtfarbe des Silbers. Heute wechseln sich die Schmuckgeschäfte mit Antiquitätenläden ab, wo schwere dunkle mallorquinische Holzmöbel in den Schaufenstern wetteifern mit Tiffany-Lampen vom Festland und hie und da einer alten *menora,* dem siebenarmigen Leuchter, der in keinem jüdischen Haushalt fehlen darf. An der Plaça Sant Jeroni arbeiteten weltbekannte Kartographen. Und möglicherweise hat auch Miquel eine Berühmtheit in seinem Stammbaum: „Der erste Admiral der Vereinigten Staaten hieß David Ferragut, und er könnte einer meiner Ahnen sein." Sicher? „Das weiß man nie so genau. Irgendwie sind wir ja sowieso im Viertel alle miteinander verwandt und eine große Familie."

Seit 34 Jahren steht Miquel Pujol i Ferragut täglich vor dem Ofen.

Um fünf Uhr morgens schließt Miquel die Ladentür auf. „Bäcker müssen zeitig aufstehen. Wenn die anderen früher, als ich noch jung war, nach einer durchgemachten Nacht auf dem Heimweg hier am *forn* vorbeikamen, dann hatte ich schon die ersten *ensaïmades* aus dem Holzofen geholt." Ein Ritual unter Nachbarn und Freunden in einem Viertel, das das Großstadtleben darum herum vergessen läßt: Morgens um sechs kommen sie angeschlichen, ein wenig trunken noch von den Anstrengungen und Erlebnissen der Nacht, aber fit genug, um die unentbehrliche Tasse heiße Schokolade dabeizuhaben und um Miquels *ensaïmades* kulinarische Ehre zu machen. Miquel ziert sich ein wenig, murmelt etwas von „Sind noch gar nicht richtig fertig" oder „Laßt mich doch arbeiten und kommt wieder, wenn der Laden auf ist", aber auch das gehört zum Ritual, denn am Ende bekommen die Nachtschwärmer ihre noch warme, duftende Hefeschnecke. Haben sie sich nach diesem mallorquinischen Katerfrühstück ins Bett getrollt, ist Miquel wieder allein mit seinem Ofen.

Und grinst vielleicht in sich hinein eingedenk seiner Jugend, als er morgens nicht am Ofen stand und das Feuer schürte, sondern die mehlbestaubte Schürze am Nagel hängen ließ, um auf Schürzenjagd zu gehen. Mit Erfolg: Kurz darauf heiratete er und führte den Familienbetrieb gemeinsam mit seiner Frau fort.

„Mittlerweile helfen auch meine Söhne mit. Vielleicht will ja einer die Bäckerei weiterführen." In Anbetracht der selbstvergessenen Hingabe, mit der sein ältester Sohn den Teig formt, dürfte sich Miquel keine Sorgen um seine Nachfolge am *forn* machen müssen. Denn auch der Ruhestand hat seine rituellen Gewohnheiten im intimen Calatrava-Viertel: Dann reiht sich Miquel unter die respektablen Herren, die gemütlich mit ihren Freunden draußen auf einer Bank in der Nähe des Hogares de Temple, dem ehemaligen Oratorium der Tempelritter, auf der Plaça del Temple sitzen und über Palma, Mallorca und die Welt philosophieren, eingehüllt in die verführerischen Aromen aus dem *forn* um die Ecke.

Eng und heimelig präsentieren sich die schmalen Gassen der Altstadt Palmas.

Schnecken mit Prädikat
Ensaïmades

3. Oktober 1996 – ein wichtiger Tag für Mallorca. Denn seitdem darf eine *ensaïmada* von der Insel – und nur sie – den offiziellen Titel *„Ensaïmada de Mallorca"* führen. Dieses Gütesiegel hat sie auch bitter nötig gehabt, denn ein „Verkaufshit" wird in der freien Marktwirtschaft sofort von „Produktpiraten" kopiert.

Vom Erfolg des mallorquinischen Feingebäcks wollten sich nämlich die Bäcker vom spanischen Festland ihr eigenes Scheibchen abschneiden, und so gerieten einige der berühmten Hefeschnecken in die Backöfen und Verkaufstheken von Barcelona und Valencia.

Tanzende in Trachten und die Kathedrale La Seu zieren die klassischen Verpackungen der mallorquinischen *ensaïmada.*

Die Empörung auf der Insel schlug hohe Wellen, die sich erst wieder mit der Verleihung des Qualitäts- und Gütesiegels legten. Doch ein leicht bitterer Nachgeschmack blieb bis heute: Gilt dieses mallorquinische *ensaïmada*-Monopol doch leider nur für das einfache, mit Puderzucker bestreute Grundrezept und seine Variation, *cabell d'angel,* Engelshaar, eine Art Füllung mit Kürbismus.

So klar und eindeutig die Mallorquiner also ihr Urheberrecht an der *ensaïmada* für sich erstreiten konnten, so unklar und zweideutig verliert sich der Ursprung der Süßschnecke im Dunkel der mallorquinischen Backstuben – ein stets willkommener Anlaß sich begeistert darüber zu streiten: Die Juden haben sie erfunden, was sofort die heftig vorgebrachte Frage auslöst: Und das Schmalz in der *ensaïmada,* denn das *saïm* im Namen steht immerhin für Schweineschmalz!? Das kann doch niemals ein jüdisches Rezept sein!

Aber auch die Araber verschmähen Schmalz: Sie hingegen sollen angeblich eines Tages die *bolems dolçes* gebacken haben. Und daraus soll sich später dann das traditionelle Hefegebäck entwickelt haben. Das läßt wieder die Verfechter der ersten These sagen, die Juden hätten schon lange vor den Arabern ein süßes Gebäck namens *bulema* gekannt!

Was die Mallorquiner an diesem Thema fesselt, läßt die touristischen Inselbesucher unbeeindruckt: Behutsam tragen sie die berühmten, sorgfältig geschnürten Schachteln mit dem schmackhaften Souvenir in ihr Flugzeug. Durchschnittlich 40 Stück der offiziellen *Ensaïmada de Mallorca* verlassen pro Charterflug die Insel, so eine genauso offizielle Untersuchung der Regierung der Balearen.

Schon für Ludwig Salvator waren die *ensaïmades* wichtig genug, in seiner Mallorca-Studie erwähnt zu werden: „Man bereitet *ensaïmades* von sehr verschiedener Grösse und Werth. Die, welche zum Frühstück dienen, werden gewöhnlich für 3, 4, oder 6 Centesimos de Escudo verkauft (etwa 8, 10 oder 15 Centimes). Eine grössere Sorte, auf welche dünne Schnitte von Sobrassada und Speck, bisweilen auch kleine Schnitte oder Stückchen von Carabassât (in Zucker eingemachter Kürbis) bald allein, bald mit Sobrasadastücke gelegt werden, geniesst man in der Regel zum Vesperbrod oder beim Mittagsmal als Dessert."

Auch heute gehören die fertigen *ensaïmades* backfrisch auf den Frühstückstisch und dürfen auch bei keinem mallorquinischen Essen als Dessert fehlen. Egal, wann man sie ißt, sie sollten auf jeden Fall warm sein, denn dann schmecken sie am besten.

Ensaïmada Lisa

Einfache *ensaïmada*

Zutaten für 40 mittelgroße ensaimades
900 g Zucker (feine Raffinade)
9 Eier
3 kg Mehl (Typ 405)
250 g Schweineschmalz
80 g Hefe
1 l Wasser
Puderzucker

Aus Hefe, einer Prise Zucker, etwas warmem Wasser und 1 Eßlöffel Mehl einen Vorteig machen. Das Mehl auf eine Tischplatte geben und in der Mitte eine runde Vertiefung eindrücken. Zucker, Eier, Wasser und den Vorteig zu einem glatten, geschmeidigen Teig kneten und gehenlassen. Wenn er sein doppeltes Volumen erreicht hat, wird er nochmals eifrig durchgewalkt und dann mit einem Nudelholz sehr dünn zu einem Rechteck ausgerollt.
Schließlich kommt das Wichtigste: Der Teig wird mit lauwarmem Schweineschmalz bestrichen und von der Längsseite her eingerollt. Nun muß er wieder einmal eine Stunde ruhen, bevor er zur Schnecke gemacht (zusammengerollt) wird. Dann wird er auf ein gefettetes Backblech gelegt, wo er ein weiteres Mal ruhen muß, nun aber eine ganze Nacht lang, mit einem Handtuch abgedeckt und außerdem an einem kühlen Ort. Dann kann er endlich im vorgeheizten Backofen bei 180 Grad gebacken werden. Unmittelbar vor dem Verzehr werden die fertigen *ensaïmades* mit Puderzucker bestreut.

Die Ingredienzen einer *ensaïmada,* Schweineschmalz, Hefe, Mehl, Eier und Zucker, umringen den bereits fertigen Kringel.

Der Hefeteig, Grundlage für die *ensaïmades,* wird gut durchgeknetet. Dann läßt man ihn bis zum doppelten Volumen aufgehen.

Den Teig bestreicht man mit Schweineschmalz und zupft ihn so zurecht, daß man von der Längsseite mit dem Aufrollen beginnen kann.

Langsam wird dabei der Teig von der Außenseite ausgehend zu einer gleichmäßigen Rolle geformt.

Jetzt muß der Hefeteig nochmals ruhen, bis endlich die namengebende Schnecke geformt werden kann.

Die einzelnen Schnecken werden schließlich aneinandergelegt und bei 180 Grad gebacken.

Ein Meister aus Felanitx und Stein aus Santanyí für ein Juwel der Gotik
Sa Llotja

Enge Straßen führen vom Puig de Sant Pere, einem kleinen Hügel westlich der Altstadt, hinunter zum ältesten Viertel der Fischer und Schiffsbauer, dem Barri de la Llotja. Mittelpunkt des Viertels war schon immer der Bereich des Werftplatzes, der Plaça de ses Drassanes, offen zum Meer und mit den ersten Ansiedlungen an der Küste im Rücken, den dreistöckigen Häusern, die heute einige der meistbesuchten Restaurants und Cafés Palmas beherbergen.

Die spanischen Eroberer gestalteten im 13. Jahrhundert Teile des gegenüberliegenden Hafens um: Sie erweiterten ihn, legten eine künstliche Mole an und verstärkten die Verteidigungsanlage durch neue Wehrtürme. Der Hafen von Palma war im Mittelalter und in der frühen Neuzeit eine wichtige Zwischenstation für Handelsschiffe auf dem Weg von und nach Spanien und Italien. Manche machten sich aber auch genau in die entgegengesetzte Richtung auf, wie der Seefahrer Jaume Ferrer, dem auf der Plaça de ses Drassanes ein Denkmal gesetzt ist. Ferrer erkundete im 14. Jahrhundert die westafrikanische Küste und kam mit so wichtigen Erkenntnissen zurück, daß sie neben den Berichten der Weltreisenden Marco Polo und Ibn Battuta in den berühmten *Atlas Català* des Mallorquiners Jafuda Cresques einflossen.

Ein paar Schritte von diesem Monument entfernt erreicht man eines der Meisterwerke der Gotik: die Seehandelsbörse Sa Llotja. Im Mittelalter gestaltete man die Handelsbörsen so aufwendig wie irgend möglich; schließlich waren sie ein Symbol für den Reichtum eines Handelsstaates, und der wollte natürlich zur Schau gestellt werden. Nachdem die Mallorquiner als Dank für ihre Unterstützung bei der Eroberung Sardiniens das Recht erhalten hatten, auf alle ein- oder ausgeführten Waren Steuern zu erheben, verwendeten sie einen Teil ihrer Einnahmen für den Ausbau der Verteidigungslinie, mit dem Überschuß finanzierten sie den Bau ihrer prächtigen Börse. 1426 erhielt der angesehene, aus Felanitx stammende Baumeister Guillem Sagrera den Auftrag zur Errichtung der Llotja – in zwölf Jahren für 22 000 Llibras. Erst 1450 wurde der prachtvolle Bau in wertvollem Marès aus Santanyí nach einigen Verzögerungen fertiggestellt und von den Händlern und der Kaufmannsgilde *Col·legi de Mercaderia* eingeweiht.

Heute gilt die Llotja als eines der größten Werke der katalanischen Gotik. Das Gebäude

Oben: Die Zinnengalerie mit den achteckigen Türmchen gibt der Handelsbörse der christlichen Seefahrt ein maurisches Flair.

Rechts: Beschauliches Idyll in Palmas Fischereihafen: Schon zur Zeit, als die Llotja, deren Zinnen im Hintergrund die Nachmittagssonne grüßen, gebaut wurde, flickten die Fischer ihre Netze auf diese Weise.

wird von vier achteckigen Türmen an jeder Ecke begrenzt, wobei die Fassade der Längsseite durch drei, die der Breitseite durch zwei ebenfalls achteckige Türmchen aufgelockert wird. Den oberen Abschluß bildet eine Zinnengalerie, die einerseits stark an den Baustil der Mauren erinnert, andererseits aber auch ein Bauelement der damaligen Zeit war: Stadtmauern, Burgwälle, Wehrkirchen brauchten Zinnen und Ecktürme, um Angreifer sehen und bekämpfen zu können, ohne die Deckung zu verlieren. Wasserspeier recken ihren Hals aus der Fassade unterhalb der Zinnen, über dem Eingangsportal lädt ein Engel mit prächtigem Haarkleid in das Bauwerk ein, das inzwischen in eine Ausstellungshalle umgewandelt wurde. Hoch und luftig erheben sich innen die drei Schiffe, gleichmäßig und sanft erhellt von neun Spitzbogenfenstern. Sechs Pfeiler ohne Kapitelle drehen sich in geschmeidigen Spiralen Richtung Decke. Nur das Fehlen von Orgelmusik und des typischen Weihrauch-Geruchs macht deutlich, daß dies keine Kathedrale des Geldes ist, sondern immer das selbstgesetzte Denkmal einer einst florierenden Seehandelswirtschaft.

„Gegenwärtig wird die Llotja als Halle für Getreide und Hülsenfrüchte benutzt und ist in Folge dessen mit Säcken überfüllt", schrieb Ludwig Salvator Ende des 19. Jahrhunderts; „... es ist zu bedauern, dass dieser Prachtbau, der eine der Hauptzierden der Stadt bildet, nicht einem edleren Zwecke gewidmet wurde. Das Gärtchen der Llotja, mit einem Springbrunnen in der Mitte und einigen Palmen bepflanzt, wird durch ein Gitter gegen das schmale Plätzchen vor der Escuela de la Llotja abgeschlossen; diese alte Kapelle hat ein gothisches Portal mit

der Jahreszahl 1600, eine Renaissancerose und einen Glockengiebel mit Spitzbogen ... An die Escuela de la Llotja stösst das alte Haus, das einst dem Consulado de Maor oder dem Handelsstande Palma's gehörte. Prachtvoll ist gegen die Seeseite zu eine Renaissancehalle, von fünf Segmentbogen gebildet, die auf runden Säulen ruhen, zwischen deren viereckigen Postamenten eine Balustrade mit Dockengeländern entlang läuft ... Man übersieht von hier aus den ganzen Hafen. Ein mit einer modernen Uhr versehenes, von einer Glocke überragtes Thürmchen ziert das ganze Gebäude."

Auf der anderen Straßenseite des Passeig d'en Sagrera flicken die Fischer des Viertels noch immer ihre in allen Blautönen schimmernden Netze, während die Flaggen der Balearen auf dem Consolat del Mar, dem ehemaligen Seehandelsgericht, im Nachmittagswind flattern. Denn in diesem verspielten Spät-Renaissancebau aus dem 17. Jahrhundert mit seiner fünfbogigen Loggia und spätgotischen Kapelle residiert der Präsident der autonomen Balearen-Regierung. Zu bestimmten Zeiten dürfen die einheimischen Wähler und Steuerzahler und auswärtigen Gäste das Innere des demokratischen Palastes besuchen und sehen, in welche kühle und vornehme Pracht ihre Abgaben unter anderem fließen, seit hier nicht mehr, wie ursprünglich vorgesehen, Seefahrer und Nautiker die Schulbank drücken, sondern Verwaltungsbeamte die Ledersessel.

Abends wird es in dem ufernahen Teil von Sa Llotja etwas ruhiger: Dann nämlich strömen alle durch das Gewirr der verschlungenen Gassen in die nahegelegene Carrer Apuntadors, die mit ihrer Restaurant- und Bardichte stark rekordverdächtig für Mallorca ist. Die eine oder andere Gastwirtschaft bewirtet ihre Gäste inmitten rauchgeschwärzter, hochbetagter Deckenbalken oder in urigen Kellergewölben aus der Zeit, als hier noch Fischer ihren Humpen tranken und Kaufleute aus allen Ländern des Mittelmeers auf einen gelungenen Handel anstießen.

Links oben: Lustwandeln unter Palmen an der Platja de Palma. Palmas exotischer Uferpromenade.

Links: In dem Consolat de Mar aus dem 17. Jahrhundert, das direkt neben der Llotja errichtet wurde, tagte früher das Seehandelsgericht.

Rechts: Im Llotja-Viertel landet der frisch gefangene Fisch direkt auf den Tellern der Restaurantbesucher.

E-2470
ESP-1685

Majestäten ahoi!
Regatten in der Bucht

Wenn König Juan Carlos I. seine Maßanzüge gegen Bermudashorts tauscht und Königin Sofía ihre gepflegte Frisur mit einem Kopftuch gegen den Wind schützt, wenn der Prinz von Asturien mit einem Dreitagebart auftaucht und die Infantinnen Elena und Cristina mit Baseball-Kappen und Sonnenbrillen, ist es wieder so weit: Die Bucht von Palma de Mallorca kleidet sich in sportliches Weiß, die Segel-Regatta *Copa del Rey – Trofeo Agua Brava,* der Königs-Cup, hat begonnen.

Fünf Tage lang, wenn der Juli dem August Platz macht im Kalender, verwandelt sich der ehrwürdige Real Club Náutico, der Königliche Segelclub Palmas, in das Zentrum des internationalen Segelsports. Denn die königliche Regatta gehört zum Zyklus der spanischen, der europäischen und der Weltmeisterschaften. Mit dem Unterschied, daß seit der ersten *Copa del Rey* 1981 die Königsfamilie daran teilnimmt: der König am Ruder der Yacht Bribón und die Infantin Cristina mit ihrer Cousine, Prinzessin Alexia von Griechenland, auf der Azur de Puig; Prinz Felipe wechselt hin und wieder Schiff und Mannschaft, als Thronfolger darf er nicht zu einseitig sein. Ähnlich hält es seine älteste Schwester, die Infantin Elena, die seit 1999 samt ihrem Ehemann Jaime de Marichalar und dem jüngsten Skipper der Königsfamilie, ihrem Sohn Felipe Juan Froilán, auf der Casera angeheuert hat. Juan Carlos I. selbst nahm 1972 an den Olympischen Segelwettbewerben in Kiel teil. Kein Wunder also, daß zwei Königskinder ebenfalls bei Olympischen Spielen dabei waren: die Infantin Cristina 1988 in Seoul und der Kronprinz 1992 in Barcelona – natürlich. Vor, hinter und gegen den Wind segelten sie dem Gold hinterher, das Königin Sofías Bruder Konstantin 1960 in Rom mit seinem „Drachen" geholt hatte.

Links: Zweimal im Jahr wird Palma Gastgeberin für königliche Regatten: den Prinzessin-Sofía-Cup und den Königs-Cup.

Oben: König Juan Carlos I., Königin Sofía und der Kronprinz Felipe applaudieren den Siegern der Prinzessin-Sofía-Regatta.

Unten: Ein Mastenwald wiegt sich in der Brise vor Palmas Passeig Marítim.

Kleinstadtcharme der Großstadt
Santa Catalina und Es Jonquet

Auf der Plaça del Vapor, dem Dampfplatz, flattert frischgewaschene Wäsche fröhlich auf den Terrassen im Wind, auf den Balkonen der zweistöckigen weißen Häuser recken Geranien ihre knallroten Blüten der Sonne entgegen, für die passende Geräuschkulisse sorgt ein Kupferschmied, der emsig auf seinen Pfannen und Töpfen herumhämmert. Im familiären Es Jonquet-Viertel gleicht Palma eher einem andalusischen Dorf als einer betriebsamen Großstadt, wären da nicht Fetzen von *Mallorquí,* die durch die Gassen schwirren und röche es nicht aus den Küchen der Restaurants und Bars nach *sopes* und *frit.*

Vier malerische Windmühlen mit ihren windgebeutelten Segeln markieren die Grenze zu Es Jonquet gleich gegenüber der Hafenmole; weiter oberhalb, jenseits der Straße Sant Maggí, winden sich die verschlungenen Gassen des Santa Catalina-Viertels auf den Hang. In diesen Stadtteilen nahe dem Hafen wohnten früher jene, die auf dem Meer arbeiteten oder dafür die notwendige Ausrüstung schufen: Fischer und Schiffbauer, Netzknüpfer und Seildreher.

Im 16. Jahrhundert nahm die Bevölkerung Palmas rasch zu, die Hauptstadt zog vor allem Handwerker an, da es hier reichlich Arbeit gab. Als der mittelalterliche Kern der Stadt die Grenzen seines Fassungsvermögens innerhalb der schützenden Stadtmauer erreichte, suchten sich die Neuankömmlinge notgedrungen außerhalb davon ihr Heim und lebten zusammen mit den anderen, alteingesessenen Bewohnern im *eixample,* der „Ausdehnung".

Vom „Dampfplatz" in Es Jonquet kann man auf die Windmühlen gegenüber der Hafenmohle schauen.

Die ersten beiden Viertel außerhalb des Herzens Palmas nahmen Gestalt an. 1868, als der Schiffbau auf Mallorca wieder wirtschaftlichen Aufschwung erlebte und die Bevölkerung der Viertel immer stärker anwuchs, wurde ein städtebauliches Konzept für die *barris,* die einzelnen Stadtviertel, nötig, wo bis dahin jeder mehr oder weniger baute, wo und wie es ihm gerade richtig erschien. Mit kleinen, zweigeschossigen Häusern mit Balkon, zusammengefaßt in Straßenzügen, und günstigen Mieten entstanden so die ersten „Sozialwohnungen" Mallorcas.

Anfang des 20. Jahrhunderts waren die Arbeiterviertel eine bunte, pulsierende Gemeinschaft geworden: Es gab reichlich Auswahl an *tavernes* und *cellers,* wo sich die Reeper, die Arbeiter der Seilerwerkstätten, mit

In diesem Viertel wollten die Stadtplaner nie hoch hinaus: Die Häuser blieben höchstens zweistöckig, aber erhalten und „romantisch".

den Fabrikarbeitern und den Fischern trafen. Mittelpunkt von Santa Catalina war die Markthalle, der Mercat de Santa Catalina. Schon zur Zeit der Araber verkauften im ältesten Markt Palmas die Fischerfrauen das, was ihren Männern ins Netz gegangen war. Heute gilt der Mercat als der gemütlichste und beste der Stadt. Hier treffen sich die nicht-prominenten Bewohner des Viertels mit den Starköchen der Insel und taxieren, schnuppern und betasten einhellig die Pyramiden aus Obst und Gemüse, die mit Eis gefüllten Stiegen voller Fische und Meeresfrüchte und lassen sich beim Schlachter ein Scheibchen *fuet,* Hartwurst, zum Probieren reichen. Danach bleibt immer noch Zeit, den Einkauf mit einem Kaffee in der Marktbar abzuschließen und mit den *arravalers,* den Vorstädtern, wie sie immer noch genannt werden, ein Pläuschchen zu halten.

Tabakschmuggler als Lebensretter

Seit einigen Jahrzehnten werden alte, schon etwas heruntergekommene Gebäude in Santa Catalina und Es Jonquet renoviert, manche haben sich sogar in Hotels verwandelt, denn auch Touristen wie getösemüde Innenstädter fühlen sich vom so verträumten wie quirligen Charme dieser Viertel angezogen. Im alten Waschhaus, wo noch bis weit ins 20. Jahrhundert hinein Kernseife und Schrubbebrett gegen Kragenränder und Ölflecken eingesetzt wurden, hat sich ein Tourismusbüro häuslich niedergelassen, aus einer der alten Mühlen dröhnt heute Discomusik, und die kleinen Tavernen haben sich zu edlen Restaurants gemausert. Sogar die Fassade der sagenumwobenen Bar Cuba direkt an der Grenze zwischen Es Jonquet und Santa Catalina wurde restauriert.

Hier sei früher das Zentrum der mallorquinischen Tabakschmuggler gewesen, behaupten einige. Andere hingegen sind den beiden Brüdern aus der Bar immer noch dankbar, denn sie haben in den 50er Jahren, als die Tuberkulose in Palma wütete, das rare Wundermittel Penicillin aus Tanger nach Mallorca geschafft und damit vielen Menschen das Leben gerettet.

Seit einigen Jahren werden die Häuser in der ehemaligen Vorstadt restauriert.

Die Altbauten an der Plaça Drassana versprühen den Charme eines andalusischen Dorfes.

Kerker mit Aussicht
Castell de Bellver

Nachdem Jaume I. am Silvestertag 1229 Palma erobert hatte, wollte er sich und seinen Truppen ein Denkmal setzen. Neben der Kathedrale sollte ein weiteres Bauwerk symbolisieren, daß sich die christliche Macht über die Moslems erhoben und diese unwiderruflich unterworfen hatte. Der Standort für dieses Machtsymbol war schnell gefunden: Der Hügel Bellver, der sich fast 113 Meter über die Stadt erhebt, schien ideal für das Vorhaben zu sein. Aber es gingen noch einige Jahrzehnte ins Land, bevor mit dem Bau der Burg begonnen wurde. Jaume I. sollte die Fertigstellung des Bauwerks nicht mehr erleben.

Erst im Jahre 1300 fand sich ein Baumeister, der der Aufgabe gewachsen schien, dieses ehrgeizige Projekt umzusetzen: Pere Salvà, der schon den Almudaina-Palast umgebaut hatte, machte den Eindruck, der geeignete Mann zu sein. Neun Jahre lang arbeiteten 70 Männer unermüdlich an den Grundfesten. 1309 waren die Arbeiten beendet, und der neue König Jaume II. konnte mit dem Werk zufrieden sein.

Was seine Anlage betrifft, so ist das Castell de Bellver einmalig in Spanien: Denn anders als die meisten Wehrbauten ist es kreisrund. Die Burg ist um den Innenhof herum gebaut, und auch die beiden den Hof umgebenden Stockwerke sind gerundet. Die Arkaden der unteren Etage sind romanisch, der Säulengang des oberen Geschosses ist gotisch. Der ganze Komplex wirkt von außen wehrhaft verschlossen und uneinnehmbar, während die zweistöckigen Loggien, die den Innenhof umgeben, mit ihren verspielten Säulen reine Lebensfreude ausdrücken.

112,60 Meter thront die kreisrunde Burg über Palma.

Umgeben von einem vier Meter breiten Graben, hat die Burg drei Türme, die sich über den runden Teil erheben, während sich der vierte, der Torre de l'Homenatge, außerhalb des runden Baus befindet und durch eine kleine, ehemalige Ziehbrücke mit der eigentlichen Burg verbunden ist. Man betritt ihn über die Terrasse im zweiten Stock, die ein strategischer Überwachungspunkt war, und kann von da aus viele Kilometer landeinwärts und in Richtung Meer sehen.

Wenn man im *torre* hinabgeht, führt eine Bodenklappe in eine Höhle, die nur an einer Seite ein kleines rechteckiges Fenster besitzt. Sie wurde später als Verlies benutzt, in das die Gefangenen aus einer Höhe von fünf Metern hinabgeworfen wurden: die berüchtigte l'Olla. Unter der Burg soll es auch ein künstliches

Höhlensystem geben, die Coves d'Avall, das durch den Materialabbau während der Bauarbeiten entstand. Der Legende nach hat hier die böse Hexe Joana ihre Opfer mit Feigen vergiftet.

Die Gruft der Freiheit

Anfang des 19. Jahrhunderts wurde der berühmteste Gefangene im Castell de Bellver eingekerkert, der Jurist Gaspar Melchor de Jovellanos, einer der einflußreichsten Vertreter der Aufklärung in Spanien. Nachdem er im asturischen Oviedo Recht und Theologie studiert hatte, wurde de Jovellanos – 1744 zu Gijón in eine adelige Familie hineingeboren – 1767 zunächst Kriminalrichter in Sevilla, später Hofrichter in Madrid. Seiner Dramen wegen gilt er als wichtiger Autor des spanischen Klassizismus, aber mit der Veröffentlichung eines gewagten Werkes zur Bodenreform begann eine Hetzkampagne der Konservativen gegen ihn.

Aufgrund der Berufung von Manuel de Godoy, des Herzogs von Alcúdia, zum spanischen Premierminister Karls IV. wendete sich aber für de Jovellanos noch einmal das Blatt, und er avancierte 1797 zum spanischen Justizminister. Schnell aber geriet er mit dem nur 25jährigen windigen Günstling Godoy – der sowohl der Liebhaber der Königin als auch der Liebling des Königs war – über Kreuz und mußte sich im nächsten Jahr nach Gijón zurückziehen. Als er es dann auch noch wagte, sich in seiner *Apología* direkt gegen den franzosenfreundlichen Godoy zu stellen und für eine liberale Politik einzutreten, war für die Royalisten das Maß voll.

1801 kerkerte man den Aufklärer kurzerhand ein: zuerst in der Kartause von Valldemossa, ein Jahr später dann auf der Burg von Palma. Neben einem neuen Curriculum für das Schulwesen der Inseln, das er im Auftrag der *Societat Mallorquina Econòmica D'Amics del País,* der Wirtschaftsgesellschaft der Freunde des Landes, entwarf, verfaßte er eine Beschreibung über das Castell und sein Leben als Gefangener, besonders über den Gefängnisturm, den er als eine „Gruft für Lebendige" beschrieb.

Insgesamt sieben Jahre, bis 1808, blieb er inhaftiert. Für einen Mann von 57 Jahren war dies körperlich sicher eine große Belastung, von der seelischen ganz zu schweigen: Der Kontrast des Kerkers mit seinen verriegelten Türen und eisenbewehrten Fenstergittern, den feuchtkühlen Wänden und dem ewigen Halb-Dunkel, der Kälte im Winter und der Hitze im Sommer – gegenüber den Ruhe ausstrahlenden, prächtigen Räumen und lichten Bogengängen, die für die königliche Familie entworfen worden waren, wurde dem Häftling jeden Tag aufs neue bewußt. Trotzdem verzweifelte er nicht an seinem Schicksal, sondern schilderte in seinem Werk und in seinen Briefen das Bauwerk und seine Umgebung. Einen der sogenannten „poetischen Briefe", die er in der Gefangenschaft schrieb, widmete er ironischerweise „dem Leben in der Abgeschiedenheit". Was mag ihn mehr bewegt haben, wenn er im Frühling auf den Hügel des Castell de Bellver, der Burg der schönen Aussicht, schaute: die Freude an der Schönheit der üppig blühenden Nelken und Lilien, die den Hügel bedeckten – oder die Trauer darüber, daß er vielleicht niemals wieder die Freiheit besitzen würde, ihren wunderbaren Duft zu riechen? Wenigstens die letzten Jahre seines Lebens hatte er dazu noch Gelegenheit: Nach dem Sturz von Godoy im März 1808 entließ man ihn aus der Haft, im Alter von 64 Jahren. Noch drei Jahre hatte er zu leben, bis er am 27. November 1811 im asturischen Vega starb. Während dieser Zeit war er maßgeblich an der Organisation des Unabhängigkeitskrieges gegen die napoleonische Besetzung Spaniens beteiligt; den Sieg jedoch durfte er nicht mehr erleben.

Im selben Jahr, in dem de Jovellanos aus der Haft – und Godoy aus dem Amt – entlassen wurde, kamen neue Gefangene ins Castell: zahlreiche französische Soldaten und Beamte, die am 19. Juli 1808 in der Schlacht von Bailén besiegt worden waren, dem ersten bedeutenden Sieg der Spanier in eben diesem Befreiungskrieg. 18 000 Männer wurden gefangengenommen und mußten auf mehrere Haftanstalten verteilt werden; deshalb wurden einige von ihnen ins Castell de Bellver deportiert. Fast 6 000 von ihnen starben in den nächsten Jahren auf der Illa de Cabrera, 18 Kilometer vor der Küste Mallorcas.

Die Franzosen blieben nicht die einzigen Gefangenen des Castells: Eine Tafel weist noch heute darauf hin, daß hier 1817 der britische General D. L. Lacy erschossen wurde, da er als Anführer eines gescheiterten Aufstands der Liberalen zum Tode verurteilt worden war. Und auch während des Spanischen Bürgerkriegs, von 1936 bis 1939, war die Burg ein Gefängnis für die Liberalen, als die Nationalisten dort mehr als 800 Republikaner einsperrten. 1931 wurden die Burg und der dazugehörige Wald der Stadt Palma übertragen. Heute beherbergt das Castell de Bellver, das Historische Stadtmuseum von Palma, worin sich auch die Sammlung klassischer Bildhauerei des Kardinals Despuig befindet.

Der Torre de l Homenatge wurde zum Kerker des Schriftstellers und Politikers Gaspar Melchor de Jovellanos.

Hinter dem Rundbogentor stand bis um 1900 die schönste Palmengruppe Mallorcas.

Dunkle Verbindungen

Der Papst, die Templer, der französische König und die Geheimgänge der Burg

Geheimnisumwittert ist es, viele Sagen kreisen um das Castell de Bellver, Düsteres geschah in seinen Mauern. Bei einem Besuch in seinen Verliesen, den *olla* genannten Kerkern, die nichts als finstere, klamme Löcher waren, kann man mit etwas Phantasie schon die Ketten klirren, die Gefangenen schreien oder beten und die Wachen kommandieren hören. 1391 wurden einige von Palmas Juden auf den Burgwällen des Castell durch Verbrennung hingerichtet, und während der Inquisition hat man angeblich Verurteilte auf der Burgmauer geteert und gefedert, bevor man die Todgeweihten in den Abgrund stürzte.

Aber nicht nur die Herrscher, auch die Beherrschten ließen sich in puncto Grausamkeit nicht lumpen: 1521 stürmten die Aufständischen der *germania,* der Bruderschaften der Handwerker-Zünfte, im Verlauf der „Karnevalsunruhen" das Castell und schlachteten gleich die gesamte Besatzung ab. Und im Untergrund des Burgbergs lauerte das Böse: Eine heimtückische Hexe soll unschuldige Menschen in ihre Höhlen Coves d'Avall gelockt und sie dann mit vergifteten Feigen ums Leben gebracht haben.

Das gehört sich so für eine anständige Burg; ebenso wie Geheimtüren, die sich lautlos in den Angeln drehen, Hintertreppen, die auf stockfinsteren Schleichwegen zu anderen Gemächern führen, und verborgene Stollen, die die Burg mit der Außenwelt verbinden. Und genau so ist es auch im Castell de Bellver: Eine Legende besagt, daß zwischen der Burg, der drei Kilometer entfernten Kathedrale und dem östlich gelegenen Calatrava-Viertel ein weitverzweigtes Netz von geheimen Verbindungsgängen existierte, dessen Bau die Templer begonnen hatten. Tatsächlich fanden Archäologen in der zweiten Hälfte des 20. Jahrhunderts Teile eines Gangs, der von dem alten Gebäude El Temple, dem früheren Sitz des Templerordens im Stadtteil Calatrava, bis zum Almudaina-Palast verlief, und vermuteten, daß dieser bis zum Castell führte.

Geld regiert die Welt

Natürlich müssen bei derartigen mittelalterlichen Abenteuergeschichten die Templer mit im Spiel sein, gelten sie doch durch ihre erfolgreichen Verschwörungen und wirksamen Verschleierungen als eine der wichtigsten Geheimgesellschaften des Abendlandes – von denen manche immer noch glauben, daß sie im geheimen die Politik mitbeeinflußt. Ursprünglich einmal wurde der Templerorden 1119 von Hugo von Payens in Jerusalem zum Schutz der christlichen Pilger gegründet, die im 12. Jahrhundert das Heilige Land besuchten.

Der Ketzerei beschuldigte Templer werden ins Gefängnis geführt (Buchmalerei, 14. Jahrhundert).

Der Name „Templer" leitete sich vom früheren Sitz des Ordens auf dem Jerusalemer Tempelberg ab, wo König Balduin den Kreuzrittern 1118 einen Teil seines Palastes überlassen hatte; offiziell hörte die Gemeinschaft auf den Namen „Orden der armen Ritter Christi". Mit der Armut aber nahmen sie es nicht so genau, denn recht schnell dehnte sich der Orden über ganz Europa bis nach Portugal aus und wurde zu einem bedeutenden Machtfaktor, der an allen strategisch wichtigen Punkten der Kreuzzugszeit Niederlassungen und vor allem Banken besaß.

Wo immer die Kreuzritter hinkamen, brachten sie sich durch geschickte Handels- und Kreditgeschäfte auf überraschend schnellem und wohl auch oft dunklem Wege in den Besitz von Ländereien, Gebäuden und Kapital. Ihre Macht wuchs noch dadurch, daß der Orden 1139 unmittelbar dem Papst unterstellt wurde. In ihren weißen Mänteln mit dem roten Kreuz bauten sie dort, wo sie sich niederließen, ihre Privilegien immer weiter aus und zahlten meistens sogar weder Zölle noch Steuern.

Auch in Katalonien übten die Templer einen beträchtlichen Einfluß aus, denn sie verfügten über Besitztümer und hochrangige Ämter, die es ihnen erlaubten, wichtige Staatsangelegenheiten mitzubestimmen; und das schon ab 1131, also gerade einmal 12 Jahre nach ihrer Gründung. Selbstverständlich waren sie – die Erzieher Jaumes I. – auch 1229 an der christlichen Invasion Mallorcas beteiligt und erhielten als Dank nach der gelungenen Rückeroberung der Insel 525 Pferde und mehr als 359 Stadthäuser; dazu kamen aber vor allem noch beträchtliche Ländereien in Pollença, Escorca und Montuïri, wo sie sich festsetzten und nun eine Position einnahmen, die mindestens mit der einer Gemeindeverwaltung vergleichbar war. Als König Jaume II. 1301 seine eigenen Bürgermeister ernannte, um die Kontrolle auf dem Land zurückzugewinnen, kam es zur offenen Konfrontation mit dem Königshaus: Die Templer waren nicht bereit, auf ihre einmal erteilten Privilegien zu verzichten.

Macht macht unbeliebt, und wenn dann auch noch Geld zu holen ist, wird manches plötzlich sehr schnell möglich. Schon oft waren die Templer wegen ihrer Verflechtung von Geld und Macht in Verruf geraten, und so bahnte sich bald eine ernsthafte Konfrontation an. Interna des Ordens wie die geheime Liturgie, in deren Zentrum ein unbekanntes Götzenbild gestanden haben soll, wurden „aufgedeckt" und schürten das Mißtrauen der Regierungen: Man hielt den Orden für ketzerisch und subversiv.

Der französische König Philipp IV., der Schöne, der Frankreich von 1268 bis 1314 regierte und sehr zu seinem Ärger überall in seinem Reich Niederlassungen der Templer vorfand, startete eine Kampagne gegen die Mönchsritter, beschuldigte sie der Häresie und setzte die Inquisition auf sie an. Nachdem auch noch ein ehemaliger Templer zu den Gegnern überlief und seine Ordensbrüder der Blasphemie und Unzucht beschuldigte, waren allen Aktionen Tür und Tor geöffnet, wenn nur der Papst mit von der Partie war.

Die Templer trugen auf weißen Gewändern ein achtspitziges rotes Kreuz, die dienenden Brüder waren schwarz oder braun gekleidet.

Das allerdings war des Königs kleinste Sorge. Denn schon für die Wahl des Papstes war Philipp IV. verantwortlich gewesen, und Klemens V. – der erste Exilpapst (1305–1314), der in Avignon, also unter der Fuchtel des französischen Königs, residieren mußte – war seither völlig von ihm abhängig. Philipp IV. aber führte Krieg in Flandern, und Kriege kosten Geld; so drängte er Klemens V. zur Auflösung des Templerordens, um sich dessen Besitz einzuverleiben. Der Papst gab dem Druck des französischen Königs nach und veranlaßte die Aufhebung des Ordens – nicht gerade im Unwissen über die Tatsache, daß dies dessen Besitz, wenigstens zum Teil, auch in die schützenden Hände von Mutter Kirche bringen würde.

1307 ließ Philipp IV. den Großmeister und weitere Anführer der Templer verhaften und ihr gesamtes Vermögen beschlagnahmen. 1312 löste Klemens V. den Orden endgültig auf und übergab seinen Besitz einem Konkurrenten der Templer, dem Hospitaliterorden – angeblich jedenfalls, denn in Wirklichkeit „kümmerten sich" vor allem Philip IV. und sein englischer Königskollege Eduard II. (1284–1327) um das Gold der Templer.

Tunnel und Tempel

1311 gingen auch der Tempel der Templer an der Plaça del Temple in Palma und die Besitztümer des Ordens auf Mallorca in die Verwaltung der katholischen Kirche über. Somit wird das Tunnelsystem einem doppelten Zweck gedient haben. Zunächst, so wird vermutet, trafen sich die Templer zu der Zeit, als sie mit den Regierenden noch gemeinsame Pläne schmiedeten und Geschäfte abwickelten, heimlich in den unterirdischen Gängen. Später, als sie in Ungnade fielen, nützte ihnen das System, dessen Seiten- und Nebenarme sie den Herrschenden nie bis ins Detail enthüllt hatten, um sich vor den Verfolgern zu schützen und möglicherweise einen Großteil ihres Vermögens nach Portugal zu schaffen.

Da der Tempel des Ordens mitten im Viertel Calatrava liegt, also im Zentrum des ehemaligen jüdischen Viertels Call, geht man davon aus, daß auch die Juden während der jahrhundertelangen Verfolgung durch die Christen von der Existenz der Geheim-

In ihrem Selbstverständnis sahen sich die Kreuzritter immer von Christus geführt.

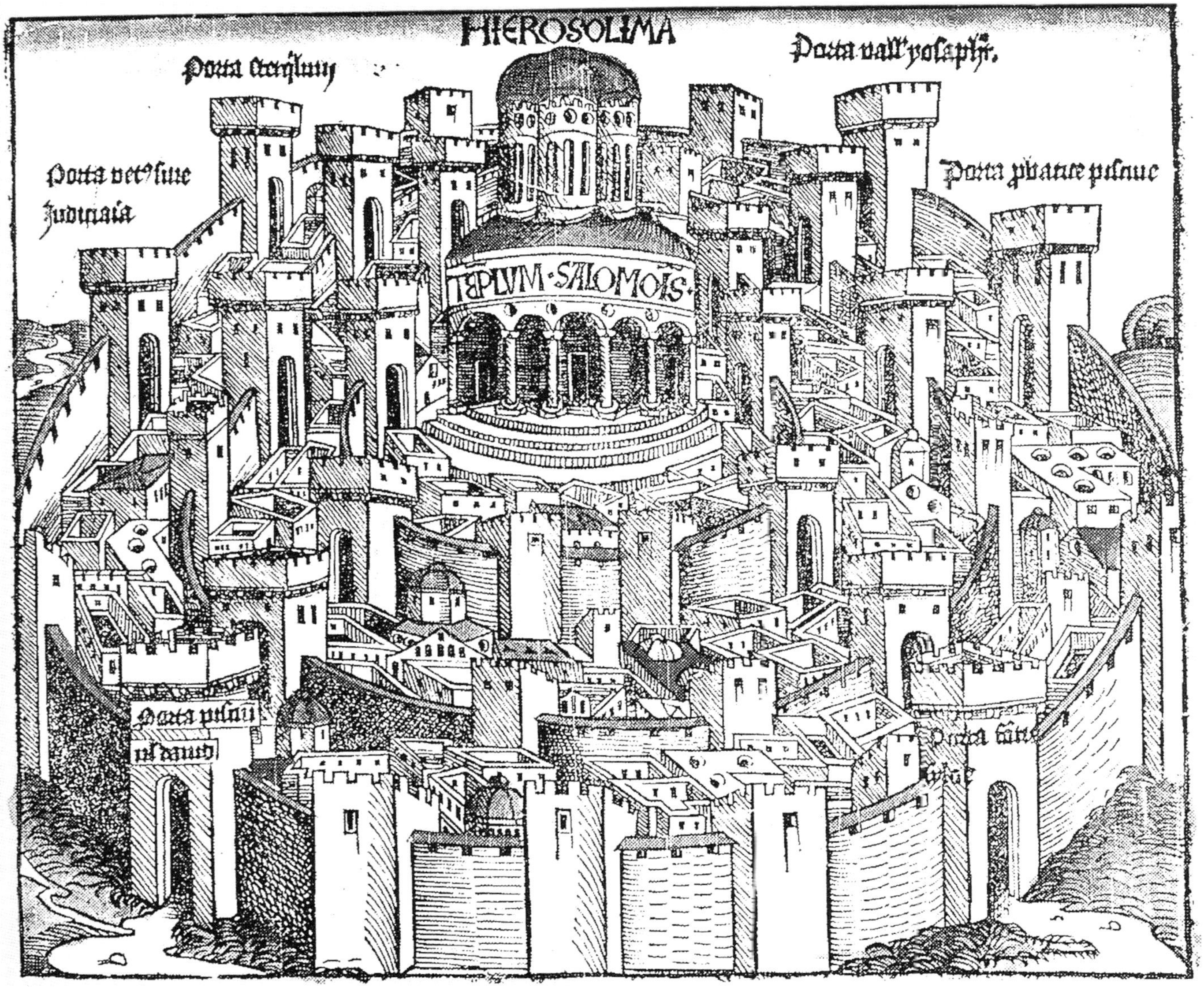

Das Hauptquartier des Ordens befand sich am früheren Standort von Salomons Tempel in Jerusalem.

gänge wußten. Manche Forscher behaupten sogar, daß es früher in Palma eine unterirdische Synagoge gegeben habe, in der sich die verfolgten und zwangsgetauften *xuetes* heimlich trafen, um ihren Glauben zu praktizieren. Einige Wissenschaftler vermuten, daß ohnehin eine enge wirtschaftliche Verbindung zwischen dem Orden und den Juden bestand, wie sie die große Nähe von Tempeln und jüdischen Vierteln in Frankreich und Spanien beweist. Schließlich waren beide im Banken- und Geldverleihgeschäft tätig und pflegten einen ausgeprägten Handel mit dem Orient.

Da die Almudaina gleich nach der Eroberung 1229 von den Christen genutzt wurde und die Bauarbeiten am Castell de Bellver Anfang des 14. Jahrhunderts begannen, wurden die Geheimgänge vom Stadtzentrum zum Castell wahrscheinlich Ende des 13. Jahrhunderts angelegt. In den 70er Jahren des 20. Jahrhunderts entdeckte eine Gruppe von Forschern einen Teil des Stollens in der Nähe der Kathedrale, doch da ein großer Teil eingestürzt und der Rest mit Müll- und Trümmerbergen der vergangenen Jahrhunderte angefüllt war, mußten die Archäologen von ihrem Vorhaben absehen, die Ausgrabungen fortzusetzen.

Schnittpunkt dieses gesamten Systems war offenbar die Almudaina. Obwohl noch nicht ganz klar ist, an welcher Stelle genau der dunkle unterirdische Weg der Templer bei der Kathedrale begann, muß er wohl parallel zum Passeig de Sagrera verlaufen sein und am Castell de Bellver in den Höhlen Coves d'Avall geendet haben – dort nämlich, wo die Hexe ihr Unwesen trieb und von wo vielleicht wirklich mancher nicht mehr zurückkehrte.

Asyl für Notleidende und Spielwiese der Prominenz *El Terreno*

Bis in die 70er Jahre des 18. Jahrhunderts mußte das Castell de Bellver auf dem Hügel im Südwesten des Stadtzentrums ohne Nachbarn auskommen. Niemand kam auf die Idee, in El Terreno, dem Gebiet zwischen der Burg und der Küste, wohnen zu wollen, denn selbst die Bewohner von Es Jonquet oder Santa Catalina, nur ein paar Schritte von der Stadtmauer entfernt, wurden schon geringschätzig *arrabaleros,* Vorstädter, genannt.

Bis zum Bau der Burg war die Gegend von El Terreno eine vollkommen unbebaute Landschaft in Küstennähe, die kaum mehr zu bieten hatte als ein paar fruchtbare Weiden, große Niederholzflächen und ein Jagdgebiet für Kleinwild als einzigem natürlichen Reichtum. Erst als 1309 das Castell de Bellver fertiggestellt wurde, setzten die Verwalter der Region, die Prioren der Cartoixa de Valldemossa, einen Gouverneur ein. Seine Aufgabe war es, die Erträge des Landgutes zu nutzen und dafür im Gegenzug die Ländereien und den Wald in Ordnung zu halten, vor allem die Hänge rund um die Burg.

Ende des 18. Jahrhunderts ließ sich der Kardinal Antoni Despuig i Cotoner, ein Freund und Förderer der schönen Künste, als Eigentümer des Besitzes von El Terreno eintragen und teilte das Gebiet in Parzellen auf mit dem Ziel, sie als Bauland auszuweisen. Aber es blieb bei einigen vereinzelten Häusern, denn es gehörte noch nicht zum Lebensstil der Städter, an die nahe Küste zu fahren, um von dort mit Abstand und Muße auf das pulsierende Zentrum der Hauptstadt zu blicken.

Erst als 1835 ein Erdbeben die Stadt in ihren Grundfesten erschütterte, flohen die Bewohner Palmas nach El Terreno und harrten in behelfsmäßigen Unterkünften aus, bis sich die Urgewalten des Erdinneren beruhigt hatten. 30 Jahre später schwappte eine zweite Flüchtlingswelle nach El Terreno, denn in Palma wütete eine Cholera-Epidemie, die mehr als 2 000 Menschen im Nu dahinraffte. Diesmal wurde sogar ein Lager für die noch Gesunden eingerichtet, um die Ansteckungsgefahr in der Stadt einzudämmen. An der südwestlichen Seite des Burghügels wurden die alten Bäume gefällt, da die Anzahl der in El Terreno kampierenden Bewohner Palmas ständig wuchs und mehr Platz benötigt wurde.

Deshalb wird in El Terreno in einer kleinen Kirche aus dem 19. Jahrhundert sogar eine gotische Marienfigur, die Mare de Déu de la Salut, die „Mutter Gottes der Gesundheit", verehrt. Nun war El Terre-

no allen in Palma ein Begriff. Langsam sprachen sich auch die Vorzüge des Ortes herum – jenseits seiner bewährten Qualität als Quarantäne in Notzeiten. Das erste größere Besiedlungsprojekt rief 1835 die *Societat Mallorquina Econòmica D'Amics del País,* die Wirtschaftsgesellschaft der Freunde des Landes, ins Leben, eine Vereinigung zur Förderung der Wirtschaft, die diesen Teil der Bucht zu einer Wohngegend machen wollte. Das Vorhaben war jedoch nicht von Erfolg gekrönt, denn die „Freunde des Landes" mußten feststellen, daß das Leben außerhalb der Stadt weiterhin niemanden interessierte.

Links: Zum San-Sebastían-Fest erleuchtet ein prächtiges Feuerwerk den Nachthimmel über der Stadt.

Unten: Auf dem Passeig Maritím ist der Verkehr schon zur Ruhe gekommen; ein Stockwerk höher wartet eine Schwimmbad-Disco auf spaßhungrige Gäste.

Die Wiege des mallorquinischen Tourismus

Erst 1859, als das Kriegsministerium die Hoheitsrechte für den dem Meer zugewandten Teil besaß und erste Baugenehmigungen erteilte, waren die bürgerlichen Familien aus Palma offenbar reif für die Küste: Mit 34 Sommerhäusern begann die organisierte Bebauung der Region. Langsam kam die Sommerfrische am Meer in Mode, zumal El Terreno mit seiner unberührten Landschaft nach nur einstündiger Kutschfahrt vom Zentrum Palmas aus zu erreichen war.

Seit 1895 schätzen immer mehr Bürger die Vorzüge des Viertels. Plötzlich war es „in", ein Haus in El Terreno zu besitzen, und wer etwas auf sich hielt und über das nötige Kleingeld verfügte, ließ sich dort sein Feriendomizil bauen und erholte sich am Wochenende vom städtischen Trubel. Anfang des 20. Jahrhunderts läutete der Bau der ersten beiden Hotels Victoria und Mediterráneo nahe der Plaça de Gomila den Beginn des Fremdenverkehrs ein. Die Nobelunterkunft Gran Hotel im Herzen Palmas bekam Konkurrenz, da die Pioniere unter den damaligen Reiseveranstaltern die „Naturbelassenheit" El Terrenos in ihren Broschüren priesen. An den malerischen Hängen, die zwischen der Plaça de Gomila und dem Castell de Bellver liegen, ließen sich neben reichen Mallorquinern Künstler und Schriftsteller nieder: Gertrude Stein, George Bernard Shaw, Georges Bernanós und Rubén Darío verbrachten hier erholsame Tage oder kauften sogar Grund und Boden und errichteten sich den eigenen Traum vom Refugium am Mittelmeer. Auch der spanische Literatur-Nobelpreisträger Camilo José Cela hat mehrere Jahre seines Lebens in El Terreno verbracht und von seiner Residenz in der Carrer Josep Villalonga Nummer 87 aus die Zeitschrift *Papeles de Son Armadans* herausgegeben.

1920 schließlich erreichte die erste Welle von britischen Touristen den Stadtteil, und nach und nach entstand eine geschlossene Urlaubsstadt. Mit Ausbruch des Spanischen Bürgerkriegs 1933 kehrten die Briten wieder in ihre Heimat zurück, und die Gegend verlor ihr internationales Flair. Dafür flohen ein weiteres Mal, wie schon während der Seuchen und Naturkatastrophen, die Städter während des Kriegs nach El Terreno, diesmal aus Angst vor Bombenangriffen.

Nach dem Zweiten Weltkrieg wurde El Terreno ein beliebtes Ziel für Pauschaltouristen, die den Produktionsstätten des Wirtschaftswunders für ein paar Wochen im Jahr den Rücken kehrten, um sich unter der südlichen Sonne zu entspannen. Tagsüber machten Besitzer von Supermärkten und Souvenirgeschäften gute Umsätze, in der Nacht tobte das Leben in Bars und Discotheken.

Der berühmteste aller Nachtclubs: Tito's

In den 40er Jahren eröffnete der findige Geschäftsmann Capllonsch Betti einen Nacht-

Filmgrazie Grace Kelly mit Begleiter.

Modeschöpfer Yves Saint Laurent.

Pop-Heroe John Lennon mit Muse Yoko Ono.

club oberhalb des Passeig Maritím, an der Plaça de Gomila, just dort, wo im 17. Jahrhundert die Inquisition mit Verbrennungen konvertierter Juden Massenhysterien im aufgepeitschten Publikum hervorrief: Tito's wurde bald der berühmteste aller Nightclubs von Mallorca. Sein Ruf verbreitete sich über das ganze Mittelmeer hinaus bis nach Amerika. Hier trafen sich die Berühmtheiten aus Film und Musik, die Schönen der Nacht: Grace Kelly, Errol Flynn, Natalie Wood, George Harrison, Yoko Ono, Kirk Douglas, Michael Caine, Elizabeth Taylor, Richard Burton und viele mehr. Stars wie Frank Sinatra, Josephine Baker, Ray Charles, Dean Martin und Marlene Dietrich feierten hier umjubelte Auftritte.

Um solchen Kuchen nicht auf einem Teller allein stehen zu lassen, machte bald gleich daneben die Konkurrenz auf: El Patio buhlte, eine Zeitlang recht erfolgreich, um Prominente als Ehrengäste und Visitenkarte der Erlesenheit. In den 70er Jahren schließlich überrollte die Discowelle auch Mallorca und setzte neue Maßstäbe für die nächtliche Unterhaltung. Im Tito's wurden die legendären Bühnenshows von Nebelmaschinen ersetzt und das Orchester von einer 8 000-Watt-Anlage. El Patio versuchte, auf den gleichen Zug aufzuspringen, diesmal aber mit weniger Erfolg. Während nebenan die neuen Stars, Vinylscheiben wechselnde DJs, ihre Kunst von mallorquinischen Teenies und mitteleuropäischen Girlies bestaunen ließen, dämmerte El Patio einem wenig ruhmvollen Ende entgegen. Tito's gilt bis heute als einer der angesagten Magneten für spaßbedürftige Nachtschwärmer, die mit zwei Plexiglas-Aufzügen in wenigen Sekunden in 50 Meter Höhe katapultiert werden. Von dort oben, jenseits der Schalldämpfung und der elektronischen Irrlichter der Tanzfläche bietet sich eine grandiose Aussicht auf die Bucht von Palma, die ihre Irrlichter über das nächtliche Meer schickt bis vor die Füße von El Terreno.

Kirk Douglas.

Michael Caine.

Freunde mallorquinischen Weins: Barry More ...

... Maximilian Schell ...

... und der freundliche Robert Morley.

Ein Blick in das Atelier des Künstlers offenbart die kreative Kraft seines Spätwerks.

Eine lebenslange Inspiration
Miró auf Mallorca

„Ich träume von einem großen Atelier“, hatte Miró 1938 einen Artikel überschrieben, in dem er über die vielen Reisen und unterschiedlichen Stationen seines Lebens berichtete. Es sollte noch fast zwanzig Jahre dauern, bis dieser Traum auf Mallorca endlich eingelöst werden konnte. Sein Freund, der international bekannte Architekt Josep Lluis Sert, entwarf einen großzügigen, lichten Atelierbau in der Nähe von Palma, in dem Miró ab 1956 endlich den Platz und die Ruhe fand, die er nach der künstlerisch enorm produktiven aber existentiell schwierigen Zeit im Kreise der Pariser Surrealisten um Max Ernst, André Breton, Hans Arp und René Magritte gesucht hatte.

Daß sich der 1893 in Barcelona geborene Katalane Miró ausgerechnet auf Mallorca niederließ, verwundert nur wenig, denn die Insel hatte in seinem Leben immer wieder eine wichtige Rolle gespielt. Anfangs waren es die Kindheitserlebnisse im Haus der Großeltern, bei denen Miró häufig die Ferien verbrachte: Seine Mutter Lola Ferrá stammte aus Sóller. Dann lernte er die gebürtige Mallorquinerin Pilar Juncosa kennen, die er 1929 heiratete und mit der er bis zu seinem Tode eine außergewöhnlich glückliche Ehe führte.

Schließlich bot Mallorca ihm Schutz und Zuflucht während der schwierigen Kriegsjahre. Als sich seine Tochter Dolores in den fünfziger Jahren mit ihrem Mann auf Mallorca niederließ, war dies vielleicht der auslösende Grund für das Ehepaar Miró, dieses Grundstück zu erwerben.

Mallorca wurde zum Ankerplatz für den über sechzigjährigen, international längst anerkannten und erfolgreichen Künstler – aber keineswegs zum Ruhesitz, denn hier entstanden noch einmal wichtige reife und überzeugende Werkgruppen: Keramiken, Graphik, einzelne Skulpturen, aber vor allem auch wieder faszinierende Gemälde – nach einer langjährigen Malpause.

Ein wichtiger Ausgangspunkt für das neuerwachte Interesse an der Malerei war die intensive Begegnung mit dem eigenen Werk: Da das erste eigene Atelier endlich genügend Raum bot, packte Miró in den ersten Wochen und Monaten die vielen Kisten aus, in denen er seine Leinwände gelagert und zwischen seinen Hauptarbeitsplätzen – Barcelona, Paris und Montroig – hin- und hertransportiert hatte. Umgeben von Arbeiten aus über vier Jahrzehnten, führte er eine umfassende und rigorose Bestandsaufnahme durch: „Als ich alle diese Stücke auf Mallorca wiedersah, begann ein Prozeß der Selbstkritik“, berichtete er. „Es war ein Schock, eine Art Gehirnwäsche. Ich verfuhr absolut gnadenlos mit mir selbst. Ich zerstörte einige Leinwände, vor allem Zeichnungen und Gouachen. Immer wenn ich mir eine Serie anschaute, legte ich einen Stapel beiseite, um ihn zu verbrennen, dann ging ich zu ihm zurück und zack, zack, zack zerstörte ich ihn. Es gab zwei oder drei große ‚Reinigungen' dieser Art die Jahre hindurch." Das Nachspüren der eigenen künstlerischen Wege, das Ordnen und Sortieren, das Abwerfen von Ballast setzte Kräfte frei, die den Maler Miró auf neue Wege führten.

Die Landschaft der Insel wurde dabei zu einer fruchtbaren Quelle der künstlerischen Inspiration: „Ich finde alle meine Themen auf den Feldern oder an der Küste", schrieb Miró einmal, „... alle tauchen sie in meinen Kompositionen auf, und dasselbe gilt für die eigenartigen Hutformen von Pilzen und die siebenundsiebzig verschiedenen Flaschenkürbisarten". Was er als Anregung von der Insel erhielt, gab er ihr auch zurück: Eine Wandkeramik von Miró befindet sich im Parc de la Mar in Palma an der Mauer zur Küstenseite hin, und an der Plaça de la Reina steht eine Kopie seiner Skulptur *Personatge,* Persönlichkeit. Aus den Anregungen langer Spaziergänge, aus aufgelesenen Fundstücken, aus der Begegnung mit der mallorquinischen Volkskunst – Miró liebte und sammelte leidenschaftlich die ebenso urtümlichen wie naiven *siurells* – entfalteten sich die für Miró so typischen Bildzeichen, die ein zumeist heiteres Eigenleben in den farbintensiven, leuchtenden Gemälden führen. Figurationen wie Frau, Vogel, Monde, Gestirne oder Augen beleben mit großer Selbstverständlichkeit als phantastische Wesen den Kosmos von Mirós Malerei.

Hinzu kamen wichtige Impulse aus der Begegnung mit der jungen amerikanischen Kunstszene. Während Miró im eigenen Heimatland fast unbeachtet, ja geradezu isoliert geblieben war, galt er besonders in den USA seit seiner ersten großen Ausstellung 1941 im Museum of Modern Art in New York als einer der interessantesten europäischen Künstler. Eine zweite längere Amerikareise anläßlich der Verleihung des *Guggenheim International Award* und der Eröffnung einer umfangreichen Retrospektive im Museum of Modern Art, brachte Miró in Kontakt mit den neuesten Arbeiten seiner jungen amerikanischen Kollegen. Mark Rothko, Barnett Newmann aber auch Jackson Pollock und Robert Motherwell waren durch den Spanier in ihrer eigenen Suche nach einer autonomen, gegenstandslosen Malerei stark beeinflußt worden – und dennoch zu individuellen Bildfindungen gekommen, die Miró nun wiederum fasziniert studierte. Insbesondere der gestisch-spontane Farbauftrag und die starke Expressivität ihrer Bilder hinterließen bei ihm einen nachhaltigen Eindruck.

In den folgenden Jahren entwickelte sich auf Mallorca eine ausdrucksstarke Malerei, in der Miró an die Stelle sorgfältig konturierter Farbfelder und formgebender Linien einen freien, schnellen Pinselduktus setzte. Das Prinzip Zufall, das ihn seit seiner surrealistischen Phase in den zwanziger Jahren beschäftigt hatte, kam noch einmal mit neuen Akzenten zum Tragen. Es entstanden rohe, kraftvolle, archaische Bilder, die heute charakteristisch für sein qualitätvolles Alterswerk sind.

Oben: „Meine Bilder müssen sich selbst genügen wie das Rauschen der Luft oder das Fliegen eines Vogels, schön und rein (...)." Auch die Wandgestaltung im Parc de la Mar in Palma zeigt Mirós organische Formensprache.

Links: International vielbeachtet und in Spanien nie wirklich anerkannt – dennoch entschlossen sich Joan und Pilar Miró zu einer großzügigen Stiftung, die heute die Kunstszene Mallorcas bereichert.

Pla

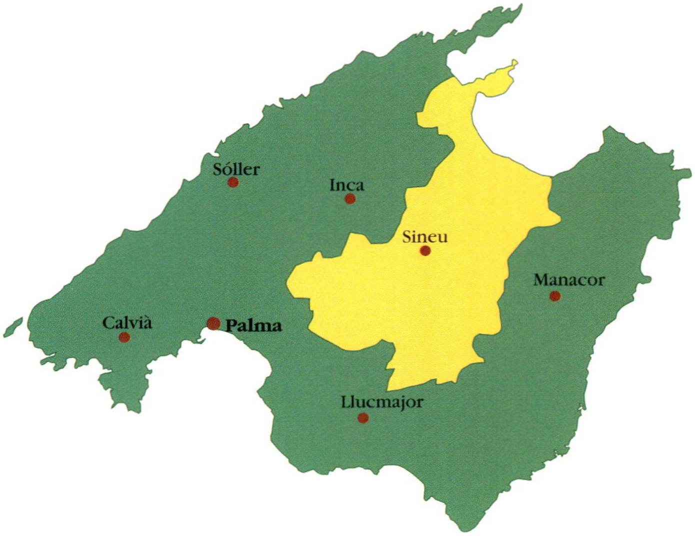

Die Uhren ticken weiter, die Zeit bleibt stehen
Der Pla

Im Sommer glüht der Pla in einem Konzert von Brauntönen; vom harten Gelbbraun der trockenen Krumen auf den Anhöhen bis zum satten Steinbraun in den Senken; dazu Rotbraun wie gebrannter Zucker, rissig und feuergetauft, wie die Innenwände eines irdenen Backofens oder die festgetretenen Lehmböden um die Stallungen, in denen die Tiere Schutz vor der Sonne suchen.

Es sind Mandel- und Johannisbrotbäume, *rostolls,* Stoppelfelder, und *guarets,* Brachfelder, die das Gesicht des Pla prägen, in Tälern und auf Hügeln, mit weiten Flächen, die sich heben und senken wie die Wellen des Meeres. Dazwischen blitzen grüne Teppiche von kleinen Eichen- und Pinienwäldern auf, die Einsiedeleien, Friedhöfe und Kapellen freigeben, schläfrig, verwunschen, vergessen.

Der Pla, das Herz, die Kornkammer der Insel, ist für die Mallorquiner *nostra Mallorca de sempre,* das eigentliche Mallorca, der Teil ihrer Insel, der Eroberer und Besiegte, Könige und Vasallen fast ohne sichtbare Folgen hat vorüberziehen sehen. Daran konnte selbst die erste zaghafte Industrialisierung Ende des 19. Jahrhunderts wenig ändern, und auch der stetig wachsende Touristenstrom, der die Insel seit den 60er Jahren des 20. Jahrhunderts ebenso heimsucht wie bereichert, scheint den Pla – noch – nicht erreicht zu haben. *Es Pla* blieb erhalten, obwohl sich alles um ihn herum verändert hat. Er ist daher ein wenig von gestern, aber gerade deshalb erscheint er heute vielen mit seiner ursprünglichen Landschaft als Leitbild von morgen; eine leicht verklärte Sicht der Vergangenheit ist dabei sicherlich entschuldbar.

Vorhergehende Doppelseite: Die Kornkammer der Insel leuchtet im Frühjahr dank des Winterregens in sattem Grün.

Etwa 17 Prozent der Insel nimmt der Pla ein, aber nur fünf Prozent der Bevölkerung leben hier und schmücken sich so mit dem zweifelhaften Superlativ der dünnsten Besiedlung der Insel. In manchen Gemeinden ist nur vier Prozent des Gemeindegebiets als urban, also bebaubar ausgewiesen; der Rest wird land- bzw. forstwirtschaftlich genutzt: Bauernland, immer schon. Auch die ersten Industrien suchten sich im 19. Jahrhundert günstigere Standorte, mit kürzeren Transportwegen und mehr Arbeitskräften und Kunden. So blieb der Einfluß von außen auf Landschaft und Menschen im Herzen der Insel gering, und daran hat sich in den meisten Orten bis heute nicht viel geändert. Von der Landwirtschaft allein haben die Menschen hier, wenn überhaupt, immer nur bescheiden leben können. Und doch war sie für die meisten alles, was sie hatten.

Eine solche von und mit dem Land lebende Gesellschaft setzt ihrer Kultur und Lebensweise andere Denkmäler als eine, die in gnädigeren, großzügigeren Landstrichen lebt. Im Pla verfängt sich der Blick als erstes wie der Wind in den jahrhundertealten Windmühlen aus Marès-Stein, gleitet über Wasserwege und -räder.

Denn da im Pla Bäche, Flüße und die regenabhängigen Wildbäche, die *torrents,* völlig fehlen, waren und sind Regen- und Grundwasser die einzigen Wasservorräte, die der Landwirtschaft zur Verfügung stehen. Dieser Landstrich braucht keine Burgen und Schlösser, sondern versammelt seine Baukunst im Bodenständigen, in trutzigen Lebensspendern. Heute fördern die meisten Windmühlen und Wasserräder kaum noch selbst Wasser – meistens stehen sie seit langem ohne ihre Flügel da. Kleine Elektropumpen haben ihnen das abgenommen; aber sie sind immer noch im Brunnenmund oder im Turm der Windmühlen angebracht. Auch die Getreidemühlen sind heute nicht mehr auf die Winde angewiesen, die von Norden durch die Bucht von Alcúdia in die Ebene fegen. In ihnen und den Türmen und Dachböden lagert das Gold der Dörfer, das Getreide.

Trotzdem prägen diese Relikte aus der vor-elektrischen Zeit bis heute das Bild einer Landschaft, in der automatische Bewässerungs-

Von Mandelbäumen in voller Blüte rosafarben beschattet, mähen Schafe die saftigen Frühlingswiesen des Pla.

Beängstigend wirken die kahlen Kronen der Feigenbäume im Morgennebel, wenn sie im Winter kein Laub tragen.

systeme das kostbare Wasser zum Einsatzort bringen müssen, und erzählen von ihren Erbauern – Menschen, die tief in der Vergangenheit verwurzelt sind und ihre Verhaltensweisen, Bräuche und Traditionen über Jahrhunderte hin erhalten haben.

Der Pla war schon um 2000 v. Chr. besiedelt. Auf den Balearen wird diese megalithische Zeit, augenfällig geprägt durch ihre imposanten Steinkonstruktionen, als Talayoticum bezeichnet: nach dem auf den Inseln verbreiteten arabischen Lehnwort für Turm, *talàia*. Bis heute sind einige dieser Talayots – oft mehrstöckige, aus Steinquadern errichtete Türme mit unbekannter Funktion – erhalten: In Costitx und bei Montuïri scheinen sie, wie in grauer Vorzeit weiter über die Geschicke des Pla zu wachen.

Als die Römer die Balearen schließlich 123 v. Chr. eroberten und damit die Herrschaft über das westliche Mittelmeer erlangten, sorgte die Durchsetzung der Pax Romana in den folgenden Jahrhunderten für eine relativ ruhige Zeit. Die Inseln im Mittelmeer waren für viele Römer eine willkommene Alternative zum übervölkerten Rom; andere fanden sich, weniger idyllisch, als Verbannte oder Vertriebene auf Mallorca wieder. Die Römer organisierten Handel und Straßenbau, gründeten Städte und setzten eine Verwaltung ein, vor allem an den Küsten. Der Pla lag schon damals im Windschatten der Geschichte. Auch in den folgenden Jahrhunderten, als Vandalen und Byzantiner die Insel beherrschten, waren die Küstenstreifen von größerer Bedeutung als das Landesinnere.

Erst mit der Herrschaft der Mauren ab 902 n. Chr. sollte sich daran etwas ändern: Deren *alqueries* waren die ersten Siedlungen, von denen Reste erhalten sind. Die maurischen Eroberer brachten vor allem den Terrassenanbau und ausgeklügelte Bewässerungssysteme in den Pla und damit erstmals eine Chance auf ein bescheidenes, aber freies Leben, nicht als Knechte, sondern als Selbstversorger. Diesen ersten maurischen Gründungen entsprechen viele heutige Dörfer und Großgrundbesitze. Leider hat die Rückeroberung durch die Christen 1229 n. Chr., die Reconquista, fast alle Spuren dieser Zeit gnadenlos ausgemerzt. Nur Orte und Namen haben sich erhalten, neben denen, die auf Erlaß von Jaume II. im 13. Jahrhundert neu entstanden, darunter Petra, Sant Joan, Porreres und Algaida.

Sineu war das Handelszentrum des Pla für Getreide und die Residenz der Könige von Mallorca. Der Palast von Sineu, 1309 erbaut, wurde 1503 Kloster des strengen Klausurordens der Konzeptionisten. Zwischen Palma und Sineu entstand auch die erste längere befestigte Straßenverbindung der Insel und durch den Pla. An solchen Handelswegen lagen damals und liegen oft noch heute die Märkte, als sichtbare Spuren der Zeit, in der sie noch Umschlagplätze und Tauschbörsen für ausschließlich regionale Produkte waren. Aus Marktplätzen wurden Siedlungen, aus Siedlungen Handelszentren und schließlich Städte. Der Markt von Sineu beherrschte früher den gesamten Pla und ist noch heute der bekannteste.

Auch die Kirche fand mit der Reconquista ihren Weg in den Pla, machtvoll und einflußreich, wie die Pfarrkirchen, Klöster, Kapellen, Friedhöfe und Einsiedeleien belegen. Die Kirchen wurden zumeist auf der höchsten Stelle einer Region errichtet und dominierten weithin sichtbar die Landschaft wie in Cura, Monti-Sion und Bonany. Meist siedelten sich um die Kirchen sofort Menschen an, außer bei der ältesten Kirche des Pla in Castellitx, zwischen Algaida und Randa. Erst 200 Jahre nach ihrer Gründung bildete sich im 15. Jahrhundert einige Kilometer nordöstlich die heutige Stadt Algaida, wohl weil dort die Bedingungen für Handel und Verkehr günstiger waren.

Futter nicht nur für Studenten: Mandeln für jeden Geschmack, Walnuß-, Pinien- und Sonnenblumenkerne gibt es gleich körbeweise.

Rechts: Ein Laufstall voller Lämmer wartet auf neue Besitzer.

Auf den Märkten des Pla herrschen bäuerliche Gebrauchsgegenstände vor, zum Beispiel die traditionellen Tonwaren.

Dennoch ist es im Pla beim Landleben geblieben, wenig Idylle und viel harte Arbeit. Da überrascht zwischen all den Dörfern eine wenn auch kleine Stadt wie Porreres, die im Windschatten des nahen, zum Migjorn gehörenden Llucmajor im 18. Jahrhundert eine bemerkenswerte wirtschaftliche Blüte erlebte. Während Llucmajor sich zu einem Zentrum der Schuh- und Branntweinindustrie entwickelte, siedelten sich in Porreres Leinwebereien an. So wurde es Ende des 18. Jahrhunderts zur wichtigsten Stadt des Pla und übertraf den Königssitz Sineu mit seinen etwa viertausend Einwohnern um ein Viertel.

Heute noch zeugen Herrenhäuser von großzügigem Zuschnitt, mit großen Weinkellern, breiten Toreinfahrten und repräsentativen Verwaltungsbauten von der Blütezeit der Stadt. Die Bewohner sind Fremden gegenüber nicht so verschlossen und zurückhaltend wie im *Pla profund,* dem alten, dörflichen Kernstück Mallorcas. Erst der wirtschaftliche Niedergang des Pla durch die Reblausplage und neue Fertigungsmethoden setzten im 19. Jahrhundert dieser kurzen Blüte ein Ende und entließen Porreres wieder in den Dornröschenschlaf, aus dem es vorübergehend erwacht war.

Der katalanische Dicher Josep Pla, der Mallorca in den 20er Jahren besuchte, beschrieb den Pla als „wunderschön, delikat, fein…, gewöhnlich und schwierig…, eine sehr normale, aber auf seltsame Weise

sinnliche… Landschaft“ – Widersprüche, aber in ihnen liegen Stärke und Reiz des Pla. Er ist urwüchsig wie ein Ochse, der mühsam seinen Pflug durch die harte Erdkrume zieht, und gleichzeitig filigran wie ein Schleier, in dem das Sonnenlicht Verstecken spielt, ein Paukenschlag und eine leise in den Wind gesummte Melodie.

Eine Fahrt durch seine Dörfer gerät schnell zu einer Zeitreise: In ausgestorbenen Straßen reiht sich Steinhaus an Steinhaus, alte Männer sitzen vor den Cafés, Frauen in den Toreinfahrten und Hauseingängen, Hundegebell klingt aus der Ferne, dazu das Knattern eines Mopeds oder vielleicht eines Traktors, und in der Nähe ächzt das jahrzehntealte Holz eines Eselskarrens. Jenseits des Dorfes verschwinden die Elektrokabel, Masten und Transformatoren in unwirkliche Erinnerung, Asphalt weicht schnell staubigen Erdpisten und später Feldwegen mit ausgefahrenen Traktorspuren wie Ackerfurchen.

Endlos hingegen bleiben die Trockensteinmauern, die den Pla wie ein feines Netz überziehen. Dabei sind sie ein Abfallprodukt, die einfallsreiche Lösung eines schwerwiegenden Problems: Wohin mit den Feldsteinen, an denen die Pflugschar bricht und die die Erde ersticken? So trennen und vereinen sie Nachbargrundstücke und Gemeindegrenzen, Gehöfte und Jagdreviere und heißen den Wanderer oft mit *creus de terme,* Wegkreuzen, segensvoll willkommen.

Um die *possessions,* die Landgüter, laufen mehr als nur Wege zusammen, sie sind Zentren für Ackerbau und Viehhaltung. Große Güter wie Roqueta in María oder Sa Torre in Santa Eugènia haben zum Teil seit dem 13. Jahrhundert die Wirtschaft des Pla mitbestimmt.

Mitten in der sommerverdörrten Landschaft, einer Oase vergleichbar, findet sich plötzlich eine *sínia,* ein Schöpfbrunnen oder eine Zisterne. Jedes Dorf und jedes Anwesen besitzt einen öffentlichen Brunnen, der das Regenwasser auffängt oder das Grundwasser speichert, so gut es eben geht. Auch der Trockenfeldbau ist typisch für den Pla, insbesondere werden Getreide, Feldfutter sowie widerstandsfähige und wenig durstige Früchte wie Tomaten und Feigen angebaut. Denn die Sommer sind überdurchschnittlich heiß und die Winter so kalt wie sonst nur auf den windigen Höhen des Tramuntana-Gebirges im Norden. Trotz des seidenen Lichts kennt das Klima des Pla nicht die milde Zärtlichkeit des Mittelmeers.

Bis die Reblaus *Philoxera* Ende des 19. Jahrhunderts ihren vernichtenden Einzug hielt, war hier auch der Weinanbau von Bedeutung. Vor allem um Petra lebten viele Bauern, die sich dem lohnenden Anbau von Reben verschrieben hatten. Wein – das bedeutete zu Beginn der zweiten Hälfte des 19. Jahrhunderts schnelles Geld und guten Verdienst für die wenigen, leidgewohnten *pageses,* die die Gunst der Stunde erkannten und auf Weinreben setzten. Denn nachdem die französischen Weingüter von der Reblaus befallen worden waren, waren Weine, egal welcher Qualität und Herkunft, ein gefragtes Gut. Schließlich aber kam *Philoxera,* mit 20 wirtschaftlich florierenden Jahren Verspätung, auch nach Mallorca und setzte der „Weinseligkeit“ ein Ende.

Links: Nach der Mandelernte finden nur Experten noch Nahrhaftes unter den Bäumen.

Folgende Doppelseite: Am Ende des langen mallorquinischen Sommers singt das Bauernland des Pla die Tonleiter der Brauntöne.

Im klatschmohnhaltigen April und Mai sieht der Pla aus, als hätte Claude Monet selbst die Wiesen mit kleinen roten Farbtupfern versehen.

Heute wagen junge Winzer wieder einen neuen Anfang und versuchen, qualitativ hochwertige Weine herzustellen. Einfach ist das nicht, denn die Bedingungen sind nicht vergleichbar mit denen der Festland-Weinberge in La Rioja oder am Oberlauf des Duero, und um den Ruf der mallorquinischen Weine steht es nicht zum Besten. Die meisten der gerodeten Weinfelder wurden mit Mandelbäumen bepflanzt, einer Frucht, die sich gut verkaufen ließ und den Bauern Hoffnung auf ein Auskommen gab.

Erst der Tourismus brachte ab der zweiten Hälfte des 20. Jahrhunderts neues Leben in den Pla, wenn auch mit einem anderen Rhythmus, einer zaghafteren Gangart als an den Küsten im Norden und Süden der Insel. Und ausgerechnet seine Weltvergessenheit gereicht dem Pla nun zum Vorteil: Die Sommergäste aus dem kalten Mitteleuropa fielen zunächst in die Höfe im Dorf ein, neugierig, staunend, ahnungslos. Derart verzaubert lernten sie, die Schönheit und Einzigartigkeit des Pla zu schätzen, seine Bräuche zu lieben und zu respektieren, kamen immer öfter wieder und blieben jedesmal länger. Sie brachten und schufen einen Markt für ländlichen Tourismus, der wiederum für Subventionen der Europäischen Union sorgte. Schließlich kauften viele von ihnen alte Fincas.

Vor allem kleine Bauunternehmen und Handwerksbetriebe, die vor dem Aus standen, haben nun wieder Aufträge. Die neuen Kunden suchen das Alte, sie wollen Dachrinnen aus Ton oder Zink, Mauern aus Bruchstein, Schlösser und Türen nach verrosteten Vorbildern. Was als unhaltbar vorgestrig gegolten hatte und in den Schubladen der Geschichte verstaubte, wird nun hervorgeholt und zu neuer Blüte getrieben: In vielen der kleinen Kunsthandwerkbetriebe stellen die Meister des Pla mit den Werkzeugen ihrer Vorväter und unter dem Glühbirnen-Licht der Gegenwart Dinge her, die so sind wie sie und ihr Land: einfach, bodenständig, von unaufdringlicher und daher um so beständigerer Schönheit.

Das Brot der Barmherzigkeit
Algaida

Die weit ausholenden Linien der Landschaft und die warmen Farben erinnern an die Toskana. In dieser sanften Hügellandschaft mit fruchtbarem Boden und Pinienwäldern zwischen Algaida (*algaide:* arabisch für Wald) und Randa findet sich das älteste Zeugnis des Christentums auf Mallorca – die Kirche von Castellitx.

Noch während man andernorts Moscheen und Badehäuser, Stadtpaläste und Landgüter der Mauren zerstörte, wählten die katalanischen Eroberer im 13. Jahrhundert Castellitx, um hier ihr erstes Gotteshaus zu erbauen.

Offenbar sollte es zunächst einmal kein imposanter Dom werden, und so billigte man der Peter-und-Paul-Kirche von Castellitx (Sant Pere i San Pau) zunächst nur ein Schiff zu. Aber dafür ist der Eingang mit einer Diamantspitze verziert, die den Spitzbögen, aus denen das Hauptportal zusammengefügt ist, die Krone aufsetzt. 200 Jahre später wurde die Kirche mit einem sehenswerten gotischen Altar ausgestattet, der die blutige Zeit der Reconquista endgültig vergessen machen sollte: Das 1430 geschaffene gotische Schnitzwerk aus bemaltem Holz zeigt die *Verge de la Pau,* die Jungfrau des Friedens – sitzend, mit dem Jesuskind auf dem Arm, das eine Weltkugel in der Hand hält.

Kein Dorf, sondern weiche Landschaftslinien umgeben die Kirche.

Die Peter-und-Paul-Kirche von Castellitx ist eine der ältesten der Insel.

Ungewöhnlich ist an dieser Kirche, daß sich um sie herum oder wenigstens in unmittelbarer Nähe nicht sofort eine Siedlung gebildet hat, wie es sonst fast immer geschehen ist. Die Menschen ließen sich erst viel später, im 15. Jahrhundert, etwa vier Kilometer weiter im Nordosten nieder, in der heutigen Stadt Algaida, die zu jener Zeit günstigere Bedingungen für den Handel und bessere Verbindungen zu anderen Siedlungen bot.

Die Kirche von Castellitx ist heute noch ein wichtiges Ziel für Wallfahrten, allerdings haben der technische und medizinische Lauf der Zeit deren ursprünglichen Zweck überholt, zum Glück: Denn früher beteten die Algaider hier zu den Aposteln Petrus und Paulus um Schutz vor der Pest und um ausreichend Regen. Heute sind sie statt auf geistige eher auf weltliche Erbauung aus: Die sogenannte *Pancaritat,* das Brot der Barmherzigkeit, ist ein Feiertag, den sie mit gutem Essen, zu dem jeder beisteuert, und in nachbarschaftlicher Gemeinschaft vor der Kirche verbringen. In den Tanzpausen schwelgen sie traditionell in großen Mengen an Pasteten, den berühmten *panades* mit Lammfleisch- oder süßen Füllungen, die in jeder mallorquinischen Familie zur Osterzeit gebacken werden. Und noch ein Kabinettstückchen der mallorquinischen Küche kommt an diesem Tag zu Ehren: Die *robiols* und *crespells.* Erstere folgen der gleichen Pasteten-Idee wie die *panades,* allerdings warten sie mit süßen Füllungen aus Kürbismarmelade oder Quark auf Leckermäuler. Letztere dagegen, die *crespells,* sind sozusagen eine Resteverwertung: Wenn die Füllung ausgegangen ist oder nur, weil unwiderstehlich im Geschmack, wird der Teig für die *robiols* nochmal ausgerollt und zu mürben Plätzchen geschnitten oder ausgestochen.

Allerdings handelt es sich bei der Wallfahrt um mehr als nur profane Völlerei: Das Stelldichein mit Pasteten und Plätzchen ist gleichzeitig eine Art Kochwettbewerb der Algaider und damit automatisch die Gelegenheit, einmal im Jahr die Rangordnung der besten Köchinnen und Köche im Ort neu festzulegen. Jeder kostet die Pasteten und Gerichte der Nachbarn, und es ist für jede Hausfrau, ob reich oder arm, eine Frage der Ehre, hier Lorbeeren einzuheimsen.

Die Bewohner von Algaida nehmen die Wallfahrt zu Sant Pere i San Pau ebenso wie die Festbesucher von Pina auf diesem Bild als willkommenen Anlaß, sich beim „Brot der Barmherzigkeit" mit ihren Kochkünsten zu übertreffen und gemeinsam zu feiern.

Zwischen Kirche und Mühle hat Algaida eine große Zahl auf ganz Mallorca beliebter Restaurants zu bieten.

Das liegt ganz besonders daran, daß die Zutaten der mallorquinischen Küche in der Regel bescheiden sind. Einfach in den Supermarkt laufen und alles Nötige kaufen, das ging früher nicht: Der Lebensmittelvorrat mußte vorausschauend übers Jahr eingeplant werden. Das Budget eines Haushalts schloß das Schlachten eines Schweins ein, das Fleisch und Wurst für das ganze Jahr hergeben mußte. Für Weihnachten gab es einen Posten Geld für einen Kapaun, einen kastrierten Masthahn, oder ein Huhn, und an Ostern wanderte ein Lamm in den Kochtopf. Das waren die unabdingbaren Grundausgaben, um angesehen zu sein und an den gemeinsamen Festen des Dorfes teilnehmen zu können.

Robiols i Crespells

Gefüllte Gebäcktaschen und Plätzchen
(ergibt 8 *robiols* und 10 *crespells*)

Zutaten für den Teig

1 kg Mehl
150 g Puderzucker
1/2 Vanilleschote, ausgeschabt
3 bis 4 Eigelb, je nach Größe
0,1 l Orangensaft, frisch gepreßt
300 g feines Schweineschmalz oder Butter
Olivenöl
0,1 l Wasser

Für die Quarkfüllung braucht man

200 g Speisequark, halbfett
1 Eigelb
50 g feinen Zucker
geriebene Schale einer Orange und einer halben Zitrone

Diese beiden Gebäcksorten werden immer in einem Atemzug genannt, da aus dem Teig, der bei der Herstellung der köstlichen, mit Kürbismarmelade oder Quark gefüllten Gebäcktaschen nicht vollends verwendet wird, Plätzchen namens *crespells* entstehen.

Zwei Drittel des Mehls auf den Tisch oder in eine Schüssel geben. In der Mitte eine Mulde formen, Puderzucker, Vanille und Eigelb (im Orangensaft verrührt) hineingeben und dann von der Mitte aus nach außen untermengen. Das Schweineschmalz bei geringer Hitze oder im vorgewärmten Backofen schmelzen und handwarm über den entstandenen Teigansatz gießen. Alles gut durchkneten; dabei die Hände immer wieder mit Olivenöl benetzen, damit der Teig nicht an der Hand klebt. Das restliche Mehl sowie lauwarmes Wasser so lange hinzufügen, bis ein gut formbarer Teig entstanden ist.

Den Teig 30 Minuten ruhen lassen und dann für die *robiols* so dünn wie möglich ausrollen. Mit einer runden Form von 12 bis 15 Zentimeter Durchmesser kleine Fladen ausstechen, einen Teil der Füllung daraufgeben, über die Mittelachse zusammenklappen und an den Rändern fest zusammendrücken. Mit einer Gabel ein Muster in den Rand drücken. Aus dem restlichen Teig ca. 1,5 Zentimeter dicke Plätzchen formen und alles im vorgeheizten Backofen bei 120 Grad ca. 60 Minuten backen.

Meistens werden die *robiols* mit Kürbismarmelade gefüllt, aber auch Quark eignet sich hervorragend zur Verfeinerung des Gebäcks. Alles muß gut verrührt werden. Falls die Quarkfüllung verwendet wird, sollte die Innenseite der Gebäcktasche nach dem Ausrollen und Ausstechen mit einem feinen Pinsel dünn eingeölt werden.

Oben: Die *Cossiers*-Tänze sind seit dem 16. Jahrhundert bekannt.

Links: Vermutlich waren die *Cossiers* ursprünglich Erntedank- oder Fruchtbarkeitsriten, die wie Tanztheater aufgeführt wurden.

Rechts: Im ewigen Streit um die Vormacht treffen Gut und Böse aufeinander. Der Teufel soll die schöne Dame daran hindern, die Kirche zu erreichen.

Dudelsäcke und Dämonen
Die Cossiers-Tänze

Wie ihren Augapfel hüten die Tänzer unter den Strohhüten die gefährdete Schöne, umkreisen sie und versuchen, den dämonischen Verführer von ihr fernzuhalten. Andere Männer unterstützen sie dabei, indem sie abwehrend farbige Tücher schwingen, um die ‚Dame' – in Wirklichkeit ein junger Bursche in Frauentracht – zu beschützen. Vor und in der Kirche spielt sich das getanzte Drama ab: Schritt für Schritt bewegt sich die ganze Gruppe auf den Altar zu, doch der als Dämon verkleidete Tänzer will die Dame daran hindern, den heiligen Ort zu erreichen. Begleitet von Flöten, *xeremies,* dem mallorquinischen Dudelsack, und Tamburinen aber verteidigen die Tänzer die Tugend der Frau und bahnen ihr den Weg: Gut hat gegen Böse, Licht gegen Dunkelheit gesiegt – Happy-End auf mallorquinisch.

Cossier heißt dieser Tanz, der meist vor oder in einer Kirche aufgeführt wird, und gerade in und um Algaida ist die Tradition der *Cossiers*-Tänze noch sehr lebendig. Zwar werden sie auch in anderen Orten, wie zum Beispiel in Montuïri, Porreres, Sóller und Pollença gepflegt; Algaida aber ist die Hochburg des *Cossier,* denn hier geht die Tradition besonders weit zurück.

Mehr als 70 Jahre lang waren diese Tänze in den meisten anderen Ortschaften, wie etwa in Alaró, nahezu vergessen und wurden erst in den 90er Jahren des 20. Jahrhunderts wiederbelebt – das unbestrittene Verdienst des Wissenschaftlers Xisco Vallcaneras von der Be-

hörde für Folklore, Musik und Tanz der Stadtverwaltung in Palma *(Escola de Música i Dances de l'Ajuntament de Palma).*

Historisch zum ersten Mal verbürgt sind die *Cossiers* auf Mallorca im Jahre 1554. Auch Erzherzog Ludwig Salvator, jener Sproß der österreichischen Habsburger, der 42 Jahre seines Lebens auf Mallorca verbracht hat, berichtete vor rund 100 Jahren von den *Cossiers,* und ihm war damals schon bekannt, daß viele ihrer Varianten verlorengegangen waren.

Heute gehen die Forscher davon aus, daß dieser Tanz früher Teil einer Art volkstümlichen Tanztheaters war: Ursprünglich hervorgegangen aus heidnischen Fruchtbarkeits- oder Ernteriten, fand er wie viele Zeremonien dieser Art später eine neue Interpretation unter dem zugleich beschützenden wie vereinnahmenden Schirm der Kirche. Auch die Herkunft des Begriffs *Cossiers* ist nicht endgültig geklärt: Einige Ethnologen wollen ihn im *Ball de cossis* (Tanz der Tonkrüge) aus dem 17. Jahrhundert entschlüsselt haben. Andere Studien führen ihren Ursprung auf die Ankunft schottischer Seefahrer auf der Insel zurück: Der Ausdruck *cossier* weise auf die phonetische Verwandtschaft mit *escocès* (schottisch) hin. Eine ähnliche Lautverschiebung hat übrigens dem Madrider Volkstanz *Schotis* tatsächlich seinen Namen gegeben: Er stammt von einem schottischen Tanz, den die Habsburger in Madrid in Mode brachten.

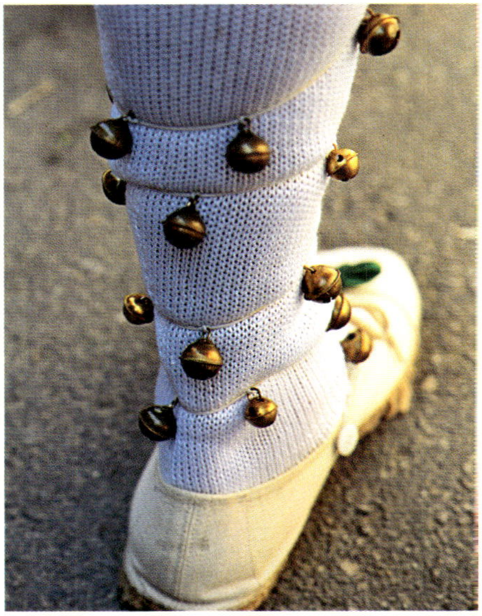

Begleitet von Flöten, Tamburinen und Dudelsack strebt der als Dame verkleidete Tänzer auf die Kirche zu. Ihre Eskorte hat sich Schellen um die Waden gewickelt, um Satan fernzuhalten.

Aus der Zeit gefallen
Pina

Traditionen können auch in der Moderne sehr hartnäckig sein: Als sich – immerhin im Jahre 1987 – die britische Anthropologin Ruth Hoggart in einer Bar des Ortes Pina zu einer Gruppe von Männern gesellen wollte, wurde ihr recht unmißverständlich bedeutet, sie habe sich zu den anderen Frauen zu setzen. Diese hatten sich, wie es die Sitte verlangte, um die Eigentümerin am anderen Ende des Lokals versammelt, nähten, bereiteten das Essen vor und unterhielten sich über den Haushalt. So war es immer, und so ist es noch.

Nur sechs Kilometer sanftes Hügelland trennen Pina von Algaida, und doch hat diese Entfernung über die Jahrhunderte hinweg ausgereicht, daß Pina sich fast vollständig von der Außenwelt abgesondert hat. Da es bis heute weit abseits der ausgetretenen und -gefahrenen Transport- und Touristenwege liegt und nicht einmal über eine eigene Verwaltung verfügt, sondern als Anhängsel zu Algaida

Gast in Pina: die Anthropologin Ruth Hoggart

gehört, gab es in diesem aus der Zeit gefallenen Flecken von jeher wenig Grund, die Welt jenseits der Ortsgrenzen und Feldmarkierungen als Teil des Dorflebens zu betrachten – es sei denn, es handele sich um Streitereien um Landrechte oder Einladungen.

Gerade dadurch aber wecken isolierte Dörfer wie Pina, dessen nicht einmal 500 Einwohner seit ihrer Gründung von der Landwirtschaft leben, heute das Interesse von Wissenschaftlern: Für Genetiker, Immunologen und Verhaltensforscher sind sie wie Fossilien, anhand derer sie teils jahrtausendealte Entwicklungsprozesse studieren können. Und eben dies fasziniert auch Anthropologen, wie zum Beispiel Ruth Hoggart: Sie wählte Pina 1987 für ihre Doktorarbeit über „zeitlich isolierte" Gesellschaften aus.

Die Bevölkerung von Pina war ein perfektes Studienobjekt. Da die Menschen kaum äußeren Einflüssen ausgesetzt waren, hatten sich die archaischen, aber nur scheinbar einfachen Sozialstrukturen so gut wie vollständig erhalten. Viele Bewohner Pinas verbringen oft Monate, manchmal Jahre, in wenigen Fällen sogar ein ganzes Leben, ohne das Dorf je zu verlassen. Manche kennen selbst das Meer nur vom Hörensagen. Um jeglichen Einfluß von außen auszuschließen, tat Hoggart es ihnen während ihrer Untersuchung gleich.

Pina ist so von der Welt abgeschnitten, daß es für Anthropologen wie Ruth Hoggart ein lohnendes Studienobjekt darstellte.

Zunächst wohnte sie bei einer Familie im Dorf, um erste Kontakte zu knüpfen und die Lebensweise der Dorfbewohner kennenzulernen. Gar nicht so einfach, denn die Familie nahm sie nur auf, weil sie ein Empfehlungsschreiben ihres Professors vorweisen konnte. Von ihrem Wunsch, später ein wenig außerhalb des Dorfes wohnen zu können, mußte sie Abstand nehmen: Nach den Dorfregeln, so wurde ihr zu verstehen gegeben, suchten nur solche Leute Abstand zur Gemeinschaft, die etwas zu verbergen hätten und folglich „keine guten Menschen“ sein könnten.

Das war nur ein erster Vorgeschmack der sozialen Kontrolle, die Hoggart in den kommenden Monaten am eigenen, ständig kollektiv beobachteten Leib erfahren sollte. In einer Überlebens- und Abhängigkeitsgemeinschaft wie Pina sind die Grenzen zwischen Öffentlichkeit und Privatleben fließend, wenn nicht sogar vollkommen verwischt.

In Pina war es bis vor kurzer Zeit normal, den Haustürschlüssel außen stecken zu lassen, Tag und Nacht. Jeder hatte überall Zutritt. Für die Dörfler bedeutete folglich jeder Fremde eine Gefahr für diese Vertrauensgemeinschaft, seien es die Saisonarbeiter aus Andalusien, die das große Geld nach Mallorca zog, oder die Touristen, die es bringen sollten.

Eines Tages erboste sich ein Nachbar bei Ruth Hoggart darüber, daß sie am Vorabend noch bis spät in die Nacht Licht habe brennen lassen. Sie erklärte ihm, daß sie noch so lange gearbeitet hätte, aber das ließ er nicht gelten: In Pina werde tagsüber gearbeitet und nachts geschlafen, erklärte er ihr, so einfach sei das.

Moderne Landwirtschaftsmaschinen sind in Pina immer noch keine Selbstverständlichkeit.

Die Welt außerhalb ihres Blickfeldes interessiert die Bewohner von Pina nur bedingt.

Nachdem sie in kurzer Zeit sehr gut Mallorquí gelernt hatte, tat sie sich leichter, Vereins- und Kooperativenversammlungen zu besuchen, abergläubische Bauernriten zu beobachten und an traditionellen Tänzen und Liedern teilzunehmen. Prompt erhielt sie nach einem halben Jahr anonyme Drohbriefe, in denen ihr unterstellt wurde, sie sei nur nach Pina gekommen, um einen jungen Mann aus dem Dorf nach Großbritannien zu „entführen“.

Ruth Hoggarts Arbeit ist voller solcher Begebenheiten, die eher in eine mittelalterliche als in eine Gesellschaft des ausgehenden 20. Jahrhunderts passen. Das Befremden ist allerdings gegenseitig: Einer 85jährigen Frau aus Pina erschien es unvorstellbar, ja menschenunwürdig, in einem Appartementhaus dicht an dicht zu wohnen und sich nicht zu kennen.

So exotisch Pina anmuten mag, so gilt indessen für die meisten Bewohner der Insel: Sie leben vom Tourismus, kennen die Gäste aus allen Ländern und lassen sie doch Fremde bleiben. Nur wenigen von ihnen ist es vergönnt, Mallorquinern wirklich nahe zu kommen.

Auch auf den Feldern um Pina scheint die Zeit stillzustehen.

Stierköpfe und Supernovae
Costitx

Costitx ist überall da, wo eine Verkettung verheerender Umstände jahrhundertelang unbeachtet, leise und daher um so wirksamer schalten und walten konnte. Der kleine Ort Costitx duckt sich abseits des Insel- und erst recht des Weltgeschehens in den Pla so weit, daß sogar viele Mallorquiner lange Zeit nichts von seiner Existenz wußten. Die wenigsten Reiseführer erwähnen ihn, und wenn, dann wegen eines Fundes aus der Frühgeschichte des Dorfes, nicht aber wegen seiner charmant-verschlafenen Abgelegenheit.

Seine Geschichte ist geprägt vom harten Leben auf dem Land, wo nichts wichtiger war und ist, als dem Boden mühsam das täglich Brot abzuringen, das Vieh gesund zu erhalten und die Kinder irgendwie durchzubringen. Lesen und Schreiben lernen, Grenzen sprengen, die Welt erkunden – das war bis in das 20. Jahrhundert hinein das Privileg einiger weniger, die über das Militär oder die Kirche dazu Gelegenheit erhielten. Der Lehrstoff der übrigen Dörfler bestand nur darin, überleben zu lernen und allem und jedem Dorffremden zu mißtrauen. Parteien, Gewerkschaften, soziale Organisationen haben hier nie Fuß fassen können. Die Bemühungen der Kirche im 19. Jahrhundert, in diesem Fall von Franziskanernonnen, mit Volkstanzgruppen und Sonntagsschulen zumindest ein wenig Kultur-Leben ins Dorf zu bringen, verkehrten sich im beginnenden 20. Jahrhundert in ihr absurdes Gegenteil: Als Kirchenobere begannen, diese Aktivitäten zu überwachen und zu reglementieren, verschwanden selbst die wenigen Cafés und das einzige Kino. Costitx, so schien es, gab sich auf und schlief ein …

In Costitx haben die Bauern nie Zeit gehabt, sich zu bilden oder ihre Kinder zur Schule zu schicken. Das Leben drehte sich um das Vieh und die Ernte.

Die Frau Bürgermeister bringt Kultur und Forschung nach Costitx

… bis 1987 eine Frau zur Bürgermeisterin gewählt wurde, die mit dem festen Willen antrat, ihren Ort wachzurütteln: Maria Antònia Munar, eine moderate Nationalistin, die damals gleichzeitig in der Autonomie-Regierung der Balearen das Amt der *Conselleria de Cultura del Govern Balear* innehatte, was dem Amt der Kultusministerin eines Bundeslandes entspricht. Ihre ersten beiden Streiche waren das Costitxer Kulturzentrum und das Museum für ibero-balearische Fauna, also für alles, was auf der Inselgruppe und auf dem Festland kreucht und fleucht. Costitx sollte als Ausflugsziel attraktiv werden und gleichzeitig ein neues Selbstwertgefühl entwickeln: „Wir sind auch wer, wir haben etwas herzuzeigen."

Auf Betreiben von Maria Antònia Munar wurde daher sogar eine Sternwarte eröffnet: Die Abgeschiedenheit des Ortes und die klare Luft des Pla liefern dafür besonders gute Voraussetzungen. Unter drei Kuppeln sind vier große und fünf kleinere Teleskope installiert, mit denen Wissenschaftler vor allem Supernovae, also besonders hell leuchtende, scheinbar „neugeborene" Sterne beobachten. Was sie herausfinden, analysieren sie zusammen mit den Instituten für Astrophysik in Andalusien und auf den Kanarischen Inseln.

Die von der mallorquinischen Organisation für Astronomie betriebene Sternwarte verfolgt aber auch noch ein anderes Ziel: die Jugend an die Wissenschaft heranzuführen. Interessierte können das Observatorium besichtigen und die Wissenschaftler mit ihren Fragen bombardieren.

Oben: Costitx erwies sich wegen seiner klaren Luft als bestens geeigneter Standort für eine Sternwarte.

Unten: An insgesamt neun Teleskopen beobachten Wissenschaftler in Costitx die Geschehnisse im Weltall.

Caps de Bou de Costitx
Talayotische Stierköpfe

Und Costitx hat noch mehr herzuzeigen, Einmaliges sogar: Die *Caps de Bou de Costitx,* einen außergewöhnlichen frühgeschichtlichen Fund, der im Jahr 1895 bereits das öffentliche Interesse erregte – oder jedenfalls hätte erregen sollen. Ein Jahr zuvor waren auf dem Gemeindegebiet beim Landgut Son Corró diese drei bronzenen Stierköpfe ausgegraben worden. Sie stammen aus dem 6. bis 5. vorchristlichen Jahrhundert und damit aus der auf den Balearen verbreiteten *Talayot-Kultur.* Einer davon ist so groß wie das natürliche Vorbild, die beiden andern sind ein ganzes Stück kleiner. Alle sind in einem Stück gegossen und haben eine frappierende Detail- und Naturtreue gemeinsam: Augen, Hörner, Maul und Nüstern der Stierköpfe wirken fast, als hätte der Künstler einem Stier eine Maske abgenommen.

Was die Archäologen darüber hinaus an diesem außerordentlichen Fund faszinierte, war ihre große Ähnlichkeit mit Funden auf Sardinien und Malta, in Persien, Portugal und Griechenland. Denn das bedeutet, daß die balearischen Ureinwohner, von denen es keinerlei schriftliche Überlieferung gibt und die in Schilderungen von griechischen und römischen Schreibern stets als ausgesprochen primitiv bezeichnet werden, schon in der Frühzeit regen Kontakt mit anderen Kulturen gepflegt haben müssen.

Und die Stierköpfe weisen darauf hin, daß auch auf Mallorca Stiere als heilige oder zumindest magische Tiere verehrt wurden. Der Stierkult war im Mittelmeerraum schon in frühester Zeit bekannt. Bereits im alten Ägypten finden sich Stierkulte, Fresken im Palast von Knossos auf Kreta (ca. 1500 v. Chr.) zeigen junge Frauen und Männer beim rituellen „Stiersprung". In einer Höhle bei Lleida auf dem spanischen Festland haben steinzeitliche Vorfahren der Spanier Stiere, Waffen und Männer an die Wände gemalt. Im südspanischen Termes steht die wohl älteste „Stierarena", wo diese Tiere rituell getötet wurden. Sie stand schon, als die Römer 99 v. Chr. Termes zerstörten. Bei Ausgrabungen wurden auch dort Stierhörner und Stierminiaturen gefunden.

Aber 1895 wußte fast niemand auf Mallorca den Costitxer Fund, zu dem auch Stierhörner, Spatzen und Adler aus Bronze, Keramik, viele Kettenglieder von punischen Halsketten gehörten, zu würdigen. Nur eine archäologische Kommission bat den Eigentümer des Grundstücks eindringlich, den Wissenschaftlern weitere Ausgrabungen zu erlauben und das Areal für Unbefugte zu sperren. Ihre größte Befürchtung ging dahin, daß die Hoffnung auf Goldschätze die Bevölkerung zu Raubgrabungen verführen könnte, die wertvolle Zeugnisse dieser Epochen zerstört hätten. Damals sprach das Gesetz jedoch dem Eigentümer des Fundorts eine Zahlung für die entdeckten Objekte zu, welcher in diesem Fall prompt die damals stolze Summe von 700 Duros (3 500 Peseten) für den Fund verlangte. Eine Menge Geld, wenn man bedenkt, daß damals ein Tageslohn höchstens eine Pesete betrug.

Der – mittellosen – archäologischen Gesellschaft gelang es jedoch nicht, diese 3 500 Peseten aufzubringen. Hilflos, schalteten sie die Presse ein, der wenigstens eins gelang: Sie verhinderte, daß die Stierköpfe an Kunsthändler verschachert wurden und so für immer von der Insel und aus Spanien verschwanden. Zwei Mallorquiner, beide nicht aus Costitx, setzten sich mit der Zentralregierung in Madrid in Verbindung und erreichten, daß das dortige Nationalmuseum für Archäologie privaten Sammlern zuvorkam und den wertvollen Fund erwarb.

So, schien es damals, hatte Costitx sein Wahrzeichen auf immer verloren. Aber Maria Antònia Munar hat sich unermüdlich dafür eingesetzt, diese für die Geschichte Mallorcas so wichtigen frühgeschichtlichen Funde wieder nach Costitx zurückzubringen – schließlich hatte sie schon erfolgreich nach den Sternen gegriffen. Auch hier blieb ihren Bemühungen der Lohn nicht versagt: 1995 wurde das Santuari de Son Corró, das Sanktuarium des Landgutes Son Corró restauriert, und die eindrucksvollen Stierköpfe schmücken es seither.

Bergige und geistige Höhen
Randa

Ein Riese aus Nordafrika wollte den Norden Europas erkunden. Da er in kein Boot paßte, stellte er seine Füße in zwei Boote, legte sich einen Korb voller Steine auf den Kopf, des Gleichgewichts wegen, und stakte sich mit einem langen Stock durch das Mittelmeer. Auf Höhe der Illa de Cabrera riß eine Strömung die Boote auseinander, und der Riese stieß taumelnd seinen Stock in die Erde: So entstand die tief eingeschnittene Bucht Cala Pi. Auch der Korb voller Steine fiel ihm vom Kopf, donnerte in den Pla und wurde zu den Bergen von Randa: Sie sehen tatsächlich aus wie planlos verschüttete Steinbrocken, die vom Cura, Randas Hausberg, mit seinen 549 Meter überragt werden.

Randa selbst schmiegt sich wie eine Weihnachtskrippe in eine Mulde an der windgeschützten Seite des Cura. Wie viele

Das Kloster Nostra Senyora de Cura thront auf dem Gipfel des Puig de Cura und bietet aus 550 Metern Höhe einen Rundblick über den Pla.

In der Einsiedelei von Sant Honorat hatte Ramón Llull seine Erleuchtungen.

mallorquinische Dörfer ist es heute vor allem ein Wochenendziel für die Nachfahren seiner ehemaligen Bewohner, die nun in Palma ein Auskommen gefunden haben. Gleich am Ortseingang erhebt sich der Turm der Kirche der Unbefleckten Empfängnis und des Seligen Ramón (Església de sa Immaculata Concepció i del beat Ramón), ein Bauwerk aus dem 18. Jahrhundert. Den Altar aus dem Spätbarock beherrscht ein Bild des Seligen Ramón Llull, des zweiten der großen, wahrhaft legendären Männer, die Randa aufzuweisen hat. Er stammte zwar genausowenig wie der Riese im Märchen aus Randa, hatte aber in diesen oft magisch genannten Bergen jene Visionen und Erscheinungen, die ihn maßgeblich bei seinen umstrittenen Theorien inspirierten.

Wie magisch diese Erleuchtungen waren, erschließt sich beim Aufstieg auf den Cura von Randa aus: Steil, steinig, dem Getöse der profanen Welt entrückt und nur dem des Windes und der inneren Stimme ausgesetzt, schraubt sich der Weg hinauf zu drei Klöstern, die im Mittelalter von Einsiedlern bewohnt wurden. Nicht nur ihretwegen lohnt der Weg, denn vom Gipfel aus bietet sich ein Panoramablick fast über die ganze Insel – nur der Teil jenseits der Tramuntana-Berge bleibt verborgen.

Eng an den Felsen schmiegt sich die winzige Einsiedelei Nostra Senyora de Gràcia.

Auf dem Klosterberg von Randa fällt es nicht schwer, sich dem Himmel nahezufühlen.

Klosterbrüder des Ordens vom Heiligen Herz leben in Sant Honorat in strenger Klausur.

Nostra Senyora de Gràcia, das erste der drei Klöster, klebt etwas seitlich am Berg und sieht aus, als sei es in einen Felsüberhang hineingebaut worden. Tatsächlich entschloß sich im 15. Jahrhundert ein Franziskanermönch aus Llucmajor, hier in Abgeschiedenheit ein bescheidenes Leben zu führen.

Ein halbes Jahrhundert später überzeugte ein anderer Franziskanermönch den Eigentümer, die Eremitage dem Orden des Heiligen Franziskus unter der Bedingung zu überlassen, daß der Ort immer bewohnt sein müsse. So ist es bis heute geblieben.

Auf dem Felsvorsprung oberhalb des Klosters Nostra Senyora de Gràcia balanciert das Kloster Sant Honorat. Die Legende erzählt, daß lange Zeit der einzige Kontakt der Bewohner mit der Außenwelt allein in einem Eimer an einer Lederschnur bestand, in dem sie Mitteilungen oder auch Eßbares hochzogen oder herunterließen. Im Gegensatz zum Gràcia-Kloster leben die Mönche des Heilig-Herz-Ordens in Sant Honorat noch heute in strenger Klausur und widmen sich dem Studium des Llullismus, also den Schriften des seligen Ramón Llull.

In der Nähe des Cura-Gipfels befindet sich die Höhle der Mata Escrita, benannt nach dem hier wuchernden Buschwerk, das von Punkten übersäte, scheinbar „beschriftete" Blätter besitzt. Hier verfaßte Ramón Llull einen großen Teil seiner Schriften. Im Kloster von Cura selbst, dem am höchsten gelegenen der drei Klöster in Randa, gibt es einen für Nichtbefugte unzugänglichen Trakt mit einer Schule, in der früher Grammatik und Llullismus unterrichtet wurde. Im 15. Jahrhundert gegründet, war sie mit einer kurzen Unterbrechung bis zum Jahr 1826 geöffnet. Wer möchte, kann für wenig Geld über Nacht bleiben, in einem der 30 spartanisch ausgestatteten Zimmer, um Geist und Ruhe dieses besonderen Ortes zu genießen.

Man muß lange im voraus reservieren, will man nicht – im wahrsten Sinne des Wortes – vor verschlossenen Türen stehen.

Eine kleine, aber stetig wachsende Besucherzahl will hier ein „anderes" Mallorca kennenlernen, das es zu erwandern gilt und sich nur dem erschließt, der etwas Spanisch spricht und die Bettenburgen an den Küsten nicht für die Inkarnation des mallorquinischen Geistes hält.

Das erste Kloster wurde 1275 ganz oben auf den 549 Meter hohen Berg gebaut.

Nur die Tramuntana-Berge verstellen vom Puig de Cura den Blick über den Pla aufs Meer

Von einem, der auszog, Herzen zu brechen, und Seelen gewann *Ramón Llull*

Der Zeitpunkt der Geburt des berühmtesten Sohnes Mallorcas liegt genauso im dunkeln wie der Ort, an dem der Schriftsteller, Missionar und Philosoph den Tod findet. Ramón Llull wird 1233 oder 1235 als Sohn einer reichen, aus Barcelona stammenden Adelsfamilie in Palma geboren. Zunächst weist nichts auf seine spätere Berufung hin, und den jungen Ramón scheint es auch nicht weiter zu stören, daß er nur mit Schwierigkeiten lesen und schreiben kann und seine Bibelkenntnisse eher mangelhaft sind. Er hat eine Aufgabe als Page am Hof König Jaumes II. gefunden und lebt in den Tag hinein, ohne sich mit schwergewichtigen Gedanken zu belasten. Wenn sich der wohl recht hübsche Ramón überhaupt das Hirn zermartert, dann nur, sobald es ihm ausnahmsweise nicht gelingt, das Herz einer angebeteten Dame zu erobern. Denn angeblich kann er es selbst als verheirateter Mann und Vater von zwei Kindern nicht lassen, als Hofpage ständig Frauen zu verführen – bis er sich plötzlich kompromißlos von allen weltlichen Dingen trennt.

Der Legende nach war es eine Frau, die diese Veränderung verursacht. Llull stellt der schönsten, begehrtesten Dame Palmas nach und verfolgt sie hoch zu Roß sogar bis in die Kirche Santa Eulària, wo sie sich zum Gebet niedergekniet hat. Das Objekt seiner Begierde ist Ambrosia de Castellano, die mit einem Edelmann aus Genua verheiratet ist und nach diesem vehementen Angriff auf ihre Ehre eingeschüchtert einem Rendezvous zustimmt.

Bei diesem Stelldichein bietet sie ihm aber nicht ihre Liebe, sondern nur ihre Gebete an, was nun wiederum Llulls Ehre als Herzensbrecher nicht genügen kann: Er dringt weiter auf sie ein, bis sie in einem Anflug von Verzweiflung schließlich ihre von Aussatz zerfressene Brust entblößt und ruft: „Mein Liebhaber ist der Tod!“ Angeblich ist der bis dahin nur auf Äußerlichkeiten bedachte Ramón so tief schockiert, daß er sich fortan allem anderen, nur nicht mehr den körperlichen Gelüsten hingeben will.

Diese recht dramatische Geschichte wird von modernen Llull-Forschern allerdings mit einiger Skepsis betrachtet. Nach ihrer Theorie ist der Auslöser für Llulls Lebensveränderung eher dadurch zu erklären, daß ihm in einer einzigen Nacht fünfmal Jesus Christus am Kreuz erschien, worin er eine Aufforderung erkennt, sich fortan in die Dienste seines Erlösers zu stellen. Er denkt lange nach, wie er etwas Sinnvolles leisten könne, und

In der paradiesischen Landschaft bei Randa fühlte sich Ramón Llull dem Schöpfer am nächsten.

sieht schließlich das Ziel seines künftigen Lebens am Horizont: Die Sarazenen bekehren und dabei für Christus den Märtyrertod sterben. Und ein großes, allumfassendes Buch schreiben, das die Irrtümer der Ungläubigen auflösen und wirksam bekämpfen soll.

Nachdem er in Montpellier und Paris studiert hat und dort auch in den Franziskanerorden eingetreten ist, besucht er die großen Wallfahrtsorte des Mittelalters wie Santiago de Compostela und Montserrat, um geläutert nach Mallorca zurückzukehren, wo er sich fortan der Selbstkasteiung, religiösen Studien und seiner speziellen globalen Sicht der Weltreligionen widmet. Da er aber, ohne die Sprache der Heiden zu kennen, recht wenig Chancen für seine Bekehrungsversuche sieht, will er zuerst Klöster gründen, in denen die Mönche die orientalischen Sprachen lernen sollen. Es gibt nur ein Problem: Er selbst beherrscht, da er seine Bildung lange Zeit so vernachlässigt hat, nur Katalanisch. Also legt er sich Bußgewänder an und studiert neun lange Jahre Arabisch. Seine Frau, die von dem Wandel, der sich bei ihrem Gatten vollzogen hat, nicht unbedingt nur begeistert ist, muß sich einen Verwalter nehmen, da er sich um die weltlichen Güter überhaupt nicht mehr kümmert.

Die erste Sprachenschule Mallorcas

In stiller Abgeschiedenheit des Berges Randa und des Klosters von Cura entwickelt er ein Konzept, um seine Ideen umzusetzen, und widmet sich dem Sprachstudium, um seine Kenntnisse zu vervollkommnen. Nachdem sein Missionierungsplan von König Jaume II. selbst für gut befunden wird, befürwortet dieser seine Absicht, im mallorquinischen Miramar ein Franziskanerkloster zu errichten, in dem 13 Brüder Arabisch lernen sollen. Auch Papst Johannes XXI. überzeugt diese Idee, woraufhin er im Jahr 1276 seine Zustimmung zum Sprachenkolleg erteilt. Beinahe zehn Jahre lang verbringt Ramón dichtend und studierend in Miramar, bis er die Grundlagen seines Lebenswerkes *Ars Magna* niedergelegt hat, in dem er versucht, die Wahrheit des Christentums unwiderleglich durch die Vernunft – und nicht allein durch den Glauben – zu beweisen. Dazu entwickelt er eine schematische Ordnung der wichtigsten Begriffe, um die Erkenntnis überschaubarer und die Beweisführung zuverlässiger zu machen.

Auch als 80jähriger verlor Llull seine hohen Ziele nicht aus den Augen.

In den Schuhen der Apostel

Nachdem er endlich die nötigen Kenntnisse erworben hat, ist Llull nicht mehr zu halten. Er besucht Syrien, Palästina, Ägypten, Äthiopien und Mauretanien. Er arbeitet als Professor in Montpellier, wo er den Inhalt seines Werkes *Ars Magna* unterrichtet. Er erreicht, daß in Rom eine Schule für orientalische Sprachen gegründet wird. Er studiert arabische Grammatik in Paris und unterrichtet gleichzeitig Philosophie in Miramar. Außerdem setzt er unermüdlich seine Reisen nach Tunesien, Zypern, Armenien, Rhodos und Malta fort.

Llull hinterläßt ein nahezu unglaublich großes Werk an Schriften. Es umfaßt über 270 Abhandlungen und Romane sowie mindestens 77 Gedichtbände. Dabei verfaßt er einige auf Arabisch, die leider nicht mehr erhalten sind, und viele in lateinischer und katalanischer Sprache.

Sein Wissensdurst und Forschergeist, die er fast 30 Jahre lang so schmählich vernachlässigt hat, brechen sich Bahn und äußern sich in einem sehr breiten Spektrum: Manchmal vergräbt er sich wochenlang in das Studium der Philosophie und wettert vehement gegen das Prinzip der „doppelten Wahrheit" des maurischen Philosophen Averroës aus Córdoba – weil dieser, wie es von den christlichen Philosophen mißverstanden wurde, damit behaupte, daß sich die Wahrheiten der Vernunft und des Glaubens, also der Philosophie und der Religion widersprächen – und kommt dann plötzlich mit einem Traktat über die Liebesphilosophie, dem *Llibre d'Amic e Amat,* dem „Buch vom Freund und Geliebten", wieder aus der Versenkung.

Oder er bereitet seine Bekehrungspredigten vor und entwickelt wie nebenbei einen Peilkompaß, der die Position von Schiffen angeblich ebenso gut bestimmen könne, wie sich damit Unwetter vorhersagen ließen. Oder er ist der Ansicht, daß sich das gesamte Wissen ebenso wie Glaubensinhalte aus der Vernunft herleiten lassen müßten, und erfindet so die Universalwissenschaft *Ars Combinatoria.* Sie besteht aus einem System dreier Ringe, die sich gegeneinander verschieben lassen. Auf dem ersten stehen neun Schlüsselwörter wie „Ewigkeit", „Weisheit", „Tugendhaftigkeit" und „Willen", auf dem zweiten Bezüge wie „größer", „kleiner" oder „gleich", auf dem dritten Fragen nach dem „Woher" und „Wie". Durch Drehen lassen sich eine Unmenge neuer Themen herleiten, über die dann philosophiert werden kann.

In seinem dichterischen Werk ist Llull der erste Dichter, der die katalanische Volkssprache schriftstellerisch benutzt. So wird er zum Begründer der katalanischen Literatursprache, lange bevor im Jahr 1311 Dante überhaupt auf die Idee kam, seine „Göttliche Komödie" nicht in lateinischer, sondern italienischer Sprache zu verfassen, wodurch seine *Divina Commedia* den Ruf der ersten herausragenden Dichtung in Volkssprache erhielt.

Die Reiselust verläßt Llull nie mehr. Noch als rüstiger Mittfünfziger arbeitet er in Neapel mit Karl II. seinen eigenartigen Kreuzzugsplan aus, der heute sehr umstritten ist. Für die damalige Zeit aber, kurz nach der Vertreibung der Mauren aus Spanien, an der auch Llulls Vater aktiv beteiligt ist, gelten Schwert und Kreuz als probates Mittel, den

In einer Kapelle der Kirche Sant Francesc im Herzen von Palma fand der zu Lebzeiten rastlos Reisende seine letzte Ruhe.

In Miramar ließ Llull ein Kloster errichten, in dem 13 Glaubensbrüder jahrelang Arabisch lernten, während der Mönch sein Lebenswerk *Ars Magna* verfaßte.

Islam nicht nur aus Spanien, sondern aus Europa zu verdrängen.

Viele Kritiker sehen daher in Llull das genaue Gegenteil eines Theologen, der die großen Weltreligionen als gleichwertig betrachtet und zusammenführen will, nämlich einen religiöser Eiferer. Zwar spricht er von dem einen Gott, aber das ist für ihn zweifelsohne allein der christliche. Folglich ist er von der Mission beseelt, die muselmanischen Heiden von ihrem Irrglauben an Allah abzubringen. Wenn er eine Missionsschule gründet wie jene in Miramar, die den Mönchen die arabische Sprache beibringt, dann nur, weil er überzeugt ist, daß die Menschen in Nordafrika in ihrer Muttersprache einfacher zu bekehren seien.

So wird der Franziskaner Llull schon zu Lebzeiten ein Dorn im Auge der Dominikaner: In ihrem Haß gegen alle Heiden erachten sie die Bekehrung von Juden und Mohammedanern für sinnlos. Haß, wenn auch ein anderer, bringt Llull schließlich ums Leben: 1315 wird er auf einer Reise im algerischen Bejaïa, wo er gegen den Islam und für das Christentum predigt, von einer aufgebrachten Menge religiöser Fanatiker gesteinigt – heißt es. Denn auch wenn davon ein Gemälde in der Kirche San Salvador zu Artà hängt, bleibt es vermutlich eine fromme Legende. Andere Forscher sind der Ansicht, daß der 80jährige von einem Kaufmann aus Genua nach Mallorca zurückgebracht wird und dann friedlich stirbt. Auch die Ansicht, daß er hundertjährig 1333 in Italien gestorben sei, gehört wahrscheinlich ins Reich der Fabel.

Ramón Llull, der auch Raimundus Lullus genannt wird, ist selig-, aber noch nicht heiliggesprochen. Auf Mallorca führt im Prozeß der Aufklärung der Streit um seine Heiligsprechung zwischen 1749 und 1777 zu Bilderstürmereien und Straßenschlachten. Die ganze Insel ist geteilt: Die Befürworter der Aufklärung wollen die Heiligsprechung verhindern, deren Gegner sie nun erst recht durchsetzen. Das ist heute kein Steitpunkt mehr; in Katalonien und auf Mallorca wird Llull – auch durch den aufkommenden „mallorquinischen Nationalismus“ begünstigt – wie ein Heiliger verehrt. Das Fest zu seinen Ehren wird am 29. März gefeiert. Dann pilgern die Anhänger zu seinem Grab in der Kirche Sant Francesc in Palmas Altstadt, gleich neben Santa Eulària, wo er sein persönliches Erleuchtungserlebnis hatte, und zu seinem Denkmal, das vor dem Almudaina-Palast errichtet wurde. Und in der Lullus-Universität studierte man bis 1842 noch eifrig Theologie und Kirchenrecht, wenn auch die Missionierungsgedanken nach und nach in den Hintergrund rückten.

Ein typisches Landgut auf Mallorca
Albenya

In den Mauern, Grundrissen und Bauelementen Albenyas, einem Landgut zwischen Randa und Montuïri, läßt sich lesen wie in einem Geschichtsbuch, das weit vor der Reconquista beginnt: Vor der katalanischen Eroberung im Jahre 1229 befand sich hier eine arabische Siedlung. Das arabische *albenya* bedeutet „Errichtung". Selbst die Umgestaltung des Anwesens Anfang des 19. Jahrhunderts konnte die Spuren des maurischen Grundrisses nicht vollständig auslöschen.

Das Landgut Albenya ist immer noch eine der größten Ländereien des gesamten Pla und gehört seit Generationen der angesehenen mallorquinischen Familie Morell. Heutzutage werden solche Ländereien in den seltensten Fällen noch landwirtschaftlich genutzt, denn das lohnt sich nur noch in Eigenregie und als Selbstversorger. Im 19. Jahrhundert konnten die Gutsleute noch vom Verkauf von Weizen, Roggen, Mandeln und anderen Produkten leben. Damals lebten und arbeiteten dort in der Winterzeit vielleicht zwei Dutzend Mägde und Knechte, im Sommer stieg ihre Zahl leicht auf mehr als 50; in der damaligen Zeit war ein solches Gut einer der wichtigsten Arbeitgeber.

Schon Ende des vorhergehenden Jahrhunderts hatte auch hier die Reblaus *Philoxera* die gesamte Struktur der mallorquinischen Landwirtschaft ins Wanken gebracht. Bei immer weniger Erträgen kämpften die Landwirte, dazu mit immer höheren Steuern, Löhnen und Unterhaltskosten. Wenig später flohen selbst ungelernte Tagelöhner lieber in den Tourismus, wo sie ordentlicher Löhne wenigstens einigermaßen sicher sein konnten.

Ferran Morell, ein Pionier der Lungenheilkunde

Aus der Morell-Familie Albenyas stammt auch der Arzt Ferran Morell, lange Zeit Leiter der Abteilung für Pneumologie des Krankenhauses La Vall De Hebron in Barcelona. Er transplantierte als erster in der Geschichte Spaniens erfolgreich eine Lunge. In den 80er Jahren des 20. Jahrhunderts entdeckte er die Behandlungsmethode für ein asthmatisches Fieber, das die Einwohner Barcelonas heimsuchte: Damals kam es im Bezirk Condal immer wieder zu schweren, manchmal tödlichen Fällen von Atemwegserkrankungen, die die Medizin vor ein Rätsel stellten. Dann fand Morell heraus, daß die Anfälle immer dann auftraten, wenn Schiffe mit Sojaladungen in Barcelona vor Anker lagen. Bei der Entladung auf Lastwagen gelangte der Sojastaub in die Luft und löste so die Erkrankung aus.

Seite gegenüber: Das Landgut Morell, seit Generationen im Besitz derselben Familie, ist eines der größten im Pla.

Als Kind wehte Ferran Morell die Landluft Albenyas um die Nase. Später wurde er Lungenfacharzt und verpflanzte als erster in Spanien erfolgreich jenes Organ, das der Mensch zum Atmen braucht.

Im Sommer sind Landgüter wie das der Familie Morell kaum in der üppigen Vielfalt der Natur auszumachen.

Honig nur für Herrschaften
Montuïri

Tot el món ès món, manco Montuïri: Die ganze Welt ist Welt, außer Montuïri; das alte Sprichwort bezeugt, wie abgelegen diese Gegend hier einst war. Heute führt eine ordentliche Landstraße in dieses Pla-Dorf und bringt in Touristenbussen die Welt heran, die die eleganten, filigranen, dicht an dicht geduckten Häuser mit ihren Familienwappen über dem Türstock und den blumengeschmückten Innenhöfen bewundert und im neuen Perlen-Supermarkt shoppt. Was sich hinter den „pittoresken" Fassaden und unter der „idyllischen" Oberfläche an sozialer Spannung verbirgt, bemerkt kaum jemand.
Dabei ist es nur allzu wahr, denn unbewußt sind die traditionellen Regeln über Jahrhunderte in die Gliederung des Dorfes eingegangen. Wie hingegossen auf einen langgestreckten Hügelrücken, führen alle Gassen, Stiegen und Straßen hinauf zum Symbol der alten Ordnung: zur Dorfkirche Sant Bartomeu, die genauso wuchtig geraten ist wie die Macht der Tradition in Montuïri.

Auch um Montuïri herum wimmelt es, wie vielerorts im Pla, von Eremitagen und Kapellen, oft so versteckt gelegen, oft in solcher Symbiose mit der Landschaft und der Natur, daß sich mancher vor touristischer „Romantik" nicht mehr retten kann. Aber wer wirklich die Ohren aufsperrt, der kann sie hier rumoren hören: die Geister der Geschichte, die sich auf ihr Altenteil zurückgezogen haben, um sicherzustellen, daß sie von der profanen modernen Außenwelt nicht mehr behelligt werden.

Diese verwunschene Stimmung und das weltfremde Motto Montuïris kommen nicht von ungefähr. Während Sant Joan das Idyll des Dorflebens zelebriert und Villafranca seine Geschäftstüchtigkeit auf die Spitze getrieben hat, döst Montuïri trotz der neuen Verkehrsanbindung nach wie vor ein bißchen vor sich hin.

Nach oben buckeln, nach unten treten: Senyors, Missatges und Tagelöhner

Zunächst schienen die Grenzen zwischen Großgrundbesitzern, Mittelstand und Arbeiterklasse hier schier unüberwindbar. Wie in den sizilianischen Clans gab es auch hier in den feudal geprägten Großfamilien der jeweiligen Klasse einen Patriarchen, der schlicht in allen Lebensbereichen das Recht hatte, sich einzumischen. Egal, ob es dabei um die Arbeit eines Tagelöhners ging, um den Schulbesuch eines Aufseher-Kindes, um die

Selbst ihrer Flügel beraubt, überragen die fünf Windmühlen von Montuïri imposant den Ort.

Früher waren den Bewohnern von Montuïri nur wenige solcher Mußestunden gegönnt.

Heirat einer Bauerntochter: Ohne ihn ging einfach nichts.

Dabei lebten die *senyors* meist weit weg in Palma. Ihre Interessen auf dem Gut, auf dem Hof vertrat ein *missatge,* ein Aufseher, der eine Mittlerposition innehatte zwischen dem Herrn, dem *amo,* den er über jeden kleinsten Vorgang unterrichten mußte, und den Landarbeitern. Die *missatges* lebten, Familienmitgliedern gleich, in den Häusern der *senyors* und bildeten eine eigene Sippe, unterstanden aber natürlich ihrerseits deren Kontrolle.

Die Schwächsten im Gefüge waren einfache Tagelöhner, die höchstens wochenweise auf verschiedenen Gutshöfen für einen Hungerlohn arbeiteten. „Das war schon immer so, daran kann man nichts ändern – wer aufbegehrt, verhungert“, dieses eingebleute Wissen, wie eine Gebetsmühle von Generation zu Generation wiederholt, sicherte den Erhalt des Machtgefüges.

Bis in die spanische Nachkriegszeit hat es sich in Montuïri erhalten; warum ausgerechnet hier, ist bis heute unbeantwortet. Nur eine zaghafte Mittelklasse, Besitzer kleiner und mittlerer Höfe, konnte sich etwas Unabhängigkeit schaffen, und selbst die hatte enge Grenzen: Sowie es darum ging, Preise für das Getreide zu bestimmen oder Zugang zum öffentlichen Brunnen und damit Wasser für die Felder zu erhalten, mußten sie sich den Bedingungen des jeweiligen *senyors* beugen. Womöglich liegt der Schlüssel zum Klammern an die Vergangenheit darin, daß es hier keine wirkliche „Bildungskultur“ gibt: Ein paar Heiligen-Biographien, hie und da ein juristisches Dokument sind alles, was das Dorf für niederlegenswert hielt. Kein Künstler, kein Stadtschreiber hat je versucht, sich hier inspirieren zu lassen.

Die Freiheit lockt – und dreht dem Land den Hahn zu

Mitte des 20. Jahrhunderts erreichten Nachrichten von einem neuen, boomenden Wirtschaftszweig selbst Montuïri: Zum ersten Mal konnten junge Leute, die nichts anderes kannten als Macht und Machtlosigkeit des Dorflebens, außerhalb des Dorfes im Tourismus einen Beruf erlernen oder wenigstens die Hauptsaison fern des heimischen Herdes an den Sonnenstränden der Insel verbringen, um mit Taschen voll eigenen Geldes im Herbst wiederzukommen.

Wer aber zurückkommt aus einer Fremde, die ihn besser behandelt hat als die Heimat, wird die Heimat immer zunächst aus tiefstem Herzen verachten. Nicht anders in Montuïri: Die Jugend begehrte auf, verschmähte die heimische Sprache, wollte nicht mehr die alten Tänze tanzen, die alten Lieder singen und schon gar nicht auf die *senyors* hören, die die Welt nicht mehr verstanden.

Aber „die Vergangenheit stirbt nie: Sie ist nicht einmal vergangen.“ Was William Faulkner sagt, gilt auch für Montuïri: Bis heute halten sich die ehemaligen Klassen hübsch voneinander getrennt, auch wenn niemand mehr sich ermächtigt, ihnen dies vorzuschreiben, und obwohl sie längst Händler, Handwerker, Bauern, Fabrikarbeiter, Mechaniker, Elektriker und die verschiedensten Freiberufler geworden sind. Mitte des 20. Jahrhunderts noch wollte ein frisch verheiratetes Ehepaar in der Hochzeitsnacht Brot mit der Streichwurst *sobrassada* und Honig essen, so erinnert sich das Dorf. Sie trauten sich jedoch nicht, Honig zu kaufen, denn: Honig essen ist und bleibt ein Vorrecht der *senyors.*

Dieser harte Bruch zwischen Tradition und Moderne ist an vielen Orten der Insel und bei mannigfachen Gelegenheiten – zum Teil sehr schmerzlich – zu beobachten. Zu schnell ist Mallorca in den Tourismus katapultiert worden, als daß eine begreifende Anpassung hätte stattfinden können. Die Moden und Konsumgewohnheiten der Touristen werden von der Jugend Mallorcas schnell aufgegriffen; eine Verschmelzung mit den Traditionen und Denkformen der Insel hat bislang kaum stattgefunden.

Die fruchtbaren Felder des Pla bleiben auch im Ort immer im Blick.

Wachteln und Rebhühner
Die Stars von Son Bascos

In den 90er Jahren des letzten Jahrhunderts hatten die Bewohner von Montuïri eine – wie sich herausstellen sollte – sehr fruchtbare Eingebung: Sie bauten eine ansehnliche Zuchtfarm für Wachteln auf, wo mittlerweile wöchentlich über 5 000 Exemplare der bräunlichen Hühnervögel in die Welt gesetzt werden.

Der Farm Son Bascos ist auch ein Restaurant angegliedert, auf dessen Speisekarte – natürlich – Wachtelgerichte in allen möglichen Variationen angeboten werden. *Coturnix* schmeckt gebraten, mit einer Soße aus Zwiebeln und Tomaten, mariniert oder auch mit einem ordentlichen Schuß Wein zubereitet. In diesem Fall werden aus dem 20 Zentimeter großen, unscheinbaren

Zwei Hände voller Federvieh: Vorn die Wachtel *coturnix,* hinten das Rebhuhn *perdix.*

Lockvogel bei der Arbeit.

Vogel betrunkene Wachteln, *guàtlleres emborratxades.*

Neben der Wachtelzucht betreiben die Farmer von Son Bascos noch ein weiteres lukratives Geschäft: Sie züchten, was hier mit einem wunderbar treffenden Ausdruck *reclams* genannt wird: Lockvögel für die Rebhuhnjagd. Seit Jahrhunderten wird in den ländlichen Regionen Mallorcas die Hatz auf den schönen erdfarbenen Vogel betrieben. Als Köder eignen sich nur männliche Rebhühner, denn sie ziehen andere Männchen zum Kampf an; die Weibchen hingegen nähern sich gerne in friedlicher Absicht ihren andersgeschlechtlichen Artgenossen.

Um Lockvögel auszubilden, sucht man ein junges, gelehriges Rebhuhn aus und setzt es in einen Käfig, der im Hof des Hauses in die Nähe eines erfahrenen Rebhuhnlockvogels gehängt wird, damit es dessen Gesang nachzuahmen lernt. Außerdem beruhigt die Nähe zum Veteranen das Kleinhuhn und verhindert, daß der Vogel vor Schreck über die Isolierung seine Stimme verliert. Die Lockvogelausbildung verlangt viel Geduld; denn meistens beherrscht das Huhn den virtuosen Gesang nicht auf Anhieb.

Zum Schluß dieser Gesangsschule wird das Huhn täglich mit einer Mischung aus vorgekauten Mandeln und Eigelb gefüttert, damit es einen guten Resonanzboden entwickelt und eine kräftige Stimme ausbilden kann. Einige Jäger füttern den Lockvogel nur ein oder zwei Abende vor der Jagd, andere regelmäßig.

Am Tag der Jagd wird der Käfig mit dem Vogel im Revier aufgestellt und so mit Zweigen abgedeckt, daß nur eine kleine Öffnung bleibt. Nähert sich schließlich der durch den kräftigen Gesang angezogene Gegner, wird er sofort mit einem gezielten Schuß *perdigones,* Schrot, erledigt. Daraufhin läßt der Lockvogel eine weitere Arie erklingen, die „Begräbnisgesang" genannt wird.

Ihr Jagdfieber nehmen die Bewohner Montuïris zum Anlaß für ein großes Rebhuhnfest: Jeden ersten Sonntag im Dezember wird die *Fira de Sa Perdin* gefeiert. Auf diesem Jahrmarkt werden alle Tierarten, die mit der Jagd in Verbindung stehen, ausgestellt und verkauft. Hier ziehen die Lockvögel allerdings nur menschliche Besucher an.

Auch die Wachtel selbst scheint erstaunt auf die Unmenge der potentiellen Nachfahren zu blicken.

Guàtlleres amb figues

Wachteln mit Feigen

Zutaten
4 Wachteln küchenfertig vorbereitet
Salz und Pfeffer
1 EL Butter
1 Kräutersträußchen, z. B. Thymian, Rosmarin, Oregano
1–2 Lorbeerblätter
2 kleine Zwiebeln, feingehackt
1 EL Mehl
6–8 Feigen, geschält
200 ml Weißwein
1 EL geriebene Bitterschokolade

Die Wachteln waschen, trockentupfen, mit Salz und Pfeffer einreiben und mit Küchengarn in Form binden.

Eine feuerfeste Form mit Butter ausstreichen und die Wachteln hineinsetzen. Kräutersträußchen, Lorbeer und Zwiebeln zufügen, die Wachteln mit Mehl bestäuben. Im vorgeheizten Backofen bei 240 Grad etwa 10 Minuten garen, bis das Mehl gebräunt ist. Die Wachteln wenden, die Feigen dazugeben, den Weißwein angießen und die Schokolade einrühren. Den Backofen auf 175 Grad zurückschalten und die Wachteln weitere 10 Minuten garen. In der Form auftragen.

Bittere Süße
Mallorca und die Mandeln

Schon einige Zeit hatten die Araber es sich auf Mallorca gemütlich gemacht, als ihnen schmerzlich bewußt wurde, daß sie den weichen, samtigen Nachgeschmack vermißten, den eine Mandeltorte nach einem üppigen Mahl auf der Zunge hinterläßt.

Während die Griechen den Mandelbaum schon sehr früh kultiviert hatten und die Römer mit seinen Früchten belieferten, war der „Baum der Mohammedaner" den Mallorquinern noch gänzlich unbekannt. Unmittelbar im Anschluß an die Eroberung der Balearen kümmerten sich die Mauren darum: Sie pflanzten im Jahre 903 die ersten Mandelbäume und schufen damit die Basis für den auf Mallorca verbreitetsten Baum.

Seither verwandeln sich alljährlich im Januar und Februar weite Teile der Ebene bei Montuïri in ein zartweiß- bis rosafarbenes Meer. *Prunus dulcis,* der süße Mandelbaum, blüht und gedeiht in mehr als 50 verschiedenen Arten; *Prunus amara* heißt die bittere Sorte, deren Amygdalin eines der gefährlichsten pflanzlichen Gifte enthält: Zyankali. Aber keine Sorge, bevor der leicht bittere Geschmack, den ein köstlicher Nachtisch normalerweise hinterläßt, tödliche Folgen hat, muß man schon mindestens zehn bittere Mandeln pur gegessen haben; und so viele wird kein Bäcker zu einem Kuchen verarbeiten, es sei denn, er meint es nicht gut mit seinen Kunden.

Die Bauern bei Montuïri pflegen schon seit Jahrhunderten die Tradition des Mandelanbaus. Seit jeher werden hier in den Pflanzschulen neue Bäume gezogen: Nach zwei Jahren, wenn ein Bäumchen schon wenigstens einige hundert Blüten ausgebildet und der Stamm die erforderliche Dicke erreicht hat, schneidet man ihm die Zweige ab und pfropft ihn mit der Blüte der gewünschten Sorte. Völlig entwickelt sind die Bäume dann ungefähr nach 10 bis 15 Jahren. 45 arbeits- und ertragreiche Jahre später ist es mit der Blütezeit der Mandel vorbei. Zusehends verfällt der Baum und steht nunmehr zerfurcht und ausgemergelt zwischen seinen fruchtbringenden Nachfahren.

Oben: Im Spätsommer werden die locker sitzenden Früchte mit langen Stöcken von den Bäumen abgeschlagen.

Links: Wenn sich die Knospen öffnen, verwandelt sich das Land in ein duftendes Blütenmeer.

Wenn die Mandeln nicht freiwillig auf die Erde fallen, wird mit Ruten nachgeholfen.

Dann werden die gefallenen Früchte sorgsam vom Boden aufgelesen und in Körbe sortiert.

Kleine Äste und vertrocknete Blätter dienen später als Abwechslung auf dem Speiseplan der Schafe.

Mit den Resten der äußeren Fruchtschicht entfachen die Mallorquiner im Winter ihre Kamine. Dann überströmt der einzigartige Duft die ganze Insel.

Schließlich müssen die Mandeln von einer weiteren Fruchtschicht befreit werden.

Zum Schluß wird die Mandel geschält. Und siehe da: Unter der harten Schale sitzt ein weicher Kern.

Mandelbäume werden auf Mallorca nicht bewässert, sondern wachsen, wie Gott sie schuf. Zur Erntezeit im Spätsommer werden die locker sitzenden Früchte mit Stöcken abgeschlagen und landen auf zuvor ausgelegten Netzen. Schließlich werden die Kerne von den harten Schalen getrennt und sind nun fertig für die Produktion von Mandelplätzchen, Mandelschokolade, Mandelnougat, Mandelöl, Mandellikör und unzähligen anderen Varianten bis zur begehrten Weihnachtsspezialität, dem mit Nougat versetzten *torró,* auf den die Kinder der gesamten Iberischen Halbinsel schon lange vor dem Fest ungeduldig warten.

Torró gibt es in verschiedenen Variationen – auch als edles Mitbringsel von der Reise. Am delikatesten ist *torró fort,* hart und folglich schwer zu beißen, meist geformt wie eine Tafel Schokolade, mit großen Mandelstücken in einer weißen Masse aus Eiweiß und Honig. Zum *cafè tot-sol* (dem spanischen Espresso) und einem mallorquinischen Brandy (der Marke Soau) bildet er den Gipfel der Genüsse!

Gató d'ametlles

Mandelkuchen

Ein mallorquinisches Festmahl ohne dieses klassische Dessert ist undenkbar. Oft wird der Mandelkuchen auch mit Mandeleis serviert. Ursprünglich ein Rezept aus Valldemossa, hat es sich nach und nach über die ganze Insel verbreitet. Es lohnt sich immer wieder, ein Stück zu probieren, denn Rezepte für Mandelkuchen (immer ausgehend vom Grundrezept) gibt es mehr als Mandelsorten.

Den Puderzucker mit Eigelb glattrühren. Die geriebene Zitronenschale, den Zimt und die aus der Schote geschabte Vanille hinzugeben. Die gemahlenen Mandeln unterrühren. Das Eiweiß steif schlagen, unter die Masse geben und gleichmäßig verrühren. In eine gefettete Springform geben und in einem vorgeheizten Backofen bei 180 Grad 55–60 Minuten backen. Auskühlen lassen und auf einer Tortenspitze anrichten. Dick mit Puderzucker bestreuen.

Zutaten

- 250 g Puderzucker
- 8 Eier, Eigelb und Eiweiß getrennt
- Schale einer Zitrone
- 1 Messerspitze gemahlener Zimt
- 1 Vanilleschote
- 250 g geschälte Mandeln, feingemahlen
- Öl zum Einfetten der Form
- Puderzucker zum Bestreuen

Knusprig klebrige Delikatesse: Mandelkrokant.

Weltsprache und Regionaldialekt
Biniali

Bevor die ersten Waschmaschinen sich der Wäsche annahmen, war Waschen eine mühsame Arbeit. Entlegene Dörfer wie Binialí haben oft noch heute nicht in allen Häusern fließendes Wasser: Es muß vom Brunnen geholt werden.

Binialí erweckt den Eindruck, als ob es gar nicht wirklich da sei – und so ist es auf vielen Mallorca-Karten nicht einmal verzeichnet: Winzig klein und verloren in den Zeitläuften scheint es im Schatten der Tramuntana-Berge einer neuen Chance, eines Wunders zu harren. Vielleicht sind das die besten Voraussetzungen für Originalität, denn Binialís Lokalkolorit hat (mindestens) zwei merk-würdige Persönlichkeiten geprägt, deren Steckenpferd und Besessenheit seinen Namen verewigen: der eine der begeisterte Verfechter eines fast verlorengegangenen Regionaldialekts, der andere der uneigennützige Förderer einer fast ungesprochenen Weltsprache.

José Marià Jaquotot

Am Ortseingang von Binialí, in der Nähe der Straße nach Sencelles, steht ein Haus aus dem 14. Jahrhundert. Es gehörte José María Jaquotot Molina, der es bis zu seinem Tod 1995 bewohnte. Zu Beginn des 20. Jahrhunderts als Abkömmling einer französischen Familie geboren, war er einer der Pioniere und Verfechter der weltumfassenden künstlichen Sprache Esperanto. Jaquotot war ein penibler Beobachter seiner Zeit und gelangte so zu der Überzeugung, gerade Mallorca böte mit seinem stetig wachsenden Zustrom von sonnenhungrigen Ausländern optimale Bedingungen für die Verbreitung und Akzeptanz dieser Kunstsprache.

Esperanto wurde Ende des 19. Jahrhunderts von dem polnischen Arzt Zamenhof entwickelt. Die Idee war, mit einer leicht erlernbaren Sprache weltweit jenes Kommunikations-Problem aufzuheben, das Menschen seit dem Einsturz des Turms von Babel voneinander trennt. Leider scheinen sie wenig Interesse daran zu haben: Mehr als eine Million Anhänger hat dieses Projekt der Völkerverständigung bis heute nicht gefunden.

Zu den engagiertesten gehörte José Marià Jaquotot. Er arbeitete in einem Komitee, das in regelmäßigen Veröffentlichungen und Schriften versuchte, Esperanto unter die Leute zu bringen. 1961 gründete Jaquotot zusammen mit Miquel Arbona, Gabriel Vida und Bernat Rabassa die Vereinigung *Baleara Esperanto Asociació,* die sich um die Verbreitung des Esperanto in Spanien und natürlich besonders auf den Balearen bemühte. Noch im gleichen Jahr organisierten sie in Palma immerhin einen Kongreß von Esperanto-Anhängern aus ganz Spanien.

An der Weltabgeschiedenheit von Biniali hat das nichts geändert. Wie so viele Dörfer des Pla erlebte es Anfang des 20. Jahrhunderts einen dramatischen Bevölkerungsrückgang. Denn diese Orte bekamen vom neuen Kuchen lange, oft zu lange, nichts ab. Den Bauern blieb keine große Wahl: Auswandern nach Mittel- und Südamerika oder das Glück in der jungen, schwer einzuschätzenden Tourismus-Branche suchen – aber in jedem Fall: weg hier. Zurück blieben meist nur die Alten, oft demütigend abhängig von der Unterstützung durch die Emigrierten. Die Uhren tickten weiter, aber die Zeit blieb stehen.

Der Tourismus-Boom ab 1960 legte zwar den Grundstein für Mallorcas immensen Reichtum im ausgehenden 20. Jahrhundert, verschärfte aber für lange Zeit genau dieses ländliche Problem. Noch heute arbeiten mehr als 80 Prozent der Mallorquiner in den touristischen Zentren an der Küste und nutzen die Dörfer ihrer Herkunft allenfalls als Schlafplatz oder Wochenendziel.

Erst langsam gewannen Orte wie Biniali neuen Wert als ruhige Standorte für Freiberufler oder für Ausländer, die sich in die alten, oft heruntergekommenen Bauernhäuser verliebten und sich hier niederließen. Diese restaurieren zwar die alten Häuser liebevoll-penibel im traditionellen mallorquinischen Stil, aber längst nicht alle machen sich die Mühe, die Inselsprache *Mallorquí* zu lernen. Eine solche Entwicklung hätte – zumindest im Falle von Biniali – Don Francesc de Borja Moll aufs heftigste mißfallen.

Don Francesc de Borja Moll

1903 auf der Nachbarinsel Menorca geboren, machte er sich zum Schützer und Förderer seiner Muttersprache: des Katalanischen, einer zwar lebendigen, wenn auch lange Zeit vom Aussterben bedrohten Sprache.

Das Katalanische war seit dem 18. Jahrhundert zurückgedrängt worden, als König Philip V. das Kastilische, seitdem meist Spanisch genannt, zur Staatssprache erhob. Die übrigen vier in Spanien gesprochenen Sprachen wurden fortan geringgeschätzt; sie zu verwenden galt als ordinär, separatistisch, ungebildet. Unter Franco war es sogar bei Gefängnisstrafe verboten, in der Öffentlichkeit Baskisch, Galicisch, Katalanisch und Mallorquí zu sprechen. Die Folge – Franco blieb immerhin bis 1975 an der Macht – war, daß die nachfolgenden Generationen diese Sprachen kaum noch beherrschten. Nur dem Eigensinn solcher Leute wie Don Francesc de Borja Moll ist es zu verdanken, daß ihre Sprachen überlebt haben: Leute wie er organisierten geheime Konversationszirkel, sprachen auf konspirativen Sitzungen katalanisch und sorgten für speziellen „Privatunterricht“ für die Kinder.

Dank Menschen wie Don Francesc de Borja Moll ist Katalanisch trotz Unterdrückung und Verbot noch heute eine lebendige Sprache.

Borja Moll wurde so zu einer Schlüsselfigur für die mallorquinische Kultur. Seit 1920 widmete er sich der Sprachwissenschaft, Literatur und Politik der Balearen und gab in einem eigenen Verlag Bücher auf Katalanisch heraus. Das herausragendste seiner Vermächtnisse ist ein wahres Mammutwerk, ein Wörterbuch der drei katalanischen Varianten: Katalanisch, Valenzianisch, Balearisch. Borja Moll konnte sich dabei auf die Vorarbeiten des Generalvikars der Diözese und Sammlers mallorquinischer Märchen, Monsignore Antoni M. Alcover, stützen, der 1862 bei Manacor geboren wurde und 1932 starb. 43 Jahre lang arbeitete Borja Moll an seinem Dialekt-Wörterbuch – nur wenige Schritte entfernt von dem Haus, in dem José Marià Jaquotot von einer Esperanto sprechenden Welt träumte.

Ausgerechnet im weltfremden Biniali träumte José Marià Jaquotot von einer Welt auf Esperanto.

Mittelpunkt der Welt
Sineu

Die Weltachse soll sich, so die örtliche Legende, unter dem Glockenturm von Sineu befinden.

Der frühere Bahnhof der ehemaligen Hauptstadt Mallorcas lädt heute statt zum Reisen zum Rasten ein.

Unter dem Glockenturm von Sineu, so will es die Legende, liegt die Achse, die die Welt daran hindert, ins Wanken zu geraten. Tief darunter stützen zusätzlich vier Säulen die Erde, nur sind leider drei davon kaputt, und die vierte ächzt unter dem Joch der Verantwortung. Sineu, der Mittelpunkt der Welt?

Nicht ganz. Aber wenigstens der Mittelpunkt Mallorcas, geographisch wie historisch. Denn Sineu war von Anfang des 13. bis Mitte des 14. Jahrhunderts die Hauptstadt des Königreichs Mallorca. Und obwohl die große Zeit der kleinen Hauptstadt nur kurz bemessen war, sind die Bewohner Sineus bis heute stolz darauf und auf seine städtische, erhabene Schönheit.

Dabei ist nicht einmal sicher, daß Jaume I., der Mallorca eroberte und damit 300 Jahren maurischer Herrschaft ein Ende setze, jemals seinen königlichen Fuß nach Sineu gesetzt hat. Die Königsresidenz ist Werk seines Sohnes, Jaume II., der 1309 ein Herrenhaus in den Palast umbauen ließ und dafür sorgte, daß die neue Hauptstadt eine direkte Straßenverbindung nach Palma bekam. Nur 40 Jahre und einen Jaume, den dritten, später war es wieder aus mit dem Königreich und seiner Hauptstadt Sineu. Die königlichen Gemächer im obersten Stock des Palastes verstaubten, die Küche und Bedienstetenräume verstummten, und die Weinfässer im Keller harrten, mit hohlen Bäuchen statt vollgefüllt mit königlichen Tropfen, ihres Schicksals.

Ein geflügelter Löwe als Symbol für den Schutzpatron der Stadt, den Evangelisten Markus, wacht am Eingang der Hauptkirche, die der Gottesmutter von den Engeln geweiht ist.

Erst Felipe II. erbarmte sich im späten 16. Jahrhundert, verpaßte dem Palast eine Schönheitskur und verschenkte ihn an den Orden der Konzeptionistinnen, die ihn bis heute in strengster Klausur bewohnen.

Riesen, die ersten Siedler auf Mallorca?

Ganz anders geartete Bewohner kannte Sineu schon um 2000 v. Chr., und zwar Riesen! So heißt es jedenfalls im Volksmund, denn eine alte Schrift argumentiert, nur solche hätten die zahlreichen *talaiots* aus tonnenschweren Steinplatten um Sineu bauen können. Und der nie aufgeklärte Fund eines drei Meter langen menschlichen Skeletts gibt der Riesenfraktion Futter: Gleich hinter der Kirche von Sineu war's, 1718, unter einem Grabstein, den ein Lanzenreiter und der christlichen und gelehrten Welt unbekannte Schriftzeichen zierten.

Daß einige derer, die in Sineu siedelten, Römer waren, ist dagegen unzweifelhaft. Reste der römischen Niederlassungen sind noch zu sehen, und Plinius, der antike Weltenbummler, der netterweise alles Wissenswerte auf seinen Reisen aufgeschrieben hat, erwähnt im 1. Jahrhundert n. Chr. einen Ort „Sinium" auf Mallorca.

Auch „der Halbmond zog über Sineu wie über das Meer, ohne Spuren zu hinterlassen", schreiben die Stadtchroniken. Von den 300 Jahren arabischer Herrschaft blieb allerdings nur das Wissen, wie Felder sinnvoll angelegt und bewässert werden – in einer letztlich doch bäuerlichen Gemeinschaft, die jahrhundertelang den Löwenanteil an Korn für die Insel hervorbrachte, ein lebenswichtiges Vermächtnis.

Wachpersonal aus Sineu

Gut, Palma ist die neue Hauptstadt, aber Sineu bleibt einmalig: Schon wegen eines Erbes aus Hauptstadtzeiten in der Mitte Mallorcas: dem Mittwochsmarkt, der seit 700 Jahren die engen Gassen rund um die Kirche füllt. Leicht zu finden, immer den Leuten mit den Tüten nach, und nicht zu überhören.

Angeordnet wie ein mobiler Bazar, hat jede Marktgasse etwas anderes zu bieten. Gleich vor der Kirche versuchen Obst- und Gemüseverkäufer, Kunden kraft großzügiger Kostproben von ihrer Ware zu überzeugen. Wer vergessen hat zu frühstücken, wird hier sicher satt, außer denen, die nicht schon morgens würzig eingelegte Oliven und Kapern von linsen- bis peperonigroß vertragen können. Die verdrücken sich lieber in eine der vielen Bars rund um den Markt, um dort eine *ensaïmada* samt *cafè*

Die Bürger Sineus sind stolz auf die Vergangenheit ihrer Inselhauptstadt.

amb llet, einen Milchkaffee zu genießen, im Glas natürlich, noch ein Relikt aus der Zeit der Bazar-Erfinder.

Weiter geht's um die nächste Ecke, Gedrängel um ständeweise Tischdecken und Servietten, Nachthemden und Unterhosen vom Stringtanga bis zum Liebestöter. Eine andere Gasse gehört den Holzschnitzern und Keramikern, wo stundenlang Teller auf- und abgestapelt werden auf der Suche nach dem Lieblingsmuster, Kinderpuzzles, Rasseln und Mobiles ausprobiert und von Hausfrauen mißtrauisch mit dem Zeigefinger die Innenwand der Mörser aus Olivenholz längsgefahren wird: Nur einer ohne Risse und Hubbel taugt was, und heutzutage wird ja soviel Pfusch hergestellt, höllisch aufpassen muß man da!

Jetzt sind es nur noch wenige Schritte bis zum Herzen des Sineu-Markts. Wiehern und Muhen, Meckern und Schnattern, I-Ahhs und Grunzen künden schon von weitem, auch für die Nase leicht zu lesen, worum es hier geht. Stuten samt Fohlen warten ängstlich, die Nüstern blähend, am Zaun auf die Ablösung, aber die kommt nicht, Schweine verstecken ihre Knopfaugen unter den Schlappohren, Hühner und Tauben sind in endlose Dialoge aus Gackern und Gurren von Verkaufsbox zu Verkaufsbox versunken.

Verkaufsschlager sind in Sineu aber vor allem Esel, denn die sind zwar störrisch, aber schon mit 20 Monaten arbeitsfähig, und der Pla ist just das Bauernland, das auf die plüschigen Lastenträger nicht verzichten kann. Und, kaum zu glauben aber wahr, Perlhühner! Deren extreme Schreckhaftigkeit macht sie zu begehrten „Wachhühnern", die bestimmt jeden Fremden schon lange lauthals begackern, bevor er den Hof auch nur von weitem gesehen hat. Haben sie zum Wachdienst keine Lust oder Stimme mehr, geben sie ein ausgezeichnetes Sonntagsessen ab.

Wer ein solches mittwochs nicht gerne mag, der kann sich vom Marktbesuch hervorragend in einem der *cellers* von Sineu ausruhen, einem der Kellerrestaurants, wo ihm sicherlich ein leckerer Happen mit einem ebenso guten Tropfen serviert wird. Noch Wünsche?

Natürlich gehört ein Café-Besuch dazu. Auswahl gibt es reichlich rund um das Marktgelände von Sineu.

Gehstöcke aus knorrigem Olivenholz und Hundehalsbänder, damit Herr und Hund angemessen spazierengehen können.

Seit 700 Jahren werden in Sineu vor allem auch Nutztiere verkauft. Hier warten Perlhühner und Hähne auf interessierte Käufer.

Oliven in allen denkbaren Varianten, Kapern und eingelegte Peperoni gleich kübelweise. Als Entscheidungshilfe ist Probieren erlaubt.

Auf dem Markt von Sineu geht es mittwochs zu wie auf einem Bazar: Nach Waren geordnet, ziehen sich die Gassen der Marktstände rund um die Hauptkirche.

Ein Königreich im Zentrum der Welt
Mallorca 1276–1349

Die Eroberung der Stadt Palma, hier auf einem mittelalterlichen Fresko dargestellt, zog sich drei Monate lang hin.

1997 hatte das Königreich Spanien allen Grund zum Feiern: König Juan Carlos I. gab im Mai die Verlobung seiner jüngeren Tochter, der Infantin Cristina, mit dem baskischen Handballprofi Iñaki Urdangarín bekannt. Bis zur Hochzeit im Oktober hatte nahezu ganz Spanien fast täglich Anlaß, sich am Glück des jungen Paares zu freuen. Fast ganz Spanien, fast jeden Tag. Denn dann ging die Bombe hoch: Der König habe, so hieß es eines schönen Sommertages, dem Brautpaar den Titel Duques de Mallorca, „Herzöge von Mallorca" verliehen.

Und die Mallorquiner standen Kopf: Wer hatte je von „Herzögen von Mallorca" gehört? Könige gab es auf der Insel, ein Königreich war Mallorca einst gewesen, nicht ein billiges Herzogtum, wie man Tausende überall findet! Schnell war diese Brandmeldung zu einem aus der Eile geborenen und dadurch zwar nicht weniger peinlichen, aber verständlichen Mangel an Präzision in der Nachrichtenübertragung erklärt und berichtigt worden: Cristina von Borbón und Griechenland und Iñaki Urdangarín wurden nun „Herzöge von Palma".

Und Mallorca beruhigte sich wieder. Der Sturm legte sich ebenso schnell, wie er angeschwollen war, und wurde wieder zur gewohnt angenehmen Meeresbrise. Selbstverständlich wäre es dem Königshaus nie eingefallen, ein ganzes ehemaliges Königreich – und auch noch das von Mallorca! – mit einem Federstrich zu einem Herzogtum zu degradieren.

Denn das war es: Mallorca, ein unabhängiges Königreich. Zwar nur 73 Jahre, und das ist 700 Jahre her – aber immerhin! Für das Selbstverständnis Mallorcas zählen nicht die Jahre, sondern der Glanz, der Ruhm und die wirtschaftliche Machtstellung, die damit einhergingen.

Spanien, ein Flickenteppich

1228: Von Spanien als Staat kann nicht im entferntesten gesprochen werden. Die Iberische Halbinsel kennt im 13. Jahrhundert fast ein Dutzend verschiedene Herrschaftsgebiete, nur Portugal besitzt schon seine heutigen geographischen und politischen Grenzen. Das mittlere und das nördliche Drittel der Halbinsel haben die christlichen Eroberer von den Mauren zurückgewonnen, in jenem fast 800 Jahre dauernden Manöver, das als Reconquista in die spanische Geschichte eingegangen ist. Noch kämpfen verschiedene Königreiche parallel zueinander gegen die Mauren: León, Kastilien, Navarra, Aragón und Valencia.

Die Mauren, seit 711 auf dem Festland, beherrschen immer noch, aufgeteilt in mehrere Emirate, den Süden: von Badajoz im Westen über Jaén und Murcia bis an die Grenze nach Valencia im Osten; seit 798 mit wechselndem Glück, aber seit 902 endgültig die Balearen, mit *Medina Mayurca*, dem heutigen Palma, als Hauptstadt und einem Statthalter des Kalifen von Córdoba als oberstem Herrscher.

Eine reiche Drei-Kulturen-Gesellschaft

Innenpolitisch ist die Insel geprägt vom friedlichen Zusammenleben von Christen, Juden und Moslems. Die Mauren haben ihre Bewässerungs- und Anbausysteme so erfolgreich eingeführt, daß die Insel so gut wie vollkommen unabhängig ist, weil sie von ihren eigenen Produkten leben kann. Eine sehr gut organisierte Verwaltung, in der Juden und Moslems Hand in Hand arbeiten, und eine geschickte Außenhandelspolitik sorgen für ein reiches Mallorca voller prachtvoller Paläste, Bäder, Moscheen und Bibliotheken.

So ist es erklärlich, daß die katalanischen Nachbarn voller Neid auf die strategisch so günstig gelegene Insel blicken; und auch mit Haß: Alle Emire Mallorcas haben ein Hobby gemein, die Freibeuterei. Alles, was auf dem Mittelmeer nicht niet- und nagelfest ist, wird von ihren Seeräubern geentert und geplündert. Gegenangriffe christlicher Piraten hingegen können die mallorquinischen Mauren immer wieder erfolgreich abwenden; selbst der katalanische Graf Ramon Berenguer muß nach über einem Jahr Belagerung wieder abziehen. Aber er kämpft mit der Feder weiter und schreibt seine Abenteuer vor Mallorca auf, in einem Heldenepos: dem *Liber Maiolichinus.* Und er trifft damit bei den katalanischen Adeligen den Eroberer-, den Rächernerv. Unter dem Vorwand, die christlichen Brüder und Schwestern auf Mallorca vom maurischen Joch befreien zu wollen,

Bis Palma an die christlichen Eroberer fiel, mußten der König und seine Mannen mit Feldlagern vorlieb nehmen. Dieses Fresko aus dem Palast Berenguer de Aguilar in Barcelona, entstanden um 1280, zeigt König Jaume I. vor seinem Zelt vor den Mauern der Stadt.

rühren sie die Feldzugs-Werbetrommel – und werden gehört.

143 Schiffe und die Pest nehmen Kurs auf Mallorca

Ihr junger König Jaume I., gerade 20 Jahre alt, hat guten Grund, sein Reich zu erweitern: Mallorca als fette Beute würde die ewig zerstrittenen katalanischen Adeligen nicht nur einen und bereichern, sondern dem König den Rücken freihalten von deren Intrigen; und die Kirche liefert ihm mit ihrem Bestreben, die Ungläubigen zu vertreiben, das perfekte Alibi. Am Heiligen Abend 1228 wird Mallorcas Eroberung in Barcelona beschlossen, am 1. September 1229 stechen 20 000 Mann auf 143 Schiffen in See, Kurs Ost.

Ein heftiger Sturm hätte das ganze Unternehmen fast vereitelt, aber Jaume legt ein Gelübde ab, um Petri Zorn zu mildern: Gelänge das Unterfangen, würde er sofort auf Mallorca eine Kathedrale bauen lassen. Petrus hat ein Einsehen, und der Soldat Riudemeya

Jaume I., mit fünf zum König von Aragón, Kastilien, Montpellier, Perpignan und dem Roussillon gekrönt, war gerade 20 Jahre alt, als er Mallorca eroberte.

Die Karte zeigt die politischen Verhältnisse im Mittelmeerraum nach der Aufteilung des Königreichs durch Jaume I.

rammt am Strand bei Santa Ponça die königliche Standarte in den Boden. Noch heute erinnert ein Kreuz an dieser Stelle daran.

Die Eroberung Palmas dauert fast vier Monate. Erst in der Silvesternacht 1229 gelingt es den Christen, die Mauern der Mauren zu durchbrechen – der *wâlî* Abu Yahia ergibt sich mit den Worten: „Allah hat es so gewollt." Die anschließenden Straßenschlachten und Plünderungen verwandeln Palma in ein Blutbad, mit Folgen: Zum ersten Mal greift die Todeshand der Pest nach Mallorca.

Als letzte Bastion fällt die als uneinnehmbar geltende Festung von Alaró: Der befehlshabende Gouverneur ergibt sich zum Entsetzen seiner Getreuen kampflos, da er die Lage für aussichtslos hält. Die letzten Rebellen suchen sich in den Höhlen von Drac das falsche Versteck: Mit Feuer, Rauch und Qualm heizen die Christen ihnen ein, bis 1232 ganz Mallorca in ihren Händen ist.

Mit fünf zum König gekrönt und mit 21 Mallorca erobert: Jaume I.

Da hat Jaume I., nun König von Aragón, Kastilien, Montpellier, Perpignan, dem Roussillon und der Provence sowie den Balearen, längst die große Moschee abreißen und die versprochene Katherale beginnen lassen. Die Insel teilt er unter seinen treuen Mitstreitern und der Kirche auf, rund die Hälfte des Landes erklärt er zu seinem persönlichen Besitz.

Viele seiner Mannen verlassen Mallorca nach kurzer Zeit wieder und verkaufen ihr Land in kleinen Portionen an Bauern. Jaume I. wirbt mit Privilegien und Subventionen für das jüngste Stück im Reich. Aus Italien, dem Roussillon, der Provence, Aragón und Katalonien ziehen Einwanderer nach Mallorca, die Inselbevölkerung verlernt das Arabische und spricht nun Katalanisch, mit dem immer noch charakteristischen südfranzösischen Akzent.

Der Anfang vom Ende der Freiheit: Jaume I. verfügt, nach seinem Tod 1276 sein Reich in zwei Monarchien aufzuteilen. Sein älterer Sohn Pere wird König von Aragón und Katalonien, der jüngere, Jaume, soll über die Balearen, das Roussillon und Montpellier herrschen. Auf dieser Urkunde besiegeln die Söhne die Teilung.

Erst unter Jaume II. wurde Mallorca ein eigenständiges Königreich.

Der Kindkönig macht eine gute Figur und Mallorca boomt

Als Fünfjähriger zum König gekrönt, seit seinem 13. Lebensjahr mit Eleonore, Tochter des Königs Alphons VIII. von Kastilien verheiratet, ist Jaume I. trotz seiner Jugend in Staatsdingen ein alter Hase. Als er Mallorca erst einmal hat, versucht er, mit den verbliebenen Mauren Frieden zu schließen. Er weiß, daß er ohne ihre Arbeitskraft und profunden Kenntnisse auf der Insel nicht weit käme. Auch die Juden sind als Wirtschaftsexperten für das neue Mallorca unerläßlich.

So erlebt Mallorca schon kurz nach der Eroberung eine neue Blüte: Die Piraterie ist vorerst ausgemerzt, Schiffbau, Waffenschmieden und Webereien liefern ihre begehrten Produkte ans ganze Mittelmeergebiet. Der neue Dom ist fast fertig, das Schloß Bellver binnen kurzem in Bau. Mallorca boomt, wie es das erst Mitte des 20. Jahrhunderts wieder tun sollte.

Der letzte König von Mallorca, Jaume III., besteigt 1324 den Thron. Da hat das Königreich noch eine Frist von 25 Jahren bis zur Schlacht von Llucmajor, die es untergehen lassen wird.

Ein verhängnisvolles Testament

Doch dann begeht Jaume I. einen Fehler, der Mallorca die Freiheit kosten wird. Sein älterer Sohn Pere (Pedro) wird König von Aragón und Katalonien, der jüngere, Jaume, wird als Jaume II. der erste König des unabhängigen Mallorca. Jaume II. vollendet das Schloß Bellver, gründet Manacor, Petra, Llucmajor und Felanitx und macht Sineu zur königlichen Residenz. Sein kränklicher Sohn Sanç I. (Sancho I.) regiert, von Asthma gequält und kinderlos, nur 13 Jahre, in denen die Wirtschaftsmacht Mallorca wie von selbst weiter floriert.

1324 tritt dessen Neffe als Jaume III. die Thronfolge an. Aber im nahen Katalonien hat Pere II., Enkel des „betrogenen" Pere I., die historische Schmach nicht vergessen. In einem Blitzüberfall nimmt er Mallorca ein und vertreibt Jaume III. ins Roussillon. 1349 versucht Jaume III., sein Reich zurückzuerobern, vergebens. In der Schlacht von Llucmajor verliert er das Leben und Mallorca seine Freiheit.

Keine 150 Jahre später heiraten auf dem Festland Ferdinand II. von Aragón und Isabella I. von Kastilien und legen damit das Fundament für den spanischen Zentralstaat. Mallorca, nun Teil des Königreichs Aragón, wird spanisch, und die Entdeckung Amerikas verweist die Insel, die einst Nabel der Welt gewesen war, auf einen Platz am Katzentisch der Geschichte.

Den königlichen Palast in Sineu ziert dieses Wappen und erinnert an die 73 Jahre, in denen Mallorca ein unabhängiges Königreich war.

Abu Yahia, der Gouverneur Mallorcas, übergibt die Hauptstadt an Jaume I. Das Relief hängt in Palma in der Carrer de l'Estudi General.

Ein Karthager-Geschenk
Die Kaper

In den Feldern rund um das Dorf Llubí wird schon seit Tausenden von Jahren emsig gegärtnert. Kein Wunder, denn der Boden ist fruchtbar und die nahe Serra de Tramuntana gibt den Pflanzungen Windschatten. Die Mauren haben den Bewohnern von Llubí schon im ersten Jahrtausend erfindungsreiche Bewässerungs-, Terrassier- und Konservierungstechniken beigebracht. Daher waren die schmalen Gassen des Dorfs mit ihren kleinen niedrigen Steinhäusern immer schon Umschlagplatz für Wein und Kräuter, Obst und Gemüse und vor allem natürlich für die Königin unter den Produkten Llubís: die Kaper.

Wieder einmal profitierten die Mallorquiner von der Kunst der Araber: Bis zur Reconquista hatten die Bauern von Llubí die Bewässerungsmethoden der Araber perfekt erlernt und schon früh Obst, Gemüse,

Unten: Nicht zum Trinken gedacht – Kapern sind nach drei Monaten eine erfrischend säuerliche Beilage oder einfach eine *tapa* für zwischendurch.

Rechts: Die wunderschönen Kapernblüten sind bei der mühsamen Ernte leider nur Abfallprodukte.

Getreide, Kräuter und Wein angebaut. Besonders aufgepaßt haben sie aber bei der Kultivierung der kleinen, tiefgrünen Pflanze mit herrlichen rosafarbenen Blüten: dem Kapernstrauch.

Die *taperera,* die Llubí zu soviel Ruhm verhalf, gelangte wahrscheinlich schon in vorchristlicher Zeit mit den Karthagern auf die Insel. Aber erst 1789 wurde zum ersten Mal dokumentiert, daß sich Kapern zu einem bedeutenden Wirtschaftsgut der Gemeinde Llubí entwickelt hatten. Bis sich hier jedoch eine regelrechte Industrie etablieren konnte, zogen noch fast zwei Jahrhunderte ins Land.

Denn erst im Jahr 1977 gründete Joan Rosselló eine Konservenfabrik, die zunächst überwiegend Oliven verarbeitete, sich dann aber bald auf Kapern spezialisierte. 1985 schließlich schlossen sich 63 Kleinproduzenten aus Llubí zur *Sociedad Agrícola Transformadora Llubinera* zusammen. Diese Vereinigung hat das Ziel, die Bauern der Insel besser zu organisieren und vor allem gemeinsam am Markt aufzutreten. Heute ist Llubí neben einigen anderen Dörfern, wie zum Beispiel Campos, der wichtigste Kapernproduzent Mallorcas.

Kapern wachsen an einem Strauch, dessen Wurzeln metertief in das Erdreich hineinragen können. Die *taperera* ist eine sehr anspruchslose Pflanze, die auch dann noch sattgrün ist, wenn andere Pflanzen den Kampf gegen die unbarmherzige Sommersonne schon längst aufgegeben haben. Erntezeit ist kurz vor dem Öffnen der Knospen. Da sie sehr klein sind, gestaltet sich das Abpflücken relativ schwierig und aufwendig. Außerdem müssen die sensiblen Knospen sehr vorsichtig behandelt werden, damit sie das Abpflücken unversehrt überstehen. Dies gilt vor allem für junge, kleine Kapern, die als die besten gelten – und deswegen natürlich auch die teuersten sind.

Gepflückt werden sie auch heute noch mit der Hand, was dadurch erschwert wird, daß sich der Busch an der Außenseite der früchtetragenden Stengel mit Dornen schützt: Die Knospen müssen mit einer schnellen, sicheren Handbewegung abgezogen werden. Um sich bei der Ernte vor den Attacken der spitzen Stacheln zu schützen, tragen die Pflücker Handschuhe und Armschoner.

Später gilt es, die überflüssigen Pflanzenteile und Fremdkörper sorgfältig zu verlesen, die sich während des Pflückens oder beim Transport unter das Erntegut gemischt haben. Danach weicht man sie drei Monate in Fässern ein. Schließlich werden noch die Stengel entfernt und die Kapern der Größe nach sortiert. In Gläser gefüllt und mit mildem Weinessig übergossen, *envinagrat,* sind sie dann verkaufs- und verzehrfertig.

Die Mallorquiner essen sie meist direkt aus dem Glas mit *pa amb oli,* dem berühmten Brot mit Olivenöl und Tomate. Die Hauptrolle spielen Kapern jedoch in der einfachen Küche bei einem Gericht namens *llengua amb táperes,* also Kalbs- oder Schweinezunge mit Kapern, die dem Gericht und der Soße die spezielle säuerliche Note verleihen.

Nicht nur für Mallorquiner gehören Kapern zu einem perfekt zubereiteten Zungengericht. Sie aber genießen das Privileg, die edlen Früchte erntefrisch verwenden zu können.

Llengua amb táperes

Zunge mit Kapern (für 4–6 Personen)

Je kleiner die Kaper, desto wertvoller ist sie; allerdings sind bei jedem Gericht einige *taperons,* extrem große Kapern, die Daumennagelgröße erreichen können, geviertelt hinzuzufügen, da ihr Geschmack besonders intensiv ist. Zunge und auch Rochen mit Kapern sind die großen Klassiker unter den Kapernrezepten, und wer das Aroma dieser kleinen Blütenknospen schätzt, wird auf Mallorca auf seine Kosten kommen – die Kapern Mallorcas zählen zu den schmackhaftesten der Welt.

Zutaten
1 Kalbszunge, 1 kg bis 1,3 kg
Salz
Schweineschmalz
3 Zwiebeln, geschält und gewürfelt
2 Strauchtomaten, gehäutet, entkernt, gewürfelt
4 Blätter Sauerampfer, feingeschnitten
2 Blätter Stangensellerie, feingeschnitten
1 Lorbeerblatt
4 Stiele glatte Petersilie, feingehackt
60 g Kapern
4 große Kapern *(taperons)*
schwarzer Pfeffer, grobgemahlen
Zimt

Die Kalbszunge säubern und sorgfältig waschen. In einen Kochtopf legen, salzen und mit kaltem Wasser bedecken. Zum Kochen bringen und bei mittlerer Hitze etwa 45 Minuten kochen. Die Zunge herausnehmen, unter kaltem Wasser abschrecken und häuten. Die Zungenbrühe zur Seite stellen.

In einer *greixonera,* dem typisch mallorquinischen Tontopf, das Schweineschmalz erhitzen, die Zunge mit den Zwiebeln und den Tomaten kurz anbraten, dann den Sauerampfer, die Sellerieblätter, das Lorbeerblatt, schwarzen Pfeffer und die Petersilie hineingeben und mit einem Teil der Zungenbrühe auffüllen. Eine halbe Stunde bei mittlerer Hitze schmoren lassen. Die Zunge herausnehmen. Die Sauce durch ein Sieb passieren oder mit dem Pürierstab sämig rühren. Die Kapern und die *taperons* hineingeben und die Sauce mit einem Hauch Zimt abschmecken. Die Zunge aufschneiden und die Kapernsauce darübergeben.

Tiefgrüne Kapernsträucher bedecken die Anbaugebiete, wenn andere Pflanzen schon längst vertrocknet sind.

Symbol der Vergänglichkeit: Die Blüten öffnen sich morgens und sind mittags bereits abgestorben.

Auf das richtige Timing kommt es an: Kurz vor dem Öffnen der Knospen beginnt die Erntezeit.

Beim Abpflücken müssen die Knospen mit einer sicheren Handbewegung abgezogen werden.

Die kleinen Kapern sind die teuersten, weil sie besonders vorsichtig abgepflückt werden müssen.

Nach dem Pflücken werden überflüssige Pflanzenteile und Fremdkörper sorgfältig verlesen.

Purpurhuhn findet Reiskorn
Sa Pobla

Der Fremde überraschte die einflußreichen Herren der *Societat Mallorquina Econòmica D'Amics del País,* der Wirtschaftsgesellschaft der Freunde des Landes in Palma, die mit dem Ziel des Wachstums der mallorquinischen Wirtschaft gegründet worden war. Alexandre de Cauterac hieß er, Franzose war er, und er schlug bislang Unerhörtes vor: 1000 Hektar der insgesamt 2580 Hektar großen Albufera-Sümpfe trockenzulegen und auf der Hälfte des gewonnenen Landes Gemüse und vor allem Reis anzubauen, der bis dato auf Mallorca so gut wie keine Rolle gespielt hatte.

Die Herren waren jedoch skeptisch: Daß die Mallorquiner heute Sa Pobla vor allem mit Reis verbinden, und zwar mit ausgezeichnetem, konnten sie sich damals vermutlich nur schwer vorstellen. Sie sorgten sich, daß die unterirdischen Quellen, die sowohl die Lagune speisen, als auch fast den gesamten Pla mit Wasser versorgen, versiegen könnten. Außerdem hatte der Krieg gegen Napoleon fast alle jungen Männer von ihren Äckern auf die Schlachtfelder entführt. Und: De Cauterac, als Franzose und damit zu jener Zeit Feind, wäre auf Mallorca wahrscheinlich nicht nur nicht wohlgelitten gewesen, sondern wie so viele seiner Landsleute vertrieben worden.

Das war 1799, und damit war er erst einmal aus, der Traum vom Reis. Einige wenige Bauern versuchten sich daraufhin zwar im Reisanbau in der Albufera, aber diese sogenannten *arossaires* lebten in sehr ärmlichen Verhältnissen: Wer nicht verhungerte, starb an Malaria, die sich in den Sumpfgebieten viel zu schnell ausbreitete. Dieses Elend änderte sich erst, als die Bauern lernten, zu welcher Tageszeit die Anopheles-Mücke auftaucht, die das Sumpffieber auf den Menschen überträgt, und als mit Chinin das erste wirksame Vorbeuge- und Heilmittel entdeckt wurde.

Sonntags füllt sich Sa Poblas Marktplatz mit den Düften und Farben des bäuerlichen Hinterlands.

Gott sei Dank, denn das Lagunenschwemmland der Albufera ist extrem fruchtbar: Die Klima- und Anbaubedingungen sind so günstig, daß sogar bis zu dreimal im Jahr jene zarten, dünnhäutigen Frühkartoffeln geerntet werden können, die auf den britischen Inseln so beliebt sind. Das Sumpfland bietet auch ideale Bedingungen, um Reis anzubauen. Erstaunlicherweise kamen die in Fragen der Landwirtschaft so beschlagenen Mauren nicht auf diese naheliegende Idee, denn deren Effizienz wäre sicher ohne den Hindernislauf ausgekommen, den das Projekt Reisanbau viele Jahrhunderte später absolvieren mußte.

Der Reisanbau auf Mallorca

Vehement in Bewegung kam die Reisanpflanzung nämlich erst 1901, jetzt aber zu ungestüm. Denn nun sollten die Wasservorkommen der Region und die Fruchtbarkeit des Landes unverzüglich einen Reisertrag pro Hektar erbringen, der den der spanischen Levante-Region und des Ebro-Deltas überstieg. Doch es kam anders. Der Transport aufs Festland war teuer, die Vermarktung, vor allem auf dem Festland, erwies sich als schwierig gegenüber den eingeführten Produkten aus Valencia und Murcia. 1908 stellte das Unternehmen *Agrícola Industria Balear* die Reisproduktion wieder ein.

In Mallorca allerdings funktioniert offenbar vieles anders als anderswo. Denn das Verglimmen der *Agrícola Industria Balear* scheint genau der Funke gewesen zu sein, den das „Projekt Reis“ benötigte, um endlich doch zum Glühen zu kommen: Der Besitzer des Anwesens nämlich teilte die Reisfelder und verkaufte sie an die Bevölkerung von Sa Pobla und Mura. Diese parzellierten die Lagune, reparierten die Bewässerungsanlagen, säuberten die Kanäle und führten sogar den Beruf des „Bewässerers“ ein. Seitdem gibt es in dieser Region eine quantitativ zwar bescheidene, aber qualitativ hochstehende Reisproduktion.

Oben: Zubehör für Sportsfreunde: Reiter, Flaschenwerfer und Sitzfußballer finden auf dem Markt ihr Designerstück.

Unten: Qualitätskontrolle: Tasten, Schnuppern, Probeschmecken gehören ganz selbstverständlich zum Marktbesuch in Sa Pobla.

Naturparadies im Norden *S'Albufera*

Heute ist die Albufera ein geschützter Naturpark. Mit 2 400 Hektar ist sie immer noch das größte Feuchtgebiet der Balearen, verfügt aber nur noch über rund ein Drittel der Fläche, die sich dem römischen Naturhistoriker Plinius darbot, als er im 1. Jahrhundert n. Chr. hierher kam. Er beschrieb, wie Purpurhühner und Nachtreiher als Delikatessen nach Rom geschickt wurden.

Nach der rein ökonomischen Nutzung betreibt nun die Inselregierung ein vorbildliches Naturschutz- und Informationszentrum, das Besuchern auf Lehrpfaden und Wanderwegen Gelegenheit bietet, Flamingos und Seidenreiher, Purpurhühner, Mönchsgeier und seltene Krötenarten der Albufera durch eigene Beobachtung kennenzulernen.

Auch die regionale Küche ist übrigens durch die Produkte der Albufera geprägt. So wird zum Beispiel die *espinagada,* ein gedeckter, herzhafter Blechkuchen mit dem schmackhaften *anguila,* dem Aal der Albufera, zubereitet und mit roten Pfefferschoten aus Sa Pobla scharf gewürzt. Die Verwendung von reichlich scharfen Pfefferschoten scheint auf die Zeit zurückzugehen, als das Wasser der Lagune noch mit Krankheitserregern durchsetzt war und die Bewohner der Region sich mit der desinfizierenden Wirkung der roten Pfefferschote schützen wollten.

Rund 200 Vogelarten nutzen den Naturpark S'Albufera als Dauerwohnsitz oder als Zwischenstation auf ihren Wanderschaften.

Feuer der Enthaltsamkeit
Festa de Sant Antoni

Kaum beleuchtet vom flackernden Licht des großen Feuers, bedrängen die Teufel den langbärtigen Mann, der sich ihrer nur schwer erwehren kann und sich allein durch das Schlagen des Kreuzes zu helfen weiß. Ängstlich weichen die Schreckgestalten zurück, setzen aber sogleich ihre Angriffe fort, dringen erneut auf ihr Opfer ein und bringen es zu Fall, bis es ihm gelingt, sie wieder mit dem Kreuzzeichen zu verscheuchen. Am 16. Januar, dem Vorabend des Sankt-Antonius-Tages, werden zum ersten Mal im noch jungen Jahr *foguerons,* große Freudenfeuer, angezündet, in deren Schein maskierte Menschen tanzen und als Sieg über das Böse Teufelspuppen, *dimoni,* verbrennen. Ähnlich wie bei den *Cossiers*-Tänzen steht auch hier das Thema Versuchung und Erlösung, Verführung und Tugend im Mittelpunkt. Die Versuchung des Heiligen Antonius, die Gefährdung des Geistes durch das Fleisch, wird nachgespielt und im Mitvollziehen des Ritus für alle Beteiligten symbolisch bewältigt. Begleitet von anzüglichen Sprüchen wird dieses Spiel bis in die Morgenstunden wiederholt.

Um Sant Antoni ranken sich viele Legenden: Er ist der Schutzpatron der Tiere, besonders der Schweine, er hilft bei Krankheiten und sogar bei Spielsucht. Deshalb heißt es auch: „Das erste Feuer brennt am Sankt Antonius, und mit dem Spielen ist dann Schluß." Mit dem Feuer als Schutz vor Laster und Versuchung sind alle Sagen um Sant Antoni Abad eng verwoben. Der Heilige wurde im Jahre 251 in Ägypten geboren und verbrachte den Großteil seines Lebens in der Libyschen Wüste: betend und fastend. Er gilt als der erste christliche Mönch, und wie es sich für einen solchen gehört, so wurde er in seiner Wüsteneinsiedelei etliche Male vom Teufel in Frauengestalt in Versuchung geführt. Um sich davor zu schützen, zündete er Feuer an und lief – Schmerz als Waffe gegen die Lust – über die Glut.

Harte Arbeit bedeutet es für das Dorforchester, gegen Laster und Krankheit anzuspielen.

Daraus entstand der Brauch, als Heilmittel gegen die sogenannte Kribbelkrankheit, die im 10. und 11. Jahrhundert viele Mallorquiner dahinraffte, große Feuer zu entfachen. Das Leiden, das man fortan als das „Feuer des heiligen Antonius" bezeichnete, beruhte auf einer Vergiftung des Roggens durch Mutterkornpilze. Im Endstadium litten die Befallenen unter schwarzen, übel riechenden absterbenden Hautpartien, vor allem an Fingern und Zehen, die wie Brandwunden aussahen und zudem von Muskelkrämpfen und geistiger Verwirrtheit begleitet waren. Da kein Mittel gegen die Krankheit half, entsannen sich die Mallorquiner der frühen Abbildungen des Antonius mit Flammen und versuchten, durch das Entzünden der Feuer den „Teufel mit dem Beelzebub auszutreiben".

Antonius' Ruf als Schutzheiliger der Tiere beruht auf seiner Barmherzigkeit gegenüber Tieren, die sich in einer schon fast „ökologischen" Legende zeigt: Eine Sau

Mit feuerspeienden Fabelwesen und flotten Sprüchen amüsieren sich die Dorfbewohner bis zum Morgengrauen.

Die Glut des Feuers vertreibt die bösen Teufelchen. Danach wird der Sieg über die Mächte der Finsternis mit einem sprühenden Feuerwerk gefeiert.

hatte ein kleines, schwächliches Ferkel geboren, das sich kaum auf den Beinen halten konnte. Antonius hatte Mitleid mit dem armen Tier und segnete es, woraufhin es plötzlich gesundete und wieder laufen konnte. Das Ferkel war dem Heiligen so dankbar, daß es ihn fortan begleitete. Traditionell wird – mit der uns heute so merkwürdig erscheinenden Logik alter Rituale – dem heiligen Antonius deshalb am 17. Januar ein Schwein geopfert. Meist ist es so fett gemästet, daß es kaum noch selbständig zur Schlachtbank laufen kann.

Weiter zurück liegt der Brauch des *pi de Sant Antoni,* bei dem eine Pinie aufgestellt und eingeseift wird, an deren Spitze man ein Hahn bindet. Junge Männer versuchen, den glitschigen Baum zu erklimmen, um den Hahn zu ergattern, wobei sie natürlich etliche Male abgleiten und unter dem Gelächter der Zuschauer zu Boden stürzen.

Tag der Nachbarschaft

In den frühen Morgenstunden des 17. Januars glühen die Feuer auf den Straßen Sa Poblas nur noch matt. Die Dorfbewohner, die dem Heiligen die ganze Nacht lang als Dämonen verkleidet mit ihren Attacken immer wieder heftig zugesetzt haben, können sich ein paar Stunden erholen, während sich der Heilige und seine Anhänger sicher sein können, daß Krankheiten, Laster und Versuchungen bis zum nächsten Januar aus dem Dorf verbannt sein werden.

Nach dem Aufwachen steht aber schon wieder der nächste Programmpunkt auf der Tagesordnung. Es gilt, das Haus zu wienern, die Türen einladend weit zu öffnen und die Vorbereitungen für ein üppiges Mittagsmahl zu treffen. Denn an diesem Tag ist mit viel Besuch zu rechnen, und das mallorqinische Aalgericht *espinagada,* das zur Feier des Tages bereitet wird, muß für alle Freunde und Bekannten reichen.

Oben: Bei der Ernte, hier Erdbeeren, helfen sich die Bauern gegenseitig.

Unten: Früher galten scharfe rote Paprika als Schutz vor Lebensmittelvergiftungen.

Espinagada

Blechkuchen mit Gemüse und Süßwasseraal
(für 6–8 Personen)

Zutaten für den Teig
20 g Hefe
lauwarmes Wasser
1 Prise Zucker
500 g Haushaltsmehl (Typ 405)
200 ml Olivenöl
Salz

Zutaten für die Füllung
800 g frische Aale
4 Knoblauchzehen, in dünne Scheiben geschnitten
1 Bund glatte Petersilie, gehackt
Pfeffer, Salz, Paprikapulver und Saft einer Zitrone
200 ml Olivenöl
300 g frisch ausgehülste Erbsen
200 g frischer Spinat, ohne Stiele, in mittelgroße Stücke geschnitten
3 Frühlingszwiebeln, in Stücke geschnitten
1 Stück scharfe Peperoni, in feine Ringe geschnitten

Die roten Paprika werden getrocknet und entfachen wahre Antonius-Feuer auf der Zunge.

Die *espinagada* ist traditionell das Essen zum Fest des heiligen Antonius am 17. Januar in La Puebla (Sa Pobla) und anderen Dörfern und Städten, wo an diesem Tag „Haus der offenen Tür" ist und alle Freunde, aber auch Fremde eingeladen werden, ein Stück *espinagada* und ein Glas Wein zu genießen.

Große Feuer mitten auf den Straßen wärmen in dieser feuchten und kalten Jahreszeit die Feiernden, die sich um die Feuer scharen und Sängern lauschen, die zum Klang der *ximbomba,* einem alten Musikinstrument, anzügliche und freche Lieder vortragen. Die Luft ist von Rauch erfüllt, und das Dorf leuchtet von weitem im Schein der vielen Feuer. Dies und der unvergleichliche Geschmack der *espinagada*, die pikant auf der Zunge brennt, bleibt vom Fest „San Antonio" in Erinnerung.

Der Teig

Grundsätzlich kann jeder Brotteig, der überwiegend aus hellem Mehl hergestellt wird, verwendet werden, wobei man auf jedes Pfund Mehl 200 ml Olivenöl rechnet.

Zunächst die Hefe in etwas warmem Wasser auflösen, mit 1 Prise Zucker und 1 Eßlöffel Mehl verrühren und an einem gut geheizten Ort gehen lassen. Das Mehl auf die Tischplatte geben, eine Mulde in die Mitte drücken, den Vorteig, Olivenöl (handwarm) und Wasser sowie eine Prise Salz hineingeben und kneten, bis ein glatter Teig entstanden ist, der so lange unter einem Tuch an einem warmen Ort abgestellt wird, bis sich das Volumen verdoppelt hat.

Die frischen Aale am besten einen Tag, zumindest aber einige Stunden zuvor säubern, waschen, entgräten und in gleich große Stücke schneiden. Mit Knoblauch, Petersilie, Zitronensaft, Pfeffer, Paprikapulver und dem Olivenöl marinieren und zur Seite stellen.

Den vorbereiteten Teig gleichmäßig ausrollen und auf einem großzügig eingeölten, rechteckigen Backblech so auslegen, daß die Ränder überstehen. Den Teig auf dem Blech mit einer Gabel einstechen. Die Erbsen 5 Minuten in etwas Wasser kochen, abgießen, ebenso wie den in mittelgroße Stücke geschnittenen Spinat und die Frühlingszwiebeln salzen und pfeffern und mit den Ringen der scharfen Peperoni in Olivenöl andünsten. Alles gleichmäßig über den Teig verteilen, den marinierten Aal darübergeben und in einem vorgeheizten Backofen 35–40 Minuten goldbraun backen.

Beliebt ist die *espinagada* auch als gedeckter Blechkuchen. Dafür die Teigmenge verdoppeln und die Backzeit um 15 Minuten verlängern.

Die Starke auf dem Hügel
Alcúdia

Vorweg ein wenig Verwirrung: Alcúdia liegt dort, wo die Römer 123 v. Chr. ihre erste mallorquinische Stadt gründeten. Diese nannten, sie die „Starke", als wollten sie ihr dieses Wesen als gutes Omen mit auf ihren Weg in die Geschichte geben. Nur: Das römische „Pollentia", die älteste durchgehend bewohnte Stadt Mallorcas, heißt heute Alcúdia, und das Städtchen Pollença, nur 10 Kilometer weiter landeinwärts, hat den alten Römernamen irgendwann aus dem Staub der Geschichte gekratzt und zu neuem, wenn auch anderem Glanz erhoben.

Schuld an diesem Namenswirrwarr sind die Vandalen: Als sie im 5. Jahrhundert auf Mallorca einfielen, der *Pax Romana* den Garaus machten und Pollentia niederbrannten, entvölkerte sich die Römerstadt im Nu, um

Die Siedlung Pollentia, im Jahre 123 vor Christus nahe der Küste gegründet, war die erste römische Stadt auf Mallorca. Ihre besondere Bedeutung für die Römer erklärt sich aus der geographischen Lage in bezug zum östlich gelegenen Rom, während Palma erst später, infolge der Orientierung der Römer nach Spanien, an Bedeutung gewann.

Das römische Theater von Pollentia, heute Alcúdia, bot 2 000 Zuschauern Platz und einen herrlichen Blick auf die nahegelegene Bucht.

nie wieder bevölkert zu werden; die Überlebenden zogen landeinwärts und gründeten Pollença. 400 Jahre später erbauten die Mauren auf dem Hügel neben dem römischen Ruinenfeld eine neue Stadt: Hügel heißt auf arabaisch *al-kudia* und die Stadt daher Alcúdia. Im alten Pollentia bedienten sie sich wie in einem Supermarkt für Steine, aber nicht alles diente ihren Zwecken.

Ein Glück, denn so sind über die Jahrhunderte hinweg römische Stadtanlagen erhalten geblieben, die andernorts einfach untergegraben worden wären, um darüber Neues zu schaffen.

Wo Julius Cäsar schneidern ließ

Nicht alle römischen Fundstätten in Alcúdia sind zugänglich, denn viele befinden sich auf Privatbesitz, sozusagen im Garten, als echt antike Dreingabe. Wohl aber das lauschig-verträumt gelegene römische Theater, das sich mit seinen schlichten Sitzreihen für 2 000 Zuschauer vollendet an einen natürlichen Hügel anlehnt. Wie bei vielen antiken Theatern gehört die Landschaft mit zur Szene, und auch hier hat man einen grandiosen Blick bis zur Bucht von Port d'Alcúdia über einige Reste von Stadthäusern, öffentlichen Brunnen, Kanalisationen und ganze Straßenzüge. Sie und das Archäologische Museum lassen ahnen, was für eine prachtvolle, lebendige Stadt das römische Pollentia einmal war.

Mallorca war wegen seiner Lage wichtig; vor allem aber wollte Rom die mallorquinischen Piraten im westlichen Mittelmeer loswerden, die nicht nur römische Handels-, sondern sogar Kriegsschiffe anzugreifen wagten. Also schickte der Senat 123 v. Chr. seinen Prokonsul Quintus Caecilius Metellus mit einem großen Aufgebot auf die Insel, um die Steinewerfer loszuwerden. Mit Erfolg, denn die Römer hatten offenbar nicht besonders hart zu kämpfen, um hier einen Fuß an Land zu bekommen. Trotz der gefürchteten balearischen Steinschleuderer – eigentlich eine Tautologie, denn die Balearen sind eben nach den *baliarides,* den Schleuderern benannt – hatte Rom mit dem geringen Widerstand kurzen Prozeß gemacht und schnell die ganze Insel besetzt. Metellus durfte sich ab jetzt „Balearicus" nennen, gründete 122 v. Chr. schnell noch Palma, siedelte 3 000 Veteranen und Kolonisten auf Mallorca an. Er starb im Jahr 115 v. Chr.

Städte wie Pollentia zogen schnell großstadtmüde Römer aus dem Mutterland an, und so kam die Stadt in kurzer Zeit zu großer Blüte. Vor allem junge Weber und Schneider siedelten sich hier an und verwandelten die Neugründung in ein Zentrum avantgardisti-

Die Stadtmauer Alcúdias wurde 1300 von Jaume I. begonnen und um 1660 von Philip IV. erweitert und mit einem zweiten Mauerring versehen.

scher Mode. Wer in Rom etwas gelten wollte, mußte Togen, Kleider und Umhänge aus Pollentia tragen. Selbst Gaius Julius Cäsar schwor, so berichten Historiker, auf die *latixclavia,* eine Robe aus Mallorca.

Außen wehrhaft, innen voller Kunst

Das maurische Alcúdia hat der Nachwelt nicht viel seiner zweiten Blüte hinterlassen dürfen, zu sorgfältig zerstörten die christlichen Eroberer im 13. und 14. Jahrhundert deren Erbe. Im Falle Alcúdias immerhin ist eine *sínia* vor den Toren der Stadt im Westen erhalten geblieben, eine maurische Wasserstelle, die von Eselskraft betrieben wurde. Gleich dahinter erheben sich die monumentalen Befestigungsanlagen rund um den Altstadtkern, von Jaume I. schon 1300 begonnen, aber vor allem von Philip IV. um 1660 um einen zweiten Mauerring erweitert und verstärkt. Die Stadtmauer ist wundervoll erhalten, Wehrkirche für ein Stoßgebet angesichts einfallender Horden inbegriffen: die Sant-Jaume-Kirche.

Im Inneren dieses steinernen, palmenbewachten Sicherheitskordons wartet Alcúdia mit einem Spaziergang durch die Kunstgeschichte auf: von einem Grabmal aus der Bronzezeit, gerade innerhalb des Mauerrings, über die spätromanische Santa-Anna-Kirche mit ihrer dekorativen Holzdecke bis zum prächtigen Rathaus aus der Renaissance. Und mit sonnigen Plätzen und verschwiegenen Gassen, in denen, wenn sich gerade kein Auto durchhupt, durchaus ein Hauch der Geschichte zu hören und zu spüren ist.

Wie wichtig Alcúdia wegen seiner Lage war, daran erinnert die Halbinsel, die sich hinter der Stadt ins Meer schiebt: La Victòria wird sie genannt, wer hier obsiegte, hatte einen entscheidenden Teil der Insel in der Hand, und mit der Talàia d´Alcúdia, einem 444 Meter hohen Berg auf der Halbinsel, einen natürlichen Ausguck bis nach Menorca.

Feuer, Wasser, Wind und Erde machen die S´Albufera in Alcúdias Hinterland zur Naturbühne.

Heute führt eine dieser Straßen dort hinauf, bei denen selbst dem Motor des Autos leicht schwummrig wird, aber es lohnt sich. Auch, um der Kapelle der Muttergottes vom Siege einen Besuch abzustatten, die sich den Raubabsichten islamischer Piraten durch stete wundersame Rückkehr hierher trotzig widersetzte und lieber 140 Meter über dem Meer in ihrer Kapelle bleiben wollte.

Wo genau Römer und Vandalen an Land gingen, um Alcúdia zu gründen oder zu zerstören, ist nicht belegt, aber der heutige Hafen von Alcúdia, der Port, könnte an dieser Stelle stehen. Statt römischer Galeeren dümpeln hier nun freilich Yachten und Fischerboote Seit' an Seit', und statt schicker römischer Togen aus Pollentia gehören Bermuda-Shorts, Strandkleider und Schirmmützen zum Straßenbild. Denn hier beginnt Mallorcas schönste Sandstrandbucht, die sich mehr als 20 Kilometer bis zum Cap Ferrutx in sanftem Bogen unter der Sonne aalt. An kaum einem Ort auf der Insel hat das Morgenlicht solchen Zauber wie hier, wenn es vorsichtig die Albufera-Sümpfe in ihrem Hinterland weckt und den Strand in diffuses, rotes Licht taucht.

Alle Wassersportarten sind hier möglich, und wer Fitneß-Ambitionen hat, radelt nach Pollença, nach Cala San Vicent oder über eine grandiose Gebirgsstaße zum legendären Cap de Formentor – vorbei am gleichnamigen Hotel in herrlicher Lage am Strand, das schon grandiose Tage und illustre Gäste gesehen hat.

Wo einst die Römer landeten, schaukeln heute Segelyachten in Port d´Alcúdia.

Die Bucht von Alcúdia lockt mit ihrem kilometerlangen Strand Sonnenanbeter und Wasserratten an.

Kampf gegen Mücken und Stiere
Muro

Im 13. Jahrhundert war Muro zeitweise eine Geisterstadt – Beulenpest und Sumpffieber hatten es geschafft, den Ort vollständig zu entvölkern. Das war aber das einzige Mal, denn seitdem hält es die Bevölkerung dieses Städtchens scheinbar mit dessen Namen, „Befestigungsmauer“, der Stärke, Zähigkeit und Widerstandskraft verheißt.

Gefährlich ist das Leben hier immer gewesen: Die nahen Albufera-Sümpfe mit ihrem Brackwasser und den Malaria-Mücken haben Muro über Jahrhunderte hinweg Krankheit, Siechtum und Tod gebracht. Wer konnte, floh in trockenere, weniger gefährliche Gebiete.

Aber das bedeutete auch immer ein anderes Risiko, nämlich Hungers zu sterben, denn man verließ schließlich sein Land, und der Landstrich zwischen Muro und Sa Pobla zeichnet sich durch eine besonders fruchtbare, tiefschwarze, fette Erde aus. Hin- und hergerissen im Konflikt zwischen fruchtbarem und todbringendem Land sind die Menschen doch immer wieder nach Muro zurückgekommen.

Um zu überleben, mußten sie sich gut organisieren. Seit der Vertreibung der Mau-

Zwei Frauen genießen einen friedlichen Moment bei einem Plausch vor der Tür.

Lange Schatten werfen die Palmen auf die Hauptkirche von Muro; sie wurde im 13. Jahrhundert erbaut und dem hl. Johannes Baptista geweiht.

ren, die den Ackerbau eingeführt und verfeinert hatten, und der Wiederbesiedlung im späten 13. Jahrhundert gab es in Muro Zünfte: Tischler, Steinmetze, Schmiede, Bäcker und Schneider sicherten so sowohl ihr Auskommen als auch Verkaufs- und Ausbildungswege. Aus dieser Zeit stammen auch die Grundmauern der imposanten Hauptkirche Sant Joan Babtista – unter solch lebensfeindlichen Umweltbedingungen konnten die Bewohner besonderen göttlichen Schutzes keinesfalls entbehren.

Als selbst der traditionelle Weizenanbau die anwachsende Bevölkerung nicht mehr ernähren konnte, erfanden die Bauern aus Muro das System des *amitger,* eine Art Genossenschaft, in der ein Teil der Bevölkerung Material, Tiere oder Land bereitstellte, der andere die Arbeit verrichtete. Was dieses Gemeinschaftsprojekt abwarf, wurde geteilt. Spätestens seit es zudem gelang, die todbringenden Sümpfe teilweise trockenzulegen, haben Muros Einwohner den Ruf arbeitswütiger Organisationstalente. Und den, nicht eben Meister der Diplomatie zu sein. Ihr ethnischer Stammbaum erklärt vielleicht ein wenig, daß das so verwunderlich nicht ist.

Denn Muro war schon etwa um 2500 v. Chr. besiedelt; aus dieser prä-talaiotischen Zeit sind Wohnhöhlen erhalten. Die darauffolgende *Talaiot*-Kultur selbst hat ihre typischen Wachtürme hinterlassen, deren Reste wie vor mehr als 3500 Jahren den Ort umstehen. Daß die Römer hier eine Siedlung anlegten, beweisen Münzfunde und Begräbnisstätten. Ein ethnographisches Museum in Muro zeigt stolz diese Geschichte.

In Muro haben die Bewohner sich im Mittelalter in Zünften und Genossenschaften organisiert.

Was für Menschen gut ist, kann Schafen nicht schaden: Auch ihnen wird der Segen erteilt.

Stierkampf im Steinbruch
Die Arena von Muro

In der Gegend um Muro findet sich an verschiedenen Stellen ein ganz besonderes Gestein, der Marès-Stein, ein Kalksandstein, der sich aus den zusammengepreßten Sandschichten des Quartärs gebildet hat. Der helle, in warmen Gelbtönen schimmernde Stein liegt häufig in Küstengebieten und

Oben: Für die Stierkampfarena in Muro wurde extra ein runder Steinbruch angelegt und dann „recycelt". Allerdings reichte der Aushub nicht für die ganze Anlage: Sitzreihen und Stallungen erhielten Stein-Zuschüsse aus benachbarten Steinbrüchen.

Links: Ein Stier hat den Lanzenreiter samt Pferd gegen die Holzwand gedrückt und in eine peinliche Lage gebracht, der *matador* im goldgeschmückten „Lichteranzug" eilt herbei. Das Publikum, im Stierkampf gleichzeitig Schiedsrichter, protestiert lautstark und wappnet sich für eine kostenlose Beratung.

wird im Tagebau gefördert. Ist der Stein abgebaut, bleibt ein ausgehöhlter Steinbruch übrig, der früher oft als Unterstand für Vieh oder sogar als windgeschütztes Naturgewächshaus mit besonderem Mikroklima genutzt wurde.

Den ideenreichen Menschen aus Muro aber gefiel eine andere Möglichkeit, einen solchen aufgegebenen Steinbruch zu nutzen: als Stierkampfarena. Da die wenigsten Steinbrüche mit solchen Recycling-Plänen abgebaut werden, mußte schließlich, um das Vorhaben zu verwirklichen, zu Beginn des 20. Jahrhunderts ein neuer Steinbruch in Form einer Arena ausgehoben werden.

Eine *Plaça dels Boos* aber besteht neben dem eigentlichen Kampfplatz aus einer ganzen Reihe Nebengebäuden, unter anderem den Ställen für die Stiere, einem Sattelplatz für Pferde, einer Kapelle und natürlich den Zuschauerrängen. In Muro benutzten die Architekten der *Plaça Monumental* den ausgehobenen Marès-Stein, um damit die oberen Ränge aufzutürmen, die Stallungen und die unteren Zuschauerreihen höhlten sie direkt in den Fels. Steine, die hier nicht gebraucht wurden, verkauften sie, um Geld für Arbeiter und Baukosten zu haben.

Leider ging diese schöne Rechnung nicht ganz auf, denn der abgebaute Stein war minderer Qualität und nicht geeignet, die ganzen Zuschauertribünen zu bauen. So mußte höherwertiger Stein dazugekauft werden, was die Baukosten enorm steigen ließ. Aber die Mühe lohnte: Die Arena von Muro wurde schnell in ganz Spanien berühmt wegen ihrer außergewöhnlichen Schönheit und Lage, und Matadore von Rang und Namen betrachteten es als Ehre, hier aufzutreten. Alle Stars des 20. Jahrhunderts, von Antonio Ordoñez über El Cordobés bis Espartaco und Enrique Ponce, haben die Plakate der *Plaça Monumental* und deren hellen Sand mit ihrer Anwesenheit geschmückt.

Mallorquinische Träume aus Stoff
Hanf

Zungenstoffe, *tela de llengües* – so nennt man auf Mallorca die traditionell zweifarbigen Stoffe mit geometrischen Mustern. Sie entstehen durch eine spezielle Webtechnik, die sogenannte Ikatweberei: Anders als bei Kelims oder Jacquardstoffen wird bei der Ikatweberei der Kettfaden im gewünschten Muster gefärbt und dann mit einem weißen oder naturfarbenen Schußfaden verwoben. Soll lediglich ein Streifenmuster enstehen, spannen die Weber verschiedenfarbige Kettfäden auf den Webstuhl und schießen weißen Faden ein.

Die ertragreiche Erde der Gegend um Muro eignet sich wie kaum eine andere auf der Insel für eine Kulturpflanze der besonderen Art, die es in den anderen, von Dürre bedrohten Gegenden schwer hat: Hanf, *Cannabis sativa*. Daran hat sich bis heute nichts geändert, denn die Nachfrage nach Hanfprodukten ist auf Mallorca nach wie vor groß, auch wenn sich der Markt nach einer Schädlingsplage – schon wieder eine, aber diesmal war nicht *Philoxera* schuld – Mitte des 20. Jahrhunderts nie mehr richtig erholt hat.

Die Verarbeitung von Hanf

Kultiviert wird Hanf schon seit dem 3. Jahrtausend v. Chr.: Erste Belege dafür stammen aus China. In Indien wurde er erstmals großflächig ab dem 9. Jahrhundert v. Chr. angebaut, aber nach Mallorca brachten ihn erst

Die alten Webstühle wurden vollständig aus Oliven- und Pinienholz gebaut.

Auch an einem modernen Webstuhl entsteht die *tela de llengües* Schuß für Schuß von Hand.

Weißer Schuß und weiße Kettfäden ergeben weißen Stoff. Auf Mallorca werden damit Gardinen, Tischdecken und Überwürfe abgesetzt.

Für die Ikatweberei werden die aufgespannten Kettfäden im gewünschten Muster gefärbt, wobei traditionell viel Blau verwendet wird.

Der weiße Schußfaden nimmt den Farben den Kontrast und gibt dem Muster ein leicht verwischtes Aussehen.

In den modernen Webereien gibt es *tela de llengües* in allen Breiten und Farben. Je nach Verwendungszweck werden auch andere Fasern mitverwendet.

mehr als 800 Jahre später die Römer. Der Hanf macht es seinen Bauern nicht leicht: Erst macht er viel Arbeit, und dann stinkt er auch noch. Die Saat ist aufwendig, denn Hanf ist eine getrenntgeschlechtliche Pflanze und gedeiht nur, wenn männliche und weibliche Schößlinge im richtigen Verhältnis zueinander gepflanzt werden. Hat er erst seine stattliche Höhe von bis zu vier Metern erreicht, muß er mühsam von Hand geschnitten werden. Bis seine Fasern ausgelöst werden können, beginnt ein Zersetzungsprozeß, der übelriechende Faulgase freisetzt und Kopfschmerzen, Übelkeit und Benommenheit auslösen kann. Daher rührt ein Regierungserlaß aus dem 16. Jahrhundert, wonach die Luftverpester nur mindestens eine Viertel spanische Meile (etwa 1,28 km) von der nächsten Siedlung entfernt bearbeitet werden durften.

Aus den robusten Fasern wurde früher sogar Arbeitskleidung hergestellt. Auf Mallorca enthält jede anständige Brauttruhe noch heute Bett- und Tischwäsche sowie Handtücher aus Hanf – und vermutlich neben naturfarbenem oder weißem Bett- und Tischzeug auch *tela de llengües.* Diese robusten Stoffe haben im ausgehenden 20. Jahrhundert wieder einen Boom erlebt, nachdem sie jahrelang dem Vormarsch pflegeleichterer, „modernerer" Synthetikstoffe hatten weichen müssen. Nun werden ihre leuchtenden Farben und fröhlichen Muster wieder geschätzt. In so manchem Mallorquiner Dorf sind alte Webstühle entstaubt worden und ächzen wieder unter dem steten Hin- und Herschießen der Schiffchen. Neben Muro sind vor allem die *tapisseries artesanals* in Santa Maria del Camí und Pollença für ihre kunsthandwerkliche Perfektion bekannt. Als Tribut an die Neuzeit arbeiten sie inzwischen auch auf Webstühlen, die breiter sind als die traditionellen 80 Zentimeter, um die mallorquinischen Farbenträume einzufangen.

Andere Träume aus Hanf hatten die Mallorquiner daher offenbar nie nötig: Es gibt keine Zeugnisse dafür, daß Harz oder Blätter der Pflanze für die kleinen Fluchten aus den großen Plagen des Alltags geraucht worden wären. Nur als Hausmittel gegen Rheuma trinkt man hier gern ein Täßchen Hanf-Tee.

Der Palau March, der einen herrlichen Blick auf die Kathedrale von Palma bietet, ist nur einer von vielen Prachtbauten, die in die March-Stiftung eingeflossen sind.

Kein Denkmal für den großen Sohn
Joan March aus Santa Margalida

Seit mehr als einem Jahrtausend ist der Marktflecken Santa Margalida bewohnt, 1679 erhielt er auf einem kleinen Plateau über dem Ort eine prächtig ausgestattete, von Bäumen umstandene Kirche; zu Beginn des 20. Jahrhunderts siedelten sich hier eine Likörfabrik und einige lederverarbeitende Industrien an, und doch hat nichts davon seinen Namen in die Geschichtsbücher geschrieben. Da mußte erst 1880 in einer Kate einem Schweinehirten ein Sohn geboren werden, um für alle Zeit seinen und den Namen seines Geburtsorts zu verbinden: Joan March Ordinas, aus Santa Margalida, einer der reichsten Männer seiner Zeit, Fädenzieher, Pirat, Mäzen, der Nachwelt mal ein Greuel, mal eine Schande und meist am Ende doch ein Rätsel.

Sein Geburtsort hat ihm kein Denkmal gesetzt, so wie das andernorts für andere große Söhne geschehen ist, und hätte er sich nicht selbst zwei Monumente geschaffen, ein Mausoleum großen Stils auf dem Friedhof von Palma und die Joan-March-Stiftung, wahrscheinlich spräche heute niemand mehr freiwillig von ihm.

Skrupel? Unbekannt.

Offenbar hatten sich in ihm Fähigkeiten zusammengefunden, die Menschen sonst nur vereinzelt befallen: jeden um den kleinen Finger zu wickeln, und wo das nicht wirkte, ihn zu kaufen; einen Spürsinn, so sicher wie die Nadel eines Kompasses, im richtigen Moment am richtigen Ort zu sein; absolute Skrupellosigkeit: March ließ zum Beispiel ganze Schiffsladungen von Tieren seiner Konkurrenten im Hafen elend verenden, bevor er ihnen das Geschäft gegönnt hätte; und eine Gabe, in jedem Fall als Gewinner dazustehen. Aus so gut wie nichts maximalen Profit zu schlagen, das war sein Leitmotiv schon auf dem Schulhof: Er verkaufte nicht ganze Zigaretten, sondern einzelne Züge. Auch das Geschäft des Geldverleihs entdeckte er schnell, wem er 10 Cèntims lieh, der mußte ihm nach einer Woche 20 wiedergeben.

Statt die Schweine seines Vaters zu hüten, sah sich der junge Joan danach um, wie er das Fleisch verkaufen konnte. Schon mit 20 hatte er eine Barceloneser Wurstfabrik fest unter Vertrag. Bald stieg er in den Tabakschmuggel von und nach Algier ein, kaufte die Schneemänner und Schiffsbesatzungen seiner Konkurrenten, mit dem Erfolg, daß binnen weniger Jahre die staatlichen Einnahmen aus der Tabaksteuer von 50 Millionen auf 165 000 Peseten schrumpften.

Parallel räumte er mit der althergebrachten mallorquinischen Landverteilung auf: Der alte Geldadel geriet Anfang des 20. Jahrhunderts in Nöte: Ehemalige Kleinbauern konnten nun in der Industrie sichere Arbeit finden, die Höfe und Güter verwahrlosten. March kaufte solche Ländereien auf, teilte sie in Miniparzellen auf und verkaufte sie an ihre ehemaligen Knechte zu Schleuderpreisen, die ihm wegen der großen Zahl immer noch hohe Gewinne brachten. Mehr als 40 000 Grundbucheinträge hat er so im Lauf seines Lebens gemanagt. Um die lästigen Bearbeitungsgebühren und Zinsen nicht anderen zuzuschanzen, gründete er eine eigene Bank, die *Banca March,* die bis heute in jedem Dorf Mallorcas und sogar auf dem Festland vertreten ist.

Sein Instinkt für ein gutes Geschäft und das absolute Fehlen jeder Ethik und Moral machten ihm zum Fädenzieher im Ersten Weltkrieg und endgültig schwerreich: Mit den Briten vereinbarte er, gegen Bares die Flottenbewegungen der Deutschen in der Straße von Gibraltar zu beobachten. Die Deutschen wiederum bekamen von March Lotsen, die sie sicher ins Mittelmeer geleiteten. Wenn die Deutschen eins von Marchs Handelsschiffen kaperten, hatten alle was von der fetten Prise: die Deutschen, gegen Geld natürlich, unbegrenzten Zugang zu allem, was sie brauchten. Und March, neben den Verkaufseinnahmen auf diesen schwimmenden Supermärkten, die Versicherungsprämien für den Verlust der Ladungen. 2 500

Joan March war einer der reichsten Männer seiner Zeit und einer der skrupellosesten.

solcher deutscher „Shopping-Touren" sah allein das Jahr 1917. Da March inzwischen alle Reedereien am spanischen Mittelmeer gekauft hatte, darunter die immer noch aktive *Trasmeditarránea,* fiel die Wahl nicht schwer.

Eine Zeitlang wurde der Erfolgsmensch March auf Mallorca geradezu verehrt, sogar die politische Linke unterstützte ihn als einen, der die alten, feudalen Zöpfe abgeschnitten hatte, und ermöglichte ihm 1926, wenn auch indirekt, den Einzug ins spanische Parlament, die Madrider *Cortes,* und damit in die Führungsschicht des Landes. Aber spätestens seine Machenschaften im Spanischen Bürgerkrieg lehrten sie, wen sie da unterstützt hatten: Auch hier verstand es March, immer auf der richtigen Seite zu stehen: Obwohl bis heute nicht schlüssig nachweisbar, scheint March Francos faschistischen Krieg mit „großzügigen" Darlehen finanziert zu haben. Und was den kriegswichtigen Nachschub an Erz, Erdöl und Eisen betraf, hatte March mehr oder weniger das Mittelmeer-Monopol.

Bei allen Verbindungen, bei allem Willen zu klassischer Korruption, einmal wäre March fast doch der Prozeß gemacht worden: Unter Mordverdacht am Sohn seines Kompagnons Josep Garau wurde er verhaftet, aber die Richter wurden jeweils im letzten Moment versetzt. March floh schließlich mitsamt dem Gefängnispersonal nach Gibraltar – und nahm seine Geschäfte wieder auf, um Mitte des 20. Jahrhunderts als einer der reichsten Männer der Welt zu gelten. Wie reich, hat nie jemand erfahren.

1955 beschloß March, seine Weste reinzuwaschen und Einzug in die feine Gesellschaft zu halten. Zum ersten Mal reichte Geld allein dazu nicht aus, also verwandelte er sich in einen Mäzen und gründete die Kunst-Stiftung *Fundación Juan March,* zunächst mit Sitz in Palma, später, 1976, 14 Jahre nach seinem Unfalltod, mit Madrid als Zentrale. Die March-Stiftung widmete sich zunächst fast ausschließlich der bildenden Kunst und förderte Maler und Bildhauer mit großzügigen Stipendien. Mit aufwendigen Schenkungen an den Staat wie dem Codex *Poema del Mio Cid* 1960 wurde die Öffentlichkeit auf die Stiftung aufmerksam. Nach Marchs Tod 1962 dehnte die Stiftung ihren Wirkungskreis auf Forschungsprogramme in Biologie, Soziologie und Europapolitik aus. Fast 6 000 Studenten und Forscher haben seit 1957 mit Hilfe der Stiftung der Wissenschaft gedient; die Stiftung selbst hat nationale und internationale Preise gewonnen.

1990 eröffnete in Palma das Museum für Zeitgenössische Kunst, die *Col.lecció March d'Art Espanyol Contemporani,* die inzwischen Filialen in Madrid und Cuenca hat. Hier sind neben wechselnden Ausstellungen 58 Werke zu sehen, Gemälde wie Plastiken. Kaum einer der großen spanischen Künstler des 20. Jahrhunderts fehlt: Arroyo, Barceló, Chillida, Dalí, Julio Gonzalez, Gris, Miró, Picasso und Tàpies. Außer Dalí waren viele von ihnen im Spanischen Bürgerkrieg Anhänger der Republikaner, die sich wahrscheinlich im Grabe umdrehen würden, wenn sie wüßten, daß sie im Museum eines ehemaligen Unterstützers der Falange hängen. Zumal das Gebäude in Palma, das als Museum dient, seit 1916 von March als erste Niederlassung seiner Bank verwendet wurde, aus der wahrscheinlich auch Gelder an Franco flossen.

Eintritt zahlen müssen übrigens nur die Touristen und nicht die Bewohner der Insel. Und als ob sie wüßte, daß dies und ihr Kunst- und Wissenschaftsengagement March bei den Einheimischen nicht beliebter machen kann, tut die Stiftung auch etwas fürs spanisch-katholische Herz: Jedes Jahr zeigt sie im Palau March in Palma eine der wertvollsten Weihnachtskrippen.

Nie richtig angefreundet hat sich March allerdings mit Biographen. Alle ernstzunehmenden Biographien, darunter Manuel de Benavides *El último pirata del Mediterraneo* (Der letzte Pirat des Mittelmeers), haben er und später seine Erben angeblich aufkaufen lassen.

Joan March gründete eine eigene Bank, um Immobiliengeschäfte kostengünstig abzuwickeln. Die *Banca March* hat in jedem Insel-Dorf eine Filiale.

Die Kirche im Dorf
Maria de la Salut

Heilige Maria von der Gesundheit – wie im Falle des Dorfes Maria de la Salut rühren die kuriosen Mariennamen im Spanischen meist von einer wundersamen Marienerscheinung her, in deren Folge sogleich eine Kirche gebaut werden mußte. Diese Geschichten ähneln sich landauf, landab in ganz Spanien und so auch hier: Aus Furcht vor den einfallenden Mauren verscharren die Bauern eine besonders verehrte Marienfigur. Jahrhunderte später, nach der Reconquista, wird die Figur zufällig gefunden, auch hier wieder von Bauern oder besser noch: von Kindern.

Die Marienfigur pflegt dabei in hellem Lichte zu strahlen, ist sie erst einmal vom Staub der Jahrhunderte befreit, und spricht meist huldvoll zu ihren ehrfürchtigen Findern. Sie verstehen deutlich den Wunsch der Heiligen Jungfrau, an der Fundstelle zu ihren Ehren eine Kirche zu bauen. Der Name der jeweiligen Marienfigur und der dann zu errichtenden Kirche leitet sich aus zwei Möglichkeiten ab: Entweder hat die Gottesmutter etwas bei sich, was ihren Fund auszeichnet: Bei einer Marienerscheinung auf Menorca zum Beispiel war sie von einem zahmen Stier begleitet, woraufhin die Pilgerstätte Verge del Toro, Jungfrau vom Stier, genannt wurde. Oder, wie wahrscheinlich hier in Maria de la Salut, ihr Erscheinen ging einher mit einem Wunder. Denn diese gesundheitspendende Marienfigur tauchte höchst passend zu einer Zeit auf, als die Pest hohen Zoll auf Mallorca forderte – womöglich genasen Kranke an diesem Tag, oder die Epidemie ging plötzlich zurück; was es genau war, ist im Laufe der Zeit vergessen worden, aber der Name ist geblieben – und die Figur, die sicher aus vormaurischer Zeit stammt und bis heute den Hauptaltar ihrer Kirche Nostra Senyora de la Salut, Unsere Liebe Frau von der Gesundheit, schmückt.

Über dem barocken Hauptportal von 1697 steht sie noch einmal; aber diesmal sieht sie gar nicht karitativ-nächstenliebend aus, sondern vielmehr amazonenhaft-entschlossen: Als Mutter aller Rechtgläubigen beglaubigt sie die Herrschaft der einzig wahren Religion. Vermutlich drückt kaum etwas sinnfälliger den Unterschied im Selbstverständnis der Kirche zwischen der frühchristlichen Zeit und der Epoche nach der Reconquista aus.

Kirchliche Gnaden

Dörfer wie Maria de la Salut haben von der maurischen Herrschaft in der Regel am meisten profitiert: Die Araber brachten den Bauern effektive Bewässerungssysteme bei und neue Nutzpflanzen wie Aprikosen, Mandeln

Weithin sichtbar überragt die barocke Kirche „Unsere Liebe Frau von der Gesundheit“ den Ort.

Für Pfarrer Jaume Santandreu (dritter von rechts) bedeutet Nächstenliebe, gegen Armut und Ausgrenzung vorzugehen.

und Feigen nahe. Religiöse Verfolgung mußten die Bauern kaum fürchten, denn die maurische Zeit auf Mallorca war geprägt vom friedlichen Zusammenleben von Christen, Moslems und Juden.

Die Wiedereroberung Mallorcas durch Jaume I. machte dem ein Ende. Nun waren zwar die Insel und ihre Herrscher wieder Anhänger Jesu, aber Macht und wirtschaftlicher Einfluß blieben zunächst Sache der übrigen Nachfolger von Mose und den Propheten. Wollten die christlichen Herrscher an der Macht bleiben, mußten sie die alten Strukturen schnell ändern, wennmöglich per Gesetz, notfalls mit Gewalt.

Auf eine Kurzformel gebracht, sah das so aus: Bleiben konnte, wer seinem Irrglauben abschwor; vertrieben, verhaftet oder verbrannt wurde, wer dies verweigerte. Man setzte den Hebel der Macht dort an, wo die Gesellschaft am verletzlichsten war: Sprache, Schulbildung, Bürger- und Handelsrechte, persönlicher Besitz. All das verleibte sich die Kirche peu à peu ein: Sie errichtete ein Monopol auf Bildung in der von ihr gewählten Sprache, so daß Lesen und Schreiben ein Privileg einer kleinen, reichen, handverlesenen Elite wurde.

Konvertiten, die der Häresie überführt wurden, verloren ihr Hab und Gut, Haus und Hof an die Kirche. Diese Güter und Ländereien nannte man „Güter von der Toten Hand", da sie als Kirchenbesitz unverkäuflich waren und so als Handelsmasse aus dem wirtschaftlichen System herausfielen. Andererseits mußten diese Güter bewirtschaftet werden, so daß die Kirche schnell auf ihren großen Ländereien einer der wichtigsten Arbeitgeber der Insel wurde. Im 16. Jahrhundert verlangten die Zünfte von neuen Mitgliedern einen Nachweis, „reinen Blutes" zu sein, und schlossen dadurch Nachkommen der Juden und Mauren aus. So erlangte die Kirche binnen relativ kurzer Zeit die Kontrolle über nahezu alle Vorgänge auf der Insel, unterstützt von der herrschenden Schicht und von den katholischen Königen in Festland-Spanien.

Im Grunde hat sich am Einfluß der Kirche, zumindest in ländlichen Regionen wie dem Pla, bis zum Tode Francos 1975 wenig geändert. Denn nach dem Spanischen Bürgerkrieg war die Kirche ein Staat im Staate und kontrollierte Erziehungswesen, Kultur und natürlich Moral bis hinein ins Schlafzimmer.

Befreiungskirche auf mallorquinisch: Jaume Santandreu

Maria de la Salut hat schließlich einen recht ungewöhnlichen Sohn der Kirche hervorgebracht. Denn ausgerechnet hier hat in den 70er Jahren des 20. Jahrhunderts der Pfarrer Jaume Santandreu eines der fortschrittlichsten Gemeindezentren ganz Spaniens gegründet. Inspiriert und überzeugt von den Ideen der südamerikanischen Befreiungstheologen Leonardo Boff und Gustavo Gutiérrez, errichtete er in Palma verschiedene liberal geführte Auffangstationen für Drogenabhängige und Alkoholkranke.

Der Konflikt war programmiert: Die offizielle Kirche hatte den Befreiungstheologen noch nie viel abgewinnen können, denn deren Ansatz von der Loslösung der armen Massen vom steuernden und unterdrückenden Arm der Kirche stellt ihre Macht und Wirtschaftsstruktur in Frage. Für Leute wie Santandreu aber hat jeder Mensch ein Recht auf ein Leben ohne Armut und Not – Nächstenliebe ist somit ein Akt sozialer Verantwortung.

Es dauerte daher nicht lange, bis die Kirche sich des rebellischen Pfarrers entledigte. Doch auch nach seiner Entlassung blieb Santandreu ein populärer Reformer, der mit seinen vielen Projekten im Sinne des Evangeliums Auffangbecken für die Notleidenden schaffte.

Kleine Freuden: Ein Bauer genießt rauchend seine Ruhepause. In Santa Maria de la Salut entstand eines der ersten Zentren für Alkoholiker und Drogensüchtige.

Wie eine Mauer scheint die tropische Vegetation Ariany vor der Außenwelt abzuschirmen.

Die Stille der Zeit
Ariany

„Hier gibt es keinen falschen Ton, keine spektakulären Berge, keine schwindelerregenden Schluchten. Ebenen und Flächen geben der Erde eine sanfte Bewegung, und in dieser Szenerie wohnt der willkommenste aller Gäste: Die Stille. Jene Stille, die es erlaubt, den Stimmen der Natur zu lauschen und den Echos der Zeit ... Und das liegt daran, daß sich hier Mensch und Natur nie in die Quere gekommen sind." Guillem Frontera aus Ariany ist mit dieser Beschreibung eine wunderbare Charakterisierung der Atmosphäre seines Dorfes und des gesamten Pla gelungen: dessen, was ihn wesentlich ausmacht. Kein Wunder, denn vom etwas höher gelegenen Friedhof bei der reizvollen Pfarrkirche Nostra Senyora d'Atocha und ihrer Kuppel hat man einen hinreißenden Blick über die weiche Hügellandschaft der Ebene.

Denn sonst war hier eigentlich nie besonders viel los. In Geschichtsbüchern der Insel, im Gedächtnis der Gemeinschaft nimmt das 800-Seelen-Dorf Ariany wohl nur einen kleinen Platz ein. Es ist die jüngste Gemeide Mallorcas: Um selbständig dem dritten Jahrtausend ins Angesicht zu blicken, splitterte sie sich erst 1982 ab vom nahen Petra; wer allerdings tanken will, muß immer noch dorthin. Ariany gleicht in vieler Hinsicht einer in Bernstein eingeschlossenen Fliege: von eigenartiger Schönheit und von den Geschicken der Zeit überrollt und – ziemlich bald vergessen.

Kaum ein anderes Dorf auf Mallorca hat die Landflucht so hart getroffen wie dieses: Da es nie Fabriken oder Handelsbeziehungen aufbaute, hatte und hat es außer der Landwirtschaft keine Arbeitsplätze zu bieten. Kein Bürgerhaus, kein Kegelclub, kein Kino hindern die jungen Leute daran, ihr Glück woanders zu suchen; wer bleiben will, kann in der Freizeit nach seiner Arbeit höchstens zwischen der Volkstanzgruppe, dem Fußballplatz und dem Schwimmbad wählen. Wenn er überhaupt Arbeit hat: Auch die schönen Windmühlen rund um den Ort haben aufgehört, ihre eleganten Räder in den Dienst der Wassergewinnung und des Getreidemahlens zu stellen, und niemand hat sie je wieder in Gang gebracht.

Nicht einmal der Tourismus hat hierher seinen Fuß gesetzt, seit Jahrhunderten ist nichts Neues, Umwälzendes mehr gekommen, aber viele sind gegangen: nach Palma und an die Touristenstrände vor allem, um dort zu arbeiten und an den Genüssen und Ärgernissen der Neuzeit teilzuhaben. Ihnen bleibt fürs Wochenende das Land, das Dorf ihrer Väter, die, eine Generation und viele

Chancen weiter zurück, immer noch dem ererbten Familienland die Menge an Weizen, Hafer und Roggen abtrotzen, die gerade zum Überleben reicht.

Zinseszins für 400 Jahre alte Lämmer

Kein Wunder also, daß in einem Ort wie Ariany mittelalterliche Besonderheiten überlebt haben und hin und wieder sogar zu Tage treten. Eine solche Kuriosität aus der Klamottenkiste des Feudalismus ist der *alou* oder das Freigut, eine rechtliche Besonderheit, die in dieser Form nur noch auf den Balearen und nur noch in so vergessenen Gegenden wie denen um Ariany wirksam ist.

„Um den *alou* zu verstehen, muß man weit in die Geschichte zurückgehen", sagt Miguel Coca, Professor für Zivilrecht an der Universität der Balearen. „Als die Katalanen im 13. Jahrhundert Mallorca eroberten, teilten sie das Land auf: unter ihren treuen Helfern, den politischen Freunden und der Kirche. Die neuen Großgrundbesitzer hatten nun nichts anderes mehr zu tun, als den Lohn von anderer Leute Arbeit zu kassieren, es sei denn, ein kleiner, abgelegener Hof warf nicht genug ab: So einen verkauften sie."

Aber: Neben dem Kaufpreis verfügten sie eine Freigut-Klausel, den *alou*, die ihnen vom Zeitpunkt des Verkaufs an ein direktes und nutzbares Extra-Einkommen sicherte: „Das konnte ein Lamm im Jahr sein, ein paar Sack Getreide, ein Huhn", erklärt Coca. „Da der *alou* an Haus und Hof gebunden war und damit Bestandteil des Grundbucheintrags, verfiel dieser Anspruch nie." Viele Generationen wurde er brav gezahlt, aber dann starben die Gläubiger, die Erben multiplizierten sich in alle Winde. Nur, in Fällen wie Ariany wurden diese Höfe oder Fincas meist einfach weitervererbt, selten verkauft.

In Dörfern wie Ariany wollen kaum noch junge Leute leben.

Wechselt eine Finca den Besitzer, können kuriose mittelalterliche Zinsesschulden auftauchen.

So kann es kommen, daß heute jemand eine Finca verkaufen will, die schon seit Jahrhunderten in Familienbesitz ist. Und dann geschieht folgendes: Der mit dem Immobilientransfer beauftragte Notar ist gesetzlich verpflichtet, alles rechtlich Relevante über das Objekt herauszufinden. Ein Blick ins verstaubte Grundbuch sagt dann: Auf der Finca ist seit 400 Jahren der *alou* von einem Lamm pro Jahr plus Zins und Zinseszins nicht mehr bezahlt worden. „Der Clou an der Sache ist", schmunzelt Coca, „der *alou* wurde zwar vergessen, aber er gilt bis heute. Davon wissen meist weder Verkäufer noch die Erben des ehemaligen Großgrundbesitzers aus der Zeit der Reconquista etwas, aber er gilt."

Um rechtmäßiger Eigentümer der Finca zu werden, müßte nun der Käufer den *alou* auslösen, nur wie? „Um solche Transaktionen zu vereinfachen und zumutbar zu machen, existiert auf den Balearen eine Vorschrift", verrät der Jurist Coca: „Sind die Erben unbekannt, ist der Käufer verpflichtet, in einem amtlichen Mitteilungsblatt seine Kaufabsicht zu erklären und den Erben eine Frist von fünf Jahren einzuräumen, um ihr Recht einzufordern, natürlich heute in Barem, nicht in Lämmern oder Hühnern." Tun sie das nicht, erlischt der *alou* für immer. Melden sie sich, erhalten sie ihr Freigut bis zum Datum des Verkaufs, aber darüber hinaus bleibt es nicht wirksam. „Es hat keinen Sinn, so eine Gepflogenheit in alle Ewigkeit fortzusetzen, vor allem dann, wenn sie schon seit Ewigkeiten vergessen war", sagt Coca.

Allerdings gebe es Anwälte, die sich auf *alous* spezialisiert haben, denn manchmal locken dabei attraktive Vermittlungs-Beteiligungen. Aber auch da liegt die Tücke im Detail. War ein Hof besonders armselig und der Käufer ein kinderreicher, armer Schlucker, wurden oft symbolische *alous* vereinbart: Zum Beispiel das Recht, jederzeit auf einem Stuhl im Hof zu sitzen und ein Glas Wasser gereicht zu bekommen. Solche *alous* spiegeln den Wert der Finca zum Zeitpunkt des Verkaufs wider, lassen sich aber in neuzeitlicher harter Währung kaum ausdrücken und schon gar nicht in Vermittlungs-Honoraren.

Solche Relikte aus feudaler Vergangenheit wirken heute kurios und verschroben; sie verdeutlichen indessen harte soziale Realitäten, eine geradezu unentrinnbare Abhängigkeit der bäuerlichen Schichten von den Großgrundbesitzern. Nicht zuletzt solche Strukturen und ihre Nachwirkungen haben das Handeln von Menschen wie Pfarrer Santandreu motiviert.

Links: Die Dünen von Son Serra gehören zu Ariany.

Unten: Borsten- und Federvieh hat auf Mallorca oft noch viel Platz zum Wühlen, Scharren und Suhlen.

Ein paradiesisches Vergnügen
Feigen aus Ariany

„Man isst sie frisch zur Zeit der Ernte, man trocknet sie in grossen Mengen, um sie theils auf der Insel zu verbrauchen, theils auch nach dem Ausland zu versenden und bedient sich ihrer auch zum Mästen der Schweine, die ausserordentlich fett dabei werden ..." Die Frucht, deren Verwendung Erzherzog Ludwig Salvator von Österreich 1897 so beschrieb, ist die Feige.

Denn bevor die Araber Mandelbäume auf Mallorca einführten, hatten die Römer mit dem Feigenbaum schon längst ein paradiesisches Gastgeschenk mit auf die Insel gebracht. Obwohl sie eigentlich aus Kleinasien stammt, freundete sich die *figuera* recht bald mit dem mallorquinischen Boden an, und seither erfreuen sich hier die weißen, rötlichen, lilafarbenen oder fast schwarzen Früchte großer Beliebtheit. Neben Mandel- und Olivenbaum darf der Sproß aus der großen Familie der Maulbeergewächse für sich in Anspruch nehmen, hier und heute zur landschaftsprägenden Vegetation zu gehören.

Diese belebt er, bis er ein Alter von nahezu 100 Jahren erreicht hat. Er ist mittelhoch und trägt große, hellgrün gelappte Blätter, die leider schon im Garten Eden eine tragende Rolle spielten. Es scheint sogar, daß er sich der Folgen des menschlichen Fehltritts, der seine Blätter berühmt gemacht hat, bewußt ist und sich darum grämt: Wenn er sie im Winter abwirft, wirkt er mit seinen kahlen, lang herab hängenden Armen deprimiert und ein wenig angsteinflößend.

Gelbgrün bis lila schimmern die Früchte, und die Bauern ernten sie – im Schweiße ihres Angesichts – von Juli bis Anfang September. In dieser Zeit werden die gut gereiften Früchte auf *canyís,* Holzgerüsten aus Stäben,

Fast ein Jahrhundert lang trägt der Feigenbaum jedes Jahr sein üppig grünes Kleid.

ausgelegt, um den Tag über zu trocknen. Abends werden diese Gestelle unter ein schützendes Dach gestellt; am nächsten Morgen beginnt die Prozedur aufs neue. In diesen langwierigen und mühevollen Prozeß der Ernte und Trocknung wird die gesamte Familie eingebunden. Auch die Kleinsten helfen dabei, die Früchte auf die *canyís* zu legen, sie zu wenden und die schlechten Früchte auszusortieren. Wie überall in der traditionellen Landwirtschaft verkommt auch hier nichts: Das Vieh freut sich über die süße Extra-Portion, die ihm immer wieder zwischendurch zugeteilt wird.

Vor der endgültigen Lagerung werden die jetzt schrumpeligen Früchte noch kurz im Ofen angebacken. Manche Bauern schwören darauf, die Früchte nach gut 20 Tagen mit kochendem Wasser zu übergießen, um Schädlinge abzutöten, und sie dann erneut zu trocknen. Für alle 15 Feigensorten, die heute auf Mallorca gedeihen und sich geschmacklich nur geringfügig voneinander unterscheiden, ist diese Prozedur die gleiche.

Daß die Frucht im Süden umgangssprachlich ein Synonym für das weibliche Geschlechtsorgan ist, weiß man mittlerweile auch im europäischen Norden. Und so verwundert es auch die sprachkundigen Touristen nicht, daß viele Geschichten rund um die *figues,* meist eindeutig zweideutigen Inhalts, Gegenstand mallorquinischer Lieder geworden sind.

Auch der Esel freut sich über seine fruchtige Zwischenmahlzeit.

Die geernteten Feigen werden auch heute noch auf Holzgerüste gelegt und der Sonne zum Trocknen preisgegeben.

Ab Juli hat der Feigenbaum schwer an der Last der Früchte zu tragen, und seine Äste neigen sich dem Boden entgegen.

Die in allen Blau- und Grüntönen schimmernden Früchte werden, je nach Reifegrad, bis zum September gepflückt.

Aufgrund ihres Artenreichtums können die mallorquinischen Feigen in keine europäische Norm gepreßt werden.

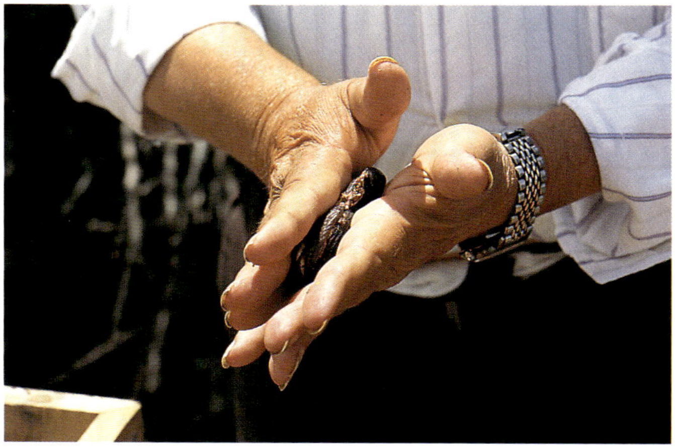

Die reifen Früchte werden zusammengepreßt, bevor sie auf Holzgestellen getrocknet werden.

Jeden Morgen werden die Feigen in die Sonne gestellt und abends wieder unter ein schützendes Dach gebracht.

Nach ungefähr 20 Tagen ist die Prozedur beendet, und die Trockenfrüchte versüßen manchen Winterabend.

Pa de Figa

Feigenbrot

Zutaten

1 Feigenblatt
500 g getrocknete Feigen, gemahlen
Anis oder Anislikör nach Geschmack
Anissamen nach Geschmack
125 g Mandeln, geschält und halbiert
Mandelkerne zur Dekoration

Genauso geschickt und behende, wie sich die Mallorquiner zweideutige Lieder einfallen lassen, kneten sie buchstäblich im Handumdrehen Feigenbrot.
Dabei werden die Feigen zuerst mit Anissamen, Mandeln und einem Schuß Anislikör vermischt. Nun ist die künstlerische Ader gefragt: Wie bei den alten Ägyptern muß nämlich im nächsten Arbeitsgang die unförmige Masse des Teigs in ein pyramidenähnliches Gebilde verwandelt werden. Wenn das Ergebnis zufriedenstellend ist und die Pyramide auf der Arbeitsfläche ebenso ruht wie ihr Namensgeber im Land der Pharaonen, wird das gesamte Kunstwerk auf ein ausgebreitetes Feigenblatt gestellt. Dann wird es mit hineingedrückten Mandelkernen dekoriert, wodurch es oft in sich zusammensackt und seine gelungene Form bisweilen wieder einbüßt. Nun heißt es warten, denn das Knetwerk muß in einem zugigen Raum trocknen. Dazu schmeckt ein guter Kaffee oder auch ein Glas Anislikör.

Die unter der unbarmherzigen Sonne getrockneten Feigen sind die Grundlage für das klassische Feigenbrotrezept der Mallorquiner.

Erfolg, der aus der Erde sprudelt
Petra

Die Araber, die den kleinen Ort im Inselinneren gründeten, nannten ihn in Anlehnung an die große jordanische Schwester „Die Strahlende". Seine Sonne schien allerdings endgültig in den 70er Jahren des 20. Jahrhunderts unterzugehen, als die Verkehrsplaner die Eisenbahnverbindung zwischen Palma und Artà bereits in Inca einstellten und Petra so von der Hauptstadt abschnitten.

Heute zieht der Ort vor allem die Touristengruppen an, die die Geburtsstätte und das dazugehörige Museum des berühmtesten Sohnes der Stadt, Fray Junípero Serra, besichtigen wollen. Im Gegensatz zu dem weitgereisten Franziskanerpater war seine weltvergessene Heimatstadt nicht gerade vom Glück gesegnet: Die Versuche einiger Familien, Petra durch Weinanbau wirtschaftliche Bedeutung zu verleihen, schlugen aufgrund des Booms spanischer Weine aus Navarra, Rioja und Penedés fehl. Und auch die Geschichte eines immerhin kleinen wirtschaftlichen Erfolges ist nur mit einem ein wenig traurigen, aber für den Pla typischen Ende zu vermelden.

La Paduana – die älteste Sodafabrik der Insel

„Das kann ich doch auch", muß sich der Vater der Familie Forteza Bonnín aus Petra in den 30er Jahren des letzten Jahrhunderts gedacht haben, als er für einen Sodafabrikanten aus Artà arbeitete. Gesagt, getan: Gemeinsam mit seinem Bruder kaufte er als erste Investition in das später florierende Gewerbe eine kleine Sodamaschine, die sie im Haus der Großeltern aufstellten. Mühsam füllten die beiden Wasser vor dem Anwesen in Eimer und schleppten sie ins Haus. Dort setzten sie Kohlendioxid zu, und fertig war das Tafelwasser – ein Anfang war gemacht.

Als die Nachfrage nach dem künstlichen Selters stieg, zogen sie einige Jahre später nach Na Capitana, dem Familienbesitz außerhalb des Dorfes, auf dem eine Quelle sprudelte. Dort bauten sie den Betrieb aus: Auf dem Grundstück stand ein kleines einstöckiges Gebäude, in dem sie eine größere Maschine aufstellen konnten.

Das eröffnete neue Möglichkeiten: Die innovativen Brüder produzierten fortan nicht nur Sodawasser, sondern auch Orangensaft und Ananaslimonade. Nachdem einer der beiden nach langem und sorgfältigem Probieren die Dosis der jeweiligen Zutaten ermittelt hatte, standen die Rezepturen für die Ge-

Große, offene Arkaden und eine Fensterrose schmücken die Pfarrkirche San Pere in Petra.

Denkmal zu Ehren der mallorquinischen Bäuerin.

tränke fest. Sein akribisches Testen der verschiedenen möglichen Zusammensetzungen brachte ihm den Spitznamen El Químico, der Chemiker, ein. Eine Flasche Wasser nach der anderen wurde nun mit Kohlensäure versetzt und verschlossen. Die Fruchtextrakte für die Erfrischungsgetränke bezogen sie von einer Firma aus Barcelona, und die Kohlensäureflaschen kauften sie in Palma.

Später bauten sie einen Brunnen, aus dem ein Esel das Wasser zutage förderte, und mittlerweile gab es nicht nur Arbeit für die beiden Brüder: Eine ehemalige Amme kam täglich zur Anlage, um die Flaschen zu spülen; ein junger Mann fuhr die Getränke aus. Schließlich wurde auch die Belieferung nicht mehr ausschließlich mit dem Eselskarren durchgeführt, sondern mit einem alten Lastwagen, auf dem stolz der Name des Familienunternehmens prangte: *La Paduana,* die Paduanerin. Als das Geschäft weiterhin florierte, ging der Esel endgültig in den Ruhestand: Ein neuer, modernerer Lastwagen wurde angeschafft, der mit der optimistischen Aufschrift El Gran Poder, die große Kraft, versehen wurde.

Nicht ohne Grund: In den 50er Jahren war die Tagesproduktion der Paduanos auf etwa 80 Flaschen Sodawasser und 40 mit anderen Durstlöschern angestiegen. Als später die Großmutter erkrankte, zogen die beiden Firmengründer gemäß der mallorquinischen Tradition mit ihren Kindern zu ihr zurück nach Petra und bewirtschafteten von nun an auch die landwirtschaftlichen Güter. Sie gründeten eine genossenschaftsähnliche Firma, die schließlich zwölf Personen ernährte: Während einige Familienmitglieder auf dem Feld arbeiteten, widmeten sich die anderen weiterhin der Herstellung und dem Verkauf von Limonaden, und mit jeder neuen Flasche floß Geld in die Haushaltskasse der Großfamilie, das diese sogleich in den Ausbau des Unternehmens investierte.

Der Chemiker hingegen entwickelte ständig neue Rezepturen für die begehrten Erfrischungsgetränke. Die Abfüllanlage befand sich nun auf dem Flur des Hauses im Zentrum von Petra. So lebten und arbeiteten sie zwar in äußerst beengten Verhältnissen, konnten aber durch die große Nachfrage ihr Einzugsgebiet vergrößern und die Produktion weiter steigern.

Der Chemiker bekommt Konkurrenz

Das Geschäft blühte, und die Zukunft sah rosig aus – bis der Tourismus einsetzte. Eigentlich hätte dies für die fleißigen Brüder und ihre Familie einen weiteren Aufschwung bedeuten sollen. Aber mit den Urlaubern kam auch die Konkurrenz nach Petra: Übermächtige Unternehmen aus dem nahen Barcelona versorgten die Hotellerie mit allem, was für das vielversprechende Geschäft mit den Feriengästen vonnöten war: Von Bettwäsche über Möbel bis zu Erfrischungsgetränken wurde alles zeitgerecht angeliefert. Die kleinen mallorquinischen Betriebe, die sich soviel vom Fremdenverkehr versprochen hatten, wie die Paduanos, konnten dieser Konkurrenz nicht standhalten.

Schließlich ließen die Rezepturen des Chemikers niemandem mehr das Wasser im Munde zusammenlaufen, zumal zwei Männer aus den Vereinigten Staaten schon 1886 ein Rezept mit dem Namen 7X auf einen Zettel gekritzelt hatten. Das Geheimnis um das wundersame Gebräu, das früher angeblich Coca-Blätter enthielt, wurde zwar nie gelüftet. Aber mit dem einprägsamen Logo versehen hat die bis heute unbekannte Zusammensetzung des bräunlichen Getränks sämtliche Zeitzonen der Welt überschwemmt und wenigen die Chance gelassen, sich gegen die klebrig-süße Übermacht aus der Glasflasche oder Aludose zu behaupten. Auch nicht den Paduanos.

Bevor die Paduanos sich den ersten Lastwagen leisten konnten, wurde erst einmal ein braver Esel zur Arbeit eingespannt.

Bruder Wacholder und die Indianer

Fray Junípero Serra

„Am 24. November 1713 wurde Miguel Joseph Serre als Sohn des Bauern Antonio Serra und seiner Frau Margarita getauft.“ Hinter diesem schlichten Eintrag im Personenregister der kleinen Gemeinde Petra verbirgt sich die Geburt ihres größten Sohnes, der Nachwelt bekannt als Fray Junípero Serra.

Schon früh stellte sich heraus, daß José Miguel ein sehr aufgeweckter Junge war. Auf Mallorca und besonders im 2 000-Seelen-Ort Petra gab es allerdings keine Möglichkeit, seinen Wissensdurst zu stillen. Deshalb schickten die Eltern ihre Kinder damals entweder früh zum Militär, oder sie gaben sie in die Obhut der katholischen Kirche, wie im Fall von Miguel Serra. Sein Vater hatte Kontakt zu einem wohlhabenden Geistlichen der Kathedrale in Palma, der sich der Erziehung Miguels anzunehmen versprach.

Im Herbst 1729 vertrauten Antonio und Margarita ihren 16jährigen Sohn dem wohlhabenden Kirchengelehrten an. Nachdem der Junge Lesen und Schreiben gelernt hatte, nahm er an Vorlesungen über Philosophie teil und wurde am 15. September 1731 in den Franziskanerorden aufgenommen. Seinen Namen änderte er nun in Fray Junípero, „Bruder Wacholder“. Er hatte sich für diesen Namen entschieden, da sein Namensvetter in der Kirchengeschichte als der eifrigste Anhänger des Heiligen Franz von Assisi galt, dem Gründer des Franziskanerordens.

Fray Junípero wurde bald zu einem glänzenden Rhetoriker, dessen Predigten in Kirchen und Klöstern sehr beliebt waren, sofort abgedruckt und an die Gläubigen verteilt wurden. 1742 promovierte er an der Llullus-Universität in Palma im Fach Theologie. Aber Junípero wollte höher hinaus – oder genauer: weiter fort. Wie sein späterer Biograph Francisco Palou berichtete, verschlang der junge Ordensbruder förmlich alle Berichte über Franziskanermönche in der Neuen Welt. Besonders beeindruckte ihn das Leben von San Francisco Solano, der auch der „Apostel Westindiens“ genannt wurde. Fortan bewegte Junípero nur noch ein einziges Ziel: Er wollte in die Neue Welt, um die Ungläubigen zu missionieren und bemühte sich alsbald um eine Versetzung nach Amerika. Im Frühjahr 1749 hatte seine Bewerbung um eine Missionsstelle in Mexiko schließlich Erfolg.

Kurz darauf stach Junípero in Richtung Málaga in See und fuhr von dort aus auf einem mallorquinischen Schiff weiter bis Cádiz, dem damals größten Atlantikhafen Europas. Zweieinhalb Monate lang mußte er warten, bis er einen Platz auf dem Schiff Nuestra Señora de Guadalupe bekam. Kurz bevor das Schiff ablegte, schrieb er noch einen Brief an seine Eltern, seine Schwester und seine Cousine in Petra. Da seine Familie nicht lesen konnte, richtete er ihn an seinen Vertrauten Fray Francisco Serra, der den Brief seiner Familie vorlesen sollte. In diesem Schreiben machte Junípero kein Hehl aus der Freude, die ihn erfüllte, daß er die beengende Heimat hinter sich lassen konnte, um seiner Berufung zu folgen. Sei-

Porträt des Missionars Fray Junípero Serra im Santa-Cruz-Kloster in Querétaro, Mexiko.

Der idyllische Innenhof des Museums Fray Junípero Serra in Petra kann es mit den Patios der Haupstadt durchaus aufnehmen.

Die Küche im Geburtshaus des „Wacholderbruders".

ner Mutter widmete er einen besonders persönlichen Gruß, da er davon überzeugt war, durch ihre Gebete von Gott auf seinen speziellen Weg gelenkt worden zu sein. Weder seine Eltern noch Mallorca sollte er je wiedersehen.

Am 18. Oktober 1749 betrat Junípero in Puerto Rico zum ersten Mal amerikanischen Boden und erreichte am 18. November nach einer weiteren, äußerst beschwerlichen Schiffsreise Veracruz. In der Nähe des Hafens war das Schiff durch einen mächtigen Sturm an die Küste geworfen worden und nur durch ein Wunder nicht gesunken. Fray Junípero jedoch hatte keinen Moment lang an seiner

Das Denkmal vor der Sant-Francesc-Kirche in Palma zeigt Junípero, der das Kreuz als Symbol seines missionarischen Erfolgs in die Höhe streckt, als väterlichen Beschützer eines nackten Indianerkindes.

gesunden Ankunft in Veracruz gezweifelt. Getreu dem Motto *L'home propos i déu dispos:* Der Mensch denkt, Gott lenkt, schienen sich alle Weichen für den Pater in die einzig mögliche Richtung zu stellen.

Am 14. Dezember des Jahres 1749 begab er sich mit einem Franziskaner-Bruder des Ordens der Mönche von Jerez de la Frontera auf eine entbehrungsreiche Wanderschaft durch das Gebirge von Veracruz hinüber nach Mexiko. Für den 400 Kilometer langen Fußmarsch benötigten sie zwei anstrengende Wochen. Die beiden Mönche liefen täglich 25 Kilometer, bis sie am Silvestertag endlich Mexiko-Stadt erreichten, damals die Hauptstadt des Vizekönigtums Neuspanien.

Unverzüglich machten sie sich auf den Weg zur Apostelschule von San Fernando. Vom Klostervorsteher wurde Junípero mit den Worten: „Oh, man brachte uns einen Wacholderwald" mit offenen Armen begrüßt. Wenige Stunden später konnten Serra und sein Begleiter die Neujahrsmesse des Jahres 1750 in der Neuen Welt feiern. Danach machten sie sich Richtung Sierra Gorda auf. Die Landschaft glich den Beschreibungen des Mönches San Francisco Solana so sehr, daß Junípero tief beeindruckt war. Hier waren die Berge bis zu 3 200 Meter hoch, umgeben von Tälern, in denen wüstenähnliche Landschaften sich mit tropischen Oasen voller üppiger Vegetation abwechselten.

Bei den Chichimecas, die die beiden Missionare zum Christentum bekehren wollten, herrschte jedoch eine Hungersnot und deshalb kein übersteigertes Interesse an neuen Gottheiten. Junípero machte sie daher erst mit neuen Methoden des Gartenbaus und

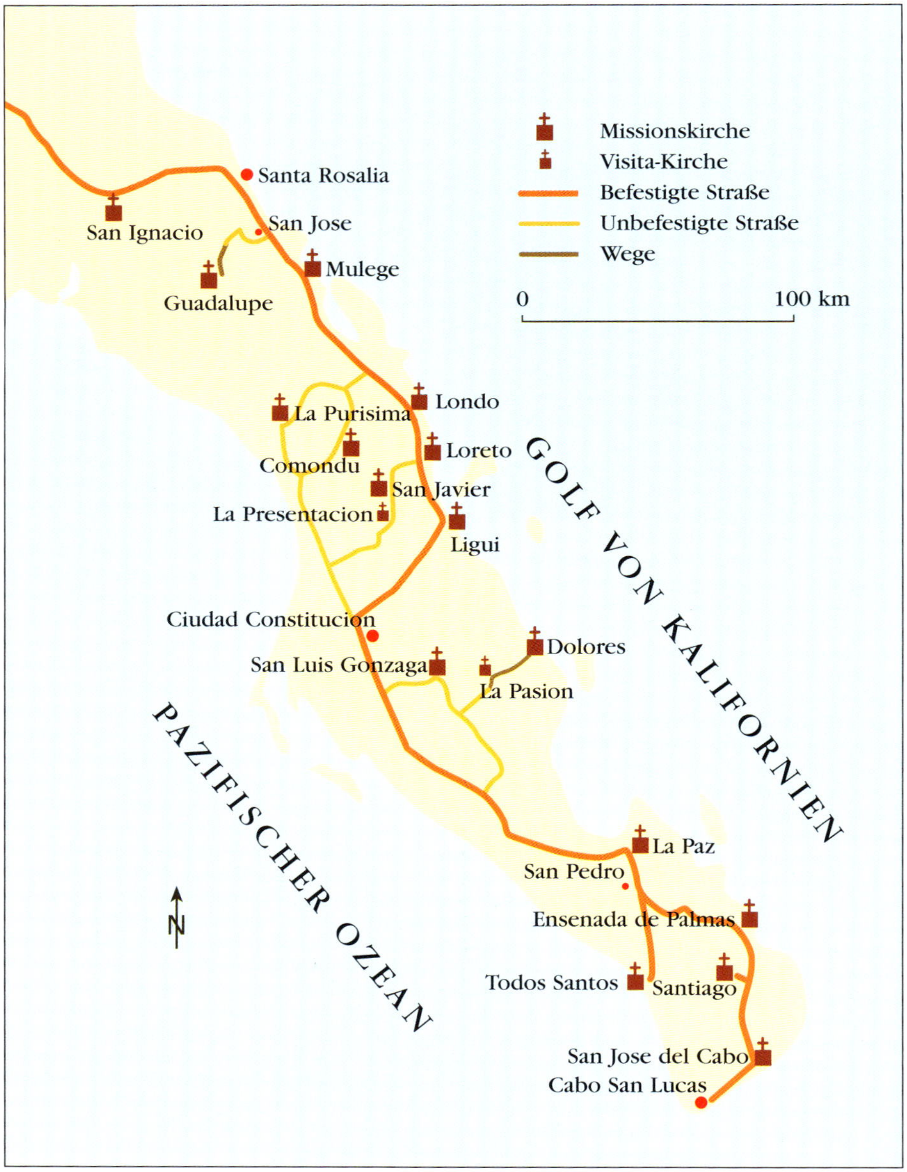

Loreto ist die älteste spanische Siedlung der Halbinsel Niederkalifornien. Die Stadt wurde 1696 von dem Jesuiten Juan María de Salvatierra gegründet. 1770 richteten die Franziskaner mit Fray Junípero hier die zentrale Versorgungsstation sowohl für Niederkalifornien ein als auch für ihre Reisen nach Kalifornien. Von Loreto aus wurde auch der Visitationsdienst geregelt: Da die Missionsstationen auf dem 1 600 Kilometer langen Küstenstreifen teilweise sehr weit voneinander entfernt waren, wurde von der Kirche ein Besuchsdienst eingerichtet, der in regelmäßigen Abständen die verschiedenen abgelegenen „Visita-Kirchen" aufsuchte und die Gläubigen betreute.

der Feldbearbeitung vertraut, um ihnen dann seine religiöse Botschaft zu bringen und sie von seinem Glauben zu überzeugen. Durch diese aktive Hilfe wird er heute von einigen Historikern als erster Entwicklungshelfer der christlichen Geschichte bezeichnet. 18 Jahre lang blieb der Pater seinen Missionen in der Sierra Gorda und in Mexico City treu.

Als 1768 die Jesuiten von den Indianern von der Halbinsel Baja California vertrieben worden waren und die Franziskaner die dortigen Missionen übernahmen, übertrug der Orden die Leitung der Missionsstationen in dieser abgelegenen Region Pater Junípero. Ein Jahr später wurde er von José de Galvez, einem Vertrauten des spanischen Königs Carlos III., beauftragt, neue Missionen in Alta California, dem heutigen Kalifornien, zu errichten. Mit dieser Beförderung zum Superior der Franziskaner in Kalifornien und diesem Auftrag offenbarte sich dann endlich Juníperos wahre Berufung.

Hintergrund der königlichen Anordnung war, daß zu diesem Zeitpunkt noch keine Nation Gebietsansprüche auf die nordamerikanische Westküste angemeldet hatte. Es begann ein Wettlauf zwischen den Spaniern, Engländern und Russen um diese Region. Missionare und Soldaten traten mit Junípero eine über 2 000 km lange Expedition Richtung Norden an. Der Weg war mehr als beschwerlich: Die Männer hatten kaum Lebensmittel, litten unter Skorbut und wurden ständig von Indianern angegriffen.

Am 17. Juli 1769 legte Junípero den Grundstein zur Mission in San Diego – allerdings nur, um zu erleben, wie sie am 15. August bei einem Großangriff von Indianern wieder völlig zerstört wurde. Die Zivilregierung plante den Rückzug, aber Junípero, der nie den Glauben an den Erfolg seiner Unternehmungen verlor, überzeugte den Gouverneur davon, noch bis zum 20. März des nächsten Jahres auszuharren, um auf das Schiff San Antonio zu warten, das mit Proviant und Verstärkung aus San Blas angefordert war. Am 19. Januar erschien das herbeigesehnte Schiff, und sofort begann Junípero mit dem Wiederaufbau der Station.

Mit sprichwörtlich missionarischem Eifer setzte er fortan sein Werk fort und gründete in wenigen Jahren 21 Missionsstationen, die er wie kleine Ortschaften anlegte. Im Jahre 1771 baute er die Missionen von San Antonio de Padua und San Gabriel auf, gefolgt von denen in San Luis, San Francisco, San Juan Capistrano, Santa Clara, und schon 1782 legte er den Grundstein für die große Mission von San Buenaventura. Die berühmteste unter allen ist aber sicherlich die 1776 ins Leben gerufene San Francisco de Asís, aus der sich die Weltstadt San Francisco entwickelte. Diese Mission existiert noch heute unter dem Namen „Mission Dolores".

Neun Missionsstationen gründete Fray Junípero Serra in Kalifornien. Die berühmteste unter ihnen ist sicherlich San Francisco de Asís, die 1776 ins Leben gerufen wurde. Später sollte an dieser Stelle die Weltstadt San Francisco wachsen. Die Missionskirche wurde bald unter dem Namen eines nahegelegenen Sees, Laguna de Nuestra Señora de los Dolores, bekannt und existiert noch heute in San Francisco unter der Bezeichnung „Mission Dolores". Die im mexikanischen Adobe-Stil aus Lehmziegeln 1791 errichtete Kirche war so solide gebaut, daß sie 1906 sogar das schwere Erdbeben unbeschadet überstand.

Die letzte Aufgabe, die der inzwischen sehr gealterte, bereits fast 70jährige Fray Junípero Serra vor seinem Tod noch in Angriff nehmen konnte, war schließlich die Gründung der Mission San Carlos Borromeo in Carmelo.

Nach seinem Tod 1784 in San Carlos trat eine kirchliche Verfügung in Kraft, die ihn zu einer der Schlüsselfiguren der christlichen Missionierung machte. Fünf Jahre danach veröffentlichte sein Schüler und Biograph Francisco Palou Amengal das Buch *Relación Histórica de la Vida y Apostólicas Tareas del Venerable Padre Fray Junípero Serra* (Historische Hintergründe des Lebens und apostolische Aufgaben des ehrenwerten Paters Fray Junípero Serra), ein Lobgesang auf den Mönch. Bewundernswert an seiner Abhandlung ist, daß sich der Autor selbst völlig in den Hintergrund stellt, obwohl es heißt, er und nicht Junípero habe den Grundstein zur Mission in San Francisco gelegt. Hundert Jahre später wurde Junípero Serra ein Denkmal im mexikanischen Monterey gesetzt, wo er 1749 an Land gegangen war.
Als 1931 im Capitol in Washington die Heldengalerie eingerichtet wurde, durfte jeder amerikanische Staat zwei seiner berühmtesten Söhne auswählen, damit von diesen eine Statue aufgestellt wurde. Kalifornien wählte als einen Vertreter Fray Junípero aus. Die Missionen in Amerika wurden seit den 30er Jahren des 20. Jahrhunderts aufwendig restauriert und erstrahlen zum Großteil wieder in ihrem alten Glanz.

In Palma de Mallorca sind ein Institut für berufliche Weiterbildung und eine Straße nach Bruder Wacholder benannt. In seinem Geburtsort Petra wurde ihm zu Ehren ein Denkmal errichtet: Umgeben von Palmen steht es auf der Plaza Padre Serra und zeigt ihn vergeistigt mit erhobenem Kreuz und gesenktem Kopf, dazu finden sich Bildtafeln, die seinen Lebenslauf darstellen. Besichtigen kann man in Petra auch sein Geburtshaus und ein Museum, das ihm gewidmet ist. Als 1976 nicht nur der 200. Geburtstag der USA, sondern auch die Gründung San Franciscos durch Fray Junípero gefeiert wurde, spendete man aus Amerika Geld, um das bis dahin in rein privater Initiative geführte Museum zu unterstützen.

Nur eins fehlt dort noch: eine objektive Biographie über die Persönlichkeit des Paters. Denn neben seinen Bewunderern und Anhängern gibt es durchaus auch Kritiker, die ihm seine Beteiligung an den von Spaniern begangenen Massakern vorhalten. Anläßlich seiner Seligsprechung 1988 in Rom wurde der Vorwurf laut, er und die ihn begleitenden Mönche hätten Indios, die sich nicht zum Katholizismus bekehren lassen wollten, getötet. Da es auch an Aufzeichnungen über die Religionsphilosophie Juníperos fehlt, konnte sein Verhalten den „Ungläubigen" gegenüber nie ganz geklärt werden.

Links: 1 000 Indianer ließen sich in San Gabriel taufen, nachdem die erste Messe zu Füßen eines in die Erde gerammten Kreuzes gehalten worden war.

Rechts und unten: Auf Kachelbildern in Petra sind die verschiedenen Stationen in Juníperos Leben dargestellt. In San Carlos lauscht ein Indianer den Worten Juníperos, während in San Juan gemeinsame Gartenarbeiten verrichtet werden. Ob es immer so friedlich zuging?

Des Landlebens Pracht und Wohligkeit
Sant Joan

Ein seltener Vertreter der Familie Schwein, das *porc negre* oder Schwarzes Schwein, bildet die Lebensgrundlage der Bauern aus Sant Joan, einem abgeschiedenen Dorf der Pla-Ebene. Den Rüssel immer dicht über dem Erdreich, suchen die dunklen Eber und Säue die saftigen Wiesen und den heimischen Hof nach Leckerbissen ab. Die meisten von ihnen haben eine Freiheit gepachtet, von der rosafarbene, mitteleuropäische Ringelschwanzträger in ihren lichtlosen Ställen nur träumen können. Gäbe es ein Schweineparadies auf Erden, das Leben der Schwarzen Schweine von Sant Joan käme ihm am nächsten.

Bis spät in den Herbst hinein jedenfalls. Dann nämlich schlägt mit dem Sankt-Martins-Tag auch ihr letztes Stündlein. Die schwarzen Schweine sind die Lieferanten für all die Würste und Schinken, die auf Mallorca das ganze Jahr über, besonders aber zur *Festa des Botifarró,* zum Würstchen-Fest im Oktober, geschlemmt werden. Die einzige Chance für eine *porc negre,* der traurigen Zukunft als Star des Sonntagseintopfs zu entgehen, liegt in so außergewöhnlichen Qualitäten, daß sie für die Zucht in Frage kommt.

Abseits der touristischen Routen bewahrt sich Sant Joan eine Ursprünglichkeit, nach der man sonst selbst auf Mallorca lange sucht. Die Einwohner der Ortschaft behaupten sogar, die einzig verbliebenen Hüter des wahren mallorquinischen Wesens zu sein. Vielleicht haben sie damit nicht einmal so unrecht. Tatsächlich atmen die Lungen Sant Joans noch den Duft, der das ländliche Mallorca vor den Zeiten des Massentourismus ausmachte.

Els Calderers: Landleben als Idylle

Ein so massiv wie spielerisch in die Landschaft plaziertes Gebäude mit gelbem Verputz, an dem der Efeu emporrankt, drei Stockwerke hoch, ein Balkon an der rechten Seite mit einem italienisch anmutenden Geländer, ein kleiner Bildstock mit einer Madonnenfigur an der Fassade unterhalb des Balkons – Els Calderers heißt dieses ehrwürdige Gemäuer, ein ehemaliger Gutshof, der exakt im Jahre 1700 zu Füßen der Einsiedelei des Puig de Bonany erbaut wurde. Fast genau 300 Jahre später, 1993, kam eine mallorquinische Familie auf eine so originelle wie glänzende Idee: Warum in den alten Hallen nicht zeigen, wie anno dazumal das Landleben auf Mallorca aussah? So entstand dieses hervorragend gestaltete Museum der guten alten Zeit, in dem bestaunt werden darf, wie Hausherren und Dienerschaft – auf jeweiligem Niveau – es sich gleichermaßen gutgehen ließen.

Ein Figürchen hier, eine Spitzendecke da, monumentale Fauteuils und elegante Sofas,

Jahrhundertelang Bewährtes kann nicht von heute auf morgen schlecht sein: Ein Maultier zieht Herrn und Wagen im Morgengrauen zur Arbeit.

Das Landgut Els Calderers bei Sant Joan ist seit 1993 ein Museum für mallorquinische Wohnkultur aus der guten alten Zeit.

an den Wänden Porträts der Ahnen und Urahnen in Öl, zeugen noch heute vom erlesenen Geschmack der Herrschaft. Die alten Mallorquiner wußten ihren Wohlstand nicht nur zu genießen, sondern auch zur Schau zu stellen. Wohn- und Schlafräume im ersten Stockwerk geben davon ein eindrucksvolles Bild. Da bedeckt eine Spitzendecke in zartem, keuschem Weiß ein Mahagonibett, ein schmaler Damenschreibtisch, ans Fenster gerückt mit Blick in den Garten, harrt einer inspirierten Schreiberin. Aber auch im Erdgeschoß, in dem die Dienerschaft arbeitete, lebte es sich trotz langer Arbeitsstunden nicht schlecht. Stolz polierte Mamsell ihrerzeit einmal pro Monat das silberne Besteck und brachte sämtliches Kupfergeschirr auf Hochglanz. Noch heute blitzt es ihr zu Ehren in den ehemaligen Hauswirtschaftsräumen. In Stallungen und Gehegen werden alle möglichen einheimischen Tiere gehalten, auch das ein oder andere Exemplar von *porc negre* grunzt den Besuchern einen Gruß entgegen. Zahlreiche Nebengebäude dienen der Aufbewahrung skurriler Geräte, die dabei halfen, Feld, Wald und Wiese Nahrung abzutrotzen. Mit Gottes Hilfe selbstverständlich, daran erinnert bis heute die hofeigene Kapelle.

Privatmuseen und Familienküchen: Sant Joan

Im nahen Sant Joan geht es nicht ganz so hochherrschaftlich zu. Weder Schnörkel noch Wappen schmücken die einfachen Bauernhäuser. Eine neue Schicht Kalk sorgt Jahr für Jahr für sauberes Weiß und dafür, daß Mauer und Putz keine Trennungsabsichten vom Mauerwerk dahinter hegen. Wer irgend kann, plaziert eine Schrankwand aus Preßholzfurnier und wackelige Metallstühle prominent ins Blickfeld der Passanten und weist den immer seltener gewordenen, alten Bauernmöbeln einen versteckten Platz auf dem Abstellgleis für Möbel im Hinterzimmer zu.

Zu diesen seit Jahrhunderten überlieferten Möbeln gehört der *canterano,* eine Kommode mit drei Schubladen, außen reich mit Intarsien verziert. In ihr ruhen zumeist liebevoll verschnürte Bündel vielfach gestärkter und gemangelter Laken Seite an Seite mit dem ein oder anderen Ballen von *roba de llengües,* dem mallorquinischen Zungenstoff aus Hanfleinen, bunt bestickten Tischdecken und Servietten. Lavendelsäckchen schützen sie vor allzu gefräßigen Motten. Sowohl die Kommode als auch ihr Inhalt gehören zur Aussteuer, die noch immer von der Großmutter auf die Mutter und dann auf die Tochter, mit neuen Stücken angereichert, feierlich weitervererbt wird.

Lange Zeit galten die prachtvollen Mahagonimöbel als Zeichen der Armut: Man konnte sich nichts Neues leisten. Seit dem

Solch prachtvolle Mahagonimöbel galten eine Zeitlang als Zeichen der Armut.

Aufschwung des mallorquinischen Nationalbewußtseins Ende des 20. Jahrhunderts änderte sich das Schicksal zugunsten der alten Bauernmöbel. Die oft handgearbeiteten Stücke bekamen neuen Wert beigemessen und gelten nun als Zeitzeugen der eigenen Kultur, was sich aber bis zu deren Besitzern noch nicht unbedingt herumgesprochen hat.

Antiquitätenspürnasen werden in Sant Joan allerdings wenig Freude haben. Denn trotz der traditionellen Geringschätzung des alten „Bauernkrams" steht er so gut wie nie zum Verkauf: Wer solches Gut veräußert, verkauft einen Teil seiner Seele und wird sich zeitlebens grämen, für ein paar Heller das Erbe seiner Familie „verraten" zu haben.

Die Kannen und Kübel, Decken und Laken sind mehr als bloße Gebrauchsgegenstände: An ihnen maßen sich der Wohlstand und das Ansehen der Familie. Das alljährliche Schlachtfest zu Sankt Martin war ein weiteres Zeichen wirtschaftlichen Wohlergehens. So auch der Umfang der Ersparnisse, *raconet* auf Mallorquinisch: Ein Notgroschen, der immer irgendwo versteckt, verbuddelt oder vernäht war. Eine schlechte Ernte, krankes Vieh oder die überraschende Hochzeit einer Cousine vierten Grades waren Schicksalsschwankungen, für die man gewappnet sein wollte.

In vielen Wohnhäusern schmücken neue Sofas und alte Ölbilder denselben Raum. Großvaters Sonntagshemd und Hutsammlung darf nicht fehlen.

In solchen Kellergewölben verwahrte man früher, ordentlich an Wand und Boden aufgereiht, die Vorräte für den Winter.

Die bessergestellten Bauern von Sant Joan teilen ihr Zuhause noch heute in zwei Bereiche auf: In dem einen essen sie, schlafen und halten es nach dem Motto „Hier bin ich Mensch, hier darf ich sein." Der andere ist die gute Stube. Sie gilt als Vorzeigeraum, den selbst die Familienmitglieder nur zu besonderen Anlässen betreten und sonst mit dreckigen Stiefeln und schmuddeligen Arbeitshosen tunlichst meiden, darüber wacht mit Argusaugen die Hausfrau. Kein Staubkrümelchen hat Zeit, sich in der guten Stube zu sammeln, denn die „Visitenkarte" des familiären Wohlstands wird fast täglich geputzt, gewienert und gewischt.

Silberne Aschenbecher, wie man sie traditionsgemäß an Hochzeiten und Erstkommunionen geschenkt bekommt, spiegeln sich da mit kupfernen Bechern und Zinntellern um die Wette. Die weißen Wände hängen voller Landschaftsbilder, selbstverständlich in Öl. Reich bestickte Decken, zumeist von der Großmutter in unermüdlicher Fleißarbeit hergestellt, beschützen Tische und Armlehnen vor niederträchtiger Abnutzung und Sonnenbleiche. Rustikales Mobiliar hat hier keinen Zutritt, zu sehr erinnert es an die Zeit, als man sich die fabrikgefertigte Schrankwand aus Spanholz noch nicht leisten konnte.

Dort, wo sich das eigentliche Leben der Bauern von Sant Joan abspielt, im hinteren Teil ihrer Häuser nämlich, geht es zwar nicht so porentief rein, dafür aber ungleich gemütlicher zu. In einer Ecke plärrt fast ständig ein Fernseher, über ihm hängt der Zimmerhimmel voller Würste und (mindestens einem) angeschnittenen Schinken. Daneben baumeln zum Trocknen aufgereihte Tomaten von der Decke. Die Stühle dienen als kurzfristige Ablageplätze für Bügelwäsche, Körbe voller Früchte oder Nähzeug. Allerhand elektrische Geräte bestimmen das Gesamtbild der Küche, allerdings wird sich nur selten ein Geschirrspüler finden lassen, weil gemäß der Tradition die Großmutter den Abwasch erledigt.

Denn der Familienverbund ist im ländlichen Mallorca noch um einiges gefestigter als in den Städten. Überlebt ein Elternteil den anderen, wird er selbstverständlich im Haushalt eines der Kinder aufgenommen. Die Senioren in einem Altersheim unterzubringen, gilt als gröbster Verstoß gegen das 4. Gebot, Vater und Mutter zu ehren. Die Großmutter steht der Hausfrau solange tatkräftig zur Seite, wie es ihre Gesundheit zuläßt, während der Großvater seine Tage vornehmlich beim Kartenspiel im Café verbringt.

Nicht nur die Bauern von Sant Joan, auch die Städter legen großen Wert auf das Zurschaustellen ihrer Habe. Eine Eingangshalle mit prominentem Treppenaufgang ersetzt bei ihnen die gute Stube. In den oberen Stockwerken springen Ölgemälde und Brokatvorhänge sofort ins Auge. Oft sind letztere zur Seite gezogen, damit auch die Nachbarn von gegenüber einen guten Blick auf Hab und Gut erhalten. Gelegenheiten wie eine Erstkommunion oder ein Jubiläum werden gern wahrgenommen, um Nachbarn und Freunde an einen reich gedeckten Tisch zu bitten. Dieser Drang, den anderen zu zeigen, was man hat, rührt aus einer Zeit, als viele Mallorquiner auswandern mußten, um anderswo ihren Lebensunterhalt zu verdienen. Kam man dann als gemachter Mann in die Heimat zurück, führte man den Daheimgebliebenen stolz seinen neugewonnenen Reichtum vor.

Bei festlichen Anlässen holen Bauern- wie Bürgersfamilien ihre besten Stücke hervor und verwandeln die sonst verschlossene Gute Stube in einen Festsaal.

Himmel in Flammen
Sa Nit de Sant Joan

24. Juni, null Uhr, Johannisnacht: In dieser *Nit de Foc,* der Nacht des Feuers, füllen sich Plätze, Gassen, Straßen mit riesigen Holzstößen. Kaum ist der letzte Sonnenstrahl im Meer versunken, gehen sie in Flammen auf und erleuchten den Nachthimmel zu einer magischen Bühne. Das Geprassel der Flammen und das Zischen des noch frischen Harzes vermischen sich mit ausgelassenen Freudengesängen, das Flackern der Scheiterhaufen zerlegt die Bewegungen der tanzenden Menschen in bizarre Momentaufnahmen.

Diesem Ritual liegt hier wie fast überall in Europa die Vorstellung zugrunde, die Natur entfalte in dieser Nacht besondere Kräfte. Einen Tag im Jahr ist die Sonne Herrscher allen Seins, eine Nacht im Jahr sind ob ihrer kurzen Dauer alle bösen Geister schutz- und deckungslos.

Wie viele solche Feste ist auch die Sommersonnenwende heidnischen Ursprungs und wurde auf Mallorca gleichermaßen von Römern und Phöniziern, Mauren und Juden gefeiert. Und wie so oft hat später die Kirche einsehen müssen, daß das Volk diese Nacht ohnehin feiern würde – also mußte ein Kirchenfest her, um dem Ganzen einen akzeptablen Rahmen zu geben. Johannes der Täufer, laut dem Neuen Testament einige Monate älter als Jesus, feiert am 24. Juni seinen Ehrentag – so wurde die Heidennacht zur *Nit de Sant Joan.* Nur ausgerechnet in Sant Joan heißt sie – immer noch heidnisch – *Festa des Sol que Balla,* Fest der tanzenden Sonne.

Kernereignis der Johannisnacht ist ein Ritual, das mit Feuerwerk und Trommelwirbeln der Sonne huldigt. Den meisten Teilnehmern dürfte kaum klar sein, daß diese Hommage an den Sonnengott Erbe ihrer steineschleudernden Ur-Vorfahren aus der *Talaiot*-Kultur, wenn nicht sogar davor, ist – aber was macht das schon?

In den 24 Stunden um Sankt Johannis gibt es außerdem noch eine Menge zu tun, um für das Jahr gerüstet zu sein. In Manacor zum Beispiel werden Kinder, die nicht älter als ein Jahr sind, am Vorabend des Festes zwischen den gespalteten Zweigen eines Baumes, der *vimer* genannt wird, der Dorfgemeinschaft vorgestellt – unter ohrenbetäubendem Geheul und Gekreisch, versteht sich. Neben anderem soll dies vor einem Leistenbruch schützen.

Wer hingegen bei Sonnenaufgang ein Bad im Meer nimmt, kann sicher sein, das ganze Jahr von Krankheiten verschont zu bleiben. In *Mallorca Mágica* schreibt Carlos Garrido: „Pflückt man an diesem Tag kurz vor Tagesanbruch eine Handvoll Sant-Joan-Kräuter (Johanniskraut) und füllt sie dann in eine Flasche mit Wasser oder Olivenöl, hilft dieses als Universalmedikament bei Schnittwunden und Verletzungen." Frauen, die vorher 13 Kichererbsen gepflanzt haben, werden am Johannistag sehen, wie viele Jahre sie noch auf ihren Prinzen warten müssen oder, so sie ihn schon haben, wie viele Kinder sie ihm schenken werden – wichtig zu wissen.

Rechts: Funkenregen aus Feuerwerk und Scheiterhaufen erleuchten den Himmel in der kürzesten Nacht des Jahres.

Links: In der Johannisnacht ist alles Brennbare recht, um den Sommerbeginn zu feiern.

Knochenklappern im Takt
Musikinstrumente auf Mallorca

Auf den Volksfesten treten sie auf, manchmal spielen sie aber auch „einfach so" auf Plätzen oder an Straßenecken: Mallorquinische Folkloremusiker können einem überall begegnen. Daß einer der Musiker in seinen Händen Kastagnetten hat, kann man als Tourist dann schon erkennen, aber die skurrile Konstruktion, die er da um den Hals hängen hat, sieht man vielleicht zum ersten Mal: Es ist eine Art Leiter, die aus einer Anzahl von parallel hintereinanderliegenden Stäben aus Schafsknochen besteht, durchbohrt und auf eine Schnur gereiht. Er „spielt" darauf, indem er sie mit der Hälfte einer Kastagnette schlägt und so die Knochen zum Klappern bringt. In Verbindung mit anderen Instrumenten wird der eigenartige Klang des *ossos,* so heißt dieses Folklore-Instrument, das in anderen Regionen Spaniens auch *huesera* oder *arrabel* genannt wird, noch verstärkt.

Ein Blick in den Feiertagskalender offenbart, daß auf Mallorca die Tradition der verschiedenen Heiligen- und Jahresfeste, Wallfahrten und Dorffeiern auf lebendige Weise wachgehalten wird. Fast jede noch so kleine Ortschaft auf der Insel feiert ihren eigenen Schutzpatron mit einem möglichst glänzenden Fest, und auch sonst bieten sich im Jahresverlauf zahlreiche Anlässe für *festes,* auf denen ausschweifend musiziert und getanzt wird. Dabei dürfen natürlich die Folkloregruppen mit ihren typischen Instrumenten nicht fehlen.

Das wohl berühmteste Instrument Mallorcas und ganz Spaniens ist dabei die Gitarre,

Der Instrumentenbauer Joan Morell ist auf Folklore-Instrumente spezialisiert: Flöten, Schalmeien und *xeremirs,* mallorquinische Dudelsäcke.

die *guitarra,* die in ihrer kleineren Variante auch *guitarró* genannt wird und die in der mallorquinischen Volks-Musik einfach unverzichtbar ist. Ebenso wichtig für das musikalische Leben ist ein weiteres traditionsreiches Instrument, die Mandoline, ohne die ein Auftritt von Straßenmusikanten, eine *rondaia,* nicht denkbar ist. Eine weite Reise hat der Dudelsack hinter sich: Obwohl er ja eigentlich als das schottische Nationalinstrument schlechthin gilt, ist eine Variante des schräg klingenden Instruments im nordspanischen Galicien beheimatet. Von dort kam die *gaita* nach Mallorca, wo sie flugs in *xeremia* umgetauft wurde. Mit seinem schiefen Pfeifen begleitet er die Flöte, *flaviol,* den

Die kurze mallorquinische Flöte, *flaviol* genannt, wird mit nur einer Hand gespielt.

lärmenden Tamburin und die knatternden Kastagnetten, die *castanyoles*, die für Touristen mittlerweile zum Sinnbild spanischer Folklore geworden sind. Wer aber meint, die Dudelsackmusiker würden beim Spielen einen typisch mallorquinischen Kilt tragen, irrt: Männer im Rock sind auf Mallorca genauso selten wie Olivenbäume im schottischen Hochland.

Neben diesen Hauptdarstellern haben auch einige einfache, selbstgebaute Instrumente ihren festen Platz in den Folkloregruppen. Gespielt werden zum Beispiel Trommeln, *tambors,* und Tamburine, *panderos* oder auch *panderetas* genannt. Der *pandero* besteht aus einem hölzernen Reifen, der mit einem Fell bespannt ist, und aus zahlreichen, in Löchern des Reifens beweglich eingesetzten Blechplatten, die beim Schlagen auf das Fell mit der Hand schrille Metallklänge hervorbringen. Die *ferrets* entsprechen der Triangel und werden mit eisernen Stäbchen geschlagen.

Einfache Instrumente waren auf Mallorca lange Zeit verachtet und gerieten beinahe in Vergessenheit, bis man sich wieder an sie erinnerte. Heute kann man hören und staunen, welch seltsame Klänge Mörsern, *almireces,* Schlüsseln, Löffeln, Flaschen, *botella labrada,* Ratschen und Schnarren, *carracas,* Schellen, *cascabeles,* und Glocken zu entlocken sind.

Neben den Instrumenten für den Hausgebrauch hat aber auch der professionelle Geigenbau auf Mallorca Tradition. Vor 200 Jahren genossen mallorquinische Instrumentenbauer einen internationalen Ruf, wenn sie es auch nicht mit der berühmten Stradivari aus dem italienischen Cremona aufnehmen konnten. Die kunstvoll gearbeiteten Instrumente, die man heute nur noch in Museen betrachten kann, wurden damals vor allem nach Südamerika exportiert. Da es auf Mallorca heute eine Vielzahl verschiedener Musikfestivals gibt, deren Erlös teilweise in Unterstützungsfonds für Instrumentenbauer

Der *ossos* ist ein fester Bestandteil der Volksmusik auf Mallorca.

fließt, konnte sich die eine oder andere Werkstatt, wie zum Beispiel in Felanitx, wieder einer gestiegenen Nachfrage erfreuen.

Fast alle Lieder und Tänze auf Mallorca werden instrumental begleitet, nur Arbeitslieder werden a cappella gesungen. Das Bild von Feldarbeitern beim Dreschen oder bei der Olivenernte mit einem kleinen Orchester im Hintergrund entspringt wohl eher spanischen Heimatfilmen der 50er Jahre des letzten Jahrhunderts.

Aber auch diejenigen, die folkloristische Musik nicht so schätzen, sondern sich eher als Liebhaber der Kirchenmusik sehen, können auf Mallorca ins Staunen geraten. Über 100 historische Orgeln gibt es auf der Insel, davon klingen allein 28 in der Hauptstadt Palma. Aus den Einnahmen eines jährlichen Orgelfestivals konnten einige der Orgeln restauriert werden, wie die von Sant Andrés in Santanyí, die vom mallorquinischen Orgelbauer Jordi Bosch im 18. Jahrhundert errichtet wurde. Auch in den Pfarrkirchen von Porreres, Campos und Sa Pobla erklingen die „Königinnen der Instrumente" wieder genauso wohltönend wie vor Hunderten von Jahren.

Drei Mann für fünf Instrumente: Flöten und Trommeln gleichzeitig erfordert höchste Koordination.

Melonen und Mallorca-Rap
Villafranca

„... da werfen wir sie doch lieber den Schweinen zum Fraß vor!" rief die Bauersfrau aus Villafranca empört hinter dem Großhändler aus Palma her, der für ihre Melonen nur einen Schleuderpreis geboten hatte. Aber ihr Mann hatte bereits eine Waage und einige Kisten Melonen an der Straße aufgebaut: Lieber eine Laufkundschaft, die wenig, aber regelmäßig kauft, als sich dem Joch des Preisdiktats der Großhändler zu unterwerfen.

Der Erfolg dieser Trotzreaktion war so groß, daß er schon am nächsten Vormittag alles verkauft hatte und die Nachbarn es ihm nachmachten. Genau so soll alles begonnen haben, jedenfalls will es so die Legende in Villafranca, und es dauerte nicht lange, bis sich die Hauptstraße in einen Bazar für Obst und Gemüse verwandelt hatte. So geschehen in den frühen 30er Jahren des 20. Jahrhunderts, noch vor dem Spanischen Bürgerkrieg.

Aber eins ist sicher – in Villafranca ist es für die vielen Durchreisenden so gut wie unmöglich, zwei dringenden Bedürfnissen nicht nachzukommen: Zuerst anhalten, aussteigen, die Kamera vors Auge bugsieren und auf den Auslöser drücken – die Hauptstraße mit all den kunstvoll drapierten Obst- und Gemüseständen ist einfach zu malerisch, zu schön. Und dann: dem Konzert der Standinhaber lauschen, die sich lautstark wahre Wortgefechte liefern bei dem Versuch, mit den schönsten Melonen, den glänzendsten Äpfeln, den saftigsten Trauben und dem wirklich knackigsten Salat gesundheitsbewußte Käufer anzulocken.

Neben Honig- und Wassermelonen kann man in Villafranca auch Tomaten *de ramellet* kaufen. Das sind jeweils rund drei Pfund der wasserarmen Trockenbau-Tomaten, mit einer Schnur zu einem Zopf gebunden, so daß man sie bequem an einem kühlen Ort im Haus aufhängen kann. So bewahren sie ihr

In Villafranca liegt das Gold des Bodens am Straßenrand aus: Melonen und Knoblauch, süße Paprika, *ñoras* genannt, und scharfe Artgenossen, getrocknet und auf Schnüre gezogen.

Aroma mehrere Monate lang, ohne Runzeln oder faule Stellen zu bilden.

Auch Zwiebeln, Kohl und Knoblauch, die Grundzutaten für jede *sopa*, die mallorquinische Suppe, werden angeboten: Sie besteht aus gedünstetem Gemüse, so wie der Garten es gerade hergibt, das dann zusammen mit seiner Brühe über dünne, altbackene Scheiben von mallorquinischem Brot gegossen wird. Neuerdings bieten viele Kneipen und Restaurants dieses traditionelle Bauernessen wieder an, weniger, weil der stramme Eintopf ein kulinarischer Höhepunkt wäre, sondern als einheimischen Kontrapunkt zur allzu weit verbreiteten Schweinshaxe und zum Wiener Schnitzel.

Größtmöglicher Ertrag für kleine Felder: Getreide und Melonen

In Villafranca sind und bleiben Melonen in allen nur denkbaren Größen und Formen das Hauptanbauprodukt und geben einmal im Jahr den willkommenen Anlaß für das große Melonenfest *Sa Festa d'Es Meló* im Herbst. Eine seltsame Fügung, denn Villafranca liegt in einem Gebiet, das sich traditionell dem Getreideanbau widmet.

Der Siegeszug der süßen Verwandten von Gurke und Kürbis nahm zu Beginn des 20. Jahrhunderts seinen Anfang: Damals wurden einige große Landgüter in Parzellen aufgeteilt, woran der Wirtschaftsmagnat und spätere Kunstmäzen Joan March nicht ganz unbeteiligt war. So bestellten immer mehr Kleinbauern immer kleinere Felder und erzielten immer geringere Gewinne.

Solche Auslagen am Wegesrand machen es unmöglich, einfach durchzubrausen.

Um an die Paprika heranzukommen, machen sich die Bauern den Rücken krumm.

Also begannen sie, um ihre Gewinnspanne zu erhöhen, statt nur Getreide auch Obst und Gemüse im Wechsel anzubauen: So brachten die Felder eines geschickt kalkulierenden Bauern statt nur einer Ernte bis zu drei im Jahr. Die relativ anspruchslosen Melonen gediehen selbst im Trockenanbau in Villafranca wunderbar und verkauften sich auf den Märkten von Campos, Llucmajor und später Palma genauso gut wie Getreide. Die große Nachfrage ermöglichte Investitionen, wie zum Beispiel die Anschaffung eines Traktors anstelle der traditionellen Muskelkraft des Maultiers.

Auch neue Saat- und Anbautechniken fanden schnell Verwendung bei den Bauern, so daß schon Mitte des 20. Jahrhunderts der gesamte Bedarf der Insel mit Melonen aus Villafranca gedeckt werden konnte. Auch bei den Touristen sprach sich die Qualität der frischen Melonen herum, die in Villafranca buchstäblich auf der Straße liegen: Der Absatz stieg und stieg.

Nach dem Motto: „Was mit Melonen funktioniert, geht auch mit anderem", experimentierten die Einwohner Villafrancas mit neuen Erzeugnissen, vor allem den so anspruchslosen wie aromatischen *de ramellet*-Tomaten, ohne die ein anständiges *pa amb oli* schlichtweg undenkbar ist.

Felder fast reifer Wassermelonen sehen aus, als warte eine Ladung Luftballons auf Starterlaubnis. Einmal geerntet, müssen sie schnell verbraucht werden: Von der Mutterpflanze getrennt verderben sie schnell.

Gala-Auftritt für Sugar Baby *Sa Festa des Meló*

Seit in den 30er Jahren des 20. Jahrhunderts die erboste Bauersfrau aus Villafranca ihre Melonen direkt an der Hauptstraße des Ortes verkaufte, haben sich die farbenfrohen Obst- und Gemüsestände zum Anziehungspunkt für Käufer und Touristen entwickelt. Mittlerweile prägen die Stände mit den goldfarbenen, hell- oder dunkelgrünen, genetzten oder samtig schimmernden Kürbisgewächsen das Bild des kleinen Ortes.

Sechzig Jahre später beschlossen die *meloners,* ein Melonenfest zu veranstalten, das seit 1994 jedes Jahr stattfindet. Höhepunkt jeder *Festa des Meló* ist der *Concurs des Meló,* der Melonenwettbewerb – hier geht Masse vor Klasse: Sieger wird, der mit der schwersten Melone aufwarten kann. Jeder Bauer schleppt sein größtes grünes, gelbes oder gestreiftes Ernteergebnis an und legt es zu den gigantischen Konkurrenten. Begleitet von staunenden und begeisterten Ausrufen der Zuschauer werden die bis zu 15 Kilogramm schweren Früchte dann gewogen und die Sieger prämiert.

„Sugar Baby" wird daher hier auch nie zur Siegerin erklärt, obwohl sie in Spanien am häufigsten vorkommt und vielleicht die mit den reizendsten Proportionen ist: ballrund, bringt sie es nach 80 Tagen Reifezeit auf einen Durchmesser von etwa 20 Zentimetern. Flaschengrün glänzend und vor allem etwas üppiger als „Sugar Baby" ist *Dulce de América,* die „Süße aus Amerika", die auch einfach *Sa Rodona,* die Runde, genannt wird – überflüssig zu erklären warum. Am kräftigsten gebaut hingegen und deshalb meistens Favoritin ist die längliche, gelb-grün gestreifte „Fairfax": Sie kann manchmal Maße bis zu 50 Zentimetern erreichen und wird nach ungefähr 90 spanischen Sonnentagen satte 10–15 Kilo schwer.

Obwohl man bei den Melonen nur zwei Hauptgruppen unterscheidet, nämlich *síndria* und *meló:* Wasser- und Honigmelone, existieren unzählige Varianten der wasserhaltigen Frucht. Länglich oder rund, einfarbig

Die Konkurrentinnen „Sugar Baby" und „Die Runde" sitzen in den Startkörben.

Mit kritischem Kennerblick werden die basketballgroßen Früchte begutachtet.

Alle warten gespannt auf das unfehlbare Urteil der Digitalwaage.

oder gemustert, gelb oder grün, Handball oder Basketball. Die Bauern in Villafranca selbst unterscheiden drei Melonenarten: Die *Aiguardenter* ist die größte Melonenart und schmeckt, wenn man sie im richtigen Reifestadium genießt, nach *aguardiente,* Obstler. Die *Meló Eriçó,* die „Igelmelone", ist etwas kleiner als die *Aiguardenter,* hat helleres Fleisch und eine gelbgrüne Schale. Die *Meló de Gra d'Arroç,* die „Reiskornmelone", hingegen, ist eine kleine, grüne Melone mit außergewöhnlich intensivem Geschmack. Egal, welcher der drei Kugelfrüchte man den Vorzug gibt, ein Verkaufsschlager sind die runden Fruchtbälle schon seit Jahren. Und neben der ausgezeichneten Qualität bleiben auch die Preise stabil. So werden auf allen Märkten Mallorcas die Produkte aus Villafranca angeboten, und sie sind neben den *ensaïmades* ein weiterer mallorquinischer Renner. Und ohne erst den langwierigen Weg durch die Instanzen gehen zu müssen, gilt auch schon die ungeschützte Bezeichnung „aus Villafranca" als Gütesiegel schlechthin.

Heiß begehrt sind Melonen vor allem deshalb, weil sie zu 93 Prozent aus Wasser bestehen und deshalb gerade im Sommer ein einzigartiger und noch dazu süßer Durstlöscher sind. Und: Denjenigen, die ihren Durst am Vorabend mit Hochprozentigem gestillt haben und nun das Gefühl haben, ihr Kopf habe die Größe von *Sa Rodona* erreicht, bekommen sie auch außerordentlich gut, da sie nierenreinigend sind.

Der wirkliche Liebhaber der Früchte aber – der sich an ihnen nicht nur wegen des Durstes oder des Katers ergötzt – weiß um die Bedeutung des Zeitpunkts für den höchsten Genuß, denn die wahren Wonnen beruhen, wie bei fast allem, auf dem richtigen Timing. Es ist wichtig, sie genau im richtigen Reifestadium zu „erwischen": Genießt man sie zu früh, ist sie bitter, zu spät konsumiert, schmeckt man schon einen leicht vergorenen Beigeschmack.

Lebenskünstler, die sie sind, haben die Spanier daher zur fachkundigen Überprüfung des Reifegrades verschiedene Philosophien entwickelt. Manche klopfen mit den Fingern auf die Frucht: Wenn sie klingt wie eine Trommel, ist dies ein relativ sicheres Zeichen für gute Reife und erfrischendes Vergnügen. Andere drücken leicht mit den Fingern auf das Ende, das dem Stiel gegenüberliegt: Gibt die Frucht leicht nach, ist sie *en el seu punt:* auf dem Höhepunkt.

Beeindruckt verfolgen Zuschauer die Siegerehrung.

Moderne Bänkelsänger
Volksmusik

Berühmt ist Villafranca auch für einen nicht eßbaren Artikel: die mallorquinische Volksmusik. Bis in die 80er Jahre des 20. Jahrhunderts hinein war hier Volksmusik Sache von Folklore-Gruppen, die auf Hochzeiten und Dorffesten aufspielten. Dann gelang dem aus Villafranca stammenden Tomeu Penya der Sprung über den Inselrand und in den katalanischen Markt: Er setzte traditionelle mallorquinische Volksmusik modern um, mischte neue und alte Instrumente, arrangierte die oft monotonen Lieder seiner Insel mit anderen Elementen der Ethno-Musik, fütterte die Lieder mit manchmal haarscharf zweideutigen, oft aber auch kritischen, um die Umwelt besorgten Texten an – und hatte durchschlagenden Erfolg.

Denn den Mallorquinern gefällt es, nach einem üppigen und reichhaltigen Essen bei Kräuterschnaps und *café* Geschichten zu erzählen und Lieder zu singen. Zu vorgerückter Stunde werden die Inhalte immer schlüpfriger, zotiger und lassen es immer mehr an Respekt gegenüber der Obrigkeit fehlen: Es gibt nichts, woran ein echter Mallorquiner mehr Spaß hätte. In früheren Zeiten genoß derjenige im Dorf das größte Ansehen, der im Wettstreit die schlagkräftigsten und anschaulichsten Grobheiten in Versen zum besten geben konnte. Der moderne Bänkelsänger Tomeu Penya hat das marktgerecht umgesetzt.

Tomeu Penya hat mallorquinische Volkmusik – geschickt abgemischt mit anderen Ethno-Rhythmen und versehen mit sozialkritischen Texten – erfolgreich aufs Festland exportiert.

Actes religiosos i populars
Der Monti-Sion bei Porreres

Es muß ein schöner Tag gewesen sein, als die Einwohner von Porreres sich am 14. Januar 1954 daran machten, den Weg von ihrer Stadt zum Santuari de la Mare de Déu de Monti-Sion, zum Kloster Monti-Sion hinauf auszubessern. Schon frühmorgens begannen sie ihr Gemeinschaftswerk mit viel gutem Willen und brachten es im Laufe jenes Wintertages auf eine Leistung, die Rekorde brach: Die Muskelmänner von Porreres schafften es tatsächlich, die drei Kilometer der kurvenreichen Landstraße an nur einem einzigen Tag fertigzustellen.

An Bezahlung dachten sie nicht, während der Schweiß ihnen über Rücken und Stirn lief, dies tat man alles für Gotteslohn. Ihr Eifer galt ganz einfach dem Gemeinnutz, und da war es eine Frage der Ehre, auch mit zuzugreifen. Seitdem haben sie ihren Ruf weg: Ausgeprägter Gemeinschaftssinn und die Neigung, sich zu organisieren, wird ihnen nachgesagt. Daran ändert selbstverständlich auch ihr Hang, sich allwöchentlich in Gruppen von Gleichgesinnten zu versammeln, nichts – ganz im Gegenteil: Porreres gilt als die Wiege des mallorquinischen Vereinslebens schlechthin.

Ob im klassischen Gesangsverein oder im Folkloreensemble, das Streben der Menschen von Porreres geht, von einigen wenigen Jägern und Taubenzüchtern einmal abgesehen, in Richtung Kultur. Schuld daran sind vermutlich die Franziskanermönche, die schon 1551 im Kloster Monti-Sion eine Rhetorik- und Grammatikschule gründeten: Angehende Priester erhielten hier Lateinunterricht, und zwar offenbar so guten, daß die Schule bald erweitert werden mußte. Mitte des 17. Jahrhunderts war der Ruhm dieser Klosterschule weit über die Stadtgrenzen von Porreres hinaus gewachsen. Die Schülerzahl machte damals stattliche 500 Zöglinge aus – mehr, als jede Bildungsanstalt in der Hauptstadt Palma nachweisen konnte. Selbst heute noch gilt Porreres als leuchtendes Beispiel in Sachen Bildung: Die Analphabetenquote liegt hier weit unter den 27 Prozent, die sie teilweise im ländlichen Mallorca erreicht.

Der 254 Meter hohe Hügel Monti-Sion verdankt seinen Namen der Gottesmutter vom Berge Zion, und ihr ist auch das zum Kloster gehörende Gotteshaus geweiht. Mit ihrem reich verschnörkelten Portal ist diese kleine Klosterkirche weit und breit die Schönste im ganzen Land, oder doch zumindest im Pla. Zwei Adelsfamilien, die Duzays und die Mesquidas, förderten den Bau der Anlage, und so lassen sich ihre Wappen noch

Nicht vier, sondern fünf Ecken hat der lichtdurchflutete Kreuzgang des Klosters Monti-Sion.

Die marmorne Muttergottes von Monti-Sion ist die Kopie einer byzantinischen Holzplastik.

immer im Inneren der Kirche finden. Das der Duzays liegt der im 15. Jahrhundert von einem mallorquinischen Steinmetz in Marmor gehauenen Madonna von Monti-Sion zu Füßen; die Mesquidas brachten es mit dem ihrigen nur bis in eine Seitenkapelle.

Vorläufer des Klosters war eine Einsiedelei, die sich hier im 14. Jahrhundert befand und dem ewigen Geheimnis der Marienerscheinung geweiht war. Im Jahre 1498 wurde die Unterkunft den Eremiten offenbar doch zu asketisch, und sie gründeten eine neue Kapelle, die mit Nostra Senyora de Monti-Sion, der Holzfigur einer byzantinischen Madonna, geschmückt wurde. Als sich aber der Ruhm der Religionsschule erst verbreitet hatte, war eine hölzerne byzantinische Muttergottes nicht mehr gut genug: Also wurde sie gegen die heutige Marmor-Madonna ausgetauscht.

Das übliche Schicksal von Klöstern zu Beginn des 19. Jahrhunderts konnte jedoch auch sie nicht verhindern: Im Laufe der durch die Liberalen veranlaßten Säkularisation wurde der Santuari de Monti-Sion aufgegeben und verfiel zusehends. Bis etwa zur Jahrhundertwende: Um 1900 begann ein Wiederaufbau, der jedoch den aus touristischer Sicht begrüßenswerten urtümlichen Zustand des Wallfahrtsortes nicht veränderte.

Von dem terrassenähnlichen Vorplatz – wie es sich für ein mallorquinisches *santuari* gehört: mit phantastischem Blick auf den nahen San Salvador und den Santuari, über den Pla bis nach Campos, Felanitx und Manacor – führt eine Treppe in den Innenhof des Klosters. Ein Unikum, denn der Kreuzgang mit den kräftigen Rundbogenarkaden ist nicht etwa quadratisch oder wenigstens rechteckig, sondern besitzt fünf Ecken. Die ehemaligen Zellen der Mönche gehen auf diesen Innenhof hinaus, sind aber längst zu einer Herberge für Pilger und kunstinteressierte Touristen geworden.

Steht man dann an einer der Hofseiten vor dem Kirchlein, erinnert es unwillkürlich an die mexikanischen Dorfkirchen aus amerikanischen Western: eine massive Front mit kleinen Fenstern, freihängende Glocken, eine Fassadenmauer, die den First überragt, mit zwei kleinen Aufbauten links und rechts, die Türmchen vortäuschen sollen, und ein alter Ziehbrunnen auf dem Platz davor. Innerhalb der Kirche dominiert die Weiße Madonna, eine merkwürdig zwiespältige Skulptur. Denn die marmorne Muttergottes und das Jesuskind scheinen sich in der künstlerischen Gestaltung und in ihrer Botschaft zu widersprechen: Die Jungfrau ist sanft und mädchenhaft, lediglich ein Strahlenkranz auf ihrem Kopf macht sie zu der „Gebenedeiten unter den Frauen", weiche Konturen bestimmen ihr Gewand, ein unschuldiger, in sich versunkener Blick läßt sie verletzlich und gleichzeitig von entrückter Schönheit wirken. Dagegen ist das Jesuskind roh und ungeschlacht, fast scheint es zu strampeln auf dem Arm seiner zarten Mutter, und es wirkt so massig und schwer, als müßte es im nächsten Moment hinunterfallen. So ist diese Darstellung Mariens mit dem Kind so wie der Pla: Lieblich und sanft wie die blühenden Mandelfelder, rustikal und rauh wie die trockenen, rissigen Erdschollen.

Einmal im Jahr wird es besonders voll auf dem Monti-Sion. Am ersten Sonntag nach Ostern, dem *Diumenge de l'Àngel* oder Engelssonntag zieht es nicht nur die Einwohner von Porreres zum Kloster hinauf. Eine endlos scheinende Prozession schlängelt sich dann über den kurvenreichen Weg in das Massís de Randa hinein. Durch kühle, schattige Pinienwälder geht es und vorbei an einzelnen gotischen Säulen, Überreste einer Gruppe von 14, welche die sieben Freuden und sieben Schmerzen darstellten.

Dann beginnt das, was in der Formulierung der Gemeindeverwaltung von Porreres *actes religiosos i populars* heißt: Trachten- und Folkloregruppen sorgen für Stimmung, an der auch die in der Klosterschänke servierten Getränke nicht ganz unschuldig sind.

Kachelbilder schmücken die Kreuzwegstationen auf dem Weg zum Kloster in 254 Metern Höhe.

Duft aus dem Morgenland
Aprikosen

Mit einem Mal wollten alle Aprikosen: Ende des 19. Jahrhunderts erlebte die süße Frucht, die Mitteleuropäer sofort an den sonnigen Süden denken läßt, plötzlich einen wahren Boom. Die Mallorquiner selbst aßen die Früchte frisch oder getrocknet, als Marmelade, oder auch als Konzentrat exportierten sie sie „nach Europa". Vor allem die Engländer, Franzosen und Skandinavier waren schier verrückt nach der Sonnenfrucht.

Dabei gibt es sie schon viel länger. In China war die Aprikose oder Marille bereits im dritten vorchristlichen Jahrtausend bekannt. Während der Antike wanderte das wohlriechende Rosengewächs nach Europa und setzte seinen Siegeszug mit den Arabern nach Mallorca fort. Von ihnen hat sie auch ihren Namen: Sie nannten sie *al barkuk,* woraus die Mallorquiner die Bezeichnung *albercoc* entlehnten; auf spanisch heißt die Frucht *albaricoque.*

Ein Massenartikel war sie bis ins 19. Jahrhundert nicht gerade: Die Aprikose wurde im Trockenanbau und fast ausschließlich zum Eigenbedarf angepflanzt, was nicht zuletzt an der kurzen Ernteperiode und der schnellen Verderblichkeit lag.

Als der Aufschwung Ende des 19. Jahrhunderts erst einmal begonnen hatte, ging es der Aprikosenproduktion in Mallorca glänzend. Bis in die 70er Jahre des 20. Jahrhunderts waren Aprikosen heißbegehrt – doch dann kamen auch andere Regionen auf die Idee, von diesem Geschäft profitieren zu wollen: Die Marille konnte sich bald gegenüber den billiger produzierenden Konkurrenten aus Marokko, Tunesien und der Türkei nicht mehr behaupten. Auch wenn das traurig stimmt, denn in 90er Jahren mußten die Mallorquiner jährlich 50 000 Tonnen Aprikosen vernichten, da Ernte, Verpackung und Transport nicht mehr rentabel waren.

Die Aprikose wurde Ende des 8. Jahrhunderts von den Mauren nach Mallorca gebracht.

Zum Glück sahen die Mallorquiner aber keinen Grund, deshalb ganz auf dieses vielseitig verwendbare Obst zu verzichten; weiterhin ist es fester Bestandteil der mallorquinischen Küche: in süßen Nachspeisen, als Kompott, zur Krönung der traditionellen *ensaïmades* und als Abrundung deftiger Fleischgerichte. Oder einfach nur als Riesenohren: Unter der Bezeichnung *orejones* – von *orejón:* Riesenohr – werden in Mallorca sehr große, getrocknete Aprikosen verkauft, die länglich in der Mitte aufgeschnitten sind und dann wie gigantische Ohrmuscheln aussehen.

Im Juni müssen die Aprikosen von ihrem Baum in Erntekörbe umziehen.

In gemütlicher Runde halbieren und entkernen die Frauen die samtigen Früchte.

Steige um Steige füllt sich der Raum mit süßem Duft und leuchtender Farbe.

Für den Transport wird eng zusammengerückt: So fällt auch keine herunter.

Die gleiche Sonne, unter der sie reiften, läßt die Früchte nun langsam trocknen.

Von wegen trocken! Mallorquinische Sonne sorgt für haltbaren Saft und Süße.

Orient und Okzident auf einem Teller: kräftiges Entrecôte vom Ochsen mit süßen Aprikosen.

Entrecôte amb Albercocs

Entrecôte mit Aprikosen (für 4 Personen)

Zutaten
4 Entrecôtes vom Ochsen
150 g durchwachsener Speck, in Scheiben
500 g vollreife Aprikosen
1 Glas lieblicher Weißwein
1 Eßlöffel Honig
Pfeffer, Salz

Das Interessante an diesem Gericht ist die Aprikosensauce, die natürlich auch zu anderem kurzgebratenen Fleisch, einem Kalbskotelett oder Lammfleisch gereicht werden kann. Beachten sollte man jedoch, daß reife Aprikosen, wie sie für dieses Rezept erforderlich sind, in Mallorca eine Geschmacksintensität haben, die nicht mit mitteleuropäischen Produkten oder importierter Ware erreicht werden kann, es sei denn auf dem Höhepunkt der Aprikosenerntezeit.

Die kräftigen Ochsenentrecôtes mit einem Küchentuch abtupfen, salzen und pfeffern und die Speckstreifen mit Zahnstochern auf den Bratflächen befestigen. In einer gußeisernen Pfanne in erhitztem Olivenöl von beiden Seiten stark anbraten, dann bei reduzierter Hitze so lange garen, bis das Fleisch innen noch leicht rosa ist.

Die Aprikosen halbieren und entkernen und mit etwas Wasser zum Kochen bringen. Wenn nach der halben Kochzeit (ca. 7 bis 8 Minuten) das Wasser verkocht ist, den lieblichen Weißwein und den Honig zufügen und langsam zerkochen lassen. Durch ein Sieb passieren. Die goldbraun gebratenen Ochsenentrecôtes mit den Speckscheiben auf der Aprikosensauce servieren. Dazu einen kalten, nicht ganz trockenen Weißwein reichen.

Ensaïmada de luxe: Aprikosenhälften und Kristallzucker verwandeln die Hefekringel in bunte Sommertörtchen.

Sonne im Glas: Zu Marmelade verarbeitet, bringen die Aprikosen im kalten Winter den warmen Sommer aufs Brot.

Rechts: Gespeicherte Sonnenenergie: Nicht Solarkollektoren, sondern Aprikosen bündeln hier die Kraft der mallorquinischen Sonne.

Der goldene Boden des Handwerks
Porreres

Plötzlich scheppert links ein zerbrochener Tonkrug, rechts wird gefeilscht, geklagt, gelobt, Menschen schieben sich an den Ständen vorbei, irgendwo grunzt es ärgerlich. Von vorne hört man das Klappern der Kupferkessel und Eisenpfannen, der Dachrinnen aus Zink und der Trinkbecher aus Zinn, von hinten bellt, muht und blökt es: In Porreres ist *Sa Fira*. Einmal im Jahr, Ende Oktober, veranstaltet der Ort diese kleine Messe, auf der die (kunst-)handwerklichen Erzeugnisse des Örtchens ausgestellt werden; längst ist sie für die Bewohner wichtiger geworden als der traditionelle Viehmarkt, der daneben immer noch stattfindet.

Dabei ist Porreres nicht gerade der Nabel der Welt, auch nicht Mallorcas. Abgesehen vom *Diumenge de l'Àngel,* dem Engelssonntag eine Woche nach Ostern mit dem Pilgermarsch zu dem Kloster Monti-Sion und dem Fest der *Pancaritat,* geht das Leben in der Kleinstadt einen eher gemächlichen Gang. Nur am 16. August, dem *Dia de Sant Roc,* an dem das Fest des Schutzpatrons der Gemeinde gefeiert wird, beherrschen noch Jubel und Trubel die Dorfstraßen: Religiöse Feierlichkeiten, Festmärsche, Wettbewerbe und Tänze bringen die Bewohner und ihre Gäste auf Trab.

Auf der Plaça d'Espanya ist jeden Dienstag Markt, aber daß der Ort einmal selbst den Königssitz Sineu an wirtschaftlicher Bedeutung übertraf, ist allein noch in Geschichtsbüchern nachzulesen. Von einstiger Blüte zeugen heute nur noch ein paar guterhaltene Herrenhäuser mit ihren typischen, breiten Toreinfahrten und die gewaltige Pfarrkirche Nostra Senyora de Consolació.

Handgeformte Backutensilien aus Porreres stehen wieder hoch im Kurs.

Aber nicht alle im Pla leiden daran, von der Moderne überrollt worden zu sein. Und ausgerechnet der kleine, scheinbar von der Zeit vergessene Landflecken Porreres – der übrigens in seinem Rathaus ein durchaus ansehnliches kleines Museum für zeitgenössische Kunst mit zwei Dalís vorzuzeigen hat – ist ein ausgezeichnetes Beispiel dafür, wie man aus der Angst vor Verlust der Werte und Bräuche eine Tugend, vor allem aber ein lukratives Geschäft machen kann: mit der handwerklich sauberen, altüberlieferten Herstellung von Alltagsdingen zum Beispiel.

Früher war die Materialauswahl für die Fabrikation von Dingen des täglichen Lebens noch recht einfach: Dachrinnen wurden traditionell aus Zink gefertigt, Glocken aus Kupfer, Laternen und Haushaltsgegenstände aus Blech oder Eisen. Darin war das kleine Porreres groß. Und ist es heute immer noch – oder genauer gesagt: wieder.

Manchem Antiquitätenladen nämlich sind direkt Werkstätten angeschlossen, wo die Besucher – Große wie Kleine – den Handwerkern bei der Metallbearbeitung zuschauen dürfen und die gerade fabrizierten Gegen-

Ölkännchen, Wasserkrüge und Backformen werden kunstvoll auf alt getrimmt.

Mit großer Sorgfalt wird letzte Hand an die Regenrinne aus Zink gelegt.

stände später im Geschäft kaufen können. Der Erfolg ist garantiert, denn die herkömmlichen Erzeugnisse erfreuen sich zunehmender Beliebtheit.

Das war einmal anders. In den 50er Jahren des 20. Jahrhunderts wurden die hergebrachten Grundstoffe vom Markt vertrieben, da die frisch erfundenen „Kunststoffe" ganz Europa eroberten. Wer etwas auf sich hielt, hatte Küchenschüsseln und -siebe, Zitruspressen, Kehrbleche, Folien und Borsten aus dem neuen Wunderstoff.

Die Rückkehr zur guten alten Zeit

In den 70er Jahren geriet das vorher so geschätzte Material langsam, aber sicher in Verruf, zunächst nur aus ideologischen Gründen: wegen seiner „Künstlichkeit", die eben nicht „natürlich" war, denn das war jetzt gefragt. Bald aber auch aus medizinischen Gründen: Wegen der Erhöhung von Festigkeit und Härte sowie aus Gründen der Materialersparnis enthielten die Produkte Füllstoffe. Dabei konnte es sich um harmlose Stoffe wie Kork- oder Holzmehl handeln; oft wurde aber auch Asbest verwendet. Nachdem erwiesen war, welche gesundheitlichen Risiken Asbest in sich birgt, standen Kunststoffgegenstände nicht mehr so hoch im Kurs.

Die traditionellen Werkstoffe erlebten eine Wiedergeburt. Die meisten Gebrauchsgegenstände aus Plastik wurden aus dem Haushalt verbannt, und man kehrte zum „Ursprünglichen" zurück. Einzelne Firmen traten auf dem Markt auf, die wieder die „guten, alten Dinge" herstellten. Blech, Zink, Kupfer und Eisen waren plötzlich wieder gefragt. Gerade in Mittel- und Nordeuropa wurden sie zu Kultobjekten, für die man gerne den drei- bis vierfachen Preis wie für ein Plastikprodukt bezahlte.

Die Mallorquiner, die seit etwa 1950 von einer jährlichen Welle ausländischer Touristen überrollt wurden, hatten Angst, durch die Scharen und die damit ins Land gebrachten fremden Einflüsse ihre eigene Identität zu verlieren, ihre Traditionen und ihre handwerklichen Fähigkeiten zu vergessen. Beim Handwerk jedoch trat das Gegenteil ein, denn bei den ausländischen Gästen hatte sich ein Sinneswandel vollzogen. Während diese früher noch die alte Blech-Paellapfanne belächelten, die über dem Ofen hing, begannen sie nun, diese einfachen Gegenstände wieder zu schätzen. Ein schlichtes Küchensieb aus Metall fand wieder seine Bewunderer, Dachrinnen aus Zink sowie der alte Kanonenofen im Zentrum des Hauses wurden ebenfalls begeistert betrachtet.

In vielerlei Hinsicht erinnerten sich die Insulaner wieder ihrer alten Bräuche und begannen, wie in Porreres, voller Begeisterung nach alten Vorlagen und mit ursprünglichen Materialien zu arbeiten. Mit dieser zunehmenden Rückbesinnung auf die mallorquinische Tradition haben so nicht nur die alten Handwerksbetriebe einen Aufschwung erlebt, sondern es sind auch neue Werkstätten und Geschäfte entstanden, in denen sich die Ergebnisse der handwerklichen Arbeits- und Herstellungsverfahren ihrer Vorfahren gewinnbringend verkaufen lassen.

Dabei sind die ausländischen Besucher aus Mitteleuropa die besten Kunden der Kunsthandwerker geworden. Fast ehrfürchtig suchen sie die Werkstätten auf, bestaunen die Fingerfertigkeit der Handwerker und zücken bereitwillig ihr Portemonnaie, um das frisch fabrizierte Objekt ihrer Begierde zu erstehen. Die Produktion von Artikeln wie Regenrinnen aus Zink, Laternen und Gebrauchsgegenständen aus Weißblech, schönen antiken Küchengeräten aus Zinn, traditionellen Kuhglocken, *picarols,* die angefertigt werden wie vor Hunderten von Jahren, rentiert sich heute wieder.

Da stört es auch niemanden, wenn das eine oder andere Erzeugnis nicht original mallorquinisch ist. Schuhe mit Sohlen aus alten Autoreifen oder aus Segeltuch verkaufen sich schließlich ebenso gut wie Bratpfannen oder Backformen. Daß es diese Schuhe in ganz Südeuropa gibt, sei es auf Kreta oder in Portugal, merken die Souvenirjäger sowieso nicht.

Traditionelle Kuhglocken verzieren Hauseingänge, statt an Rinderhälsen zu baumeln.

Migjorn

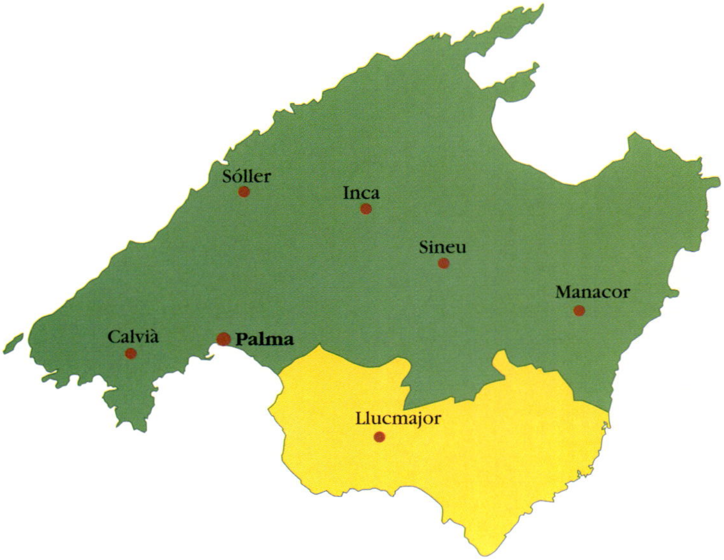

Salz und Sonne, Sand und Stein
Der Migjorn

Wenn die Sonne so hoch am Himmel steht, daß sich selbst der eigene Schatten unter den Füßen verkriecht, hat sie die Hälfte ihrer Tagesstrecke hinter sich gebracht: Mittag, auf mallorquinisch *migjorn,* oder auch Schnittpunkt zwischen Ost und West, Süden. Mallorcas „Mittag" macht seinem Namen alle Ehre. Hier hört die größte der Balearen auf, eine Blumeninsel zu sein, und konzentriert sich voll und ganz darauf, dafür die Sonne als Leitmotiv im Namen zu führen. Nirgends sonst auf der Insel regnet es so selten und so wenig. Gerade mal ein Drittel des ohnehin kargen Inseldurchschnitts von 800 Litern pro Quadratmeter benetzt die durstigen Felder des Migjorn. Hingestreckt zwischen nur zwei nennenswerten Erhebungen, dem Puig de Randa mit 501 Metern bei Llucmajor und dem Puig de Sant Salvador bei Felanitx, 510 Meter über dem nahen Meer.

Der Rest des Migjorn duckt sich flach und fast auf Meereshöhe unter der gleißenden Sonne dahin, auf den ersten Blick verschlafen, verdorrt, verlassen wie in einer *sesta* ohne Erwachen. Doch der Schein trügt. Dieses trockene, unwirtliche Stück Land liegt mit rund 100 Einwohnern pro Quadratkilometer über dem spanischen Durchschnitt von 80 und über dem mallorquinischen, Palma ausgenommen, von rund 75.

Prähistorische Funde wie in der talaiotischen Siedlung Cabocorb Vell südwestlich von Campos belegen, daß der Migjorn zu den ersten von Menschen dauerhaft besiedelten Gegenden Mallorcas gehörte, neben dem Nordosten. Die geschützten, oft fjordartigen Buchten des Südens boten Schutz, das recht sanfte Meer sichere Landung und das Umland immerhin genug Tiere und Pflanzen zum Leben. Auf der winzigen Insel La Cabrera hatten die Phönizier wohl schon um 300 vor Christus ihren ersten mallorquinischen Handelsplatz eingerichtet. Aber unauslöschbaren Einzug in die Geschichte hat der Migjorn 1349 gehalten. Über 110 Jahre nach der Reconquista hatte König Jaume III. mehr oder weniger machtlos zusehen müssen, wie Pere IV. von Aragón die Insel invadierte und ihn zum Exil ins Roussillon verdammte. Mit einem pestgeschwächten Heer versuchte er am 25. Oktober 1349 bei Llucmajor, die verlorene Insel und so die Krone des unabhängigen Mallorca zurückzugewinnen. Vergebens. Jaume III. fiel in der Schlacht und Mallorca endgültig an die Krone Aragóns.

Leben ohne Wasser

Inwieweit dies das tägliche Leben der Bauern direkt beeinflußte, ist schwer zu beurteilen. Der Schlüssel zu ihrem Leben und Überleben in solcher Gegend lag und liegt in erster Linie in perfekter Anpassung, egal unter welchem Herrn. Wo Wasser ein so kostbares Gut ist, kann keine Vieh- und Weidewirtschaft betrieben werden, die ohne große Mengen davon nicht subsistieren kann. Was nicht gleichbedeutend ist mit: Hier hat Landwirtschaft gar keine Chance. Denn genügsame

Seit 1596 wacht dieser Verteidigungsturm bei der Colònia de Sant Jordi darüber, daß Land und Leute im Migjorn ihre Ruhe haben.

Vorhergehende Doppelseite: Im Süden der Insel sorgt der mediterrane Mischwald für kühlenden Schatten und dafür, daß die Erdkrume nicht in alle Winde verweht wird.

Im „Mittag" der Insel ist jeder ausgewachsene Baum eine enorme Leistung der Natur. Die Blicke durch diese hindurch sind atemberaubend schön.

Genossen aus Flora und Fauna gedeihen hier sehr wohl. Um Felanitx im Nordosten des Südens zum Beispiel fühlen sich Weinstöcke so wohl, daß sie 90 Prozent der mallorquinischen Weißweinproduktion erlauben. Die Kombination aus zuverlässig sonnenbeschienenen Kalkböden und immerhin einer Hoffnung aus Wasser vom Puig de Sant Salvador macht's möglich.

Auch Aprikosen und Mandelbäume haben sich im Laufe der Jahrhunderte als rentable Nahrungslieferanten erwiesen, Ölbaumhaine und ihre wilden Kollegen und solch extrem anspruchslose Gewächse wie die stacheligen Kaktusfeigen haben sich im darwinistischen Wettlauf durchgesetzt. Nahe Campos geben die Nachfahren friesischer Kühe, hier *frisons* genannt, Milch für den *piris,* die mallorquiner Variante der viereckigen, würzigen Käsespezialität von der Nachbarinsel Menorca.

Hunger, Pest, Piraten

Daß es sich bei aller landwirtschaftlichen Arbeit unter solchen klimatischen Bedingungen keinesfalls um ein Idyll handeln kann, versteht sich fast von selbst. Wasser ist und bleibt ein Problem, nur erleichtern heute Landmaschinen und Dünger wenigstens etwas die Arbeit unter dem ewig blauen Himmel, aber einen blühenden, üppig saftig grünen Garten Eden zaubern auch sie nicht daher. Im 16. Jahrhundert fielen

Hier im Süden gedeiht so mancher pflanzliche Überlebenskünstler.

Im 17. Jahrhundert wurde die Kirche des Couvent de Sant Bonaventura von Llucmajor umgebaut, ihren neuen Glockenturm erhielt sie sogar erst 1820. Mit Llucmajor verbinden die Mallorquiner vor allem den Verlust ihrer Freiheit: In einer Schlacht vor den Toren der Stadt 1349 gegen die aragonesischen Besatzer starb Jaume III. bei dem Versuch, sein Königreich zurückzugewinnen.

Pausbäckig-neugierig schaut dieser Barock-Engel über dem Rosettenfenster über die Dächer Llucmajors hinweg.

jahrelang die Niederschläge so niedrig aus oder sogar ganz flach, daß den Menschen nichts anderes übrig blieb, als in den Getreidemühlen bei Campos die Früchte des Johannisbrotbaums, eigentlich Viehfutter, zu Mehl zu verarbeiten.

Neben Hunger waren auch andere Plagen ständige, grausame Begleiter im vorwiegend bäuerlichen Leben des Migjorn. Pest, Malaria und die von vergiftetem Roggen hervorgerufene Kribbelkrankheit suchten sich regelmäßig Opfer in großer Zahl unter den mangelernährten Bauern.

Andere Plagen kamen vom Meer. Santanyí etwa mußte in der Sankt-Markus-Nacht 1388 schmerzvoll lernen, daß die arabischen Piraten vor nichts haltmachten, um ganze Städte zu brandschatzen, zu plündern und ihre Einwohner zu entführen, um diese hernach gegen Lösegeld wieder freizulassen oder sie als Sklaven zu verhökern. Bis heute legt das Stadtbild Santanyís Zeugnis davon ab, daß bis ins 18. Jahrhundert hinein hier nur Wehrhaftigkeit und feste Mauern aus dem besonders feinen und harten Marès der Gegend minimalen Schutz gegen die Piraten boten. Für Dekoration um der Schönheit willen hatten die Menschen aus der Stadt mit dem Lamm Gottes im Wappen keinen Sinn, bis sie sich sicher fühlen konnten. Daher rührt eine kompakte, trutzige Stadtanlage, die erst in den vergangenen 200 Jahren mediterrane Verspieltheit als Baueelement entdeckt hat.

So wurde auch die Kirche des Apostels Andreas, eine Trutzburg des Glaubens und der Hoffnung, erst im 18. Jahrhundert umgebaut, ausgenommen nur die Rosenkranzkapelle, wo das Lamm Gottes als Schlußstein weiter das Gewölbe zusammenhält. An den Wohnhäusern entstand die Mode, Lüftungsdurchbrüche mit kunstvollen Rosetten aus dem goldenen Santanyí-Marès zu schmücken, den *estrelles mostrejades*. Undenkbar, als noch beständig die Gefahr eines Piratenüberfalls in der Luft lag, denn die könnten solche Spielereien als Zeichen gedeutet haben: Hier ist was zu holen. Und hätten ihren zeitweiligen Wohnsitz auf der Illa Cabrera verlassen für einen weiteren Beutezug.

An der Cala Pi leistet heute ein Leuchtturm einer der einst 85 *talaias* aus dem 16. und 17. Jahrhundert Gesellschaft. Diese Wachtürme umgaben die Küsten Mallorcas wie ein Sicherheitscordon, in Sichtweite zueinander, um mittels Rauch und Feuer schnell Alarmstufe rot auf der Insel auszulösen: Piraten in Sicht!

Weißes Gold und Heilung aus dem Wasser

Wenigstens dazu war die Küste gut, wenn sie auch sonst kaum Segen brachte. Kaum, denn schon die Römer erkannten, daß hinter der langgestreckten, feinsandigen Playa d'es Trenc die Natur eine Goldmine eingerichtet hatte: Salinen. Hier, in flachem Schwemmland, verwandelte sich das Meersalz, das weiße Gold des Meeres, in den langen heißen Sommern in eine harte Kruste, die es im Herbst nur noch abzutragen

In ländlichen Gegenden Mallorcas wie dem Migjorn ist die Kirche nicht nur in Form von Bauwerken eine allgegenwärtige Begleiterin. Die meisten Nonnen und Mönche leben allerdings nach wie vor in strenger Klausur.

galt. Im ausgehenden 20. Jahrhundert wird hier immer noch auf 130 Hektar Salz abgebaut, mit einer Technik, die das Grundprinzip der Natur lediglich verfeinert und der Landschaft weithin sichtbare weiße Berge hinzufügt, deren Anblick ohne Sonnenbrille nicht zu ertragen ist. Nicht weit davon suchten die Römer Linderung bei Hautleiden, Verdauungsstörungen und Kreislaufproblemen: in Mallorcas einzigem Thermal-Kurort, den Banys de Sant Joan. Die mimimal radioaktiven, schwefelhaltigen und konstant 38,7 Grad warmen Quellen wurden allerdings erst 1516 mit einem Badehaus versehen. Bis dahin tummelten sich Kranke zusammen mit Schweinen und Rindern und allerlei noch unappetitlicheren Badegenossen im brackigen Heilwasser. Heute sind die beiden Quellen von Sant Joan, Font Santa und Font Sa Bassa, nach langem Hin und Her wieder in Privatbesitz – mit Kurhotel.

Die Küste des Migjorn hat erst im 20. Jahrhundert einen eigenen Wert bekommen. Angesichts der Piraterie haben die Menschen hier selbst auf Fischfang weitgehend verzichtet. Nur in Porto Colom, als Hafen für Felanitx, und Portopetro, als Tor zum Wasser für Santanyí, gab es nennenswerte Kleinsthäfen, sonst muß das Land vom Meer aus vollkommen unbewohnt ausgesehen haben. Für manchen Bauern muß es sich Anfang des 20. Jahrhunderts wie eine *innocentada,* wie ein Aprilscherz angehört haben, daß neuerdings Leute an den Strand gehen, einfach nur dasitzen oder -liegen, ihr Essen in Körben mitschleppen und im Wasser baden. Vom Meer kamen Eroberer und Seeräuber und allenfalls Tang, um die Felder zu düngen.

Buchten mit Traumformat

Die wunderlichen Badegäste waren erste Anzeichen für einen grundlegenden Wandel in dieser Bewertung. An der menschenleeren, unbebauten Küste fand die aufstrebende Tourismusindustrie Buchten mit Traumformat vor. Die nächste an Palma, Platja de Palma genannt, aber teilweise im Gemeindegebiet von Llucmajor gelegen, hat es in wenigen Jahren geschafft, einer der Inbegriffe für Massentourismus zu werden. Der Badeort S'Arenal am Südostende der Bucht hat Begriffe wie den „Ballermann" hervorgebracht oder die „Schinken-" und die „Bierstraße", hat den 40 Meter breiten Sandstrand mit einem Bühnenbild des Horrors versehen, mit Betonsilos unter dem Tarnnamen Hotel, so jedenfalls sehen es heute die Kritiker. Die Fans von S'Arenal halten dagegen, daß einfache Leute mit knapper Kasse und Familien mit Kindern hier genau das fänden, was sie suchten: einen erstklassigen Strand, seichtes und somit badesicheres Wasser und eine Service-Industrie, die ihnen nicht mehr fremdes Land zumutet als unbedingt notwendig.

Tagesbeginn auf gut mallorquinisch im Café Colón in Llucmajor: *ensaïmada,* Kaffee und Zeitung.

In Cala Figuera schiebt sich das Meer wie ein Fjord tief ins Land.

Immerhin haben solche Erfahrungen ermöglicht, andere Strände vor gleichem Los zu schützen. Der im Migjorn berühmteste Fall ist der Strand von Es Trenc, der in den 80er Jahren des 20. Jahrhunderts in ein Ferienparadies mit durstigem Golfplatz umgewandelt werden sollte. Schärfster Bürgerprotest bewirkte, daß sogar schon vergebene Baulizenzen auf Eis gelegt wurden. Irgendwo schlummern sie noch, und ein Parkplatz, ein paar Eis- und Würstchenbuden haben sich schon eingenistet. Aber Es Trenc ist geblieben, was er war: Mallorcas größter nahezu unberührter Sandstrand.

Eine Runde um das Südkap Cap de ses Salines nach Osten dagegen reihen sich nicht weite Strände, sondern romantische Buchten aneinander bis hinauf nach Cala Ratjada im Llevant. Die Cala d'Or, Cala Mondragó und Cala Figuera haben zwar nicht ihre Jungfräulichkeit behalten dürfen wie Es Trenc, aber auch keine Masseninvasion wie S'Arenal erlitten.

Spätestens im Winter finden auch sie zurück zu sonnendurchfluteter Einsamkeit. Dann sucht eine andere Sorte Gäste den Migjorn auf, zu Hunderten, schwitzend, auf Fahrrädern radeln sie die Trockenmauern entlang durch die warme Ebene. Die abgeschiedenen, aber asphaltierten Straßen erlauben ein sanfteres Training als die Tramuntana, wo Hartgesottene mit den Bergen kämpfen, und der Migjorn ist schließlich Heimat eines Großen ihrer Zunft. Im heimischen Felanitx versorgt sie der sechsfache Weltmeister im Steherrennen, Guillem Timoner, sogar im eigenen Fahrradladen mit Ersatzteilen und Ratschlägen.

Er ist nicht der einzige große Sohn des mallorquinischen Südens. In Felanitx hat nicht nur der zeitgenössische Maler Miquel Barceló das Licht der Welt erblickt, auch der Baumeister der Gotik, Guillem Sagrera, Erbauer der Llotja in Palma, ist Sohn dieser Stadt. Und, so will es jedenfalls die Stadtlegende, kein geringerer als Christoph Columbus, „Entdecker" einer neuen Welt. Die folglich aus Migjorner Sicht genau hier beginnt, im Süden, umgeben von Salz und Sonne, Meer und Stein.

Rechts: Am Südende Mallorcas können Wüstenwinde aus Afrika das Meer schon morgens zum Kochen bringen. Die aufgehende Sonne macht daraus eine farbenprächtige Symphonie in Blaugrau und Orangerot.

Folgende Doppelseite: Am Strand von Ses Covetes warten die Sonnenschirme auf schattenbedürftige Badegäste. Selbst in der Hochsaison kommt es hier selten zu Überfüllungsreibereien.

Kampf um die Freiheit und den Platz an der Sonne *Llucmajor*

Die für die Süße ihrer Früchte berühmten Aprikosenbäume säumten wahrscheinlich schon die Straßen nach Llucmajor, als sich 1349 im Herbst Jaume III. mit 3 000 Mann zu Fuß und 400 Reitern hier anschickte, das Königreich Mallorca wieder aus den Händen seines Vetters Pere IV. von Aragón zu reißen und seine Freiheit zurückzuerobern. Pere IV. hatte Mallorca 1343 in einem Blitzüberfall eingenommen, um den aus Sicht Aragóns historischen Irrtum seines Urgroßvaters Jaume I. zu korrigieren, der sein Königreich nach seinem Tode zweigeteilt hatte, in Aragón und Mallorca.

Aber die Truppen Jaumes III., zusammengewürfelt im Roussillon, wohin er geflohen war, waren erschöpft, von Hunger ausgezehrt und von der Pest geschwächt. Gegen die Soldaten des Thronräubers vom Festland hatten sie keine Chance. Jaume III. wurde in der Schlacht von Llucmajor am 25. Oktober 1349 von einem Soldaten enthauptet, dem es nicht vergönnt war, seinen Namen in den Geschichtsbüchern zu verewigen, wohl aber dem Ort, an dem Mallorca endgültig seine Freiheit verlor. Zwei Denkmäler erinnern daran: Das Erinnerungskreuz an der Plaça de Sa Batalla an der südöstlichen Zufahrt nach Llucmajor markiert den Ort der Niederlage, ein einfaches Steinkreuz mit dem Wappen des

Sonntags füllt sich die Plaça d'Espanya mit den Schätzen der mallorquinischen Landwirtschaft. Knackige Mandeln und Walnüsse in süßem Honig etwa sind in Läden schwer zu bekommen.

Rechts: Ein Friseur in Llucmajor verhilft einem jungen Mallorquiner zum flotten Haarschnitt.

Unten: Mit einem Satz *cartes,* spanischen Karten, verbringen alte Freunde ganze Nachmittage.

Königreichs Mallorca. In Llucmajor zeigt eine steinerne Figurengruppe den sterbenden König Jaume III. im Kettenhemd am Boden, während ein Soldat seiner Leibwache ein letztes Mal das Banner Mallorcas im Wind der Insel flattern läßt. Die Sant-Miquel-Kirche von Llucmajor gab dem toten, letzten König von Mallorca eine Ruhestätte, bis er 1905 in der Kathedrale von Palma neben seinem Großvater Jaume II. beigesetzt wurde.

Schlachtfeld Strand: S'Arenal, Schandmal oder Favorit

Llucmajor selbst ist weit davon entfernt, in Erinnerung dessen zu leben, was nicht hat sein

sollen. Die ausgedehnten Aprikosenpflanzungen haben dem Ort einen Ruhmesgrund mehr verschafft. Und ein drittes ziviles Denkmal ehrt die Angehörigen einer Zunft, die bis ins 20. Jahrhundert hinein das zweite wirtschaftliche Standbein der Kleinstadt stellte: die Schuster, heute sogar bisweilen im Dienste französischer Nobelmarken. Daß es dem Ort nicht schlecht ergangen ist, belegen im Zentrum auch einige sehenswerte Jugendstilhäuser im Barceloneser Stil.

Als die gebaut wurden, Anfang des 20. Jahrhunderts, war jene Gemeinde-Außenstelle noch unberührter, von Dünen und Pinienwäldern eingefaßter Strand, die knapp 60 Jahre später neben Calvià zum Inbegriff des Massentourismus werden sollte. Denn S'Arenal gehört zu Llucmajor und nicht zu Palma, obwohl es heute nahezu nahtlos in die Außenbezirke der Hauptstadt übergeht.

1861 war das noch ganz anders: Damals entstand überhaupt erst ein Verbindungsweg nach Llucmajor, der Camí de S'Algar, und elf Jahre später wurde das erste Haus in S'Arenal gebaut. Um 1900 hatten sich dort einige Sommerfrischler mehr ein Strandrefugium hingestellt, die Nachfrage nach Bauland wuchs, so daß Parzellen, bessere Straßen und schließlich sogar ein Bahnanschluß entstanden. In den zwanziger Jahren sonnten sich die Gäste, vorwiegend Mallorquiner aus dem nahen Palma, am Strand nach Männlein und Weiblein getrennt. Selbst für Tierhaltung war ein Stück Strand reserviert. Erst in den fünfziger Jahren des 20. Jahrhunderts wuchs das erste kleine Hotel über die Dünen hinaus und gab den Startschuß für jene Entwicklung, die bis heute den touristischen Ruf der Insel verdunkelt und aggressive Gegenreaktionen hervorgerufen hat.

Bei Sonnenuntergang ist der Strand von S'Arenal leergefegt. Hinter dem Bergrücken wartet bei Calvià die nächste Batterie Sonnenschirme und Strandliegen auf den Dienstbeginn am nächsten Morgen.

Rund 30 Jahre nach dem explosionsartigen Anwachsen des Mallorca-Tourismus läßt S'Arenal niemanden mehr kalt. Für die einen, die aus den Fehlern der Vergangenheit lernen wollen, steht S'Arenal für alles, was auf keinen Fall hätte passieren dürfen: Um Dünen und Pinienwälder zu genießen, muß heute ein langer Weg Richtung Cala Blava unternommen werden, vorbei an kilometerlangen Festungsmauern aus Hoteltürmen, Discos, Restaurants, Souvenirläden und Supermärkten mit mitteleuropäischem Sortiment. Der 40 Meter breite Strand von S'Arenal, des Schutzes der Dünen und Baumwurzeln beraubt, wurde 1989 von einem Wintersturm ins Meer gespült. Die fehlenden 400 000 Tonnen Sand wurden sofort ersetzt, aber nun wandern Unterwasserdünen über den Meeresgrund und ersticken Teile der natürlichen Fauna. Künstliche Riffs aus wuchtigem Stahlbeton sollen nun Muscheln, Fischen und Pflanzen ein neues Zuhause bieten.

Der Strand, altmodisch in *balnearis* – Kurbäder – aufgeteilt, ist reiner Selbstzweck geworden in der Schlacht um einen Platz an der Sonne. Jeder *balneari* hat seine eigene Klientel, die ehemaligen Bretterbuden sind zu postmodernen Stahl- und Aluminium-Pavillons aufgewertet worden. Der berühmteste, *balneari 6,* hat als „Ballermann" sogar Eingang in die Filmwelt und als Massenphänomen in die Gesellschaftswissenschaften gefunden. Seltsam genug, denn der Ballermann-Kult bestand aus nichts weiter als ganzen Kegelclubs, Junggesellenparties und Alltagsflüchtlingen, die sich hier, von deutschen Schlagern beschallt, den lieben langen Tag einen Fünf-Liter-Eimer Sangría nach dem anderen durch meterlange Trinkhalme auf die Leber zogen, um nachmittags sturzbetrunken und nicht selten randalierend gen Billighotel auf der anderen Seite der Strandpromenade zu stolpern.

Die mallorquinische Kultur, egal welcher Couleur, hat hier nichts mehr – oder vielmehr alles verloren: „Bier-" und „Schinkenstraße"

Ist der Ruf erst ruiniert ... Am „Ballermann" zeigt sich die Essenz des Massentourismus von ihrer hemmungslosesten Seite.

beliefern die Gäste mittels deutscher Lebensart und Sprache mit der Illusion, zwei Flugstunden vom heimischen Herd doch vollkommen zu Hause zu sein.

Aber die andere Seite der S'Arenal-Medaille bestätigt das Konzept als sinnvoll und notwendig. S'Arenal mit seiner seichten, kaum abfallenden Wassertiefe ist für Kinder, Nichtschwimmer und ältere Gäste ein sicheres Bade-Vergnügen. Die hohen Einnahmen des Ortes schlagen sich Ende des 20. Jahrhunderts in großzügigen Verbesserungen und Erneuerungen nieder, wie der neuen Promenade, den Grünanlagen und Spielplätzen. Selbst der berühmt-berüchtigte „Ballermann" hat ein neues Image bekommen, samt Sicherheitsdienst und Topfpflanzen, und grölt nur noch „light".

Und nicht jeder Gast in S'Arenal will zum Ballermann, sagen die S'Arenal-Fans, Massenziele müssen sein für Gäste, die sich kein Fünf-Sterne-Haus leisten können in den zwei goldbraunen Wochen im Jahr, für die sie die übrigen 50 Wochen jeden entbehrlichen Pfennig zurücklegen. Diese Gäste wollen 14 Tage Strand und Spaß ohne kulinarische Experimente. Sie brauchen kein ehrgeiziges Kulturprogramm außer einer simplen standardisierten Flamenco-Show abends im Hotel und wollen später im Fotoalbum nicht beim Golfen an Loch 13 brillieren, sondern mit Sonnenöl im mühsam erkämpften Liegestuhl, Blick aufs Meer. Daß sie im Rücken ein Bettensilo neben dem anderen stehen haben, wo die Natur ein kleines Dünenparadies vorgesehen hatte, bekümmert sie nicht.

Wenige Meter weiter genießen Sonnenanbeter einen ganz normalen Ferientag am Strand.

Rauch und Feuer machen die Runde
Mallorcas Wachtürme

Neu und alt friedlich vereint, ragen an der Cala Pi zwei Bauwerke über die Küste: Der eine, ein moderner Leuchtturm, zeigt vorbeiziehenden Schiffen festes Land an; der andere, ein rundes, doppelstöckiges Steingemäuer, stammt aus dem Jahr 1662 und ist schon lange in Pension, hatte aber in seiner aktiven Zeit eine mindestens ebenso wichtige, wenn auch ins Inselinnere gerichtete Aufgabe: „Piraten in Sicht!" hieß die Botschaft einer solchen *talàia*, mehrere hundert Jahre lang.

Einst hatte der Wachturm der Cala Pi 84 Kollegen entlang der mallorquinischen Küstenlinie. Einer in Sichtweite des anderen, wurden sie seit dem ausgehenden 16. Jahrhundert erbaut, als die Mallorquiner in den arabischen Piraten ihre größte Bedrohung erkannten.

Zwar war die Bevölkerung Mallorcas seit Menschengedenken Opfer immer wiederkehrender Überfälle gewesen – eine Tatsache, die sie nicht davon abhielt, selbst auf Raubzüge zu gehen –, aber an eine geschlossene Verteidigung dachte man erst, als der Feind feststand. Zu spät für Llucmajor: 1578 und 1579 landeten maurische Freibeuter bei Cala Pi und entführten einige der Anwohner, um Lösegeld zu erpressen oder sie in die Sklaverei und Gefangenschaft zu verkaufen.

Vor allem die Brüder Barbarossa, die sich von Seeräubern zu türkischen Statthaltern heraufgemordet hatten, machten den Christen im 16. Jahrhundert das Leben schwer. Nicht einmal der Kaiser des Heiligen Römischen Reiches und spanische König Karl V. (1500–1558) konnte etwas gegen sie ausrichten; sein Versuch, sie 1541 in Algier zu stellen, schlug fehl.

Seit dem 16. Jahrhundert umgab ein Ring von 85 solcher Wachtürme die Insel. Sie dienten den Bewohnern als Alarmsystem gegen die Überfälle nordafrikanischer und türkischer Freibeuterscharen.

Danach brach das Piratenunwesen erst richtig los: Die Brüder Barbarossa sollten noch viele Jahre das westliche Mittelmeer kontrollieren, Mallorcas Städte wurden geplündert, und das christliche Abendland machte sich in Windeseile daran, seine Küsten zu schützen.

Auf Mallorca zogen sich die Bewohner der Küstenorte einige Kilometer zurück ins Landesinnere; in den wichtigen, aber ungeschützten Häfen lebten die Menschen wie auf Abruf. Der italienische Baumeister Jacobo Paleazzo erhielt deshalb um 1560 den Auftrag, wie in seinem Land einen Ring von Wachtürmen entlang der Küste anzulegen. Allerdings, wie man am Entstehungsdatum des Turms von Cala Pi sehen kann, dauerte es immer noch hundert Jahre, bis der Kreis geschlossen war.

Die *talàies* waren Tag und Nacht mit zwei oder drei Mann besetzt, die für ihre Wachdienste von den Dorfbewohnern bezahlt wurden. Sobald ein Piratenschiff gesichtet wurde, alarmierte die betreffende *talàia*-Mannschaft die Nachbartürme, tagsüber mit Rauchzeichen, nachts mit Feuer. So erfuhr in Windeseile die zentrale Torre de l'Àngel, der Engelsturm in Palma, von der Gefahr und konnte Verteidigungstruppen aussenden. Bis die bewaffneten Reiter eintrafen, kämpften die Dorfbewohner, so gut es ging, wie ihre talayotischen Vorfahren mit Steinkugeln gegen die heranziehenden Plünderer.

Bis Ende des 19. Jahrhunderts schützten die *talàies* die Insel. Dann wurden die Türme vom Verteidigungsministerium an das Finanzministerium überschrieben und, weil dieses keine angemessene Nutzungsmöglichkeit mehr sah, versteigert. Seitdem lösten sich 30 Türme in Luft auf, vermutlich wurden sie als Steinbrüche recycelt. Die meisten der heute noch erhaltenen *talàies* wurden mittlerweile in Aussichtspunkte für Spaziergänger und Wanderer umgewandelt, obwohl auch einige im 20. Jahrhundert bei der Verfolgung von Schmugglern ihr Comeback als Wachtürme feiern durften.

Türme in Sichtweite zueinander gibt es nur noch auf der menschenleeren Halbinsel Ferrutx. Drei Türme, de Morei, Aubarca und Jaumell, stehen dort weitab jeder Verbindungsstraße, auch die Torre de la Mola, von ihrem neuen Besitzer originalgetreu restauriert, ist nur zu Fuß zu erreichen.

Wer Schusters Rappen nicht schätzt, kann auch mit dem Auto vorfahren, zum Mirador de ses Ànimes zum Beispiel, dem Aussichtspunkt der Seelen, nahe Banyalbufar. Der liegt 250 Meter über dem Meer und ermöglicht einen Ausblick auf die gesamte südliche Küstenlinie. Daß er so gut erhalten ist, liegt an ihrem Vorbesitzer: Erzherzog Ludwig Salvator, beseelt vom Wunsch, alles Mallorquinische zu erhalten, ließ seine *talàia* aus eigenen Mitteln restaurieren.

Das Ende der Piratenangriffe nahm den *talàies* ihren Daseinszweck. Viele wurden als Steinbrüche geplündert oder stürzten mangels Pflege in sich zusammen.

Teufels Liebling
Paprika

M'importa un pebre, „es interessiert mich (so viel wie) ein Paprika". Wer diesen Spruch auf Mallorca zu hören bekommt, weiß, daß sein Gegenüber für das Gesprächsthema wenig Interesse aufbringen kann. Auf den ersten Blick versteht man dabei als Tourist allerdings nicht, was das nun mit Paprika zu tun haben soll. Außer im September, denn da braucht man sich nur umzusehen, um den Ursprung der Redewendung zu begreifen.

Jetzt nämlich werden die reifen Paprikaschoten geerntet und von den Frauen auf Schnüre gezogen. Danach hängen die Mallorquiner diese karminroten Bänder einen Monat lang an ihren Hauswänden zum Trocknen auf, und oft sieht man ganze Fassaden mit Tausenden kleiner, purpurroter Früchte. Ein einziger Paprika fällt überhaupt nicht ins Gewicht.

Die mallorquinische Küche ist ohne Paprika nicht vorstellbar. Als Gemüse gehört er unbedingt in den „Sommersalat", den *trempó,* eine Beilage, die Zwiebeln und Tomaten enthält und zum Beispiel mit Tintenfisch als *sèpia amb trempó* oder mit Blechkuchen mit als *coca amb trempó* auf den mallorquinischen Tisch kommt. Und in das *frit mallorquí,* das mallorquinische Pfannengericht, das ohne rote und grüne Paprikaschoten undenkbar ist. Sogar Käse wird mit Paprika geschärft: Der *formatge sec,* der harte Käse mit einem ganzen Jahr Reifezeit, wird zum Teil mit Olivenöl und Paprikapulver eingerieben, um ihn besser haltbar zu machen.

Nicht umsonst heißt der Paprika auch „Spanischer Pfeffer", denn schließlich hatte sich Kolumbus in Amerika die Samen jenes Nachtschattengewächses eingesteckt, das heute in vielerlei Variationen auf der ganzen Welt bekannt ist.

Höllische Spielarten

Die ursprünglich aus dem nordspanischen Navarra stammenden *pimientos del piquillo de Lodosa* sind die einzigen Paprikaschoten, die über eine geschützte Herkunftsbezeichnung verfügen. *Piquillos* sind kleine, höchstens 10 Zentimeter lange, auf jeden Fall immer rot geerntete Schoten. Sie werden über der Glut eines Holzfeuers gegrillt, bevor die Samenkörner entfernt und die Haut abgezogen werden. Dann können sie in Dosen oder Gläser eingelegt werden. Reste der verkohlten Haut gelten dabei durchaus als Markenzeichen der besten Schoten Spaniens.

Die Paprika der mallorquinischen Bauern fallen in ihrer Größe generell etwas kleiner aus, dafür sind sie aber geschmacksintensiver als die des Festlandes. Die kalkhaltigen Böden und die ständige Wasserknappheit auf der Insel sorgen dafür, daß die Früchte nicht allzu sehr über sich hinauswachsen.

Nach der Ernte im September werden die reifen Schoten auf Schnüre gezogen. Einen Monat lang schmücken dann die bunten Zöpfe die Hauswände, bis sie fertig getrocknet sind.

Zu *pebre vermell,* rotem Pulver, werden die kleineren, schärferen Schoten nach dem Trocknen verarbeitet.

Auf Mallorca werden die *pebres* hauptsächlich in der Region um Colònia de Sant Jordi angebaut. Generell unterscheidet man zwei Sorten: die *dolçes,* die Süßen, und die *coents,* die Scharfen. Die *dolçes* sind größer und entsprechen ungefähr den *morrones,* während die *coents* kleiner und natürlich schärfer sind.

Aus ihnen wird das gemahlene Paprikagewürz hergestellt, *pebre vermell:* Nachdem sie ungefähr einen Monat lang an den Hauswänden gehangen haben, sind die Früchte durch die Sonne gedörrt und durch den Wasserverlust ziemlich geschrumpft. Die Bänder werden abgenommen und die Stiele sorgfältig entfernt.

Anschließend werden sie bei gleichmäßiger, ziemlich niedriger Hitze in einem Holzofen getrocknet. Dann hackt man die Schoten in gleichmäßige Stücke und passiert sie durch riesige Drehmühlen, bis schließlich das geschmacksintensive Pulver fertig ist und eingesetzt werden kann.

Zum Beispiel, um den auf Mallorca natürlichen Endzustand der schwarzen Schweine zu erzielen: die *sobrassada,* die balearische Nationalwurst, die ihre rote Farbe dem Paprikagewürz verdankt. Scharfes Paprikapulver gibt auch den *cargols amb sobrassada,* den Schnecken mit Paprikawurst, noch zusätzlich zur *sobrassada* den notwendigen Kick, und milder Paprika kommt als Gewürz beim *arròs a la marinera,* der Reissuppe nach Seemannsart, zum Einsatz.

Tumbet

Herbstgemüse (für 4–6 Personen)

Zutaten
1 kg reife Tomaten (für die Soße)
8 Knoblauchzehen
4 schöne, reife Auberginen
2 feste, grüne Zucchini
4 grüne Paprikaschoten
8 mittelgroße, festkochende Kartoffeln
Olivenöl
Salz und Pfeffer

Für die Tomatensoße zunächst die Tomaten in Stücke schneiden. In einer gußeisernen Kasserolle vier gehackte Knoblauchzehen mit etwas Olivenöl anbraten und die Tomaten hinzufügen. Bei geringer Hitze köcheln lassen.

Die Auberginen und die Zucchini in Scheiben schneiden, mit Salz bestreuen und 30 Minuten ruhen lassen. Die Paprikaschoten waschen, halbieren, Kerne und Rippen entfernen und in Stücke schneiden. Die Kartoffeln schälen, in Scheiben schneiden und in einem Küchentuch trocknen.

In einer zweiten Kasserolle Olivenöl (etwa 3 Finger hoch) erhitzen, die Kartoffelscheiben darin nach und nach fritieren, abtropfen lassen und in eine *greixonera,* einen Tonkochtopf, oder in eine gußeiserne Pfanne geben. Auberginen und Zucchini im verbliebenen Öl fritieren und abtropfen lassen, um sie dann über die Kartoffeln zu schichten. Anschließend die Paprikastücke mit den restlichen (ausgedrückten) Knoblauchzehen fritieren, abtropfen lassen und über die Kartoffeln, Auberginen und Zucchini schichten. Es ist wichtig, daß möglichst wenig Olivenöl an oder in dem Gemüse bleibt. Um sicher zu gehen, kann man das gesamte Gemüse nach dem Abtropfen noch einmal auf Küchenpapier legen, um keine Ölrückstände zu haben.

Salz und Pfeffer aus der Mühle darüber streuen und danach die eingekochte Tomatensoße durch ein Sieb über die Gemüse geben. Die feuerfeste Kasserolle dann im bereits vorgeheizten Backofen bei 170 Grad gut 10 Minuten garen. Heiß oder kalt servieren oder auch am nächsten Tag wieder aufwärmen. Dazu paßt immer ein Glas kräftiger Landrotwein, zum Beispiel aus Binissalem.

Die reifen Paprikaschoten müssen mit dem Stiel zusammen vom Strauch abgezogen werden. Erst nach dem Trocknen werden die Stiele sorgfältig entfernt.

Egal, welche Form, die roten Schoten enthalten jede Menge Vitamin C. Aus dem mallorquinischen *trempó* und der *sobrassada* sind sie nicht wegzudenken.

Milder Käse und muffelnde Quellen *Campos*

Obwohl Campos schon lange besiedelt ist, hat der Ort sich wenig darum bemüht, *guapo,* hübsch, zu sein. Die 1248 errichtete Sant-Julià-Kirche wurde um 1870 recht gnadenlos runderneuert, außen vor allem, ein Glück. Denn innen durfte ihre schöne Kassettendecke bleiben, wie sie war, und ebenso ein einzigartiges Gemälde von Bartolomé Esteban Murillo, das um 1640 datiert wird: Sein *Santo Cristo de la Paciencia* erzählt in melancholischen, selbst im Halbdunkel der Kirche sanft leuchtenden Farben von der ergebenen Geduld, mit der Christus seine Qualen erträgt.

Die meisten Besucher verlassen das gesichtslose Campos nach einer Visite bei Murillos Meisterwerk wieder, um an den nahen Strand von Es Trenc zu fahren oder in die einzige Therme Mallorcas, die Banys de Sant Joan. Dabei verpassen sie nicht nur die besten *panades* Mallorcas in der *pastisseria Ca'n Pomar* im Ortszentrum; sie flitzen am Ortsausgang auch noch an den großen Fincas vorbei, an – bei aller offensichtlichen Bäuerlichkeit – herrschaftlichen Anlagen aus Marès-Stein und damit an der Gelegenheit, direkt

Früher waren die Pressen, unter deren Kraft Käse und Molke voneinander schieden, aus Holz, der Eimer am rechten Ende fing die Molke auf. Heute läuft sie aus blitz-blanken Stahlkonstruktionen oft direkt in den Schweinestall.

Friesische Vorfahren haben diesen Rindern ihren Namen gegeben: *frisons.*

Oben: Während der Reifung wird der *Piris*-Käse regelmäßig mit Öl eingestrichen: Das schützt ihn vor gefräßigen Fliegen.

beim Erzeuger mallorquinischen Käse zu probieren und zu kaufen. Campos nämlich ist der Mittelpunkt der mallorquinischen Milchwirtschaft: Auf den Weiden stehen in großen Herden Milchkühe herum und zermalmen im ersten oder zweiten Gang Gräser und Kräuter im Dienste besonders würziger Milch.

Eine runde Sache: viereckiger Piris-Käse

Um es gleich zu sagen: Der *Piris*-Käse aus Campos ist eine entfernte Kopie des berühmten und mit D.O.C. geschützten menorquinischen Käses, aber eine ziemlich gute. Das liegt schon einmal daran, daß sich die Milchbauern am zweiten Sonntag im Mai auf dem Viehmarkt in Campos treffen und sich auf den neuesten Stand bringen in Sachen Zuchtmethoden, Kreuzung und Ernährung. Die beste Milchkuh der auch auf Mallorca verbreiteten *Frisonen*-Rasse, Nachkommen friesischer Importe, wird gekürt, der beste Stier bekommt ein Ehrenband für seine Verdienste an den Zuchtbüchern.

Rechts: Die würzige Meeresluft gibt dem sahnigen Käse ein kräftiges Aroma.

Kurios am mallorquinischen (wie am menorquinischen) Käse ist seine Form: viereckig. Die entsteht, indem die geronnene Milch auf ein 60 x 60 Zentimeter großes Tuch gehäuft wird, dessen Enden dann über Kreuz zusammengebunden werden. Früher benutzten die Bauern ein Ferment aus der Artischockenwurzel, heute kommt meist pulverisiertes Labferment zum Einsatz. Der Laib kommt dann unter den kraftvollen Zug einer Federpresse, die ihm in wenigen Stunden alle

Es Trenc ist, unter anderem dank des Engagements einer Umweltgruppe, Mallorcas letzter so gut wie unberührter, offener Sandstrand. Nur ein Parkplatz und ein paar Buden haben hier ihren Platz gefunden.

überschüssige Molke ausdrückt – zur Freude der Schweine auf dem Hof, die sie dann wegschmatzen dürfen.

Indes wird der Käse aus seinem Tuch genommen und lagert 24 Stunden in einer Salzlake. Nun könnte er als milder, sahniger Frischkäse gegessen werden. Der größte Teil der Produktion aber soll wenigstens als halbreif oder sogar reif verkauft werden, also bekommt er eine Schicht Öl und Paprikapulver verpaßt und reift in der salzhaltigen Meeresluft bis zu drei Monate. Dann ist ein Käse fertig, der nicht ganz so pikant schmeckt wie auf der Nachbarinsel, aber doch dessen Aroma von sonnengereiften Kräutern und Meersalz, in Sahne gegossen, verströmt.

Kurbaden mit Rindern und Schweinen

Die Thermalquellen von Sant Joan ganz in der Nähe helfen, wo nötig, gegen Völlegefühl und allgemeine Duseligkeit wegen exzessiven Käsegenusses. Schon die Römer müssen gewußt haben, daß die beiden muffig riechenden Quellen Font Santa und Font de Sa Bassa dagegen und gegen allerlei Hautleiden eine wahre Wohltat sind. Im Mittelalter phantasierten die Menschen den 38,7 Grad heißen, sprudelnden Schwefelquellen magische Kräfte an. Im 14. Jahrhundert war ein Bad darin so gefragt, daß die Inselregierung ersucht wurde, ein Badehaus zu errichten. Denn bis dahin war, wie eine Chronik schreibt, ein Bad unter freiem Himmel nicht immer eine Wohltat: „... im schmutzigen Wasser schwammen wurmartige Tierchen“ und die Badegäste mußten „den Rindern und Schweinen, die sich im selben Wasser erfrischen, den Platz streitig machen“.

Aber erst 1516 entstand ein simples Badehaus. Zuvor mußte die Kirche eine Kapelle errichten, Sant Silvestre i Santa Coloma, um den Ruf der Quellen als magisch zu entkräften. Als erst das Badehaus stand, wuchs der Strom der Heilungssuchenden im schwefelund salzhaltigen, leicht radioaktiven Wasser weiter. Und brachte Streit, denn der Eigen-

Wahrscheinlich kannten schon die Römer die heißen, schwefelhaltigen Quellen von Sant Joan. Aber erst im 16. Jahrhundert entstand hier ein Badehaus, freilich nicht so luxuriös gekachelt wie die heutigen Baderäume in Mallorcas einzigem Kurbad.

Früher mußten Heilsuchende unter freiem Himmel, Seite an Seite mit Vieh und Würmern, in Sant Joan kurbaden. Heute sorgen Marmorbäder und bunte Kacheln für Hygiene und Entspannung.

tümer des Landes, der Marquès del Palmer, sah nicht ein, daß die Therme auf seinem Land der Gemeinde von Campos unterstehen sollte. Erst im 19. Jahrhundert gaben seine Nachkommen nach, so daß endlich ein kleiner Badeort mit Kanalisation, einer Herberge und therapeutischen Einrichtungen entstand. Dabei ist es bis heute weitgehend geblieben, auch wenn das Kurbad seit 1909 wieder Privatbesitz ist und wie ein Kurhotel betrieben wird.

Ein Traumstrand will nicht erwachsen werden

Baden ohne Komplikationen, dafür aber auch ohne Heilwirkung außer der natürlichen eines schönen Strandes für Leib und Seele, ist die Devise in Es Trenc, einem der großzügigsten, feinsandigsten Strände Mallorcas. Ob es an den Bunkern aus dem spanischen Bürgerkrieg liegt, daß dieser Traumstrand selbst am Ende des 20. Jahrhunderts immer noch recht ruhig geblieben ist? Ein paar Restaurants haben sich hier angesiedelt, das schon, es gibt Duschen und Sonnenschirme und im ehemaligen Fischerdorf Ses Covetes am Nordende des Strandes einen Großparkplatz. Im südlich gelegenen Colònia Sant Jordi reihen sich kleine Hotels und Appartementhäuser bis zum einzigen Zugang des Strandes aneinander. Aber all das, ohne das Auge zu beleidigen, wie das andernorts, gar nicht weit von hier, geschieht. Damit das so bleibt, hat die Ökobewegung *GOB,* die den Großparkplatz bei Ses Covetes nicht verhindern konnte, durchgesetzt, daß in Sant Jordi der Tourismus in den – wenn auch ausgelatschten – Kinderschuhen steckenbleibt.

Bei Ses Covetes ist der Strand trotz Sonnenschirmverleih angenehm ruhig. Am Ende der weitgestreckten Bucht geht der feine Sand in glattgespülte Felsen über.

Puzzle à la mallorquina
Trockenmauern

Ob die Kunst des Trockenmauerbaus ein Erbe der talayotischen Ureinwohner ist, die meterhohe Heiligtümer und Wachtürme mörtelfrei aus riesigen Steinquadern schichteten, oder noch ein maurischer Import mehr, ist umstritten. Die Balearen stehen nicht allein da mit dieser kunstvollen Form des Stein-Recyclings, ähnliche Techniken kennt man in der Bretagne und auf den britischen Inseln. Aber dort wie hier liegt die gleiche Idee zugrunde: Ohne zusätzliches Bau- oder Füllmaterial heranschaffen zu müssen, an Ort und Stelle aus Lästigem Nützliches machen.

Denn für die tägliche Acker- und Feldarbeit sind lose herumliegende Feldsteine mehr als leidig. An ihnen bricht die Pflugschar, Tiere und Menschen zerknurpsen sich an ihnen im Sturz Fuß- und Handgelenke, und die Wasserrinnen verstopfen sie auch noch. Zu Mauern aufgeschichtet hingegen trennen sie ein Feld vom anderen, schützen Erde, Saat und Ernte vor Wind, halten eine Herde Vieh zusammen und machen aus einem steilen Stück Bergland ein Vielfaches an ebenen Flächen.

Die *tanques* oder, gebräuchlicher, *marges* sind bei weitem nicht so primitive Steinhaufen, wie sie vor allem in ihrer bäuerlichen Variante zunächst scheinen mögen, im Gegenteil: Hat der Mauerbauer, der *marger,* seine Arbeit ordentlich gemacht, ist seine *marge* nahezu unbegrenzt haltbar. Früher beherrschten alle Bauern selbst diese alte Kunst, die sich um vieles bemüht, außer um Schönheit: Die ist sozusagen eine Dreingabe, niemals Selbstzweck.

Heute ist der *marger* wieder ein Handwerksberuf, den seit 1986 sogar eine Trockenmauerbau-Schule in Sóller lehrt, die *Escola de margers de Mallorca.* In zweieinhalb Jahren lernen dort die Lehrlinge, was früher der Vater dem Sohn zeigte: auf das Wesen der Steine zu achten.

Denn ein guter *marger* braucht außer einem Tragekorb, der *senalla,* einem Transportschlitten, dem *carete,* einem Winkeleisen, *capserrat* genannt, und ein paar Ellen Schnur kaum etwas. Muskelkraft natürlich,

Eine in rund einem Meter Höhe gespannte Schnur dient dem *marger,* dem Trockenmauerbauer, als Maß für die obere Begrenzung.

Der Hohlraum zwischen den beiden Mauerwänden wird mit Geröll und Erde gefüllt. Für die abschließende Reihe sucht der *marger* große Steine aus.

Um beste Stabilität zu erreichen, müssen die Decksteine fest ineinander verkeilt werden. Ein paar Schläge mit dem Hammer helfen nach.

Die Arbeit hat sich gelohnt: Nach Ansicht der Mauersetzer kommt keine Betonmauer gegen die Schönheit und Standfestigkeit einer *marge* an.

hie und da Hammer und Meißel, aber – zumindest für die einfachen Feldmauern – vielmehr ein untrügliches Gefühl, das aus Erfahrung und Geduld erwächst. Eine Reihe großer Steine sucht er zuvor aus für die Basis, das *assentament,* etwa 90 Zentimeter breit; dann türmt er von beiden Seiten mittelgroße Steine zu zwei schmalen Mauern auf, die sich nach oben hin einander zuneigen, und schüttet den Hohlraum mit Geröll auf; eine nur noch 80 Zentimeter breite Reihe großer Steine, die *filada de dalt,* deckt die Mauer zu.

So einfach. So schwer. Denn jeden Stein aufzuheben, zu versuchen, ob er paßt, ihn zu behauen, bis er paßt, das dauert viel zu lange. Der *marger* entwickelt statt dessen ein so vollkommenes dreidimensionales Denken, daß er einem Stein am Boden auf einen Blick ansieht, wohin er perfekt paßt, damit Druck- und Reibungsverhältnis stimmen und Regenwasser ohne Staus ablaufen kann.

Bei einer guten Mauer drehen die Steine der mittleren Reihen, des *sostreig,* zudem ihre Schmalseite immer nach außen – dann braucht sie zwar mehr Steine, ist aber sehr viel stabiler. Querstehende Steine hingegen sind kein Anfängerfehler, sondern Trittstufen, damit die Menschen hinüberkommen, die Mauern sind immerhin bis zu anderthalb Meter hoch.

Die hohe Schule der *margers* greift zielsicher und höchst kunstvoll zu Hammer und Meißel: Für Hausfassaden und Mauern, die großem Druck standhalten müssen wie unter Terrassengärten und Straßen, setzen sie die Steine so gut wie nahtlos, ohne große Hohlräume.

Nichts läßt die warme, golden leuchtende Schönheit des Marès so vollkommen zur Geltung kommen wie diese *marjades* genannten Stützmauern. In der Neuzeit hat es schon Versuche gegeben, dieses teure, langwierige Verfahren billig zu kopieren: mit Betonmauern, außen mit Bruchstein beklebt. Aber Fälschungen zahlen sich selten aus: Diese zerbröseln im Kern und sacken in sich zusammen. Das kann einer echten *marge* nicht so leicht passieren, vorausgesetzt, ihr *marger* hat auf seine Steine gehört.

Oben: Die Hohe Schule des Trockenmauerbaus wird *marjat* genannt. Hierfür werden die Steine paßgenau behauen und in Mustern, mal einfacher wie hier, mal höchst kunstvoll verarbeitet. Diese Art Mauern halten sogar großem Druck stand und haben sich seit Jahrhunderten als Stützmauern wie als Außenmauern von Häusern bestens bewährt.

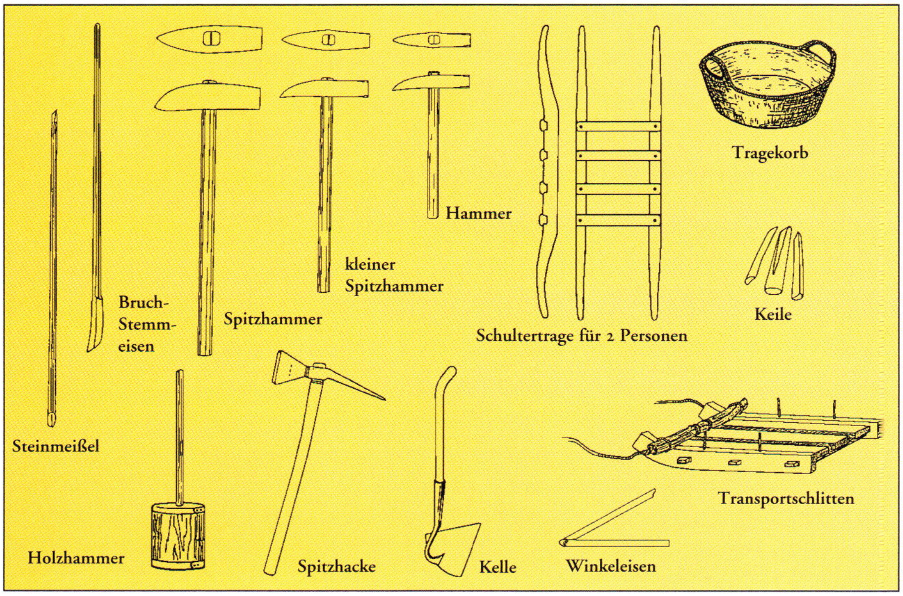

Links: Maschinen haben beim Trockenmauerbau nichts zu suchen. Der *marger* kommt mit wenigen Werkzeugen und Transporthilfen aus: Verschieden wuchtige Hammer, ein Stemmeisen und Meißel sind die wichtigsten Gerätschaften. Das Winkeleisen wird oft durch ein einfaches Schnurlot ersetzt. Die Kelle klatscht natürlich keinen Mörtel in die Mauer, sondern Erde und Geröll, um den Hohlraum im Kern der Mauer zu füllen.

Das schmeckt nach Meer
Meerfenchel

Scharen von Frauen und Kindern gingen im 15. und 16. Jahrhundert mit Körben an den Stränden des Mittelmeers entlang und zupften sorgfältig Unmengen von Blättern eines bestimmten Krautes ab, immer bevor ein Schiff in See stach und eine längere Reise antrat. Anschließend wuschen sie die Blätter und machten sie durch Einlegen für viele Monate haltbar, damit sie auf den Schiffen im Proviant der Seeleute mitgeführt werden konnten. So sorgten sie für die Versorgung ihrer Männer mit Vitamin C. Denn daß Meerfenchel, im Deutschen auch Bazillenkraut genannt, vorbeugend gegen Skorbut wirkt, war schon vor Jahrhunderten bekannt, und daher gehörte er als vorbeugende Medizin in jeden Seesack.

Nach der Entwicklung wirksamer Präparate gegen die Seemannskrankheit Nummer eins geriet die gelbblühende Pflanze außerhalb der Mittelmeerländer beinahe in Vergessenheit. Erst Ende des 20. Jahrhunderts wurde ihre gesundheitsfördernde Seite von Homöopathen wiederentdeckt. Seitdem findet sich Meerfenchelpulver im Angebot von gutsortierten Bioläden, Reformhäusern und Kräuterständen. Bedauerlich, denn als Pulver schmeckt das sonst so herzhafte Kraut natürlich nach nichts.

Das gelbblühende Gewächs aus der Gattung der Doldenblütler ähnelt wildem Fenchel, daher rührt der deutsche Name „Meerfenchel". Es wächst ausschließlich in Küstennähe des Schwarzen Meers, der Kanarischen Inseln, der europäischen Atlantikküsten und des Mittelmeers. *Fonoll marí*, so nennen die Mallorquiner den Strandfenchel,

Schon seit Jahrhunderten sammelten die Seemannsfrauen Meerfenchel an den Klippen, wie hier in Estellenes, um sie ihren Männern als Vitaminvorrat mit auf See zu geben.

Links: Nach einem einmonatigem Bad in Weinessig harmoniert Meerfenchel wundervoll mit hauchdünn geschnittenem rohen Schinken. Auch bei anderen Gerichten wird er gern als originelle Abwechslung zu den ebenfalls säuerlichen Kapern verwendet.

Und dabei wird man an Mallorcas Gestaden einige andere Pflanzen aus der Familie der Strandgewächse kennenlernen, beispielsweise die blaublühende Stranddistel *Eryngium maritium,* das hübsche lanzenförmige Strand-Kreuzblatt *Rubiaceae crucianelle maritima* und die wie einem Märchen entsprungen wirkende schneeweiße Strandfilzblume *Diotis candidissima.* Und wenn man aufmerksam auf die Erde schaut, kann man neben den Blättern des Meerfenchels möglicherweise auch noch ein kleines Sträußchen des blauvioletten Strandflieders mit nach Hause nehmen und dort als Erinnerung an den Urlaub trocknen lassen, während man dann und wann ein Glas des eingelegten *fonoll marí* genießt.

Unten: Was auf den ersten Blick wie unscheinbares Gras aussieht, ist eine aromatische Beilage der mallorquinischen Küche.

vermischt sich gerne mit anderen Heilpflanzen, Gräsern, wilden Olivensträuchen und einheimischer Macchia.

Das Kraut hat lederartige, ein- bis zweifach gefiederte, blaugrüne, fleischige Blätter, die bis zu sieben Zentimeter lang werden können und im Sommer erntereif sind. Dann werden sie abgepflückt und einen Monat lang in mildem Weinessig eingelegt, bis die schwach würzig schmeckenden Blätter vielen Gerichten erst den letzten Pfiff geben. Mariniert schmeckt Meerfenchel zu typischen Reisgerichten wie dem *arròs brut* oder zu *pa amb oli,* Brot mit Olivenöl und Tomaten. Aber auch als eingelegtes Sauergemüse ist *fonoll marí* sehr beliebt und macht den berühmten mallorquinischen Kapern Konkurrenz. Nicht zuletzt ist Meerfenchel auch viel einfacher zu ernten als Kapernfrüchte. Während man beim Ernten der „stacheligen Kaper" stundenlang auf dem Boden herumkriechen und ständig aufpassen muß, daß die hakenförmigen Dornen sich nicht in die Finger bohren, läßt sich die Suche nach den Meerfenchelblättern mit einem lehrreichen Strandspaziergang verbinden.

Fluch und Gold des Wassers
Ses Salines

Über der Südspitze Mallorcas scheint im Sommer die Luft zu schmelzen. Die wenigen Wild- und Kulturpflanzen, die es hier noch aushalten, leben auf Sparflamme: Das Getreide versucht mit kleinen Ähren, Bäume mit kleinen Blättern und Nadeln aus dem kargen Nahrungsangebot der Natur das Beste zu machen.

Schon im Frühjahr beherrschen die Gelb- und Brauntöne des Durstes diesen Teil des Migjorn, denn selbst wenn es einmal regnet, viel ist es nie und auf den rissigen, steinharten Böden nur schwer zu verwerten. Lediglich knapp ein Drittel des mallorquinischen Regendurchschnitts von rund 800 Litern pro Quadratmeter fällt hier. Der Brennofen der Insel erinnert eher an karge Steppen Griechenlands oder Judäas als an die vielbesungene Blumeninsel Mallorca.

Und doch, selbst in dieser trockenen, lebensfeindlichen Umgebung ist die Natur großzügig mit einem besonderen Schatz: Was westlich der Thermalbäder von Sant Joan bis hinunter zum Cap de Ses Salines zunächst aussieht wie eine leblose, wertlose

Rechts: Von April bis September braucht die Sonne, um in den Lagunen von Ses Salines das Salz aus dem Meerwasser herauszukristallisieren. Später bricht sie sich so gleißend in den Salzbergen, daß es wehtut, ohne Augenschutz hinzusehen. Gereinigt und in Tüten verpackt, wandert das weiße Gold des Meeres dann in die Streuer und Vorratskammern der Verbraucher.

Oben: In den Salzfeldern haben nur höchstspezialisierte Lebewesen eine Chance.

Mondlandschaft, sind in Wirklichkeit „Goldminen". Denn in diesem Salines de Llevant genannten Landstrich wird dem Meer jenes weiße Gold entzogen, ohne das der Mensch nicht leben kann. Schon die Phönizier und Römer haben hier der Natur die Salzgewinnung abgeguckt, denn Teile des Gebiets liegen unter der Meeresoberfläche und werden mit den Frühjahrsstürmen überschwemmt. Im Laufe des brennenden Sommers verdunstet der Wasseranteil der Salzseen, zurück bleibt fast reines Meersalz.

Seit 1850 betreibt ein Unternehmen die Salzgewinnung hier zwar auf industriellem Niveau, aber im Grunde mit der gleichen Methode. Im April wird das Meerwasser in quadratische Becken von 250 Metern Kantenlänge gelassen. Rund 130 Hektar künstliche Salzlagunen füllen sich so jeden Frühling, 300 Hektar waren es noch vor 100 Jahren. Den Sommer über tut die Sonne ihr Verdunstungswerk, hin und wieder wird das Wasser in andere Becken umgeleitet, damit die Kristallisierung feiner und schneller vor sich geht. Im September dann tragen Bagger die dicken Salzkrusten ab. Sie werden zerkleinert und in riesigen, blendenden Bergen auf Halde gelegt, bis sie gereinigt und für den Verbrauch verpackt werden.

Überlebenskünstler im Salzbiotop

An den Rändern der Salzbecken hat sich im Laufe der Jahre eine eigene, höchst darwinistische Flora und Fauna gebildet. Nur wenige Pflanzen sind in der Lage, in dauerfeuchten Salzgebieten zu leben. Die es können, sogenannte Halophyten, teilen sich in zwei Gruppen: Die Chlorid-toleranten Pflanzen sind wurstige, dickfleischige Sukkulenten wie der Strauchqueller; die Sulfat-Halophyten, zu denen die fedrige, immer leicht zerzaust wirkende Tamariske und das strauchige Salzkraut gehören, verringern ihren Stoffwechsel durch kleine Blattoberflächen.

Daß die Teiche nicht weiß bleiben, sondern sich rot färben, ist Werk eines Kleinstorganismus, des Halobacteriums. Dieser ist die Lieblingsspeise des Sieben-Millimeter-Winzlings Salzkrebschen, bevor es selbst einer Vielzahl von Sumpfvögeln wie Stelzenläufern, Rotschenkeln und Löffelenten als Menü mundet. An die 170 Vogelarten leben nahe den Salinen, sogar Fischadler schauen hie und da vorbei, um sich einen würzigen Imbiß zu holen.

Kosmetik statt Chirurgie für eine versalzene Wasserversorgung

Wasser und Salz und wie man sie trennen kann, beschäftigen Mallorca seit den 90er

Der Leuchtturm am Cap de Ses Salines muß mit dürren Agaven als Nachbarn vorlieb nehmen. An Mallorcas südlichster Spitze, 200 Kilometer vor Afrika, sind Süßwasser und Regen Mangelware.

Jahren des 20. Jahrhunderts auch noch in einer anderen, wenn auch alles andere als idyllischen Weise. Denn Mallorca, das so gut wie keine eigenen Quellen besitzt und somit hauptsächlich auf Niederschläge als Wasserressource angewiesen ist, gilt als Trinkwassermangelgebiet. An die sieben Millionen Touristen im Jahr, die zweimal täglich duschen und sich mit täglich frisch gewaschenen Badetüchern abtrocknen wollen, bevor sie zum gepflegt gesprengten Golfplatz fahren, tragen nicht eben dazu bei, dieses Problem zu entschärfen.

Gleichzeitig nehmen die lebensnotwendigen Niederschläge auf Mallorca stetig ab, von 1170 Litern pro Quadratmeter 1991 auf 517 Liter im Jahr 1993, Besserung nicht in Sicht. Weiterhin gibt es auf Mallorca keine Trennung von Trink- und Brauchwasser, ein Golfplatz trinkt das gleiche wie ein Bauer zuhause aus dem Hahn oder Brunnen. Wenn er etwas bekommt. Wassersperren im Landesinneren sind schon in vielen Sommern Usus gewesen.

Im Sommer 1993 mußten sogar Tankschiffe vom Festland Trinkwasser bringen, während weiter Millionen Liter Wasser durch veraltete Rohrsysteme versickern oder mangels Leitungen direkt ins Meer fließen. Als Folge ist Salz dort, wo es nur in geringen Mengen erwünscht ist: im Grundwasser, denn das Meer gleicht den Mangel von selbst aus. 4,7 Gramm Salz pro Liter wurden schon gemessen, mehr als das Dreifache dessen, was der menschliche Organismus vertragen kann. Das Grundwasser wird mit Quellwasser aus der Tramuntana auf 1,5 Promille Salzgehalt verdünnt, aber das ist Kosmetik, nicht Chirurgie. Kindern, Senioren und Kranken wird schon lange abgeraten, Leitungswasser zu trinken.

So hat 1995 bei Palma eine Anlage den Betrieb aufgenommen, die im Grunde das gleiche tut wie die Salinen im dürregeplagten Migjorn: Meerwasser in seine beiden Hauptbestandteile zerlegen, Wasser und Salz, nur in diesem Fall nicht, um das Salz zu gewinnen und das Wasser verdunsten zu lassen. Immerhin der Großbrunnen von Pont d'Inca ist dadurch entlastet, an dem auch Palma hängt, aber selbst das ist nur ein Tropfen auf einem glühend heißen Stein.

Am Horizont leuchtet die dem Migjorn vorgelagerte Insel Cabrera, während die Nachmittagssonne den Felsen am Cap de Ses Salines einen goldenen Anstrich verpaßt.

Von Idyll keine Spur
Bauernleben auf Mallorca

Für einen mallorquinischen Bauern war bis ins letze Drittel des 20. Jahrhunderts die Vorstellung geradezu absurd, daß es Leute geben könnte, die freiwillig zwei oder drei Wochen auf seinem Bauernhof leben wollten – und ihm dafür sogar noch Geld bezahlten. Urlaub auf dem Bauernhof würden sie es nennen und, einmal zurück in ihrer kalten Heimat, begeistert erzählen vom Landleben, von den Tieren, den Gerüchen, den Geräuschen, dem einfachen, naturnahen Essen. Das wäre die eine Seite der Medaille, die moderne, die sich vermarkten und ihre Kehrseite getrost im Verborgenen schlummern ließ.

Denn die Hinterseite des Landlebens erzählt vor allem von Jahrhunderten des Hungers und der Krankheit, von schwerer Arbeit für den Reichtum anderer, von den Unbilden der Natur und der Gewalt derer, die selbst noch den Armen das Brot vom Teller stahlen. In so einer Lebensform haben es Begriffe wie „Urlaub" besonders schwer, sich Zutritt ins Vokabular zu verschaffen, und wenn, dann eher für den Urlaub der anderen denn für einen eigenen.

Im ausgehenden 20. Jahrhundert werden immer noch 70 Prozent Mallorcas landwirtschaftlich genutzt, aber nur noch elf von 100 Mallorquinern verrichten diese Bauernarbeit und erwirtschaften gerade zweieinhalb Prozent des Bruttosozialprodukts der Insel. Bis zum Siegeszug des Tourismus funktionierte die Wirtschaft genau umgekehrt: Fast 90 Prozent der Mallorquiner lebten direkt oder indirekt von der Landwirtschaft.

Wenn sie sie leben ließ. Zur Zeit der maurischen Herrschaft lebten die mallorquinischen Bauern sicher nicht in Saus und Braus, aber sie hatten immerhin die Möglichkeit, auf ihrer eigenen Scholle ihr eigener Herr zu sein. Das hat nach 1229 die christliche Rückeroberung gründlich geändert. Kaum waren die Mauren vertrieben, kaum war die Reconquista vorbei, kam das *Repartiment:* Jaume I. verteilte die Hälfte der Insel unter den katalanischen Adeligen, die ihm beigestanden hatten, und der Kirche. Die andere Hälfte erklärte er zu seinem persönlichen Besitz und

Die Weinranken können nicht darüber hinwegtäuschen, daß auch zur Zeit der frühen Photographie das Bauernleben kein Vergnügen war.

Die Bauern schnitten das Getreide unter glühender Sonne von Hand, ohne jede Hilfe von Maschinen, und waren froh um jeden Ertrag: Zu oft schon hatte es auf Mallorca schwere Hungersnöte gegeben.

setzte, wie die meisten von ihm beschenkten Katalanen auch, auf den Gütern Verwalter ein.

Nur wenn ein Großgrundbesitzer beschloß, Teile seines Gutes zu verkaufen, hatten die einfachen Bauern eine Chance auf ein eigenes Stück Land. Bis dahin waren sie im besten Falle *missatges* auf einem großen Gut, Aufseher und Verwalter, im schlimmsten Falle Tagelöhner oder *roter,* Unterpächter, auf den schlechtesten Böden des Landes. Dazwischen gab es ein Heer von mittel- und rechtlosen Pächtern, die ihre mühsam eingefahrenen Erträge mit dem *senyor,* dem Herrn des Landes, teilen mußten.

Besonders grausam ging das Schicksal vom 11. bis 14. Jahrhundert mit den Bauern um. Katastrophal schlechte Ernten reihten sich in dieser Zeit in gnadenloser Regelmäßigkeit so eng aneinander, daß ein gutes Jahr dazwischen kaum etwas gegen Hunger und Elend ausrichten konnte. Das flußlose und somit auf Regen angewiesene Mallorca hing vollkommen von den Wassermengen ab, die Petrus vor allem im April herabzuschicken gedachte. Im April deshalb, weil dann die frisch besäten Felder den ersten Wachstumsschub leisten müssen, bevor die Sommerhitze alles lähmt. Mitte des 14. Jahrhunderts, als Mallorcas Bauern längst gelernt hatten, sogar aus Johannisbrot-Samen Brot zu backen, weil weder Weizen noch Roggen zur Verfügung standen, richteten die katalanischen Statthalter das Amt des *botiguer* ein. Dieser Vorratsverwalter hortete, rationierte und verteilte das Wenige, was die Bauern von den Feldern in die Schober und Scheunen gebracht hatten.

Für die Tagelöhner und ihre Familien hatten die Großgrundbesitzer oft keine bessere Unterkunft zu bieten als solch primitive Hütten.

Doch nicht nur Dürre und damit Hunger quälten die Landbevölkerung. Mallorca bot wegen seiner Insellage und des Mangels an Evakuierungsmöglichkeiten Krankheiten aller Art den idealen Tummelplatz. Kanalisationen gab es kaum, der Brunnen im Hof oder im Dorf war eine ständige Keimzelle für Bakterien und Viren, die Kloaken der Orte Spielwiesen für Ratten und Fliegen. So fanden Erreger aller Art nicht nur besten Nährboden, sondern in den Bauern zudem wenig widerstandsfähige Opfer. Bis ins 19. Jahrhundert hinein ernährten diese sich hauptsächlich von Saubohnen, Kohl, Oliven, Brot, Öl und allenfalls getrockneten Aprikosen. Fleisch gab es, wenn überhaupt, nur an hohen Feiertagen. „Typische" Gerichte wie die *sopes mallorquines* sind nichts anderes als diese resteverwertende Küche der Armut, nur nicht mehr dreimal täglich.

Wenn es gerade nicht die Pest war, die ganze Dörfer dahinraffte, griffen Malaria-Epidemien um sich. Geschichtsschreiber berichten in ihren Chroniken von so großen Schwärmen der todbringenden Mücken, daß sie wie schwarze Wolken oder Säulen in der Luft standen. Erst im 18. Jahrhundert stellte ein Arzt aus Palma einen Zusammenhang her zwischen dem Sumpffieber und der Tatsache, daß dort, wo Backöfen betrieben wurden, weniger Menschen daran erkrankten. Als er in seinem malariadurchsetzten Heimatort Artà mit Schwefel angereicherte Feuerstellen gezielt verteilte, verlor die Epidemie sofort an Virulenz und klang ab. Den Garaus haben allerdings erst die Touri-

Von der Wiege bis zur Bahre bestand ein mallorquinisches Bauernleben aus Arbeit, Arbeit, Arbeit. Wer für die Feldarbeit zu alt und schwach geworden war, konnte immerhin noch Ziegen hüten. Begriffe wie Altersruhestand drangen erst im 20. Jahrhundert zögerlich ins ländliche Mallorca vor.

Kaum ein Unterschied ist zwischen den beiden Bildern zu erkennen. Wie auf den Stich aus dem Balearen-Buch des Erzherzogs Ludwig Salvator bildeten noch im 20. Jahrhundert Maultier und Bauer die unabdingbare mallorquinische Arbeitseinheit auf dem Land.

sten des 20. Jahrhunderts den Mücken gemacht: Die massiven Beschwerden dieser Devisen-Importeure erst veranlaßten die Regierung, wirksam gegen die stechende Plage vorzugehen.

Mußten die Bauern Roggen in ihr Brot mischen, riskierten sie, von der Kribbelkrankheit (Ergotismus) heimgesucht zu werden. Denn besonders Roggen ist anfällig für Mutterkornpilze, deren Gift beim Menschen hohes Fieber, Krämpfe, Durchfall und Erbrechen, Gangrän und geistige Verwirrtheit bewirkt. Ohnehin mangelernährte Opfer starben schnell an Entkräftung.

Doch selbst wenn die Ernte gut war und gerade keine Seuche tabula rasa auf der Insel machte, konnte immer noch keine Rede sein von einem ruhigen Arbeitsleben. Vom 13. bis ins 18. Jahrhundert hatten arabische Piraten Mallorca konstant als eines ihrer Lieblingsziele auf ihren Seekarten verzeichnet. Zeitweise auf der Isla Cabrera regelrecht seßhaft, überfielen und plünderten sie die Insel vor allem im 15. und 16. Jahrhundert ein ums andere Mal. So mußten die Bauern hilflos zusehen, wie ihr Brot von morgen regelrecht davonschwamm.

Heute ist die Meinung recht verbreitet, der vergleichsweise verschlossene Charakter der Mallorquiner sei ein Erbe dieser dunklen Jahrhunderte. Unterdrückt von Lehnsherren und feudalen Ausbeutern, in steter Todesgefahr wegen mangelnden Regens und schlechter Wasserqualität und den daraus resultierenden Krankheiten, gegen die kein Mittel und Gebet halfen, und der Gewalt mordender Plünderer ausgeliefert, hatten sie keinen Grund, je irgendwem zu trauen. Die einzigen Konstanten im Leben waren die Dorfgemeinschaft, die Familie und das Elend. Jede Veränderung, jeder Eindringling von außen barg die Gefahr, dieses Gefüge ins Wanken zu bringen. Entsprechend schwer hatte es zum Beispiel die *Societat Mallorquina Econòmica D'Amics del País*, die Wirtschaftsgesellschaft der Freunde des Landes, 1778 in Palma gegründet, neue Impulse, neue Anbautechniken, neue Produkte einzuführen. Denn das war ihr Ziel: moderne Agrarmethoden für eine hoffnungslos veraltete Bauernkultur.

Im Falle der mallorquinischen Bauern haben jedoch nicht einmal moderne Landmaschinen und Düngemethoden eine solche Wende gebracht wie der Tourismus. Zunächst standen überraschend die bei den Erbschaften traditionell Benachteiligten als Gewinner da: Die jüngeren Geschwister, die sich mit dem bis dahin wertlosen Land am Meer zufriedengeben mußten, waren nun die Könige der Küste.

Dann benötigten Hotels und Restaurants, Busunternehmen und Souvenirläden so viele Arbeitskräfte, daß ihre Kinder nicht mehr wie von altersher ihren vorgegebenen Lebensweg beschreiten mußten: der älteste Sohn auf den Hof, eine Tochter ins Kloster, ein Sohn ins Pfarramt, einer zum Militär. Jetzt wurden sie Zimmermädchen und Kellner, Hoteliers und Köche, kehrten wochenends ins Dorf ihrer Eltern heim und fühlten sich dabei womöglich manchmal, als machten sie Ferien auf dem Bauernhof.

Werkzeuge wurden auf dem Hof selbst hergestellt, meist aus Holz und einer zweckmäßig geformten Klinge oder Schaufel.

Womöglich hat diese Wünschelrute dem Bauern tatsächlich die eine oder andere Wasserader signalisiert. Gut für seine Felder, denn Wasser, aus Himmel und Erde, war stets ein Problem für Mallorcas Landwirtschaft.

Piratenüberfälle in der Stadt des goldenen Steins
Santanyí

In der Sankt-Markus-Nacht, am 25. April 1388, leuchtete der Himmel flammenrot über Santanyí. Maurische Piraten waren von Osten her bis in die küstennahe Stadt gedrungen und brandschatzten, raubten, mordeten und entführten alles und jeden, was ihnen vor die Krummsäbel kam.

Kurz zuvor noch hatten die Stadtväter beratschlagt, ob nicht eine Wehrmauer die Stadt besser schützen könnte, zu spät. Sowie die Stadt, deren Name ein Abschliff von „Santi Annini", „Lamm Gottes" ist, sich vom ersten und schlimmsten Überfall ihrer Geschichte erholt hatte, machte sie sich daran, nicht nur eine monumentale Stadtmauer samt befestigtem Stadttor, der Porta Murada, zu bauen, die im 16. Jahrhundert um den Verteidigungsturm Sa torre Vella ergänzt wurde, sondern auch innerhalb des Schutzrings Häuser, Lager und Kirchen zu befestigen. Aus den nahen Steinbrüchen wurden Unmengen des besonders kompakten, hellgoldfarbenen Santanyí-Marès herbeigeschafft, und aus den vielen umliegenden talaiotischen Fundstätten wanderte der eine oder andere Megalith in die Außenmauer eines Wohnhauses.

Oben: Der Name der Stadt, „Lamm Gottes", prangt als Schlußstein in der Rosenkranz-Kapelle.

Unten: Der Pfarrhof der Andreas-Kirche bildet eine friedliche Oase mitten in der Stadt. Er wurde im 16. Jahrhundert aus dem besonders feinen und harten Marès aus den Steinbrüchen nahe Santanyís gebaut.

Als die Andreas-Kirche im 18. Jahrhundert umgebaut wurde, blieb von der alten Wehrkirche von 1278 nur eine Seitenkapelle stehen: die Capella del Roser, Rosenkranzkapelle, mit ihrem gotischen Kreuzgewölbe.

Der katalanische Orgelbaumeister Jordi Bosch schuf dieses prachtvolle Instrument im 18. Jahrhundert für ein Kloster in Palma. Nach dessen Zerstörung 1837 wurde die Orgel gerettet und nach Santanyí gebracht.

Das beeindruckte die Piraten nicht sonderlich. Bis ins 18. Jahrhundert hinein suchten sie Santanyí mit Überfällen heim, wenn auch ihr gewalttätiges Treiben seinen Höhepunkt zwischen dem 14. und 17. Jahrhundert erlebte. Besonders perfide an ihren Angriffen war, daß sie nicht nur plünderten, sondern auch Geiseln nahmen, um sie gegen Lösegeld freizulassen. Viele Familien verloren so Hab und Gut, um ihre Lieben zurückkaufen zu können. Die Kunde davon drang bis nach Mitteleuropa, wo 1544 Sebastian Münster in seiner *Cosmographia* schrieb: „Ire inwoner vil erliden von den Sarracenen uß Africa / die on underlaß darin schiffen / und die lüt gefenglichen hinweg fueren / sie schetzen / plagen und zur dienstparkeit bruchen oder umb gelt verkauffen. Deshalbe auch am fyertag in der kirchen ein gemein almusen uffgehebt wirt / die armen gefangenen do mit zu erloesen."

Tatsächlich fanden nicht alle Entführten den Weg zurück nach Mallorca. Meist wurden sie zunächst nach Algier verschleppt und dort an Sklavenhändler und Lösegeldeintreiber verkauft. Diese versuchten dann aus der Geisel herauszupressen, wer in ihrem Familien- und Freundeskreis wieviel Geld hatte, um das Lösegeld zu bestimmen. Wurde nicht bezahlt, mußten die Geiseln als Sklaven in Steinbrüchen oder auf Galeeren Schwerstarbeit leisten. Entführte Frauen landeten oft in Harems.

In Zeiten des Friedens dürfen Mauern Löcher haben

Erst zu Beginn des 18. Jahrhunderts nahm die Piratenpest ein Ende. Zum ersten Mal begannen die Bürger Santanyís, Bauwerke zu errichten, die nichts mit Verteidigung oder bollwerkartigem Schutz zu tun hatten. Der kostbare Santanyíer Marès war schon 1703 in Palma am Rathaus verbaut worden, aber

selbst für einfache Leute in Santanyí war seine Verwendung eine Frage der Ehre, und sei es nur für ein kleines Dekorationselement. Typisch dafür sind hier die *estrelles mostrejades,* sternförmige Durchbrüche im Mauerwerk mit bis zu einem halben Meter Durchmesser. Sie finden sich immer an Mauern, deren angrenzende Räume gut gelüftet werden müssen, also Vorratskammern, Treppenhäuser, Schlafzimmer und Küchen. Anfangs waren die Sternlüfter noch recht einfach, aber bald erlangten die Santanyier Steinmetze große Meisterschaft darin, ausgesprochen filigrane Durchbrüche zu schaffen, deren Muster sich wie seltsame Blumen oder ineinander verschlungene Seidenbänder in die Wand fügen.

Nun war im Stadt- und Kirchensäckel erstmals auch Geld für etwas anderes als Spenden für Geisel-Angehörige und Wehranlagen. Die mittelalterliche Stadtkirche Sant Andreu Apòstol wurde noch im 18. Jahrhundert durch einen Neubau ersetzt; von der alten Kirche allerdings ließen die geschmackvollen Stadtväter die Rosenkranz-Kapelle stehen, ein Glück. Denn in der Capella del Roser, original erhalten aus dem 13. Jahrhundert, schmücken besonders schöne Schlußsteine das Gewölbe, auf denen Palmas Wappen und das Lamm Gottes Santanyís leicht zu erkennen sind.

Gleichzeitig wurde im Palmas Dominikaner-Kloster Spaniens damals berühmtester Orgelbaumeister engagiert, der Katalane Jordi Bosch. Als 1837 das Kloster in einem Volksaufstand zerstört wurde, gelangte die leicht beschädigte Orgel in die Andreas-Kirche in Santanyí. Im späten 20. Jahrhundert wurde sie mit deutscher Hilfe zu altem Glanz restauriert, sowohl was ihre spätbarocke Pracht angeht als auch die samtene Schönheit ihrer Töne.

Wie norwegische Fjorde schneiden sich die Buchten in die Küste bei Santanyí. Kleine Sandstrände am Buchtende locken immer mehr Badegäste und Freizeitkapitäne in Tret- und Segelboote.

Durch die Heide zum Tor des Meeres

Außerhalb Santanyís, auf dem Weg zu jenen fjordähnlichen Buchten, wo seinerzeit die Piraten sichere, geschützte Ankerplätze fanden, erstreckt sich kilometerweit nur flaches, ausgedörrtes Land. Schafe und vor allem Rinder knabbern dem geizigen Boden geduldig jedes Quentchen Grün ab oder suchen Schatten unter Kaktusfeigen, Bäumen oder im Schutz einer Trockenmauer. Diese weite, lichtdurchflutete Landschaft – eigentlich eine „Himmelschaft" –, kennt nur eine Grenze: das Meer, das in so bekannten Buchten wie der eleganten Cala d'Or und der einsamen Cala Mondragó tiefblau und türkisfarben den Himmel spiegelt.

Selbst an solchen Stellen meisterhafter natürlicher Komposition gelingt es hie und da kleinen Dörfern, vom vorbeirauschenden Hurrikan des Massentourismus übersehen zu werden. Portopetro ist so ein Fischerdorf-Winzling, der immer noch wie in Bernstein eingeschlossen abseits der randvollen Buchten nebenan in Deckung geht. Überfüllt dagegen sind, zumindest im Sommer, die Cala Figuera, Cala Santanyí und die Cala Llombart, aber selbst die haben noch Kleinode in petto: Ein Trampelpfad führt aus der Cala Santanyí zum Schnittpunkt mit der nächsten Bucht und zu einem Anblick, der für einen Moment die Zeit stillstehen läßt: Im Meer schlägt ein Felsen Rad über die Wellen. Es Pontàs wird dieses Brandungstor genannt, ohne zu erklären, wohin es Tor sein will: zum Meer hinaus oder ins Land hinein. Heute, wo keine Piraten mehr hinein wollen, womöglich eine hinfällige Überlegung.

Oben: Zum natürlichen Brandungstor Es Pontàs führt inzwischen von der Cala Santanyí aus ein Trampelpfad. Ob es Tor zum Meer oder zur Insel ist, muß jeder selbst entscheiden.

Unten: Schon mit ein paar Stufen im Stein und der ein oder anderen geebneten Fläche als Liegeplatz entsteht ein Freibad allererster Ordnung.

Masten mit Schlagseite
Llaüts

Das, was das Boot aus dem mallorquinischen Märchen vom „Schiff, das zu Wasser und zu Lande fahren konnte“ fertigbrachte, das kann sie nicht. Überhaupt sieht eine *llaüt* unter Segeln auf den ersten Blick so aus, als hätten die Masten einen Sturm nur knapp überstanden und müßten dringend in einer Werft wieder ins Lot gebracht werden: Die Masten, in der Regel drei, stehen nicht senkrecht, sondern haben reichlich Schlagseite Richtung Bug.

Aber das muß so sein. Seit mehr als 1 000 Jahren – manche sagen sogar: schon seit den alten Phöniziern – wird diese Art Boot im Mittelmeerraum benutzt: Um Sizilien schippert es als *speronara* oder *laoutella* durch die Wellen, vor Katalonien hört es auf den Namen *barca catalana,* und sie alle stammen wie die *llaüt* von der *barca llatina* ab. *Llatina,* denn das Tuch, in das hier der Wind stößt und dem Boot Fahrt gibt, heißt in Fachkreisen Lateinersegel. Anders als bei Großseglern, Trawlern oder Katamaranen stehen die Masten einer *llaüt* nicht gerade, sondern neigen sich nach vorn. Jeder Mast trägt ein dreieckiges Segel, dessen längste Seite an einem Baum befestigt wird. Dieser Baum, auch Lateinerrute genannt, wird wie ein Kreuzbalken am Mast hochgezogen, während das gegenüberliegende Segelende am Bug oder Heck des Bootes befestigt bleibt.

Boote mit Lateinersegel wie die *llaüt* kreuzen schon seit dem ersten Jahrtausend auf dem Mittelmeer. An ihrem schiefstehenden Mast sind sie leicht von anderen Bootstypen zu unterscheiden.

So entsteht der Eindruck, an der *llaüt* sei alles schief, besonders wenn, selten genug heutzutage, alle drei Segel gehißt sind und in drei verschiedenen Richtungen über dem Bootskörper den Wind einfangen. Doch die Tatsache, daß die *llaüt* immer noch gebaut und benutzt wird, spricht dafür, daß eben doch alles so seinen Sinn hat, auch wenn in der Neuzeit alle einen Motor haben und die *vela llatina* nur noch zur Unterstützung oder im Notfall in den Wind stellen. Je nach Bootstyp zehn bis zwanzig Meter lang, besteht eine *llaüt* aus vier Sorten Holz: heimische Steineiche für den Kiel, Olivenholz für die Verstärkungen und Verstrebungen, Pinie für Rippen und Planken und Fichte für das Deck. Nur das Fichtenholz muß aus nördlichen Gefilden importiert werden.

Heute werden vor allem zwei *llaüt*-Typen benutzt: Die kleine, wendige *llaüt senzill,* gerade zehn Meter lang und ein hervorragendes Küstenfischerboot, das früher drei Kiele hatte, damit es leichter an Land gezogen werden konnte. Und die *llaüt coster,* fünf Meter länger und auch noch in rauher, offener See zuverlässig und stabil. Die *llaüt coster* wird zudem für den Fischfang mit dem *bou* benutzt, einem Schleppnetz, das zwei *llaüts* in ihre Mitte nehmen und über den Meeresgrund ziehen kann.

Früher brachte eine große *llaüt viatger,* ein 20 Meter langes, hochseetaugliches Reiseschiff, Waren von den Balearen bis nach Holland und Großbritannien. Aber das Dampfschiff und später Flugzeuge haben dessen Einsatz schon lange überflüssig gemacht. Was den Transport angeht, nicht aber, was den Spaß am Segeln betrifft: Denn jährlich werden auf der Insel immerhin rund 300 *llaüts* gebaut; durchaus nicht nur kleine, sondern eben auch die großen hochseetauglichen, und oft mit aufwendigem Innenausbau. Und sie werden nicht mehr nur von den Fischern, sondern auch von den Freizeitkapitänen im Balearischen Meer eingesetzt. *Llaüts* sind ebenso schick wie angesagt: Die Zahl der *llaüts,* die an den Schiffsprozessionen Mallorcas teilnehmen, steigt ständig. Und das, obwohl die spanische Regierung 1993 ihnen fast den Garaus gemacht hätte Im offiziellen Schiffskatalog für Spanien tauchten sie nicht mehr auf. Nun hätten keine *llaüts* mehr gebaut werden dürfen, da sie keine Zulassung erhalten hätten. Erst der geharnischte Protest der heimischen Schiffsbauer sorgte für die notwendige Korrektur.

Vier Sorten Holz werden beim *llaüt*-Bau verwendet: Steineiche, Ölbaum, Pinie und Fichte. Bis auf die mitteleuropäische Fichte gibt es all diese Bäume auf der Insel.

Heute stellen die mallorquinischen Werften nur noch die *llaüt senzill* und die *llaüt coster* her. Natürlich muß auch bei diesen Küsten- und Fischerbooten jede Planke paßgenau sitzen.

Der *llaüt*-Bauer Jaume Cifre aus Porto Colom kennt jeden Handgriff im Schlaf. Schließlich sollen seine Boote das Mittelmeer zieren und nicht darin untergehen.

Berühmtheiten vom Lande
Felanitx

Felanitx ist nicht leicht unterzukriegen. Schon auf dem Weg von Santanyí künden dicht bewachsene *vinyes,* Weingärten, vom Hauptprodukt der 14 000-Seelen-Stadt im Herzen des Migjorn: Neun von zehn Flaschen des mallorquinischen Weißweins kommen von hier, das war vor der Reblausplage Ende des 19. Jahrhunderts so und ist 100 Jahre später wieder so oder immer noch.

Denn die Weinbauern aus Felanitx haben sich nicht, wie andernorts auf Mallorca geschehen, geschlagen gegeben und die Weinberge mit Mandelbäumen zu neuem Ertrag und Einkommen gebracht, sondern offenbar tief Luft geholt und beschlossen: Dann fangen wir eben nochmal von vorn an. Schon 1919 gründeten sie eine Weinbau-Kooperative, um Absatz und Vertrieb gemeinschaftlich zu sichern. Deren Haupthaus wird zwar seit dem ausgehenden 20. Jahrhundert zum Teil als Gesundheitszentrum genutzt, aber es spricht mit seiner palastartigen, großzügigen Anlage und seinen Anspielungen auf den Barceloneser Jugendstil immer noch Bände über den Stellenwert des Weinbaus in Felanitx.

Als der Schädling sich an den Weinbergen schadlos zu halten begann, hatte Felanitx sich eben erst von einer anderen Katastrophe erholt: Am Palmsonntag 1844 stürzte eine tragende Mauer der Sankt-Michaels-Kirche während der feierlichen Prozession in sich zusammen und begrub mehr als 600 Menschen unter sich. Für 414 von ihnen gab es keine Rettung, nur eine Gedenktafel an einer Seitenwand der Kirche bewahrt ihr Andenken.

1762 bekam die Michaels-Kirche diese imposante Freitreppe zu Füßen gelegt.

Das teils manieristische, teils barocke Auftreten von San Miquel täuscht: Die Kirche wurde 1248 gegründet, aber wie viele mallorquinischen Kirchen im Laufe ihres Lebens immer wieder umgebaut und erweitert. Die breite, weiß schimmernde Freitreppe und die Fassade zum Beispiel sind schönster Barock von 1762; das Portal derselben, gekrönt-bewacht vom Erzengel Michael, wurde in der Renaissance aus feinstem Marès gemeißelt, ebenso die Rosette, die im Verein mit seitlichen Glasfenstern im Inneren der Kirche einen wahren Farbenteppich ausbreitet.

Schon in der Michaels-Kirche wartet Felanitx mit einem seiner berühmtesten Söhne auf: Die Sant-Francesc-Kapelle ist das Werk keines geringeren als Guillem Sagrera, jenes Baumeisters der mallorquinischen Gotik, der die Seehandelsbörse Sa Llotja in Palma und das Castilnuovo in Neapel geschaffen hat.

Zwei Berge, zwei Festungen

Denn auch das ist eine Besonderheit in Felanitx: eine, gemessen an der Größe der Stadt, ungeheure Dichte an wahrhaft großen Söhnen. Mit Guillem Sagrera hat man noch eine weitere Möglichkeit zum zeitübergreifenden Stelldichein: Vorbei an der bühnenreifen

Unterhalb einer Kassettendecke weist dieses beeindruckende, antikisierende Portal den Weg in die Kirche.

Kulisse der über 20 flügellosen Windmühlentürme hinter der Stadt steigt der Weg an zu Mallorcas Wallfahrtsziel Nummer zwei hinter Lluc, dem Kloster Sant Salvador. Auf knapp 500 Metern Höhe verehren die Mallorquiner seit dem 16. Jahrhundert eine Muttergottes, über deren Herkunft ausnahmsweise keine Anekdoten bekannt sind. In Sichtweite, aber ohne direkte Verbindung zur gegenüber gelegenen Santueri-Burg stiftete deren Herr 1348 das Kloster. Bei einem der zahlreichen Umbauten schuf im 15. Jahrhundert wahrscheinlich Guillem Sagrera selbst, sicher aber wenigstens einer seiner Schüler eine der wenigen mallorquinischen Schneidearbeiten aus Alabaster: einen Altaraufsatz mit Szenen aus dem Leidensweg Christi und einem Abendmahl, so lebensnah, als hätte der weiche Alabaster einen Schnappschuß festgehalten.

Unten: Kein Adelssitz, sondern eine Weinkooperative verbirgt sich hinter diesem Prachtbau.

Vom Klosterberg wie von der ehemals maurischen, von den Christen wieder aufgebauten Burg Santueri, von der heute nur noch die Grundmauern stehen, hebt der Blick ab zu einem grandiosen Flug über den Südwesten Mallorcas. Santueri war ähnlich wie Alaró ein Dorn im Auge der christlichen Rückeroberung und hielt als maurische Zuflucht einem Jahr Belagerung stand. Als Santueri fiel, gaben die Bewohner auch Felanitx auf, fast 100 Jahre lang, bis es um 1300 auf Anordnung Jaumes II. neu besiedelt wurde.

Ein Radprofi, ein Rebell, ein Künstler und ein Seefahrer

657 Jahre später erblickte in Felanitx noch ein großer Künstler das Licht der Welt und erhielt den Namen des Schutzheiligen der Hauptkirche: der Maler und Bildhauer Miquel Barceló.

Links: In der Carrer Nunó Sanç leuchtet dieses Jugendstilhaus mit dem Himmel um die Wette.

Oben: In Sant Salvador erzählen unzählige Dankesbilder von der Hilfsbereitschaft der Gottesmutter.

Da waren schon sechs Jahre vergangen, seit der Radprofi Guillem Timoner aus Felanitx im Steherrennen den Weltmeistertitel errungen hatte. Sein Siegestrikot hat er übrigens, nebst selbstverfaßtem Dankes-Gedicht, der Muttergottes von Sant Salvador dargebracht.

Nicht ganz so unangefochten ruhmreich sind die Verdienste Joanot Colom, des Anführers der Handwerkeraufstände im 16. Jahrhundert. Immerhin erinnern sich die Geschichtsbücher an den Rebellen aus Felanitx, wenn auch nicht im gleichen Ausmaß wie an seinen Namensvetter Cristòfol Colom (Christoph Kolumbus). Der stammt, da duldet Felanitx keinen Zweifel, ebenfalls von hier. Das Museu de Colom versucht mit allerhand kuriosen Dokumenten und anderen „Beweisen“ diese

Unten: Auf der Burg Santueri verschanzten sich die Mauren ein Jahr lang gegen die Truppen Jaumes I.

Theorie zu untermauern, die schon ganze Generationen von Felanitxern beschäftigt hat. Die örtliche Version besagt, Prinz Karl von Viana (1421–1461) habe während seiner – historisch verbürgten – Kerkerhaft auf der Burg von Santueri immerhin das Privileg genossen, von Dienstboten umsorgt zu werden. Darunter habe ihn eine besonders intensiv umsorgt: Margalida Colom, ein Mädchen aus Felanitx, in das sich der wegen Hochverrats beschuldigte Kronprinz von Aragón verliebt haben soll. Die Frucht ihrer Liebe wurde auf den Namen Cristòfol Colom getauft.

Als dieser Jahre später bei den Katholischen Königen Ferdinand II. und Isabella I. vorstellig wurde, gab er als Herkunft Genua an. Die Ähnlichkeit zwischen Kolumbus und Ferdinand II., nach der „Felanitx-Theorie" Neffe und Onkel, sei schon damals Zeitgenossen aufgefallen. Diese Theorie meint unter anderem auch erklären zu können, warum der vermeintliche Genueser Kolumbus kaum italienisch sprach, wohl aber Kastilisch, in das er ständig, mündlich wie schriftlich, katalanische Worte einflocht.

Die Genueser Spur kennt übrigens auch eine mallorquinische Abzweigung, in Palma. Nach dieser Erklärung gab Kolumbus wahrheitsgemäß seine Herkunft mit „Génova" an, meinte allerdings, ohne darauf einzugehen, das gleichnamige Dorf oberhalb Palmas. Die Verfechter dieser Lesart meinen, demnach sei Kolumbus ein *xueta* gewesen, ein Nachfahre konvertierter Juden, was er den Katholischen Königen natürlich auch habe verschweigen müssen. Im mallorquinischen Génova hätte er zudem leicht Informationen für seine geplante „Weltumseglung" erhalten können, von den arabischen und jüdischen Astronomen und See-Kartographen nämlich, die dort bis ins 16. Jahrhundert hinein arbeiteten.

Sicher ist, den beiden Kontinenten der Neuen Welt hat ein Italiener seinen Namen gegeben, Amerigo Vespucci, zu Kolumbus' Verdruß. Wer weiß, vielleicht hatte er ja vor, das neuentdeckte Land eingedenk seiner wahren Herkunft zu taufen. Dann gäbe es heute womöglich die Vereinigten Staaten von Mallorca.

Zum Dank für die überstandene Schwarze Pest ließ Pere IV. von Aragón 1348 das Sant-Salvador-Kloster bei Felanitx errichten. Der heutige Bau stammt allerdings aus dem 16. Jahrhundert.

Yoga auf Rädern
Fahrradfahren auf Mallorca

„ ...Aus meinem Herzen kam immer das gleiche Gebet, das sehr leise mit meinen ausgetrockneten Lippen gemurmelt wurde, die oft in Tränen der Bewegung gebadet waren ...“. So ist es um einen Radfahrer in höchster Anstrengung bestellt; in der Vorhalle des Sant-Salvador-Klosters in Felanitx ist es gleich in mehreren Sprachen nachzulesen. Verfasser: Guillem Timoner, 1926 in Felanitx geboren, zwischen 1955 und 1965 sechsmal Weltmeister im Steherfahren, einer Disziplin des Bahn-Radsports. Dabei verfolgen die Athleten auf einer Radrennbahn einzeln entweder eine Stunde lang oder über eine festgelegte Distanz von 10 bis 100 Kilometern eine Geschwindigkeitsmaschine, die ihnen auf einem Motorrad vorausfährt.

Insgesamt 1172 Siege hat Timoner im Laufe seiner Karriere als Radprofi eingeradelt, 24 mal war er spanischer Meister, und er hat einen Fahrrad-Boom ausgelöst, der ungebrochen anhält. Denn Timoner war nicht nur einer der ersten Spanier, die einen Weltmeistertitel errangen, sondern er hat ein Sportgerät populär gemacht, das seitdem Spanien immer wieder auf den Olymp der Besten gefahren hat. Der berühmteste Fall ist der Navarrer Miguel Indurain, geboren ein Jahr vor Timoners Rückzug aus dem Profi-Lager und der einzige Radfahrer in der Geschichte, der fünfmal hintereinander die Tour de France gewonnen hat, zweimal sogar im Doppelpack mit dem Giro d'Italia.

In den Monaten von Januar bis Mai ist es auf Mallorca nicht ausgeschlossen, in den unzähligen Radfahrer-Pulks den einen oder anderen weltbekannten Profi auszumachen. Indurains Nachfolger Abraham Olano trainiert hier, der deutsche Jan Ullrich, der Schweizer Alex Zülle. Dann teilen sie sich friedlich die Straße mit Tausenden von Amateur-Radlern und hie und da einem Autofahrer, der ohne schweißtreibende Beinarbeit die abgelegenen Landstraßen der Insel erkunden will.

Denn das ist der Hauptgrund, warum Mallorca in Europa so gut wie einmalige Bedingungen bietet: ein weites Netz nahezu unbefahrener, aber durchweg asphaltierter Landstraßen. Dazu kommen hervorragende klimatische Bedingungen: Vom Hochsommer abgesehen, ist Mallorca das ganze Jahr mild und recht zuverlässig trocken. Und, als wäre das noch nicht genug, die Insel bietet auf kleinem Raum alle Schwierigkeitsgrade, von plattem Land im Pla bis zu Hochgebirgstouren für Kletterer in der Serra de Tramuntana. Vor allem die Strecken durch Migjorn und Pla begeistern Freizeitradler: Vorbei an Trockenmauern und Mandelplantagen, umarmt vom Duft der blühenden Obstbäume und einer Brise vom Meer, schwärmen sie vom Verschmelzen mit der Landschaft und dem Gefühl, Teil eines großen Ganzen zu sein. Mallorquinisches Yoga auf zwei Rädern.

Sogar die Tourismusbranche hat den Markt der Radfahrer entdeckt und entsprechende Angebote entwickelt: Die schätzungsweise 30 000 Sportler, die in den ersten Monaten des Jahres kommen, können von Leihrädern über Bring- und Abholservice bis zu speziellen Sport-Diäten mit allem Komfort rechnen. Für so manchen Hotelier bedeuten die Strampler sogar die Möglichkeit, ganzjährig zu öffnen statt wie üblich von November bis März die Schotten dichtzumachen.

In Felanitx können die Radler im Falle einer Panne mit besonderem Service rechnen: Wenn er nicht gerade für seine täglichen 60 Kilometer in die Pedale tritt, steht Guillem Timoner in seinem Fahrradladen mit Profi-Rat, Ersatzteilen und den neuesten Modellen parat.

Vom Meer bis zum Hochgebirge bietet Mallorca Radfahrern alle Schwierigkeitsstufen – und reichlich Plätze für eine wohlverdiente Verschnaufpause.

Guillem Timoner war sechsmal Weltmeister in der Fahrrad-Disziplin Steherrennen. Heute radelt er lieber mit seiner Enkelin am Strand entlang.

Der Spiegel zwischen den Welten
Miquel Barceló

Setze Penjats nennt Barceló seine friesartige Kadaverreihung, ausgeführt 1992 als Mischtechnik auf Papier, die anschließend auf Leinwand aufgezogen wurde – ein „Totentanz der erhängten Kreaturen". Courtesy Gallery Bruno Bischofberger, Zürich.

Felanitx an den Ausläufern der Serra de Llevant blieb bis heute nahezu unberührt von der lautstarken Fun-Kultur um die Badia de Palma. Das pittoreske Städtchen mit seiner langen kunsthandwerklichen Tradition vermittelt ein Klima, das an ein Mallorca erinnert, auf dem sich die Einflüsse der Kontinentalkulturen Europas, Afrikas und Arabiens auseinandersetzen und dann zu einer kulturellen Landesidentität führen konnten.

Hier also kam am 8. Januar 1957 Miquel Barceló zur Welt. Ob seine Familie mit dem ehrenhaften Antoni Barceló verwandt ist, bleibt spekulativ. Auf jeden Fall hat der Seefahrer, der die Insel im 18. Jahrhundert von den piratisierenden Korsaren befreit hat, schon sein Denkmal im Militärhafen von Palma. Miquel Barceló ist noch dabei, es sich zu verdienen; und das auf eine weit weniger martialische Art und wahrscheinlich auch an einem anderen Ort. Gegensätze? Wenn es die nicht gäbe, fände man gerade für Mallorca keine Erklärung.

Barceló wächst auf einer Insel auf, die aufgrund ihrer exponierten Lage und dem fast dauernd schönen Wetter zwangsläufig einen

Der mallorquinische Maler und Bildhauer Miquel Barceló ist in eine Zeichnung vertieft und arbeitet Reiseeindrücke bei den Dogon in Mali auf.

entspannten Umgang mit Geschichte, Gegenwart und Zukunft lehrt. Eine solche Disposition nährt jeden Traditionalisten im besten Sinne. Das heißt: ein Leben mit Polarität und ihrer Gleichzeitigkeit. Mallorca stand immer für „Wallfahrten" aus den unterschiedlichsten Motiven. Einmal Fluchtburg für organisierte Piraterie, dann Spielball kontinentalnationaler Interessen. Einmal Islam, dann Christentum. Einmal Massentourismus, dann stille Einkehr.

Barceló verkörpert diese insulare Ambivalenz und thematisiert sie in seinen Werken. Er legt Reibungspunkte frei, die in der geographischen Spannung zwischen Europa und Afrika Traditionelles neu befragen. Leere als Abwesenheit von Fülle, Tod als Abwesenheit von Leben, Wüste und saturnale Melancholie sind Vorlagen seiner künstlerischen Metamorphosen. Es sind schließlich Kadaver, die er 1976 in fünfzehn Holzkisten plaziert. Der Kadaver wird zum Symbol. Auf fast zehn Meter Länge malt er 1992 Tierkadaver, die wie schwarze Wäsche vor spanisch gelbem Fond dörren. Der rote Bodenstreifen zeigt Todes- und Vanitasattribute. „Der Ball der Gehenkten", zwei Jahre später. Dann Polaroid-Serien, und Kadaver im Kühlschrank konservieren Summen seiner Reisen nach Mali, in das Land der Dogon. Wüste Wüsteneindrücke

Afrikas werden zu Ausdrucksstärken für Europa. Ausstellungen in Bordeaux, New York, London und Paris vermitteln und anerkennen den mallorquinischen Spiegel zwischen den Welten.

Früh hat Barceló seine Umgebung genau beobachtet, das Gesehene, Erlebte, die Ereignisse und Eindrücke gesammelt und den dichten, traditionellen Fundus seines Landes gespeichert. Dieser steht ihm jetzt für seine Verknüpfungen bereit und läßt sich ständig transformieren. Was machen die Pflanzen und Tiere? Was macht der Mensch mit ihnen? Was macht das Licht, die Farben? Was macht die Dunkelheit und der Tod? Barceló denkt sich in diese Fragen auf seinen Spaziergängen entlang des Camí del dimoni – jenem „dämonischen" Weg, der den Kalvarienberg in Felanitx hinaufführt – immer wieder neu hinein und sinnt nach Möglichkeiten kreativer Umsetzung.

Auf einer Studienreise nach Paris lernt der 17jährige im Musée du Jeu de Paume Malereien von van Gogh, Klee, Wols, Dubuffet und der „Art brut" kennen. Zurück in Felanitx und tief beeindruckt von seinen Besuchen in den Museen konkretisieren sich eigene Lösungen. In Manacor zeigt er neben einigen „Objets trouvés" vor allem bizarre Auffassungen von Insekten und Käfern, Würmern und anderen Weichtieren. Die Vorliebe für den künstlerischen Umgang mit Kadavern (als in letzter Konsequenz willenlos gemachte Körper) und deren weitreichende Todessymbolik zeichnet sich ab; Fleisch an der Schwelle zum Aas, eben schon einen Augenblick weiter als es ein Verzehr zulassen würde … Barcelós Kunst hat Mallorcas kryptischen Traditionalismus internationalisiert und die Vielschichtigkeit von nicht immer miteinander zu vereinbarenden Dingen optisch zugänglich gemacht. Wer das aber in letzter Konsequenz verstehen will, macht sich gnostisch auf die Suche nach einer Wüste, die Erfüllung verheißen könnte.

Das Selbstporträt des Künstlers aus Terracotta entstand 1995. Die Skulptur steht ganz unter dem gestalterischen Einfluß der afrikanischen Volksgruppe Dogon, die sich im Nigerbogen in unwegsames Gebiet zurückgezogen hatte, um dem Sklavenhandel zu entgehen. Abgeschieden und nicht mehr manipulierbar, entwickelten die Dogon eine beeindruckende Kosmologie und Schöpfungslehre, wonach sämtliche Planeten unseres Sonnensystems aus einer Sonnen-Plazenta hervorgegangen seien. Diese plazentarische „Theorie" des Kosmos findet sich im kleinen in der Natur der Erde wieder. Über kunstvoll gefertigte Masken wird die Kommunikation zwischen All und Erde hergestellt.
Courtesy Gallery Bruno Bischofberger, Zürich.

Llevant

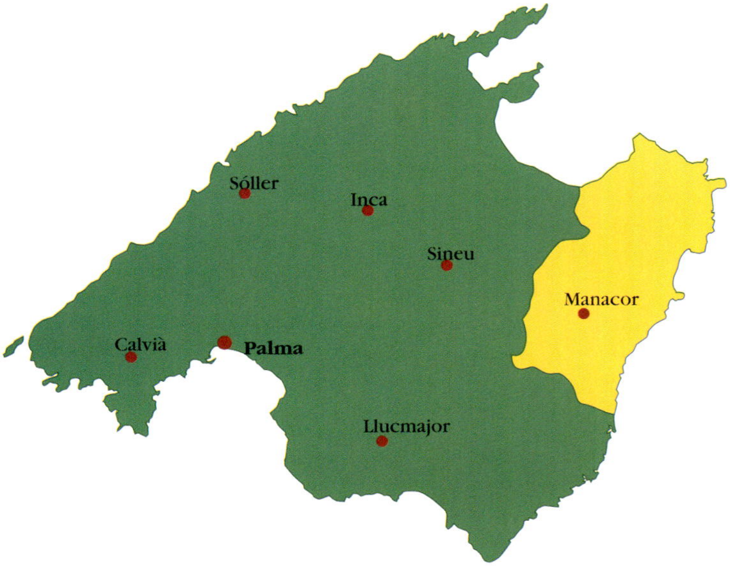

Die Essenz Mallorcas
Der Llevant

Für eine ordentliche *garriga* nehme man: von Wind, Wetter und Regen hübsch in Form gebogenen, zu sanften Hügeln aufgetürmten Kalkfels; locker darübergestreut ein wenig Geröll; Mastix- und Ginstersträuche, Heidekraut, ein paar wilde oder verwilderte Ölbäume, Pinien und Aleppokiefern; zum Aromatisieren auf keinen Fall Lavendel, Rosmarin und Zistrosen vergessen; als Farbtupfer ein paar Gladiolen, Schwertlilien und wilde Orchideen. Das ganze gut durchmischen, fertig ist die *garriga*, der mediterrane Buschwald. Beispiele zum Abgucken finden sich reichlich in Mallorcas Osten, dessen Name das tägliche Morgenrot ehrt: *llevant,* Sonnenaufgang.

Hügel und Berge, Steilküsten und Sandstrände, verträumte Buchten und fruchtbare Felder machen aus dem Llevant eine Art Mallorca-Konzentrat. Nirgendwo sonst auf der Insel sind alle Elemente der Blumen- und Sonneninsel auf so engem Raum vereint. Das trifft nicht nur im geographischen Sinne zu, sondern in vielen weiteren. Und wie ein roter Faden, wenn auch bunter, zieht sich die *garriga* durch den Osten, bis hinauf zum Cap Ferrutx und bis hinunter zu den Drachenhöhlen, den Coves del Drac. Dort lesen Geologen und Speläologen, Höhlenforscher, auf unterirdischen 1300 Metern die Geschichte Mallorcas von den Tropfsteinen ab. Besucher hingegen genießen eine Bootsfahrt mit Musik durch die kunstvoll beleuchtete Unterwelt der Insel.

Rechts: Süßer Name für ein wehrhaftes Bauwerk: Der Torre de Canyamel, der „Zuckerrohrturm", wacht bei Artà über freundliche und feindliche Annäherungen.

Vorhergehende Doppelseite: Auf der Halbinsel von Ferrutx liegt die Baumgrenze nur wenige hundert Meter hoch. Hinter dem Felsmassiv schlägt das Meer an die Küste des Llevant.

Festungen aus drei Jahrtausenden

Auch historisch sind im Llevant alle wichtigen Epochen und Ereignisse Mallorcas leicht zu finden. Gleich hinter dem Bahnhof der Stadt Artà sind es nur wenige Schritte in die Frühgeschichte der Insel und ihrer Bewohner: In der Siedlung Ses Païsses haben um 2000 vor unserer Zeitrechnung die Ureinwohner der Insel aus riesigen Steinplatten Wohnhäuser und Schutzmauern gebaut und jene seltsamen Türme, die ihrer Kultur für die Nachwelt den Namen gegeben haben: die *talaiots*, vom arabischen Wort *talàia* für Turm. Neben der Siedlung Capocorb Vell im Süden Mallorcas ist Ses Païsses die wichtigste talayotische Fundstätte.

Die meisten anderen Bauten der Meister des Steins sind im Laufe der Zeit von den Invasoren und Herrschern der Insel als Steinbrüche benutzt worden, sogar in der Kathedrale von Palma sind Megalithen, große Steine aus der Vorzeit, verbaut worden. Über die Bewohner und ihre Lebensart weiß die Wissenschaft bis heute nicht viel. Das Wenige lesen sie aus den Steinen, finden Parallelen zu anderen Megalithkulturen in Großbritannien, auf Sardinien, in Vorderasien und aus den Beschreibungen antiker Weltenbummler wie Timaios und Plinius. Obwohl die Ureinwohner selbst nicht schrieben, sind sie für ein Wort verantwortlich, das noch untrennbarer als der Name ihrer Kultur mit Mallorca verbunden ist: Ihre große Kunstfertigkeit im Umgang mit

Gleich vor den Toren Artàs liegt eine der wenigen erhaltenen Talayot-Siedlungen Mallorcas: In Ses Païsses sind noch Grundmauern, Gassen und der Mauernring des prähistorischen Dorfes erkennbar.

Wurfsteinen und einer passenden Schleuder hat der ganzen Inselgruppe ihren Namen gegeben: Balearen, vom griechischen *ballein*, werfen.

In und um Artà finden lesegeübte Augen noch allerlei Spuren der maurischen Herrschaft. Die blühenden, üppigen Gärten, Obst- und Gemüsepflanzungen vor den befestigten Toren der Stadt haben die Mauren angelegt. Einer der schönsten Ausblicke aus der Altstadt Artàs gleitet von der Terrasse der Pfarrkirche Transfiguració del Senyor hinunter in die Ebene: Als die Kirche noch Moschee war, war diese der Platz zur Reinigung von Händen und Füßen vor dem Gebet.

Über der Pfarrkirche von Artà ziehen sich die Mauern der Burg den Stadtberg hinauf, eine so wuchtige wie elegante Warnung an eine in vielen Jahrhunderten angriffslustige Außenwelt und doch eine ungeliebte Konstruktion: Innerhalb des schützenden Mauerrings wollte nie jemand leben. Die Bauern und Bürger flohen hierher im Angriffsfalle, zogen aber mit der Gefahr wieder ab.

Das gleiche halb starrsinnige, halb bewundernswerte Phänomen ereignete sich in Capdepera: Näher am Meer und damit an den Piraten, bauten die mallorquinischen Könige die maurische Burganlage seit 1300 beständig um und aus, verdoppelten den Mauerring, bis sie die größte Burg Mallorcas inklusive Kirche fertig hatten. Doch nicht einmal ein fast aussichtsloser Überfall im 14. Jahrhundert konnte die Bevölkerung zum dauerhaften Wohnen im Burgring bewegen. Dies eine Mal half ihnen eine wundertätige Marienfigur mit dichtem Nebel aus der Bredouille, doch nicht einmal sie ist auf der Burg geblieben: Die Mare de Déu de la Esperança, die Muttergottes der Hoffnung, wohnt in einer Ehrennische in der Stadtkirche Sant Bartomeu. Und auch die Touristen, die beide Burgen aufsuchen, vor allem, um grandiose Panorama-Blicke zu genießen, bleiben keine Nacht.

Bäume und Schafe, Pferde und Kaninchen

Denn was sie von den beiden Burgbergen sehen, lädt unwiderstehlich zu weiteren Erkundungen ein. Das Hinterland der Llevant-Küsten ist ein Bilderbuch über das Zusammenleben von Mensch und Natur. Wo die *garriga* dem Hunger des Menschen weichen mußte, hat er Aprikosen,

Meckern und Glockengebimmel sind eine oft gehörte Akustik-Kulisse im Llevant – dank großer Schafherden.

Pfirsich-, Johannisbrot-, Mandel- und Ölbäume angepflanzt. Dazwischen künden Tomaten- und Salatbeete von kommenden Salaten und Weizenfelder vom täglichen Brot.

Trockenmauern und Ziehbrunnen schützen und bewässern die Pflanzen, unter anderem vor allzu abenteuerlustigen Schafen und Ziegen. Hier ist eine Schafherde, eifrig umrundet vom Hütehund und zurechtgepfiffen vom Schäfer, immer noch ein gewöhnlicher Anblick, auch wenn sich das Schäferleben grundlegend geändert hat. Früher war er für die Herden eines *senyor* zuständig oder die eines ganzen Dorfes, heute gehören ihm die blökenden Woll- und Milchspender selbst. Tagelange Schur- und Geschichtengelage im Kreise der Kollegen hat mittlerweile die schnelle Schur mit der Maschine abgelöst. Aber die Schafe verirren sich noch immer, wollen wie eh und je an ihre Tränken, verheddern sich in der *garriga*, und bei all dem hilft ihnen keine Maschine, sondern nur der *pastor*.

An der einen oder anderen Trockenmauer warnt ein Schild vor umherfliegenden Schrotkugeln: *coto privado de caza*, privates Jagdgebiet, steht da. In vielen Fällen bedeutet das nur eine waidmännische Definition des Gebiets, auf dem nicht zwingend gejagt werden muß. Aber im Llevant, bei Son Servera, war immerhin die Jagd der Könige von Mallorca, als es hier noch Hirsche gab und Wildschweine, Fasane und Rehe. Edle Falken stürzten sich elegant aus lichter Höhe auf ihre Opfer, aber auch das ist Vergangenheit. Die rund 30 000 mallorquinischen Jägersleut von heute müssen sich mit Kaninchen und Hasen, Rebhühnern, Drosseln und wilden Tauben begnügen, wenn sie ihr Sonntagsmenü aufpeppen wollen.

Auf den Gütern um Manacor ist noch ein Inselbewohner zuhause, der sonst selten zu sehen ist: das Pferd. Auf Mallorca verrichten traditionell Esel und Maultiere schwere, öde Arbeit wie das Wasserrad drehen oder Lasten schleppen. Pferde ziehen höchstens einen Wagen, aber wie! Zu Beginn des 20. Jahrhunderts erreichte auch Mallorca die Mode, unter dem einfachen Volk improvisierte Pferderennen auszurichten. Die mallorquinischen Bauern entdeckten, daß ihre kräftigen schwarzen Pferde dazu ganz besonders gut geeignet waren, und begannen, sie für die Traberzucht handzuverlesen. Zweimal im Jahr flitzen die Mallorquiner mit ihren gestutzten Mähnen auf der Rennbahn von Manacor um große Preise um die Wette und hängen so manches Mal die Söhne und Töchter des Winds vom Festland ab.

Perlen fern der Buchten

Manacor, von Vandalen und Christen in Grund und Asche gelegt und immer wieder aufgebaut, ist gleichzeitig die Heimat eines der Exportschlager Mallorcas und eines der Beispiele für erfolgreiche Industrie-Implantierung in einer traditionell rein bäuerlichen Gegend. 1902 errichtete ein deutscher Erfinder hier eine Fabrik, um etwas herzustellen, was in den Modehäusern und Juwelierläden Europas reißenden Absatz fand: Kunstperlen. Anders als Zuchtperlen entstehen die patentierten *Majorica*-Perlen nicht in einer Muschel, sondern Schicht um Schicht im Ofen. Dessen Hitze verschmilzt eine geheime Mischung aus allerlei Feststoffen aus dem Meer zu einer farbbeständigen, unverwüstlichen und wie echt schimmernden Perle, die selbst Experten auf den ersten Blick nicht von der Kollegin vom Meeresgrund unterscheiden können – und die Haut der stolzen Trägerin auch nicht.

Zum Meer ist es von Manacor ein ganzes Stück. Der kürzeste Weg führt zu Mallorcas jüngstem Hafen, Portocristo. 1880 gegründet, hat er nur kurz als Fischerhafen gedient, um sich bald der Boom-Industrie des 20. Jahrhunderts zu widmen: dem Tourismus. Der geschützte Hafen und Strand am angelhakenförmigen Fjord lockt Yachtbesitzer und Sandburgenbauer gleichermaßen an, und die wenigsten wissen, daß in Portocristo Mallorcas Schicksal im Spanischen Bürgerkrieg entschieden wurde. 1936 starteten hier die Republikaner einen letzten Versuch, die Insel von den Faschisten zurückzugewinnen. Leider ohne Erfolg.

Richtung Nordosten wartet der Llevant auf mit weiteren Buchten, aufgereiht wie *Majoricas* an einer Kette, darunter so berühmte wie Cala Millor, Sa Coma und S'Illot, die längst vom Geheimtip zum Massenziel avanciert sind. Noch lohnt sich die Suche nach einsamen

Oben: Die Trabrennbahn von Manacor ist nicht weit. Im Llevant züchten die Bauern seit Generationen Pferde, zu ihrem Vergnügen.

Folgende Doppelseite: An der Bucht von Alcúdia ist für alles viel Platz: Langgezogene Strände, eine sanfte Brise über friedlichen Wellen, hie und da eine Finca oder ein Sommersitz.

Buchten mit einem Sandstreifen für die Luftmatratze. Allein schon, um dabei zu sein, wenn morgens die Sonne übers Meer lugt und sich auf dem Wasser entlangtastet mit einem Lichtstrahl, der im Llevant an Land geht.

Im Hafen von S'Illot ermöglicht eine Brücke den trockenen Weg über die Bucht.

Im Kreuzgang des ehemaligen Dominikanerklosters läuten heute Telefone statt der Glocke, die zum Gebet rief: Von hier aus wird Manacor verwaltet.

Möbel und Perlen im Schatten des Minaretts
Manacor

Stolze 84 Meter hoch, grüßt schon von fern der Turm von Manacors Hauptkirche Dolors de Nostra Senyora. Wo seit 1236 der Schmerzen Mariens gedacht wird, stand bis zur Reconquista eine der prächtigsten Moscheen der Insel in einer der wohlhabendsten Städte des maurischen Mallorcas, wo die Adeligen Stadtpaläste und Sommersitze unterhielten. Solche Schönheit hatten sie auf den Ruinen jener Siedlung erbaut, die vermutlich schon zu talayotischer Zeit bewohnt und als Handelsknotenpunkt genutzt wurde. Die Vandalen schleiften das römisch-byzantinische Manacor Mitte des 5. Jahrhunderts, und es mußte fast 500 Jahre warten, bis die Mauren es zu neuer Blüte gebracht und zu einer ihrer wichtigsten Städte gemacht hatten.

Schliff Nummer zwei verpaßten die christlichen Eroberer der Stadt, vor allem der großen Moschee, denn die durfte als Sinnbild der alten Herren nicht stehenbleiben. Wenigstens haben sie und ihre Nachkommen an ihrer Stelle eine würdige Nachfolgerin erbaut, inklusive jenes Turms mit Rekordhöhe, der in seiner Schlankheit durchaus an ein Minarett erinnert.

Bis ins 19. Jahrhundert hinein wurde die Schmerzenskirche aufwendig um-, an- und ausgebaut, denn auch nach der Vertreibung

Außen trutzige Mauern, innen zerbrechliche Miniaturen – im Palau-Wachturm aus dem 15. Jahrhundert ist ein Möbelmuseum untergebracht.

Weit streckt sich die Hauptstadt der Perlen und Möbel unter der Sonne des Mittelmeers durch das Land.

PIERROT
CONFITERIA
PAPERER
WEYLER

der Mauren ging es der Stadt wirtschaftlich gut. Eine große Rosette über dem Hauptaltar taucht das Kirchenschiff in Zauberlicht, an den beiden hohen Steinkanzeln links und rechts davon haben Steinmetze Meisterwerke vollbracht.

Aber am ungewöhnlichsten ist das Altarbild selbst, Christus am Kreuze. Eine kleine Treppe hinter der Figur ermöglicht es, das goldbestickte, seidene Gewand aus der Nähe zu bewundern und das echte Bart- und Haupthaar. Das Treppenhäuschen ist vollgeheftet mit Exvotos: Bildern, Fotos und anderen dankbaren Andenken für unablässige Wundertaten dieser Christusfigur.

Der alte Stadtpalast aus dem 14. Jahrhundert gleich gegenüber hingegen mußte bis weit ins 20. Jahrhundert warten, um eine gründliche Schönheitskur verpaßt zu bekommen.

Auf der anderen Seite der Altstadt hat sich die Verwaltung der zweitgrößten Stadt Mallorcas pragmatisch im ehemaligen Dominikanerkloster niedergelassen – nachdem die Zellen der ehrenwerten Mönche im 19. Jahrhundert schon für ehrvergessene Gesetzessünder genutzt worden waren, denn im Kloster befand sich damals unter anderem das Gefängnis. Freilich verwaltet sie, ohne so etwas Wertvolles wie den alten Kreuzgang der Öffentlichkeit vorzuenthalten, der auf 32 Säulen ruht und mit einer Loggia zum Verweilen und Träumen einlädt. Zum Ex-Kloster Sant Domènech gehört die kleine Sant-Vicent-Ferrer-Kirche, die nach dem valencianischen Heiligen benannt ist, der hier gepredigt hat, und deren Rosenkranzkapelle von geradezu betörender Schönheit ist.

Reichtum aus Ölbäumen und Pinien

So etwas hätte in Manacor, das vor allem wegen seiner Perlenfabriken bekannt ist, kaum jemand erwartet: Hand auf's Herz, wie der Name der Stadt so schön sagt und gleich mehrere Wappen im Dominikanerkloster demonstrieren. Ebensowenig das Museu Arqueològic mit byzantinischen Mosaiken aus einer der ersten frühchristlichen Basiliken Mallorcas, wie das im ehemaligen Wehrturm Torre dels Enagistes. Am ehesten würde man hier vielleicht noch so etwas wie das Möbelmuseum in der Torre del Palau vermuten, der mit übrigens dem Torre de ses Puntes den Überrest der Befestigungsanlagen gegen die vermeintlichen Piratenüberfälle darstellt.

Von wegen nur Industrie: Im Zentrum Manacors sorgt die Sonne beim Stadtpalast aus dem 14. Jahrhundert neben der Hauptkirche Dolors de Nostra Senyora für bühnenreife Beleuchtung.

Aus luftiger Höhe überblickt dieser Kirchenfürst das Geschehen auf dem verwinkelten Kirchplatz.

Schon lange vor der Erfindung des Manacorer Industrieschlagers schlechthin, der Kunst-Perlen, hatte die Stadt eine florierende Industrie: große Tonziegel, wie Ludwig Salvator berichtete, und Möbel, urspünglich vor allem aus Oliven- und Pinienholz, heutzutage auch aus importierten Materialien wie Aluminium, Kunststoffen und nordischen Hölzern. Und auch wenn das Holz nicht so alt ist wie die Vorbilder der lebensgoßen Dinos vor dem „Supermarkt für Olivenholzprodukte" am Ortsausgang Richtung Palma – die zum Teil wunderbare Verarbeitung der Ölbaum-Maserung lohnt das Anschauen schon.

Selbst Experten können die *Majòrica*-Perlen nicht ohne weiteres von Naturperlen unterscheiden. Seit 1897 sind die von einem Deutschen erfundenen Perlenkopien weltweit ein Verkaufsschlager.

Zweite Natur
Perlen aus Manacor

Busse tragen täglich Tausende Neugierige in die Stadt, angelockt von einer perfekten Täuschung. Nicht einmal Experten, so heißt es, können eine einwandfrei hergestellte Kunst-Perle aus Manacor ohne weiteres von einer echten unterscheiden. Und obwohl alle drei Perlen-Fabriken in Manacor großzügig ihren Besuchern zeigen, wie die Perlen entstehen, bleibt das Wesentliche streng geheim: die Zauberformel, die all dem chemisch zugrunde liegt.

Begonnen hat der Siegeszug dieser Perlen in Barcelona, wo 1897 ein Deutscher, Friedrich Hugo Heusch, in kleinem Maßstab begann, die Natur zu imitieren. Aber schon wenige Jahre später, 1902, war die Nachfrage in den Warenhäusern und Schmuckgeschäften von London, Berlin, Rom und Paris so groß, daß er sich entschied, Fabriken im mallorquinischen Felanitx und Manacor zu errichten. Von da an war der Siegeszug des Markennamens *Majòrica* nicht mehr aufzuhalten.

Bis 1948 schützte das auf die Perlen angemeldete Patent die Familie Heusch und ihre mehr als tausend Beschäftigten vor Nachahmern, aber sofort nach dem Ablauf dieses Monopols versuchten sich zahlreiche andere Firmen daran.

Gehalten haben sich nur wenige, drei davon in Manacor, denn die Preise zu unterbieten und trotzdem gleiche Qualität zu liefern, glich doch stark einer Quadratur des Kreises. Und selbst die beiden Konkurrenten von *Majòrica* müssen sich damit abfinden, daß ihre Perlen weltweit *Majòricas* genannt werden.

Nicht nachhelfen, besser machen

Während die Japaner mit ihren Zuchtperlen dem natürlichen Vorgang nachhelfen und winzige Partikel in die Zuchtmuscheln implantieren, damit die Muschel einen Perlmutt-Mantel darum bildet, entstehen die *Majòrica*-Perlen nach derselben Idee, aber mit ganz anderen Mitteln.

Ein künstlicher, winzig kleiner und unter Hochdruck gehärteter Kern wird zunächst in einer Spezialhalterung befestigt. Dann taucht er bis zu dreißigmal in eine Art Perlmutt-Brei, nur daß dieser nicht aus gemahlenem Perlmutt besteht, sondern aus allerlei Faunateilchen des Meeres, wie zum Beispiel Fischschuppen und Muschelsand. Jede Schicht wird mit Gasbrennern so stark erhitzt, daß die einzelnen Moleküle der Meeres-Mischung sich zu größeren Molekülen zusammenschließen: Polymerisieren nennen das die Fachleute.

Dieser Vorgang garantiert nicht nur eine perfekte, kompakte Verschmelzung, sondern konserviert gleichzeitig die Farbe. Schwarze Perlen, neumodisch auch graue und graublaue, erhalten ihre Tönung durch Beimischungen von farbigen Mineralen. Sind alle Schichten aufgetragen worden, wird die neue Perle sorgsam geschliffen und poliert.

Echt für immer

Dann fühlt sie sich auf der Haut genau so an wie eine echte Perle, kühl, aber angenehm, und nimmt im Gegensatz zu billigen Plastikperlen die Körperwärme an. Weder Schweiß, noch Make-up, Parfum, Hitze oder Kälte können diesen Perlen etwas anhaben. Selbst wenn jemand versehentlich auf sie tritt, passiert keine Katastrophe: Der dreißigfache Härtungsprozeß hat ihre Form unveränderbar gemacht. Das haben die *Majòricas* den Naturperlen voraus, denn wie allem aus der Natur blüht diesen irgendwann: Asche zu Asche, Staub zu Staub.

Mit den natürlichen Kollegen gemeinsam haben die fast-echten Perlen zweierlei: Erstens, sie sind nicht billig. Immer noch günstiger als das, was eine Muschel nur unter Einsatz ihres Lebens hergibt, aber doch eine Investition. Angesichts der langwierigen, über weite Strecken von Hand verrichteten Fertigung kein Wunder. Und mit lebenslanger Garantie.

Und zweitens, Perlen, auch *Majòricas*, darf man sich nicht schenken lassen. Denn das bringt so viele Jahre Unglück, wie das Schmuckstück schimmernde Bällchen hat. Sollte doch jemand mit einem Schmuckkästchen und Strahlelächeln daherkommen, keine Panik: Schon mit einer symbolischen Barzahlung von einem *duro* (5 Peseten) ist der Bann gebrochen.

Bis zu dreißigmal wird eine feine Schicht Perlmuttbrei auf einen Spezialkern gebrannt. Woraus die Masse genau besteht, ist streng geheim.

Im Gegensatz zu ihren natürlichen Vorbildern sind die *Majòricas* so gut wie unzerstörbar. Auch Schweiß und Kosmetika können ihnen nichts anhaben.

Nur mittels strengster Qualitätskontrolle läßt sich die Spreu vom Weizen trennen. Schon mancher Billigproduzent hat wieder aufgeben müssen.

Damit aus den einzelnen schimmernden Bällchen ein Schmuckstück entsteht, werden sie Stück für Stück von Hand aufgefädelt.

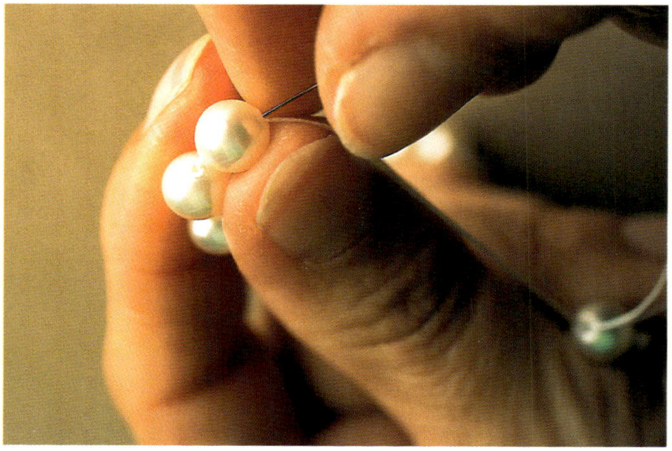

Eine ruhige Hand ist vonnöten, um die winzigen Bohrlöcher zu treffen. Genau wie Ketten aus echten Perlen werden die *Majòricas* einzeln verknotet.

Der Begriff Kunstperlen täuscht nicht nur optisch: Billig sind sie nicht – aber es handelt sich schließlich auch nicht um billige Kopien.

Vom Bauernhof auf die Rennbahn
Pferde auf Mallorca

Schwere Feldarbeit müssen Pferde auf Mallorca nicht leisten. Dafür werden Esel und Maultiere gehalten.

Nicht Edelleute, sondern Bauern begannen im frühen 20. Jahrhundert mit der Pferdezucht.

Arbeiten? Den Pflug ziehen, Säcke voll Getreide schleppen, aus einer *sínia*, einem maurischen Schöpfbrunnen, in endlosen Kreisen um die Winde Wasser pumpen? Da würde ein mallorquinisches Pferd nur verächtlich schnauben: Dafür gibt es schließlich Esel und Maultiere!

Die Pferde auf Mallorca haben damit nichts zu schaffen. Allenfalls einen Wagen ziehen, das ja, aber nicht so sehr zu Transportzwecken: Die mallorquinischen Pferde sind echte Renner.

Zweimal im Jahr versammeln sich alle Traberfans, Wettbürobesitzer und Züchter auf der Trabrennbahn von Manacor und fiebern mit, wenn beim *Gran Premio para Potros de Tres Años* die Dreijährigen vor ihren Sulkies herflitzen, was die Hufe halten, und bei der *Diada dels Reis* ausgewachsene vierbeinige Kinder des Winds in den Kurven den Sand in die Zuschauer schleudern.

Anders als in so erhabenen Rennorten wie dem britischen Ascot geht es hier recht volkstümlich zu. Zwischen Wetten und Fachsimpeln ist stets Zeit für ein Gläschen unter Freunden, und ganze Familien treiben sich bei den Ställen und Übungsplätzen herum, um ihrem Favoriten Hals- und Achsenbruch zu wünschen.

Leichte Sulkys statt der Sonntagskutschen

Denn Pferdezucht und -rennsport waren auf Mallorca kein Privileg der gehobenen Klasse, sondern ein Hobby derer, die einen Stall hatten und darin noch eine Box frei: Bauern. Seit dem 18. Jahrhundert hatten Bauern in Mitteleuropa ihren Spaß daran, mit den Pferden, die sonst Wagen aus praktischen Gründen zu ziehen hatten, Rennen zu veranstalten.

Meist geschah das auf improvisierten Rennbahnen außerhalb der Dörfer. 1915 schwappte diese Sitte nach Mallorca und wurde schnell ein beliebter Zeitvertreib, für den einfache Rennstrecken in Sineu und Sa Pobla, Palma, Manacor und Felanitx entstanden. Diese kleinen Parcours waren mit einer Länge von etwa 350 Metern natürlich noch recht bescheiden. Erst später, in den zwanziger Jahren, als sich der Trabrennsport zusehends etablierte – mit der ursprünglichen Renn-Idee hatte der dann allerdings nicht mehr viel gemein –, kamen die beiden großen Rennbahnen von Palma und Manacor hinzu.

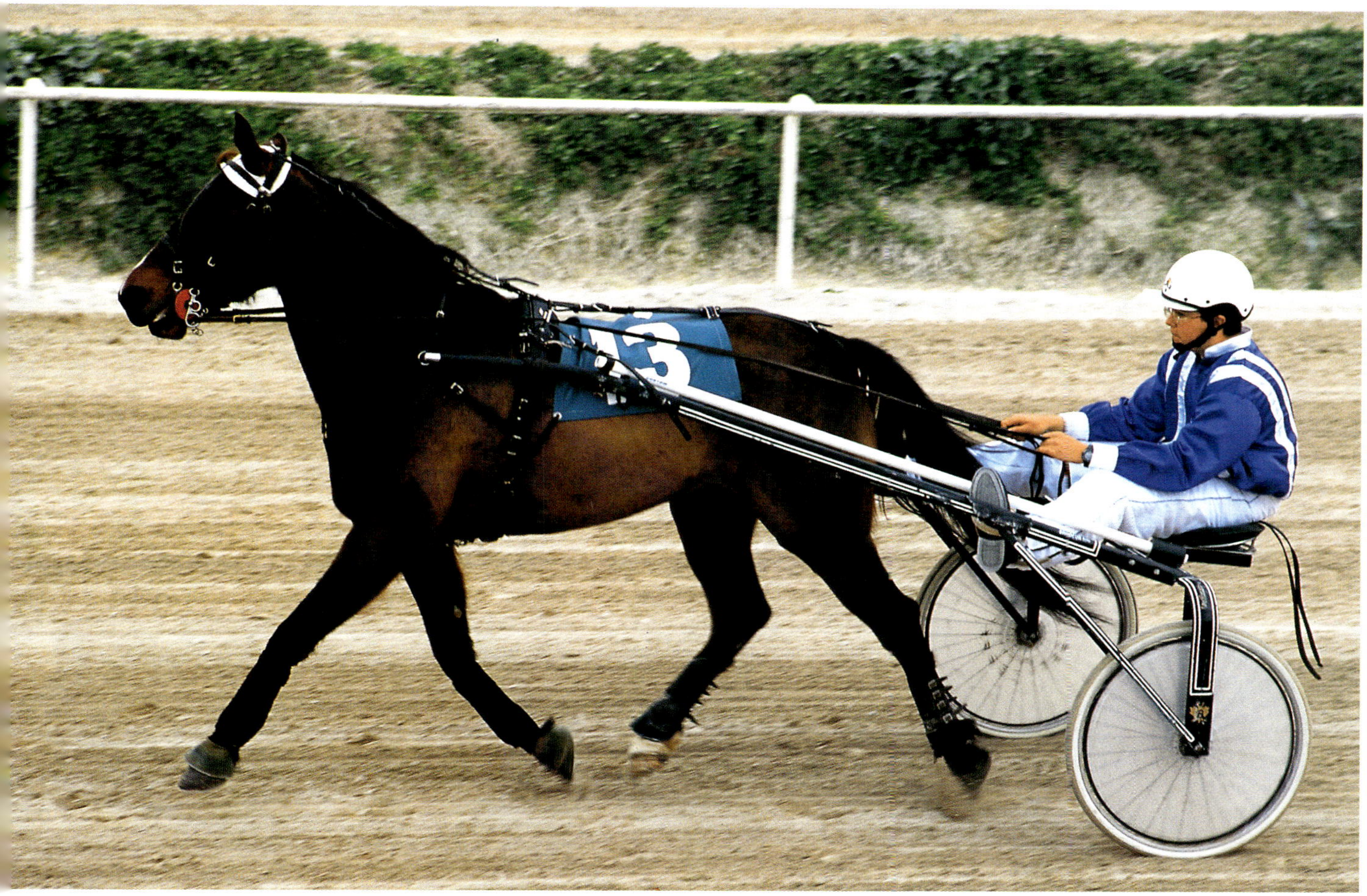

Rennen, was das Zeug hält: Die Trabrennbahn von Manacor ist seit Mitte des 20. Jahrhunderts Mallorcas Zentrum für diesen Sport.

Da hatten die Bauern schon begonnen, unter ihren Arbeitspferden jene auszuwählen, die besonders schnell auf den Hufen waren, leichter im Körperbau als die Ackergäule, und ihnen schnelle, leichte Rennkutschen zu bauen: Sulkys.

Sie führten Zuchtbücher und gründeten Kontrollkommissionen. Und entdeckten – und mit ihnen die Welt jenseits der Insel –, daß das so verfeinerte mallorquinische Zuchtpferd sich ganz ausgezeichnet für Trabrennen eignet.

Eleganz und Kraft auf schwarzen Sohlen

Mit bis zu 170 Zentimeter Stockmaß sehr groß, meist schwarz oder dunkelbraun, mit stämmigem, aber elegant gebogenem Hals sind die Mallorquiner so ehrfurchtgebietend wie faszinierend.

Wie schon *S'Arxiduc,* der Erzherzog Ludwig Salvator, beobachtete, wird ihnen meist die Mähne pinselkurz geschnitten, so daß sie „lebhaft an die Gestalten der antiken Pferde" erinnern. So flink und feurig sie sind, auf Mallorca werden sie kaum geritten. Dafür halten sich die Mallorquiner die dressurbegabten, weißen oder grauweißen Andalusier.

Am letzten Märzwochenende allerdings, wenn in Palma Stadtfest ist, donnern die Mallorquiner im gestreckten Galopp mit den Festlandspferden um die Wette bei den mittelalterlichen Pferderennen die Es-Born-Allee hinunter. Und so mancher Jockey, in die Farben seines Gemeindewappens gewandet, hat da schon auf einem Andalusier nur noch den wehenden Schweif eines Mallorquiners gesehen.

Ohne ein Gespräch unter Fachleuten ist so ein Trabrennen nur halbe Sache. Auf der Rennbahn von Manacor können sie sich einen Überblick verschaffen, welche Pferde für die Zucht interessant sein könnten. Während eine Gruppe Traber ihre Sulkys über die Rennbahn zieht, stellt sich die nächste schon mal in den Warteplätzen vor.

Kammermusik der Natur
Coves del Drac

1339: Auf Anordnung des Gouverneurs von Mallorca schleichen Männer in der Schwärze der Drachenhöhle herum, deren phantastisch geformte Wände vom Licht der mitgebrachten Fackeln gespenstisch beleuchtet werden. Die Männer machen Aufzeichnungen über ihren Weg und die Gestalt der Höhle, denn im Geheimauftrag suchen sie nach dem Schatz der Templer, der nach der Zerschlagung des auch auf Mallorca so mächtigen Ordens als verschwunden gilt und in dieser Höhle vermutet wird. Ob sie etwas fanden, verrät uns die Urkunde aus dem Jahr 1339 nicht, die jetzt im Archiv des Königreichs Mallorca ruht und ihre Expedition dokumentiert. Rund 3 000 Jahre lang wußten die Bewohner Mallorcas schon von der Existenz der Drachenhöhlen, der Coves del Drac, etwa einen Kilometer außerhalb von Portocristo. Frühgeschichtliche Funde ganz in der Nähe offenbarten nicht nur den halben Hausrat einer talayotischen Siedlung, sondern auch einen Zugang zu dieser Höhle. Und auch ihr Name legt Zeugnis ab vom allgemeinen Wissen um das unterirdische Zufluchtssystem: Piraten und Templer hätten dort, so die Lesart, ihre Schätze einem Drachen schutzbefohlen.

Aber weder die Ureinwohner Mallorcas noch die Piraten haben sich je weiter hinein gewagt als höchstens 200 Meter, so weit, wie der Ausgang noch sichtbar war. In die Schlagzeilen kamen die Höhlen von Drac 1878, als einige Katalanen drei Tage lang darin verschwanden und für verloren gehalten wurden. Die dann doch lebenden Forscher erzählten Wunderdinge über das Höhleninnere, jedoch ohne bestimmen zu können, wie weit sie gegangen waren.

Sensation nach drei Anläufen

1880 wagte sich der deutsche Speläologe, also Höhlenforscher, Will hinein und legte eine Karte an, allerdings nur der vorderen Teile. Aber schon das galt als mutige Ausnahmetat, denn niemand wußte, inwieweit das Erdinnere eine Kompaßnadel von ihrem Kurs Nord abweichen läßt.

Erst 1896 gelang es dem Franzosen Edouard-Alfred Martel, das insgesamt 1 300 Meter lange Höhlensystem gründlich zu erforschen und zu kartographieren. Anstifter und Finanzier dazu war: Erzherzog Ludwig Salvator. Martel fand einen riesigen, kristallklaren, konstant 20 Grad warmen See tief im Höhleninneren. *No hi ha esperança*, es gibt keine Hoffnung mehr, schrieben die verirrten und verzweifelten Katalanen an dieser Stelle auf

Der unterirdische See steht in Verbindung mit dem Meer und ist daher leicht salzig.

die Höhlenwand. Dieser See, nach seinem Kartographen Llac Martel genannt, besitzt die Maße von 177 Metern Länge, 40 Metern Breite und 9 Metern Tiefe.

Darüber hat die Natur in einem Millionen Jahre langen Prozeß, in dem sie mit Regenwasser und Sauerstoff den Kalkstein abgelöst und ausgehöhlt hat, eine 17 Meter hohe Kuppel gezogen. Die ganze Höhle ist mit Tropfsteinen in den bizarrsten Formen ausstaffiert. Diese Formationen entstehen sozusagen im umgekehrten Prozeß einer Höhlengeburt: Der im abtropfenden Wasser gelöste Kalk verfestigt sich. Da das Wasser nicht Millionen Jahre lang auf exakt die gleiche Stelle tropft, bilden sich oft geradezu getrüffelte Formen, sowohl bei den Stalagmiten, die von unten nach oben wachsen, als auch bei den Stalagtiten, die dies von Höhlendecken nach unten tun, beide mit einer Geschwindigkeit von maximal zwei Zentimetern im Jahr.

Die Stille erhält Farbe und Klang

Im Falle der Drachenhöhlen kam bald nach dem Fund Martels ein Mallorquiner, Joan Servera, darauf, aus den Höhlen etwas machen zu wollen. Er kaufte 1922 für viel Geld das vergleichsweise unattraktive Landstück bei Portocristo, auf dem sich der natürliche Eingang befand. Denn nach damaligem Gesetz, das wußte der Mitbegründer des Fremdenverkehrsamts, gehörte die Höhle dem, auf dessen Grund der Eingang lag, egal, wohin sie unterirdisch reichte.

Servera ließ Wege, Treppen und Sitzplätze anlegen und bei der Cala Murta einen neuen Zugang öffnen. Nach ein paar Privatvorstellungen mit Musik und Ballett in den Höhlen, ließ er 1935 die Höhlen farbig so ausleuchten, als wären sie eine Märchenwelt. Denn schon seit 1931 tuckerten lichtgeschmückte Orchesterboote über den See, gefolgt von zwei Besucherbooten. Bis heute hat sich an dieser Art, die Höhlen zu besuchen, kaum etwas geändert: Licht und zarte Klänge erhöhen diesen unterirdischen Dom zu einem touriosen Schauspiel; seine natürliche Stille wahrt er nun nur noch nachts.

Höchstens zwei Zentimeter Stein tröpfelt die Natur im Jahr zusammen. Da die Tropfen nicht immer exakt die gleiche Stelle treffen, entstehen die kuriosesten Formen.

Ein mediterraner Fjord
Portocristo

Für Scharen von Urlaubern zu Lande und Hobby-Meeresbezwingern zu Wasser ist Portocristo mit seinem langen, fjordartigen Naturhafen gleichbedeutend mit einer perfekten Welt der ewigen Freizeit und deren Annehmlichkeiten. Kaum noch ein Fischerboot verirrt sich hierher. Wo sich die Meereszunge wie ein Angelhaken mitten in den Ort hinein geleckt hat und einst der Frachthafen der Mauren für Manacor, eine ihrer wichtigsten Städte, lag, wiegen die höchst selten aufgeregten Wellen sanft Yachten und Motorboote, Segler und Tretboote durch Liegetage und -nächte.

Darüber wacht unversehrt eine *talàia* aus dem 17. Jahrhundert, als ginge sie dieses moderne Treiben nichts an. Sonst ist wenig alt in Portocristo, ein breiter *passeig marítim* erlaubt sonniges Flanieren an Cafés und Restaurants, Souvenirläden und Bootsausrüstern vorbei, und stünden nicht seltsam unkoordiniert Kriegerdenkmäler herum, könnte der Eindruck entstehen, der Ort habe so wenig Geschichte wie Gesicht.

Ein Befreiungsversuch mit Folgen

Dem ist nicht so. Für die Mallorquiner ist Portocristo stete Erinnerung an eine Episode aus dem Spanischen Bürgerkrieg. 1936, im August, als Mallorca schon kampflos an die Faschisten unter Franco gefallen war, steuerte das Schlachtschiff Jaume I. mit 12 000 republikanischen Soldaten unter dem Kommando Alberto Bayos den Hafen an. Es gelang ihnen, Portocristo und etwa 10 Kilometer der Insel für die Republik zurückzugewinnen.

Für drei Wochen: Dann schlugen die Nationalisten und die italienische Luftwaffe aus Palma zurück. Ein Blutbad in Portocristo beendete diese „Episode“; die überlebenden Republikaner ergriffen die Flucht. Auf Befehl Francos wurden dann jene Denkmäler errichtet, die das Stadtbild weder historisch noch ästhetisch bereichert haben, ebensowenig wie die Massengräber der gefallenen Republika-

Völkerverständigung am Fischkutter: Touristen und Einheimische finden den Einkauf direkt vom Boot gleichermaßen lohnend.

Die Hafenpromenade von Portocristo erfreut sich heute großer Beliebtheit. 1936 mißlang hier ein Versuch, die Faschisten aus Mallorca zu vertreiben.

ner, die in aller Eile am Strand verscharrt wurden.

Mit der Folge, daß selbst mehr als 60 Jahre später beim morgendlichen und abendlichen Sand-Bulldozern immer wieder Knochen aufgewühlt werden. Die meisten Gäste freilich wissen das nicht und bekommen von den makabren Funden auch nichts mit. Für sie ist und bleibt Portocristo ein Stück vom Paradies, ein sehr gut organisiertes.

Wie ein Angelhaken zieht sich der Meeresarm in dem Hafen von Portocristo. Da erscheint es verwunderlich, daß hier erst am Ende des 19. Jahrhunderts ein größerer Ort angelegt wurde.

Die Madonna im Schafspelz
Sant Llorenç des Cardassar

Wie lange hier schon Menschen und Tiere gelebt haben, weiß keine Chronik. Funde aus der Erde berichten, daß Sant Llorenç wohl schon in spätrömischer Zeit bewohnt gewesen sein muß, und auch der Name, der selbst in maurischer Zeit beibehalten wurde, weist auf eine frühchristliche Besiedlung hin. Seinen klangvollen Beinamen allerdings erhielt das knapp 3 000-Seelen-Dorf erst nach der Reconquista: Just als Jaume I. und seine Mannen ihre Füße auf die Insel setzten, gab sich auf einem Feld bei Sant Llorenç eine Madonnenfigur zu erkennen, die sich während der Herrschaft der Heiden im Distelgestrüpp versteckt hatte. Der wundersame Fund der Mare de Déu dels Cards, der „Distel-Madonna", verschaffte dem Dorf Sant Llorenç seinen stacheligen Zusatz *des Cardassar,* bei den Disteln.

Für die Distel-Madonna wurde die Bellver-Kirche im frühen 13. Jahrhundert erbaut.

Die trotz der Stacheln unversehrte Gottesmutter-Figur erhielt natürlich sogleich einen angenehmeren und angemesseneren Standort: Sie steht in einer Seitenkapelle der Santa-Maria-de-Bellver-Kirche in Sant Llorenç, von der man schon kurz nach der Reconquista, 1236, berichtete. Die Holzfigur, wahrscheinlich aus romanischer Zeit, wirkt so bäuerlich, als hätte der unbekannte Bildhauer ein Mädchen aus dem Dorf porträtiert. An der Mare de Déu Trobada, der wiedergefundenen Madonna, ist nichts geschönt, ihr Mantel umgibt sie in weichen Falten, auf einem Arm hält sie ein wenig unbequem das Jesuskind, in der freien Hand eine Frucht, als hätte sie sie gerade im Nachbargarten gepflückt. Allein eine kleine Gruppe Engel, die ihr zu Füßen auf den Wolken jubilieren und beten, machen aus dem sympathischen Bauernmädchen von nebenan die Auserwählte unter den Frauen.

Genügsame Landschaftspfleger und neugierige Kletterer

Daß sich die Sant-Llorenç-Madonna ausgerechnet ein Distelgestrüpp als Ruheplatz und Versteck ausgesucht hat, überrascht nicht weiter. Auf den Feldern ums Dorf wurden zwar immer schon Mandeln, Weizen, Kichererbsen und Bohnen angebaut, auf den entlegeneren Weiden in den Ausläufern der Serra de Llevant züchteten die Bauern und Landbesitzer aber auch schon seit dem 14. Jahrhundert Schafe und Ziegen. Und die sind bekanntlich nicht nur äußerst wirksame Landschaftspfleger, solange sie da weiden, wo sie den Menschen nicht die Ernte wegfressen, sondern überaus genügsam: Disteln, die von den meisten anderen vegetarischen Vierbeinern verschmäht werden, zermalmen sie mit der derselben scheinbar gleichgültigen Hingabe und Geduld wie saftiges Gras und feinen Klee.

Bis ins späte 19. Jahrhundert hinein war es nicht ungewöhnlich, Herden von bis zu 500 Schafen zu hüten. Heutzutage ist schon eine Herde mit hundert Tieren groß zu nennen; da die Menschen zunehmend ihr Land einzäunen und mehr und mehr Boden bebaut oder für den Fremdenverkehr genutzt wird, können Schafe und Schäfer nicht mehr in so großer Zahl frei durch die Landschaft streifen, wie das oft in der Kunst reichlich romantisiert dargestellt worden ist.

Hinter den Türläden geht es meist direkt in die gute Stube.

Heute wie eh und je hat das Leben eines Schäfers wenig Besinnliches von der Art zu bieten, die sich die städtische Phantasie so vorstellt: ein Schläfchen unterm Baum, während der Hund die Herde zusammenhält. Viel Arbeit für meist wenig Lohn entspricht eher der Wirklichkeit. Verändert haben sich die Besitzverhältnisse: Früher wurde ein Schäfer vom Großgrundbesitzer oder von der Dorfgemeinschaft angeheuert, und er teilte die Einnahmen mit seinen Auftraggebern. Heute ist er meist Eigentümer seiner Herde.

Wie oft ein Schäfer andere Menschen zu sehen bekommt, hängt davon ab, ob die Herde auf offenem Weideland in der Nähe von Dörfern umherzieht oder ob sie sich ihr Futter dort in den Bergen suchen muß, wo der Mensch keine Landwirtschaft mehr treibt. Im ersteren Fall wohnt er meist ganz normal in einem Dorf, im letzteren hingegen verbringt er wie seit Hunderten von Jahren lange Zeit mit der Herde weitab vom Herdfeuer der anderen.

Die Herde zusammenhalten, darauf achten, daß die Tiere nicht an Nutzbäumen Kahlschlag betreiben, verletzte Tiere behandeln, Lämmern und Mutterschafen in schwerer Stunde beistehen, Wasser suchen – ein Schäfertag hat meist zu wenig Stunden, um alles zu schaffen. Stein- und Holzhütten geben ihnen und den Tieren an heißen Sommertagen Schatten und Zuflucht. Die wenigen Tränken in den wasserarmen Gegenden, *cocós* genannt, meist natürliche Becken im weichen Marès-Stein, sind oft immer noch so gegen Verdunstung geschützt, wie die Schäfer das Generationen kennen: mit einem geduckten Rundbau aus Bruchsteinen, die ohne Mörtel aufgereiht und mit einer niedrigen Türöffnung versehen wurden.

Im bunten Sommerdress auf in die Freiheit

Bevor der Sommer anbricht, werden die Schafe geschoren, damit sie die Hitze besser ertragen und dem Ungeziefer weniger Sitzplätze bieten. Die moderne maschinelle Schur hat diesem Ereignis einiges an Charme genommen, denn heute bringen Mann und Tier diese Prozedur derart schnell hinter sich, daß die Schäfer nur noch selten tagelang beisammen sind, um Wollberge aufzutürmen, abends am Lagerfeuer zu singen und Geschichten zu erzählen. Ebenso hat fast überall die Chemie die traditionelle Methode ersetzt, die Schafe gegen Fliegen zu schützen: Man bestrich sie mit Öl. Dagegen bekommen sie immer noch einen Farbklecks auf ihr Fell verpaßt, um sie ihrem Herrn zuzuordnen.

Schafen, die besonders unternehmungslustig sind, werden meist die Vorder- oder Hinterläufe mit einer Fessel aus Binsen oder einfachem Seil locker zusammengebunden. Dann kommen sie nicht weiter, als der Hund sie verfolgen kann, aber der Schäfer muß auch aufpassen, daß sie sich nicht in Sträuchern und Büschen verheddern.

Gegen den Entdeckerdrang von Ziegen jedoch ist nach wie vor wenig Kraut gewachsen. Bis heute lassen die Ziegenhirten sie meist frei in den Bergen herumstrolchen und sammeln sie abends wieder ein.

Als Schutz vor Hitze und Staub bleiben Fensterläden und Türen auch tagsüber verschlossen.

Früher arbeitete der Schäfer für ein Gut oder ein ganzes Dorf und zog oft monatelang über die Insel. Heute ist er meist Eigentümer der Herde und geht nur noch in begrenztem Gebiet auf Wanderschaft.

Hirten und Schäfer auf Mallorca

Über das Hirtenleben gibt es unterschiedliche Vorstellungen: Man kennt ein Bild des Hirten aus der bukolischen Poesie, inspiriert vom traditionellen Bild des Hirten, der – ausgerüstet mit einem gefüllten Brotbeutel und einer Flöte – zusammen mit seiner Herde von Weidefläche zu Weidefläche zieht. Und es gibt den Beruf des Hirten, der wie ein selbständiges Unternehmen auf einer Fläche, die oft nicht größer als 10 000 Quadratmeter ist, mit Tausenden von Schafen Handel treibt.

Irgendwo dazwischen liegt die Realität des auf Mallorca immer noch existierenden Hirtenlebens. Es ist weder das ruhige, kontemplative Leben, noch eine besonders ertragreiche Arbeit, es ist vor allem eine völlig andere Art, sich seinen Lebensunterhalt zu verdienen, die oft vom Vater an den Sohn vererbt wurde: Erbe, Tradition, Berufung, Brauch oder einfach nur Lebensunterhalt. Auf jeden Fall ist der Beruf des Schäfers mit viel Arbeit verbunden, die im kalten und feuchten Winter ebenso verrichtet werden muß wie unter der brennenden Sonne des Sommers und nachts oftmals auch heute noch unter freiem Himmel.

Die Herden sind heute viel kleiner, denn die zur Verfügung stehenden Weideflächen sind durch ländlichen Tourismus, Agrotourismus, den Bau von Ferienhäusern, vor allem aber durch die im letzten Jahrzehnt üblich gewordene Einzäunung der Anwesen geschrumpft. Aber Bräuche und Lebensart der Hirten sind immer noch mit denen von vor hundert Jahren identisch, obwohl es einschneidende Veränderungen gibt. Früher gab es in fast allen Dörfern auf der Insel und rund um Palma eigenständige Schäfer mit Herden, deren Größe sich auf 100 bis 200 Schafe belief. Diese selbständigen Schäfer, die praktisch die Herde des Dorfes hüteten, sind heute deutlich weniger geworden. Die Schafhirten sind Kleinstunternehmer, und die Schafe gehören ihnen.

Die Schäfer aber hüten nicht nur Schafe sondern auch Ziegen. Ziegen wurden besonders in den bergigen und unzugänglicheren Regionen der Serra de Tramuntana gehalten. Sie lebten und leben immer noch halb wild, und sie sind schwer zu kontrollieren. Die großen Landgüter in den Bergen liegen nebeneinander, und die Grenzen im unwegsamen Gelände sind nicht eindeutig; so ist es ummöglich, die Besitzverhältnisse, die Anzahl und den Weidewechsel der Herden zu kontrollieren. In der Ebene Mallorcas gibt es noch vereinzelt kleine, domestizierte Ziegenherden, die oft in einem ländlichen familiären Umfeld die Milchversorgung sichern.

Ein Festtag für die Ziegenhirten in den Bergen ist der Tag, an dem sie gemeinsam die weit verstreuten Tiere verschiedener Besitzer zusammentreiben, um dann einen Teil der Erlöse aus dem Verkauf zu teilen. Es ist eine sehr anstrengende und gefährliche Arbeit für

Zeit für eine beschauliche Pause haben und hatten Schäfer meist nur auf Bildern.

Rechts: Ohne einen gut ausgebildeten Hütehund ist ein Schäferleben nicht auszudenken. Während der monatelangen Wanderschaften ist er zudem oft die einzige Gesellschaft für den Schäfer.

die Hirten, die oftmals bei dem Versuch, die sich sträubenden und flüchtenden Ziegen zu verfolgen, das Leben wertvoller Hunde und auch ihr eigenes Leben riskieren.

Die Arbeit endet mit einem ausgelassenen Essen am späten Nachmittag, wenn die Dämmerung aufzieht, in einer freundschaftlichen Atmosphäre und dem Gefühl einer gemeinsam gemeisterten Aufgabe. Die Ziegenhirten scherzen und erzählen sich Witze, fachsimpeln über ihr Handwerk und versprechen sich gegenseitig, es im nächsten Jahr genauso zu machen.

Für die Schafhirten findet Mitte Mai, wenn die Schafe geschoren werden, damit sie die nahende Hitze des Sommers ertragen können, ein ähnlich wichtiger Tag statt. Früher arbeiteten die Scherer in Zehner- oder Zwölfergruppen. Sie arbeiteten mit großen, scharfen Scheren, und an einem einzigen Tag „entkleideten" sie einige hundert Schafe.

Auch die Familien der Schäfer halfen dabei, und am Ende des Tages nahmen sie gemeinsam mit den Scherern ein üppiges Mahl mit gutem Wein zu sich. So geschah es früher in jedem Jahr. Heute schert man mit Maschinen. Man benötigt weniger Leute dafür als früher, und oft wird auch hier schon die Arbeit des Scherers von polnischen oder arabischen Akkordarbeitern übernommen.

Unten: Besonders Ziegen büchsen gern mal aus und erkunden Gegenden, wohin ihnen selbst der Hütehund kaum folgen kann. Wenn sie im Herbst wieder zusammengetrieben werden, fehlt immer die eine oder andere, die dann in Freiheit neue halbwilde Familien gründet.

Gemüse mit Herz
Artischocken

Damit hatte der Götterchef nicht gerechnet: Cynara zeigte ihm die kalte Schulter, einfach so – und das, nachdem er höchstselbst sich um die langhaarige Schönheit bemüht und nicht, wie manchmal, Hermes vorgeschickt hatte. Das war der Donnerer nicht gewohnt, und das konnte er auch, wie er meinte, nicht einfach durchgehenlassen. Also mußte die spröde Cynara das Schicksal manchen Erdlings teilen, der sich Gott oder Göttin verweigert hatte, die Metamorphose: Zeus verwandelte die Kratzbürstige in eine distelähnliche Pflanze, die Artischocke. Lange Zeit fristete sie so als Strauch ein von den Menschen unbeachtetes Dasein, ein stacheliges Unkraut, mit dem

nun keiner etwas anfangen konnte oder wollte. Aber Cynara hatte offenbar ein gutes Herz, und wenn es auch seine Zeit brauchte, bis die Sterblichen das begriffen und endlich erkannten, welche Delikatesse sich im zarten Kern der von Blättern umgebenen Blüte verbarg, schließlich entdeckten sie es doch.

Die Artischocke, *Cynara scolymus*, war schon im Altertum bekannt. Erst die Araber führten die lilafarben blühende *al-harsuf* auf den Balearen ein und brachten den Mallorquinern den Anbau und die Zubereitung des dornigen Gewächses bei, dessen leicht nussiger Geschmack sie so überzeugte, daß sie die Pflanze als arabisches Lehnwort *carxofa*

Stacheliges Distelgewächs mit butterweichem Kern: Nur die delikaten innersten Blätter wandern ins Einweckglas.

in ihre Sprache aufnahmen. In ihrer Küche kommt sie nicht so oft wie andere Gemüse, aber doch durchgängig vor, zum Beispiel in der *escaldums*, der gut gewürzten Geflügelpfanne mit Hähnchen oder Truthahn, oder in *sopes mallorquines*.

Artischocken können vier bis fünf Jahre lang acht nacheinander wachsende Blütenköpfe entwickeln, bis ihre Fruchtbarkeit allmählich nachläßt. Geerntet werden sie von Dezember bis Mai, je nach Sorte können die Stauden aber auch das ganze Jahr über tragen. Sie müssen vor dem Aufblühen geschnitten werden, denn danach sind sie ungenießbar. Ihren leicht bitteren Geschmack verdanken die *carxofes* übrigens dem Cynarin, einem Bitterstoff, der auf Leber und Galle entgiftend wirkt, Blase und Nieren stärkt und Rheumakranken Linderung verschafft.

Man findet mehrere Arten, wie die *Violeta*, *Blanca de Tudela* und die *Monquelina*, wobei sich die kleinen, länglichen und violetten Sorten auch zum Rohessen eignen. Dazu müssen die Artischocken allerdings noch ganz jung und sehr frisch sein, ohne daß sich „Heu" gebildet hat. Neben der kultivierten *carxofa* wächst auf Mallorca noch eine wilde, kleinere Sorte: die *carxofa borda*. *Alcauciles* sprießen im Frühjahr und im Herbst an Feldrändern und in unbearbeiteten Gärten und fallen durch ihre tiefblauen, ins Lila changierenden Töne auf. Gelegentlich werden sie auch auf Wochenmärkten angeboten.

Zur Zubereitung wird das Herz freigelegt, in feine Lamellen geschnitten und dann bißfest gegart. Bei größeren, runden und grünen Köpfen benutzt man vor allem die breiten Böden. Daher sagt man auch, wenn man in fröhlicher Runde längere Zeit zusammensitzt und sich sehr wohl fühlt, man sei „breiter als eine Artischocke". Bei einer anderen Variante, die etwas mehr Geduld erfordert, kocht man zuerst die ganze Blüte und tunkt dann die fleischigen Verdickungen am unteren Ende der Hüllblätter in eine Soße.

Das Entzünden eines Feuers aus Oliven- und Steineichenholz, das geduldige Warten darauf, daß sich die Scheite in Glut verwandeln, das Auflegen eines großen Rostes und das Grillen einer Unmenge von *carxofes bordes* sind auf Mallorca noch immer der obligatorische Auftakt zu einem üppigen Festmahl.

Carxofes a la parrilla

Gegrillte wilde Artischocken

Zutaten

6 wilde Artischocken pro Person
Olivenöl
Zitronensaft
Salz und Pfeffer
Pa moreno oder Mischbrot, das sich zum Toasten eignet

Zunächst Deckblätter entfernen und die Artischocken am Boden fast bündig (3–5 mm Überstand) abschneiden und dann senkrecht halbieren. Pro Person zwei Scheiben *pa moreno* bereitlegen. Holzfeuer herunterbrennen lassen, den Grillrost in die weiße Glut stellen. Artischockenhälften mit der Schnittseite nach unten trocken auf den Rost legen (etwa 7–9 Minuten), Artischocken wenden. Vorsichtig Olivenöl in die jetzt mit der Innenseite nach oben liegenden Artischocken träufeln. Nach weiteren 5 Minuten salzen, pfeffern und etwas Zitronensaft hinzugeben.

Die gleichzeitig gerösteten Brotscheiben auf einer Platte auslegen. Die Artischocken in mehreren Lagen mit den Schnittflächen nach unten auf das Brot türmen. Mit einer weiteren Platte abdecken. Leicht andrücken, dann servieren. Die leicht angebrannten Deckblätter entfernen. Die untere Hälfte der Artischocke kann komplett gegessen werden.

Je nach Geschmack kann das geröstete Brot, bevor es mit den Artischockenhälften belegt wird, mit einer Knoblauchzehe eingerieben werden. Dazu paßt frischer kalter Roséwein, am besten aus Binissalem.

Bei größeren Artischocken ißt man vor allem den Boden, von dem aus sich die Lamellen entfalten.

Geheimtips und die Folgen
S'Illot, Sa Coma und Cala Millor

Keine voreiligen Schlüsse! Im Rücken dieses Strandes haben schon Bagger und Betonquader den Traum „bewohnbar" gemacht.

Es waren einmal drei zauberhafte mallorquinische Strände. An ihre in sanften Halbkurven gebogenen Buchten plätscherten türkis- und smaragdgrüne Wellen, der feine, weiße Sand weigerte sich selbst im Hochsommer, glühend heiß zu werden, und ab und zu verlief sich eine einheimische Familie dorthin, bewaffnet mit Picknickkorb, Sonnenschirm und Buddelwerkzeug für die Kleinen.

Dann begannen auch die ausländischen Urlauber, mutig die vollgestopften Strände im Süden der Insel zu verlassen und den Norden nach Bademöglichkeiten zu erkunden. Die langgezogene Bucht von Alcúdia war schnell entdeckt und bevölkert, nur die felsige Westküste mit ihren versteckten, oft schwer zugänglichen Buchten genoß noch eine kurze Schonzeit. Son Servera wurde dann doch irgendwann zur Zielscheibe touristischer Sehnsüchte, der winzige Fischerort S'Illot wurde aus seinem Dämmerdasein ans grelle Licht des touristischen Massenbedarfs gezerrt. Schnell fand sein Name Eingang in die Reiseführer für die sonnenhungrigen Mitteleuropäer, in der Rubrik Geheimtip, und genauso schnell griffen die drei B's des Massentourismus, Bucht-Bagger-Beton: Hotels entstanden und Appartementhäuser, Souvenirläden und Diskotheken.

Gleich nebenan, in Sa Coma, kuschelte sich ein noch längerer, noch feinerer Sandstrand an den Rand der Bucht bis hinaus zum Cap d'es Pinar, gekrönt wie in einer Filmkulisse von den Ruinen eines alten Schlosses. Wer fand, das Geheimnis von S'Illot haben schon zu viele entdeckt, Gäste wie Investoren, suchte hierher das Weite und die Weite eines einsamen, unberührten Strands ... und kündete zu Hause vom neuen heißen Tip unter mallorquinischer Sonne.

Eine Bucht weiter nach Norden ereilte den eleganten, langgestreckten Strand S'Estanyol d'en Roig in der Cala Millor das gleiche Schicksal, und angesichts großer freier Flächen konnte der Geheimtip eilig, effizient und bettenreich bebaut werden. Schnell hieß

Irgendwo zwischen den Betonklötzen verbirgt sich das alte Sa Coma. Bald wird es kaum noch Fischer geben, die sich an das prätouristische Dorf erinnern.

Den Gästen mangelt es an nichts in S'Illot, außer vielleicht an der Einsamkeit, die den Ort einmal auszeichnete: Hotels und Restaurants gibt es reichlich.

Cala Millor ist ein beliebtes Ziel für Überwinterer jeglichen Alters aus kälteren Gefilden Mitteleuropas. Vereinsamungsgefahr besteht schon lange nicht mehr.

das neue Sonnenöl- und Luftmatratzenmekka in Anlehnung an die Hotelsilos der Südküste lästerhaft S'Arenal de Son Servera, je nach der Beteiligung am Aufschwung nahm man es als Hoffnung oder als Mahnung. Auf dem Gitterraster entworfene Neubausiedlungen schufen Wohn- und Ferienraum für Langzeiturlauber und Beschäftigte in den Dienstleistungsbetrieben. Im alten Hafen von Cala Millor sahen sich die wenigen verbliebenen Fischer bald Schaulustigen und Käufern gegenüber, die auf Englisch oder Deutsch nach Namen und Preisen des Fangs fragten.

Ganz in der Nähe finden andere Gäste aus fernen Ländern – diesmal nicht aus dem Norden, sondern aus dem Süden – ein vorläufiges Zuhause: In der *Reserva Africana,* für jedermann im eigenen Auto oder in einem Safari-Jeep zugänglich, gewöhnen sich Elefanten und Giraffen, Löwen, Strauße, Antilopen und Gnus an mitteleuropäisches Klima und ebensolche Gesichter, bevor sie zu ihrem Bestimmungszoo im Norden des Kontinents weiterreisen. Da erkennen sie dann unter den Besuchern womöglich ein paar bekannte Gesichter wieder, nur sind die dann dort zu Hause.

Verkehrte Welt: Seit die Badegäste Strand und Meer mit Beschlag belegen, bleiben reihenweise Fischerboote bei S'Illot auf dem Trockenen.

Falken, Fallen, Netze im Revier des Königs

Son Servera

„Im Jahre des Herrn 1229 erhielt der Ritter Jaume Cervera aus den Händen seiner Majestät, König Jaume I., ein Dorf in der Gemarkung Llevant, das fortan seinen Namen im Ortsnamen führen wird, als Ausdruck des Dankes für seine Hilfe bei der glorreichen Eroberung der Insel Mallorca." Ein Dokument, wo solches stünde, gibt es nicht. Leider, denn dann wäre der Streit um den Namen und die korrekte Schreibweise Son Serveras längst hinfällig. Aktenkundig ist das Dorf seit dem 13. Jahrhundert, und mit großer Wahrscheinlichkeit wurde es nach seinen Herren, der katalanischen Adelsfamilie Cervera, benannt.

Als aber die Inselregierung in den 90er Jahren des 20. Jahrhunderts balearische Schreibweisen für Ortsnamen vorschrieb, entbrannte der Streit um C und S. Die S-Fraktion wartete nämlich mit der Deutung auf, die Gegend sei seit dem 13. Jahrhundert wegen ihrer reichen Vorkommen an Spieräpfeln bekannt, „serves" auf mallorquí. Die C-Fraktion hielt dagegen, die ersten Siedler des Dorfes stammten aus einem katalanischen Ort namens Cervera, was „der Ort der vielen Hirsche" bedeute und auch auf das mallorquinische Son Servera zutreffe. Am Ende obsiegten die S-ler mit ihren Spieräpfeln.

Unsere Liebe Frau von der Bauruine

Die rund 8 000 Bewohner des etymologiebegeisterten Dorfes verdingen sich heute meist in den nahegelegenen Touristen-Buchten Cala Millor, Cala Bona und Cala Morell. Das Dorf ihrer Väter ist ihnen Schlafort und Zuflucht, aber weder das harte Landleben, noch schlechte Ernten oder die Todeshand der Pest bereiten ihnen derzeit Alpträume. Sie nehmen die Mandel- und Feigenbäume als selbstverständliche ländliche Kulisse wahr, genauso wie die Bauruine hinter der Bar Nou. Dabei hätte sie eine Kirche werden sollen, im neugotischen Stil groß angelegt bei der Grundsteinlegung 1906, wie immer noch an den Mauerumrissen des Haupt-

Eine große neue Kirche sollte sie werden, die *església nova*. Leider versiegte 1931 nach 25 Jahren Bauzeit der Geldhahn.

schiffs zu erkennen ist. Schon für Nebenschiffe hat das Geld bald nicht mehr gereicht, vom Dach ganz zu schweigen. Nach 25 Jahren Bau war der Traum ausgeträumt, und so haben wilder Oleander und Kletterrosen sich breitgemacht, wo einmal Rosenkränze gebetet werden sollten – ein idealer Ort, um dort im Sommer ab und zu eine *revetla* aufzuführen, eine Folkloredarbietung, die Tänze und Szenen aus dem bäuerlichen Leben Mallorcas zeigt.

Eine entfernte Verwandte von *Artemis*, dem Lieblingsreh von Königin Sissy, das mit seiner Herrin gegen Ende des 19. Jahrhunderts Erzherzog Ludwig Salvator auf Mallorca besuchte.

Coto privado de caza

Auch eine andere Kunst fand ihr Ende in den Wäldern und auf den Wiesen um Son Servera. Jedenfalls in ihrer höfischen, edlen Form, denn Hirsche und Wildschweine, Fasane und Rehe kommen auf Mallorca keinem Jägersmann mehr vor den Lauf. Dito ist die edle Zunft der Falkner längst arbeitslos geworden, und die königlichen Jagdgründe sind in kleine Parzellen aufgeteilt und an ehemalige Leibeigene und deren Nachkommen zur bäuerlichen Bewirtschaftung verkauft worden. Daß die meisten von diesen bis heute an den Grenzen ihrer Grundstücke ein Schild aufhängen *Coto privado de caza,* läßt nicht immer den Schluß zu, der Eigentümer lauere in schmuckem Jägergrün unvorsichtigem Wild auf. Meist heißt das nur, hier beginnt mein Land, und wer sich unbefugt nähert, muß mit fliegendem Blei rechnen.

Schon seit mehreren Jahrzehnten müssen auf Mallorca nur noch sogenannte niedere Wildarten um ihr Leben fürchten, also Kaninchen, Hasen, Rebhühner, Drosseln und wilde Tauben. Zeiten wie jene, in denen der König höchstpersönlich auf die Pirsch ging, sind vorbei. Dabei hatte Jaume II. 1302 noch 85 *llivres* ausgegeben, um Jagdgebiete im Llevant für seine Falken, Netze und Pfeile zu

Schon im 19. Jahrhundert, als dieser Stich entstand, war es mit der Hochjagd so gut wie vorbei. Die schneidigen Jagdhunde stellten vor allem Enten, Kaninchen und Rebhühnern nach.

sichern. Zwischen Capdepera und Colònia de Sant Pere entstand so die *Devesa de Farrutx*, die königliche Jagd. Wo heute der Maler Miquel Barceló in der Natur seiner Insel Inspiration sucht, hatte der königliche Wildhüter Pedrolo den Auftrag, den Wildbestand so zu erhöhen, daß seiner Majestät auch garantiert ein kapitaler Hirsch vor der Nase brunfte, wenn ihm danach gelüstete. Ab 1312 gab es schwunghaften Handel mit Wildbret, und binnen kurzem führten die Gasthäuser Wildgerichte auf ihren Speisekarten.

Die beliebteste Jagdtechnik, allerdings vor allem für kleinteiliges Wild, war die Falkenjagd. Die mallorquinischen Falkner genossen großes Ansehen, wie der Minnesänger López de Ayala festhielt: „Die Baumfalken, die auf der Insel Mallorca gezüchtet werden, sind die besten." Die Falken, denen in frühester Kükenzeit der Schnabel gestutzt wurde, damit sie sich am Fang nicht selbst den Bauch füllen konnten, lernten in einer Jahre dauernden Ausbildung, nur einem Herrn zu gehorchen und brav jedes im Sturzflug erhaschte Stück Wild an selbigen abzuliefern.

Aber schon unter Jaume III. erlitt die Jagd als edle Freizeitbeschäftigung empfindliche Baissen: Die politische Lage der Insel wurde so delikat, daß für solch letzten Endes unnütze Tätigkeiten keine Zeit mehr blieb Der mühsam aufgepeppte Wildbestand wurde im Nu zum Problem, zu viele Hirsche fraßen zu vielen Bauern die kostbare Ernte weg, und als alles nicht mehr half, verkaufte Jaume III. seine Jagdgründe. Die neuen Besitzer, Bauern auf kleinen Landschollen, erlegten weiter die Hirsche, wahl- und systemlos, um ihre Teller zu füllen, bis nichts mehr davon übrig war.

Falken aus dem Himmel der Freiheit und Schrot für das langohrige Fußvolk

Nach wie vor beliebt ist die uralte Technik der Treibjagd mit Hunden und, im Falle der Vögel, das Jagen mit Netzen. Vor allem Amseln und Tauben sind nach wie vor feste Bestandteile der Inselküche, selbst wenn die recht brutale Jagdtechnik nicht überall auf Sympathien stößt. Auch Kaninchen und Hasen lassen weiter ihr hakenschlagendes Leben zum Wohle eines duftenden Eintopfs. Allerdings neuzeitlich-modern mit einer Ladung Schrot im Leib. Erhascht sie ein Falke, dann kommt er nicht von einem ledergeschützten Adeligenarm dahergeflogen, sondern stürzt sich aus den Höhen des mallorquinischen Himmels herab und liefert die Beute einer Schar hungriger Jungvögel ab.

Wildschweine sind in Mallorcas Bergen selten geworden, aber auf verwilderte Ziegen und Steinhühner wird bis heute Jagd gemacht.

Aus festen Stempeln flicht dieser Korbmacher das Grundgerippe für einen Korb. Früher wie heute eine Frage der Erfahrung und des Geschicks.

Belastungsprobe für Palmwedel
Korbflechten

Eine Palme ist ein selten nützliches Gewächs. Große Exemplare wie die Dattel- oder Kokospalme liefern nicht nur kühlen, hübsch gezeichneten Schatten, sondern auch noch äußerst schmackhafte Früchte, und sind dabei wenig anspruchsvoll, was ihren täglichen Durst angeht. Kleinere Genossinnen der Gattung Palme, wie die nur auf den Balearen heimische Zwergpalme, liefern zwar keine Früchte für den Nachtisch oder hitzeunempfindliche Fette, aber durchaus Schatten – muß ja nicht immer gleich ein Mensch darunter passen – und biegsame, robuste Blätter in handlichem Format.

Während die der großen ideal sind als Handventilatoren und sogar als regendichter Belag fürs Hausdach, verwandeln sich die der Zwergpalme unter den geschickten Händen eines geübten Flechters in so gut wie alles, was in Haus und Garten, am Strand und beim Einkaufen Dinge beieinander halten soll.

Auf den Feldern zwischen Manacor und Artà hat sich die Zwergpalme schon zu Zeiten wohlgefühlt, als noch niemand daran dachte, sie im Plantagen-Format anzupflanzen. Heute bedecken die bis zu einem Meter hohen Minipalmen hektarweise die Felder, denn in Artà wird die Kunst des Korbflechtens immer noch groß geschrieben, jeglichen Kunststoffes zum Trotz.

Die Technik ist so einfach wie brillant: Den fächerförmigen Blättern der Palme werden zuerst die Strünke abgeschnitten, die das Kunstwerk der Natur zusammenhalten. Weil sie so lang und dünn sind, ist das Sonnenbad der Blätter meist nur von sehr kurzer Dauer.

Sowie die Blätter trocken und goldgelb sind, weichen sie in Wasser so lange ein, bis sie biegsam genug sind, um selbst der kniffligsten Schleifendrehung folgen zu können. Das Einweichen bewirkt praktischerweise auch, daß der Flechter weniger Gefahr läuft, sich bei der Arbeit die Hände ein ums andere Mal an den scharfen Blattkanten aufzusäbeln.

Und schon geht es ans Werk: Zugrunde liegt immer das Prinzip des Webens, egal ob ein Tragekorb für einen Eselsrücken entstehen soll oder ein Hängekorb, um Käse katzen- und mäusesicher in der Küche oder auf der

Deckelkörbe, Tragetaschen, Vorratsbehälter. Schon Erzherzog Ludwig Salvator machte eine Bestandsaufnahme der mallorquinischen Korbproduktion.

Darre zu lagern: In ein Grundgerippe aus festeren Blättern oder Stengeln werden im rechten Winkel die Blätter verwoben. Wenn die feuchten Blätter dann ein zweites Mal trocknen, ziehen sie sich leicht zusammen, was dem Flechtwerk besondere Stabilität und Dichte gibt.

Soll allerdings ein Sonnenhut künftig die Palmenarbeit des Schattenspendens verrichten, ein schicker Einkaufskorb seine Begleiterin auf dem Markt schmücken oder eine Matte als Strandlaken oder Wandbehang dienen, ist schon ein wenig mehr Phantasie und Geschick gefragt.

Mit gefärbten Blättern entstehen gefällige und kunstvolle Muster, mal in das Grundgeflecht eingewoben, mal plastisch als zweite oder dritte Schicht aufgebracht. Zudem hat jeder Flechter sein Repertoire an Sondertricks, um auch ohne Farbe, allein durch geheimnisvolle Vor- und Rückwärtsgänge, Leitern und Krebsgänge den Palmblättern die ausgefallensten Muster zu entlocken.

Wie fast immer im bäuerlichen Umfeld wird auch hier nichts verschwendet. Die Strünke und jene Blatteile, die beim Flechten abfallen, werden in ihre langen, kräftigen Fasern zerlegt.

Lose zusammengebunden, geben sie einen hervorragenden Besen ab. Fest ineinandergedreht, beachtlich kräftige Seile und Stricke. An denen Ziegen, Esel und Schafe angebunden, Wassereimer in Brunnen gesenkt, um kostbares Wasser zu Tage zu fördern, Boote festgemacht und mit denen sogar Stuhlsitze bespannt werden können. Dagegen ist angewurzelt herumstehen und Schatten machen dann doch eher ein müheloses Verdienst.

Kleine Palme, große Wirkung: Aus den Blättern der Zwergpalme werden immer noch Korbwaren hergestellt.

Ein paar geschickte Hände später bekommen diese Böden einen Flechtkörper zum Tragen.

Tanzen unter Aufsicht
Artà

Artà ist ein bißchen „von allem etwas". Auf seinem zentralen Stadthügel reicht eine komplette Drehung um die eigene Achse, um die Vielfalt Mallorcas zu sehen: Richtung Nordwesten das Meer, in den anderen Himmelsrichtungen Berge, durchzogen von fruchtbaren Tälern; weder Mandelplantagen fehlen noch Ölbaumhaine, weder Weizenfelder noch der typisch mediterrane Kiefern- und Pinienwald.

So ist es nur logisch, daß Artà und seine reizvolle, reiche Umgebung schon früh besiedelt waren. Die talayotische Siedlung Ses Païsses am Ortsausgang beweist dies mit einem Alter von mehr als 3000 Jahren. Funde belegen, daß von den Ureinwohnern über die Phönzier, Griechen, Römer, Vandalen, Mauren bis zu den Christen wirklich alle Kulturen hier Fuß gefaßt hatten, die je versucht haben, auf Mallorca heimisch zu werden oder wenigstens reich.

Die erste große Blüte erlebte Artà, als es noch *Jartan* oder *Gertan* – das arabische Wort für Garten – hieß und ein maurischer Adeliger der Stadt vorstand. Von deren urbanistischen Verdiensten ließen die Christen nichts stehen, wohl aber die wundervollen Gartenanlagen vor den Toren der Stadt.

Das heutige Bild der Stadt stammt aus den Jahrhunderten nach der christlichen Rückeroberung. Jaume I. veranlaßte bereits 1230, auf den Grundmauern der maurischen *Almudaina*, des Kastells, eine neue Burg zu bauen, groß und mächtig genug, um der Bevölkerung Schutz zu bieten und übermütigen Angreifern zu zeigen: hier nicht! Zehn Jahre später wurde auch Hand an die neue Pfarrkirche gelegt, auf den Grundmauern der Moschee natürlich.

Auch mehr als 700 Jahre nach dem Burgneubau auf maurischen Ruinen ist aus dem Vorhaben Jaumes I. nichts geworden: Die Stadt Artà schmiegt sich um die Befestigungsanlage statt in ihrer Mitte Schutz zu suchen.

Diese beiden Bauten, die Burg mit ihren weitgefaßten, doppelten Festungsmauern und die Pfarrkirche direkt darunter an der Hügelwurzel, fangen als erstes schon von weitem den Blick ein, um ihn nicht wieder loszulassen. Die Pfarrkirche Transfiguració del Senyor stammt in ihrer jetzigen Gestalt zwar vorwiegend aus dem 16. Jahrhundert, hat aber, schon umringt von Renaissance, ein beachtliches Werk der Spätgotik hergegeben, dessen bergabgewandte Längsseite mit sieben Arkaden ins Tal blickt. Innen beleuchten sie eine große Fensterrose und Glasfenster bis zum Deckengebälk mit den Farben und Geschichten der wichtigsten Heiligen. Eine sehr aufwendig gearbeitete mallorquinische Holzkanzel leitet über zu Chor und Hochaltar mit einer Darstellung der patestehenden Verklärung des Herrn am Berge Tabor.

Draußen vor der Kirche haben die Christen doch etwas übersehen oder dankenswerterweise stehen lassen, was zur Moschee gehörte: Der ehemalige Meditations- und Waschungsplatz schwingt nun federleicht halb über den Dächern der Stadt und bietet unvergleichliche Ausblicke in die Landschaft.

Von hier führen 180 Treppenstufen, von Zypressen gesäumt, als wären sie eine königliche Garde, den Kreuzweg hinauf auf die Burg. Schon nach den ersten Blicken ins unbebaute Innere der Wehrmauern stellt sich die Frage, wer hier denn überhaupt gelebt hat. Genau wie in Capdepera konnten sich die Bauern und Handwerker nie entschließen, ihre Heime in die Sicherheit des Burggürtels zu legen. Aber wie im Nachbarstädtchen suchten sie hier Zuflucht, wenn Piraten und andere Neider angerückt kamen, die am offenbar reichen, selbstgefälligen Artà nicht tatenlos vorbeiziehen konnten.

Zeitweise mußte die gesamte Bevölkerung Artàs innerhalb der mittelalterlichen Stadtmauern Schutz suchen. Damit auf so engem Raum keine Zwietracht entstand, ersannen die Stadtväter spezielle Verhaltensregeln.

Ein Knigge für das Burgleben

Mit einem Unterschied, der in Artà noch in den Annalen der Stadtchroniken festgehalten wird: Zu Beginn des 15. Jahrhunderts war Artà ständig so schweren Angriffen durch die Korsaren ausgesetzt, daß der Bürgermeister entschied, die ganze Bevölkerung müsse in die Burg ziehen. Wo so viele Menschen auf engstem Raum leben, sieht man sich gezwungen, ein paar Sonderregeln aufzustellen, sonst brauchten die Piraten gar nicht mehr zu kommen, denn die *Artanencs* hätten sich schon gegenseitig aufgerieben.

Also verfügte der *batle*, der Bügermeister, zum Thema „Sonntag": Es dürfe nicht mit Stoffen gehandelt werden, Sklaven müßten freihaben, niemand dürfe fischen gehen, sich rasieren oder frisieren lassen, fluchen und etwas anderes schreiben als Testamente und Hochzeitskarten, Frauen durften sich auf keinen Fall mit Bändern oder Perlen schmücken. 1433 wurden alle Waffen verboten, was sofort zu bewaffneten Ausschreitungen führte.

1459 hatte die in der Burg zusammengepferchte Bevölkerung Artàs das Interesse an ihrem traditionellen Vergnügen, dem Gänserennen, verloren und widmete sich einem neuen: Tanzen! Sofort wurden mehrere auf Herz und Nieren geprüfte Moralapostel als Aufseher und Spitzel bestellt … nicht aus-

Zu Weihnachten füllt sich die Stadtmauer mit himmlischen Heerscharen, denn dann dient die ganze Burg als Bühne für ein ebenso farbenfrohes wie ergreifendes Krippenspiel.

zudenken, was alles passieren kann, wenn Männer und Frauen sich musikbeschwingt berühren!

Die sehr liebevoll restaurierten Burgmauern und -gebäude erzählen davon freilich heute nichts mehr. Hauptattraktion der Burganlage ist der Blick hinunter zum Meer und in die weite Hügellandschaft, wo aus der Ferne noch ein trutziges Bollwerk herübergrüßt: Die Torre de Canyamel, der Zuckerrohrturm, der im 14. Jahrhundert aus weniger süßem Anlaß gebaut wurde: Als Wehrturm schützte er die dazugehörige *possessió* und war mit Pechnasen, Zinnen und Sicherheitsleitern auf alle Fälle von Unheil bestens vorbereitet.

Auf der Artanyer Burg muß man sich kurz vom Blick losreißen und die Wallfahrtskirche Sant Salvador besuchen: Der jetzige Bau stammt von 1832 und ist architektonisch keine Meisterleistung, aber auch keine Schande. Sein Vorgänger wurde 1820 abgebrannt, nachdem eine Cholera-Epidemie mehr als 1 000 Menschen dahingerafft hatte und die Kirche als Lazarett hatte herhalten müssen.

Die Kirche ist stolze Besitzerin einer bemerkenswerten Gemäldesammlung, darunter zwei, die in unzähligen Büchern abgebildet werden: *Die Übergabe Mallorcas durch den maurischen wâlî an König Jaume I.* und *Das Martyrium des Ramón Llull;* letzteres zeigt die legendäre Steinigung des Seligen durch die „Heiden" in Nordafrika.

Frühgeschichte im Museum und in den Hausmauern

Wieder unten im Ort, gibt es noch zweierlei Vergnügliches zu tun – mindestens: Einmal, dem Museu Regional d'Artà einen Besuch abstatten. Angelegt wie ein turbulenter Krämerladen, ist es vollgestopft mit Unmengen von Sammlerkram, aber auch mit ein paar kostbaren Einzelstücken: Keramikscherben, Münzen und Gerätschaften aus der Hinterlassenschaft der Phönizier, Römer und Griechen. Und erstaunliche kleine Kriegerfiguren und Hausrat aus dem benachbarten talaiotischen Dorf Ses Païsses.

Und dann ein ausgedehnter Gang durch die engen und etwas abweisend wirkenden Gassen der Stadt, deren widerstandsfähig gebaute Gebäude oft fensterlos aber stets blumengeschmückt sind – nicht zu schnell, um an den trutzigen Häusern die wuchtigen Portale zu bewundern und all die aufwendigen Wappenschilder zu studieren. Wer genau hinsieht, an der richtigen Stelle natürlich, entdeckt vielleicht ein Raubstück aus dem nahen prähistorischen Steindorf im Mauerwerk.

Auf wenige Quadratmeter ist hier ein kompletter Gemischtwarenladen geklemmt.

Artàs Korbflechtereien verlegen ihre Auslage oft direkt auf die Straße. Die Palmblätter für ihre Arbeit werden vor den Toren der Stadt angepflanzt.

Die Altstadt lädt mit ihren herrschaftlichen Stadtpalästen zu ausgedehnten Spaziergängen ein – netterweise fehlt es nicht an gemütlichen Pausencafés.

Die gotische Pfarrkirche Artàs erhielt ihr heutiges Erscheinungsbild im Renaissance-geprägten 16. Jahrhundert.

Ab in die Steinzeit
Ses Païsses und die Talaiot-Kultur

Gleich hinter dem ehemaligen Bahnhof von Artà braucht es nur einen Schritt, um durch ein monumentales Steintor aus drei riesigen Einzelsteinen 3000 Jahre weit zurück in die prähistorische Siedlung Ses Païsses zu gelangen. Neben der Fundstätte Capocorb Vell bei Llucmajor ist Ses Païsses die einzige wenigstens in den Grundmauern erhaltene Ortsanlage der Ur-Mallorquiner. Anders als auf der Nachbarinsel Menorca, wo kaum ein Acker keine Funde aus der Frühgeschichte birgt, haben wahrscheinlich auf Mallorca die kontinuierlichen Invasionen und die darauffolgenden Plünderungen der alten Siedlungen als Steinbrüche die Erinnerung an die erste Kultur der Inselgruppe fast ausgelöscht.

In Ses Païsses haben die Menschen hinter einem doppelten Mauerring aus zwei Meter hohen Steinquadern gelebt. Innerhalb des Mauerrings sind die Grundrisse der Wohnhäuser erkennbar, die sich in einem unregelmäßigen Kreis um ein zentrales Gebäude, wahrscheinlich ein Heiligtum, schmiegten.

Wie die Menschen dort gelebt haben, wie sie aussahen, welches Gesellschaftssystem sie hatten, darüber ist immer noch sehr wenig bekannt. Selbst die umfangreichen Funde auf Menorca lassen mehr Vermutungen als Schlußfolgerungen zu, denn die Ureinwohner haben nicht geschrieben, und die, die über sie schrieben – griechische und römische Reisende vor allem –, taten dies aus historischer und auch kultureller Ferne.

Die Griechen nannten die Inseln *gimnesias*, denn die Bewohner liefen so herum, wie die Griechen das von ihren Sportlern im *gymnasion* gewohnt waren: so gut wie nackt. So gut wie, denn die Ur-Mallorquiner trugen Schafspelze. Antiken Schriftstellern wie Timaios aus dem 4. Jahrhundert v. Chr. oder Diodor von Sizilien 300 Jahre später mögen die teils schon der Bronzezeit, teils noch der Jungsteinzeit zugehörigen Balearer recht primitiv erschienen sein; andererseits demon-

In der prähistorischen Siedlung von Ses Païsses hat im Laufe von rund 3000 Jahren die Natur wieder ihr Recht eingefordert.

strieren Knöpfe, Broschen und Keramik in den Museen von Capocorb Vell, Deiá, Manacor, Costitx und im Museu de Mallorca in Palma, daß sie herzustellen wußten, was nicht von den Bäumen fiel. Im Kampf benutzten sie neben den Steinschleudern und einem Schild aus Ziegenleder auch kupferne, später eiserne Pfeilspitzen und Speere. Die Stierköpfe von Costitx belegen, daß sie höchst kunstfertig mit Bronze umgehen konnten. Skelett-Funde zeigen, daß sie sich medizinisch so weit auskannten, um Trepanationen, die Öffnung des Schädelknochens, vorzunehmen, ohne den „Patienten" zu töten.

Die Kultur der Steine

Eine andere Kunst, die ihnen den Namen *Balearides* einbrachte und später die Inselgruppe zu den *Balearen* werden ließ, machte sie sogar zu begehrten Söldnern in karthagischen und römischen Armeen: Steinschleuderer, ein Lehnwort vom Griechischen *ballein*, für „werfen". Darin waren sie so geübt, daß sie selbst römische Schiffe angriffen, deren Besatzungen unter Deck Schutz suchen mußten. Erst als Rom sich ernsthaft vornahm, Mallorca zu erobern, mußten seine Bewohner erkennen, daß sie gegen die Kriegs-Präzision der Römer nicht ankamen. Sie flohen in ihre *tumuli*, wie es in einem römischen Bericht heißt. Diese balearischen *tumuli* nennen die Archäologen *talaiots*, vom

In großen, in die Erde gegrabenen Zisternen wurden Wasservorräte gesammelt.

Nur noch an den Grundmauern ist zu erkennen, wie ein Haus zu talayotischer Zeit aufgeteilt war.

arabischen *atalaya*, „Wach-Turm", und Joan Ramis, ein Archäologe aus Menorca, hat danach den Begriff der „talayotischen Kultur" geprägt.

Aus den Höhlen auf die Hügel

Als die Römer kamen, waren die Inseln schon lange bewohnt, über 5 000 Jahre. Vermutlich trieb Hunger im 6. Jahrtausend v. Chr. Bewohner der Provence in einfache Boote und hinaus aufs Meer. Auf den Balearen fanden sie vom Wasser in die Felsküste gegrabene Höhlen vor, die ihnen Schutz boten, und eine so reiche Tier- und Pflanzenwelt, daß sie leben konnten. Bald begannen sie, die Höhlen zu erweitern, Räume in die Felsen zu schlagen, die Wände mit Naturfarben zu bemalen und auch eigenartig kleine Grabnischen für ihre Toten zu graben, denen vor der Beisetzung Arme und Beine gebrochen wurden.

Ab dem 2. Jahrtausend v. Chr. bauten sie Gemeinschafts-Grabstätten über der Erde, die umgekippten Schiffen gleichen und danach *navetes* genannt werden. Etwa um dieselbe Zeit begannen sie, jene seltsamen Türme auf den Anhöhen zu bauen, die ihrer Kultur den Namen für die Nachwelt gegeben haben. Wozu die *talaiots* wirklich genutzt wurden, ist unklar. Ihre Lage auf Hügeln und meist mit Meerblick, mal freistehend, mal innerhalb eines Dorfes, legt nahe, daß sie als Wach- und Verteidigungstürme dienten. Wozu noch, darüber gibt es nur Vermutungen: als Versammlungsraum – alle *talaiots* haben innen mindestens drei Räume –, Speicher, Waffenkammer?

Sicher waren sie keine Heiligtümer, denn die befanden sich immer in der Mitte der Dörfer und besaßen eine stets gleiche Form: ein Oval aus aufrecht stehenden Steinblöcken, von zwei Seiten zugänglich, worin ein paar Stufen hinab führten zur *taula*, einem der seltsamsten Gebilde dieser Kultur. Benannt nach dem Wort *tabla* für Tisch, bestanden die *taules* aus einem bis zu vier Meter hohen Steinquader, der sozusagen als Tischplatte einen weiteren Steinquader in perfekter Statik trug. Als Altar oder Opfertisch können die *taules*, die man nur auf Menorca gefunden hat, wegen ihrer Höhe nicht gedient haben, und es ist ein Rätsel, woher die Ureinwohner die statischen und technischen Kenntnisse hatten, um so etwas zu errichten.

Vor allem im Umgang mit Megalithen, großen Steinen, ähnelt die talayotische Kultur anderen frühgeschichtlichen Fundstätten: die Nuraghen-Türme auf Sardinien, Hünengräber in Nordeuropa, Steinringe wie Stonehenge auf den britischen Inseln und die Burg von Mykene mit ihrem imposanten Löwentor in Griechenland. Wie viele weitere Gemeinsamkeiten diese Kulturen aufwiesen, darüber rätselt und spekuliert die Wissenschaft immer noch.

In Dörfern der Talayot-Kultur wie Ses Païsses lebten mehrere Familien in einer Art Clan, dem sicher ein Chef oder Priester vorstand. Mit Frauen und Kindern waren sie Diodor zufolge nicht sehr zimperlich, auch wenn erstere ihnen ungemein wertvoll waren: Einerseits war eine entführte Frau bis zu vier Männer Lösegeld wert, andererseits mußte eine Braut bei ihrer Hochzeit jedem Gast zu Willen sein – ein Widerspruch wohl nur für uns, nicht für sie. Kinder lernten zielgenaues Steinschleudern, indem die Erwachsenen ihnen ihr Essen unerreichbar auf Baumäste legten und die Kinder so zwangen, es herunterzuschießen.

Die weitverbreitete Mär über die Ur-Balearer, sie hätten Riesen sein müssen, um die tonnenschweren Steine zu bewegen, scheitert allerdings an dieser darwinistischen Diät.

Die Kunst des Steineschleuderns machte die Ur-Mallorquiner zu beliebten Söldnern in karthagischen und römischen Armeen.

Turmbauten wie diese haben der mallorquinischen Frühkultur ihren Namen gegeben: *talaiot* vom arabischen *atalaya* für Turm.

Bethlehem, Mallorca
Die Ermita de Betlem

Irgendwo hier in diesen Hügeln müssen sich die letzten kämpfenden Mauren vor der Reconquista versteckt gehalten haben, um doch noch Mallorca für sich zu retten – vergeblich. Richtung Westen hinter Artà geht es durch ein malerisches Tal mit recht bodenständigem Namen: Torrent de Cocones, der Sturzbach der Viehtränken, weiter in Serpentinen bis zum Paß und über den Kamm der Serra d'Artà auf die andere Seite hinunter ins Hochtal. Dort liegt sie, Mallorcas jüngste Einsiedelei, die Ermita de Betlem, die den Namen Bethlehems erhielt, weil die Eremiten hier anfangs in der Kargheit eines ehemaligen Pferdestalls das Los ihres Herrn bei seiner Geburt teilten.

Der Weg zur Klause führt über die sanften Hügel vorbei am prächtigen Landsitz jener Familie, die um das Jahr 1800 fünf Mönchen ein Stück ihrer Ländereien überließ, damit diese ihren Traum von Einkehr und ungestörter Meditation fernab jeden Rummels verwirklichen konnten: Der Adelssitz Can Son Morey Vell erhebt sich auf einem der weichen Hügel in den Ausläufern der Serra d'Artà.

Kachelwände schmücken den ehemaligen Pferdestall.

Nahe der Einsiedelei von Betlem bekommt der Blick Flügel, um über die Bucht von Alcúdia zu schweben.

Die Abkehr von der Welt lockt die Welt an

Aber wie manch anderes Mal kam es anders, als die Mönche sich das vorgestellt hatten. Auch ohne wundertätige Madonna kamen bald die Pilger in Scharen nach Betlem. Damit war es aus mit der Abkehr von der Welt, aber die Wallfahrer brachten Spenden, so daß schon bald die Kirche vergrößert werden konnte. Die Christusfigur samt edlem Rock hatten schon zuvor die Kapuziner aus Palma gestiftet, nun wurde die Kuppel der Kirche in lebendigen, strahlenden Farben mit einer Marienkrönung ausgemalt, und fromme Reiche aus der Umgegend gaben den Obolus für weitere Entfaltung. Eine Sonnenuhr und Kachelbilder schmückten bald die weißgekalkten Wände, ein Klostergarten ließ Kräuter und Blumen sprießen. Noch heute

Die zunächst primitive Unterkunft der Mönche in einem Stall wurde bald dank Pilgerspenden zu einem richtigen Kloster ausgebaut.

bewirtschaften eine Handvoll Mönche vom Sankt-Paul-und-Anton-Orden die kleine Pilgerherberge und kümmern sich um die bunten Beete. Ein paar Schritte von der Hauptanlage entfernt wirkt dennoch mehr als ein Hauch dessen nach, was die Gründungsidee der Einsiedelei war: Ganz in der Nähe lädt eine Quelle, die Font de l'Ermita, mit Steinbänken und einer kleinen Grotte zu einer Pause ein – nicht nur vom Fußmarsch, sondern von der Welt. Der *mirador*, die Aussichtsterrasse scheint über der Bucht von Alcúdia und der Victoria-Halbinsel zu schweben, aufgehängt zwischen Himmel und Erde.

Die Bethlehemskirche ist innen immer noch recht schlicht. Das Altarbild zeigt, wie könnte es an einem Ort dieses Namens anders sein, die Geburt Christi.

Von der Wunderburg zur Traumbucht
Capdepera und Cala Ratjada

Hätte die Gottesmutter nicht im rechten Moment geholfen, stünden heute wohl nur noch Stummel wie hohle Backenzähne in den Himmel des Llevant über Capdepera. Doch als im 14. Jahrhundert ein besonders schwerer Piratenüberfall die Stadt heimsuchte und die Bewohner schon völlig verzweifelten, da nicht einmal die Burg sie vor der mordenden und plündernden Meute beschützen zu können schien, griffen sie zum letzten Mittel: Sie holten eine kleine, schmächtige Madonnenfigur aus der Burgkapelle, stellten sie auf die Zinnen eines der Türme, und sofort senkte sich eine weiße Nebelbank auf die Piraten. Die waren so perplex, daß sie umgehend Fersengeld gaben und das Weite suchten. Als *Miracle de Capdepera,* das Wunder von Capdepera, wird dieses Ereignis immer noch in Volksliedern besungen, und die Madonna, seitdem mit dem Beinamen *Esperança,* Hoffnung, geschmückt, hat einen Ehrenplatz in der Sant-Bartomeu-Kirche. Der Turm heißt seitdem Torre de la Boira, Nebelturm, und dient als Pforte in die wundersam gerettete Burg, die die größte Mallorcas und dank geschickter Restaurierungen hervorragend erhalten ist.

Am Ort des Wunders will niemand leben

Weithin sichtbar wacht sie auf dem Berg Recó über die Stadt und das Umland. Ihre Zinnen und Türme glänzen warm und golden im Abendlicht. Daß ihre Mauern außer dem

Nicht einmal mit König Sanç I. als Nachbarn wollten die Bürger Capdeperas in der Burg, der größten Mallorcas, wohnen. Griffen Piraten an, flohen sie in ihre schützenden Mauern. War die Gefahr vorüber, bezogen sie sofort wieder ihre Häuser zu Füßen der Burg, die im Laufe der Zeit eine eigene, geschlossene Stadt gebildet haben.

Getrockneter Fisch und eingelegte Oliven bevölkern diesen Marktstand.

Schon die Mauren hatten den Burghügel befestigt, um das Umland im Blick zu haben.

Gouverneurshaus, einem Wehrturm und besagter Kapelle nichts zu schützen haben, hat seinen Grund: Sie blieb seit 1300 mehr oder weniger unbewohnt. Längst vorher hatten die Mauren hier eine Befestigungsanlage unterhalten, die während der Reconquista als eine der letzten an die Christen fiel. In den Ruinen der maurischen Burg empfing Jaume I. die arabischen Gesandten aus Menorca, die ihm kampflos ihre Insel übergaben. Schon wünschte er, die Burg solle wieder aufgebaut und von den im Umkreis lebenden Bauern besiedelt werden.

Aber diese Pläne scheiterten. Weder Jaume II., der den Mauerring verdoppeln ließ, noch seinem Nachfolger Sanç I., der 1323 eine Kapelle in der Burganlage errichten ließ und zeitweise selbst hier lebte, gelang es, die Bauern zum Umzug in die Burganlage zu bewegen. Griffen Piraten an, suchten sie Zuflucht in der Burg, zogen aber sofort wieder ab, sowie die Gefahr vorüber war. Was aus der ehemals zerstreuten Besiedlung um die Burg geworden ist, offenbart sich bei einem Rundgang über die Burgmauer: eine geschäftige, florierende Stadt mit Treppengassen voller Blumen und Kakteen, efeubewachsenen Mauern und verträumten Hinterhöfen.

Langusten, Schwarzwälder Kirsch und moderne Kunst

Am Ortsausgang fällt die Wahl schwer: nach Norden, Richtung Cala Mesquida, durch eine Landschaft voller wilder Oliven und Mastixsträucher, in denen Nachtigallen, Zaunkönige

und Rotkehlchen nisten, bis zur – noch – fast unbebauten Mesquida-Bucht? Oder nach Osten, nach Cala Ratjada? Auch der Weg lohnt sich, obschon das Fischerstädtchen sich seit Beginn des vor allem deutschen Massentourismus mit immer neuen Ortsteilen mehr und mehr Richtung Capdepera ausdehnt. Aber trotz der vor allem sommerlichen Invasion von Badegästen, der Omnipräsenz von Schwarzwälder Kirschtorte, deutschen Autokennzeichen und Klingelschildern an den Häusern hat Capdepera es geschafft, im Kern seinen alten Hafen-Charme zu bewahren – und seine Stellung als zweitwichtigster Fischereihafen Mallorcas, nach Palma.

Das liegt vor allem daran, daß die Fischgründe in der Meeresstraße zwischen Mallorca und Menorca unverändert reich sind an sehr begehrten Schätzen: Langusten insbesondere, die in privaten wie Restaurant-Küchen reißenden Absatz finden. So dümpeln im wehrhaft befestigten Hafen *llaüts* und Motoryachten, Trawler und Sportsegler friedlich nebeneinander, und in den Cafés und Restaurants am Hafen haben einheimische wie fremde Gäste ein bühnenähnliches Panorama auf Bootsbauer und Netzeflicker, auf die frisch angedockte Ware aus dem Meer und die stolzen Yachtbesitzer beim Messingputzen. Alle Politur ist allerdings zwecklos bei einem seltsamen Haufen aus 21 rostigen Ankern am Kai: Die Skulptur des Franzosen Arman ist ein Geschenk der March-Stiftung an die Fischer.

Mehr moderne Bildhauerkunst wartet auf einem Hügel über dem Hafen: Wo einst ein fensterloser und daher blind genannter Wachturm aus dem 15. Jahrhundert stand, der *torre cega,* hat Joan March ein Herrenhaus im traditionellen Stil hinstellen lassen, das heute seinem Sohn Bartomeu gehört. Im 60 000 Quadratmeter großen Park darum herum, der ausschließlich mit Pflanzen der mediterranen Fauna bewachsen ist, hat die March-Stiftung 53 Skulpturen aufgestellt, die meisten von spanischen und lateinamerikanischen Künstlern – ein Chillida zum Beispiel –, aber auch Namen wie Auguste Rodin, Max Bill und Henry Moore sind vertreten. Auf dem Weg zum Leuchtturm an der Punta de Capdepera, die sich vorwitzig nach Osten

Zwei Generationen Wachtürme nah beieinander: Die *talàia* aus dem 16. Jahrhundert hat als Schutz vor Piraten längst ausgedient. Der andere Leuchtturm warnt nicht das Land vor den Schiffen, sondern die Schiffe vor dem Land.

schiebt, als wolle sie an Menorca schnüffeln, bleibt der Blick immer wieder an von Pinien eingerahmten Bildern hängen – im Süden am Cap Vermell, im Norden am Cap des Freu, und direkt unterhalb des Wegs folgt eine Traumbucht der anderen: die Cala Moll und die Cala Gat, wo es sogar bescheidene Eis- und Getränkebuden gibt, etwas weiter die Cala Agulla mit ihrem feinen Sandstrand und dem Dünengras, am Ende die Cala de la Font … ganz ungestört sind sie nicht mehr, aber immerhin noch so weit ab vom großen touristischen Schuß, daß so gut wie jeder vor Entzücken einen Stoßseufzer über Himmel und Meer schickt.

Cala Ratjada ist nach wie vor Mallorcas wichtigster Fischereihafen.

Es muß nicht immer Sandstrand sein: Auch zwischen Felsen ist ein Badetag am Nordostkap ausgesprochen vergnüglich.

Mit Donner und Doria
Fischen vor Mallorca

An Mallorcas steilen Klippen kommen Angler auf ihre Kosten. Aber wenn der Fisch Glück hat, wird er als zu klein für den Mittagstisch befunden und darf zurück ins Meer.

Die guten Zeiten für die mallorquinischen Fische sind lange vorbei. Und sie waren auch nur kurz: Nur im 16. Jahrhundert hatten sich die Inselbewohner während ständig drohender Piratenangriffe den Fischkonsum beinahe abgewöhnt und sich sicherheitshalber lieber auf die Landwirtschaft im Inselinneren konzentriert. Als aber über Wasser Ruhe eingekehrt war, sahen sich die Meerestiere gleich wieder von Reusen und Netzen verfolgt und bedroht. Auch heute noch – schon in der ersten Morgensonne müssen sie die Schatten der *llaüts*, der für die Balearen typischen Boote, über den sandigen Meeresboden huschen sehen und Alarm schlagen.

Für die auf dem Wasser in den Booten zeigt sich allerdings deutlich ein wichtiger Unterschied zu früher: Heute ist es aus mit dem Monopol der mallorquinischen Fischer auf der eigenen Insel – „dank" der schnelleren Transportwege und der verbesserten Frischhaltung, denn die Konkurrenz von der spanischen Atlantikküste ist ungeheuer groß. Mehr als drei Dutzend Meeresfrüchte und über sechs Dutzend Fischarten, deren Namensbestimmung auch Spezialisten noch herausfordert, haben die galicischen Küstengewässer aufzuweisen. Gegen diesen Artenreichtum kann sich Mallorca mittlerweile nicht mehr behaupten.

Trotzdem: Auch Ende des 20. Jahrhunderts lebten immerhin noch mehr als 1300 Mallorquiner unmittelbar vom Fischfang und fuhren täglich aufs Meer hinaus. Auch wenn die Gewässer heute keine großen Mengen mehr hergeben, sie haben dennoch eine enorme Vielfalt an Speisefischen sowie Krusten- und Schalentieren zu bieten. Denn Mallorca ist gerade deshalb privilegiert, weil es eine Insel ist und die unterschiedlichen Küstenformen für jeden etwas bieten: Hier sind viele Meeresbewohner Dauermieter.

Im Süden der Insel liegen große, trotz vieler ökologischer Sünden immer noch intakte Meereswiesen, die von allerlei Wassergetier gründlich abgeweidet werden. Und auf dem Sandboden der seichten Gewässer, in Tiefen bis zu 30 Metern, ist der Tisch noch besser gedeckt: Eine eigene mallorquinische Welt von Sonnen- und Blütenpflanzen erstreckt sich dort, die im klaren Inselwasser

Während der ständigen Piratenangriffe wagten sich die Mallorquiner kaum noch aufs Meer hinaus. Heute jedoch schaukelt sie das Mittelmeer als friedliches Gewässer.

beste Wachstumsbedingungen vorfinden und nur hier leben, „endemische Arten" nennen das die Biologen. Für viele Fisch- und Krebssorten der ideale Wohnsitz: In diesen Unterwasseroasen treffen sie phantastische Laich- und Lebensbedingungen an. Und noch weiter unten, auf den tiefer gelegenen, ausgedehnten Sandbänken und am Fuß der Unterwasserfelsen geht es zu wie oben auf der Insel am Hotelpool: schöne Formen und schrille Farben rekeln sich auf der Korallenbank.

Tiefe Gründe mit teuren Tieren

Noch tiefer, bis zu 400 Meter weit unten im Meer, verkriechen sich Langusten und Kaisergranat, besonders im Norden der Insel, wo die schroff ins Meer abfallenden Felsen der Tramuntana-Küste gute Voraussetzungen für ihren Lebensraum bieten. Privilegierte Krustentiere, denn gegenüber dem anderen Meeresgetier genießen sie Vorrechte: Vom 1. September bis zum 1. März dürfen sie auf den Balearen von den Fischern gar nicht behelligt werden. Krabbeln sie in der restlichen Zeit trotzdem in einen der Körbe – mit Netzen können sie so weit unten nicht mehr gefangen werden –, dann hat jedes, das kleiner als 19 Zentimeter ist, gesetzlichen Anspruch darauf, dem Meer wieder zurückgegeben zu werden. Schon vor über hundert Jahren war den Fischern das Problem der „Überfischung" bekannt. Deshalb wurde der Fang mit dem *bou*, dem Schleppnetz, auf eine Jahreshälfte beschränkt.

Der hohe Adel der Krebstierwelt, Hummer, wird so nur von Juni bis August mit Hummerkörben oder Grundschleppnetzen gefangen, die über den Meeresboden gezogen werden. Darauf reagieren sie übrigens ziemlich schnell sauer und müssen daher nach dem Fang besonders behutsam behandelt werden: Streß vermindert ihre Qualität, und ihr Geschmack erhält einen säuerlichen Stich.

Wie man sagenhafte Fische überlistet

In den verschiedensten Meerestiefen rund um Mallorca herrschen Strömungen, die das gan-

Zwei *llaüts* ziehen in Teamwork ein Schleppnetz über den Meeresgrund.

Zu Zeiten Ludwig Salvators markierten die Fischer mit Korkbojen, wo ihre Reusen Hummern und Langusten auflauerten.

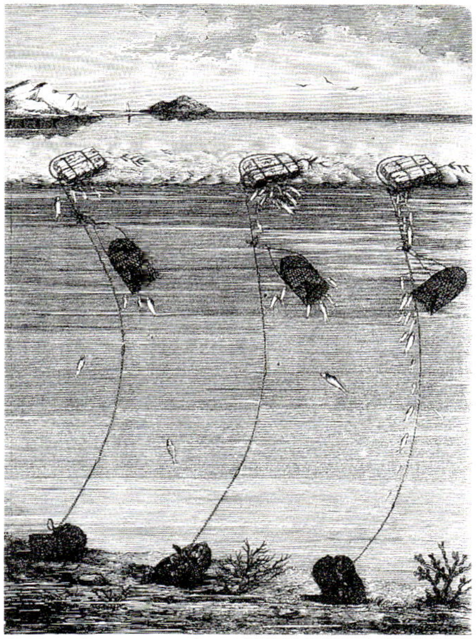

ze Mittelmeer durchziehen und Fischarten mitbringen, die hier eigentlich nicht heimisch sind, Schwertfische zum Beispiel.

Auch Thunfische, die glücklich darüber sind, daß sie den kilometerlangen Netzen der portugiesischen Fischer vor der Straße von Gibraltar und der spanischen Costa del Azahar entgangen sind, leben hier gefährlich: Im Balearischen Meer holt man sie vorzugsweise mit der Angel und der Schleppangel aus dem Wasser und dem Leben, hauptsächlich entlang den Ausläufern der Küstenböschung in 150 bis 200 Metern Tiefe.

Diese Fischgründe zählen ohnehin zu den interessantesten, da hier die größten Petersfische, Barben, Brassen und Barsche gefangen werden. Auf Delphine, die in den mallorquinischen Märchen – wie auch in anderen Erzählungen am Mittelmeer – als freundliche Helfer der Menschen mitspielen, haben es die Fischer Gott sei Dank nicht abgesehen.

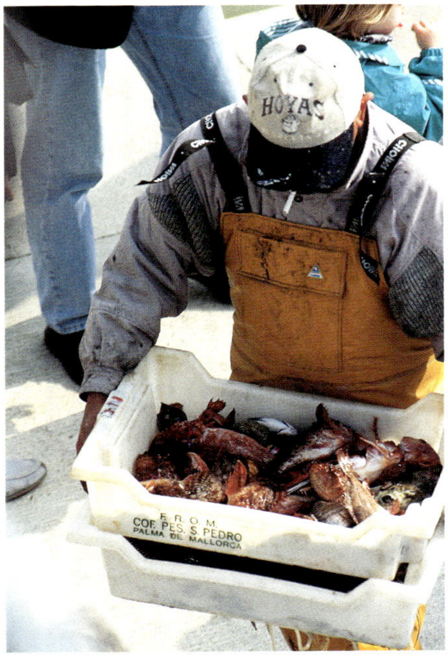

Früher mußten die Fischer monatelang getrennt von ihren Familien in einfachen Hütten am Strand leben. Heute ist es nur ein Sprung vom Fischkutter nach Hause – auf dem Motorrad.

Frische geht vor: Erst wenn der Fang auf Eis gelegt ist, tauscht der Fischer sein Ölzeug gegen Land-Zivil.

Ein Fischer aber, der nicht genau weiß, welche Arten sich zu welchem Zeitpunkt an welchem Ort befinden, hat hier nichts zu lachen. Statt dessen wird er von allen Fischen ausgelacht, wenn er mit dem falschen Netz anrückt, insbesondere dann, wenn er den Meeresgrund nicht genau kennt und in seinen Maschen nur Korallen hängenbleiben, die das Garn zerstören.

Wer sich hingegen in Mallorcas Gewässern auskennt, der erwischt im Winter Fische mit Netzen, die er zweimal pro Tag einholt. Im Sommer setzt er Schleppnetze ein, in denen sich dann auch größere Fische, manchmal sogar kleine, aber ungefährliche Haie verfangen.

Am Ende des Sommers wartet ganz Mallorca ungeduldig auf den *raor*, den seltenen Schermesserfisch. Der ist eigensinnig und macht es den Fischern nicht leicht: Er gräbt sich in den Meeresgrund ein, ist daher nur sehr schwer aufzufinden und muß mit einer speziellen Legeangel gefischt werden. Durch diesen relativ großen Aufwand wird er ziemlich teuer; aber diese Geldanlage lohnt, denn er ist eine Delikatesse: Sein Fleisch ist sehr fein und hat einen ausgezeichneten Geschmack.

Den *raor* zu fangen ist schon schwierig, aber bei manchen anderen geht es am besten nur mit Blitzlicht und Donnerhall. Auch wenn kaum ein Seemann mit seinem Boot während eines Unwetters auslaufen würde, die mallorquinischen Fischer tun es und warten genau auf den Moment, in dem Jupiter Blitz und Donner vom Himmel schickt, um ihre *llaüts* zu Wasser zu lassen. Jedenfalls dann, wenn sie hinter der *llampuga* her sind, der sagenumwobenen Goldmakrele. Wenn sie bei Unwettern gefangen werden, sollen sie angeblich besonders delikat schmecken, vielleicht, vermuten einige, weil sie Angsthormone freisetzen, wenn die Wogen sie herumwirbeln.

Traditionel werden beim *llampuga*-Fang einige Korkschachteln, *capses,* ausgesetzt. Ein schwerer Stein dient als Anker und hält sie an ihrer Position. Das wird schon seit Generationen so gemacht, wie Ludwig Salvator vom Ende des 19. Jahrhunderts berichtet: „Diesen Fischfang unternimmt man bei der Dämmerung oder in mondhellen Nächten, denn da suchen die *llampugas* den Schatten der *capses* auf. Der Fischer mit seiner *llaüt* umkreist die *Capses* der Reihe nach, wobei er die *llampuguera,* welche eine Art Tasche zum Einschließen des *capses* besitzt, ausbreitet. Ist dies geschehen, so nähert er sich in dem Maße, wie er das Netz an sich zieht, dem *capse* und fängt die Fische, die nicht mehr zu entkommen vermögen."

Oben: Wegen seines furchterregenden Aussehens wird der Seeteufel in Geschäften oft nur fertig filetiert angeboten.

Unten: Ein Übel, gegen das noch kein Kraut erfunden wurde: Feine Maschen, die sich in große Löcher verwandeln. Deshalb müssen jeden Nachmittag die Netze kontrolliert und geflickt werden.

Verat
Scomber scombrus
Einfache Makrele
Familie der Scombridae

Calamar
Loligo vulgaris
Kalmar
Familie der Loliginidae

Orada
Sparus aurata
Goldbrasse
Familie der Sparidae

Anfós
Epinephelus guaza
Zackenbarsch
Familie der Serranidae

Pop
Octopus vulgaris
Krake
Familie der Octopodidae

Llagosta
Palinurus elephas
Languste
Familie der Palinuridae (Fabricius)

Grimalt
Homarus gamma
Hummer
Familie der Nep

Llop
Dicentrarcus labrax
Wolfsbarsch
Familie der Serranidae
Bis
Scomber japonicus colias
Spanische Makrele
Familie der Scombridae
Déntol
Dentex dentex
Zahnbrasse
Familie der Sparidae
Rap
Lophius
Seeteufel – Lotte
Familie der Lophiidae
Tonyina
Thunnus
Thunfisch
Familie der Thunnidae
Petxinas
Callista chione
Venusmuschel
Familie der Veneridae
aeus)
Morena
Muraena helena
Muräne
Familie der Muraenidae

Anhang

Mallorca in Zahlen

(Stand August 1999)

Fläche:

Mallorca ist 3 618 Quadratkilometer groß. Rund 110 Kilometer sind es in der Länge von Sant Elm bis zum Cap de Formentor und rund 70 Kilometer in der Breite.

Lage:

Im westlichen Mittelmeer, je rund 200 Kilometer von Valencia, Barcelona und Algier entfernt.

Gebirge:

Zwei Gebirgszüge rahmen die Insel im Südosten und Nordwesten ein, die Serra de Llevant und die Serra de Tramuntana. Die höchsten Berge der Insel sind der Puig Major (1 445 Meter), Puig Massanella (1 348 Meter), Puig Tomir (1 103 Meter), Puig de l'Ofre (1 091 Meter), Puig d´es Teix (1 064 Meter) und Puig Tossals (1 047 Meter).

Klima:

Mallorca genießt ein gemäßigt subtropisches Klima, mit kurzen, milden Wintern und heißen Sommern, durchschnittlich 7,9 Sonnenstunden am Tag und geringen Niederschlagsmengen (1 500 Millimeter pro Quadratmeter im Norden, 400 Millimeter im Süden).

Bevölkerung:

650 000, davon 350 000 in der Hauptstadt Palma. Dazu kommen zwischen 30 000 und 80 000 Ausländer mit mehr oder weniger festem Wohnsitz auf Mallorca. Noch in den vierziger Jahren des 20. Jahrhunderts lebten nur etwa 60 000 Menschen auf der Insel. Die nächstgrößten Städte nach Palma sind Manacor (28 000 Einwohner), Inca (21 300 Einwohner), Llucmajor (19 000 Einwohner) und Sóller (11 000 Einwohner).

Verwaltung:

Mallorca gehört zum Autonomiegebiet der Balearen (entspricht in etwa einem Bundesland). Das Autonomiegebiet wird von Palma aus vom *Govern Balear* regiert, jede Balearen-Insel hat einen *Consell Insular* (Inselrat). Mallorca ist in sieben Regionen aufgeteilt, traditionell *comarques* genannt, die aber keine politischen Grenzen darstellen: Palma, Tramuntana, Ponent, Llevant, Pla, Raiguer, Migjorn. Politisch ist die Insel in 53 Gemeinden *(municipis)* gegliedert.

Sprache:

Als Teil des spanischen Staates hat Mallorca offiziell das Kastilische (außerhalb Spaniens meist Spanisch genannt) als Amtssprache. Seit 1983 ist Mallorquí, die regionale Variante des Katalanischen, gleichberechtigte Amtssprache. Vor allem in den touristischen Zentren der Insel wird zunehmend Deutsch und Englisch gesprochen.

Wirtschaft:

Die Mallorquiner erwirtschaften eines der höchsten Pro-Kopf-Einkommen Spaniens: 2,86 Millionen Peseten (34 000 DM), gegenüber 2,3 Millionen Peseten im spanischen Durchschnitt (27 000 DM). Haupteinkommensquelle ist mit 75 Prozent der Dienstleistungsbereich, der sich fast ausschließlich dem Tourismus widmet, gefolgt von der Bauindustrie mit rund 10 Prozent. Fast drei Viertel der Insel sind

Klimadaten von Palma de Mallorca

Durchschnitts-temperatur in C°	Jan.	Feb.	März	April	Mai	Juni	Juli	Aug.	Sept.	Okt.	Nov.	Dez.
Tag	14,1	14,8	16,6	18,9	21,9	26,0	28,9	28,8	26,9	22,5	18,1	15,1
Nacht	6,3	6,3	7,9	10,4	12,8	16,9	19,6	20,2	18,1	13,9	10,2	7,6
Sonnenstd. pro Tag	5,2	6,5	6,6	7,9	9,8	10,5	11,4	10,6	8,5	7,1	5,7	5,0
Wassertemp. in C°	14,0	13,0	14,0	15,0	17,0	21,0	24,0	25,0	24,0	21,0	18,0	15,0
Regentage	8	6	8	6	5	3	1	3	5	9	8	9

Entfernungstabelle
in km

	Calvià	Inca	Llucmajor	Manacor	Palma	Sineu	Sóller
Calvià		53	48	55	22	55	42
Inca	53		28	32	29	12	40
Llucmajor	48	28		38	25	25	52
Manacor	55	32	38		50	20	77
Palma	22	29	25	50		32	27
Sineu	55	12	25	20	32		66
Sóller	42	40	52	77	27	66	

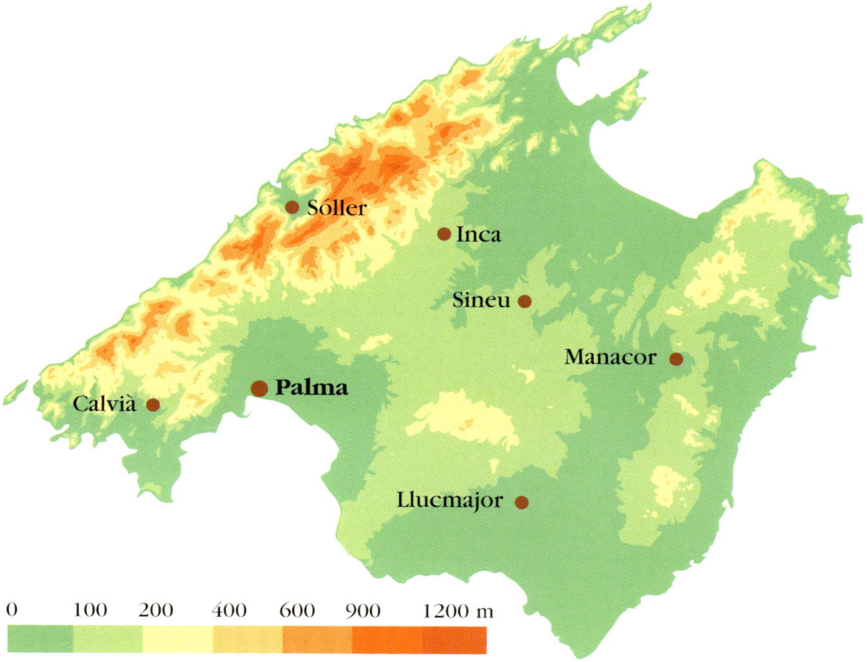

Oben: Mallorcas Lage und Form sind eine schräge Sache: Die beiden Bergzüge im Westen und Osten geben der Insel ihre Parallelogramm-Form.

landwirtschaftliche Nutzflächen, sie tragen aber nur 2,5 Prozent zum Bruttosozialprodukt bei und stellen 11 Prozent der Arbeitsplätze. Die Arbeitslosenquote liegt mit 13,9 Prozent 3,4 Prozentpunkte unter dem spanischen Durchschnitt.

Tourismus:

Seit den sechziger Jahren des 20. Jahrhunderts Mallorcas Haupteinkommensquelle. Von 100 000 Touristen 1950, 350 000 zehn Jahre später und einer Million 1966 ist die Zahl der Gäste Jahr um Jahr gewachsen, auf 6,2 Millionen 1998. Ebenso die der Hotel- und Appartmentbetten: Von 8 200 im Jahr 1950 auf rund 390 000 1998, ein Viertel des gesamten spanischen Volumens. 37 Prozent der Mallorca-Reisenden sind Deutsche, gefolgt von 32,2 Prozent Briten und 8,9 Prozent Spaniern.

Von den ersten Siedlern bis in die Neuzeit:

Im 6. Jahrtausend vor Christus kamen erste Siedler vermutlich aus Südfrankreich auf dem Meerwege nach Mallorca. Um 3000 vor Christus entstanden die prähistorischen talayotischen Siedlungen. Ab 300 vor Christus legten phönizische Kaufleute Handelsstützpunkte auf Mallorca an. 123 vor Christus wurde Mallorca von den Römern erobert. Erste christliche Bauwerke ab dem 2. Jahrhundert nach Christus. Im 5. Jahrhundert vertrieben die Vandalen die Römer, 80 Jahre später wurde die Insel für kurze Zeit byzantinisch. Die Mauren landeten 902 auf Mallorca, 1232 endete die christliche Reconquista Mallorcas unter Jaume I. mit der vollständigen Eroberung der Insel. 1349 fiel das Königreich Mallorca an die Krone Aragóns. Nach der Vereinigung Aragóns mit Kastilien 1479 wurde auch Mallorca Teil des Spanischen Reiches. Bis ins 17. Jahrhundert litt die Insel massiv unter Angriffen türkischer und arabischer Piraten. Im Spanischen Bürgerkrieg (1936–1939) fiel Mallorca fast widerstandslos an die Faschisten unter General Franco. 1983 erhielten die Balearen Autonomie-Status.

Die mallorquinische Windrose zeigt, woher auf der Insel der Wind weht und was er bringt.

MITTELMEER
Racó de Sa Figuera
Es Morro d'en Llobera
Es Morro de Sa Vaca
Puig Roig
1002
Sa Calobra
Es Morro de Sa Corda
Torrent de Pareis
Es Morro de Cala Rotja
S'ILLETA
Sa Punta Llarga
Puig de Massanella
Puig Major
1445
1348
Port de Sóller
Es Port
Cap Gros
Punta dels Dolç
L'Horta
Fornalutx
Serra de son Torrella
Cala de Deià
Punta de Deià
Lluc-Alcari
Sóller
Mancor de la Vall
Punta de Sa Foradada
Deià
Serra d'Alfàbia
Serra de Tramuntana
Miramar
1064
Es Teix
Cala de Valldemossa
Alfàbia
Orient
Castell d'Alaró
Lloseta
Port des Canonge
Valldemossa
Alaró
Platja de Son Bunyola
Es Cavall
S'Arenal
Bunyola
Punta des Verger
Consell
Punta Roja
Banyalbufar
Palmanyola
Santa María del Camí
Esporles
Sa Punta de Son Serralta
Estellencs
Punta de S'Algaret
Marratxi
Es Penyal de S'Evangèlica
1026
Establiments
Portol
Es Ratjolí
Son Sardina
Puigpunyent
Aeroport Son Bonet
Puig de Galatzó
Punta Fabioler
Es Pont d'Inca
Galilea
Morro de Sa Ratjada
Sa Vileta
Cap de Tramuntana
Es Capdellà
Palma
Aeroport de Son Sant Joan
SA DRAGONERA
S'Arracó
Castell de Bellver
Calvià
Sant Jordi
Andratx
Sant Agustí
Coll d'en Rabassa
Punta Galinda
Sant Elm
Es Cap des Falcons
Cas Català
Can Pastilla
Peguera
Port d'Andratx
Costa de la Calma
Portals Nous
Es Pilari
Platja de Palma
Palmanova
S'Arenal
Es Cap de Sa Mola
Platja de S'Arenal
Santa Ponça
Magaluf
Badia de Palma
T. de Son Verí
ES MALGRAT
Cala Falcó
Bella Vista
Cap Enderrocat
Portals Vells
I. DEL TORO
Cala Figuera
Cales Portals Vells
Cap de Cala Figuera
Cala Vella
La Fossa
Sa Pedrera de la Seu
Cap de Regana
Sa Pedrera
Sa Cova des Lladres
Cap Roig
Cap Blanc
MALLORCA
N
0
5 km
Leuchtturm
Turm
Kloster
Kirche
Castell
Antike Stätte
Höhle
Aussichtspunkt
Strand
Flughafen

FRANKREICH
KORSIKA
SPAN EN
SARDINIEN
BALEAREN
MENORCA
MALLORCA
IBIZA
FORMENTERA
MITTELMEER
ALGERIEN
Cap de Formentor
Cap de Catalunya
Punta de Sa Font Salada
PENINSULA DE FORMENTOR
Morro de Bóquer
Cala Murta
P. de Coves Blanques
Punta Galera
I. DE FORMENTOR
Els Farallons
Cala de Sant Vicenç
Platja de Formentor
Cala Solleric
Punta Avançada
Castell del Rei
Badia de Pollença
Punta Sabater
Port de Pollença
Cap des Pinar
Cala Solana
Pollença
Es Mal Pas
Cap de Menorca
Santuari del Puig
Ruines romanes
Alcúdia
I. D'ALCANADA
Es Port d'Alcúdia
Alcanada
Llac Gran
Platja d'Alcúdia
Es Cap de Ferrutx
Platja de Muro
Badia d'Alcúdia
Cas Capellans
Es Faralló d'Albarca
S'ALBUFERA
Es Caló
Cala Torta
Can Picafort
Cala Mata
Cap des Freu
Sa Pobla
Punta Llarga de Son Real
Massís d'Artà
Son Serra de Marina
Cala Agulla
Búger
Necròpolis
Cala Ratjada
Colònia de Sant Pere
Muro
Serra Nova
Capdepera
Cala Ratjada
Síquia Real
Artà
Santa Margalida
Poblat de Ses Païses
Coves d'Artà
Llubí
Torrent de Binicanbell
Serra de Calicant
Cap Vermell
Maria de la Salut
Na Borges
Costa de Canyamel
Costa dels Pins
Ariany
Cap des Pinar
Sineu
Sant Llorenç des Cardasar
Cala Bona
Son Servera
Lloret de Vista Alegre
Petra
Cala Millor
Platja de Sant Llorenç
Son Carrió
Mora
Sant Joan
Punta de N'Amer
Pina
Manacor
Vilafranca de Bonany
Sa Punta de Sa Roca
Montuïri
Coves Dels Hams
Portocristo
Coves des Drac
Cala Mandia
Sta. Creu
Portocristo Novo
Santuari de Cura
Cala Romàntica
Porreres
Cala Falcó
Alqueria Blanca
Coves des Pirata
de Randa
Serra de Llevant
Cala Magraner
Sa Bastida
Santuari de Monti-Sion
Cales de Mallorca
Cala Bota
Felanitx
Cala Domingos
Son Fullano
Cala Murada
Cala Murada
Santuari de San Salvador
S'Algar
Portocolom
Campos
Cas Cocons
Castell de Santueri
Sa Punta
Calonge
Cala de Sa Nau
Cala Ferrera
Alqueria Blanca
Cala d'Or
Es Corb Martí
Ràpita
Santanyí
Porto Petro
Arenal de Sa Ràpita
Es Llombards
Cala Mondragó
Es Trenc
Cala Figuera
Ses Salines
Cala Santanyi
Colònia de Sant Jordi
Cala Llombards
E. Tamarells
Port de Campos
Punta des Bous
Estany de Ses Gambes
Caló des Màrmol
D'es Caragol
Punta Negra
Cap de Ses Salines

Was sprechen die Mallorquiner?
Über Catalá, Castellano und Mallorquí

Nicht jeder Spanier versteht den anderen auf Anhieb, denn davon, daß ganz Spanien ein einheitliches Sprachgebiet bildet, kann keine Rede sein. Vier Sprachen werden dort gesprochen: Galicisch im Nordwesten, Baskisch im Baskenland und Nordnavarra und Kastilisch im Zentrum, im Süden sowie auf den Kanarischen Inseln. Auf Katalanisch verständigt man sich in Katalonien, Valencia und auf den Balearen.

Mehr als sechs Millionen Menschen haben Katalanisch als Muttersprache erlernt. Wenn man die verschiedenen Dialekte des Català, zum Beispiel das Valencianische, das Menorquinische, das Mallorquinische und das Ibizanische hinzuzählt, sprechen elf Millionen Menschen Katalanisch. Somit ist die Sprache mit ihren Dialekten die größte Minderheitensprache der Iberischen Halbinsel. Immerhin 43 Jahre lang schrieb Don Francesc de Borja Moll in Biniali seit 1920 an seinem Wörterbuch der drei katalanischen Varianten: Katalanisch, Valenzianisch, Balearisch; aber wer eine oder mehrere romanische Sprachen gelernt hat, dem klingen viele Wörter auf Anhieb sehr vertraut.

Viele Besucher glauben, daß Mallorquí und Menorquí unterschiedliche Sprachen mit eigener Grammatik seien, doch es handelt sich um Spielarten des Katalanischen, die nach jahrzehntelanger Unterdrückung durch Franco nun wieder das öffentliche Leben bestimmen.

Geliebt, verbannt und zurückgekehrt: Das Mallorquí

Nach der Rückeroberung Mallorcas durch Jaume I. trat das Katalanische mit seinem Dialekt Mallorquí an die Stelle der vorher gesprochenen Amtssprache Arabisch. In der Literatur wurde es erstmalig durch den Missionar und Philosophen Ramón Llull verwendet, der von 1235 bis 1315 lebte und als der „Dante der katalanischen Literatur“ gilt.

Ende des 15. Jahrhunderts vereinigten sich die Kronen von Aragón und Kastilien, was durch die Heirat der *reyes católicos,* der Katholischen Könige Ferdinand von Aragón und Isabella von Kastilien, besiegelt wurde. Die politische Vormachtstellung Kastiliens führte dazu, daß das Castellano das Català in Aragón immer stärker zurückdrängte. Dieser Niedergang der Sprache blieb jedoch auf die Literatur beschränkt; als Rechts-, Amts- und Umgangssprache blieb Katalanisch unangefochten, ebenso wie die politischen Sonderrechte, die Aragón-Katalonien innehatte.

Nach dem Ende des Spanischen Erbfolgekrieges von 1701 bis 1714 verlor Katalonien seine politische Eigenständigkeit, und die Bourbonen-Könige trieben die Entwicklung des spanischen Zentralstaats in seiner heutigen Form voran. Der katalanische Nationalfeiertag, die Diada am 11. September, erinnert noch heute an den Fall Barcelonas und den Verlust der Autonomie.

Das Kastilische setzte sich als spanische Hochsprache durch, nicht weil die Bevölkerung ganz Spaniens das so wollte, sondern weil dies per Gesetz festgelegt wurde, auch für Katalonien: 1716 wurde hier das Spanische als Unterrichtssprache verbindlich. Und 1779 bekam die Obrigkeit gar solche Angst vor der katalanischen Sprache und Literatur, daß sie selbst verbot, Theaterstücke auf Català aufzuführen.

Erst Anfang des 20. Jahrhunderts erlebte Katalanisch einen neuen Aufschwung: In dieser Wiedergeburt, der *renaixença,* fand die Sprache die Unterstützung von Fördervereinen und wurde zum Gegenstand linguistischer Forschungen. Aber die Flügel wurden den katalanischen Worten schnell wieder gestutzt, wie immer, wenn eine unsichere und deshalb rigide Zentralmacht sich nur mit Mühe und durch Gewalt im Sattel halten konnte. Nach dem Spanischen Bürgerkrieg 1939 wurde der öffentliche Gebrauch des Català wiederum massiv behindert. Franco hatte sein persönliches Hühnchen mit den Katalanen zu rupfen, denn diese hatten, zusammen mit den Basken, den faschistischen Truppen am längsten Widerstand geleistet.

Die Folgen der *decadència,* des Niedergangs des Catalá, sind noch heute spürbar: Die Mehrzahl der Einwohner Mallorcas spricht das kastilische Spanisch und benutzt untereinander die regionalen Dialekte, aber viele Mallorquiner finden es selbstverständlich, bei offiziellen Anlässen Kastilisch zu verwenden. Einige Inselbewohner haben noch ein zusätzliches Problem: Sie sind zur Zeit der Diktatur Francos aufgewachsen, haben in der Schule nur Castellano gelernt, weshalb es ihnen schwerfällt, sich auf Mallorquí zu verständigen.

Seit der Verfassung von 1978 gilt zwar nur Castellano als Amts- und Staatssprache des Landes, während für alle anderen Sprachen auf die jeweiligen Autonomiestatute verwiesen wird. Diese sehen für Català, Galego und Euskara (Baskisch) die Funktion regionaler Amtssprachen vor. Plätze und Straßen erhielten daher wieder ihre ursprünglichen, dialektalen Namen. So wird Andraix wieder zu Andratx, Bañalbufar wieder Banyalbufar und San Juan zu Sant Joan. Die *cuevas* heißen wieder *coves,* der *puerto* wird zu *port.*

Mallorquí, die Sprache Mallorcas, ist eine Abwandlung des Katalanischen. In der Schriftsprache ist der Unterschied gering, ganz anders jedoch verhält es sich bei der Aussprache, die manchen Romanisten an seinem Sprachtalent zweifeln läßt. Die Mallorquiner haben ein Faible für das „sch“: X klingt wie „sch“, Felanitx wird also „Felanitsch“ gesprochen; uig am Ende eines Wortes spricht man wie „tsch“ aus, *puig* klingt also wie „Putsch“, aitx und atx wird wie „atsch“ gesprochen, also „Andratsch“.

Verzeichnis verwendeter Mallorquí-Begriffe

actes	Taten
agermanats	Zusammenschlüsse von Handwerkern – wie Zünfte oder Gilden –, die gemeinsam gegen die obere Gesellschaft und deren Privilegien angingen; das Wort bedeutet heute daher auch: Aufstand
aguila	Adler
albercoc	Aprikose
allioli	mallorquinische Knoblauchcreme (wörtlich: Knoblauch und Öl)
alou	Abgabe an den Großherren
alqueria	Gutshof, Landgut
ametlla	Mandel
amitger	Zins an den Gutsherren
amo	Herr, Besitzer
angel	Engel
anguila	Aal
anxoves	Sardellen
arenal	Sandstrand
arròs a la marinera	Reis nach Seemannsart
arxiduc	Erzherzog
assentament	Fundament
avinguda	Allee
badia	Bucht
ball des cossiers	folkloristischer Tanz
bandolers	Banditen
barraca	Hütte, Baracke
barri xinès	chinesisches Viertel
batle	Bürgermeister
batuda	Olivenölherstellung incl. -ernte
besada	Kuß
biga	Balken
blocs	Blöcke
boira	Nebel
botella llavrada	mallorquinisches Musikinstrument
botifarró	mallorquinische Blutwurst
bou	Schleppnetz, Stier
braser	Holzkohlebecken
brossat	Quark, Frischkäse
bunyol	Krapfen
ca'n	Kurzform für: das Haus von
cabàs	flacher Strohkorb
cabell d'àngel	Engelshaar (Kürbismus)
cafè amb llet	Milchkaffee
cala	kleine Bucht
calamar	Tintenfisch, Kalmar
camaiot	Blutwurst in Kugelform
camí	Weg
camilla	kleines Tischchen mit einer dicken Decke, unter der man sich im Winter gemeinschaftlich versammelte
cap	Kopf
capella	Kapelle
caproig	Rotschopf
capsa	Schachtel
cargols amb sobrassada	Schnecken mit Streichwurst
carraques	Klapper, Schnarre
carrer	Straße
carretera	Landstraße
cartoixa	Kartause
carxofa	Artischocke
casa	Haus
cascabeles	Schellen
cascall	Schlafmohn
cases de sa neu	Schneehäuser
cassola	Napf, kleiner Topf
castanyola	Kastagnetten
castell	Schloß
catedral	Kathedrale
cava	Sekt
cega	blind
celler	Weinkeller
Ciutat, La	Stadt (Bezeichnung der Mallorquiner für Palma de Mallorca)
claustre	Klausur
coent	scharf
confraries	Bruderschaften
confrares	Brüder, Gebrüder
conill amb ceba	Kaninchen mit Zwiebel
conversos	Konvertierte
copa de vi	Glas Wein
cossier	Tänzer
costelletes de porc amb salsa de magranes	Schweinekoteletts mit Granatapfelsauce
coturnix	Wachtel
cova	Höhle
cremadillo	mallorquinischer Punsch
crespells	Plätzchen
creus de terme	Wegkreuze
dimonis boiets	kleine, nette Dämonen
diumenge	Sonntag
dolç	süß
dragons	Eidechsen
duro	Bezeichnung für 5 Peseten
embassament	Stausee

empanades	Teigtaschen, Pasteten
emperador	Schwertfisch
en el seu punt	reif sein (wörtlich: auf dem Punkt sein)
ensaïmada	mallorquinisches Hefegebäck
Entrecôte amb albercoc	Entrecôte mit Aprikosen
envinagrat	in Essig eingelegt
es	der (Artikel)
esclata-sang	Pilzart
escorxador	Schlachter, Metzger
espardenyes	Stoffschuhe mit Strohsohle
espinagada	Spinatgericht mit Aal
esportins	flache Körbe der Olivenpresse
estiu	Sommer
faixa	Leibchen, Bauchbinde
fang	Ton, Schlamm
fava	Saubohne
fava pelada pagesa	Saubohne nach Bauernart gepellt
ferret	Triangel
ferrocarril	Eisenbahn
festa	Fest, Feier
festa des pa i des peix	Brot- und Fischfest
festa des sol que balla	Fest der tanzenden Sonne
fideus amb cabra	Fadennudeln mit Ziege
figa	Feige
figuera	Feigenbaum
figuera de moro	Kaktusfeige (Kakteenart)
figues de moro	Kaktusfeigenfrucht
finca	Gutshaus
fira	Feier, Jahrmarkt
fira de sa perdiu	Fest des Rebhuhns
fira del fang	Tonfest
flaviol	Flöte
flor	Blume
foguerons	große Feuer
fonoll marí	Meerfenchel
font	Quelle
fonteta	Quellchen
forn	Bäckerei
frisons	Kühe, die von friesischen Kühen abstammen
frit de matança	fritierte Schlachtplatte
garrover	Johannisbrotbaum
gató d'ametlles	Mandelkuchen
gelat	Eis
gelera	Kühlschrank
gent	Leute
granissat	Fruchtsaft mit zerstoßenem Eis
greixonera	traditioneller mallorquinischer Tontopf, der auch heute noch zum Kochen benutzt wird
grimalt	Hummer
guaret	brachliegendes, unbeackertes Feld
guàtlleres amb figues	Wachteln mit Feigen

guàtlleres emborratxades	betrunkene Wachteln
guitarra	Gitarre
herbes	Kräuter, Kräuterlikör
hivern	Winter
horta	Gemüsegarten
hospital	Krankenhaus
illa	Insel
innocentada	das spanische Äquivalent zum Aprilscherz, am dia dels innocents, (28. Dezember)
jonquillo	kleiner Fisch
jurats	Jury, Juroren
llagosta	Languste
llaüt	Feluke, zweimastiges Küstenschiff
llaüt coster	Küstenfeluke
llaüt senzill	einfache Feluke
llaüt viatger	Reisefeluke
llengua amb tàperes	Zunge mit Kapern
lluç	Seehecht
marger	Steinmetz für mallorquinische Trockenmauern
marges	Trockenmauerbau
maridet	Kohlegefäß zum Aufwärmen von Füßen oder Betten (wörtlich: Ehemännchen)
marjat	Handwerk des Trockenbaus
matador	Schlachter, Metzger
matança	Schlachtung
meló	Honigmelone
mestre	Meister
miracle	Wunder
mirador	Aussichtspunkt
missatge	Verwalter
molí	Mühle
mona de pasqua	Osterkuchen
monestir	Kloster
Moreneta	Schwarze Madonna (wörtlich: kleine Braune)
moriscos	zum Christentum konvertierte Moslems
moros i cristians	Araber und Christen, auch mallorquinisches Fest
murter	Mörser
musclo	Miesmuschel
navetes	talayotische Grabstätten in Schiffsform
negre	schwarz
nespla	Mispel
nevaters	Männer, die früher Schnee aus dem Gebirge brachten
nit	Nacht
nit de foc	Nacht des Feuers
obra	Arbeit
oli d'oliva verge extra	Olivenöl erster Pressung (kaltgepreßt)

oliva	Olive
olivera	Olivenbaum
olleria	Töpferei
orellons	getrocknete Aprikosen (wörtlich: große Ohren)
ossos	mallorquinisches Musikinstrument aus Knochen
pa amb oli	Brot mit Öl
pa de figa	Feigenbrot
pa moreno	nur wenig gesalzenes, mallorquinisches Brot
pagès	Bauer
palau	Palast
panades	Osterpasteten
pancaritat	Brot der Barmherzigkeit
pandereta	kleines Tamburin
pandero	Tamburin
passeig	Promenade
pastisseria	Konditorei
pati	Patio, Innenhof
pebre	Paprika, Pfeffer
perdix	Rebhuhn
petit	klein
peus de cabra	Entenmuscheln
pi de Sant Antoní	die Pinie von Sankt Antonius
picarol	Kuhglocke
pixa de porc	Schweinepenis
pla	Ebene
plaça	Platz
plaça monumental	großer Hauptplatz
platja	Strand
porc negre	schwarzes Schwein
porcella negra	schwarzes Schweinchen
possessió	Besitzung
primavera	Frühling
profund	tief
puig	Berg
raconet	Eckchen
raor	Schermesserfisch
rap	Seeteufel
reclams	Lockvögel
reconquesta	Bezeichnung für die Rückeroberung Spaniens von den Arabern
repartiment	Landverteilung, Gebietsaufteilung unter Jaume I.
robiols	Teigtaschen
rodó	rund
rondàies	mallorquinische Märchen
rostolls	Stoppelfeld
roter	Bauer mit minderwertigem Ackerland, in ärmlichen Verhältnissen lebend
sa	die (Artikel)
sabater	Schuhmacher
santuari	Sanktuarium, Allerheiligstes
semiseques	halbtrocken
senyor/-a	Anrede: Herr/Frau
seques	trocken
serra	Gebirgskette
setmana santa	Osterwoche (wörtlich: die heilige Woche)
síndria	Wassermelone
sínia	Schöpfrad
síquia	Bewässerungsgraben
sitja	Kohlenmeiler, Silo
siurells	mallorquinische Tonpfeifen
sobrassada	eine würzige, typisch mallorquinische Streichwurst
sofrit	typisch spanische Soße (Grundlage vieler mallorquinischer Gerichte)
solera	festgestampfter Boden
sopes	mallorquinischer Eintopf mit Brot gleichen Namens
sorbet de figues de moro	Kaktusfeigensorbet
tabac	Tabak
talàia	typisch mallorquinischer Küsten-wachtturm
talaiot	prähistorisches Gebäude
tambor	Trommel
tàpera	Kaper
taperera	Kapernstrauch
tapiceries artesanals	Teppichmanufaktur
taronja	Orange
taula	Tisch
tavernes	Schenken, Kneipen
teatre	Theater
tela de llengües	nach zungenförmigem Muster benannter Stoff
temps	Wetter, Zeit
terra	Erde
terreny	Gebiet, Terrain
tomàtigues de ramellet	zum Trocknen auf Schnüre gezogene Tomaten (wörtlich: am Sträußchen)
torn	mechanische Winde
torrent	Sturzbach
tramutja	Trichter
trempó	mallorquinischer Salat
trullada	Mahldurchgang
valentes dones	tapfere Frauen
vall	Tal
victòria	Sieg
vila	Siedlung
vinyes	Weingärten
xeremia	mallorquinischer Dudelsack
ximbomba	mallorquinisches Instrument
xocolateria	Konfiserie
xueta	zum Christentum konvertierter Jude

DIOS
Y
ESPAÑA
2
REFLEXION
CRISTIAN

Ausgewählte Literatur

Sachbücher:

Abulafia, David: *Un emporio mediterráneo. El reino catalán de Mallorca,* Barcelona 1996

Belgin, Tayfun (Hrsg.): *Miró. Werke aus Mallorca* (Katalog zur Ausstellung im Museum am Ostwall, Dortmund, 14. 8.–14. 11. 1999), Dortmund 1999

Borja Moll, Francesc: *Gramàtica històrica catalana,* València 1991

Bronisch, Alexander Pierre: *Reconquista und Heiliger Krieg. Die Deutung des Krieges im christlichen Spanien von den Westgoten bis ins frühe 12. Jahrhundert,* Münster 1998

Caracciolo, Marella und Francesco Venturi: *Landsitze und Stadtpalais auf Mallorca,* Hamburg 1996

Catoir, Barbara: *Miró auf Mallorca,* München/New York 1995

Ferrer, Maria: *Mallorca,* Köln 1997

Font Obrador, Bartomeu: *Fray Junípero Serra. Doctor de gentiles,* Palma de Mallorca 1998

Frade, Francisco Soriano: *Pequeña historia del turismo en los Baleares,* Palma de Mallorca 1996

Frontera, Guillem, Guillem Rosselló-Bordoy und Guillem Soler: *Palma,* Palma de Mallorca 1988

Garrido, Carlos: *Mallorca mágica,* Palma de Mallorca 1988

Graves, William: *Bajo la sombra del olivo. La Mallorca de Robert Graves,* Palma de Mallorca 1997

Hahn, Ulla und Rainer Pöschl (Hrsg.): *Mallorca,* Hamburg 1994

Ihnenfeld, Hartmut: *Literarischer Streifzug durch Mallorca,* in: Hans-R. Grundmann (Hrsg.): *Mallorca,* Hohenthann 1999

Karlinger, Felix und Ulrike Ehrgott (Hrsg. und Übers.): *Märchen aus Mallorca,* 2. Aufl. München 1995 (mit Märchen aus den Sammlungen von Ludwig Salvator und Francesc Borja Moll)

Kobylánska, Krystyna (Hrsg.): *Frédéric Chopin. Briefe,* Frankfurt a. M. 1984

König, Angelika: *Mallorca (Spanien),* Köln 1991

Llompart, Gabriel: *La Mallorca tradicional en los exvotos,* Palma de Mallorca 1988

Llompart Moragues, Gabriel, Maria Josep Mulet Gutiérrez und Andreu Ramis Puig-gros: *Mallorca: Imatge fotogràfica i etnografia. L'arxiu de Josep Pons Frau,* Palma de Mallorca 1992

Llull, Ramón (Raimundus Lullus): *Ars inventia veritatis,* València 1515

Ders.: *Secreta secretorum,* Köln 1592

Ders.: *Ars magna, generalis et ultima,* Frankfurt 1596

Ders.: *Llibre d'amic e amat* (dt.: Vom Freund und dem Geliebten. Die Kunst der Betrachtung, Zürich 1998)

Maier, Henes und Gloria Keetman: *Mallorcas verborgene Reize. Auf den Spuren von George Sand und Frédéric Chopin,* München 1999

Mestre Campi, Jesús: *Atlas de la Reconquista. La grontera peninsular entre los siglos VIII y XV,* Barcelona 1998

Oliver, Tonina und Frank Schauhoff: *Zu Gast auf Mallorca. Die schönsten Rezepte,* mit Fotografien von Dieter Bork, Köln 1993

Radatz, Hans-Ingo: *Mallorquinisch Wort für Wort,* Bielefeld 1998

Salvator, Ludwig: *Die Balearen. Geschildert in Wort und Bild,* 2 Bde., Würzburg/Leipzig 1897, Neuauflage Palma de Mallorca 1989

Ders.: *Bougie, die Perle Nord-Afrikas,* Prag 1899

Ders.: *Ramleh als Winteraufenthalt,* Leipzig 1900

Samson, Jim: *Reclams Musikführer Frédéric Chopin,* Stuttgart 1991

Schlientz, Gisela (Hrsg.): *George Sand. Leben und Werk in Texten und Bildern,* Frankfurt 1987

Schwendinger, Helga: *Erzherzog Ludwig Salvator. Die Biographie,* München 1991

Swaan, Wim: *Die großen Kathedralen,* aus dem Engl. von Herbert Frank, Köln 1996

Tocabens, Joan und Jean-Pierre Lacombe Massot: *Les rois de Majorque/ Els reis de Mallorca,* Canet 1995

Völger, Gisela: *Mallorca,* Köln 1996

Wiggershaus, Renate (Hrsg.): *George Sand. Geschichte meines Lebens,* 6. Aufl. Frankfurt a. M. 1987

Belletristik:

Bernhard, Thomas: *Beton,* Frankfurt 1982

Dario, Rubén: *Poesías completas,* Madrid 1967

Distler, Elvira: *Mallorca, Insel des Lichts. Ein Lesebuch,* München 1999

Gottwald, Christoph: *Endstation Palma. Ein Mallorca-Roman,* Köln 1998

Graves, William: *Wild Olives,* München 1981

Ihnenfeld, Hartmut (Hrsg.): *Die goldene Insel. Geschichten aus Mallorca,* Hohenthann, erscheint 2000

Nin, Anais: *Das Delta der Venus,* München 1981

Oehrlein, Sieglinde (Hrsg.): *Mallorca. Ein literarisches Portrait,* Frankf. a. M. 1998

Ranke-Graves, Robert von: *Good-Bye to all that,* London 1929 (dt.: Strich drunter!, Berlin 1930)

Ders.: *I, Claudius. From the autobiography of Tiberius Claudius, emperor of the Romans born B. C. 10, murdered and deified A. D. 54,* London 1935 (dt.: Ich, Claudius, Kaiser und Gott, München 1948)

Ders.: *Claudius the God and his wife Messalina,* London 1935

Ders.: *Collected Poems,* London 1948

Ders.: *Collected short stories,* 3. Aufl. London 1966

Ders.: *Geschichten aus dem anderen Mallorca,* Rappweiler 1998

Rauter, E. A.: *Mallorca, das Land hinter der Bühne,* Hamburg 1988

Sand, George: *Un hiver à Majorque,* Paris 1869 (dt.: Ein Winter auf Mallorca. Tage mit Frédéric Chopin, Frankfurt a. M. 1999)

Dies.: *Le beau Laurence,* Paris 1870

Dies.: *Journal intime,* Paris 1926

Dies.: *Elle et lui,* Neuchâtel 1963 (dt.: Sie und er, München 1982)

Thelen, Albert Vigoleis: *Die Insel des zweiten Gesichts,* München 1999

Theroux, Paul: *The pillars of Hercules,* London 1985 (dt.: An den Gestaden des Mittelmeeres)

Villalonga, Llorenç: *Bearn o La casa de las muñecas,* 1956 (dt.: Das Puppenkabinett des Senyor Bearn, München 1980)

Index

Orte

Alaró 138, 176–179, 278, 312, 425
Albenya 294 f
Albufera 13f, 320, 323, 333 f
Alcúdia 12 f, 15, 17, 30, 36, 123, 139, 146, 190, 208, 253, 266, 330–333, 458, 475
Alfàbia 24, 51, 52–56
Algaida 190, 222, 267 f, 274 ff, 280
Andratx 34 f, 63, 101, 103, 110, 116 f, 120, 122, 162 f
Ariany 344–347, 348
Artà 11, 15, 190, 293, 352, 415, 434 f, 464, 466–469, 470, 474
Banyalbufar 24, 26, 92–97, 158, 222, 399
Biniali 304 f
Biniamar 184
Biniaraix 61
Binissalem 17, 137, 146, 158–163, 169, 222, 401, 457
Bonany 268, 360
Búger 139, 198 f
Bunyola 24 f, 56, 73
Cabrera 253, 286, 386, 389, 417
Caimari 138, 185
Cala Agulla 479
Cala Bona 460
Cala d'Or 391, 421
Cala de la Font 479
Cala de Sa Calobra 45
Cala Figuera 30, 391, 421
Cala Gat 479
Cala Llombart 421
Cala Mesquida 477
Cala Millor 206, 437, 458 ff
Cala Moll 479
Cala Mondragó 391, 421
Cala Morell 460
Cala Murta 449
Cala Pi 286, 389, 398
Cala Ratjada 391, 476, 478
Cala Santanyí 421
Calvià 16 f, 102 f, 110, 125, 128–132, 396
Campanet 136, 190, 192 f
Campos 13, 318, 367, 371, 377, 386 f, 389, 402–405
Can Picafort 13
Cap d'es Pinar 458
Cap de Formentor 10, 24, 26, 30, 32 f, 38
Cap de Sa Mola 103
Cap de ses Salines 391, 410
Cap des Freu 479
Cap Ferrutx 333, 434
Cap Vermell 479
Capdepera 15, 435, 463, 467, 476–479
Capocorb Vell 11, 434, 470 f
Castellitx 268, 275 f
Colònia de Sant Pere 463
Consell 138, 152 f, 155, 162 f, 185, 282
Costitx 267, 282–285, 471
Cura 268, 286 ff, 291
Deià 17, 22, 26, 61, 64–69, 94, 222
Els Calderers 85, 360
Embassament de Cúber 48
Embassament del Gorg Blau 46, 48
Es Capdellà 106, 125
Es Puig de Deià 65
Es Trenc 391, 402, 405
Escorca 40, 48, 255
Esporles 24 f, 84–87, 186
Estellencs 24, 94, 186
Felanitx 17, 161, 244, 315, 367, 377, 386 f, 390 f, 424–427, 429 ff, 444, 446
Font Sa Bassa 13, 390, 404
Font Santa 13, 390, 404
Fornalutx 61, 186
Fornells 128
Galilea 125
Génova 427
Halbinsel Sa Victoria bei Alcúdia 475
Halbinsel von S'Arracó 110
Illa de Cabrera 253, 286, 386, 389,
Illa Pantaleu 110
Illa Sa Dragonera, Dracheninsel 100, 103, 110 f, 120
Illetes 130
Inca 17, 41, 56, 136 f, 146, 156, 168 f, 172–175, 177, 184, 208, 352, 413
Lloseta 138, 164 f, 229
Llubí 316, 318
Lluc 17, 40 ff, 46, 107, 425
Llucmajor 13, 175, 268, 288, 315, 371, 386, 390, 394–398, 470
Magaluf 16, 102 f, 120, 130, 132
Manacor 12, 17, 305, 315, 364, 377, 431, 436 f, 440–444, 446, 450, 464, 471
Mancor 156 f
Maria de la Salut 342 f
Marratxí 137, 142 f
Miramar 22, 80, 291 ff
Monti-Sion 36, 268, 376 f, 382
Montuïri 255, 267, 278, 294, 296–299, 301
Moscari 139, 184
Muro 334 f, 337 ff
Na Foradada 80
Palma 10 f, 13, 26, 39, 41, 53, 55 f, 59 f, 68 f, 71, 73 f, 78, 81, 89, 91, 100, 107, 113, 128 ff, 137, 146, 151, 155, 165, 168, 172, 178 f, 182, 187, 191, 200–263, 268, 279, 287, 290, 293, 297, 305 ff, 310 ff, 320, 331, 340 f, 343 f, 352 ff, 358, 367 f, 371, 376, 386, 390 f, 395 f, 399, 413, 415, 417, 419 f, 424, 427, 430, 434, 443, 446 f, 450, 454, 471, 474, 478
- Almudaina 202–205, 222, 225, 231, 238, 252, 254, 257, 293, 466
- Altstadt 11, 84, 168, 206, 218, 220, 229 f, 240 f, 244, 293, 332, 435, 443
- Avenuen, avingudes 10, 204, 208
- Banys Árabs 222, 225
- Bar Bosch 239
- Bar Cuba 251
- Cafè Líric 202
- Call 90 f, 204, 208, 230 f, 234, 256
- Castell de Bellver 11, 59, 91, 205, 209, 252–258, 260, 313, 315, 452
- Club Náutic 32
- Consolat del Mar 247
- El Patio 261
- Es Jonquet 204, 250 f, 258
- Es Terreny 205, 258–261
- Forn de sa Pelleteria 240
- Gran Hotel 68, 236 f, 260
- Jugendstilvillen 204
- Kathedrale La Seu 10, 41, 178, 191, 202, 204 ff, 209, 212–218, 220 f, 225, 233, 246, 252, 254, 257, 312, 354, 395, 434
- La Roqueta 215, 220 f, 221, 236
- Obelisk 239
- Parc de la Mar 205, 263
- Passeig des Born 204 f
- Plaça Major 208, 239
- Rambles 204 f, 238 f
- Regatta 248 f
- Sa Calatrava 204, 240 f, 254, 256
- Sa Llotja 244–247, 391, 424
- San Francesc 206
- Santa Catalina 204, 250 f, 258
- Santa Eulàlia 204, 290, 293
- Santa Teresa 239
- Seehandelsgericht 247
- Tito's 205, 260 f

Peguera 16, 102 f, 110, 120, 130, 132
Petra 161, 163, 267, 271, 315, 344, 352 ff, 358
Pina 17, 280 f, 458
Pollença 18, 26, 32–39, 41, 138, 177, 184, 255, 278, 330 f, 333, 339

Porreres 18, 162 f, 267 f, 278, 367, 376 f, 382 f
Port d'Andratx 101, 103, 110, 120 ff
Port de Pollença 25 f, 32 f, 38, 61, 127, 129
Port de Sóller 59, 61 f, 127
Porto Colom 161, 390
Portocristo 17, 437, 448 f, 450 f
Pòrtol 137, 142 f
Portopetro 390, 421
Puig d'es Teix 24, 51, 64, 66, 72, 488
Puig de Bonany 360
Puig del Calvari 38
Puig de S'Esclop 101
Puig de S'Escuder 184
Puig de l'Ofre 488
Puig de Massanella 13, 24, 48, 51, 156, 176, 184, 488
Puig de Randa 127, 377, 386
Puig de Sant Salvador 386 f
Puig de Suro 156
Puig de Galatzó 101, 117, 131
Puig Major 13, 24, 48, 51, 176, 488
Puig Planícia 94
Puig Roig 48
Puig San Salvador 377
Puig de Santueri 377
Puig Tomir 24, 51
Puig Tossals 48
Puigpunyent 102, 106
Punta de Capdepera 478
Raixa 24, 52–55, 73, 222
Randa 17, 127, 132, 268, 275, 286–289, 291, 294, 377, 386
S'Albufera 13, 322 f
S'Arenal 17, 390 f, 395 ff, 459
S'Arracó 110
S'Esglaieta 190
S'Estaca 22, 67, 80
S'Illot 437, 458 f
Sa Cabaneta 137
Sa Calobra 17, 26, 45, 48
Sa Coma 437, 458 f
Sa Granja 25, 85 f, 91
Sa Pobla 39, 198, 320 f, 323, 328 f, 334, 367, 446
Sant Elm 10, 100 f, 110
Sant Joan 39, 85, 267, 296, 360–363, 390, 402, 404, 410
Sant Llorenç 184, 452–455
Santa Catalina 162 f
Santa Clara 357
Santa Eugènia 139, 148–151, 271
Santa Margalida 340
Santa Maria del Camí 137, 146 f, 163, 339
Santa Ponça 16, 100 ff, 128, 130, 312
Santanyí 15, 244, 367, 389 f, 418–421, 424
Selva 138, 184 f, 186
Sencelles 166, 304
Serra Cavall Bernat 33
Serra de Llevant 14, 430, 452
Serra de Tramuntana 13 f, 24, 80, 100, 186, 316, 429, 454
Serra del Nort 156
Ses Covetes 405
Ses Païsses 434, 466, 468, 470–473
Ses Salines 14, 410–413
Sineu 17, 268, 306–309, 315, 382, 446
Sóller 25 f, 34 f, 41, 48, 56, 58 f, 61 ff, 101, 149, 223, 229, 262, 278, 406
Son Marroig 22, 67, 78, 80 f
Son Moragues 22, 24, 81, 182
Son Net 102
Son Servera 436, 458 f, 460–463
Torrent de Pareis 26, 45 f, 48
Torrent de Sa Fosca 46
Torrent de Sant Jordi 36
Valldemossa 17, 22, 26, 51, 61, 63, 66, 71–76, 94, 186, 253, 258, 303
Villafranca 119, 296, 368–374

Personen

Abu Yahia Muhammed ibn Ali ibn Abi Iman al-Tinmalali 225, 312
Alfons III. von Aragón 177
Al-Khaulani, Isman 118, 222 f
Aiamans, Comte d' 165
Augustus 235
Averroës 292
Barbarossa, Brüder 35, 398
Barceló, Antoni 125, 430
Barceló, Miquel 17, 341, 391, 425, 430 f, 463
Berenguer III., Ramon 225, 311
Borja Moll, Don Francesc de 305
Bosch, Jordi 239, 420
Breton, André 262
Cäsar, Gaius Julius 331 f
Caimari, Antoni 139, 198 f
Campins i Barceló, Joan 214, 220, 232
Cela, Camilo José 260
Cervantes, Miguel de 225
Chopin, Frédéric 17, 22, 71, 74–77, 129, 222
Christie, Agatha 32
Churchill, Winston 32, 129
Cresques, Abraham 234 f
Cresques, Jafuda 234 f, 244
Dalí, Salvador 341, 382
Diodorus Siculus 12, 197, 470, 472
Domènech i Muntaner, Lluís 236
Don Ramón Zaforteza Pax-Fuster de Villalonga i Net, Graf von Santa María de Formiguera 106
Dostojewski, Fjodor M. 89
Douglas, Michael 67, 80
El Benehabet 138, 177
Ferrer, Jaume 235, 244
Fluxà, Antonio 174 f
Franco, Francisco 129, 305, 341, 343, 450
Gardner, Ava 64, 69
Gaudí, Antoni 41, 59, 214 f, 217, 220 f, 236
Graves, Robert Ranke von 24, 64, 66 f, 68 f, 239
Guiness, Alec 64, 69
Hoggart, Ruth 280 f
Homar, Catalina 82 f, 93
Isabella I., Königin von Spanien 88 f, 315
Isabella II., Königin von Spanien 229, 238
Jaume I., der Eroberer, König von Aragón und später Mallorca 12, 25, 40, 93, 100, 117, 128, 138, 164, 176, 204, 212 f, 225, 230, 252, 306, 312 f, 315, 332, 343, 394, 414, 450, 452, 460, 466, 468, 477
Jaume II., König von Montpellier, Roussillon und den Balearen 73, 100, 177, 184, 213, 252, 255, 267, 291, 306, 315, 395, 462, 477
Jaume III., König von Montpellier, Roussillon und den Balearen 208, 315, 386, 394 f, 463
Jaquotot Molina, José Marià 304 f
Juan Carlos I. von Borbón 205, 226, 249, 310
Kelly, Grace 260 f
Kolumbus, Christoph 17, 96, 400, 426 f
Lennon, John 260
Llull, Ramón 17, 127, 197, 287 f, 290–293, 354, 468
March, Joan 221, 340 f, 369, 478
Miró, Joan 137, 142, 208 f, 232, 262 f, 341
Morell, Ferran 97, 294
Nájera, Margarita 131
Paretti, Antonio 26, 47 f
Pere I., König von Aragón und Katalonien 315
Pere II., König von Aragón und Katalonien 315
Pere IV. von Aragón 230, 234, 386, 394
Rosselló, Joan 147
Sagrera, Guillem 244, 391, 424 f
Salvà, Pere 252
Salvator, Erzherzog Ludwig von Habsburg-Toskana 17, 22, 67, 78 f, 80–83, 93, 117,

129, 144 f, 149, 151, 154, 162, 165, 168, 182, 187, 236 f, 242, 246, 279, 348, 399, 443, 447 f, 483
Sanç I., König von Montpellier, Roussillon und den Balearen 315
Sand, George 17, 22, 66, 71, 74–77, 129
Santandreu, Jaume 343, 347
Serra, Fray Junípero 352, 354–359
Sofía 37, 145, 249
Timaios 434, 470
Timoner, Guillem 391, 426, 429
Tomàs, Catalina 17, 73
Ustinov, Peter 64, 69
Villalonga, Llorenç 55

Sachthemen

Aberglaube 81, 146, 187
Al-Andalús 222, 224
Almohaden 225
Almorawiden 225
Alou, Freigut 345, 347
Anchovis 158
Apfel 62 f, 96, 118, 368
Apfelsine, Orange 13, 19, 24 f, 52 f, 56, 58 f, 62 f, 84, 101, 119, 127, 223, 277, 352
Aprikose 12, 18, 118, 136, 223, 342, 378–381, 387, 394, 396, 415, 435
Aquädukt 203
Araber, Mauren 10–13, 15, 18 f, 24 f, 34, 36, 40, 42, 52 f, 55, 58, 62, 65, 67, 72, 80, 84 f, 88, 92, 94, 97, 101, 108, 110, 118 f, 128, 138, 142 f, 146, 149, 153–156, 158, 166, 168 f, 176f, 184 f, 190, 192, 198, 202–206, 212, 220, 222–225, 227, 230, 234, 239, 242, 246, 251, 267, 275, 291–294, 301, 306 f, 310–313, 316, 320, 331 f, 334, 342f, 348, 352, 364, 378, 389, 398, 406, 414, 417, 419, 425, 427, 434 f, 441, 443, 446, 450, 452, 455 f, 466, 468, 471, 474, 477
Aragón 13, 88 f, 93, 177, 185, 204, 225, 234, 311, 313, 315, 386, 394, 427
Armut 11, 13, 128, 156 f, 231, 255, 343, 361, 415
Artischocke 170, 403, 456 f
Atlas Catalá, Katalanischer Weltatlas 234, 244
Auberginen 170, 401
Bäcker 71, 153, 155, 240 ff, 301, 335
Balearenregierung 26, 61, 78, 129, 151, 233, 242, 282, 323, 404, 460
Balearides (Steinschleuderer) 11, 435, 471
Banditen 22, 106, 147, 165, 179, 185, 229
Barock 37, 53, 55, 59, 66, 146, 214 f, 239, 287, 342, 420, 424
Baskisch 305
Bauer 12, 58, 63, 74, 78, 89, 94, 97, 120, 128, 138, 151 ff, 157 f, 161 f, 179, 184 f, 187, 230, 271, 297, 301, 305, 313, 316, 318, 320, 335, 339, 342 f, 348, 354, 360, 362 f, 371 ff, 386, 389 f, 400, 403, 406, 413 ff, 417, 435 f, 446 f, 452, 463, 467, 477
Bauernaufstand 230
Bauernkultur 10, 12 f, 15, 25, 48, 58, 63, 71, 74, 78, 81, 89, 94, 97, 120, 128, 136, 138 f, 151 ff, 157 f, 161 f, 179, 184 f, 187, 198, 230, 266, 268, 271, 281, 297, 301, 305, 307, 308, 313, 316, 318, 320, 335, 339, 342 f, 347 f, 354, 360–363, 368 f, 371 ff, 386, 389 f, 400, 403, 406, 413–417, 435 ff, 446 f, 452, 460, 462 f, 465, 467, 477
Bewässerungsgraben, acequia 97
Birne 86, 118, 217
Blumenkohl 170 f
Blutwurst 197
Bodenreform 253
Bohne 170 f, 415, 452
Botifarró 197
Bourbonen 62, 185, 227, 310
Brot 62, 86, 97, 138, 147, 152–155, 157, 166, 171, 275 f, 282, 297, 318, 369, 409, 414 f, 417, 436, 457
Bruderschaften 39, 218, 254
Brunnen 12, 14, 36, 38, 52 f, 55, 73, 91, 94, 149, 154, 198, 206, 225 ff, 238 f, 246, 266, 271, 297, 331, 353, 377, 413, 415, 436, 446, 465
Bulema 242
Bunyols 86
Burg, Castell 11, 91, 117, 176 f, 179, 205, 209, 252 ff, 257 f, 260, 425, 427, 435, 466 ff, 472, 476 f
Byzantinisch 12, 176, 190, 377, 441, 443
Cabell d'angel, Engelshaar 240, 242
Calamares 114
Camaiot 138, 153, 197
Carabassât 242
Cargols, Schnecken 401
Cases de sa neu, Schneehäuser 13, 25, 50 f
Celler 137, 163, 168 f, 250, 308
Christen, Christentum 10, 12, 25, 34 f, 38 ff, 52, 72, 88 ff, 108, 119, 123, 128, 138, 152, 156, 166, 172, 176 f, 184, 190, 192, 197, 203 ff, 212, 223 ff, 227, 229, 230 ff, 234 f, 252, 254–257, 267, 275, 284, 290–293, 307, 310 ff, 318, 324, 332, 342 f, 356 ff, 378, 398, 414, 425, 430, 436, 441, 443, 452, 466 f, 477
Clementine 118
Coca 240, 400
Col.lecció March 209, 341
Comarques, Gemarkungen 14 f, 67, 139, 460
Confraries, religiöse Bruderschaften 39
Cossier-Tänze 278 f, 324
Cremadillo 119, 240
Crespells 233, 276 f
Denkmäler 35, 81, 175, 208, 235, 244, 246, 252, 266, 293, 340, 358, 394, 396, 430, 450
Dominikaner 37, 293, 420, 443
Einsiedelei 41, 169, 266, 268, 288, 296, 324, 360, 377, 474 f
Ensaimada 19, 71, 126, 240 ff, 307, 373 f
Esclata-sang 125
Espinagada 328 f
Feige 12, 108, 110, 118 f, 253 f, 271, 299, 343, 348–351
Feigenkaktus, Kaktusfeige 101, 108 ff, 119, 387, 420
Feste, Feiern 17, 32–35, 37 ff, 61, 63, 67, 77, 81, 84, 90, 100, 110, 119, 122f, 127, 129, 132, 137, 143, 145, 155, 157 f, 160, 162, 170, 174, 176, 197, 218, 224, 230, 236, 239 f, 242, 271, 276 f, 282, 284, 293, 299, 303, 310 ff, 315, 321, 324, 326–329, 340, 343, 360, 364, 366, 369, 372, 374, 377, 382 f, 394, 396, 400, 413, 415, 423 f, 434, 436 f, 447, 454, 457, 465 f
  Davallement-Fest zu Ostern in Pollença 37 ff
  Fest des heiligen Antonius 155, 324, 326–329
  Fest des Schutzheiligen Pere 123
  Festa des Meló 119, 372
  Festa del Pa i del Peix, das Fest des Brotes und der Fische 39
  Johanni 364
  Moros i cristians 34, 61, 127
  Prozession des Christus vom Heiligen Blut, Processó del Sant Crist de la Sang 39
  Trobada de Pintors del Barranc, Künstlertreffen in Biniaraix 61
Feudalismus 13, 95, 128, 164, 172, 296, 341, 345, 347, 417
Fideus amb cabra 162
Finca 16, 80, 163, 271, 345, 347, 402
Fische, Meeresfrüchte 32, 39, 58, 113 f, 125, 136, 188, 197, 205, 235, 251, 318, 323, 328 f, 397, 400, 412, 437, 444, 477 f, 480–485
Fischer 14, 30, 32, 100, 103, 113, 122 f, 128, 244, 247, 250, 459, 478, 480–483
Fonts ufanes, Quellen 136, 192

Franziskaner 282, 288, 291, 293, 352, 354, 356 f, 376
Friedhöfe 64, 68, 117, 148, 266, 268, 340, 344
Frit de matança 197
Frit mallorquí 16, 400
Fundació Area Creació Acústica 139, 198 f
Garten 13, 46, 52 f, 55 f, 58 f, 62, 71, 85 f, 92, 94, 96, 118, 139, 160, 164, 170, 222, 225, 228, 331, 348, 361, 369, 387, 435, 457, 464, 466
Glas 73, 81, 160, 168 f, 190 f, 206, 214, 225, 240, 308, 318, 329, 347, 351, 353, 380, 401, 409, 424, 467
Gotik 213 ff, 220, 227 ff, 244, 247, 252, 258, 275, 377, 391, 424, 460
Granatapfel 118 f, 223
Greixonera, Tonkochtopf 155, 171, 318, 401
Heilige Catalina siehe Tomàs, Catalina
Heilige Jungfrau Mare de Déu del Carme 103, 122
Heilige Maria von der Gesundheit 342
Heiliger Antonius 155, 324, 326 f, 329, 357
Herbes 125 ff
Höhle 11 f, 46, 94, 102, 147 f, 154, 178, 192, 252 ff, 257, 284, 288, 312, 434, 448 f, 471
Honig 19, 240, 296 f, 303, 368, 372, 380
Innenhof, patio 11, 37, 59, 62, 81, 86, 206, 226–229, 231, 252, 261, 296, 377
Inquisition 12, 25, 86, 88–91, 218, 231, 233, 254 f, 261, 364
Inselsprache 305
Iris 52
Islam, islamisch 12, 52, 89 f, 92, 118, 152, 168, 203 f, 212, 222, 224 f, 230, 252, 293, 301, 311, 332, 343, 430
Jagd 80 f, 125, 258, 271, 299, 436, 462 f
Jäger 25, 82, 125, 179, 299, 376, 436, 462
Jesuiten 36, 357
Johannisbrot 71, 126, 136, 138, 160, 166 f, 266, 389, 415, 436
Johanniter 38
Juden, jüdisch 12, 88–91, 148, 168,172, 203 f, 208, 224, 229–243, 254, 256 f, 261, 293, 311, 313, 343, 364, 427
Jugendstil 41, 56, 59, 62, 204, 206, 214, 220, 237, 396, 424
Kaktus 101, 108 ff, 119, 387, 420, 477
Kaper 18, 307, 316–319, 409
Kartäuser 73, 76
Karthager, phönizisch 11, 13, 88, 92, 142, 190, 316, 318, 364, 386, 412, 422, 468
Kartoffel 75, 94, 96, 197, 320, 401
Kartograph 230, 234 f, 240, 427, 449
Käse 86, 387, 400, 402 ff, 464
Katalonien, katalanisch 12 f, 17 f, 62, 81 f, 85, 97, 138, 158, 184, 191, 199, 204 f, 212, 215, 223, 225, 234, 237, 244, 255, 262, 268, 275, 291–294, 305, 311 ff, 315, 345, 374, 414 f, 420, 422, 427, 448, 460
Kathedrale von Palma siehe Palma
Keramik 142 f, 168, 176, 220 f, 223, 236, 262, 285, 308, 468, 471
Kirche (Gebäude) 36–42, 66, 68, 73, 84, 123, 125, 146, 148, 152, 156, 169, 182, 184, 192, 204, 212–215, 217, 246 f, 258, 266, 268, 275 f, 278, 287, 290, 293, 296, 307, 313, 332, 337, 340, 361, 376 f, 389, 395, 402, 404, 420, 424, 435, 443, 449, 452, 460, 467, 468, 474, 476 f
Kirche (Institution) 12, 73, 85, 88–91, 117, 178, 214 f, 256, 268, 279, 282, 312 f, 342 f, 345, 354, 364, 404, 414
Kirsche 118
Klassizismus 53, 59, 253
Klöster 17, 22, 37, 40 ff, 55, 73, 75 f, 85, 110, 146, 148, 165, 206, 208, 239, 268, 287 f, 291, 354, 356, 376 f, 382, 417, 420, 425, 429, 445, 474
Knoblauch 19, 96 f, 125, 153, 155, 171, 187, 329, 369, 401, 457
Kobold 102, 106
Kohl 18, 171, 352 f, 369, 415
Köhler 180–183
Königreich Mallorca 73, 306, 394 f, 448
Schlacht von Llucmajor 13, 315, 394
Korbflechten 464 f
Kreuzritter 218, 255
Kürbis 240, 242, 276 f, 369, 372
Landgut, possesío 25, 45, 53, 59, 73, 84 ff, 182, 236, 271, 275, 284, 294, 369, 454
Leder 136, 168 f, 208, 340
Legenden 35, 91, 106, 172, 222, 229, 235, 253 f, 288, 290, 293, 306, 324, 326, 368
Llaüt 11, 16, 122 f, 125, 132, 151, 422 f, 478, 480, 483
Loretanerinnen 91
Mandarine 118
Mandel 12, 18, 101, 110, 114, 138, 157, 161, 185 223, 266, 294, 299, 301 ff, 342, 348, 351, 436 452, 460
Mandelbaum 13, 45, 50, 84, 136 f, 161, 166, 187, 271, 301, 303, 348, 387, 424
Mandeltorte 19, 301
Manieristisch 424
Märchen, rondailles 13, 154 f, 157, 180, 287, 305, 409, 422, 449, 482
March-Stiftung 209, 340 f, 478
Marès-Stein 10, 15, 59, 80, 136, 169, 208, 228, 244, 266, 337, 389, 402, 407, 418 f, 424, 453
Marge, Trockensteinmauer 25, 94, 271, 407 f
Markt, Märkte 17, 39, 113, 130, 143, 205, 239, 251, 268, 299, 307 f, 368, 382, 403
Matança 18, 197
Medizin, Krankheiten 13 f, 16, 56 f, 59, 62, 74–77, 79, 83, 89 f, 97, 100, 102, 125 ff, 155, 174, 186, 188, 218, 221, 230 f, 251, 256–260, 276, 294, 304, 312, 315, 320, 323 f, 326, 328, 334, 339, 342, 357, 363 f, 377, 383, 387, 389, 390, 394, 404 f 408 ff, 412–415, 417, 424, 441, 457, 460, 468, 471
Meerfenchel 408 f
Melone 119, 368 f, 371 ff
Mission, Missionar 89, 127, 290 f, 293, 354–358
Möbel 60, 81, 102, 106, 157, 353, 361, 441, 443
Moreneta, schwarze Madonna 17, 40 ff
Mühle 10, 63, 119, 138, 149, 151, 198, 250, 266, 344, 389, 401, 425
Museen 67, 85 f, 107, 146, 153, 165, 209, 220, 225, 229, 239, 253, 263, 282, 285, 331, 335, 341, 352, 358, 360, 382, 426, 443, 468, 471
Musik 22, 32 37, 39, 42, 64, 67, 74 ff, 139, 197 ff, 205, 221, 251, 261, 279, 282, 329, 344, 366 f, 374 f, 434, 449
Musikfestivals 37, 67, 77, 367
Musikinstrumente 24, 39, 76, 142, 194, 246, 278, 329, 364, 366 f, 373 f, 382 f, 420, 454
Mythologie 69, 180
Naturschutzzonen, Nationalparks 81, 106, 182, 323
Ökologie, Umweltpolitik 13, 17, 61, 103, 110, 132, 183, 190, 323, 326, 405, 480
Olive 12, 24 f 58, 63, 65, 79, 81, 84, 97, 101, 114, 119, 153, 159 f, 163, 166 f, 171, 179, 185–189, 192, 215, 221, 227, 277, 307 f, 318, 329, 348, 364, 357, 380, 400 f, 409, 415, 423, 443, 457, 477
Olivenbaum 25, 56, 71, 136, 138, 157, 179, 186 f, 386–389, 434, 436, 443, 466
Ostern 37 ff, 157, 218 f, 276 f, 377, 382
Pa amb oli 97 155, 318, 371, 409
Paduana, La 352 f
Pa moreno 16 97, 138, 153 f, 169, 171, 457
Paella 169
Palau, Palast 15, 36 f, 59, 62, 145, 160, 164 f, 202–206, 208 f, 222, 225 f, 228 f, 236, 238 f, 247, 252, 254 f, 268, 275, 284, 291, 293, 306 f, 311, 341, 424, 441, 443
Palme 10, 52 f, 66, 156, 202, 205, 208, 221, 228, 236, 246, 358, 405, 464 f

Palo 126 f, 167
Panades 276, 402
Paprika 18 f, 114, 153, 169 ff, 187, 240, 307, 323, 329, 400 f, 404
Papst 38 f, 172, 218, 231, 254 f, 291
Park 10, 24, 81, 103, 132, 165, 205, 239, 263, 391, 446, 478
Pater 356 ff
Perlen 444 f
Pfarrer 37, 40 f, 81, 224, 343, 347, 376, 472
Pfirsich 118, 223, 436
Pflaume 118
Piraten 11, 15 f, 22, 25, 32–37, 60 f, 65, 100 f, 110, 117, 120, 127, 155, 179, 223, 225, 311, 313, 331 f, 340 f, 387, 389 f, 398 f, 417–421, 430, 435, 443, 448, 467, 476 f, 480
Piris 387
Prozessionen 38 f, 122 f, 145, 218 f, 377, 423 f
Reblaus Philoxera 127, 137, 160 ff, 169, 268, 271, 294, 338, 424
Reconquista 10, 12, 25, 40, 65, 72, 88–91, 93, 100, 117, 128, 152, 156, 158, 164, 172, 176, 184, 204, 212 f, 225 ff, 230, 252, 255, 257, 267 f, 275, 294, 310, 312, 316, 332, 342 f, 347, 386, 414, 425, 441, 452, 460, 466, 474, 477
Reis 14, 96, 320 f, 446
Renaissance 42, 168, 199, 213, 228, 247, 332, 424, 466
Rezepte, abgedruckte 97, 109, 119, 171, 242, 277, 299, 303, 318, 329, 351, 380, 401, 457
Robiols 276 f
Romanik 37, 252, 332, 452
römisch 10, 12, 14, 36, 91, 106, 158, 176, 192, 202 f, 206, 208, 226 f, 284, 307, 323, 330 ff, 441, 452, 470 f
Ruine 55, 73, 331, 441, 458, 477
Salzgewinnung, Versalzung 14, 386, 390 f, 410–413
Schlacht von Bailén 253
Schloß 80, 313, 315, 458
Schuhe 136, 172, 174 f, 291, 383
Schuster 136, 172, 174 f, 230, 396, 399
Sepia amb trempó 400
Septemberrevolution 238
Siruell, Tonpfeife 137, 142, 263
Sitja, Holzkohlenmeiler 182 f
Sobrassada 18 f, 153, 240, 242, 297, 401
Sopes 16, 18, 155, 169, 171, 250, 415, 457
Spinat 329
Steineichen 24 f, 46, 101 f, 153, 156, 185, 192, 457
Stierköpfe in Costitx 282, 284 f, 471
Stiftung der katalanischen Sparkasse La Caixa 237
Stiftung für akustisches Schaffen 198
Stiftung für zeitgenössische Musik 139
Surrealismus 208, 262 f
Talàies, Türme, Wachtürme 11, 15, 25 f, 48, 57, 80, 94, 178, 184, 205, 213, 217, 225, 252, 266 f, 287, 335, 389, 398 f, 406, 434, 441, 450, 471 f, 475 f, 478
Talayot-Kultur 11, 15, 176, 267, 284, 307, 335, 364, 386, 399, 406, 418, 434, 441, 448, 466, 468, 470 ff
Tanz 144, 162, 197, 221, 276, 278 f, 281, 297, 324, 367, 382, 462, 466 f
Templer 36, 38, 241, 254–257, 448
Terrassen 15, 24 f, 65, 71, 80, 92, 94 f, 97, 250, 252, 267, 407, 435
Theater 12, 69, 198 f, 331
Theologie, Theologen 197, 253, 293, 343 f
Tiere
  Esel 14, 51, 142 f, 149, 157, 179, 308, 353, 436, 446, 465
  Lamm 19, 119, 276 f, 345, 347, 380, 389, 418, 420
  Maultier 25, 147, 149, 179 f, 371, 436, 446
  Pferd 81, 102, 106, 138, 142, 156, 185, 255, 337, 435 f, 446 f
  Schaf 14, 25, 40, 46, 79, 156–159, 185, 198, 420, 435 f, 452–455, 465
  Schwein 18 f, 25, 138, 153, 185, 194, 197, 308, 324, 327, 340, 348, 360, 368, 390, 401, 404, 436, 462
  Wachteln und Perlhühner 298 f, 308
  Ziege 14, 25, 40, 46, 125, 156, 158 f, 162, 436, 452–455, 465
Tomate 18, 94, 96 f, 114, 125, 127, 155, 170 f, 271, 298, 318, 363, 368, 371, 400 f, 409, 436
Torró 303
Tourismus 10, 14, 16 f, 32, 37 f, 42, 45, 47, 57, 64, 66, 71, 74, 76, 94 f, 102, 110, 129, 131 f, 136, 139, 143 f, 155 f, 165, 168, 191, 197, 218, 226, 236, 242, 251, 260, 266, 271, 280 f, 294, 296 f, 305, 341, 344, 349, 352 f, 360, 366 f, 371 f, 377, 383, 390, 396, 400, 405, 409, 413 ff, 417, 421, 429 f, 435, 437, 450, 454, 458, 460, 478 f
  ländlicher, Agro-Tourismus 17, 454
  Massentourismus 10, 17, 102, 132, 139, 143, 156, 360, 390, 396, 421, 430, 458, 478
  Qualitätstourismus 17
Trachten 81, 144 f, 377
Traube 12, 92, 137, 159, 161 f, 368
Tumbet 18, 401
Viehzucht 81, 156
Wallfahrten 39, 157, 276
Wasserknappheit 85, 170, 400
Wasserversorgung 12, 97, 118, 139, 156, 203, 223, 266 f, 311, 316, 321, 342
Webstuhl 24, 338 f
Wegkreuze, Creus de terme 15, 271
Wein 12, 17, 39, 66, 83, 86, 92 ff, 97, 119, 127, 136 f, 146, 156, 158–163, 168 f, 190, 202, 222, 268, 271, 298, 306, 316, 318, 329, 352, 387, 409, 424, 455
Winzer 58, 137, 147, 156, 159, 161 f, 169, 271, 424
Wollmispel 118
Zisterzienser 85
Zitrone 19, 52, 72, 101, 109, 118 f, 187, 197, 277, 303, 329, 457
Zitrusfrüchte 56, 62, 65
Zucchini 401
Zwiebel 19, 72, 96, 119, 142, 170 f, 298 f, 318, 369, 400
Zypressen 38, 52 f, 55, 66, 71, 467

Bild- und Kartennachweise

Der Verlag dankt den Museen, Archiven und Fotografen für die erteilten Reproduktionsgenehmigungen und die freundliche Unterstützung. Herausgeber und Verlag haben sich bis Produktionsschluß intensiv bemüht, alle weiteren Inhaber von Abbildungsrechten ausfindig zu machen. Personen und Institutionen, die möglicherweise nicht erreicht wurden und Rechte an verwendeten Abbildungen beanspruchen, werden gebeten, sich nachträglich mit dem Verlag in Verbindung zu setzen.

Alle nicht einzeln aufgeführten Fotografien von **Günter Beer, Barcelona**

© **Agustín, Carlos & Tánago, Belén:** 15 unten rechts, 17 oben rechts, 18 unten links, 24 oben links, 25 oben links, 26 unten rechts, 34 oben und unten, 35 oben und unten, 48 unten rechts, 68 links, 96 oben, 97 unten links, 115 Mitte rechts, 118 unten rechts, 122 oben und unten, 123 oben und unten, 139 unten rechts, 142, 145 unten rechts, 146–149 oben links, 153 oben und unten, 159 oben, 160 oben und unten, 164 unten und oben, 165 alle, 166, 171 Mitte rechts und unten rechts, 179 unten links, 184/185, 189 alle, 258/259, 262, 264/265, 266 unten rechts, 269, 270, 277 untere Reihe, 278 rechts und links, 279 oben und unten, 281 oben und unten links, 284/285, 294, 295 links, 297 oben und unten, 300, 301, 302 links (3), rechts oben und Mitte, 303 oben, 306 unten, 307 unten, 308 oben (2) und unten links, 315 oben, 316/317, 319 alle, 320, 321 oben, 324/325, 326 oben und unten, 327 oben und unten, 328 oben und unten, 329 oben und unten, 330 links, 331, 334 rechts und links, 335 oben und unten, 337, 341 unten, 342, 344, 345 oben und unten, 346, 348, 350 links unten und oben und rechts oben, Mitte und unten, 351 rechts, 352, 353 oben, 364/365, 366, 367 oben und unten, 372, 373 alle, 378, 379 links Mitte und unten, rechts oben, Mitte und unten, 380 unten links, 381, 383 unten rechts, 386 unten rechts, 289 unten rechts, 390, 391 oben, 408, 430 unten, 436, 437 unten, 447 oben und unten, 450, 451 oben und unten, 452 oben rechts, 453–455 unten, 456 oben und unten, 457 unten rechts, 458, 459 alle, 460/561, 465 oben und unten, 467 unten links, 468 alle, 470, 476 unten rechts, 477 links und rechts, 481 oben, 482 oben und unten.

© **AKG photo, Berlin:** 75 unten, 88 unten, 254 unten, 255, 310, 311

© **Archivo Bestard, Pollença:** 33 unten, 464 links

© **Bauer, Martin:** *Tempelritter, Mythos und Wahrheit,* München 1997: 256, 257

© **Bibliothèque Nationale, Paris:** 91 oben

© **British Library, London:** 230 links

© **Diario de Mallorca:** 280 oben, 294 rechts

© **Fabrica de Sifones, La Paduana:** 353 unten

© **Ferrà, Miquel:** *Sollerics arreu del món, imatges d'ahir,* Palma de Mallorca 1992: 59 oben links, in Sollerics S. 74, 150 unten rechts, in Sollerics S. 84

© **Fischer-Leitl, Astrid, München:** 490/491

© **Forment de Turisme:** 215

© **Galerie Bruno Bischofsberger, Zürich:** 430/431 oben, 431 unten

© **Graves, William:** *Bajo la Somra del Olivo,* Palma de Mallorca, 1997: 69 unten, in Bajo im Abbildungsteil

© **Könemann Verlagsgesellschaft mbH,** Foto: Pierre Parcé: 187 unten

© **laif/Gernot Huber, Köln:** 16, 130 unten 202 unten, 204 unten, 205 unten, 213 oben, 245, 246 oben, 248, 251 unten rechts, 479 unten, 486/487

© **Llompart, Gabriel:** *La Mallorca Tradicionals en los Exvotos,* Presentación de Julio Caro Baroja, La Isla de la Calma 1988: 73, in La Mallorca S. 109

© *Malerische Studien,* Neuchâtel, o. J.: 222 unten

© **Micer, Pollença:** 39

© **Moragues, Gabriel Llompart, Maria Josep Mulet Gutiérrez, Andreu Ramis Puig-gros:** *Mallorca: Imatge Fotogràfica i etnografia, L'Arxiu de Josep Pons Frau,* Ajuntament de Palma 1992: 304, in Imatge S. 238, 338, in Imatge S. 180, 349, in Imatge S. 102 und 112

© **Muntaner Darder, Andreu:** *Memoria gráfica de Mallorca, La vida cotidiana (3):* 145 oben, in Memoria Deckblatt

© **Museo de Mallorca, Palma:** 223 unten

© **Oronoz, Madrid:** 449

© **Picture Press, Hamburg:** 448

© **Pomar, Marcos:** 260, 261

© **Rolli Arts, Essen:** 205 oben, 222 unten, 266 oben, 312 unten (unter Vorlage von: Abulafia, David, *Un emporio mediterráneo. El reino catalán de Mallorca,* Barcelona 1966, Cambridge University Press), 356 rechts, 357, 488–489

© **Salvator, Ludwig:** *Die Balearen, Geschildert in Wort und Bild,* Palma de Mallorca 1989, Bd. I: Vorsatzpapiere, Frontispiz, in Balearen S. 479, 81 unten, in Balearen S. 235, 143 oben, in Balearen S. 344, 144, in Balearen S. 197, 155 oben, in Balearen S. 189, 162 unten, in Balearen S. 252, 181, in Balearen S. 185, 188, in Balearen S. 237, 214 unten, in Balearen S. 432, 224, in Balearen S. 385, 367, in Balearen S. 201, 446, in Balearen S. 303, 454, in Balearen S. 295, 463 unten, in Balearen S. 508, 463 oben, in Balearen S. 314, 464 unten, in Balearen S. 352, 481 unten links, in Balearen S. 323, unten rechts, S. 319; Bd. II: 51, in Balearen S. 94, 74, in Balearen S. 29, 342, in Balearen S. 342

© **SCALA, Antella (Florenz):** 89

© **Soler, Guillem (Hrsg.):** *Palma,* Inca (Mallorca), o. J. 203 oben, in Palma S. 88, 236, in Palma S. 119

© **Studio für Landkartentechnik, Norderstedt:** 206/207

© **Terrasa, Sebastian, Palma:** 25, 93, 106, 130 oben, 138 oben, 156, 157 unten rechts, 181, 182 oben , 183, 192/193, 291, 226, 340, 374, 375, 380 links unten 472

© **Tocabens, Joan, Jean-Pierre Lacombe Massot:** *Les Rois de Majorque,* Perpignan 1995: 312 oben, in Les Rois S. 67, 313 oben, in Les Rois S. 75, 313 unten, in Les Rois S. 17, 314, in Les Rois S. 133

Bonner Straße 126, D-50968 Köln

Verlags- und Art Direktion: Peter Feierabend
Projektmanagement: Ute Edda Hammer
Assistenz: Kerstin Ludolph
Lektorat: Friedhelm Lövenich, Köln
Layout: International Design UK Ltd., London
Satz: argus Korrekturservice, Köln
Kartographie: Astrid Fischer-Leitl, München; Rolli Arts, Essen; Studio für Landkartentechnik, Norderstedt
Herstellung: Mark Voges
Lithographie: C.D.N. Pressing, Caselle di Sommacampacna
Druck und Bindung: Neue Stalling, Oldenburg

Printed in Germany

ISBN 3-8290-0261-0

10 9 8 7 6 5 4 3 2